# 投资项目可行性分析
## 理论精要与案例解析

（第4版）

王 勇◎编著

电子工业出版社·
Publishing House of Electronics Industry
北京·BEIJING

## 内容简介

本书结合现代项目管理的规范要求和具体做法，按投资第一、二、三产业之制造工程、企业技术改/扩建、农业/水利综合开发和国内/外独/合资及境内/外投资等多种情况，精选数十个有代表性的不同行业大中小型项目投资案例，系统分类详解投资项目前期可行性分析的基本知识与技术。按读者学习和应用程度不同，本书既可作为高等院校（硕/本/专等）工程（项目）管理、技术经济等专业及相关专业的教材，又可作为各类评估师、咨询师、建造师及其相关备考人员和有意及正从事项目投资或项目建设与管理的人员的参考读物。

全书以基础原理引出案例，对应典型案例解读有关原理，探索出"基础理论指南→原理要点与相应案例点评解读→典型案例综合解析"阅读学习模式，把看似深奥难学的评价理论要点与对应的模块化案例分析说明相结合，为读者深入浅出地搭起规范有序、繁简适宜的学训平台，化理论难题于具体项目分析的投资实践解读中，有助于读者在理论与实践的结合上快速提升理论指导实践的应用水平。书中套餐式系列案例模板更为读者自主把握实际业务所需提供了选做指导和学习借鉴。

未经许可，不得以任何方式复制或抄袭本书之部分或全部内容。
版权所有，侵权必究。

图书在版编目（CIP）数据

投资项目可行性分析：理论精要与案例解析 / 王勇编著. -- 4 版. -- 北京：电子工业出版社，2024. 9.
ISBN 978-7-121-48513-8

Ⅰ. F830.593

中国国家版本馆 CIP 数据核字第 2024JH5134 号

责任编辑：刘淑敏
印　　刷：三河市兴达印务有限公司
装　　订：三河市兴达印务有限公司
出版发行：电子工业出版社
　　　　　北京市海淀区万寿路 173 信箱　邮编：100036
开　　本：787×1092　1/16　印张：26.75　字数：738 千字
版　　次：2008 年 7 月第 1 版
　　　　　2024 年 9 月第 4 版
印　　次：2024 年 9 月第 1 次印刷
定　　价：88.00 元

凡所购买电子工业出版社图书有缺损问题，请向购买书店调换。若书店售缺，请与本社发行部联系，联系及邮购电话：（010）88254888，88258888。
质量投诉请发邮件至 zlts@phei.com.cn，盗版侵权举报请发邮件至 dbqq@phei.com.cn。
本书咨询联系方式：（010）88254199，sjb@phei.com.cn。

# 序

在投资项目管理的全过程中，可行性分析不仅是投资决策和项目建设的重要依据，也是项目管理过程中的关键环节和重要程序。

改革开放40多年来，我国建筑业取得了令人骄傲的成就。目前，我国年建筑总量占全球年建筑总量的一半，已经成为名副其实的世界建筑经济大国。各类建设项目的投资建设，对国民经济和社会发展产生了巨大的推动作用。

可行性分析作为项目前期管理的一项基础性工作，必须从市场需求出发，进行有关物质技术条件、经济、环境、社会等方面的可行性与合理性论证分析。在西方发达国家，无论是投资者还是金融机构，都非常重视项目的前期管理工作，不惜花费大量人力、财力进行项目的前期分析论证。对任何一个投资者而言，有效地评价和选择一个投资项目，选定在技术上先进可靠、经济上合理有益的最佳方案，并通过认真的建设过程管理，最终产生投资效益和实现投资目的，都是非常重要的。改革开放以来，我国政府陆续颁布了一系列关于建设项目的法律法规，规定了基本建设项目必须经过可行性分析，走"先评估后决策"的建设程序，这对项目建设的科学化有积极的意义。

但是我们也必须看到，在项目投资领域，项目可行性分析这项工作存在的问题仍然不少：因基础工作缺乏，不会做可行性分析或抓不住要点，论证深度不足，不能满足决策需要的"空泛之作"有之；建设投资方不重视可行性分析，在项目建设上一味追求大干快上，不重视项目分析的多方论证，疏于比选和择优，抑或将可行性分析作为"走过场"来对待的现象有之；委托单位出于自身利益或投审批者所好，在论证中"唯上是从"，对项目不做客观公正的评价论证，掩盖矛盾和风险，为"可行"而研究，使"研究"结果遵从于事先的"定调"，造成项目投资预测失真，误导投资决策的现象也有之。因此，正确看待和认识项目前期的可行性分析工作，科学探究可行性分析的基本方法，已经成为当前乃至今后必须重视和解决的一个大问题。

苏州科技大学的王勇教授与我相交有年，他是我国工程管理界较早专注项目前期管理问题，特别是可行性分析方面的专家之一。我曾多次拜读他有关项目管理方面的论文，对其丰富的实践认知和厚实的理论功底满怀敬意。王勇同志在从教之前的20多年里，曾先后于西北、东北、华北等地的国有特大型石油石化企业的一线从事生产经营和项目管理工作，积累了丰富的经验。近十年来，他致力于企业经营与项目管理专业的教学培训和科研工作，在有关项目前期经济与管理，特别是项目可行性分析的研究方面倾注了大量心血。他以严谨的治学态度，投入大量的时间和精力做现场实际调研，并就项目前期管理进行了较为系统的研究——从满足市场需求的项目机会分析与策划，到初步可行性分析和详细可行性分析；从有关项目物质技术、经济、社会与环境等具体内容的分析，到对可行性分析的再评价——项目评估与审计及其后评价和工程监理等，都有自己独到的见解。他先后在项目可行性分析与评估等方面出版过若干专著，并发表了30余篇各类学术论文。

《投资项目可行性分析——理论精要与案例解析》是其近年来的研究成果。该书融合了工程经济学、管理学、市场营销学和项目管理等方面的相关知识，以投资项目必须遵循的技术经济理论和项目投资客观规律为依据，结合各类投资项目的具体特点进行了系统的知识创新。该书以投资项目可行性分析的理论要点为经，全面、系统地阐述了投资项目可行性分析的基本理论和基本知识，同时以大量的案例及解析为纬，通过对精选典型案例中相关关键环节和理论要点的分析，梳理并提炼了一般投资项目可行性分析的基本规律，为投资者和项目管理者在较短时间内迅速了解和掌握投资项目可行性分析的基本原理和具体的操作方法，具有实际的益处。特别是书中丰富的有关项目前期可行性分析的案例介绍和理论精要点拨，使该书具备了操作性、工具性和指南性等多方面的实用价值。

  有感于王勇同志辛勤的探索与真诚的邀请，同时也为我国工程项目建设领域这样一本应用型著作的问世，高兴之余，略发感言，并以为序。

中国建筑学会建筑经济分会秘书长
《建筑经济》杂志社总编辑

# 第 4 版前言

承蒙读者和出版社厚爱，2017 年 9 月印行的《投资项目可行性分析——理论精要与案例解析》（第 3 版）经过近几年的十多次持续加印，加上之前各版的累计发行，迄今总量已破 2.5 万册，予笔者的进一步研究和对相关问题的深入思考以极大鼓舞和鞭策。在此谨向各位尊敬的读者和本书各版次的编辑同志表示深深谢意！十分感谢众多读者一直以来的关心支持和编辑坚持不懈的努力及卓有成效的工作。也正因此，才使本书有机会在过去的十多年里能多次再版，最终获得社会人士较为普遍的认可，成为有关人员便捷地学习和据以开始认识并初步掌握项目（前期）管理基本知识的高效有用的专业性基本读物，成为读者通过项目投资分析学习不断探索进阶相关核心领域问题研究的铺路石，成为在资源投入型项目的前期管理（研究）中能为国家建设事业和相关业务工作起到积极助力和有参照作用的一部代表性作品，对此笔者深感荣幸和欣慰，自觉当继续努力，以期能为读者做得更好。

为适应我国社会主义现代化经济建设快速发展的新形势，满足各类项目建设前期人们对投资项目做好可行性分析工作的实际需要，现根据读者和出版社的要求与建议，对第 3 版及之前各版中出现的一些差错或因时代要求而与当今社会发展有所不适，特别是对其中发现的曾因入选案例的报告原型基于从筛选提炼到数据简化处理过程生出的某些累积误差等，在充实基础理论和对入选案例做好必要更新的改进过程中，再做了一些字词条理、数据修正、案例的补充或点评及替换和工具性附录等方面尽可能详尽的必要修订和完善。

本次新版所做的一些主要工作包括：

第一，在保持第 1、2、3 版介绍的有关原理及其基本结构框架不变的情况下，对相关管理理论部分的内容做了一些必要的局部调整、充实与相应文字和段落的增删处理。为此，特别对第 1 篇的基础理论部分，在第 1 章里除增加了第 1 节对有关项目及其相应管理知识（体系）内容较完整的简要介绍外，还对相关部分的第 2 节和第 3 节等方面的内容进行了必要的相应补充完善。这和第 2 篇中各章精要的提示性说明及其相应案例的补充和点评展示，对于包括非工业投资项目或一般有某种资源投入（包括可转化为社会或环境等资源要素投入的投资项目）的业务或项目管理活动，应该对读者都有更好的理论参考价值，而第 3 篇中的典型案例解析和书末新增加的附录 A 与参考文献中的部分内容，则将在较好地发挥本书应用性和工具性等方面起到某些启迪与辅助参照的作用。这是笔者衷心希望并一直于努力过程中想要表达的另一个强烈愿望，也非常欢迎读者朋友若有机会能够大胆地尝试（即使不能或不必要完整地全过程进行到底，也肯定能省却不少后期不必要的成本投入——减少环境与社会资源的浪费或因已有的初步分析预测而避免了由真实投入带来的额外损失），并希望能在必要和可能时通过有效的沟通与相关读者做些切实有益的交流，以期能在不断商榷中共同提高。

第二，按照读者和出版社反馈的意见，尤其是对案例时间性的特别要求，除在第 1 篇第 2 章中增补了最新版以招商文本模式出现的新型项目建议（书）文件类型的案例和相关解析说明外，在保证可行性分析与评估操作的实务原理始终一致的前提下，还与时俱进地对原已入选的案例在保持其原报告和有关评价内容与分析模式通用性的同时，用简明的陈述就所涉及时间的年代表述做了一些必要的技术性变通处理；对个别行文中所发现的文字错漏和条理欠妥之处做了较大篇幅的更新和修订（如对一些因早期资料较陈旧或有差错的案例进行了全部替换等）与补充完善，首次在案例点评中引出国内中小微规模的企业划型情况说明，在书末的附录A中特别增加了有较高实用性、可帮助读者直接用于计算货币（资金）时间价值的复利系数表，等等，以期能进一步增强本书在实践中具有的较强工具性参考价值和实用效果。

第三，需要再次特别提醒读者注意的是，本书虽经前几版在社会上的广泛印行和读者购书行为的反馈，证明其中的分析原理与实务案例相结合的思路条理清晰、观点正确，但在本次修订时，仍发现一些因当初所选案例在从原型提炼到数据简化处理的过程中，由于文字表达的时间性关系和不同版本多次的修订，还是生出了一些系统性的累积误差。为此，笔者在出版社各位编辑的帮助下，再次将所有的图表和资料数据又逐一做了一致性的反复比较审校和尽可能合理的修正完善，在充分尊重案例原型和尽可能保证内容基本不变的前提下，以基础理论为指导，参照成熟案例模式的有关内容，就某些案例中发现的个别字词错误，以及就条理的规范与改进所致数据和参数等方面显示的累积误差与误录等问题，费时颇多地做了一次工作量较大、质量较高、尽可能详尽细致的必要修正和补足更改。在此，笔者特向这些辛勤工作的出版人致以崇高的敬意和深挚的感谢！

为免读者出于不同目的和用途在正常阅读学习或仅作为工具书使用本书时可能产生或引出的不必要歧义，借本版修订之际，笔者愿再次重申首版时就已对有关案例特别强调说明过的选编目的和解析本意。

首先，本书解读案例说明原理的过程，是为更好地适应国家社会经济形势发展的需要和读者学习与应用的方便，笔者只是对书中所选案例的一部分或大部分内容做了一些范围有限的补充、删改和调整与更换，呈现的仍为虽经简化处理却尽可能客观的原型案例样本。而这些入选案例所采用的参数和标准，则都是根据案例原型当时所在地区或行业的所属性质和项目类型对其自身的要求，按照编写案例（报告）时国家或当地所有的规定和指标设置要求完成的；编入本书的案例主要是为便于向读者简明扼要地说明原理所涉问题的实质，有的数据笔者做了省略（或部分省略）（如用隐匿号或叉号代替），有的数据或单位与人员的名称、地名等则按需要（如当初未过解密期）做了虚拟的变通处理。故而笔者对其中数据的准确性（包括表格和数据的合理性与条理性）没有特别的苛求，只是希望能借其示意性地展现有关原理（部分）在此情况下的一般运用或特殊应用。因此，对审校中发现的由于版本的历史积累或因原型案例出于自身当时策略考虑存有的问题，为保持原貌也仅在做了个别文字修正后仍旧留用，相应地也就不再做进一步解释说明。而对书中极个别本身逻辑关系就存有较为重大内在矛盾和疑问的案例，本次修订时则直接替换为全新的案例，以免产生误导。总之，这些所选案例只是为演示运用原理进行相关分析计算或论证过程的操作方法而给出的不同层次的解读性与示范性提示，务请读者实际工作中具体参考或运用时应以国家和所在地各级行业行政主管部门颁发的有关规定[如《建设项目经济评价方法与参数》（第3版）]为准。其次，前几版书中涉及的大量案例，由于时间跨度较大（个别案例为国家初推可行性分析时的早期报告)，但因其所解读的原理并未发生根本改变，且这些案例在用作实务解读原理方面仍有一定的借鉴和助益作用，对读者的原理学习和阅后运用也还有现实的参考价值，虑及案例的真实与可信，其中反映的又恰恰是当时人们从事有关工作的认识程度和实践水平，故对这些具有明显时间痕迹和个别特定内容表述（或可能有误）的数据和文字也仅仅变通地做了一些简单的技术处理或者就是直接沿用，以体现案例原型所代表的操作方法和实践效果所特有的示范意义和代表性，借此说明全书借鉴案例以捋清思路和阐释基本操作方法给出解读路径的编写目的。或可助读者在学习中体会和感悟到，至少可从中初步看出可行性分析——可行性论证模式由浅入深、由粗到细，从简到详、从低到高的发展演变历程，以帮助有心的读者克服初次动手模拟案例编写有关报告时的畏难情绪，如此一来保留和使用早期初级简版案例，对读者的阅读学习和快速提高未尝不是好事。这些在之前版本的前言里也都有过或多或少的提示说明。当然，待有类似更好的新案例时还会继续做出更新替换。最后，笔者想再以初心重述编写的初衷：对项目投资分析理论重点的提炼、抽象与把握，以及对各个案例的初步解读与点评分析，受观察问题视角上的差异与自身的学识和水平的局限，其中的观点仅为笔者的一家之言和一孔之见，但凡有与其他专家学者意见相左的，还敬请见谅。权供读者参考的本书无论怎么发行，所呈现的都只是笔者作为自身不断学习积累和努力提升但终为有限研究的最新成果和部分心得体会，只是谨祈能对人们的学习和实际工作起点抛砖引玉的作用。

总之，相信经由此次进一步修改、充实和完善了相关内容后的新版图书，对于读者更系统、全面地了解和不断深化有关可行性分析与评价的主要前沿理论的实际应用情况，在相关业务工作上更好、更充分地阐释项目前期涉及资源投入（型）项目的可行与否一定会有更切实际的帮助。限于研究条件和学识水平，付梓前仍感有些遗憾，在所难免的问题还望读者和专家能不吝批评指正。

作者

2023 年春再改于苏州

# 第 1 版前言

### 1．本书的编写目的——为什么要进行投资项目的可行性分析

在对投资实践活动进行考察的过程中，我们常常会发现这样一种情况：不少人因不懂或不肯花费少量的资金进行有关投资项目建设前期的可行性分析，而依靠良好的愿望想当然、凭感觉、拍脑袋办事情，结果造成决策失误，带来重大的经济损失和极坏的社会影响。其实，项目的可行性分析（也叫可行性研究）是投资者在拟建项目决策前必不可少、自觉与否都需理性对待的一项基础性的项目管理工作。自觉、认真地进行理性的可行性分析，结果即使证明拟投资的项目不可行，对项目管理的这点花费也是非常值得的，因为它不仅避免了盲目决策可能造成的更大浪费和损失，还以极少的投入间接地获取了可观的未受损失的经济效益和社会效益；反之，则必然要承担因盲目决策所带来的恶果。其中的道理可从图 0-1 中关于项目各阶段累计投资及其影响间的相互关系曲线里看出。图中的曲线关系表明，在项目前期进行的可行性分析的花费是最少的，通常不超过投资总额的 1%～3%，而它对整个项目效益的影响却是最大的，稍有失误就会导致项目失败，产生不可挽回的损失；虽然项目的主要投入发生在项目过程管理的施工阶段，但此阶段的工作对整个项目效益的影响相对较小。由此可见，项目前期可行性分析工作的好坏对投资的效果有着决定性的影响，在项目管理中具有特殊的重要性，具有不可替代的基础性作用。这也佐证了科学决策与项目投资前期可行性分析间存在着必然的联系，落实科学发展观尤其应当重视投资项目的前期工作，搞好以投资项目可行性分析为主的前期管理是实现科学发展的基础。

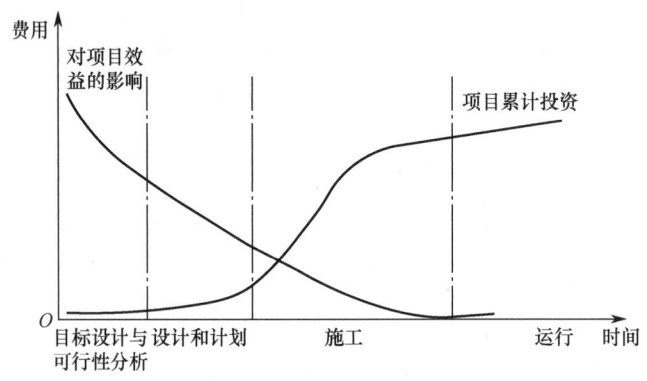

图 0-1　项目各阶段累计投资及其影响间的相互关系

事实上，在经济发达的西方国家，无论是投资者还是金融机构，都非常重视项目投资的前期研究工作，不惜花费大量的人力、物力和财力进行项目的可行性分析。改革开放以来，我国开展了规模和速度都前所未有的基础设施和各项事业的建设。在此进程中，国家一手抓投资项目结构调整和产业升级，一手抓法规制度建设，明确了基本建设程序，规定建设项目必须经过可行性分析和项目评价，以保证投资决策的科学化和程序化。正在逐步完善的社会主义市场经济体系，形成了多元化的投资体制格局，投资者的资源稀缺意识与市场风险意识正在逐步增强，

投资项目的决策正趋于理性化，商业银行、股份制银行和非银行金融机构更加注重信贷资产的质量，重视项目可行性分析的作用。我国加入 WTO 和融入全球经济一体化的新形势，促进了项目可行性分析工作的开展。可行性分析作为科学决策的重要程序和项目管理过程中的关键环节，在经济建设中正发挥着越来越重要的作用。

自原国家计委颁布《关于建设项目进行可行性研究的试行管理办法》以来，对重大投资项目进行可行性分析作为一个法定程序在我国各类有一定规模的项目投资活动中得到了较为广泛的应用，对于减少"钓鱼工程""拍板工程"，有效控制投资，保证科学决策起到了较好的作用。但在实际操作过程中仍存在着一些问题，有的还很严重。例如，可行性分析的深度不够、质量不高，不能满足决策的需要；调查研究浮浅，投资收益的计算失真，误导投资决策；不注重对敏感性和风险因素分析的情况较严重；不重视多方案的论证和比较，可行性方案单一，无挑选余地；可行性分析报告的编制缺乏独立性、公正性和客观性等。为预防和减少此类现象的发生，满足项目可行性分析既要符合项目审批的需要，使政府职能部门能借助可行性分析报告履行投资项目的审批职责，又能满足投资者寻求合适的投资合作伙伴，达到尽可能有效使用有限资源、为投资者把关的目的，还为了经由项目的分析评价来满足主要为金融机构提供贷款决策，或为政府职能部门在审批大中型投资项目决策时把关，或向金融机构融资的需求，迫切需要推广和普及项目可行性分析与评估工作的基本知识，加强技术经济理论的实践和应用，发展、充实、创新和完善相关的理论、方法和指标体系，进一步提高项目可行性分析的水平和评估操作的水准。

正是出于这样的认识，笔者在广泛学习和融会国内外众多专家学者和实际工作者从事项目前期工作实践经验和最新成果的基础上，本着理论依据充分、方法科学规范、便于实际应用与操作的原则，依据我国有关投资项目可行性分析的政策法规，结合自身多年从事项目可行性分析教学、培训和科研与实际工作的心得体会，编写了这本《投资项目可行性分析——理论精要与案例解析》。希望该书的出版，为解决投资人和项目管理工作者在进行各类投资项目可行性分析时，就所面临的具体问题能在一定程度上提供初步的理论参考和有价值的实务操作信息，在满足不同层次读者对投资项目可行性分析各种需求的过程中，能更有效地推动项目前期研究工作的开展，为推广和普及可行性分析的基本理论知识，从项目源头上开始进一步搞好科学管理，实现投资的科学决策尽点自己的心力。

本书适宜投资人和有投资欲望的读者，各类建设行业的管理人员和项目管理工作者，本学科专业领域的研究机构和高等院校的科研、教学人员及大学在读的本科生和研究生等阅读。本书汇集了笔者多年来对项目可行性分析初步研究的大量成果，希望能对读者在有关理论的学习方面起到抛砖引玉的作用，对拟进行的项目投资分析活动有所助益。

### 2. 本书的编写思路与主要特点

对内容极为丰富庞杂、形式千变万化的项目投资过程进行有关内在投入与产出间规律的探索和把握，是任何一名从事投资项目分析的研究人员和投资者都渴望但又难以依靠自身力量做到或做好的事情。因为按照现代项目管理的观点看问题，几乎任何目标载体所从事的具有资源约束性的一次性任务都可以被看作项目或投资项目，二者的区别仅仅在于资源投入与产出形式的表达不同，繁简程度有别。为此，需要抓主要矛盾，通过简化项目类型，用典型项目中对关键环节做好具体分析的基本思路来探索并梳理出对一般投资项目进行可行性分析的基本规律，这不失为研究项目投入产出原理的一种可行方法。在实际分析时，只要把此规律或原理与具体情况结合起来并附加上相关的约束条件，如有无固定资产或资金形态的约束性等，就可以做出投资决策需要的分析判断。

为此，本书按照投资项目可行性分析从项目产生与提出到分析论证得出结论全过程发展的常规进度，以有一定规模的、可形成固定资产的一般工业或非工业性典型投资项目（以工业项目为主）为分析的背景参照，依据项目前期管理各阶段进行可行性分析时基本原理的要求，突出重点和难点，强调内容的实用性与可操作性，有针对性地就项目前期可行性分析各阶段中涉及项目市场与物质技术条件、经济性、社会性与环境性等方面的内容进行从理论知识点拨到案例分析评价的详尽说明。

从总体结构上看，本书3篇18章的内容有其自身鲜明的特色：按照第1篇以原理引出案例和第2篇以案例说明原理两条主线阐明的基本分析与评价思维模式框架，再以第3篇完整报告的案例应用与点评解析综合说明项目可行性分析的理论要点和实务操作过程。

其中，以原理引出案例进行的有关项目可行性分析的解读中，第1篇的第1章、第2章按照联合国工业发展组织对项目前期管理阶段划分的标准，从项目的产生与提出到分析论证得出结论全过程发展的常规进度出发，通过理论阐述为主、案例说明为辅、主辅相互印证、强化理论应用的编写思路给出了项目可行性分析的基本原理明确具体、操作性较强的总体介绍——实务分析指南。读者通过阅读该部分内容，能够在较短时间内迅速获得有关进行项目可行性分析的基本思路，从而获得开展项目管理，特别是前期管理工作的初步思维模式。其分析解读的基本模式框图——阅读路线如图0-2所示。

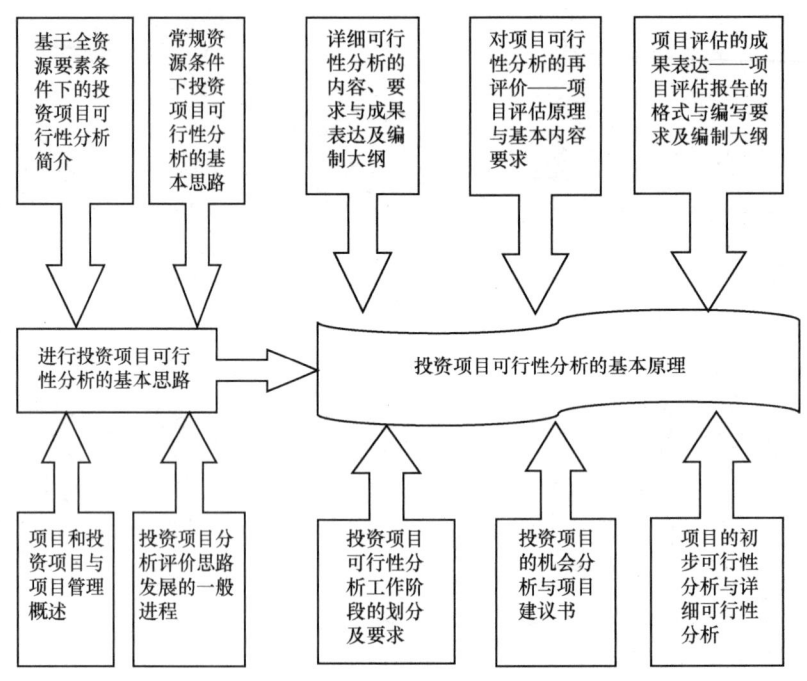

图0-2　对投资项目进行可行性分析的原理引出式阅读路线图

在以案例说明原理进行有关项目可行性分析的解读中，第2篇的第3~13章的内容正是按照典型工业投资项目进行详细可行性分析全过程进度的要求，从具体项目产生与提出的背景与必要性分析开始，逐一就项目的市场需求、拟建生产规模和厂址选择、生产技术条件、投资估算与资金筹措、财务基础数据与企业财务效益和国民经济效益等经济性要求，到项目的环境影响和社会效益，以及盈亏平衡、敏感性与风险分析在内的不确定性分析，再到工程投资项目多方案比选与项目总评价的全过程做了系统化的有关方法原理的重点分类介绍。通过以案例说明为主、理论点拨为辅、主辅相互印证、强化理论应用思路给出了项目可行性分析更明确、具体的实际操作指引。本部分的内容有助于那些在经济管理基础知识方面准备不足的读者由案例表象到深层次理论的发掘和把握,有助于读者在较短时间内迅速掌握有关进行项目可行性分析的基本操作方法,获得开展可行性分析工作的知识基础。其分析解读的基本模式框图——阅读路线如图 0-3 所示。不论是第 1 篇的总体思维脉络还是第 2 篇的具体操作分析,在涉及具体章节内容时的解读均可根据如图 0-4 所示的程序分步进行。

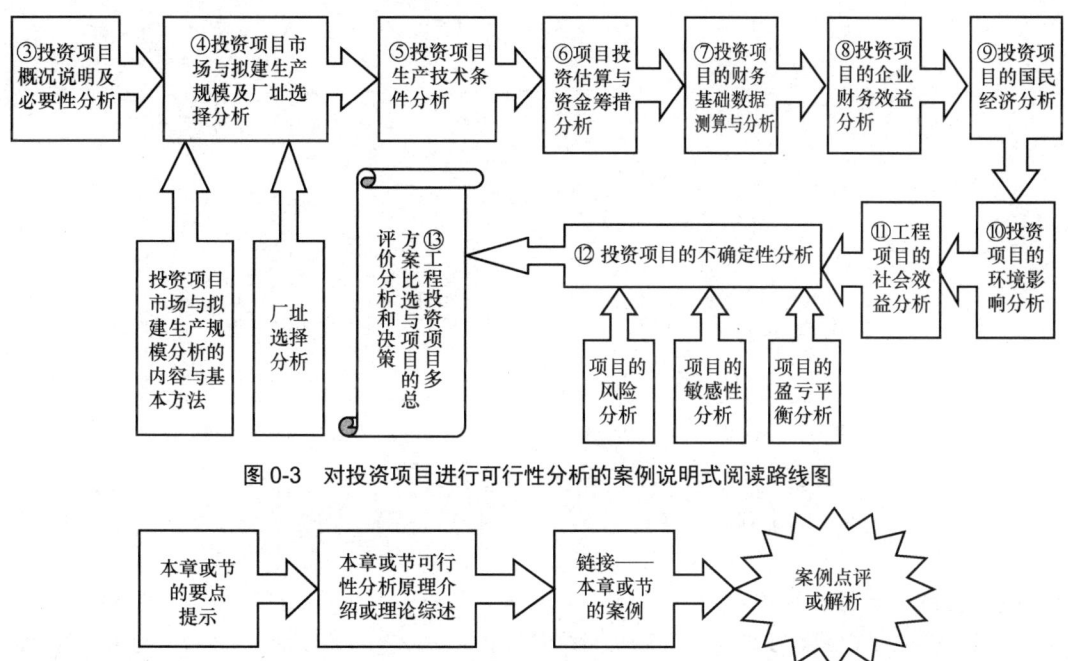

图 0-3　对投资项目进行可行性分析的案例说明式阅读路线图

图 0-4　投资项目可行性分析首篇原理引出式各章阅读路线图

第 3 篇以完整报告的案例应用与点评解析综合说明项目可行性分析理论要点和实务操作,介绍了以新产品开发为主所代表的工业生产建设项目如何搞好项目前期研究,通过理论精要结合完整的案例报告外加点评与解析的形式进一步总结归纳了进行项目可行性分析的一般规律和特点。从一般工业生产建设项目扩展到非工业性第三产业和外商独资项目,特别精选了几个有典型意义的完整案例,分别就工业新产品开发与改扩建、非工业性第三产业、教育投资和外商独资等不同类型投资项目做了多角度、分类型、详细全面的介绍,阐明了进行可行性分析全过程的内容、要求和实际操作的要点。通过阅读本部分的内容,读者能够加深理解各类投资项目可行性分析的原理,扩大对项目可行性分析实际应用的视野,进一步提高理论认识。其阅读路线可按图 0-5 所示的程序进行。

书中各章或节前的要点提示、可行性分析原理的介绍或理论综述与精要、对本章或节的案例链接介绍、对重点案例的点评或解析,化繁为简地突出了本书作为项目可行性分析训练平台的作用,可使读者结合案例在实际阅读的过程中更容易地掌握项目分析论证的理论。全书精选的案例在总体上都有一定的通用性,力求为读者在阅读中起到对不同类型项目进行可行性分析全过程的模拟与示范作用,相信对促进和提高读者统揽全局、深入掌握投资项目可行性分析基本原理和方法会有所帮助。书后附录 A 中有关可行性分析合同与项目经济分析用评价参数等可供有实际需要的读者当作工具和资料使用。

需要特别说明的是,本书在解读案例说明原理的过程中,为更好地适应形势发展的需要和读者学习与应用的方便,笔者对书中所选案例的一部或大部分内容都做了较大范围的补充、删

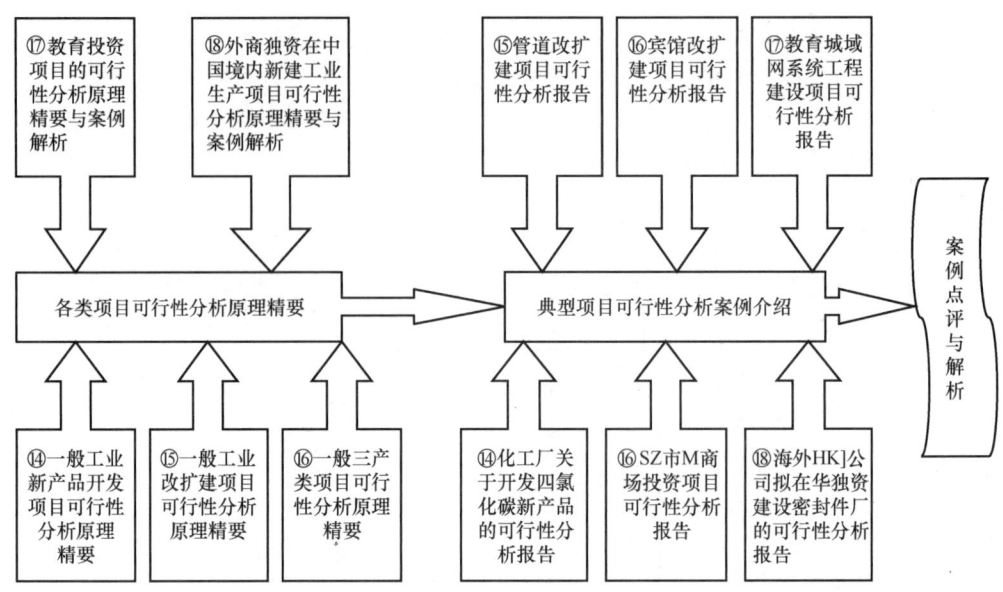

图 0-5　项目可行性分析理论精要与完整案例加点评解析式阅读路线图

改和调整，而书中案例所采用的某些参数和标准，则是根据案例原型所属项目本身的要求，按照编写案例（或报告）当时所规定的指标设置的；并且为便于简明扼要地说明问题的实质，有的数据笔者做了省略（或部分省略），有的数据或单位与人员的名称、地名等则根据需要做了虚拟的变通处理，目的只是演示分析计算或论证操作过程的方法，实际参考或运用时应以国家和行政主管部门颁发的现行规定［如《建设项目经济评价方法与参数》（第 3 版）］为准。另外，对项目投资分析理论重点的提炼、抽象与把握，以及对各个案例的解读与点评分析，限于观察问题角度上的差异与自身的学识和水平，其中的观点仅是一家之言、一孔之见，但凡有与其他专家学者意见相左的，敬请见谅。只作为编者的初步研究成果和心得体会仅供参考，期望能对读者的学习起到抛砖引玉的作用。

### 3．特别致谢

在本书的编写和出版过程中，笔者得到了电子工业出版社领导和编辑们的大力支持、鼓励和帮助，特别是世纪波公司的常淑茶副编审对本书从前期准备到编辑出版和发行全过程投入了大量的时间和精力，他们精心策划和设计，反复认真地审校书稿，其认真负责的敬业精神和严谨细致的工作作风深为笔者所钦佩。著名项目管理专家、中国项目管理研究委员会秘书长、西安华鼎项目管理咨询公司总经理、西北工业大学管理学院白思俊教授认真审阅了全部书稿并提出了许多宝贵的意见。中国建筑学会建筑经济分会秘书长、在我国建设领域独树一帜的《建筑经济》杂志社总编辑易冰源社长于百忙中为本书作序予作者以极大的鼓励。其间，笔者所参考和借鉴的大量国内外著作、论述和各类文献资料等也给自己以许多十分宝贵的启迪。在此谨向所有提供过帮助的企事业单位和个人、著作者和出版者，向一切为探索投资项目可行性分析规律做出贡献的理论和实际工作者致以深深的、最诚挚的谢意！由于全书牵涉的行业和专业众多，加上作者的学识水平和精力与能力所限，书中难免存在各种错误、疏漏和不妥之处，对这些不足和缺陷，敬请广大读者和有关方面的专家、学者与实际工作者不吝批评指正！

王勇

2008 年 6 月于苏州

# 目录

## 第1篇 投资项目可行性分析实务操作指南

### 第1章 进行投资项目可行性分析的基本思路 2
1.1 项目和投资项目与项目管理概述 2
1.2 投资项目分析评价思路发展的一般进程 9
1.3 基于全资源要素条件下的投资项目可行性分析简介 11
1.4 常规资源条件下投资项目可行性分析的基本思路 17

### 第2章 投资项目可行性分析的基本原理 19
2.1 投资项目可行性分析工作阶段的划分及要求 19
2.2 投资项目的机会分析与项目建议书 20
2.3 项目的初步可行性分析与详细可行性分析 31
2.4 详细可行性分析的内容、要求与成果表达及编制大纲 52
2.5 对项目可行性分析的再评价——项目评估原理与基本内容要求 79
2.6 项目评估的成果表达——项目评估报告的格式与编写要求及编制大纲 88

## 第2篇 可行性分析主要操作方法基本原理与案例解读

### 第3章 投资项目概况说明及必要性分析 117

### 第4章 投资项目市场与拟建生产规模及厂址选择分析 125
4.1 投资项目市场与拟建生产规模分析的内容与基本方法 125
4.2 厂址选择分析 136

### 第5章 投资项目生产技术条件分析 141

### 第6章 项目投资估算与资金筹措分析 150

### 第7章 投资项目的财务基础数据测算与分析 155

### 第8章 投资项目的企业财务效益分析 165

### 第9章 投资项目的国民经济分析 178

### 第10章 投资项目的环境影响分析 187

### 第11章 工程项目的社会效益分析 195

# 投资项目可行性分析——理论精要与案例解析（第4版）

## 第12章　投资项目的不确定性分析 207
### 12.1　项目的盈亏平衡分析 208
### 12.2　项目的敏感性分析 211
### 12.3　项目的风险分析 219

## 第13章　工程投资项目多方案比选与项目的总评价分析和决策 228

# 第3篇　投资项目可行性分析型案例综合解析

## 第14章　工业新产品开发项目可行性分析原理精要与案例解析 241
### 14.1　一般工业新产品开发项目可行性分析原理精要 241
### 14.2　典型新产品开发项目可行性分析案例介绍 243
### 14.3　案例点评与解析 259

## 第15章　工业改扩建项目可行性分析原理精要与案例解析 260
### 15.1　一般工业改扩建项目可行性分析原理精要 260
### 15.2　典型改扩建项目可行性分析案例介绍 261
### 15.3　案例点评与解析 312

## 第16章　三产项目可行性分析原理精要与案例解析 315
### 16.1　一般三产类项目可行性分析原理精要 315
### 16.2　典型非工业生产项目可行性分析案例介绍 318
### 16.3　案例点评与解析 358

## 第17章　教育投资项目的可行性分析原理精要与案例解析 360
### 17.1　教育投资项目可行性分析原理精要 360
### 17.2　典型教育投资项目可行性分析案例介绍 362
### 17.3　案例点评与解析 384

## 第18章　外商独资在中国境内新建工业生产项目可行性分析原理精要与案例解析 386
### 18.1　外商独资在中国境内新建工业生产项目可行性分析原理精要 386
### 18.2　外商独资在中国境内新建工业生产项目典型案例介绍 390
### 18.3　案例点评与解析 402

## 附录A　货币时间价值计算用表（复利系数表） 404

## 参考文献 410

# 第1篇　投资项目可行性分析实务操作指南

【本篇阅读路线图】

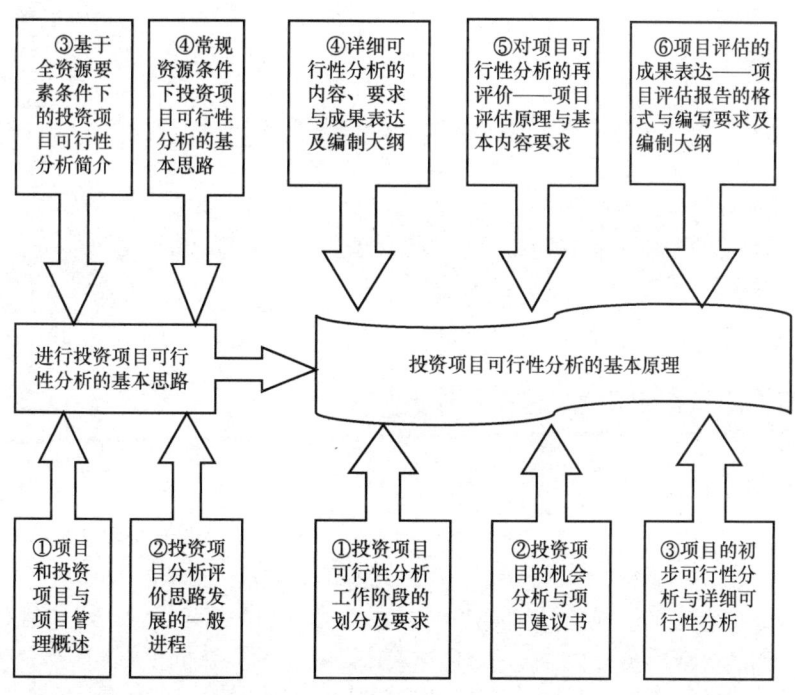

# 第 1 章 进行投资项目可行性分析的基本思路

【本章提示】本章从项目的形成及其基本的管理问题，引出对有关原理基于案例所做的项目可行性分析与论证理论由浅入深的解读，在捋清进行投资项目可行性分析的基本思路后，首先介绍了由项目及其管理问题引出的投资项目分析评价思路发展的一般进程，并借鉴前人的经验，初步构建起进行投资项目可行性分析的基本思维框架。由此较为系统地就始于项目前期管理中最为基础的对投资项目进行可行性分析的主要思路与最新发展趋势做了阐释，为后续进一步展示项目可行性分析原理提供了必要的知识准备。

## 1.1 项目和投资项目与项目管理概述

### 1.1.1 项目的概念与特点

项目一般指人们所说的临时性、一次性的活动，泛指一个特殊的目的（目标）明确的将被完成的有限任务。广义的项目是指在一定时间内满足一系列特定目标的多项相关工作（或动作）的总称，即围绕某一目的（如"为了……"）和给定标准（目的所希望或可能达到的程度）而要在某种条件下做的事情；狭义的项目是指目标载体（有目的或特定性质的事）在一定资源约束条件下所完成的一次性任务（责任和义务）。这里的目标载体即那些有目的性要求或将此要求能按某种标准或达成程度体现于发展过程中的事物，而其中的一定资源常包含时间、空间、人力、资金、技术、信息和物力等基本要素。项目一般具有以下几大特征。

**目标性**。项目由成果性目标（如预期的项目结束后所形成的"产品"或"服务"）和约束性目标（如费用限制或进度要求）两类具体目标构成其总目标。前者是明确的项目终极目的，可在项目实施过程中被分解为项目的功能性要求，是项目实施全过程的主导目标；而后者是项目实施过程中必须遵循的条件（常常被视为限制条件），是实现成果性目标的客观条件和人为约束，即资源的统称，由此才成为项目管理的主要目标。而项目的总目标实际是多维空间的一个点，如图 1-1 所示。

**任务性**。作为有责任和义务去做到或完成的事情，每一个项目的特殊性使得不存在两个完全相同的项目，即目标不同的两个项目肯定不同，而目标相同的两个项目也各有其特殊性。例如，同一设计在同一地点只能建设唯一的工程项目。否则就是两个或两个以上的项目。一般而言，不同程度的用户化是目标载体的意义所在，是所有项目的特点，且建设项目通常较开发项目更程序化一些。

**约束性**。任何项目都要受到资源条件的约束和限制。这些资源涉及的内容极为广泛，但最基本的还是人、财、物、时空、信息等五大约束条件。其中，项目管理工作在具体的实施过程中更是直接以质量、进度和费用作为限制和约束其实现管理目标三大基本管理资源标准的基本要素。

**一次性**。某些著述中所说的"临时性"，是指针对某一项目整体具有在其单一进行（实施）过程中不再重复使用资源的特殊规定性。这是由上述任务性中的特殊性和约束性中时间资源的限制条件所决定的。因为在不同时间条件下完成的、即使同一目标要求的项目也不可能是原来有限资源约束条件下完全相同的那个项目了，总会存在这样或那样的差异，而使之成为两个项目。例如，建设工程项目中经常遇见的同一目标项目的拟建、在建、复（翻）建、续建、改建、扩建等项目，按目标要求每做一次，从时间上看实际都是在做一个新的项目。

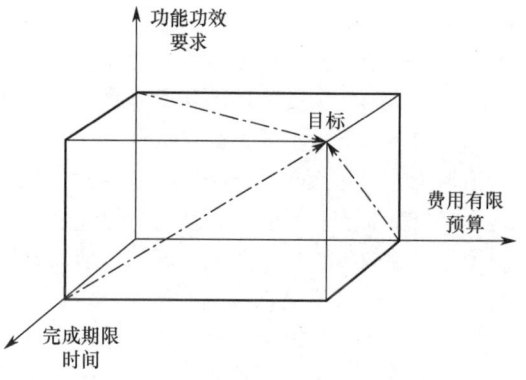

图 1-1　项目的多目标属性及其关系

**表现形式的多样性**。项目的外在表现千奇百怪、多种多样，可以任何形式出现。大到人类登月、探索外太空甚至域外文明，小到开个生日聚会、吃顿好点的饭菜和健身散步等有目标和资源约束的一次性事（任）务均可看作或转化为项目。其中有些是人们业已习惯且自觉进行的，有些则是人们不熟悉且需认真对待的。正如美国项目管理专业资质认证委员会主席保罗·格里斯（Paul Grace）所言："在当今社会中，一切都是项目，一切也将成为项目。"

此外，项目还有其他一些特征，如唯一性、成果性、约束性、目标并存的多目标性、由产生到消亡（历经启动、开发、实施、结束全过程）的生命周期属性和进行过程中与其他工作或项目相互作用的相互依赖性与冲突性等。

## 1.1.2　项目的分类

根据不同的原则和标准可对项目的表现形式做出不同的分类。如按视域和层次的不同可分为宏观、微观和中观项目；按行业和特点的不同可分为建筑项目、农业项目、服务项目、电子项目等。这里从管理的本质看问题，以其最重要的特征——资源约束性标准为视角，选择最具代表性和最有典型意义的如下两类项目划分方法做一个系列的简要介绍。

**工程项目和非工程项目**。这是按项目知识体系的要求，以一次性项目的不同性质为区分的基础，以不同性质项目所在行业为中心，从划分标准的范围最大化，而将属于不同性质、不同行业的项目进行的两大类划分。由工程项目和非工程项目可得项目的各种表现类型，如工程类建筑业的施工项目、房地产开发项目，非工程类的教学项目、科研项目等。每种类型的项目都有其自身在管理上的特点。为突出代表性，本书均以形成固定资产的工程建设项目为例来加以说明。

**非投资项目与投资项目及工程建设项目**。如果仅仅考虑项目的经济性，即其所具有的价值问题，我们还可以从广义上按照资源投入的形式不同，将项目划分为有资金（或货币）等资源投入的投资项目和与之相对应的非资金性资源投入的非投资项目，如形成固定资产的工程建设项目通常就被认为属于前一类投资项目。从狭义上，将投资项目特指为投入一定资金、以获取预期效益为目的、在规定的期限内和特定的物质技术条件下为实现某项开发目标而实施规划投资、政策措施及组建机构等内容的一整套经济技术的系列活动，是一个属于工程项目管理范畴的、独立的整体活动。在项目管理中，有重要基础性作用的工程项目，就是在一定的资源约束下为创造独特工程产品而进行一次性努力的投资项目。

虽然从现代项目管理的观点来看，广义上说，几乎由任何目标载体所形成的具有资源约束性的一次性（管理）任务都可被视为项目或投资项目（二者仅区别于资源投入与产出的形式中价值形态的表达不同），事实上，二者的区别并非绝对，只是在人们有按需要是否强调货币资金这一特定标准的差异时才有意义。即使如此，如需深究，即狭义的理解，总是可以把原来非货币资金资源的各种投入按照一定的标准（或其体系）转化成资金性（货币）资源投入来判断项目投入资源的价值量。从这个意义上说，所有的项目（包括可以转化为项目的原来属于非项目的事务）其实都是投资项目。如此一来，进行投资项目的（可行性）分析，特别是搞好其中的经济性分析就有了特别重要的意义——分析所揭示的项目经济性方面的一般规律往往具有普遍的适用性。而此研究与分析的难点恰恰在于有关构成项目约束条件的资源的价值该如何用某种标准化的货币（或资金）来定量表达的问题。

为规范起见，本书所论述的投资项目，选择的主要是作为固定资产投资兴建的工程建设项目为代表，简称建设（或投资）项目。它以形成固定资产为明确的实体目标，按照规划、决策、设计、施工、投产、经营等一系列规范的程序和规定的建设工期，实现投入资源后有关目标预算和质量标准的要求，具有相当典型的意义。至于其他非工业投资项目，实际上也都可在做好简化处理后参照有关的分析原理开展类似的可行性分析，并能获得所需的同样效果。

### 1.1.3　产品、项目及其来源——市场（需求）

商品是用作交换的劳动产品，市场是用于交换商品（产品）的场所和满足需求的交换平台。所谓项目来源，是指项目为何物的问题，对于不了解项目概念及其自身内涵要求是什么的人看来，项目要么是上天（或上级领导）指定或给定（或争取来）的，要么是自己想做（有需要）的。至于为什么是项目就不甚了解了。实际上，按照项目本身的定义——在一定资源约束条件下，围绕特定目标完成的一次性任务的事（务）就应该是项目。故而可知，项目既不是天然既存的，也不会凭空拍脑袋形成，一定是在后天由于实际存在的客观需要，为满足特定需求（市场）的目的而在资源有限的条件下要做的事情中产生和形成的！

分析上述有关产品或商品与（市场）需求的关系和项目概念及其内涵的特点，可以看出，任何产品都是由目标（的）所附着的载体在一定资源约束下以一次性出现的形式所表达的项目产生的（或生产出来的）。换句话说，凡有项目的地方必有产品（满足需求的载体），反之亦然。可见，在一定条件下，应该说项目和产品互为各自的表达方式，但二者并非完全等同的。通常，项目由有市场需求（目标）的要满足和可满足的载体——产品引出，是制造或生产、形成产品的过程，而产品则是项目存在和发展的最终成果，或者说项目本身即某种类型（形式）的产品。总之，在社会主义市场经济条件下，市场需求决定着项目的生存与发展，项目有无市场和能否实现市场需求管理的目标是项目能否存在或是否可行的前提条件和关键所在，是项目立项与存在的基础，投资项目及其管理活动必定要以市场为中心，项目的生命力只能来自投资者对市场的正确认识与把握。

限于篇幅，此处不对由于市场需求引出的市场资源投入形成的项目在有关其市场需求管理的问题上做进一步的介绍。本书也只在有关章节中以提要和案例精选加解析的方式做出简要说明。至于有关由市场需求引致项目发生与发展及对之进行有效项目管理的更为专业的知识与理论体系的内容，特别建议有兴趣或有这方面需求的读者方便时去更多地关注或参阅书末所附参考文献中的其他相关著作和文章。

### 1.1.4 项目管理与项目化管理

如前所述，基于来源于市场需求的众多项目，无论是否已自成体系，要提高其效率和增加其效益，减少不必要的损失，都必须对项目进行管理。尤其是对有特殊资源投入的项目，搞好以实际投入为主的前期管理，这是项目管理最为基础的工作，就更加具有特殊的意义。

**项目管理的概念**。所谓项目管理，是贯穿于项目生命周期、运用既有规律及经济的科学理论与方法以项目为对象对项目进行计划、组织、指挥、控制和协调，以实现项目立项时确定的目标的管理方法。具体来说，项目管理是一个通过临时性的专门柔性组织实现对项目全过程进行系统有效动态管理和项目目标的综合协调与优化的、迄今为止人类发现和总结出来的在管理领域效率最高和效益最好的极为重要的现代管理模式。

能够成为项目管理业务的活动，通常是那些技术上较复杂、工作量较繁重、不确定性因素很多的任务或项目。所以实际工作中的项目管理，常常是以项目经理负责制为基础、按垂直结构的任务而非平行结构的职能组织起来的目标管理。其主要任务（日常的项目管理活动）通常围绕项目计划、项目组织、质量管理、费用控制和进度控制五项内容展开。

当今时代，项目管理已经发展到由时间、知识和保障三大基本要素构成的三维管理时期，即把整个项目生命周期划分为由若干阶段进行阶段管理的时间维管理，针对项目说明周期各个不同阶段采用和研究不同管理技术、方法进行阶段管理的知识维管理，以及对项目人、财、物、技术、信息等进行的保障维管理。本书主要以时间维管理为主，在理论部分为让读者了解投资要素的全貌，略去了保障维管理的内容介绍，但全书的主体（第1篇第2章到第3篇）部分，都是按照把整个项目生命周期具体分为前期、中期和后期三个阶段来进行管理的项目，做出有关在前期以市场需求管理为基础和经济性为中心，逐步展开规范的投资项目可行性分析论证各环节操作要求的。

**项目管理的基本内容与特点**。通常，项目管理涉及五大基本要素：一是资源要素，这是项目形成和实施最根本的保证，二是来自（各类）市场的需求要素，三是包括需求和期望需求引出的目标要素，四是组织要素——其柔性和组织结构对于项目管理会产生一定的影响，五是环境要素——主要有政治和经济环境、自然和社会环境、文化和意识及规章和标准等环境。

好的项目管理工作通常具有下列七大基本特点：①管理对象为项目或能被当作项目来管理（简称项目化管理的作业）；②管理的全过程都贯穿着系统工程的思想（把项目视为一个完整的、可依据"整体—分解—综合"的系统论原理将其分解为若干责任单元，由责任者分别按要求完成目标后再汇总成最终成果的系统，且在其完整的生命周期过程中，部分对整体极端重要）；③管理的组织无论是时间上（具有临时性）、结构上（柔性可变），还是职能上强调其协调与控制所体现的特殊性；④管理体制是一种基于团队管理的个人负责制；⑤管理方式是一种多层次的目标管理；⑥管理的要点在于创造和保持一种能使项目顺利进行的环境；⑦管理的方法、工具和手段具有开放性和先进性。

**项目化管理及其与项目管理的关系**。通常，在项目管理中存在两个基本的管理层次：一是作为一般项目管理范畴的项目管理，二是作为企业层次的项目管理，即所谓的项目化管理，或称企业项目化管理，也有将类似可进行企业式项目化管理的众多事务转化和称为项目化管理。其实质是在项目管理主导思想的指引下，在更高层面上关注企业所有的或类似可以作为企业化管理的所有事务的共同的项目目标的实现，其管理的重点在于建立项目管理的组织架构和项目经理职业化发展与制度体系。

所谓项目化管理，通俗地说，就是把管理对象（围绕目标要做的事情或诸事务）当成或转化为有目标的项目来进行的管理活动，即项目化管理是把所要管理的对象或所涉及的内容，按照项目管理的一般规律和特点，在明确项目目标的前提下，通过履行项目计划、设置项目组织形式（如可以采用树状、矩阵型或网络型散装典型的项目组织形式）和执行项目论证/评价与控制职能，创造和保持一种被管理对象或内容能够顺利运行的环境，从而有效达到目标的管理活动。换言之，项目化管理即按照项目管理的要求，将原来分散繁杂也不成体系、虽各具特点但又不无内在联系的日常事务性工作，依据项目管理的规律，在所找寻出来的统一管理目标引导下，将有关工作或业务内容所涉及的管理资源与基本要素，经不断地梳理和分类划归后，逐步转化为符合有特定目标、有时间和非时间资源约束与一次性任务要求等项目管理特点的目标管理业务（工作）。如很多企业经常从事的产品促销工作和人力资源管理业务等即如此。这样的项目化管理工作，无论是工农业生产还是政法社会事业等，其实都是可以因有目的实施而实现将事务性工作转化为项目来做的，即所谓项目化管理。如此的项目化管理，大到可以是整个企业的日常运营或国家（国际）间政府或机构的特定社会事务管理，小到具体的业务项目活动，均可按照项目管理的要求进行，结果都必然以能够求得高效快捷实现目标和最大程度地节约或利用资源为宗旨。

**项目管理和项目化管理的关系。** 从本质上看，二者的区别主要在于对资源的约束的刻画程度不同和对其中过程管理实施的强度有差异而已，但因有作为相同的联系——在通过做事达成同一目标的过程中都能便捷有效地提高对资源的利用效率和提升对事务的管理效益，故而，在一定条件下，项目管理和项目化管理可以实现（或进行）相互的转化。

**项目化管理的意义。** 项目化管理可以使许多繁复的（日常）业务工作内容（如多项目管理等）更加规范和高效。目前，项目化管理在实际工作中应用较多的是企业项目化管理，也叫按项目管理（Management by Projects，MBP）或企业项目管理（Enterprise Project Management，EPM），是一种以长期性组织为对象的管理方法和模式，它是伴随着项目管理方法在诸如政府部门等长期性组织中的广泛应用而逐步形成的，早期基于项目型公司提出的概念，是指管理整个企业范围内的项目（着眼于企业层次总体战略目标的实现）对企业中的诸多项目实施管理。实际上，企业项目管理已成为不局限于企业组织的一种长期性组织管理方式的代名词，是一种以"项目"为中心的长期性组织管理方式，其主导思想是"按项目进行管理"，其核心是基于项目管理的组织管理体系。企业项目管理或项目化管理可使长期性组织的管理由原来的面向职能和过程的管理转变为面向项目（对象）的管理。它正在成为项目管理发展到组织层级的一种高级管理模式。总之，企业项目管理、按项目管理、多项目管理和企业化项目管理或企业项目化管理等都应视为动态角度的企业项目化管理。即使本书介绍的作为项目时间维所划分的前期管理的可行性分析或其中的经济性论证工作，也可以按照项目化管理的方法进行规范以加强管理，提高其在整个工程建设过程中作为项目管理的效率。

### 1.1.5 项目周期与前期论证——项目可行性分析评价工作

**项目周期。** 如同世间万物基本上都要经历一个由产生、发展到终结的循序发展的过程一样，项目也有自己的生命周期，即项目周期。项目周期是一个投资项目从需求概念的设想提出开始，经立项、决策、设计、开发、建设、施工等活动，至项目竣工透彻为止所进行的生产活动和总结评价的全过程。通常，一个完整的投资项目周期从项目开始规划到项目完成，一般需要经过如图 1-2 所示的 7 个工作阶段。这些阶段是相互联系并遵循一定逻辑程序不断发展的渐进过程，各阶段的工作既相互衔接又相互制约，上一阶段的工作作为下一阶段工作的基础和先导，下一阶段的工作又成为上一阶段工作的延续和发展。一个项目的结束往往会导致一个新项目的开始，从而使项目周期的内容不断得到更新。

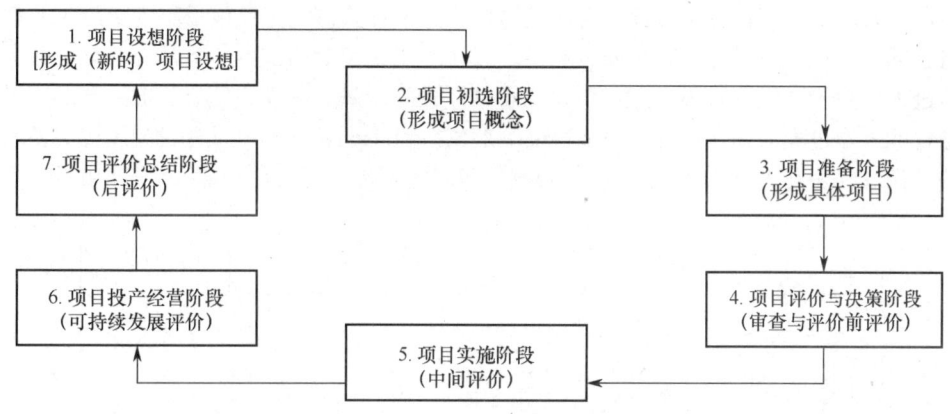

图 1-2　项目周期示意图

**项目前期管理**。一般来说，项目管理以形成固定资产实体的工业投资项目为代表，从全过程看，通常可基本划分为前期、中期、后期三个时期。从投资的角度看，相应项目周期的过程通常又可以分为投资前期、投资时期和生产时期三个时期。在项目全过程管理中，一般以投资决策前的投资前期为主的项目前期各个环节的业务管理活动称为项目前期管理（当然也有一些实际工作者习惯以正式进入施工阶段为界，将此前所有项目管理环节所涉及的活动内容，如目标设计与可行性分析论证、投资决策、签约设计和计划、施工准备等都算在内）。事实上，此时期最重要的工作内容就是进行基础的对拟建项目可行与否的科学论证，以便为正确的投资决策提供来自市场和实际资源（当然，应该考虑完整的最好是全资源要素）约束的前期研究成果（如项目可行性分析和评估报告等），之后才可能进行合同签约、工程设计和施工准备等工作。

可见所谓的项目前期管理，从操作上讲，实际是指已经或将自成体系的项目，尤其是那些拟议中将会有一定规模的资源投入型建设项目，在正式进入主要资源的投入阶段（如项目启动设计或施工建设，即人们常说的"上马"或"开工"）之前，围绕项目是否可行或能否立项获得资源所有者或投入方的批准，就最初市场需求引发的项目概念及其内涵所涉及的各个方面的内容，展开以模拟未来实际可能投资建设的项目来做有关该项目的业务管理活动。其本质是为未来真实可操作的项目建设及其管理活动提前探究有关资源管理与效率和效益可能存在的问题，提前寻找出基本的解决方案，探究各种可能的有效路径，并以此为该项目提供是否决策/批准立项的依据，使其成为正常进行建设项目投资与项目建成后运营管理的基础性参照。可见，项目前期管理在项目管理或项目化管理活动中有着极为重要的先导性和基础性的地位和作用，对项目的产生和发展起着决定性的意义。

实际上，项目前期管理也是一种项目管理，至少是一种可以转化为项目管理的业务活动（有兴趣的读者可参阅本书有关参考文献提供的具体内容）。

**项目前期论证与可行性分析评价工作**。鉴于项目前期管理在投资业务活动中的极端重要性，为做好项目前期基础性的业务管理工作，给项目投资打下坚实的根基，需将投资过程的每个时期进一步按照其内容和要求的不同再细分成若干个工作阶段。

在此，将投资周期全过程按三个时期，每个时期再细分为不同的主要工作阶段，以方便对项目前期主要工作内容，尤其是项目论证和可行性分析的地位与作用等做出说明。如此，就有了投资前期以项目提出与论证为主的 4 个阶段；投资时期则是指项目实施阶段；生产时期可划分成项目投产经营和项目评价总结两个具体的工作阶段。其中，各个时期的每个工作阶段均包含许多不同的工作和活动，如投资前期包括项目设想阶段的机会研究、初选阶段的初步可行性分析、准备阶段的可行性分析和评估与决策阶段的论证评价等内容；项目实施阶段主要有谈判和签订合同、工程项目设计、施工安装和试车投产等工作和活动；生产运营时期则是在交竣工验收后进入项目投产经营阶段后需对项目做总结评价等。每个阶段的各项工作活动形成了一个循序渐进的工作过程，在这一过程中项目逐渐形成。图 1-3 表明了项目建设全过程中各个时期开展的工作及其相互关系，其中，"投资决策"和"交（竣）工验收"是各个时期的分界线。

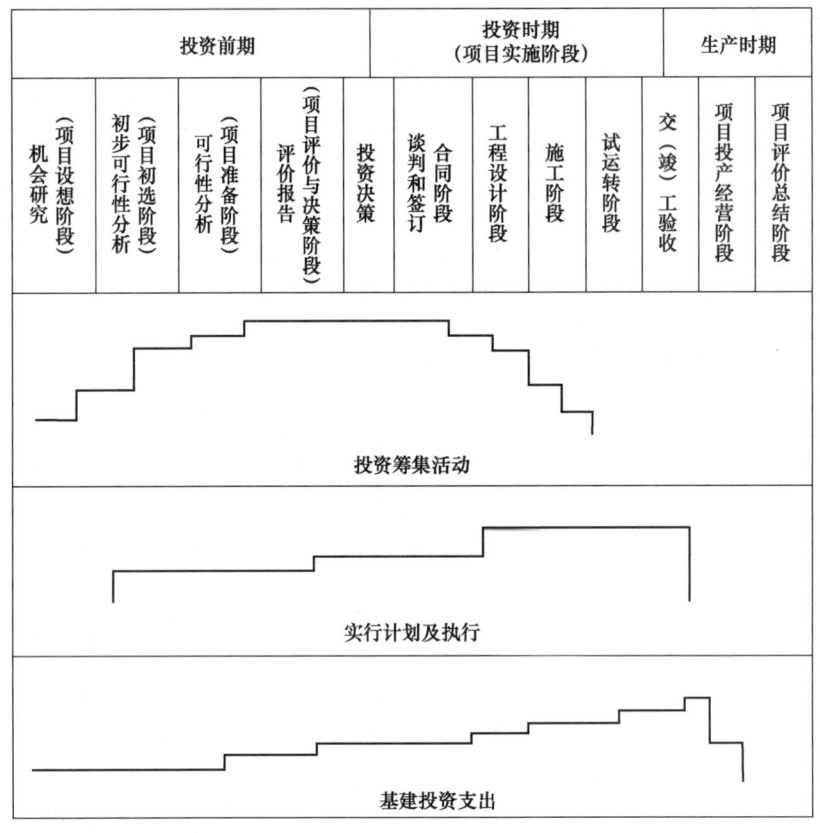

图 1-3　项目建设全过程各时期的主要工作内容及其相互关系

对以形成固定资产的工程建设项目所代表的项目，在前期开展的业务管理活动（项目管理工作）中，最重要的是对有关构成项目所涉各种资源及其约束性进行的可行性分析或在此基础上再做的重点问题研究，即所谓项目评估，通称为项目论证。所谓在前期对（投资）项目做的可行性分析与评价（项目论证或可行性分析）实际是围绕构成项目的资源约束条件中有关市场需求、物质技术状况、项目经济上值得与否、社会效果和环境效益等五大主要的基本方面存在问题展开的调查分析和具体研究，目的是判断项目在需求基础、实现条件、经济价值、社会效果与环境影响等对策的合理性，以使投资者或项目管理人能够获得将拟议中原来存在于人们头脑里作为愿望或概念的项目变成真实、可靠和可信的方案。在图 1-4 中，给出了论证项目可行与否时各资源要素评价情况的相互关系。市场是前提和基础，物质技术条件是手段，经济性是项目存在的关键和核心，而社会效果和环境效益则是现代社会进行项目建设和投资必须兼顾的在实现全资源要素投入中两个约束性最强也是最重要的因素。

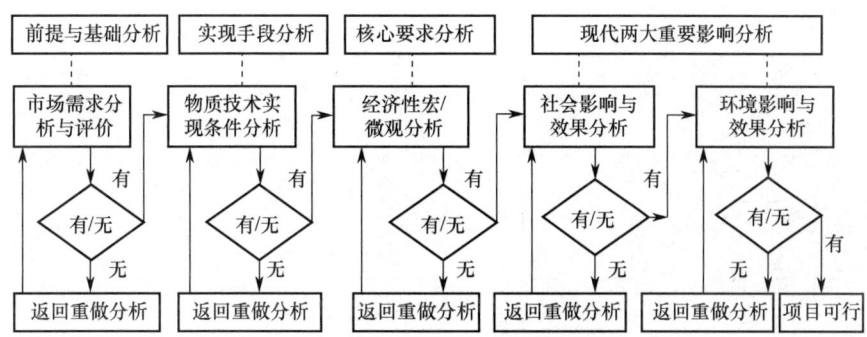

图 1-4　现代投资项目可行性分析论证的基本过程

对于项目论证中的项目评估工作，在实际操作中为能更有效准确地给投资者或项目管理者提供（经营）决策的依据，还可按项目评估在不同阶段所起的不同作用，进一步分为前期的项目前评估、实施阶段的项目跟踪评估和项目完成后的项目后评估以突出项目评估的意义。此三类不同效果的评估对项目投资与经营决策所产生影响的作用是不一样的，图 1-5 给出了项目论证与评估和项目决策相互之间关系的示意。本书内容仅研究项目前期作为可行性分析论证所涉及的投资项目如何在前期进行可行性分析与前评估中相关的分析与决策问题。

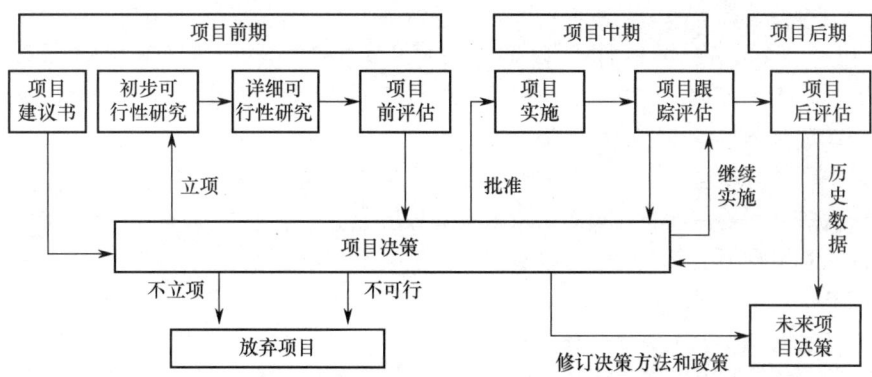

图 1-5　项目周期各阶段分析论证（评估）与决策之间的关系

## 1.2　投资项目分析评价思路发展的一般进程

人们对投资项目投入与产出关系或可行性分析的认识从感性上说应该是古已有之，但科学而理性地对投资项目中投入与产出规律进行探索和把握的具体过程却起源于近代欧美等发达国家对大型工程项目管理的实践。无论是早期美国对田纳西水库工程的技术经济分析还是第二次世界大战中其建立和发展核武器需要的系统工程（曼哈顿工程）所引出的项目评价，都成为投资项目由此发展为理性分析的起点，并逐步开辟和建立起成为今天投资项目分析评价的系统理论和方法体系。而这一理论体系也正随着社会经济建设进程的加快和社会发展观的演变处在趋于成熟和完善的过程中。若对此过程做进一步的梳理和划分，我们会发现，该体系大致经历了四个基本的发展阶段，实现了两个重要的转变（见表 1-1）。

第一个阶段是项目的企业财务效益评价分析阶段。在 20 世纪上半叶至 50 年代以前，对投资项目进行的分析通常只做项目的财务效益评价，其目的和特点就是寻求项目利润的最大化。该阶段引出的是"以物质为中心"、以资源节约和投入产出分析为手段，站在项目或企业自身的角度以项目运行的市场为边界研究项目经济效益最大化进行的企业财务效益评价分析，这是投

表 1-1  投资项目经济与社会分析评价的发展与演进过程

| 发展阶段 | 评价指标性质 | 评价分析方法 | 可持续发展 | 评价核心 | 评价目的支撑方面 |
|---|---|---|---|---|---|
| 企业财务效益评价分析阶段 | 货币指标、可量化的物质指标 | 定量分析 | 财务可持续 | 以物质为中心 | 识别和确定项目财务方面的效果 |
| 国民经济效益评价分析阶段 | 货币指标、可量化的物质指标 | 定量分析 | 经济可持续 | | 识别和计算项目经济方面的效果 |
| 环境效益评价分析阶段 | 可量化的非物质指标 | 定量分析为主 | 环境可持续 | 以人为中心 | 识别拟订项目环境方面的影响 |
| 社会效益评价分析阶段 | 难以量化的非物质指标 | 定性分析为主与定量分析结合 | 社会可持续 | | 识别拟订项目社会方面的影响 |

资项目分析评价理论和方法发展的基础阶段和初级阶段，属于微观分析的过程，是对项目自身生存与发展有决定性影响的初步分析阶段。

第二个阶段是项目的国民经济效益评价分析阶段，即所谓的 SCBA 评价阶段。这是 20 世纪 50 年代以后，在凯恩斯经济理论的影响下，欧美国家政府实行福利政策，大量增加公共支出，对许多文化、教育、医疗卫生、水利和环境等社会公共福利事业进行投资，西方经济学家逐步形成的一种适应评价公共项目的社会费用效益分析方法（Social Cost-Benefit Analysis，SCBA，或国民经济评价、国民经济分析）。它是站在国家的立场上，从国民经济的角度出发，依然以物质为中心、以资源节约和投入产出分析为手段，对项目在整个国家范围内的经济效果进行的宏观分析与评价。这是在经济效果的研究上对企业财务分析评价理论和方法的延伸和进一步发展，该阶段补充和完善了项目经济分析的内容，是项目的企业财务—经济评价发展的新阶段。

第三个阶段是项目的环境效益评价分析阶段。这是 20 世纪 70 年代以来逐步形成并得到迅速发展的投资项目环境分析与评价的理论与方法。它要求在考虑项目宏观、微观经济效果的同时，还必须兼顾其投资建设和经营效果所带来的环境影响，以实现项目与环境间友好相处且可持续发展的长远目标。这是人们进行投资项目分析时首次在经济效果研究的基础上注意环境因素对项目发展的影响，是项目宏观分析评价从"以物质为中心"向新的"以人为中心"转变的开始，只是此转变尚未完全实现。鉴于对项目的经济性分析未反映分配的效果，不能保证项目的最优选择；环境评价又常常忽略社会经济对项目影响的效果，虽然它能减轻一些项目的主要不利影响，但在引导公众参与、促进信息公开、减少负面社会影响等方面尚存在诸多局限性，故有待进一步发展、提高和完善。

第四个阶段是项目的社会效益评价分析阶段。这是一个强调投资项目建设应带来"社会和谐"、"环境友好"与"可持续发展"的科学发展与分析评价新观念的阶段，它实现了对投资项目分析和评价从"以物质为中心"到"以人为中心"，再到 20 世纪 90 年代的"以人为中心的可持续发展"的全面转变，这是"以人为本"的现代管理观念在投资项目分析中的具体体现。随着人们认识事物发展观的深入发展，投资项目社会评价（Social Assessment，SA）在国际社会中正受到越来越广泛的重视。对投资项目的分析评价已经从经济评价发展到环境、经济、社会等方面的综合评价。社会效益评价在项目分析评价体系与决策中正在扮演越来越重要的角色。

总之，通过以上介绍可以看出，对一个有一定影响的投资项目，特别是工程建设项目，要进行完整的可行性分析，按照科学发展观的要求，其全过程应包含从项目自身的企业微观财务评价到宏观的国民经济评价，再到环境评价与社会效益评价四方面的完整内容。但事实上，进行如此浩繁的投资项目分析，对大多数中小型或非形成固定资产的投资项目而言，其代价和效果又未必完全符合投资项目分析的初衷。为此，怎样抓好投资项目分析的关键环节，紧紧把握分析的基本规律，以点带面有所侧重地进行具体项目的投资分析，成为阐明投资项目可行性分析原理的难点所在。在此，我们将按照项目前期（规范性）管理进行投资项目可行性分析的基本要求，通过抓分析过程中的关键环节，力争把从项目提出到分析论证全过程发展需要的常规进度，以有一定规模、可形成固定资产的一般工业或非工业性投资项目（以工业项目为主）为分析的典型依据，分别按各阶段进行分析时的基本原理全面、系统地介绍相关知识要点和对应过程的案例，为读者梳理投资项目可行性分析的如下一些基本思路。

## 1.3 基于全资源要素条件下的投资项目可行性分析简介

鉴于项目管理在前期的评估业界对投资项目的分析评价已发展到了需要考虑社会经济和环境影响等资源情况对项目效益影响的新阶段，为了完整准确地说明现代项目投资管理中的资源投入情况对项目产出效益（项目可行性）的影响，特别是对于帮助那些动辄要考虑有数亿或几十亿甚至上百亿元投资额巨大的建设工程项目的投资评价人员，在进行项目前期可行与否的经济性分析与判断时，必须更加全面地了解和考虑有关资源投入条件不同时，对项目效益影响的情况。为此，特在本节向读者简要介绍目前项目管理界有关投入资源要素不同条件下，进行项目经济性分析和可行与否判断研究的最新成果，权作未来的项目评价人员在实际工作中需要全面考虑进行项目在全资源要素投入条件下开展经济性分析和项目可行与否研究的理论铺垫和略有所备的借鉴与参考。

### 1.3.1 基于资源约束条件下的项目经济性及其分析论证

当今世界人们为提高做事效率和效益，常将要做的一次（临时）性、有资源条件限制的目的性标准（或程度）化事情通过某种目标载体形式抽象地转化为项目，而将按一定规律对这些有限资源进行特定资产化活动的有序管理过程称为项目管理。作为源于市场需求的项目，人们在管理实践中发现若项目所需市场资源（目标）一定（或确定），且能确认其他构成项目资源约束的物质技术与环境等影响因素条件的数量及其市场价值或价格，则该项目的经济性即所形成的目标资源效果的有用性就可通过分析其投入与产出的关系获得最终的评价，从而判断该项目对投资人是否有利或可行。

项目的经济性（或在项目期初被称为对项目投资可行与否的判断）反映为，按其内涵特点最重要与关键的资源约束性要求——目标载体规定的一次性资源转化为特定资产的任务性标准，用构成项目所需（涉及）的有限资源于市场上如何将其特定有用性通过人的劳动转换为资产（项目或产品）来体现该项特定资产（所涉目标资源）的使用价值或于实现交换价值过程中表现为有用劳动部分的价值——市场的价格，并按（西方）经济学借助有关生产者利益优化模型进行边际效率分析的方法体系，获取在活动水平上能做不同层次、范围、内容等财务方面核算的结果。这对拟建项目在投资决策方面有着特殊意义，故对项目所做的经济分析和再研究常被称为项目的经济性论证（或可行与否的评价）。其本质是分析投资项目从形成到各种约束条件所涉各类拟于市场上转化为资产的资源的价值与效果情况——能否和在多大程度上实现其交换（使用）价值（价格）——根据一定的方法体系（标准和依据）做出有关项目在经济方面（交换价值）合理（可行）与否的判断，从而获得经济上项目是否值得投资（上马建设）的依据，其间过程围绕项目目标要求基于现实资源的约束条件将提供的是有效可信的管理方案。因此，有关项目的经济性论证的主要问题转换为，对形成项目的各种资源及其转化为特定资产的价值表达形式与效果的分析和研究。

鉴于对项目的经济性及其投资可行与否的判断，要由构成项目所需（或所涉）的有限资源于市场上通过人的劳动将其有用性转换为具有特定价值与使用价值的资产（项目或产品）以体现其特定资产（所涉目标资源）的使用价值或在实现其交换价值过程中有用劳动部分的价值——市场竞争价格来决定，故对项目做的经济性分析就演变为人们对项目所需利用的资源在市场上转换为特定资产（项目）的过程中存在着一个能否和在多大程度上、以何种形式实现目标资源有用性（价值或价格）转化的认识问题，全面准确地认识资源成为正确把握项目经济性分析的前提和基础，是理解造成项目管理——特别是工程项目管理中常常出现种种所谓"钓鱼工程"和"烂尾项目"等原因——在于人们在以往项目拟建时对所需资源（完整量）的认识与把握不足是关键。这是因为实际生活中人们常习惯于按传统观念对项目管理所涉及的人、物、事三类情况或其常规资源性约束条件选择所需的人、财、物等要素的表现形式及其价值量问题做研究，只进行所谓常规资源约束条件下的项目经济性分析，并形成了较为完整成熟、概念化的项目经济性论证的基本模式和方法体系；而对那些表现为环境与社会影响的时间和空间与（需求）信息等资源的要素，则往往囿于其自身价值在市场交换或交易过程中表达形式的特殊性和刻画方面的困难程度——不易进行非常规资源约束条件下的项目经济性分析，而忽略了它们在项目（管理）中的重要约束作用或影响效果。按项目构成要素中资源约束性的内在规定，任何项目实际上都要受到形成项目的资源条件的约束和限制，因此人们有必要深入认识和发掘各种资源条件对项目的约束和影响效果，重视不同资源要素在构成和管理项目过程中所起的作用。事实上，作为项目可资利用并在市场交换中要依一定标准和方法转化为特定资产，于使用中往往受到约束和限制的各种资源所涉内容虽极为广泛，但最基本且常用的还是人、财、物、时间、空间与（需求）信息等五大主要类型。

## 1.3.2 有关项目投入的各种资源要素选择与价值形态的表达

在项目以有限资源形式向特定资产转化的过程中，有关资源的选择与价值形态的刻画与表达都受到一定的约束，常见的是项目管理针对管人、管物和管事及其综合管理的要求，通常人们习惯于分别按人、财、物、时空与信息的顺序做相应资源要素的分配，所涉内容及其关系主要可以归纳为以下几个方面。

（1）人（力）的资源要素。作为资源各要素中最核心、最有活力和唯一具有能动性、最具积极和主动意义的要素，人是产生和形成并最终完成以能够利用目标资源转化为特定资产项目的关键性基础要素。在市场经济条件下，该要素通常以项目管理中作为参与项目活动过程所必不可少的市场（人）的需求（容）量以及实施（操作）项目的人力资源（或用工）数量的多少来反映，在价值形态上常常以劳动力的价格（薪酬或工资）等形式来表现。

（2）财力资源要素。项目中的财力资源要素主要指在实施与完成项目——将一般资源转化为有特定目的新资源载体过程中，需要和能够把握与控制的货币资金或可转化为货币资金的具有价值形态的有价值的款（钱）货（物）价值量的多少，是项目经济性分析中最集中也最为重要的资源价值（性）体现，是对其他资源要素做经济性分析所最终要转换达成的目标性结果与根本依据，否则难于进行项目经济效果与价值的判断，因此财力资源大小在一定程度上成为项目能否将各种资源要素在市场上做价值转化以便进行项目经济性分析的关键。

（3）物力资源要素。物力资源要素常指构成项目的资源是否表现为机器设备、房屋、土地等实物形态和无形资产的品牌和商标、技术与专利等非实物形态的资产，该要素在资源约束中本身具有一定的基础性作用，也是项目能否在物质技术条件下实现其功能与作用的重要标志。若必要的物力条件在拟建项目中已存在，则可作为有价值的资源直接计入项目的投入，否则常需先通过一定数量与价值量的具有价值形态的有价款（钱）货（物）在市场上进行的转换（在无实物或无形资产时可通过货币资金的购买）来获得或再通过项目管理过程的生产制作来表达其价值量。现代成熟的工程建设项目管理，即依质量、进度和费用三大具体工作标准——以人、财、物等有限资源要素所做的典型性常规资源约束条件下的项目经济性分析（与管理）。

（4）时空与信息等其他资源要素。时间和空间与信息资源要素主要指构成具体项目或其管理过程中常以一定市场（需求）、自然生态的环境与社会影响效果等非价值形态来表现，并在一定范围内沟通和连接、传递各个资源要素状况的信息。这些资源以往是人们从事项目及其管理时因其具有的隐含性而往往不被重视或受到忽视，而今在强调项目要绿色、和谐、可持续等发展要求的情况下却常常具有一票否决的效果，处于同市场需求之类相同重要地位的社会与环境资源等影响因素。这些要素作为项目或项目管理过程中必然发生和发展出的外部成本（代价）和产出（效益），因其在现实生活中的非价值形态和实物形态有限的可衡量性，成为目前项目经济性分析中最难进行价值判断的重要约束性资源要素，是当今项目与项目管理真正的难点，由此带给项目完整的经济性分析活动——包括环境影响与社会效果等非常规资源要素在内的全资源要素投入条件下项目的经济性分析以巨大的缺憾，常因其难以衡量而被忽视造成项目建成投产后经济和社会或环境等方面的巨大资源性投入的缺失和应有效益的损害。

### 1.3.3 项目各资源要素间的相互关系及其经济性分析论证的实质和表现

对投资项目进行经济性分析与可行性论证的关键，在于处理好确立有关项目投入所涉资源在转化为特定资产过程中对其交换价值有用性所形成的价格及其形态的表达标准一定时，应能正确地找到合理判断有关资源价值量大小的具体方法。

在实际工作中，人们在具体操作时为便于对项目在实现资源向资产转化的效果做出比较判断，多习惯于将投入项目的各种资源（要素）与作为项目形成后所新产出的有特定目的的资产以图 1-6 所示的项目系统内各资源（产）间的效益关系简洁清晰地表达出来。

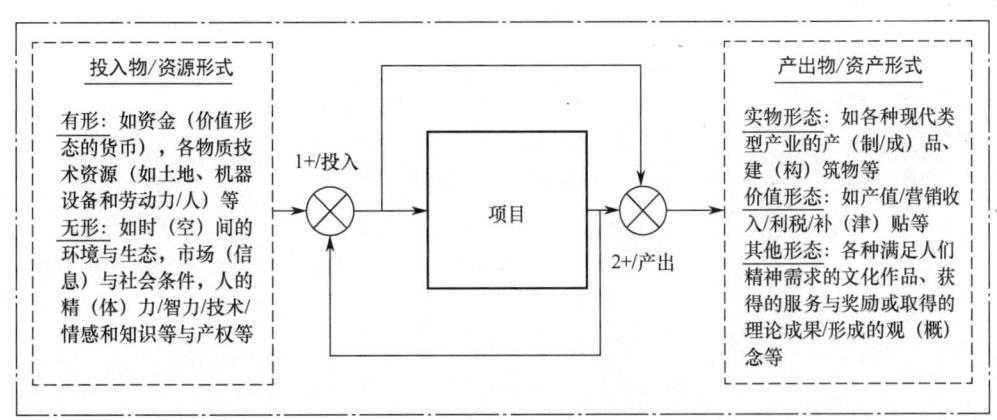

图 1-6　项目资源投入与特定资源产出关系及其经济效益分析

将特定资（源）产的产出与所涉投入的资源量按相同的价值形态选择直接进行在事（项目）前（见图 1-2 中的节点 1+/投入）处或事（项目）后（见图 1-2 中的节点 2+/产出）处两种方法之一的对比，从而将要分析的有关项目经济性问题转化为所谓对项目的（经济）效益或可行与否的具体分析判断。

对现代投资项目进行的经济性分析与可行性论证，按照在市场上是否能将不同价值形态的有关资源以一定的标准转化为可比较衡量进而可做交换的资产为依据，一般应分为对包括前述资源全部要素所做的经济性分析与对项目所涉资源（人、财、物）等常规要素做的经济性分析两个不同的层次和范围，因所分析内容中资源要素含量的不同，项目的经济性分析有可直接用资产形式来做比较分析的常规资源要素经济性分析和全部资源中含有不能直接用资产价值量来衡量，但包括资源量影响效果的项目资源全要素的经济性分析两大类。后者就是当今项目经济性与可行与否研究领域刚启动且尚存巨大潜力有待人们探索以求全面充分认识的全资源要素投入条件下的完整项目经济性分析与可行性论证。

### 1.3.4 不同资源要素投入条件下项目经济性分析（可行性）论证的基本思路

#### 1. 常规资源要素投入条件下的项目

项目管理初期人们出于对直接资源价值投入所产生的项目自身整体经济性的需要，只关心由拟建项目从其整体产出的资产的总价值量对比其所投入常规资源要素（人、财、物等）总资产价值量之间增加、保本或减少三种情况表达的关系，以得出项目投资在市场上是否增值、保值或贬值的经济性判断。为此项目在常规资源要素条件下进行的经济性分析，经数十年的发展已形成思路清晰、模式简明、操作便捷的成熟论证模式。

有关分析的基本思路是在一个拟议项目确定情况下（项目立项后），通过对项目做的经济性可行论证——将该拟建项目所涉有关人、财、物等常规资源性资产分门别类地考查（或按一定标准转化为）其当前市场认可的竞争价格，然后加总作为主要表现为原材料、燃料、资金、人力等项目资源价值的总投入（成本或代价/费用），再与同一市场上项目建成后于未来一定时期（项目经营期）内全部产出（实物形态产品或无形的服务等）的价值量（主要表现为销售收入、税金等）做比较，来获得二者效益关系的判断结论。

而分析的基本模式因有关资源在市场上转化为资产的价值或价格路径明确、方法易行、价值量易比较判断，通常有作为项目常规资源约束条件下主流经济性分析的如下两类基本模式。

（1）基本模式1——绝对经济效益的差值分析式。其主要原理可由如下算式表达：

项目经济效益（$\Delta$）$_{绝对}$=项目总收入（产出）价值–项目总成本（全部投入）价值

所得出的项目投入与产出的比较分析结论应为下列三种情况之一：

当大于时（$\Delta>0$），项目价值增值（盈利）；

相等时（$\Delta=0$），项目价值保值（保本）；

小于时（$\Delta<0$），项目价值贬值（亏损）。

（2）基本模式2——相对经济效益的比值分析式。其主要原理可由如下算式表达：

项目的经济效益（$\eta$）$_{相对}$= 项目总收入（产出）价值÷项目总成本（全部投入）价值

所得出的项目投入与产出的比较分析结论应为下列三种情况之一：

当大于时（$\eta>1$），项目价值增值（盈利）；

相等时（$\eta=1$），项目价值保值（保本）；

小于时（$\eta<1$），项目价值贬值（亏损）。

#### 2. 在考虑资源全（部）要素条件下的项目

鉴于前述项目的经济性分析均基于常规资源要素投入，而按此条件完成的可行性项目的投资建设，若不考虑其对非常规资源如环境与社会及信息等的依赖或消（损）耗，则项目运行后的某些结果就必然带来常由全社会和整个人类要共同承担的对这些资源的破坏或造成的损失，而且这样一些损害因项目本身是在常规资源约束条件下由传统经济分析模式论证得出的，未包含非常规资源条件，故无法化解由此产生的现今各种日益严重的破坏环境与劣化社会等问题，必然造成于项目建成和运行过程中需对所发生损害的经济性补偿。故在现代社会人与自然和社会相关性加剧呈一体化的趋势下，尤其是社会经济发展已进入按科学发展观要求项目管理必须和谐、绿色、生态与可持续时期，人们对项目经济效果的分析更要考虑全部资源要素投入条件以保证项目经济性论证的全面、充分和客观，就更需把按常规资源约束条件下做的项目经济性分析扩展和延伸到其他非常规的生态、环境、社会和市场与信息等资源要素领域。考虑这些资源要素在项目实施过程中的影响效果，突破将资源约束条件以往不考虑与项目形成和发展有关的其他资源（如时空间与信息条件等）的限制，以达成现代项目在资源全要素约束条件下完整有效进行经济性论证、避免资源要素的缺失造成项目经济效益损失的目的。

为此，有关项目在资源全要素投入条件下进行的经济性分析与可行与否研究的基本思路与主要论证模式可通过补充、修正和完善项目在常规资源要素条件下经济性分析与可行与否研究的思路与论证模式来完成，从而有了类似的至少是附加了常规资源要素以外的其他资源（如生态环境与社会影响等）要素作为投入影响因素的综合性、全方位、全要素的经济分析与可行与否的研究，即对项目在资源全要素条件下进行的经济性分析与可行与否的研究判断。

### 1.3.5 不同资源要素条件下经济性分析论证的基本模式

#### 1. 以常规资源要素为投入条件进行的有关项目的经济性分析

其基本模式和主要形制可按范围与权属及操作过程的不同分为图 1-7 所示的两层三步骤。

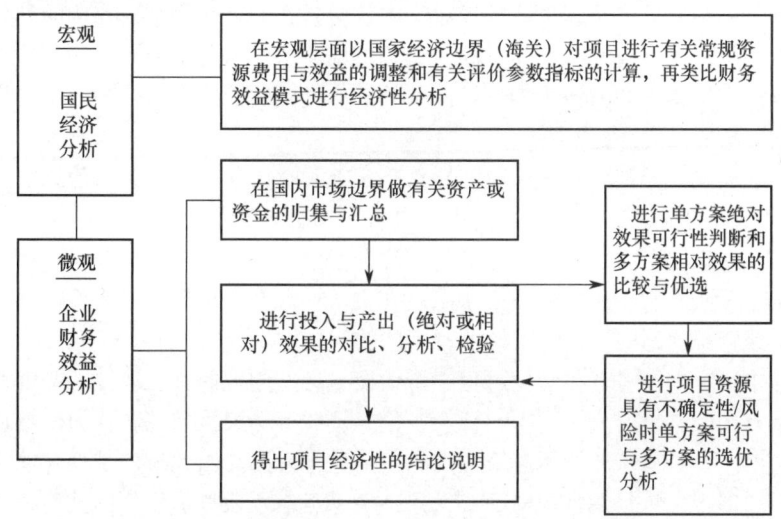

图 1-7　常规资源要素条件下项目经济性分析的基本模式

两个层次——按投资（或项目管理）者权属范围的不同，各立于投资者（或项目自身）与各级政府两个层面来对项目在不同范畴内的经济效果及其影响做分析：把站在微观市场层面（国内市场边界）、以投资者（或项目自身）从企业财务角度对项目进行的狭义经济性分析称为项目的财务效益分析或评价；把站在宏观整个地区经济层面（以国家海关经济边界为限）、从国家或地方政府角度对项目进行的广义经济性分析称为项目国民经济分析或评价。

三大步骤——构成具体可操作程序的主要内容：

（1）对各种投入资源的经济性分析，始于从拟建项目所涉资源可转化为资产或资金的归集进行的所谓资产或资金的清扫，即将与项目有关的资源按照一定的价值形态与标准（如特定的货币资金形式和资金的时间价值）统一转换为具有相同形态和特有价值量、便于进行比较判断的资产，以汇聚为项目投入的资金来源，便于对项目管理过程中各个用途资金资源的具体安排，形成财务的资金来源与应用账表。

（2）按照一定的分析原则和比较依据（判则）对项目在进行建设和管理过程后的产出效果按前述特定的货币资金形式和资金的时间价值标准统一转换为未来具有相同形态的特有价值量，再把前已汇总实际投入的资金来源的总量与此未来具有相同形态特有价值量的产出做绝对（相对）效果的对比——经济效益分析。此为进行项目全部经济性分析中最关键、最重要的核心环节。其间既要按一定的比较原则和具体标准的要求做不同层次、不同阶段间单一方案可行或多方案的比选（从优秀或满意方案中做筛选），也要对拟议中的项目在不同资源约束性条件下的不确定或风险情况做单一方案可行或多方案比选后的进一步分析论证，以使项目增强在资源约束条件发生变化时的适应性。

（3）通过对投资项目经济性可行方案的反复比选，做出有关项目经济性与可行与否的最终结论。

**2. 构成现代项目全资源要素投入时进行经济性分析与可行性论证的基本模式与思路**

近些年来随着国民经济的快速发展和投资实践的不断丰富与理论研究的深入，人们正在深化对非常规资源的资产（化）性质的认识，其中的标志就是在考虑资源全要素投入条件下如何对投资项目的经济性可行与否进行论证分析，只是这一问题目前作为学界和理论界研究的前沿内容尚在深入探讨中。比较趋于一致且较为简明的观点是，与项目在常规资源要素条件下经济性可行与否分析的主要思路及其论证模式对比中效益公式的表达及结论均相同的情况下，增加考虑资源要素的投入非常规的时空间与社会和（市场需求）信息等资源的价值量，如此就使有关此类资源等约束性条件如何转化为市场认可的资产问题的价值表达成为运用常规资源约束条件项目经济性分析的关键。

其中之一的模式，即把以生态环境和社会影响等时空（间）和社会与信息资源形式表达的非常规约束性资源的价值量在市场上转化为项目在投入与管理过程中有具体可衡量价值的资产，使项目管理全过程能充分完整地考虑这些资源与常规资源同处某一具体项目中的经济性（效果），避免此前在常规资源约束条件下因未考虑非常规资源参与项目影响的价值量而造成需做资源缺失的补救或资源遗漏的平衡等维持项目进展的问题发生。

在该模式中，突出了对其在转化过程中价值衡量标准的把握且已取得一些解决问题的初步成果，探索了有关非常规时空（间）与社会及信息资源等约束性条件转化为市场认可的有价资产的途径，目前主要是初步厘清了解决该类问题的基本思路，由此形成了外部非常规资源内部化的解决方案，即把由项目在常规资源要素条件下未考虑（兼顾）到而由其他资源要素引出的外部成本（由环境生态与社会和市场等付出的代价）内部化。也就是在项目前期的经济性分析中，预先把项目建立时和管理过程中将于未来项目后期以环境和社会影响产出的不利效果（原为外部非常规资源要素的影响情况）做治理和预防时可能要发生的费用（代价或成本）转化为事前（项目立项时）的基本投入，从而把原来存在于常规资源外的其他非常规外部资源的价值，通过适当条件的约束和一定的途径，转变成进入项目最初投入时总成本的一部分——内部成本，以解决在项目实施与运营过程中后期，因在做项目常规资源要素条件经济分析时存在全资源要素方面的某些缺陷或不足所带来的资源缺口问题和对有关不利后果的补偿问题，如此之后再按照常规资源投入条件下项目经济性的两层三步骤分析模式，即可实现完整意义上在全资源要素投入情况下对项目进行的综合全面经济效果的可行性论证。

至此，有关对于投资项目的经济性进行分析的可行性论证就初步具有了全过程、全资源要素的完整性意义，这对投资者和项目管理所涉各方面的人员从全局高度和总体观念上正确认识和把握投资项目的经济性、判断项目的可行性都将产生重要的作用，特别是对各级政府在推进科学、和谐、绿色、生态与可持续发展的项目投资管理过程将有特殊重要的意义。至于非常规资源要素投入时外部成本在转为内部化后的经济性分析模式的内容，鉴于有关理论尚在成熟与完善中，限于篇幅有限就不在本书中介绍了。

本书后续有关内容的介绍，均以目前项目管理行业理论界最为成熟的常规资源约束条件下，投资项目的经济性及可行与否的理论模式做出说明。

## 1.4 常规资源条件下投资项目可行性分析的基本思路

### 1.4.1 常规资源要素投资时的基本论证思路

在常规资源要素投入条件下，进行以典型的、具有形成固定资产为特点的工业投资项目前期具体的可行性分析，通常有哪些基本的思路与方法呢？这要求首先搞清楚投资项目可行性分析的基本问题是什么，才能做出回答。

"先评估论证，再决策是否上马"是当今进行现代项目管理的基本原则。进行投资项目的可行性分析，即进行项目前期的分析论证，是指对拟建项目就其技术上的先进性、适用性，以及经济上的合理性、营利性与实施上的可能性和风险性进行全面、科学的综合分析，为项目的投资决策提供客观依据的一种技术经济性质的分析活动。

进行投资项目的可行性分析，也称项目论证或可行性研究，通常应首先围绕市场需求、工艺技术、财务经济效果三个主要方面展开调查和分析。市场是前提，物质技术条件是手段，财务经济效益是核心。通过详细的分析论证，可以回答五个方面的问题：一是项目产品或劳务的市场需求如何？为什么要实施这个项目？二是项目实施需要的物质条件如何？需要多少人力、物力资源？供应条件怎样？三是项目需要多少资金？筹资渠道如何？四是项目采用的工艺技术是否先进适用？项目的生命力如何？五是项目的规模有多大？地（厂）址的选择有什么具体要求？

任何项目都可能有多种实施方案，不同的方案将产生不同的效果。同时，未来的环境具有不确定性，同一方案在不同的状态下也可能产出不同的效果。为了从多种可供实施的方案中选优，就需要对各种可供实施的方案进行分析、比较和评价，预测其可能产生的各种后果。这种在项目实施前进行的分析评价，一般都是通过对实施方案的工艺技术、产品、原料未来的市场需求、供应情况及项目的投资与收益情况的分析，从而得出各种方案的优劣及在实施技术上是否可行、经济上是否合算等可供决策参考的信息。

### 1.4.2 投资将形成固定资产的项目需论证七大内容

对项目进行可行性分析论证，通常应视其为一个连续的过程，它包括问题的提出、制定目标、拟订方案、分析评价，最后从多种可行的方案中选出一种比较理想的最佳方案，供投资者决策。

下面按照常规资源投资条件下以形成固定资产的工业项目为代表，给出一般工程建设项目开展可行性分析论证的一些基本思路。通常，一般建设项目论证的思路是在以下七个主要过程中体现应分析的内容。

（1）明确项目范围和业主目标。这主要是要明确问题，包括弄清项目论证的范围及业主的目标。

（2）收集并分析相关资料。这包括实地的市场调查预测及技术分析和经济分析，每项分析所要包括的主要内容、需要量、价格、工业结构和竞争将决定市场机会，同时原材料、能源、工艺要求、运输、人力和外围工程又影响适当的工艺技术的选择。

（3）拟订多种可行的能够相互替代的实施方案。达到某一目标通常会有多种可行的方法，因而就形成了多种可行的能够相互代替的技术方案。项目论证的核心是从多种可供实施的方案中选优，因此拟订相应的实施方案就是项目论证的一项关键工作。在列出技术方案时，既不能把实际上可能实施的方案漏掉，也不能把实际上不可能实现的方案当作可行方案列进去。否则，要么致使最后选出的方案可能不是实际最优的方案，要么由于所提方案缺乏可靠的实际基础而造成不必要的浪费。所以，在建立各种可行的技术方案时，应当根据调查分析的结果和掌握的全部资料进行全面、仔细的考虑。

（4）进行多方案的分析、比较。方案分析与比较阶段包括分析各个可行方案在技术上、经济上的优缺点；方案的各种技术经济指标（如投资费用、经营费用、收益、投资回收期、投资收益率等）的计算分析；方案的综合评价与选优，如敏感分析及对各种方案的求解结果进行比较、分析和评价，最后根据评价结果选择一个最优方案。

（5）选择最优方案并进一步详细、全面地论证。这包括进一步的市场分析，方案实施的工艺流程，项目地址的选择及服务设施、劳动力及培训，组织与经营管理，现金流量及经济财务分析，额外的效果等。

（6）编制项目论证报告、环境影响与社会效果影响报告和采购方式审批报告。项目论证报告的结构和内容常常有特定的要求，这些要求和涉及的步骤，在项目论证报告的编制和实施中可能有助于业主。

（7）编制资金筹措计划和项目实施进度计划。项目的资金筹措在比较方案时，已做过详细考察，其中一些潜在的项目资金会在贷款者进行可行性分析时冒出来。实施中的期限和条件的改变也会导致资金的改变，这些都应根据项目前评价报告的财务分析做出相应的调整。同时应做出一个最终的决策，以说明项目可根据协议的实施进度及预算进行。

以上步骤只是进行常规资源要素条件下项目可行性分析论证的一般程序，而不是唯一的程序。在实际工作中，根据项目所分析问题的重点及其性质、条件和方法的不同，也可采用其他适宜的程序。

对项目进行的可行性分析，其论证后的作用主要体现在"依据性"上：项目论证的结果可以作为确定项目是否实施的依据；可以作为筹措资金、向银行贷款的依据；可以作为编制计划、设计、采购、施工以及机构设置与配套、资源配置的依据；作为防范风险、提高项目效率的重要保证。

# 第 2 章　投资项目可行性分析的基本原理

**【本章提示】** 依据联合国工业发展组织对项目管理阶段划分的标准，本章按照项目从产生与提出到分析论证得出结论全过程发展的常规进展模式，基于常规资源条件就来自需求的项目市场机会分析到初步与详细可行性分析和项目评价所要求的各阶段的分析原理及其成果表达，用理论阐述为主、案例说明为辅的方法给出了明确的操作性很强的实务分析指南。这有助于读者通过阅读该部分内容后能在较短时间内迅速获得有关常规资源要素条件下进行项目可行性分析的基本思路，从而便捷地了解和掌握开展项目前期管理工作的初步思维模式。

## 2.1　投资项目可行性分析工作阶段的划分及要求

依据联合国工业发展组织编写的《工业可行性研究手册》，基于常规资源条件一般把项目投资前期的可行性分析分为机会分析、初步可行性分析、详细可行性分析和评估与决策四个阶段。

由于建设项目前期的各工作阶段的工作性质、工作目标和内容、工作要求及作用的不同，因此其工作时间与费用也各不相同。通常因为各阶段分析的内容是由浅入深的，所以项目投资和成本估算的精度要求也由粗到细，分析工作量由小到大，分析的目标和作用逐步提升，因此分析工作的时间和费用也随之逐渐增加。其间的目的和要求如表 2-1 所示。

表 2-1　可行性分析各阶段工作的目的和要求

| 工作阶段 | 机会分析 | 初步可行性分析 | 详细可行性分析 | 评估与决策 |
| --- | --- | --- | --- | --- |
| 工作性质 | 项目设想 | 项目初选 | 项目准备 | 项目评估 |
| 工作目标和内容 | 鉴别投资方向，寻求投资机会（含地区、行业、资源和项目的机会分析），选择项目，提出项目投资建议 | 对项目做初步评价，进行专题辅助分析，广泛分析、筛选方案，确定项目的初步可行性 | 对项目进行深入细致的技术经济论证，重点对项目的技术方案和经济效益进行分析评价，进行多方案比选，提出结论性意见 | 综合分析各种效益（包括项目环境与社会影响的评价），对可行性分析报告进行全面审核和评估，分析判断可行性分析的可靠性和真实性 |
| 工作要求 | 编制项目建议书 | 编制初步可行性分析报告 | 编制可行性分析报告 | 提出项目评估报告 |
| 工作作用 | 为初步选择投资项目提供依据，批准后列入建设前期工作计划，作为国家或投资者对投资项目的初步决策 | 判定是否有必要进行下一步详细可行性分析，进一步判明建设项目的生命力 | 作为项目投资决策的基础和重要依据 | 为投资决策者提供最后决策依据，决定项目取舍和选择最佳投资方案 |
| 估算精度 | ±30% | ±20% | ±10% | ±10% |
| 分析费用（占总投资的百分比） | 0.2%~1.0% | 0.25%~1.25% | 大项目 0.2%~1%<br>中小项目 1%~3% | — |
| 需要时间（月） | 1~3 | 4~6 | 8~12 或更长 | |

需要说明的是，以上收费的百分比只表明在前三个阶段之间的相对关系，而不是绝对标准。由于项目间的复杂性、涉及的工作范围和难易程度、论证人员的业务水平以及相互竞争程度均有很大不同，因此收费的百分比也会有较大差异，实际执行时，只作为取舍时的基本参照或协商解决问题的依据。可参考的基本依据是：在规模上，凡是超过定额投资越大，可行性分析时间越长，收费比例越小；反之亦然。

## 2.2 投资项目的机会分析与项目建议书

### 2.2.1 投资项目机会分析的基本问题

#### 1. 机会分析概述

在常规资源要素条件下，进行项目前期可行性分析的论证研究过程中，初期首先要进行的是有关投资机会的分析，投资机会分析的主要任务是为建设项目的投资方向和设想提出建议。具体而言，投资机会分析就是要从一般机会或特定机会的分析中，发现投资的切入点或可能的接口，找出可供投资的项目。在我国，应根据国民经济发展的长远规划、行业和地区规划、经济建设方针、建设任务和技术经济政策，在一个确定的地区、企业或部门内部，结合资源情况、市场预测和建设布局等条件，选择建设项目，寻找最有利的投资机会。

机会分析可分为一般机会分析和特定机会分析。二者既有联系也有区别，一般机会分析要求对某个指定的地区、行业或部门鉴别各种投资机会，或识别利用以某种自然资源或工农业产品为基础的投资机会。此项分析，通常由国家机构和公共或营销中介机构进行，作为制订经济发展计划的基础。在对这些投资机会做出最初鉴别之后，再进行特定的机会分析，即将项目的设想转变为概略的项目投资建议，以引起投资者的注意，使其做出投资响应，并从几个有投资机会的项目中迅速而经济地做出抉择。然后，编制项目建议书，为初步选择投资项目提供依据。经批准后，列入项目建设前期工作计划，作为国家或投资者对投资项目的初步决策。

鉴于此阶段的分析工作较粗略，通常是根据类似条件和背景的工程项目来估算投资额与生产成本，初步分析建设投资效果，提供一个或一个以上可能进行建设的投资项目和投资方案的，故此阶段所估算的投资额和生产成本的精确程度应控制在±30%，大中型项目的机会分析所需时间是1～3个月，所需费用占投资总额的0.2%～1%。如果投资者对这个项目感兴趣，则可再进行下一步的可行性分析工作。

有关机会分析的问题按一般机会分析和特定机会分析两种情况具体分述如下。

#### 2. 一般机会分析

（1）一般机会分析的概念和主要内容。一般机会分析是分析项目机会选择的最初阶段，是项目投资者或经营者通过占有大量信息，并经分析比较，从错综纷繁的事务中鉴别发展机会，最终形成确切的项目发展方向或投资领域的过程（或称项目意向）。依据联合国工业发展组织推荐的纲要，一般机会分析通常需要做地区分析、部门分析和资源分析。

作为一种全方位搜索投资切入点的过程，一般机会分析的主要内容需要进行大量的信息数据的收集、整理和分析，具体表现为三个方面：①地区分析。通过分析地理位置、自然特征、人口、地区经济结构、经济发展状况、地区进出口结构等状况，选择投资或发展方向。②部门分析。通过分析部门特征、经营者或投资者所处部门（或行业）的地位作用、增长情况能否做出扩展等，进行项目的方向性选择。③资源分析。通过分析资源分布状况、资源储量、可利用程度、已利用状况、利用的限制条件等信息，寻找项目机会。

（2）一般机会分析的依据、基本方法和分析结果。一般机会分析所做的地区、部门、资源三个方面的分析需要有关地区经济发展及产业结构预测、地区社会发展现状及预测、地区资源状况及数量显示、有关法律法规、部门发展情况及增长率、进出口结构、趋势分析等方面信息及数据的支持作为依据。

一般机会分析运用的方法主要是要素分层法，这是项目机会选择中比较常用的一种方法。所谓要素分层法，是指通过将一般机会分析所涉及的各个方面的要素列出并区分类别，对各要素重要程度给出权重，并通过评分的方法找出关键要素，来确立项目方向。由于项目选择涉及许多要素，要素分层法就是将这些杂乱无章的影响因素按照项目机会、项目问题、项目承办者的优势、劣势等进行分层；通过要素的分层分析，并采取主观评分的方法来判断机会与问题、优势与劣势各自的强弱，从而做出判断。所以，要素分层法是一种将定性（要素分层）与定量（要素评分）相结合的方法；它要求在占有充分信息的情况下，将影响项目发展的有利因素和不利因素做出直观展示，简单直观，易于操作，十分便于决策。

对于要素分层法的具体操作应用，可按下面的步骤进行：①列出项目影响因素。通常是随机列举项目意向所涉及的所有（或主要）影响因素。②对影响要素分层。根据各要素将项目机会、项目问题、承办者所处优势、承办者所处劣势分别列出。③做出分层矩阵。用矩阵的形式将影响因素列举出来，如表 2-2 所示。④进行要素评分。运用主观评分的方法对各影响要素打分。评分的方法不限，可采取一般评分法，也可采用加权评分法，或采用高低点评分法等。⑤对评分进行修正。分析项目问题转化为项目机会的可能性；劣势转化为优势的可能性；对转化后的情况重新评分。具体评分时可运用头脑风暴法等，先请评分人员分别评，再集中起来介绍自己打分的理由，最后分别打分。有些复杂项目，如争议比较大的项目可重新几次打分，使分数评得科学、公正。⑥做出机会选择——项目设想的决策。核算项目机会、项目问题、优势、劣势和各自的得分，并依据得分决定放弃该项目还是建设该项目。

表 2-2　要素分层矩阵

|  | 项目机会 | 得分 | 项目问题 | 得分 |
|---|---|---|---|---|
| 外部 | 1.<br>2.<br>3.<br>…… |  | 1.<br>2.<br>3.<br>…… |  |
|  | 优势 |  | 劣势 |  |
| 内部 | 1.<br>2.<br>3.<br>…… |  | 1.<br>2.<br>3.<br>…… |  |
| 得分合计 |  |  |  |  |

总之，对于一般机会分析来说，主要应通过分析下列各要点来鉴别投资机会或项目设想，一旦证明是可行的，就需对它们进行详尽的分析。①在加工或制造方面有所需的丰富自然资源；②为加工工业提供农业原料的现有农业布局情况；③对某些因人口或购买力增长而具增长潜力的消费品以及对新研制产品的今后需求；④在经济方面具有同样水平的其他国家中获得成功的同类制造业部门；⑤与本国或国际的其他工业之间可能的相互关系；⑥现有制造业通过前后工序配套，可能达到的扩展程度；⑦现有工业生产能力的扩大，可能实现的经济性；⑧生产要素的成本和市场供应情况；⑨一般投资趋向及工业政策；⑩进口的情况及出口的可能性；⑪多种经营或多元化经营的可能性。

一般机会分析的结果是提供机会分析报告或项目设想。该报告或项目设想为决策者提出可供选择的项目发展方向。

### 3. 特定机会分析

（1）特定机会分析的概念与主要内容。所谓特定机会分析，是指在一般机会分析已确定了项目发展方向或领域后，所做的进一步调查分析，经方案筛选后，可将项目发展方向或投资领域转变为概括的项目提案或项目建议。与一般机会分析相比较，特定机会的选择更深入、更具体。

对于特定项目进行的机会分析，其主要内容一般应涉及市场分析、项目意向的外部环境分析与承办者优劣势分析等具体内容。

所谓市场分析，是对已选定的项目领域或投资方向中若干项目意向进行市场调查和市场预测。通常不仅要做市场需求预测，还要做市场供应预测，同时还要概略了解项目意向相关需求。例如，确定新型建筑材料的市场需求，就要分析建筑业的发展概况。在特定机会分析阶段的市场分析不同于可行性分析阶段的市场调查和预测，这个阶段不需要具体分析市场与项目规模的关系，而是从宏观的角度把握市场的总体走势及动态。

所谓项目意向的外部环境分析，是指要分析除市场之外的其他与项目意向有关的环境，如具体政策的鼓励与限制（包括税收政策、金融政策等），以及进出口状况和有关政策等。

至于项目承办者优劣势分析，即分析承办者经营选定的项目意向有哪些优势，有哪些劣势，劣势能否转化为优势；也可以通过寻找投资或发展"机会"和"问题"的方式，再分析将"问题"转化为"机会"的途径进行优劣势的评价。

（2）特定机会分析的方法和结果。特定机会分析的方法也主要采用要素分层法。特定机会分析的结果是最终为决策者提供具体项目建议或投资提案，同时提出粗略的比较优选和论证的依据。

### 2.2.2 机会分析的成果表达与项目建议书的基本内容和要求

#### 1. 机会分析的成果表达——项目建议书

常规资源要素条件下通过对市场投资机会的分析研究，可以获得和提出是否选择切（进）入市场、是否有必要弥补需求缺口的关于投资机会的初步结论或对投资与否的建议。而此初步结论或对投资与否的建议，其成果的表达形式一般就是项目的机会分析报告或项目建议书。若对此机会分析报告或项目建议书文件再在可行性分析基础上做进一步必要的补充和完善，其内容和新成果的主要形式介于项目建议书与项目评估报告之间，常常就表现为一般意义上项目策划书的文件形式。

所谓项目建议书，是在项目周期内的最初阶段，通过机会分析以提出一个轮廓设想来要求建设或改造某一具体投资项目和做出初步选择的建议性文件，是一种反映机会分析成果，通常由项目承办单位按一定隶属关系向上级主管部门或投资者呈报立项申请的主要载体形式。

#### 2. 项目建议书在可行性分析中的地位和作用

项目建议书作为常规资源要素条件下项目前期管理的基础性文件，主要是从总体和宏观上对拟建项目考察其市场需求、建设的必要性、建设条件的可行性和获利的可能性，并做出对项目进行投资的建议和初步的设想。它是固定资产投资决策前对拟建项目做的轮廓设想（方案），可作为国家（地区或企业或投资者）选择投资项目的初步决策依据和开展进一步可行性分析的基础。通常，项目建议书的主要作用表现在以下三个方面：①在宏观上考察拟建项目是否符合国家（或地区或企业）长远规划、宏观经济政策和国民经济发展的要求，初步说明项目建设的必要性，初步分析人力、物力和财力投入等建设条件的可能性与具备程度。②对于批准立项的投资项目即可列入项目前期工作计划，开展可行性分析工作。③对于涉及利用外资的项目，项目建议书还应从宏观上论述合资、独资项目设立的必要性和可能性。在项目批准立项后，项目建设单位方可正式对外开展工作，编写可行性分析报告。

**3. 项目建议书的基本内容与要求**

由于项目建议书是初步选择投资项目的依据，各部门、各地区、各行业和各投资主体（业主）应该按照国民经济和社会发展的长远规划、行业规划、地区规划等要求，通过调查、预测、分析和初步可行性分析，提出项目的大致设想，编制项目建议书。

按照原国家计划委员会的有关规定，通常工业项目的项目建议书应包括九个方面的主要内容与要求：一是单位名称、生产经营情况和主管单位名称（若是合资合作项目，还应包括合作对象名称、注册国家和法定地址、法定代表人姓名和职务）；二是拟建项目的背景、投资的必要性和可能性；三是产品的销售地区与市场分析；四是项目总投资估算（若是合资合作项目，应说明中外双方投入的资金额及投入方式，其中以技术设备和工业产权投入的，应说明技术和设备作价的外汇金额）；五是资金来源、构成及借贷资金的条件；六是拟采用的生产技术和主要设备；七是其他建设和生产条件；八是经济效益的初步分析；九是主要附件（如合作对象的资信情况、国内有关部门对投入资金的意向函件、产品销售市场的初步调研和预测报告等）。

具体内容在深度上的要求是：

（1）关于投资项目建设的必要性和依据。①阐明拟建项目提出的背景、拟建地点，提出（或出具）与项目有关的长远规划或行业、地区规划资料，说明项目建设的必要性。②对改扩建项目要说明现有企业概况。③对于引进技术和设备的项目，还要说明国内外技术的差距与概况，以及进口的理由、工艺流程和生产条件的概要等。

（2）关于产品方案、拟建规模和建设地点的初步设想。①产品的市场预测，包括国内外同类产品的生产能力、销售情况分析和预测、产品销售方向和销售价格的初步分析等。②说明（初步确定）产品的年产量，一次建成规模和分期建设的设想（改扩建项目还要说明原有生产情况及条件），以及对拟建规模经济合理性的评价。③产品方案设想，包括主要产品和副产品的规模、质量标准等。④建设地点论证，分析项目拟建地点的自然条件和社会经济条件，论证建设地点是否符合地区布局的要求。

（3）关于资源、交通运输及其他建设条件和协作关系的初步分析。①拟利用的资源供应的可能性和可靠性。②主要协作条件情况、项目拟建地点水电及其他公用设施、地方材料的供应情况分析。③对于技术引进和设备进口项目应说明主要原材料、电力、燃料、交通运输及协作配套等方面的近期和远期要求，以及目前已具备的条件和资源落实情况。

（4）关于主要工艺技术方案的设想。①主要生产技术与工艺。如拟引进国外技术，应说明引进的国别以及国内技术与之相比存在的差距，技术来源、技术鉴定及转让等概况。②主要专用设备来源。如拟采用国外设备，应说明引进理由以及拟引进设备的国外厂商的概况。

（5）关于投资估算和资金筹措的设想。投资估算根据掌握数据的情况，可进行详细估算，也可以按单位生产能力或类似企业情况进行估算或匡算。投资估算中应包括建设期利息、投资方向调节税和考虑一定时期内的涨价影响因素（涨价预备金），流动资金可参照同类型企业情况进行估算。资金筹措计划中应说明资金来源，利用贷款的需要附上贷款意向书，分析贷款条件及利率，说明偿还方式，测算偿还能力。对于技术引进和设备进口项目应估算项目的外汇总用汇额及其用途，外汇的资金来源与偿还方式，以及国内费用的估算和来源。

（6）关于项目建设进度的安排。①建设前期工作的安排，应包括涉外项目的询价、考察、谈判、设计等。②项目建设需要的时间和生产经营时间。

（7）关于经济效益和社会效益的初步估计（可能的话，应含有初步的财务分析和国民经济分析的内容）。①计算项目全部投资的内部收益率、贷款偿还期等指标及其他必要的指标，进行盈利能力、清偿能力初步分析。②项目的社会效益和社会影响的初步分析。

（8）有关的初步结论和建议。对于技术引进和设备进口的项目建议书，还应有邀请外国厂商来华进行技术交流的计划、出国考察计划，以及可行性分析工作的计划（如聘请外国专家指导或委托咨询的计划）等附件。

## 链接——案例 2-1

### 《国家 HJ 基金》资助的中外合资 M 产品项目建议书

项目名称：M 产品（国家科技 HJ 计划项目）　承担单位：大华药厂
　　　　　H 产品（国家药品监督管理局重点项目）　申报单位：大华药厂
　　　　　Q-wa 系列产品　申报时间：201×年×月

### 1. 企业概况

大华药厂是国家二级企业，我国医药行业的重点骨干企业，以开发、生产 Q-wa 药物为特色，有中国 Q-wa 药物专家工厂之称。

该厂有着稳定和高水平的管理基础，曾获国家医药局企业质量管理最高奖，主要出口产品质量指标均达到或超过英、美、日药典标准。新任领导班子基本具有大学以上文化程度，并具备长期的药厂管理经验，上任仅一年多便实现产值、销售收入、人均收入分别比上年增长 12.5%、24.6%、7.4%，利税增长 5.5 倍的好成绩。同时在 201×年与外商达成两项合资协议，现已正式设立一家合资企业并投入生产，企业蒸蒸日上。

该厂生产技术和设备先进，特别是 $Y_1$ 车间的技术设备基本从国外引进，具有国际先进水平。所有产品都按照符合国际 GMP 和美国食品和药物管理局（Food and Drug Administration, FDA）要求的企业内控标准组织生产。

该厂 Q-wa 药物研制和开发能力强，每年均有新产品问世和工艺技术的改进突破，形成了以优质产品为"龙头"、具有较强竞争力的产品结构体系，具有国际高新技术水平，市场前景良好，经济效益可观，盈利水平高而且较稳定，年出口创汇 160 万美元以上。

企业简介见附件一。

### 2. 拟合资项目介绍

（1）项目简况。拟合资项目以 M 产品为尖端产品，以 H 产品为中坚产品，以 T 产品为主形成的系列产品为基础产品。同时为使合资项目尽快形成生产能力和实现盈利，该厂技术设备先进、经济效益优良的 $Y_1$ 车间也作为中方出资投入合资企业。中外双方出资和项目总投资情况详见附件二。

（2）拟合资项目产品介绍（见附件三）。

（3）生产建设条件。拟合资项目的规模与该厂的经济实力相当，符合市场前景的要求和行业及地方发展规划，生产条件具备。

M 产品：该厂已具备年产 120t 的生产车间，技术上已具备更大规模生产的条件。拟合资后产量将增加 7 倍。

H 产品：该厂已采用全新工艺，已通过中试，大规模生产条件已成熟。该厂已具备生产该产品的新车间以及附属能源和环保工程，一旦资金到位即可投入规模生产。

T 产品系列：该厂已实现大批量生产，资金到位可在短期内进一步扩大生产规模。

该厂不仅具备生产 M 产品的先进工艺，而且具有高水平的研制能力，使用国外引进的先进设备和检测仪器，均为国际上 21 世纪初期的先进水平，产品完全符合美国、英国药典要求。该厂已在本市国家开发区预定 3 200m² 的厂房，合资后 M 等产品将在开发区生产。开发区新建车间将在全国率先达到国际 GMP 和 FDA 要求。

（4）拟合资项目的财务分析。①历史效益状况（201×年、201×年、201×年）见附件四。②拟合资项目的财务状况预测如表 2-3 所示。

表 2-3  拟合资项目的财务状况预测　　　　　　　　　　　　　　　　单位：%

| 账务指标 | 年份 |||
|---|---|---|---|
|  | 2014 | 2015 | 2016 |
| 销售利润率=产品销售利润/产品销售收入 | ×× | ×× | ×× |
| 成本利润率=产品销售利润/总成本费用 | ×× | ×× | ×× |
| 资本金利润率=税后利润/注册资本 | ×× | ×× | ×× |

从上述财务指标可以看到，拟合资项目在三年中可收回投资 400 万美元，达注册资本金的 80%，在财务上效益优良。

### 3. 结论和建议

基于以上对该项目的技术、市场和效益的分析，急需对该项目投入资金，抓住市场机遇。该厂申请该项目立项，列入"中国 HJ 基金"项目。

## 附件一　企业简介

| 企业名称 | 大华药厂 |
|---|---|
| 企业法人代表 | 王×× |
| 企业专业性质 | 中国 Q-wa 药物专家工厂 |
| 主要产品种类 | M 产品、H 产品、T 产品等 |
| 企业地址 | 略 |
| 通信地址 | 略 |
| 电话 | 略 |
| 传真 | 略 |
| 联络人 | 略 |
| 职工队伍状况 | 技术人员数　管理人员数　销售人员数　工人数 |
|  | ×××××××××× |

## 附件二　拟合资方案

一、投资：600 万美元　注册资本 500 万美元
其中，中方投资 400 万美元，占 66.67%；基金投资 200 万美元，占 33.33%

二、企业投资　　　　　合计×××
1. 固定资产　　　　　×××
　土地　　　　　　　×××
　厂房　　　　　　　×××
　设备　　　　　　　×××
2. 流动资产　　　　　××
3. 无形资产　　　　　×××

三、新增投资（包括基金投资和企业新增投资）主要用途
　征地 4.5 万 m²　　　　××
　厂房 3 200m²　　　　　×××
　设备　　　　　　　　×××

续表

| | |
|---|---|
| 仪器 | × |
| 环保设施 | ×× |
| 公用工程（水、电、气、冷） | ×× |
| 流动资金 | ×× |
| 四、外方投资（略） | |

注：均按万美元为单位，换汇率按官价。

## 📖 附件三　拟合资项目产品介绍

| 一 | | 产品水平 |
|---|---|---|
| | 1 | 属于国际同类产品 21 世纪前 10 年的最高水平 |
| | 2 | 引进技术产品：美国标准 USP22 版 |
| | 3 | 自行开发产品：国家专利（专利证书第×××号） |
| | 4 | T 产品是成熟期，H 产品是发展期，M 产品是发展期 |
| 二 | | 产品市场 |
| | 1 | 国内/国际市场占有率（附依据）：（略） |
| | 2 | 目前国内/国际市场占有率（附依据）：（略） |
| | 3 | 主要原材料、成品（国内/国际采购）：（略） |
| | 4 | 国内外主要竞争厂家、占有地位：（略） |
| | 5 | 未来市场发展趋势分析（3～5 年）（附依据）：（略） |
| | 6 | 产品销售渠道现状与未来设想：（略） |

## 📖 附件四　历史效益状况（略）

⏱【案例点评】项目建议书是在项目周期内的最初阶段，通过机会研究以提出一个轮廓设想来要求建设某一具体投资项目和做出初步选择的建议性文件。有关产品内容的项目建议书是一种最常见、基本的项目建议书文本格式。

该案例以国内某医药企业大华药厂拟利用外资合资生产经营尖端产品 M 和已经通过了中试的中坚产品 H，并最终形成以产品 T 为主的系列基础产品作为投资机会的载体——项目，在宏观上符合国家（和企业）长远规划与经济政策和国民经济发展要求的前提下，主要对企业自身人力、物力和财力投入等建设条件的可能性与具备程度进行了考察和初步分析，确认了项目的投资机会，初步说明了上马建设该项目的必要性和建设条件自身的可行性与获利的可能性，所提出的项目投资建议和初步设想，具有一定的参考价值，只是在有关市场机会的分析说明方面，尤其是具体分析方法的操作说明上缺少进一步阐述，故略显不足。

### 链接——案例 2-2

#### 中外合资在 D 国兴建华迪拉丝厂项目建议书

**1．项目背景资料——谈判概况**

1）为增强中外民间联系，发展外向型经济，201×年 9 月××日至××日，以 D 国丙·廷素实业有限公司董事长丙·廷素披猜先生及总经理诺顿·纳先生为首的 D 国民间技术贸易考察团一行八人，应中国岭南省有关单位的邀请，对该省 G 市有关厂矿企业进行了技术考察，在考察中对中国岭南省的部分技术设备表现出浓厚的兴趣。本着平等互利、友好协商的精神，双方进行了合作洽谈，愿意就一些项目进行广泛合作。双方同意并签订了由中方提供技术、设备对

D国的拉丝机械进行技术设备更新改造的意向书,同时对方邀请中方赴D国考察和进一步洽谈。

2) 201×年11月××日至12月××日,由中国岭南省南岭民间对外经济技术合作实业总公司总经理李××率领的中方代表团赴D国考察,并与D国有关公司(名称略)进行了洽谈。201×年12月××日签订了合作意向书,201×年12月××日共同签署了备忘录。

(1) 合作意向书。中国南岭民间对外经济技术合作实业公司(以下简称中方)与D国丙·廷素公司(以下简称D方),关于在D国纳新县合资兴建拉丝厂的合作意向书(201×年12月××日于D国首都BG市)。

为发展中D友谊,促进双方技术经济的发展,双方一致同意在D国纳新县合资兴建拉丝厂,暂定名称为"D国华迪实业有限公司"。双方对以下条款取得了原则性的一致意见:

① 中D双方在D合资新建的拉丝厂,中方投入所需的拉丝设备及技术,D方投入该厂所需的生产场地、厂房、流动资金、运输车辆及所需的外部条件,并负责办理合资公司在D的登记、注册等手续。

② 合资公司总投资约折合D国货币741万铢。其中,中方占46%,约341万铢;D方占54%,约400万铢。

③ 中方投资以D方提供的原料规格及产品所需求的拉丝机一台,按到达D国首都BG市的CIF价13.65万美元,折合D币341.25万铢作价(包括随机易损备件一套及调试工程技术人员费用),有关设备型号与D方讨论后选定。

④ 中方派出两名管理、技术人员赴D国,参与合资公司的生产技术、管理等工作,其工资待遇参照D国同等水平,住宿由D方安排,工资由合资公司发放。

⑤ D方投入合资公司的厂房,按8年计为48万铢,水电改装费30万铢,开始生产后水电费按实际消耗摊入成本。

⑥ D方投入全新的10t、3t载货汽车各一辆,为140万铢。

⑦ D方提供合资公司生产流动资金100万铢。

⑧ D方负责拉丝机到达D国首都的关税,约62万铢,负责办理有关免税手续,力争减免关税。

⑨ D方提供D币20万铢,作为合资公司的前期费用(如设备运输、安装调试等费用)。

⑩ D方负责合资公司产品原料的供应及产品的销售。

⑪ D方应协助办理中方赴D国人员的工作许可签证。

⑫ 合资期限定为8年。

⑬ 建设投资折旧率定为每年25%。

⑭ 双方一致同意,风险分摊及利润分成,按各方的投资比例分摊,中方为46%,D方为54%。

⑮ 合资公司将成立由中D双方各二人组成的董事会,董事会为合资公司最高权力机构。董事会每年在D国或中国召开一次会议,费用由合资公司支付。

⑯ 8年后,若双方同意中止合作,企业清盘,处理的资产残值(包括固定资产余值及自有流动资金回收)按D方54%、中方46%的比例分配。

⑰ 合资公司章程及正式合同,待双方政府对项目批准后再行签订。未尽事宜,待后再行协商。

⑱ 该意向书中英文一式四份,双方各执两份。

双方公司名称、代表签字。

(2) 洽谈备忘录。在备忘录中对有关具体合作事项做了进一步明确安排(略)。现仅将投资协议列表如下:

中方:机器设备CIF(D国首都BG市)价=3.4百万BAIIT

D方:

① 汽车（中、重型车辆） 1.1 百万 BAIIT
② 流动资金 1.0 百万 BAIIT
③ 土地租金（8×12×5 000） 0.48 百万 BAIIT
④ 供变电、供水 0.30 百万 BAIIT
⑤ 运输及基础 0.20 百万 BAIIT
⑥ 进口关税（18%） 0.62 百万 BAIIT
小计 3.7 百万 BAIIT
合计 8.1 百万 BAIIT

### 2. 项目建议书

（1）项目名称及所在地。

项目名称：中 D 合资华迪冷拔拉丝厂（企业暂名为 D 国华迪实业有限公司）。

项目所在地：D 国纳新县。

（2）项目主办单位：①D 国丙·廷素实业有限公司。负责人：董事长丙·廷素披猜先生，总经理诺顿·纳。②中国岭南省 G 市南岭民间对外经济技术合作实业总公司，负责人：总经理李××。

（3）举办合资企业的理由。21 世纪前 10 年 D 国经济飞跃发展，建筑用 φ2～6mm 线材需要量剧增。D 国丙·廷素实业有限公司在纳新县的原有钢网厂，产品供不应求，而 φ2～6mm 钢丝供货紧张，因此，该公司急需自建一座拉丝厂，但 D 方缺乏独立完成整体设计、实施生产、技术管理及拉丝机的整套技术。希望中方提供技术、设备，合资兴建。这就为岭南省技术和成套设备出口提供了一个极好的机会。经现场考察，拉丝厂拟建在纳新县公司原有钢网厂内，厂房、水、电、交通等外部条件已基本具备，按照台时 1t 计，产品有销路，不仅可满足该公司钢网厂及与其有业务关系的钢网厂对线材的需要，且可部分投放市场。此项目风险小，经济效益好。经协商，中方将提供：①拉丝厂的整体设计；②安装调试及培训当地工人；③对拉丝厂的生产管理；④冷拔钢丝的全套设备。

如该项目兴办成功，能为中国岭南省的技术及产品打向 D 国及东南亚市场奠定良好基础，可用中方的技术设备在尽可能短的时间内为国家创汇。所以，在 D 国建立此类合资工厂是很有必要的。

（4）中方合营者情况。中方合营者名称、主要业务经营范围、经济实力等，略。

（5）国外合营者情况。D 国合营者名称、法定代表人、业务范围、经济实力、资信等，略。

（6）合资经营的主要内容。

① 生产规模及产品。规模：年产 3 000t 线材。产品：各种建筑用线材。

② 合营期限：8 年。

③ 合资企业职工：管理人员 4 人，技术人员 3 人，生产工人 15 人，勤杂人员 2 人，共计 24 人。

④ 总投资及合资比例：项目总投资 296 400 美元。出资比例为 D 方 51%，中方 49%。

⑤ 出资方式和资金来源。D 方以土地、厂房使用权、运输设备和流动资金等作价出资；中方以整体设计、机器设备、管理知识作价出资。

⑥ 产品技术性能及销售方向。合资经营企业的产品（线材），在现有的建筑线材中可以达到上等水平，并可生产中国标准、英国标准和世界通用型标准三种标准线材。原材料可选用沸腾钢和镇定钢两种钢材。产品大部分由 D 国丙·廷素实业公司所属的工厂自行消化，少部分产品在市场销售。

⑦ 生产经营条件。合资企业所需的生产场地、原材料、燃料、动力等由当地提供解决，交通工具、流动资金由 D 方解决，技术及生产设备由中方解决，销售经营由 D 方负责，协作配套由双方协商。

（7）技术、经济效益初步分析。根据市场调查和预测，D国今后建筑材料需求量很大，特别是现在D国数条高速公路正在修筑，路面钢网供不应求。据调查，当地φ9~10mm盘圆市场价格为310美元/吨。制作钢网的φ4mm盘圆，每吨市场价格为500美元，其差价为190美元，中方所提供的生产设备，可年产3 000吨，扣除各种费用后，每吨利润可达90美元，因此，预期项目的投资效益是比较高的。

（8）项目实施计划。现中方正组织项目的总体设计和机械选型，开始着手编写可行性研究报告。待该项目正式批准后，即通知D方签署正式合同和章程，力争早日实施。

中方合营者（名称略）　　　　　　　　　　　　　　　201×年12月××日

**【案例点评】** 该案例是一个典型的国内对海外投资兴办实业（工厂）项目的建议书，内容侧重于工业生产性非矿山开采项目在海外投资的机会发掘与可能性的确认问题。建议书较全面、完整地反映了此类项目从市场的机会研究开始，分析确认投资项目可能性的全过程，在海外投资机会的研究分析上有一定的代表性。

该案例的机会分析从外方来华考察访问的接待谈判引出项目意向，通过我方对此特定项目意向就合资建设的必要性和依据，包括拟建项目提出的背景、拟建地点，与项目有关的外方企业的资料，我方现有企业概况、国内外技术差距、"走出去"的理由及工艺流程和生产条件的概要说明等所做的简要分析，初步阐明了项目建设的必要性。

一个完整的项目建议书，在内容上通常包含九个方面的基本要求（如第2.2.2节所述）。由于该案例所涉及的范围较小、内容有限，故在该建议书中，所阐明的产品方案除产品及其生产规模和技术性能外，主要是对产品的销售方向做了初步分析；对资源、交通运输及其他建设条件和协作关系的说明包括拟利用的资源（人力、物力）供应的可能性和可靠性；至于有关投资和资金筹措的设想，则对出资方式和资金来源做了初步说明；但就该项目产生的经济和社会效益所做的初步估计还是比较实际的。

## 链接——案例2-3

### 关于合资兴建年产500吨中药材种植与深加工项目建议书

**1. 项目背景**

正在迅速走向全球市场的中国中药大多数来自天然植物，治疗作用经过长久岁月的验证，没有化学合成药物的副作用，因而越来越受到国际医药界的重视。全世界中药市场正以每年10%的速度增长，世界范围内研究、开发和利用中药的热潮，推动了中药材生产的迅速发展和药材市场的繁荣，全球中草药贸易的增长速度很快。C省DJ区是全国农村中医药工作先进单位，全国中医药参与孕产妇及中医健康教育试点单位，国家中医药发展综合改革试验地，全国中医药区域预防保健及康复能力建设项目试点区，已经初步形成中医诊疗、保健、制剂、药材全面发展的新格局。

**2. 建设内容及规模**

该项目占地面积30 060亩[①]，建成药材基地3 000亩，厂房面积60亩，加工厂房建筑面积3 200平方米，年产5 000吨中药材。该项目总投资项目建成后可实现年利润2亿元，解决就业人数200人。

**3. 投资概算**

初步概算投资额度约为2.8亿元RMB。

---

[①] 1亩≈666.67平方米。

### 4. 建设条件

C省所在的DJ区属亚热带温润季风区，四季分明，热量丰富，雨量充沛，气候宜人，环境优美，多年平均气温17℃，无霜289天。DJ区的医药种植业历史悠久，特色鲜明，中药资源得天独厚。近几十年来，已经先后建立了1.5万亩天麻种植基地、25万亩牡丹皮种植基地、12万亩金银花种植基地，铁皮石斛、黄柏、青蒿等中药材种植面积逐年扩大。

### 5. 建议合作方式

合资或股份制合作均可。

### 6. 联系方式

联系单位：C省DJ区农业发展委员会
联系电话：×××-××××××××，×××-××××××××

> **链接——案例 2-4**

#### HY园区关于投资建设新型建筑节能材料项目的建议书

### 1. 项目背景

自从2008年国际金融危机以来，全球经济增长乏力，作为21世纪三大关键技术之一，新材料是高新技术发展的基础和先导，已成为全球经济迅速增长的源动力和各国提升核心竞争力的焦点。《"十三五"国家战略性新兴产业发展规划》把"促进高端装备与新材料产业突破发展，引领中国制造新跨越"作为"十三五"期间的八方面重大发展任务之一。

### 2. 建设内容及规模

项目占地250亩，年产各类新型建筑结构材料、新型墙体材料、保温隔热材料、防水密封材料和装饰装修材料500万平方米。预计项目建成投产后，可实现年销售收入50 000万元，利税5 000万元。

### 3. 投资概算

初步匡算的投资总额约为20 000万元。

### 4. 建设条件

Q省HY开发区将按照《规划》和《关于促进化工产业调结构促转型增效益的实施意见》（Q府办发〔2016〕×××号）要求，依托DJ所在地区丰富的天然气能源，大力发展基础零部件用钢、高性能海工用钢等先进钢铁材料，高强铝合金、高强韧钛合金、镁合金等先进有色金属材料，高端聚烯烃、特种合成橡胶及工程塑料等先进化工材料，先进建筑材料等。

### 5. 合作方式

独资或合资均可。

### 6. 联系方式

联系单位：Q省HY开发区工业园区管委会
联系电话：×××-××××××××

> **【案例点评】** 案例2-3和案例2-4是近年来开始流行的一种与之前通行的标准格式有所不同的另类新型简约版项目建议书形式，文本源自笔者参与有关中外（包括国内跨地区）投资洽谈会所得的一手建议书资料。对此类项目进行投资和发起项目建议的本质，既是国内进一步

开发开放发展经济的需要,也是基于全球经济因国际政治形势发生突变后,世界经济发展趋缓而使资金必然流入社会稳定、经济发展势头良好的国家或地区所迅速形成的一大批由国内拟以招商引资来发展地方经济的政府,或地方单位出于发展所在地经济而必然发起的新型项目建议(实为简版文本)。此类项目建议及其书写特点,根本是有项目需求的一方提出希望通过招商方式以吸引外来(海内外或跨地区的)资金投入本地以带动或驱动发展本地经济为主要目的,往往多由本身具有强烈发展需求又较为熟悉情况的所在地政府或其主管部门(单位)等以合资一方的乙方(或甲方)公开发起,并在提供相应投资基础设施或政策软环境等条件下,面向有类似/相近项目或技术(特别是自主专有技术等)投资需求的另一方(如甲方或乙方之一)进行。因此,通常招商的一方会以此类看似不够完整的新型的初级建议书形式,提供较好的类似招投标性质的公开合作(招商)文件(如招商项目或建议),若另一方能参与其中首先做好现场调研和意向性接洽,就有机会发现可能的(潜在)合作者,即适合对接或承接或因缺资金或因缺技术或因缺市场等的另一方,故而这是一类投资者较易进行投资筛选,在短时间内取得较好的项目投资建议的便捷方式。对此,投资方若能够把握得好往往可得事半功倍之效,会极大地提高项目投资的效率和效益。而由此获得的最直接的成果就是参加此类招商活动者在及时发现有意合作的一方且一旦对接成功后,则上述由其中一方撰写和提供的招商项目或建议内容就会成为最原始的仅需稍加完善即可提交决策者取舍的正式的项目建议书。

## 2.3 项目的初步可行性分析与详细可行性分析

### 2.3.1 项目可行性分析概述

**1. 项目可行性分析的概念**

所谓项目可行性分析,即所谓"可以或不可以行得通的方案分析",基于常规资源条件通常是指在投资决策前,对与拟建项目有关的社会、经济和技术等各方面情况进行深入、细致的调查分析,对各种可能拟订的技术方案和建设方案进行认真的技术经济分析与比较论证,对项目建成后的经济效益进行科学的预测和评价。在此基础上,综合分析建设项目的技术先进性和适用性、经济合理性和有效性,以及建设可能性和可行性,从而确定该项目是否应该投资、如何投资;是继续投资使之进入项目开发建设的下一阶段,还是就此终止不投资等,为项目的投资决策提供可靠的科学依据,为下一步工作的开展打好基础。

**2. 可行性分析的主要任务**

由于完成一个项目可以有多种途径,有各种方案,即达到目标的载体形式在完成作为一次性任务的项目过程中可行性方案不是唯一的,需在多个可行性方案中选定最优或最佳方案和最佳时机,以便为该项目的决策提供科学依据,因此应按照最佳方案符合"从全局出发,技术上先进,经济上合算,完成时间尽可能最短"的要求对项目投资方案进行分析和评价也就成为可行性分析的基本任务。具体来说,就是要按照国民经济长期规划、地区规划、行业规划的要求,对拟建项目进行投资方案规划、工程技术论证、社会与经济效果预测和组织机构分析,经过多方面的计算、分析、论证评价,为项目决策提供可靠的依据和建议。因此,项目可行性分析是保证建设项目以最少的投资耗费取得最佳经济效果的科学手段,也是实现建设项目在技术上先进、经济上合理和建设上可行的科学方法。

**3. 可行性分析在投资项目可行性分析中的地位和作用**

(1)作为建设项目投资决策和编制可行性分析报告的依据。可行性分析是项目投资建设的首要环节，项目投资决策者主要根据可行性分析的评价结果，决定一个建设项目是否应该投资和如何投资。因此，它是项目投资的主要依据。

（2）作为筹集资金向银行申请贷款的依据。我国的建设银行、国家开发银行和投资银行等以及其他境内外的各类金融机构在接受项目建设贷款时，首先会对贷款项目进行全面、细致的分析评估，银行等金融机构只有在确认项目具有偿还贷款的能力、不承担过大的风险情况下，才会同意贷款。

（3）作为项目主管部门商谈合同、签订协议的依据。根据可行性分析报告，建设项目主管部门可同国内有关部门签订项目所需原材料、能源资源和基础设施等方面的协议和合同，以及同国外厂商就引进技术和设备正式签约。

（4）作为项目进行工程设计、设备订货、施工准备等基本建设前期工作的依据。可行性分析报告是编制设计文件、进行建设准备工作的主要根据。

（5）作为项目拟采用的新技术、新设备的研制和进行地形、地质及工业性试验工作的依据。项目拟采用的新技术、新设备必须是经过技术经济论证认为可行的，方能拟订研制计划。

（6）作为环保部门审查项目对环境影响的依据，以及作为向项目建设所在地政府与规划部门申请施工许可证的依据。

作为在项目意向确定之后（如立项后）对项目的进一步判断，可行性分析又可以分为对项目做初步估计的初步可行性分析与对项目做全面、详细的可行性分析两个具体阶段。初步可行性分析是介于机会分析和详细可行性分析之间的中间阶段，详细可行性分析则是一项需对一个项目的技术、经济、环境及社会影响等进行深入调查分析，费时、费力、费资金的工作，特别是大型的或比较复杂的项目更是如此。

### 2.3.2 项目的初步可行性分析

#### 1．项目初步可行性分析的概念

基于常规资源条件撰写的项目建议书经国家有关部门（如计划部门）或投资者审定同意后，对于投资规模较大、工艺技术较复杂的大中型骨干建设项目，仅靠机会分析还不能决定取舍，在开展全面分析工作之前，往往需要先进行初步可行性分析，以进一步判明建设项目的生命力。因初步可行性分析可将详细可行性分析的内容简化，做出粗略的论证估计，故其目的十分明显：一是分析项目是否有前途，从而决定是否应该继续深入调查分析；二是看项目中是否有关键性的技术或项目问题需要解决；三是必须做哪些职能分析或辅助分析（如实验室试验、中间试验、重大事件处理、深入市场分析等）。

#### 2．项目初步可行性分析要解决的问题

（1）项目建设有无必要性？
（2）项目需要多长时间完成？
（3）需要多少人力、物力资源？
（4）需要多少资金且能否筹集到足够的资金？
（5）项目财务上是否有利可图？
（6）项目经济上是否合理？

#### 3．项目初步可行性分析阶段的基本工作目标

（1）分析投资机会所得出的结论，并在占有详细资料的基础上做出初步投资估价。该阶段工作需要深入弄清项目的规模、原材料资源、工艺技术、厂址（位置坐落）、组织机构和建设进

度等情况，进行经济效果评价，以判定是否有可能和必要进行详细可行性分析。

（2）确定对某些关键性问题进行专题辅助分析。例如，市场需求预测和竞争能力分析，原（材）料辅助材料和燃料动力等供应和价格预测分析，工厂中间试验、厂址选择、合理经济规模，以及主要设备选型等分析。在广泛的方案分析比较论证后，对各类技术方案做筛选，选择效益最佳方案，排除一些不利方案，缩小下一阶段的工作范围和工作量，尽量节省时间和费用。

（3）鉴定项目的选择依据和标准，确定项目的初步可行性。根据初步可行性分析结果编制初步可行性分析报告，决定是否有必要继续进行分析，如通过所获资料的分析确定该项目设想不可行，则应立即停止工作。该阶段是项目的初选阶段，分析结果应做出是否投资的初步决定。

（4）初步可行性分析是介于机会分析和详细可行性分析之间的中间阶段，其分析内容和结构与可行性分析的内容和结构基本相同，主要区别在于所获资料的详尽程度不同，分析的深度不一样。两者对建设投资和生产成本的估算精度要求一般控制在 ±20% 的范围。投资估算可采用 0.6 指数估算法、因子法、工程系数法和投资比例法等，分析所需时间为 4~6 个月，所需费用占投资总额的 0.25%~1.25%。

### 4. 项目初步可行性分析的主要内容

初步可行性分析的结构及分析的主要内容基本与详细可行性分析相同，所不同的是占有的资源细节有较大差异。具体而言，初步可行性分析涉及的主要内容有：①市场和生产能力，进行市场需求分析预测，渠道与推销分析，初步的销售量和销售价格预测，依据市场销售量做出初步生产规划；②物料投入分析，包括从建设到经营的所有物料的投入分析；③坐落地点及厂址的选择，包括坐落地点选择与厂址选择的部分；④项目设计，包括项目总体规划和工艺设备计划、土建工程规划等；⑤项目进度安排；⑥项目投资与成本估算，包括投资估算、成本估算、筹集资金的渠道及初步筹集方案。

### 5. 项目初步可行性分析的结果与作用

项目初步可行性分析的基本成果主要包括市场和工厂生产能力、原材料投入、地点和厂址、工艺技术和设备选择、土建工程、企业管理费、人力资源、项目实施及经济评价。

若已就投资的可能性进行了项目机会分析，那么项目的初步可行性分析阶段往往可以省去。如果关于部门或资源的机会分析包括足够的项目数据，则可继续进入项目可行性分析阶段或决定终止这一分析，那么有时也可越过初步可行性分析阶段。然而，如果项目的经济效果使人产生疑问，就要进行初步可行性分析来确定项目是否可行，除非初步可行性分析的某一方面已通过详尽的市场分析或对一些其他的功能分析进行了深入的调查。可以通过捷径来决定投资支出和生产成本中的次要组成部分，但不能决定其主要组成部分。必须把估计项目的主要投资支出和生产成本作为初步可行性分析的一部分，但并不一定只依靠确实的报价单作为估计根据，以往的项目数据可作为主要参考。

经过初步可行性分析，可以形成初步可行性分析报告。该报告虽然比详细可行性分析报告粗略，但是对项目已经有了全面的描述、分析和论证，所以初步可行性分析报告可以作为正式的文献供决策参考；也可以依据项目的初步可行性分析报告形成项目建议书，通过审查项目建议书决定项目的取舍，即通常所称的"立项"决策。

### 6. 辅助（功能）分析

辅助（功能）分析包括项目的一个或几个方面，但并非所有方面，且只能作为初步可行性分析、项目可行性分析和大规模投资建议的前提或辅助。其分类如下：

（1）对要制造的产品进行的市场分析，包括市场的需求预测以及预期的市场渗透情况。

（2）原料和投入物资的分析，包括项目使用的基本原料和技术物资的当前和预测的可获得性，以及这些原材料和投入的目前和预测的未来价格趋势。

（3）实验室和中间工厂的试验，根据需要进行试验以决定具体原料是否合适。

（4）厂址分析，特别是对那些运输费用影响大的项目的厂址的选择十分重要。

（5）规模的经济性分析，一般作为技术选择分析的一个部分进行。如果牵扯几种技术和几种市场规模，则分开进行这些分析，但分析不扩大到复杂的技术问题中。这些分析的主要任务是在考虑各种选择的技术、投资费用、生产成本和价格之后，评价最具经济性的工厂规模。这种分析通常对几种规模的工厂生产能力进行分析，分析该项目的主要特性，并计算每种规模的结果。

（6）设备选择分析。若项目的设备涉及的部门多，来源分散，且成本各不相同，则应坚信此种分析。一般在投资或实施阶段进行设备订货，包括准备投标、招标并对其进行评价，以及订货和交货。如果涉及巨额投资，项目的构成和经济性在极大的程度上取决于设备的类型及其资本费用和经营成本，所选设备直接影响项目的经营效果。在这种情况下，如果得不到标准化的成本，那么设备选择分析就是必不可少的。

辅助分析的内容根据分析的性质和打算分析的项目各有不同，但由于其关系到项目的关键方面，因此其结论应为随后的项目编制阶段指明方向。在大多数情况下，投资前辅助分析如果在项目可行性分析之前或与项目可行性分析一起进行，其内容则构成项目可行性分析的一个必不可少的部分。

若一项基本投入可能是确定项目可行性的一个决定因素，而辅助分析有可能表明否定的结果，则应在初步可行性分析或项目可行性分析之前进行辅助分析。若在所要求的对一项具体功能的详细分析过于复杂，不能作为项目可行性分析的一部分进行，辅助分析则与初步可行性分析或项目可行性分析同时进行。若在进行项目可行性分析过程中发现，尽管作为决策过程一部分的初步评价可以早些开始，但比较稳妥的做法是对项目的某一方面进行更详尽的鉴别，则应在完成该项目可行性分析之后再进行辅助分析。

辅助分析的费用必须和项目可行性分析的费用联系起来考虑，因为这种分析的一个目的就是在项目可行性分析阶段节省费用。

### 2.3.3　项目的详细可行性分析

基于常规资源条件进行的机会分析、初步可行性分析、详细可行性分析、评估与决策是投资前期的四个阶段。在常规资源条件下开展的实际工作中，前三个阶段依项目的规模和繁简程度可把前两个阶段省略或合二为一，但详细可行性分析是不可缺少的。通常改扩建项目只做初步和详细可行性分析，中小项目一般只进行详细可行性分析。

**1. 详细可行性分析**

详细可行性分析也叫（或简称）可行性分析，是在项目决策前对项目有关的工程、技术、经济等各方面条件和情况进行详尽、系统、全面的调查、研究和分析，对各种可能的建设方案和技术方案进行的详细比较论证，并对项目建成后的经济效益、国民经济和社会效益进行预测和评价的一种科学分析过程和方法。作为建设项目投资决策的基础，它是项目进行技术、经济、社会和财务方面评估和决策的依据，是项目具体实施（进行建设和生产）的科学依据。因此，这个阶段是进行详细、深入的技术经济分析的论证阶段。

**2. 详细可行性分析的主要目标**

（1）深入分析有关产品方案、生产流程、资源供应、厂址选择、工艺技术、设备选型、工程实施进度计划、资金筹措计划,以及组织管理机构和定员等各种可能选择的技术方案,进行全面、深入的技术经济分析和比较选择工作,并推荐一个可行的投资建设方案。

(2)着重对投资总体建设方案进行企业财务效益、国民经济效益和社会效益的分析与评价,对投资方案进行多方案比较选择,确定一个能使项目投资费用和生产成本降到最低限度、以取得最佳经济效益和社会效益的建设方案。

(3)确定项目投资的最终可行性和选择依据的标准,对拟建投资项目提出结论性意见。详细可行性分析的结论,可以推荐一个认为最好的建设方案;也可以提出可供选择的几个方案,说明各个方案的利弊和可能采取的措施,或者也可以提出"不可行"的结论。按照详细可行性分析结论编制可行性分析报告,作为项目投资决策的基础和重要依据。

(4)详细可行性分析是决定项目性质的阶段(定性阶段),是项目决策分析的关键环节,该阶段为下一步的工程设计提供基础资料和设计依据。因此,在此阶段,要求建设投资和生产成本计算精度控制在±10%的范围内;分析工作所花费的时间为8~12个月;所需费用中,大项目占总投资的0.2%~1.0%,中小项目占总投资的1.0%~3.0%。

### 3. 详细可行性分析的依据

对一个拟建项目进行详细可行性分析,必须在国家有关的规划、政策、法规的指导下完成,同时,还要有相应的各种技术资料。详细可行性分析工作的主要依据有:

(1)国家有关的发展规划、计划文件,包括对该行业的鼓励、特许、限制、禁止等有关规定。

(2)项目主管部门对项目建设要求请示的批复。

(3)项目建议书及其审批文件。

(4)项目承办单位委托进行详细可行性分析的合同或协议。

(5)企业的初步选址报告。

(6)拟建地区的环境现状资料,以及自然、社会、经济方面的有关资料。

(7)主要工艺和装置的技术资料。对某些需要经过试验的问题,应由项目承办单位委托有关单位进行试验或测试,并将其结果作为详细可行性分析的依据。

(8)项目承办单位与有关方面取得的协议,如投资、原料供应、建设用地、运输等方面的初步协议。

(9)国家和地区关于工业建设的法令、法规,如"三废"排放标准、土地法规、劳动保护条例等。

(10)国家有关经济法规、规定,如中外合资企业法、税收、外资、贷款等规定,国家关于建设方面的标准、规范、定额资料、市场调查报告等。

### 4. 详细可行性分析的基本原则与程序框架

1)详细可行性分析的基本原则。

(1)科学性原则,即要求按客观规律办事。这是详细可行性分析工作必须遵循的最基本的原则。遵循此原则需做到:运用科学的方法和认真的态度来收集、分析和鉴别原始的数据和资料,以确保它们的真实和可靠。真实、可靠的数据资料是详细可行性分析的基础和出发点。要求每项技术与经济的决定要有科学的依据,是经过认真的分析、计算而得出的。

(2)客观性原则,也就是要坚持从实际出发、实事求是的原则。建设项目的详细可行性分析是根据建设的要求与具体条件进行分析论证而得出可行或不可行的结论的。

承担详细可行性分析的单位要正确地认识各种建设条件。这些条件都是客观存在的,分析工作要求排除主观臆断,要从实际出发。

要实事求是地运用客观资料做出符合科学的决定和结论。可行性分析报告和结论必须是分析过程合乎逻辑的结果，而不应掺杂任何主观成分。

（3）公正性原则，就是站在公正的立场上，不偏不倚。在建设项目的可行性分析工作中，应该把国家和人民的利益放在首位，综合考虑项目利益相关者的各方利益，决不为任何单位或个人而生偏私之心，不为任何利益或压力所动。实际上，只要能够坚持科学性与客观性原则，不是有意弄虚作假，就能够保证可行性分析工作的正确和公正，从而为项目的投资决策提供可靠的依据。

2）详细可行性分析的一般工作流程与程序框架。按照我国现行的工程项目建设程序和国家颁布的《关于建设项目进行可行性研究的试行管理办法》，可行性分析的一般工作流程如下所述。

（1）建设单位提出项目建议书和初步可行性分析报告。各部、省、自治区、直辖市或计划单列市和全国性工业公司及现有的企事业单位或投资业主，根据国家和地区经济发展的长远规划、经济建设的方针任务和技术经济政策，结合资源情况、建设布局等条件，在广泛调查分析、收集资料、踏勘建设地点、初步预测投资效果的基础上，提出需要进行可行性分析的项目建议书和初步可行性分析报告。跨地区、跨行业的建设项目及对国计民生有重大影响的大型项目，应由有关部门和地区联合提出项目建议书和初步可行性分析报告。

（2）项目业主、承办单位委托有资格的工程咨询或设计单位进行可行性分析工作。各级计划部门汇总和平衡项目建议书。当项目建议书经国家或地区的计划部门、贷款单位或有关部门授权的工程咨询单位评估同意，并经审定批准后，该项目即可立项，分别纳入各级的前期工作计划和贷款计划。项目业主或承办单位就可委托经过资格审定的工程咨询公司（或设计单位）着手编制拟建项目的可行性分析报告。委托方式可由国家计划部门或主管部门直接给工程设计咨询公司下达计划任务；也可由各主管部门、国家专业投资公司、项目业主采用签订合同的方式委托给有资格的设计咨询单位承担可行性分析工作。在主管部门下达的委托任务或双方签订的合同中，应规定分析工作的依据、分析的范围和内容、前提条件、分析工作的质量和进度安排、费用支付办法及合同双方的责任、协作方式和关于违约处理的方法等。

（3）设计单位或（有资质的）咨询单位进行可行性分析工作。设计或（有资质的）咨询单位与委托单位签订合同承担可行性分析任务以后，就可以开展工作了。通常有下面五个基本步骤，也可参考图 2-1 所示。

① 组织班子与制订计划。承担可行性分析的单位在承接任务后，需获得项目建议书和有关项目背景与指示的文件，摸清委托者的目标意见和要求，明确分析内容，之后方可组成可行性分析工作小组或项目组，确定项目负责人和专业负责人。项目组根据书面任务书，分析工作范围和要求，制订项目工作计划，安排具体实施进度。

② 调查分析与收集资料。项目组在摸清委托单位对项目建设的意图和要求后，首先应组织收集和查阅与项目有关的自然环境、经济与社会等基础资料和文件资料，并拟定调研提纲，组织人员赴现场进行实地踏勘与抽样调查，收集整理得到的设计基础资料。必要时，还须进行专题调查和分析。这一阶段主要通过实际调查和技术经济分析，进一步明确拟建项目的必要性和现实性。调查分析主要从市场调查和资源调查两方面着手。市场调查要查明和预测社会对产品需求量、产品的价格和竞争能力，以便确定项目产品方案和经济规模；资源调查包括原材料、能源、厂址、工艺技术、劳动力、建材、运输条件、外围基础设施、环境保护、组织管理和人员培训等自然、社会、经济的调查。为选定建设地点、生产工艺、技术方案、设备选型、组织机构和定员等提供确切的技术经济分析资料，通过论证分析，分析项目建设的必要性。

③ 方案设计和优化。根据项目建议书要求，结合市场和资源调查，在收集一定的基础资料和数据的基础上，建立几种可供选择的技术方案和建设方案，结合实际条件进行多次反复的方案

## 第 2 章 投资项目可行性分析的基本原理

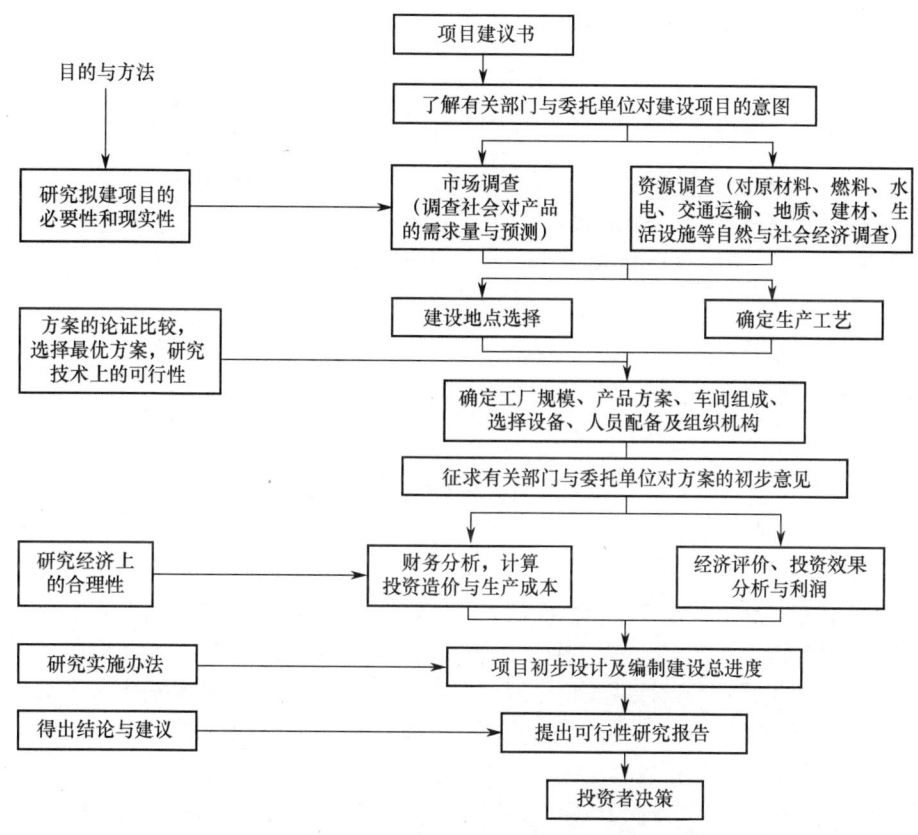

图 2-1 基于常规资源条件可行性分析的工作步骤

论证，会同委托部门明确选择方案的重大原则问题和优化标准，从若干方案中选择或推荐最优或次优方案，分析项目在技术上的可行性，进一步确定产品方案、生产经济规模、工艺流程、设备选型、车间组成、组织机构和人员配备等总体建设方案，以备用作进一步的综合经济评价。在方案设计和优化过程中，对重大问题或有争论的问题，要会同委托单位共同讨论确定。

④ 经济分析和评价。项目的调研与经济分析人员应根据调查资料和领导机关的有关规定，选定与该项目有关的经济评价基础数据和定额指标参数，列表并注明数据来源。

在前一阶段分析论证了项目建设的必要性和可能性，以及技术方案的可行性之后，应对所选择确定的最佳建设总体方案进行详细的财务预测、财务效益分析、国民经济评价和社会效益评价。从测算项目建设投资、生产成本和销售利润入手，进行项目营利性分析、费用效益分析和社会效益与影响分析，分析项目在经济上和社会上的营利性和合理性，进一步提出资金筹集建议，制订项目实施总进度计划。当项目的经济评价结论达不到国家规定的标准时，可对建设方案进行调整或重新设计。

⑤ 编写可行性分析报告。在对建设项目进行了认真的技术经济论证，证明了项目建设上的必要性、技术上的可行性和经济上与社会上的合理性与有益性后，即可编制详细的可行性分析报告，推荐一个以上项目建设可行性方案和实施计划，提出结论性意见和重大措施建议，为决策部门的最终决策提供科学依据。或经过技术经济的分析，在报告中提出项目不可行的结论意见或项目改进的建议。

图 2-2 给出了从项目立项开始到编写可行性分析报告期间进行详细可行性分析的完整的程序框架。

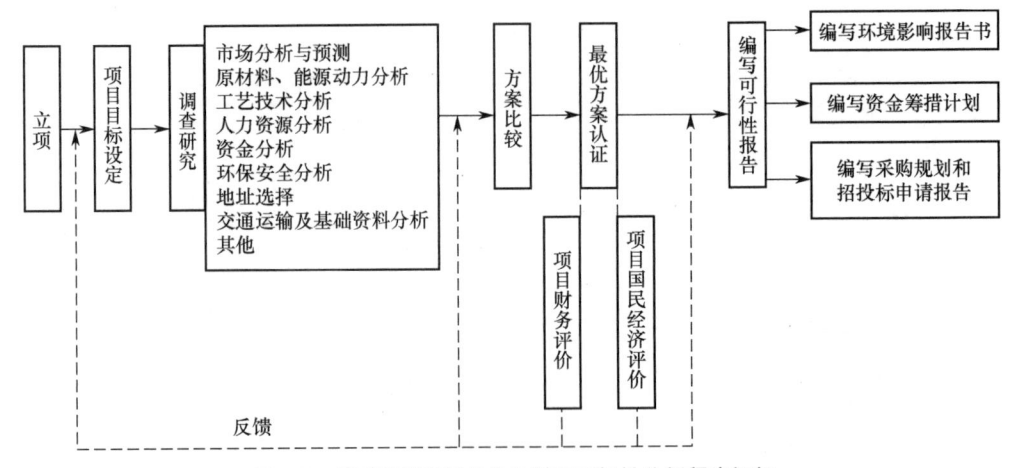

图 2-2 基于常规资源条件的详细可行性分析程序框架

### 5. 详细可行性分析的基本方法

进行详细可行性分析的方法有很多，如经济评价法、市场预测法、投资估算法和增量净效益法等。在此，重点介绍常用于投资总额估算的投资估算法和增量净效益法两种基本方法。

1）投资估算法。投资费用一般包括固定资金及流动资金两大部分。固定资金中又分为土地费、建筑费、设备费、技术设计费及项目管理费等。投资估算是可行性分析中一个重要的基础性工作，投资估算的正确与否将直接影响项目的经济效果，因此，要求尽量准确。

投资估算根据其进程或精确程度可分为指数估算法、因子估算法和单位能力投资估算法。

（1）指数估算法，即"0.6 次方法则"，也叫指数法则。0.6 是公式的平均指数。其公式为：

$$x = y\left(\frac{C_2}{C_1}\right)^{0.6} C_F$$

式中，$x$ 为投资结算数；$y$ 为同类老项目的实际投资数；$C_2$ 为新项目的生产能力；$C_1$ 为老项目的生产能力；$C_F$ 为价格调整系数。

**【例题 2-1】** 新地开发区需建造一座日产 200 吨的冷库，已知该地区原来建设一座 150 吨冷库需投资 300 万元，价格调整系数为 1.8，则新建冷库的投资额为：

$$x = 300 \times \left(\frac{200}{150}\right)^{0.6} \times 1.8 = 640.8 \text{（万元）}$$

当然，指数有时可根据实际情况进行变动，如扩大生产规模时，可增至 0.9~1。

（2）因子估算法。因子是指主要设备与其他设备的比值。

**【例题 2-2】** 东海船厂拟建造一艘船，已知船体为 100 万元，机器设备因子为 0.6，各种仪表因子为 0.2，船上各种机械因子为 0.3，电气设备因子为 0.08，油漆因子为 0.07，其他因子为 0.3，因子之和为 1.55。则一艘船的投资额为：100×(1+1.55) = 255（万元）。

（3）单位能力投资估算法。单位能力投资估算是根据历史资料得到生产能力投资，然后与新建项目生产能力相乘，进行项目投资估算的。其关系式为：

$$\hat{K} = KQ$$

式中，$\hat{K}$ 为被估算项目投资额；$K$ 为单位生产能力投资额；$Q$ 为被估算项目的生产能力。

**【例题 2-3】**根据资料，冷库 $K$ 可得到的单位投资费用为 1.5 万元/吨，则可推算出 200 吨冷库的投资费为 300 万元。

这种方法十分简便明了，但比较粗糙，而且由于各地区新建、改扩建项目各种投资费用都不同，因此，使用时要充分考虑各种因素。

2）增量净效益法。将有项目时的效益（成本）与无项目时的效益（成本）进行比较，求得两者差额，即为增量效益（成本），这种方法称为有无对比法（或有无比较法）。

有无对比（比较）法比传统的前后比较法更能准确地反映项目的真实成本和效益。前后比较法不考虑不上项目时项目的变化趋势，仅评价当年的状况凝固化，将上项目以后的效益（成本）与当年的数据做静态的比较。因为和现在的情况相比较，无项目时费用和收益在计划期内是可能发生变化的，所以如果忽视这些可能性，就会人为地夸大或低估项目的效益。有无对比（比较）法则先对不上项目时企业的变动趋势做预测，将上项目以后的效益（成本）与其逐年做动态比较，因此得出的结论更科学、更合理。下面以实际案例来说明如何用有无对比法进行增量效益的计算。

**【例题 2-4】**由于市场对 A 生产设备需求的增加，G 公司决定在不停产条件下扩大 A 生产线规模，该扩建项目建设期为 3 年，项目生命期为 10 年，第 4 年开始投入使用，第 4 年至第 10 年的产量如表 2-4 所示。该公司目前 A 设备的年产量为 10 万件，如不扩大生产线的规模，通过挖掘内部潜力，在两年内每年可增加 A 设备产量 1 万件，然后每年保持 12 万件的水平。试用增量净效益法对该扩建项目进行分析。

表 2-4　A 生产线扩建项目增量效益计算表　　　　　　　　　　单位：万件

| 年数 | 有项目时产量 | 无项目时产量 | 生产增量 | 单价/万元/件 | 增量效益/万元 |
|---|---|---|---|---|---|
|  | 1 | 2 | 3=1-2 | 4 | 5=3×4 |
| 1 | 10 | 10 | 0 | 10 | 0 |
| 2 | 11 | 11 | 0 | 10 | 0 |
| 3 | 12 | 12 | 0 | 10 | 0 |
| 4 | 14 | 12 | 2 | 10 | 20 |
| 5 | 18 | 12 | 6 | 9 | 54 |
| 6 | 20 | 12 | 8 | 9 | 72 |
| 7 | 22 | 12 | 10 | 9 | 90 |
| 8~10 | 66 | 36 | 30 | 8.5 | 255 |
| 合计 | 173 | 117 | 56 | — | 491 |

可见，若采用前后比较法，将 A 产品现在的产量 10 万件作为静态的对比基数，则在扩建项目之前 10 年的产量为 100 万件，而实施项目后 10 年的产量为 173 万件，就会认为实施该项目产生了 73 万件产量的增量效益，而通过有无比较法分析可知，该项目的生产增量应为 56 万件，即采取前后比较法后将使项目效益虚增 17 万件。

### 2.3.4　项目建议书和初步与详细可行性分析之间的关系

#### 1. 项目建议书与可行性分析报告的区别

我国项目建设前期工作中的项目建议书和可行性分析报告，通常在分析范围和内容结构上基本相同，但因二者所处工作阶段的作用和要求不同、分析的目的和工作条件不同，故在分析的重点、深度和估算精度等要求上也有所不同。

（1）分析的任务不同。机会分析阶段的项目建议书是为发现市场投资机会提出项目（立项准备）所做的分析和研究，初步可行性分析的任务也只是初步选择项目以决定是否需要进行下一步工作,所以主要论证项目的必要性和建设条件是否具备,是从大的方面考虑有无可能;而在(详细)可行性分析阶段的可行性分析则必须进行全面、深入的技术经济论证,做多方案比较,推荐最佳方案,或者否定该项目并提出充分理由,为最终的项目决策提供可靠的依据。

(2)基础资料和依据不同。在项目建议书阶段之后所做的初步可行性分析工作,由于缺乏详细的设计资料和论证材料作为分析工作的基础,因此其基本依据是国家的长远规划、行业及地区规划、产业政策、与拟建项目有关的自然资源条件和生产布局状况、项目主管部门的有关批文,以及初步的市场预测资料。而在可行性分析阶段,除以批准的项目建议书和初步可行性分析作为依据外,还具有详细的设计资料和经过深入调查分析后掌握的比较翔实、确凿的数据与资料作为依据。

(3)内容的繁简和深浅程度不同。初步可行性分析阶段的工作不可能也不要求做得很细致,而只要求有一个大致的轮廓,因此其内容较为概略和简洁。例如,对项目的生产工艺技术方面的分析,在初步可行性分析时只做出初步设想方案和基本的规定,而在可行性分析阶段则要确定生产工艺流程和主要设备选型。在进行项目经济评价时,初步可行性分析一般只做静态的初步分析评价,而在详细可行性分析时须做详细的动态分析评价等。

(4)投资估算的精度要求不同。初步可行性分析的项目总投资一般根据国内外类似已建工程有关数据或单位生产能力进行测算或对比推算,与实际发生的投资额差距较大,借鉴国外的经验投资误差允许控制在 ±20% 以内;而详细可行性分析阶段,必须对项目所需的各项投资费用,包括固定资产投资、流动资金、建设期贷款利息、投资方向调节税和物价因素影响的投资额等分别进行比较详细、切实的精确计算,并要求投资估算的误差不超过 ±10%。

(5)上报的分析成果内容不同。机会分析和初步可行性分析阶段的分析成果应包括:初步可行性分析报告和项目建议书,并须附上市场初步调查报告、建设地点初选报告、初步勘察报告等文件;而详细可行性分析阶段的分析成果中除初步可行性分析报告外,还必须附上市场调查报告、厂址选择报告、地质勘查报告、资源(包括水资源)调查报告、环境影响评价报告和自然灾害预测资料等文件。

### 2. 初步可行性分析与详细可行性分析的关系

作为投资项目前期工作的两个不同阶段,初步可行性分析与详细可行性分析工作间既有联系又有区别。从形式上看,除所需时间、估算精度和所需费用占总投资的比重不同外,初步可行性分析作为机会分析和详细可行性分析之间的一个过渡阶段,其间最主要的区别还在于所获取资料的详细程度不同。如果在资料充分的情况下,可直接进行详细可行性分析,而无须进行初步可行性分析。从内容上看,初步可行性分析和详细可行性分析在对服务功能、分析重点、结构内容和层次深度的要求上确实存在一些具体的差异,详细的比较如表2-5所示。

表2-5 初步可行性分析与详细可行性分析内容深度比较

| 序号 | 分析内容深度 | 初步可行性分析 | 详细可行性分析 |
|---|---|---|---|
| 1 | 总论 | | |
| 1.1 | 项目背景 | 1. 项目名称<br>2. 报告编制依据<br>3. 项目提出的理由与过程 | 1. 项目名称<br>2. 承办单位概况<br>3. 报告编制依据<br>4. 项目提出的理由与过程 |
| 1.2 | 项目概况 | 1. 拟建地区<br>2. 建设规模与目标<br>3. 主要建设条件<br>4. 项目投入总资金及效益情况<br>5. 主要经济技术指标 | 1. 拟建地点<br>2. 建设规模与目标<br>3. 主要建设条件<br>4. 项目投入总资金及效益情况<br>5. 主要技术经济指标 |

续表

| 序号 | 分析内容深度 | 初步可行性分析 | 详细可行性分析 |
|---|---|---|---|
| 1.3 | 问题与建议 | 问题与建议 | 问题与建议 |
| 2 | 市场预测 | | |
| 2.1 | 产品市场供应预测 | 预测产品在国内、国际市场的市场容量及工序情况 | 国内、国际市场产品供应现状与预测 |
| 2.2 | 产品市场需求预测 | | 国内、国际市场产品需求现状与预测 |
| 2.3 | 产品目标市场分析 | 初步选定目标市场 | 确定产品的目标市场 |
| 2.4 | 价格预测 | 价格走势初步预测 | 国内、国际市场产品销售价格现状与预测 |
| 2.5 | 竞争力分析 | | 确定主要竞争对手，产品竞争力优劣势，产品目标市场占有率，营销策略 |
| 2.6 | 市场风险 | 识别有无市场风险 | 确定主要市场风险及风险程度 |
| 3 | 资源条件评价（资源开发型项目） | 1. 资源可利用量<br>2. 资源自然品质<br>3. 资源赋存条件<br>4. 资源开发价值 | 1. 资源可利用量<br>2. 资源自然品质<br>3. 资源赋存条件<br>4. 资源开发价值 |
| 4 | 建设规模与产品方案 | | |
| 4.1 | 建设规模 | 初步确定建设规模及理由 | 1. 建设规模比选<br>2. 推荐建设规模 |
| 4.2 | 产品方案 | 主要产品方案 | 1. 主产品和副产品组合方案<br>2. 各种产品方案优化比选，确定最终推荐方案 |
| 5 | 场址选择 | 1. 场址所在地区选择<br>2. 场址初步比选<br>3. 绘制场址地理位置示意图 | 1. 场址具体位置选择<br>2. 建厂条件分析<br>3. 场址比选<br>4. 绘制场址地理位置图 |
| 6 | 1. 技术方案<br>2. 设备方案<br>3. 工程方案 | | |
| 6.1 | 技术方案 | 1. 拟采用的生产方法<br>2. 主体和辅助工艺流程<br>3. 技术来源设想<br>4. 绘制主题工艺流程图<br>5. 估算物料消耗定额 | 1. 生产方法比选<br>2. 主体和辅助工艺流程比选<br>3. 论证技术来源的可靠性和可得性<br>4. 绘制工艺流程图<br>5. 绘制物料平衡图<br>6. 确定物料消耗定额 |
| 6.2 | 设备方案 | 主要设备初步方案 | 1. 主要设备选型比较<br>2. 主要设备清单、采购方式、报价、精度达到采购订单要求 |
| 6.3 | 工程方案 | 主要建、构筑物初步方案 | 1. 主要建、构筑物工程方案<br>2. 建筑安装工程方案<br>3. 设备安装工程<br>4. 建筑安装工程量及"三材"用量估算<br>5. 编制主要建、构筑物工程一览表 |
| 7 | 主要原材料、燃料供应 | | |
| 7.1 | 主要原材料供应 | 1. 主要原材料和辅助材料的品种、质量、年需要量<br>2. 主要原材料和辅助材料的来源和运输方式 | 1. 主要原材料和辅助材料的品种、质量、年需要量<br>2. 主要原材料和辅助材料的来源和运输方式 |
| 7.2 | 燃料供应 | 1. 燃料品种、质量、年需要量<br>2. 燃料来源和运输方式 | 1. 燃料品种、质量、年需要量<br>2. 燃料来源和运输方式 |
| 7.3 | 主要原材料、燃料价格 | 价格现状及价格走势 | 价格现状及价格走势 |
| 7.4 | 主要原材料、燃料供应表 | | 编制主要原材料、燃料供应表 |
| 8 | 总图运输与公用辅助工程 | | |

续表

| 序号 | 分析内容深度 | 初步可行性分析 | 详细可行性分析 |
|---|---|---|---|
| 8.1 | 总图布置 | 1. 列出项目构成<br>2. 绘制总平面布置图 | 1. 列出项目构成<br>2. 平面布置、竖向布置方案比选<br>3. 绘制总平面布置图<br>4. 绘制总平面布置主要指标表 |
| 8.2 | 场内、外运输 |  | 1. 场内、外运输量，运输方式<br>2. 场内运输设备 |
| 8.3 | 公用辅助工程 | 提出主要的公用工程方案 | 提出给排水、供电、供热、通信、维修、仓储、空分、空压、制冷等公用辅助工程方案 |
| 9 | 节能措施 |  | 1. 节能措施<br>2. 能耗指标分析 |
| 10 | 节水措施 |  | 1. 节水措施<br>2. 水耗指标分析 |
| 11 | 环境影响评价 |  |  |
| 11.1 | 环境条件调查 | 调查项目所在地自然、生态、社会等环境条件及环境保护区现状 | 调查项目所在地自然、生态、社会等环境条件及环境保护区现状 |
| 11.2 | 影响环境因素分析 | 污染环境因素及危害程度，破坏环境因素及破坏程度 | 污染环境因素及危害程度，破坏环境因素及破坏程度 |
| 11.3 | 环境保护措施 | 环境保护初步方案 | 环境保护措施 |
| 11.4 | 环境保护设施费用 |  | 治理环境所需费用方案 |
| 11.5 | 环境影响评价 | 分析环境是否影响项目的立项 | 环境治理方案比选与评价 |
| 12 | 劳动安全卫生消防 |  | 1. 危害因素及危害程度<br>2. 安全卫生措施方案 |
| 13 | 组织机构与人力资源配置 | 估算项目所需人员数量 | 1. 组织机构设置方案及其适应性分析<br>2. 人力资源配置构成、人数、技能素质要求<br>3. 编制员工培训计划 |
| 14 | 项目实施进度 | 初步确定建设工期 | 1. 确定建设工期<br>2. 编制项目实施进度表<br>3. 大型项目主要单项工程时序表 |
| 15 | 投资估算 | 初步估算项目建设投资和流动资金 | 1. 分别估算建筑工程费、设备配置费、安装工程费、其他建设费用<br>2. 分别估算基本预备费、涨价预备费、建设期利息<br>3. 估算流动资金 |
| 16 | 融资方案 | 资本金和债务资金的需要数额和来源设想 | 1. 编制并优化融资方案<br>2. 资本金来源及其承诺文件<br>3. 债务资金来源及其意向协议 |
| 17 | 财务评价 |  |  |
| 17.1 | 销售收入与成本费用估算 | 粗略估算产品销售收入与成本费用 | 按规定科目详细计算销售收入和成本费用 |
| 17.2 | 财务评价指标 |  |  |
| 17.2.1 | 盈利能力分析 | 1. 项目财务内部收益率<br>2. 资本金收益率 | 1. 项目财务内部收益率<br>2. 资本金收益率<br>3. 投资各方收益率<br>4. 财务净现值<br>5. 投资回收期<br>6. 投资利润率 |
| 17.2.2 | 偿债能力分析 | 初步计算借款偿还能力 | 借款偿还期或利息备付率 |
| 17.3 | 不确定性分析 |  | 1. 敏感性分析<br>2. 盈亏平衡分析<br>3. 必要时进行概率分析 |

续表

| 序号 | 分析内容深度 | 初步可行性分析 | 详细可行性分析 |
|---|---|---|---|
| 17.4 | 非营利性项目财务评价 | 1. 初步计算单位功能投资<br>2. 负债建设的项目粗略估算借款偿还期 | 1. 计算单位功能投资、单位功能运营成本、运营收费价格<br>2. 负债建设的项目计算借款偿还期 |
| 18 | 国民经济评价 | | |
| 18.1 | 国民经济效益和费用计算 | 初步计算国民经济效益和费用 | 利用影子价格计算投资、销售收入、经营费用、流动资金 |
| 18.2 | 国民经济评价指标 | 经济内部收益率 | 1. 经济内部收益率<br>2. 经济净现值 |
| 19 | 社会评价 | 以定性描述为主的社会评价 | 以动态分析、过程分析为主的详细社会评价 |
| 20 | 风险分析 | 1. 初步识别主要风险因素<br>2. 初步分析风险影响程度 | 1. 识别项目主要风险因素<br>2. 分析风险影响程度，确定风险等级<br>3. 分析防范和降低风险的对策 |
| 21 | 分析结论与建议 | 1. 推荐方案总体描述<br>2. 推荐方案优缺点描述<br>3. 结论与建议 | 1. 推荐方案总体描述<br>2. 推荐方案优缺点描述<br>3. 主要对比方案描述<br>4. 结论与建议 |
| 22 | 附图、附表、附件 | | |

**链接——案例 2-5**

## 金屋房地产开发项目初步可行性分析报告

**1．地块概况**

（1）位置。附地图表示地块位置（略）。该地块位于建设路 63 号，临近开元路附近，北靠海科工业区。行政属道北区花苑路街道所辖范围。该地块现为新华机械厂的单位用地。与著名学府——FD 大学仅一街之隔，与 MB 公园也相距不远。

（2）大小及形状。该地块占地面积约 57.5 亩，即 36 335.25 平方米，地块被规划中的道路（华新路，宽 30 米）分割成东、西互相对立的小地块，同时地块南侧有部分土地为 FD 大学所有，地块形状较不规整。

（3）现状及相邻关系。现状：该地块所在地为新华机械厂的单位用地。该单位为大型国有企业，目前尚在生产经营中。厂区的绿化环境较好。工业属性为机械制造业，没有严重的工业污染。相邻关系：该地块南侧与建设路直接相邻，直接面对 FD 大学校门，景观较好，是未来设置小区入口比较理想的位置，东面目前主要是棚户区。与海狮区交界的昌江河在上一年已经过河道疏浚，但水质仍较差。北面紧靠规划中路宽 30 米的华新路，目前是华新矿山机械厂及天成实业公司的厂房，西面是新华机械厂等的工业厂房。

**2．区域环境**

（1）区域环境现状。该地块属道北区花苑路街道区域，紧邻海科工业区和海狮区两区的交界处。区域在 20 世纪五六十年代即被定位为机械工业区，至今仍云集了大批国有机械工厂。其南面为该市著名学府——FD 大学，书香氛围浓郁。其周边自 20 世纪 70 年代末以来随着大批居民的迁入，已建设成为以海华新村为代表的中小型居民新村。物业形态以早期多层旧式居民公房为主，地块周边商业配套较匮乏。另外，与海狮区交界的昌江河虽经过河道整治，但水质及河域环境仍较差。

① 环境特征：典型工业区，生活配套设施匮乏，绿化及区域整洁度一般。
② 人文特征：以工薪阶层为主流，经济状况中等；高度集中的教育基地提升了区域的文化氛围。
（2）区域配套状况。
① 商业网点：商业网点主要集中在花苑街附近，距离地块约 600 米，地块周围商业网点不多，以零星小店为主，有一些便利店和超市。
② 交通设施：海狮高架路和地铁工程目前正在施工，两年内道路通车，三年内轨道交通投入使用，与站点距离步行约 10 分钟。行经的公交线路有 49 路、81 路、142 路……

该区域内原公交状况较好，随着地铁工程建设，填补了区域内立体交通的空白，使该地块周边的道路交通状况更趋优越。
③ 学校：FD 大学、区实验中学、市第三小学、区第一小学。
④ 医院：道北区中心医院、铁路职工医院。
⑤ 文化娱乐设施：MB 公园、索山开放公园、开元体育馆、海科电影院、通达饭店。
⑥ 金融设施：中国工商银行、中国建设银行、通海证券、中国农业银行。
（3）区域环境展望。
① 新时代绿地。距离该地块约 1 000 米的大型环境项目新时代绿地将于 20××年年初全面启动，总投资为 5 亿元，至当年年底将基本建成。该绿地为生态景观型城市公共绿地和高品位自然风景园，通过地形整治，叠山理水，在西、北分别形成 8～18m 峰峦起伏的"山岭"，山地东南分别为湖面、湿地、沼泽和河道等，水域面积为 6.7 万平方米。

随着该绿地的建设，地块周边将具备市区楼盘所缺乏的环境与生态优势。
② 海狮高架及地铁工程。整个工程由海狮路高架道路工程和地铁工程两部分组成，是集地面交通、高架交通、高架轨道交通于一体的综合工程。其中，地铁从海科区开始，向北延伸到道北区的华茂大厦，全长 11 千米，在离该地块 500 米处的华路新、海科路口交会处将设一站。高架工程南起道南区，北至道北区的幸福路与科达路交口处，全长近 8.24 千米，设计时速 60 千米，其中将在海狮路设上下匝道一对，整个工程将在 20××年贯通，20××年轨道交通建成通车，届时周边交通拥挤的状况将得到有效改善。
③ 规划展望。随着该区域旧城改造步伐加快和城市工业布局的调整，再加上原有的 FD 大学及新时代绿地、高架道路、轨道交通系统的建设，政府规划中也已将该区域房地产开发确定为以面向白领阶层的中档偏上的楼盘，因此该区域有望在近几年内发展成为区内较有影响的生活居住区。

### 3. 市场分析

1) 区域市场综述。

（1）市场现状分析。由于历史上该区是比较有名的"贫民窟"，新中国成立之后又是一个以机械制造为主的工业区。因此，该区在人们印象中为较差的区域。加之商业发展与市政建设速度缓慢，导致该区住宅市场的发展明显滞后于全市住宅市场发展的脚步，与滨海市其他各区相比，该区住宅市场现状呈现以下特征。

① 供求比例失调。当地的住宅市场自 20 世纪 90 年代末开始复苏，市场供应量有了明显的回升，回升速度之快使得 20××年便出现了市场供过于求的现象，当年全市供求比例为 1∶0.74。至 20××年在全市有效需求增加、市场供应量受控的前提下，全市供求比例趋于合理，达 1∶0.98，而这一现象在该区却截然相反。

20××年该区商品房批准预售面积为 51 万平方米，已登记预售面积为 85 万平方米，两者之比为 1∶1.67；20××年该区商品房批准预售面积为 42 万平方米，已登记预售面积为 72 万平方米，两者之比为1∶1.71。很明显，该区住宅市场的供应量相当短缺，无法满足区内市场需求。需要指出的是，上述的供求比失衡很大一部分反映在结构比例上，一方面市场还有大量存量房空置；另一方面真正适应市场需求，特别是中档物业的供给量远远不足。由此导致的结果便是，区内客源大量外流，他们选择邻近的区域置业，汇缘楼盘中该区客源与海科区客源数量持平的现象就是最有力的证明。

② 楼盘价格普遍较低。滨海市房地产价格呈现出西高东低、南高北低的分布状况，这一现象在该区更突出。以海狮路高架为例，地处花苑路附近的楼盘价格大约为4 000元/平方米，而地处南端的开元路周边的楼盘价格基本上在5 000元/平方米上下，造成这样的格局，一方面是传统的历史原因，另一方面北部经济相对南部地区发展迟缓、市政建设滞后，更使得两地区域面貌形成了较大的落差。从成交价格来看，20××年该区预售成交主力单价为3 000~4 000元/平方米·套，主力面积为90~100平方米/套，主力总价为30万~40万元/套，明显低于其他区域。

③ 开发理念相对落后。与滨海市其他各区相比，该区住宅市场的开发整体上显得较为平淡，这一方面表现在区内各楼盘在产品设计上少有经典之作；另一方面多开发商对楼盘的策划包装也未给予足够的重视。因此，在明星楼盘不断涌现的今天，很少看到该区楼盘的身影。

(2) 市场走势分析。展望该区住宅市场未来走势，应该说是谨慎乐观。通过对其住宅市场的分析方面，我们了解到该区住宅市场存在的现状，同时，也得到以下启示：

① 区内住宅需求量远未得到满足的市场现状，我们有足够的理由相信，在该区开发中档偏上的住宅是有雄厚的客源基础的。

② 区内楼盘价格普遍较低，这意味着其有一定的上升空间。

③ 区内开发理念相对落后，先进的开发意识和企划水准将大有可为。

以上启示，说明在该区开发住宅具有较多的市场机会点，但关键取决于区内整体环境的提高和能否提供高品质的楼盘这两个条件。对于前者，回答是肯定的，昌江河的改造，地铁和高架道路的通车，新时代绿地的开工，区域环境的整体改善指日可待。因而，我们相信随着高品质优秀楼盘不断涌入，道北区住宅市场必将走出平淡，成为新的开发热点区域。

2) 区域市场分析。根据目前该区住宅市场状况，各楼盘的分布位置，大致可以分为四个商品房住宅区域，其中三个是传统区域，一个是新兴区域。选择周边与本地块最接近的区域进行了分析，它们分别为：

(1) 铁路以南地区。这一区域是该区的黄金地段，无论是地理位置还是交通状况在该区都是最好的，一过昌江河即进入市中心。而火车站所在的区域更成为拉动经济的增长点。因此，无论现在还是未来，这里的房地产定位都是中高档的物业。目前，这一区域的楼盘数量较少，价格一般都在5 000元/平方米左右，其中昌江河沿岸的百灵家园楼盘更创下了该区商品房销售价格之最，销售均价达7 000元/平方米以上。

(2) 内环线两侧地区。此区域集中了该区内大量的小规模楼盘，楼盘的价格基本上都在4 000元/平方米左右，无论内环线以内还是内环线以外的楼盘，价格相差都不大。例如，MB公园附近的楼盘价格基本在4 000元/平方米上下，这是因为从内环线到铁路北侧一大片地区基本上都是危棚简屋，周围环境较差，而内环线到MB公园一大块区域则绝大多数是新建居民新村，FD大学也在其中，商业街的建设和发展使该区域成为以文化、教育、休闲为特色的住宅区，优越的环境弥补了地段不足。该区域被认为是目前该区居住环境最好的地区，因此形成了内环线外楼盘与内环线内楼盘价格趋同的状况。

(3) 海华新村周边地区。这一区域是目前该区楼盘供应量较集中的区域。由于该区域离市中心较远，地处该区边缘，开发的商品房住宅多为中低档次物业，因而楼盘价格也相对较低，一般在 3 000 元/平方米左右，凭借海华新村内的成熟配套，该区域受到广大工薪层的青睐。因此，成交量也比较大。值得一提的是，受高架道路和地铁工程的带动，海华新村地区的部分楼盘价格已开始上扬，20××年10月开盘的海新花苑楼盘开盘价已达到 3 400～4 100 元/平方米。

（4）本案所在区域。这一区域是该区未来楼盘开发最为密集的区域。根据市政府规划，华新路以南的工厂将逐步搬迁，发展成新型居住区，这为该区域的住宅开发提供了丰富的土地储备，但目前该区域的住宅开发仍处于起步阶段，楼盘开发主要以新时代绿地为中心向外辐射。

早在上一年，就有许多业内人士推测，随着新时代绿地规划的确定，20××年该区将形成新的开发热点，但事实并未如此，与全市公共绿地点的房地产开发热和销售热相比，20××年新时代绿地周围的开发迟迟不见大动作，显得冷冷清清，绿地周边仅有少量早期开发的楼盘，主要包括运盛苑、保利苑和花苑公寓，售价除花苑公寓稍高（4 200～4 600 元/平方米）外，其余都是 3 500～3 700 元/平方米。

新开发的中、大型楼盘，分别是绿地西南侧的今日家园、明馨苑和阳光城，这三个楼盘的规划建筑面积总计近 60 万平方米。目前，明馨苑已于1月开始内部预订，7月正式开盘，其他两个楼盘预计也将于20××年年中后进入内部预订或预售阶段。据悉，明馨苑开盘均价定为 4 500 元/平方米，今日家园略低为 4 350 元/平方米，阳光城预计不会低于今日家园。

从目前这些楼盘的定价策略来看，开发商对该区域抱以极为乐观的态度，因而都充分挖掘了该区域的地段价值的定值空间。对于本案而言，这些楼盘的出现，一方面对该地块未来开发形成了巨大的市场竞争，构成不利因素；另一方面为该地块所在区域的地段价值提升打下了基础，创造了有利条件。

① 明馨苑。该楼盘位于绿地西侧，北向面对绿地，西临华西路，小区规划建造 7 幢 11 层和 3 幢 18 层小高层，总建筑面积逾 8 万平方米，交房时间约在 20×× 年第二季度。该楼盘已于春节前开始接受内部预订，平均单价为 4 500 元，顶层 200 平方米的复式房型报价最高为 5 900 元/平方米，是区域内最高单价。该楼盘以 86～111 平方米/套的二房和 116～150 平方米/套的三房为主，总价为 35 万～70 万元/套。户型设计上采用了错层房型，因而在房型上具有一定优势，该楼盘不足之处在于地块紧临运输要道华西路，比较嘈杂。

② 今日家园。该楼盘位于华新路以南，昌江路以东，越胜路以西，开元路以北，北与新时代绿地相接壤，景观条件较好，小区规划以多层住宅为主，部分为小高层住宅，总建筑面积超过 30 万平方米，是目前海科区环线外规模最大的楼盘之一，目前仍处于桩基工程阶段，预计将在 20×× 年第二季度交房。该楼盘平均预订单价为 4 350 元/平方米，预计两房总价在 40 万元/套左右，三房总价为 50 万～60 万元/套。在房型上，该楼盘同样采用区域内流行的错层房型，错层方式较为简洁，为三步台阶的东西向小错。

③ 阳光城。该楼盘位于越胜路以北、昌江路以西的位置，规划将建造 30 万平方米的商品房项目。该楼盘已于 20×× 年 12 月正式开工。据了解，小区将建成多层、小高层和高层多种物业形态相结合的综合小区，并且整个小区将由一条长达 1 千米的长廊贯穿，围成一个环，并可通达每幢楼房。另外，在沿越胜路一线建造一排以小房型为主的单身公寓，既可作为自然的挡音墙，又可以作为服务公寓进行租赁。整个小区将用三年多时间建造完成，一期规模达 18 万平方米，预计 20×× 年 5 月推出。该楼盘作为距离本案地块位置最接近的楼盘，其市场反应将对地块未来开发具有最重要的参考价值。

这些楼盘是该地块最主要的竞争对手。

3）市场定价。目前，区域内可供参考的楼盘数量较少，所有楼盘中除明馨苑外，今日家园、阳光城等主要的大型楼盘都未在市场上正式露面，但从已知信息来看，区域市场的启动具有较高的起点，单价普遍超过 4 300 元/平方米。拿该地块与这些楼盘相比，应该说是互有长短，一方面由于本案距离区域内新时代绿地这一重大的环境卖点相对位置较远，"绿地效应"所产生的地段升值空间，对该地块作用不大；另一方面，理想的地理位置、良好的地块环境现状及优越的东、南向的景观也形成该地块在区域内独特的开发优势。因而，就该地块综合条件来讲，价格定位应略低于上述楼盘，但考虑到该地块开发时区域市场整体价格水平较高，以 4 300/平方米左右的主力单价定位为宜，总价控制在 45 万元/套左右。如果该地块开发在品质上或在营销上有突出表现的话，则价格还将有一定的上升空间。

### 4. 效益测算

（1）面积。该地块总占地面积××××平方米（产权证面积），大约合××亩，规划中 30 米路幅的华新路自南向北穿过地块，把地块分成东、西两块；花苑路将拓宽至 80 米，地块红线退让 50 米；原厂区内有一条铁路，用来运输大型机械，该铁路目前还不能拆除，以上面积约为 30 000 平方米（45 亩），故实际可以使用的面积约为 160 000 平方米。

（2）技术经济指标，包括规划总用地、拓宽+绿化（红线后退 50 米）、辟路（30 米）、铁路占用地、居住区用地（其中，住宅用地、道路用地、绿化用地）、总建筑面积（其中，住宅建筑面积、公建面积）、平均每户建筑面积、住宅平均层数、建筑占地、容积率、绿化率。

（3）成本预测（见表 2-6）。

表 2-6　成本预测

| | | |
|---|---|---|
| 1. 地价 | × | × |
| 2. 三通一平 | × | × |
| 3. 土地出让金 | × | × |
| 4. 勘测设计费 | × | × |
| 5. 住宅建设配套费 | × | × |
| 6. 建设安装工程费 | × | × |
| 7. 小区内配套费 | × | × |
| 其中：供电贴费及工程费 | × | × |
| 人防建设费 | × | × |
| 自来水接通管理费 | × | × |
| 智能化配置 | × | × |
| 煤气外管配套费 | × | × |
| 电信工程费 | × | × |
| 市政外线工程接头费 | × | × |
| 绿化、道路、围墙等 | × | × |
| 8. 开发建设管理费 | × | × |
| 9. 销售费 | × | × |
| 10. 财务费 | × | × |
| 11. 税金（6%）×4 300 元/平方米 | × | × |
| 12. 不可预见费 | × | × |
| 13. 维修基金 | × | × |
| 成本合计 | × | × |

（4）项目进度。工程分 15 万平方米、15 万平方米和 11.08 万平方米三期建设，施工工期安排 4.5 年。

① 一期，20××年 12 月—20××年 12 月，20××年 6 月预售。

② 二期，20××年 6 月—20××年 6 月，20××年 1 月预售。

③ 三期，20××年 6 月—20××年 6 月，20××年 1 月预售。

整个工程从 20××年 12 月开始，到 20××年 6 月全部竣工。

（5）销售计划。按照多层结构封顶，高层完成结构2/3以上（至少7层）才能销售的规定，该项目20××年6月开盘，到20××年6月完成整个项目的销售。销售期共60个月（5年），每月销售面积6 730平方米（62套）。具体实施如表2-7所示。

表2-7 销售计划与资金占用时间表

| 时间 | 面积/平方米 | 金额/万元 | 占用时间/月 |
| --- | --- | --- | --- |
| 20××年6—12月 | 40 380 | 50 440～55 670 | 3 |
| 20××年1—12月 | 80 760 | 40 528～44 660 | 12 |
| 20××年1—12月 | 80 760 | 30 324～38 614 | 18 |
| 20××年1—12月 | 80 760 | 23 724～28 994 | 9 |
| 20××年1—12月 | 80 760 | 13 364～19 144 | 9 |
| 20××年1—6月 | 40 380 | 4 255～8 834 | 6 |
| 合计 | 403 800 | | |

（6）投资分析。项目总投资163 462万元，资金占用时间如表2-7所示。最高资金占用额为55 670万元，占用时间为3个月；平均占用资金额为31 703万元，占用时间为5.25年。

（7）投资利润率。①项目总销售面积为403 800平方米（销售平均售价为4 300元/平方米）；②总销售收入为173 634万元（总投资为163 462万元）；③总销售利润为10 172万元（已扣除利息和税金）；④实际投资利润率为(10 172÷31 703)×100%=32.08%；⑤年平均利润率为32.08%÷5.25=6.11%。

### 5．项目优劣势分析

1）优势分析。根据该地块自身条件与周边环境状况及市场的现状走势，该地块未来项目的开发优势在于：

（1）市场方面。①该区的商品住宅市场一直以来未得到有效发展，现有楼盘整体水平较低，无法满足顾客需求，因此区域内已经积累了大量有效客源。②该区域没有知名楼盘，优秀楼盘的加盟将成为市场新宠。

（2）环境方面。①按照市政府规划，该区华新路以南的工厂逐步搬迁，将改造成为中档居住区，区域性质的改变，将提升区域价值。②地块区域内高架、地铁工程已经开工建设，新时代绿地5月即将启动，生态环境优势已经确立，区域环境面貌、交通现状得到全面的改善。③地块南侧的FD大学，东侧的昌江河形成区域内特有的景观优势。④地块内部原厂区内栽有大量成年大树，为该地块开发前期环境的营造带来优越的先天条件。⑤地块距离高架约500米，属于"闹中取静"，能充分享受高架与地铁带来的交通优势，而且不受其噪声污染、空气污染等负面影响。⑥地块周边的地区将为项目开发带来丰富的外区客源。⑦作为地铁沿线物业，该地块的未来开发也将吸引大量地铁沿线路经区域的居民，以及在沿线商务区内工作的人士。

2）劣势分析。

（1）市场方面。①区域内几个大型楼盘将在20××年年中涌现，市场供应量急速上升，有效需求将被逐步消化，该项目的预售最早也要在20××年6月，区域内销售竞争激烈。②交通环境的改善，地域距离感将逐步减小，高架沿线以及原先比较偏远地区的低价（土地价）同质楼盘将分流该项目的部分客源。③传统地段观念，对吸引外区客源有一定的负面影响。

（2）环境方面。①地块周边，尤其是西侧、北侧为机械制造业工厂区域，在短期内仍将存在，较区域内其他楼盘，尤其新时代绿地周边楼盘，不具备生态环境优势，无法利用"绿地效应"去挖掘地段升值潜力，因而对该项目的开发、产品价值的提升形成不利因素，只有依靠提高楼盘的质量来克服。②地块所在区域作为新兴居住区，生活配套设施需要该项目在开发过程中加以配备完善。③地块被规划道路分割成东、西两块，破坏了地块的完整性，增加了总体设计的难度；地块沿华新路的南侧是比较好的，适合作为项目的主入口。④地块内有原重型机器厂使用的铁路，破坏地块完整性，在购地后须向铁路局专题打报告申请拆除。

（3）效益方面。该项目的总投资为163 462万元，年投资利润率偏低（6.11%），周期为6~7年，资金量大而投资回收期长，存在一定的市场风险。这就要求事先计划细致，使成本严格控制在计划范围内。

### 6. 总结

通过对环境方面和市场方面的调查、分析，该地块拥有众多的有利条件。大量市政基础设施和配套设施的建设，将使区域面貌有望在近几年内得以全面改观，使该区域成为整个地区最具生活条件的新兴居住区。而区域环境的改善，也使得该区域传统中心区的地位得到加强，成为市场的热点。对该地块而言，正是区域市场的形成和良性发展，构成了本地块未来开发的核心优势，该项目可以开发。

但是，房地产市场的复苏启动和区域地段价值的提升使得土地价格上扬、成本增加，加之大量新楼盘上市，市场价格不可能在短时间内快速提高，因而项目的利润上升空间有限。而且其他优势开发商介入竞争，使该项目只有在产品设计、包装、销售等方面做得更好才能与之相抗衡。

**【案例点评】**对于投资规模较大、工艺技术较复杂、处于不同层次和规模的大中型骨干建设项目，仅靠机会研究不能决定取舍时，在项目前期开展全面研究工作之前，往往需要先进行初步可行性分析，来进一步判明建设项目的生命力——分析项目是否有前途，以决定是否应继续深入调查研究；看项目中是否有关键性技术或项目问题需解决；需做哪些职能研究或辅助研究（如实验室试验、中间试验、重大事件处理、深入市场研究等）。进而通过初步可行性分析解决项目建设有无必要性，需要多长时间和多少人力物力资源完成，需要多少资金且能否筹集到足够的资金，项目财务上有无利益可图、经济上是否合理等问题。

初步可行性分析作为介于机会分析和详细可行性分析之间的中间阶段，其主要研究的内容和基本结构与详细可行性分析相同，只是详尽程度有异。所关注的重点：一是市场和生产能力。为此要进行市场需求分析预测，渠道与推销分析，初步的销售量和销售价格预测，并依据市场销售量做出初步的生产规划。二是物料投入分析，包括从建设到经营的所有物料的投入分析。三是项目坐落地点及厂址的选择。四是项目总体规划和工艺设备计划、土建工程规划等的项目设计。五是项目进度安排。六是项目的投资与成本估算，包括投资估算、成本估算、筹集资金的渠道及初步筹集方案。要达到的目的是分析投资机会研究的结论，做出初步投资估价，鉴定项目选择的依据和标准，确定项目的初步可行性。

一般而言，房地产项目由于涉及的内容丰富、范围较为广泛，有集房屋的自然属性、社会属性及其间内部密切联系为一体的特点，在进行初步可行性分析时，除要考察分析房地产项目具有的一般房地产项目的共性特点外，还应就新开发拟建项目具有的固定性与投资的风险性，产品生产的单一性和开发建设的差异性，使用的耐久性与开发周期长、投资大和保值性与增值性明显，价格受区域环境变化的影响大，涉及的法律法规较多，其发展与多个行业密切相关，且社会经济效益明显等特殊性因素进行初步分析，以便为后续做出项目是否初步可行的判断打好基础。

该案例是对国内独资经营房地产开发项目所做的初步可行性分析。报告中围绕项目基础性因素地块的特点，案例做了多方面的初步考察分析。其中研究人员把研究的重点放在了考察房地产项目自身区别于同类项目在地块上的差异上，以便对拟建项目的投资机会进行确认，具体则通过区域环境分析和市场与项目的优劣势分析做了辨别，认识到该拟建项目因所在地块构成区域市场及其良性发展具有未来开发价值的核心优势，从而得出该项目可以开发的初步结论。至于对该房地产项目兼有的集生产、经营和服务三位于一体的三重性质——房地产业不仅经营土地与建筑产品，同时还从事土地的开发和房屋建设，是介于工业（第二产业）和服务业（第三产业）之间的、以第三产业为主的独立产业部门——的投资与开发所需涉及的其他详细内容，该初步可行性分析报告未做进一步说明，留待具体开发投资时的详细可行性分析去解决，这也恰是该类开发性与具体投资性项目可行性分析在初步分析与详细分析之间的区别所在。

### 链接——案例 2-6

#### 关于在境外 W 市合资合作开办技术贸易公司的初步可行性分析报告

**1. 概况**

（1）动议的提出。201×年 11 月至 201×年 12 月，对"一带一路"有影响的 M 国 W 市商会代表、M 国 Z 公司总裁 K 先生先后与中方就发展进出口贸易问题进行了多次会谈。建议中方 N 市玉顺商贸实业公司和 M 国 Z 公司合资合作在 M 国 W 市开办一家具有法人资格的能够代表中方 N 市生产水平的技术、贸易公司，利用 M 国 Z 公司已有的销售渠道，使中方 N 市的商品直接进入 M 国市场。与此同时，在中方 N 市成立一个相应的办事处，从事货源组织、产品质量检查、督促按期交货、委托运输等全部履约工作。

（2）意义。合资合作在 M 国开办贸易公司，可利用 M 方经营多年的销售渠道，能够减少贸易中的环节，降低成本，克服因文化差异带来的心理障碍，客观上可使中方 N 市的商品在 M 国市场上占据一席之地，是发展中国家对外贸易的捷径。

（3）目标和内容。①公司成立后 201×年的出口贸易额可达 15 万美元，逐年增加，从第 3 年开始年贸易额不低于 45 万美元。M 方对完成上述数额的贸易负责提供订货合同，主要出口品种为××等。②在 M 国 W 市开办公司的同时，在中方 N 市相应成立一个办事处，负责完成货源组织、产品质量检验、督促按期交货、委托运输等全部履约工作。③合作合资公司成立后，可考虑在 M 国其他地区建立分支机构。

（4）合资双方基本情况。①中方 N 市玉顺商贸实业公司基本情况（略）。②M 方 W 市基本情况。该公司是一个实力雄厚的商业团体，在 M 国信誉良好，由拥有一定资产限额以上的各分公司组成，活动范围遍及世界，每年成交额数亿美元（具体情况略）。

**2. 市场与货源分析**

（1）M 国是世界最大的商品市场，并且预计在未来较长时期内增加工业产品、消费产品原料进口的趋势不会改变，中方有可能成为向 M 国出口部分商品和原料的基地。

（2）N 市商品进入 M 国市场的有利条件较多：①中方 N 市工业发达，尤其以××等产品而著名。②中方 N 市是中国著名古城，有一定知名度。③中方 N 市位于沿海地区和长江流域两大经济发达地带交汇处，五种运输方式俱全；还是长江中下游主要经济、文化、科技、信息中心；拥有 30 多所高校、79 个研究院（所）、9 个工业门类、1 896 个工矿企业。

**3. 投资总额与资金筹措**

（1）投资总额及双方比例。本着以最小投入获得最大收益的原则，暂定第一期投资总额为 300 万美元，其中中方 N 市出资 55%，M 方出资 45%。

（2）资金筹措。中方 N 市出资需采取一家牵头、多家入股的方式。

（3）资金的运用（略）。

**4. 经济效益分析**

（1）商品成本=年经销额-经营费用-利润

商品成本的回收全部作为中方 N 市的创汇收入。以第三年为例：年经销额为 2 000 万美元的商品成本为 45 万美元。

（2）利润=年经销额-费用-成本

　　纯利润=利润-税金-企业留利

纯利润收入即合资供分配的收入（略）。

### 5. 经营组织及雇员

（1）管理机构。公司实行董事会领导下的总经理负责制。董事会由 5 人组成，其中中方 3 人，M 方 2 人。董事长由中方担任，副董事长由 M 方担任。经理部门的高级管理人员由董事会聘用。其余人员由经理部聘用。

（2）雇员。所有雇员工资标准，原则上由董事会确定（见附表，略）。

### 6. 组织实施计划

（1）立即成立由双方派人参加的筹备小组，负责在国内的申请、报批直到成立前的全部筹办工作，并办理在 M 国的场地租用、登记注册及公司成立前的所有筹办工作，包括确定公司名称和地址、起草公司合同、章程等。

（2）进度要求。①可行性报告在 201×年 12 月初经双方讨论确认，着手进行详细可行性研究工作。②详细可行性分析报告一经确认、审批后，即开始在两地的选址工作。③公司的合同、章程在 201×年 6 月中旬讨论完毕。④201×年 12 月底，中方 N 市派工作小组赴 M 国实地考察。⑤201×年 5 月，中方邀请 M 国来中方 N 市正式签订合同章程。⑥201×年 12 月之前，争取在两国获有关方面批准。⑦201×年 2 月，合资公司在 M 国 W 市正式成立，中方 N 市派出代表团赴 M 国出席仪式。⑧201×年 12 月，中方 N 市成立办事处。

以上进度要求，双方均全力争取达到，若遇到特别情况应经双方商议变更。

**【案例点评】** 该案例是对中外合资合作在境（海）外 W 市开办技术贸易公司项目做的初步可行性研究，属于国际直接投资项目可行性分析的范畴。因报告内容涉及中国企业以合资合作方式走出国门的诸多内容——特别是涉及中外合资合作经营过程中的对境外直接投资问题，虽然报告仅为初步可行性分析，但该案例还是有一定代表性的，对于了解此类项目的前期管理，尤其是可行性分析工作的全貌仍有一定的参考价值。

一般而言，作为合资合作项目和对境外进行的国际直接投资项目的可行性分析，通常可以采取在专家指导下企业自行编制的方式，或委托专业的咨询公司编制两种方式之一来实现。但无论哪种方式，都必须首先坚持投资价值最大化和科学性的原则。为此，需要投资者同时考虑收益和风险两个因素，尽可能减少风险使投资最大化，要运用由定性和定量分析相结合的一整套科学决策程序和决策方法来保证各种分析数据的合理、可靠，以避免投资出现重大损失和项目经济效益的实现。此外，报告中应使研究的结论尽量简单、明确，对于推荐方案的生产、技术指标和特点的总结，对项目各阶段的预测和指导以及应提醒注意的问题都应该明确指出，避免因隐瞒而造成不必要的损失。重点在三个方面进行分析，在市场研究中解决好市场需求状况的预测、对消费者和产品的分析及对竞争对手的预测问题，在生产研究中搞好对生产所需资源、项目选址和生产技术等方面的考察分析，在财务与经济研究中突出考察可能发生的投资费用和生产成本，对投资项目的成本和效益进行估算——包括投资、收入、成本与其他财务费用估算，并在此基础上实施经济分析与评价——包括项目的财务效益分析评价、投资公司的整体分析评价及对母国和东道国的社会效益分析与评价。需要指出的是，因国际投资涉及不同的国家，在财务和经济效益的分析研究中应特别注意对母国和东道国在涉及投资领域的行政、税收和外汇政策方面的区别以及政治和法律风险等内容的考察分析。

作为中外合资合作项目的可行性分析，通常分为项目建议书和可行性分析报告两阶段进行。该案例作为初步可行性分析报告，在一定程度上要肩负项目建议书——发现市场机会、确认项目立项的作用，故报告未就拟建项目的详细情况做出说明，而是留待详细可行性分析时去解决。但报告按要求依然回答了初步可行性分析所应该涉及的中外双方合资者概况、合资经营的目的、合资经营的范围和规模、项目的市场与资源情况、投资方式和资金筹措、经营组织与经济效益等主要内容，只是省略了一些作为合资合作的附件材料，如意向书、外商投资者资信情况、初步市场调查和市场预测报告等。

## 2.4 详细可行性分析的内容、要求与成果表达及编制大纲

项目详细可行性分析，即项目可行性分析是在对项目进行深入、细致的技术经济论证的基础上对多种方案所做的比较和优选，以及就项目投资最后决策提出的结论性意见。故其在内容上应能满足作为项目投资决策的基础和重要依据的基本要求。

### 2.4.1 详细可行性分析的基本内容与具体要求

虽然项目详细可行性分析所涉及的内容很多，但可行性分析的基本内容就其中经济性而言一般可概括为三大部分（见图2-3）：一是产品的市场调查和预测分析（也叫市场分析），这是可行性分析的先决条件和前提，它决定了项目投资建设的必要性，是项目能否成立的最重要依据。二是物质技术方案和建设条件，从资源投入、厂址、技术、设备和生产组织等问题入手，这是可行性分析的技术基础，它决定了建设项目在技术上的可行性。三是对经济效果的分析和评价，说明项目在经济上的"合理性"和"有益性"，它是决定项目应否投资的关键，因此也是项目可行性分析的核心部分。可行性分析一般从以上三大方面对建设项目进行优化分析，并在进一步考虑项目的环境与社会影响效果两大因素后，达到为项目投资决策提供科学依据的目的。

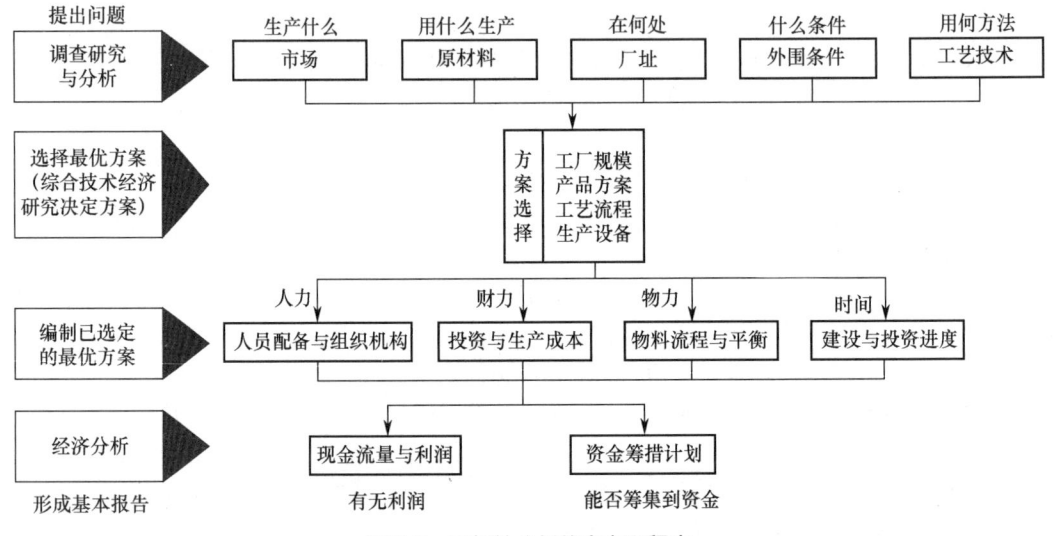

图 2-3 可行性分析的内容和程序

具体而言，可行性分析的基本内容和深度要求，应按国家的有关规定确定。以新建一般工业生产项目的可行性分析为例，其经济性为主的分析常含10个方面的内容。

（1）总论。综述项目概况、可行性分析的主要结论概要和存在的问题与建议。总论中应阐明对推荐方案在论证过程中曾有的重要争论问题和不同的意见、观点，并对建设项目的主要技术经济指标列表说明（见表2-8）；说明建设项目提出的背景、投资环境、项目建设投资的必要性和经济意义，项目投资对国民经济的作用和重要性；提出或说明项目调查分析的主要依据、工作范围和要求；说明项目的历史发展概况、项目建议书及有关审批文件。

表2-8 建设项目主要技术经济指标汇总

| 序号 | 指标名称 | 单位 | 数量 | 备注 |
|---|---|---|---|---|
| 1 | 生产规模 | 实物量/年 | | |
| 2 | 生产方案 | | | |
| 2.1 | ××× | | | 按品种分列 |
| 2.2 | ××× | | | |
| | …… | | | |
| 3 | 其中外销 | | | |
| 3.1 | 主要原材料、物料、燃料年用量 | 实物量/年 | | |
| 3.2 | ××× | | | |
| | …… | | | |
| 4 | 动力需要量 | | | |
| 4.1 | 最大用气量 | $m^3/h$ | | |
| 4.2 | 最大用电负荷 | kW | | |
| 4.3 | 最大用水量 | $m^3/h$ | | |
| | …… | | | |
| 5 | 总平面指标 | | | |
| 5.1 | 占地面积 | $m^2$ | | 按品种分列 |
| 5.2 | 建筑面积 | $m^2$ | | |
| 5.3 | 容积率 | % | | |
| 6 | 设备总重量 | 吨 | | |
| 7 | 劳动指标 | | | |
| 7.1 | 全厂定员 | 人 | | |
| 7.2 | 全员劳动生产率 | 元/(人·年) | | |
| 8 | 能耗指标 | 吨标煤/年 | | |
| 8.1 | 综合能耗总量 | 吨标煤 | | 包括二次能源 |
| 8.2 | 单位产品综合能耗 | 单位产品 | | |
| 9 | 运输量 | | | |
| 9.1 | 运入 | 吨/年 | | |
| 9.2 | 运出 | 吨/年 | | |
| 10 | 投资指标 | | | |
| 10.1 | 项目投资总额 | 万元 | | |
| | 其中：固定资产总投资 | 万元 | | |
| | 流动资金 | 万元 | | |
| 10.2 | 单位生产能力占用固定资产投资额 | 万元 | | |
| 11 | 生产总成本 | 万元 | | |
| 12 | 年销售收入 | 万元 | | |
| 13 | 经济评价指标 | | | 包括建设期外币分列 |
| 13.1 | 财务内部收益率 | % | | |
| 13.2 | 投资回收期（静态） | 年 | | |
| 13.3 | 借款偿还期 | 年 | | |
| 13.4 | 投资利润率 | % | | |
| 13.5 | 投资利税率 | % | | |
| 13.6 | 经济内部收益率 | % | | |

（2）产品的市场需求和拟建规模。调查国内外市场近期需求情况；国内现有工厂生产能力的估计；销售预测、价格分析、产品竞争能力、进入国际市场的前景；建设项目的规模，产品

选择方案和发展方向的技术经济比较和分析。

（3）资源、原材料、燃料及公用设施情况。经过国家正式批准的资源储量、品位、成分及开采、利用条件的评述；所需原料、辅助材料、燃料的种类、数量、质量及其来源和供应的可能性；有毒、有害及危险品的种类、数量和储运条件；材料试验情况；所需动力（水、电、气等）公用设施的数量、供应方式和供应条件、外部协作条件及签订协议和合同的情况。

（4）建厂条件和厂址方案。厂址的地理位置，与原料产地和产品市场的距离，厂址周边的条件；根据建设项目的生产技术要求，应在指定的建设地区内，对建厂的地理位置、气象、水文、地质、地形条件、地震、洪水情况和社会经济现状进行调查分析，收集基础资料，了解交通、运输及水、电、气、热的现状和发展趋势；厂址面积、占地范围、厂区总体布置方案、建设条件、地价、拆迁及其他工程费用情况；对厂址选择进行多方案的技术经济分析和比较选择，提出选择意见。

（5）项目工程技术方案。在选定的建设地点内进行的总图和交通运输的设计，须进行多方案的比较和选择，以确定项目的构成范围，主要单项工程（车间）的组成，厂内外主体工程和公用辅助工程的方案比较论证；项目土建工程总量估算；土建工程布置方案的选择，包括场地平整、主要建筑和构筑物与室外工程的规划；采用技术和工艺方案的论证，技术的来源、工艺路线和生产方法，主要设备选型方案和技术工艺的比较；引进技术、设备的必要性及其来源国别的选择比较；设备的国外分交或与外商合作制造方案的设想；应附上工艺流程图等。

（6）环境保护与劳动安全。环境现状调查，拟建项目"三废"（废气、废水、废渣）种类、成分和数量，对环境影响的预测；治理方案的选择和回收利用情况；对环境影响的预评价；劳动保护与安全卫生；城市规划；防震、防洪、防空、文物保护等要求及相应的措施方案。

（7）生产组织、劳动定员和人员培训。对全厂生产管理体制、机构的设置和方案的选择论证；工程技术和管理人员的素质和数量的要求；劳动定员的配备方案；人员培训的规划和费用估算。

（8）项目实施计划和进度要求。按照勘察设计、设备制造、工程施工、安装、试生产所需时间和进度要求，选择整个工程项目实施方案和制定总进度，并用条线图（道尔顿图或阶段横线进度表、甘特图）和网络图来表述最佳实施计划方案的选择。

（9）经济效果的分析与评价。对各项基建费用、流动资金和项目总投资的估算；项目资金来源和筹措方式（包括贷款计划）；企业生产成本估算；项目财务评价、国民经济评价和不确定性分析。

（10）评价结论与建议。对建设方案做综合分析评价与方案选择；运用各项数据，从技术、经济、财务、社会和环境等各方面论述建设项目的可行性，推荐一个以上的可行方案，提供决策参考，指出其中存在的问题；最终应得出结论性意见和改进的建议。

以上关于可行性分析的内容主要是对新建项目而言的。若对于改建或扩建项目进行可行性分析，还应增加对原有固定资产的利用和企业现有概况的说明和分析等内容。鉴于建设项目的性质、任务、规模及工程复杂程度的不同，可行性分析的内容应随行业不同而有所区别，并各有侧重，深度和广度也不尽一致。例如，对资源生产型矿产企业，重点应弄清矿藏资源的产量和开采条件；对于纺织企业，则应主要调查市场的销售要求；对于非工业项目的可行性分析内容，应结合各行业（如农业、运输、公用事业）情况，参照工业项目要求在内容上做适当增减；对于工业、交通中的中小型项目（不含技术引进和设备进口项目）和农业、商业、文教卫生等项目，如经济、技术条件不太复杂、协作关系比较简单的，初步可行性分析与可行性分析可以合并为一个阶段；对于合资项目，则应根据"中外合资经营项目经济评价方法"的规范要求进行可行性分析。

## 2.4.2 可行性分析的成果表达及其作用

既然可行性分析是关于"可以或不可以行得通的方案分析",其分析成果就需要通过一定的载体形式有效地表达出来。可行性分析报告就是这样一种有效的载体形式。它是在确定某一具体拟建项目之前,全面分析论证该项目是否可行,并根据这一可行性分析成果写成的最后的书面报告。通常,报告具有三大基本作用。

(1) 作为可行性分析人员向投资者进行汇报或交流的基本形式。投资者要对其投资活动进行分析论证,可以采用多种方法进行。如果一位投资者只投资一个项目或对某一项目特别重视或有兴趣,那他可以亲自进行或亲自组织领导一个小组进行可行性分析工作,这时可行性分析主体和投资主体是统一的。但是在大多数情况下,投资主体不可能亲自进行可行性分析工作,一方面,精力有限,投资主体有更重要的工作要做,不应该在这样具体的问题上投入太多的时间;另一方面,在现代社会经济中,投资项目可行性分析涉及众多的专业和领域,越来越成为一种专门的社会职业,由专业的人员去做会更加具有效率和高质量。在这种情况下,可行性分析主体和投资主体就是分离的,这就面临着一个问题:可行性分析工作者如何把自己的成果向投资者进行全面、准确和简洁的汇报或交流。在做可行性分析过程中,可能也要进行一些必要的交流,但是可行性分析报告是最基本和最重要的汇报或交流的形式。首先,这是一种正式书面的形式,便于保存、传播和反复分析;其次,这种形式现在已经形成比较规范的结构形式和内容体系,也容易比较和查阅;最后,可行性分析报告提供的是一种内容全面的终极结果,对投资决策具有权威性的参照意义,是投资者进行项目最终决策的重要书面依据。

(2) 作为可行性分析工作的主要成果的载体表现形式。为让投资者满意和使可行性分析报告发挥更大的作用,首要的是应切实做好可行性分析工作,不但要认真地做好调查分析、预测分析和资料准备工作,充分占有各种有效信息资料,而且要利用各种科学方法来构造、分析比选、论证评价可能的项目方案。但同样的可行性分析成果,若总结表现的形式不同,其作用也可能有很大差别。其中最主要的是要处理好以下三个方面的关系。一是科学地选定可行性分析的内容。虽然可行性分析报告是可行性分析成果的主要载体表现形式,但不可能包容可行性分析过程的全部内容。必须选择主要的、需要用文字表达的成果,一些不确切的、不正规的和需要严格保密的信息资料可通过其他渠道交流。二是正确处理好主次、详略的关系。可行性分析涉及的问题众多,如果都等量齐观,可行性分析报告的规模就太大了,同时投资者也并非会对所有方面都同样有兴趣,故需在保持结构、内容完整的条件下,尽可能地突出重点。三是处理好可行性分析正文、过程和方法的关系。可行性分析工作不仅在内容上要满足投资者的需要,而且应该尽量让投资者了解可行性分析的过程、依据和方法。其目的是让投资者对可行性分析报告的真实性、可靠性和精确性放心。但是过程、依据和方法可有选择地在可行性分析报告中体现,更多的则需要通过其他方式来交流。

(3) 作为评价可行性分析机构或人员工作成效的基本依据。投资者和可行性分析人员之间是一种委托与被委托的关系,这种关系的严格形式就是可行性研究合同。投资者要评价或考核可行性分析人员的工作,可行性分析报告是最重要、最基本的依据。如果双方是合同关系,那么合同是否被完成、履行情况如何,主要的依据就是可行性分析报告。

## 2.4.3 编写可行性分析报告文本格式的基本要求

虽然可行性分析报告研究分析的对象和内容不同,可行性分析的委托者和承办者各异,报告在长短、详略上会有区别,但随着其理论和实践的不断丰富和发展,人们已经找到了可行性分析工作的基本规律并形成作为分析成果载体的形式——可行性分析报告的相对固定模式。

### 1. 可行性分析报告的文本格式

依据原国家发展计划委员会审定发行的《投资项目可行性分析指南》，正式的可行性分析报告文本格式如下。

（1）可行性分析报告书面文本（装订）排序。①封面：项目名称、分析阶段、编制单位、出版年月，并加盖编制单位印章。②封一：编制单位资格证书，如工程咨询资质证书、工程设计证书。③封二：编制单位的项目负责人、技术管理负责人、法人代表名单。④封三：编制人、校核人、审核人、审定人名单。⑤目录。⑥正文。⑦附图、附表、附件。

（2）报告文本的外形尺寸统一为 A4（210mm×297mm）。

### 2. 可行性分析报告编写内容的基本要求

通常，可行性分析报告的书面文本形式应包括标题、正文、落款及附件四个大部分。

1）标题。可行性分析报告的标题一般采用公文的标题形式加上方案的名称，如"××轿车有限公司关于开发新产品 Y 系列发动机流水线的可行性分析报告""关于中马合资经营聚丙烯有限公司可行性分析报告"。

2）正文。正文一般包括前言、主体和结论。

（1）前言。前言也称总论。它概要地说明可行性分析的总体情况，交代项目提出的背景和依据，简略介绍项目设计方案的目的和意义以及主要工程的规模和范围，预计的经济效益和社会效益，存在的主要问题和建议。例如，某经济技术开发区管委会为三资企业项目拟订的可行性分析报告中总论部分有以下内容，可供参考：①项目名称。②项目主办单位及项目负责人。③中外合营各方的基本情况。④项目前期工作情况。⑤合营方式、投资总额、中外各方投资比例和投资金额。⑥合营期限。⑦可行性分析总概括和结论。

（2）主体。这是可行性分析报告的重点部分。这部分要运用定量分析和定性分析的方法，在技术、经济等方面对项目进行论证和评价。其中的主要内容应包括以下几个方面。

① 市场分析和生产规模。首先，国内外市场情况的调查、分析和预测。要求联系价格可能发生的变化情况，进行市场供求情况的分析以及该项目产品所处的市场生命周期阶段分析。这里应包含：A. 市场容量的现状与前景；B. 可替代产品的预测及由此可能引起的市场扩大情况，该项目现存或潜在的替代产品可能造成的影响；C. 市场供求情况的长期发展趋势；D. 目前市场饱和率、项目投产时的市场饱和率、该项目产品可能达到的市场占有率。

其次，产品方案和生产规模的选定及其理由。A. 叙述产品方案，包括品种、规格、型号、性能、用途、质量标准和特殊要求，论述该产品方案选择的理由；B. 经过对产品进行销售趋势分析、相关产品分析和产品普及率分析，判断该产品的经济生命期，如试销期、畅销期、饱和期、滞销期、淘汰期；C. 分析产品价格水平、产品质量、产品功能、包装外观等情况，与国内外生产同类产品主要竞争对手的产品进行对比分析，判断该产品的竞争能力；D. 销售渠道、销售方式及其他条件；E. 市场需求对生产规模的影响；F. 技术设备对生产规模的影响；G. 资金、原材料、能源供应对生产规模的影响；H. 生产规模对经济效益的影响。

最后，选定产品方案和确定生产规模。

② 物料要求及供应办法。A. 对主要物料（包括原材料、辅助材料、维修材料、包装材料、配套件、燃料和动力等）的品种、规模、质量、数量的要求；B. 对物料供应可靠性的分析；C. 对物料供应来源的落实分析；D. 物料的供应办法，国内可供数量的调查和落实措施，进口数量和渠道；E. 物料供应的费用，包括价格、运费和仓储费用等。

③ 厂址选择与工程内容。A．对选定厂址的条件分析；B．需要场地总面积及总平面图草案；C．土建工程内容和工作量。

④ 引进技术与进口设备。A．引进国外技术情况，包括有效专利、专有技术及其先进适用性分析；B．进口国外设备的名称、型号、规格、数量、来源国别和厂商及国内外市场价格情况；C．国外技术服务内容和有关初步安排计划；D．消化、吸收、创新目标及措施。

⑤ "三废"治理与安全防护。A．说明拟建项目生产过程中排出的废气、废渣、废水的名称、数量、浓度，并说明对水、空气、土壤的影响及对人体、动物、植物的毒害情况；B．简述"三废"治理方案；C．"三废"治理费用估算；D．劳动保护（防尘和防毒）措施方案；E．劳动保护和投资费用估算；F．安全（防火、防爆）方案；G．安全防护及投资费用估算。

⑥ 项目设计方案。A．全厂总平面布置图方案和运输规划方案；B．装置和装置区的投资估算。

⑦ 投资效益分析。A．项目总投资预算，包括固定资产投资、投资前支出和流动资金的预算。B．产品成本计算。C．资金来源的分析：合营各方的投资金额、投资比例和出资方借贷资金的来源、借贷的条件及利率、贷款偿付方式。D．经济效益分析，包括静态分析和动态分析。a．静态经济效益指标。年净利润率＝年净利润×100%÷总投资额；投资回收期＝总投资额÷（年净利润+年折旧额）；中方投资利润率＝中方年净利润×100%÷中方投资额；外方投资利润率＝外方年净利润×100%÷外方投资额；资金利税率＝（中方年净利润+增值税+所得税）×100%÷中方投资额；投资创汇率＝产后创汇额与产前投入外汇资金额之比＝中方投资额所获得的年净外汇收入×100%÷中方投资额。b．动态经济效益指标。如企业盈利净现值额、企业获利指数、动态投资回收期、动态投资创汇率、内部收益率、盈亏平衡点、目标利润、敏感性（度）分析。E．外汇平衡，包括外汇平衡表、平衡措施（提出两个以上可供替代的平衡方案）。

⑧ 企业组织、劳动定员和人员培训。

⑨ 项目实施计划与进度要求。A．签订合同、章程、协商董事会名单以及报批的计划进度；B．工程设计计划进度；C．引进技术、进口设备的计划进度；D．试生产和正式投产的计划进度；E．项目实施费用估算。

⑩ 项目技术经济效果的综合评价等。在论证时，重点要放在对关键点和难点的分析上，明确提出解决的具体措施和办法。如果是非可行性的方案，则要指出不可摆脱的不利因素，说明不能实施——不可行的理由；如果有弥补的办法，应提出有效的弥补措施。

（3）结论。以结论作为结尾，就是通过上述的论证得出可行或不可行的结论。对项目各备选的可行性方案对比、筛选，最终选出最佳方案，以供决策者参考。可行性分析报告的结尾可按公文的结尾格式，写上"以上报告当否，请审批"或"以上报告是否可行，请批示"等。

3）落款，包括单位名称、公章和报告的年、月、日。

4）附件。根据需要附上必要的表格，如主要设备表、分项投资估算表、外部条件及物料供需求表等，以及必要的附图，如工艺流程图、车间平面图等。

### 3. 对可行性分析报告编制单位及人员资质的要求

可行性分析报告的质量取决于编制单位的资质和编写人员的素质。承担可行性分析报告编写的单位和人员，应符合下列要求：①编制单位应具有经国家有关部门审批登记的资质等级证明。②编制单位应具有承担编制可行性分析报告的能力和经验。③可行性分析人员应具有所从事专业的中级以上专业职称，并具有相关的知识、技能和工作经历。④编制单位及人员，应坚持独立、公正、科学、可靠的原则，实事求是，对提供的可行性分析报告质量负完全责任。

### 2.4.4 编制可行性分析报告应注意的问题

为确保向拟建项目的投资者提供可靠的决策依据，编写可行性分析报告应注意解决以下几个问题。

（1）从实际出发，按经济规律办事。编写可行性分析报告一定要从实际出发，以实事求是的态度，认真、全面、细致地做好调查分析工作，收集准确、可靠的数据，通过科学的分析和论证，冷静中肯地评价有关项目建设的必要性和可行性，并选择技术上合理、经济上合算（有益）、经济风险尽可能小的最优方案和最佳时机，得出可靠的结论。这些既是职业道德的要求，也是政策和法律的规定。尤其要防止出现两种恶果：一是凭着主观愿望，为使某项工程能够上马，就在事先定好的框框里打转转，只讲有利的条件，有意掩盖潜在的不利因素，得出早已拟定好的结论。如果这样做，有可能给投资者带来无可估量的巨大损失。二是为了否定某项工程方案，片面强调甚至夸大不利因素，少讲甚至不讲有利的条件，以致对有利于国民经济发展有很大影响的建设项目得不到及时立项。总之，必须从实际出发，实事求是，摆脱个人主观偏见，把一切情况写清楚，从而合乎逻辑地归纳出结论，以便投资者做出正确的决策。

（2）编写报告必须尽可能掌握与项目有关的专业知识。可行性分析是一项十分复杂和艰苦细致的工作，所要研究分析项目的内容涉及许多专业知识性很强的问题，为此必须组成一个专家小组。一般来说，专家小组在经济方面和技术方面的人员构成比例以3:7为最佳。按联合国工业发展组织的要求，任何较大型项目的可行性分析小组的成员应该包括下列人员：①1名工业经济专家；②1名市场分析专家；③若干名精通拟建项目的工艺师或工程师；④1名机械师或工艺工程师；⑤1名土木工程师；⑥1名会计师。

由此可见，编写该项目的可行性分析报告的工作并非一个人所能承担的。同时编写报告的主持人必须掌握与项目有关专业知识，精心组织协调，才能保证可行性分析报告的编写质量。

（3）重视对不确定性因素的分析研究。可行性分析的核心是要求提供合乎理想而且可靠的对经济效益的评价。在对经济效益的论证过程中，所使用的数据，如产品成本、产品销售、利润额、贷款还本付息等资料，不管用何种方法得出，大部分都来自预测和估算，与将来实际情况会有相当大的出入，也就是说，这些数据中含有不确定性因素。这些不确定性因素的变化会影响项目的经济效益变动，给拟建的项目带来潜在的风险，可能会造成决策失误。这种对建设项目的一些不确定性因素变化而引起经济效益的变化及其变化程度的分析，称为不确定性分析。

预测和估算发生误差的原因很多，如技术和工艺的变化或重大突破，新产品、替代产品的出现以及没有预见到的经济形势的变化等。为了分析弄清和减少不确定性对经济评价的影响，需要进行不确定性分析，以预测项目可能承担风险的程度，确定对项目经济评价的可靠性。

不确定性分析包括盈亏平衡分析、敏感性分析及概率分析。具体分析的方法可参见第12章及其他相关著述中的内容。

### 2.4.5 一般工业项目可行性分析报告编制大纲

在此，依据原国家发展计划委员会审定发行的《投资项目可行性研究指南》，我们以一般工业投资项目可行性分析报告的编制大纲为例，说明报告编制的具体要求，可供相关人员参考。

**1. 总论**
（1）项目背景
① 项目名称
② 承办单位概况（新建项目指筹建单位情况，技术改造项目指原企业情况，合资项目指合资各方情况）
③ 可行性分析报告编制依据
④ 项目提出的理由与过程

(2) 项目概况
① 拟建地点
② 建设规模与目标
③ 主要建设条件
④ 项目投入总资金及效益情况
⑤ 主要技术经济指标
(3) 问题与建议

2．市场预测
(1) 产品市场供应预测
① 国内外市场供应现状
② 国内外市场供应预测
(2) 产品市场需求预测
① 国内外市场需求现状
② 国内外市场需求预测
(3) 产品目标市场分析
① 目标市场确定
② 市场占有份额分析
(4) 价格现状与预测
① 产品国内市场销售价格
② 产品国际市场销售价格
(5) 市场竞争力分析
① 主要竞争对手情况
② 产品市场竞争力优势、劣势
③ 营销策略
(6) 市场风险

3．资源条件评价（资源开发项目）
(1) 资源可利用量。矿产地质储量、可采储量、水利水能资源蕴藏量、森林蓄积量等
(2) 资源品质情况。矿产品位、物理性能、化学组分，煤炭热值、灰分、硫分等
(3) 资源赋存条件。矿体结构、埋藏深度、岩体性质，含油气地质构造等
(4) 资源开发价值。资源开发利用的技术经济指标

4．建设规模与产品方案
(1) 建设规模
① 建设规模方案比选
② 推荐方案及其理由
(2) 产品方案
① 产品方案构成
② 产品方案比选
③ 推荐方案及其理由

5．场址选择
(1) 场址所在位置现状
① 地点与地理位置
② 场址土地权属类别及占地面积
③ 土地利用现状
④ 技术改造项目现有场地利用情况
(2) 场址建设条件
① 地形、地貌、地震情况
② 工程地质与水文地质
③ 气候条件
④ 城镇规划及社会环境条件
⑤ 交通运输条件
⑥ 公用设施社会依托条件（水、电、气、生活福利）
⑦ 防洪、防潮、排涝设施条件
⑧ 环境保护条件
⑨ 法律支持条件
⑩ 征地、拆迁、移民安置条件
⑪ 施工条件
(3) 场址条件比选
① 建设条件比选
② 建设投资比选
③ 运营费用比选
④ 推荐场址方案
⑤ 场址地理位置图

6．技术方案、设备方案和工程方案
(1) 技术方案
① 生产方法（包括原料路线）
② 工艺流程
③ 工艺技术来源（需引进国外技术的，应说明理由）
④ 推荐方案的主要工艺（生产装置）流程图、物料平衡图，物料消耗定额表
(2) 设备方案
① 主要设备选型
② 主要设备来源（进口设备应提出供应方式）
③ 推荐方案的主要设备清单

（3）工程方案
① 主要建、构筑物的建筑特征、结构及面积方案
② 矿建工程方案
③ 特殊基础工程方案
④ 建筑安装工程量及"三材"用量估算
⑤ 技术改造项目原有建、构筑物利用情况
⑥ 主要建、构筑物工程一览表

## 7．主要原材料、燃料供应
（1）主要原材料供应
① 主要原材料品种、质量与年需要量
② 主要辅助材料品种、质量与年需要量
③ 原材料、辅助材料来源与运输方式
（2）燃料供应
① 燃料品种、质量与年需要量
② 燃料供应来源与运输方式
（3）主要原材料、燃料价格
① 价格现状
② 主要原材料、燃料价格预测
（4）编制主要原材料、燃料年需要量表

## 8．总图运输与公用辅助工程
1）总图布置
（1）平面布置。列出项目主要单项工程的名称、生产能力、占地面积、外形尺寸、流程顺序和布置方案
（2）竖向布置
① 场区地形条件
② 竖向布置方案
③ 场地标高及土石方工程量
（3）技术改造项目原有建、构筑物利用情况
（4）总平面布置图（技术改造项目应标明新建和原有以及拆除的建、构筑物的位置）
（5）总平面布置主要指标表
2）场内外运输
① 场外运输量及运输方式
② 场内运输量及运输方式
③ 场内运输设施及设备
3）公用辅助工程
（1）给排水工程
① 给水工程。用水负荷、水质要求、给水方案
② 排水工程。排水总量、排水水质、排放方式和泵站管网设施
（2）供电工程
① 供电负荷（年用电量、最大用电负荷）
② 供电四路及电压等级的确定
③ 电源选择
④ 场内供电输变电方式及设备设施
（3）通信设施
① 通信方式
② 通信线路及设施
（4）供热设施
（5）空分、空压及制冷设施
（6）维修设施
（7）仓储设施

## 9．节能措施
（1）节能措施
（2）能耗指标分析

## 10．节水措施
（1）节水措施
（2）水耗指标分析

## 11．环境影响评价
（1）场址环境条件
（2）项目建设和生产对环境的影响
① 项目建设对环境的影响
② 项目生产过程产生的污染物对环境的影响
（3）环境保护措施方案
（4）环境保护投资
（5）环境影响评价

## 12．劳动安全卫生与消防
（1）危害因素和危害程度
① 有毒有害物品的危害
② 危险性作业的危害
（2）安全措施方案
① 采用安全生产和无危害的工艺与设备
② 对危害部位和危险作业的保护措施
③ 危险场所的防护措施
④ 职业病防护和卫生保健措施
（3）消防设施

① 火灾隐患分析
② 防火等级
③ 消防设施

### 13. 组织机构与人力资源配置
（1）组织机构
① 项目法人组建方案
② 管理机构组织方案和体系图
③ 机构适应性分析
（2）人力资源配置
① 生产作业班次
② 劳动定员数量及技能素质要求
③ 职工工资福利
④ 劳动生产率水平分析
⑤ 员工来源及招聘方案
⑥ 员工培训计划

### 14. 项目实施进度
（1）建设工期
（2）项目实施进度安排
（3）项目实施进度表（横线图）

### 15. 投资估算
（1）投资估算依据
（2）建设投资估算
① 建筑工程费
② 设备及工器具购置费
③ 安装工程费
④ 工程建设其他费用
⑤ 基本预备费
⑥ 涨价预备费
⑦ 建设期利息
（3）流动资金估算
（4）投资估算表
① 项目投入总资金估算汇总表
② 单项工程投资估算表
③ 分年投资计划表
④ 流动资金估算表

### 16. 融资方案
（1）资本金筹措
① 新设项目法人项目资本金筹措
② 既有项目法人项目资本金筹措
（2）债务资金筹措
（3）融资方案分析

### 17. 财务效益分析
1）新设项目法人项目财务效益分析
（1）财务评价基础数据与参数选取
① 财务价格
② 计算期与生产负荷
③ 财务基准收益率设定
④ 其他计算参数
（2）销售收入估算（编制销售收入估算表）
（3）成本费用估算（编制总成本费用估算表和分项成本估算表）
（4）财务效益分析报表
① 财务现金流量表
② 损益和利润分配表
③ 资金来源与运用表
④ 借款偿还计划表
（5）财务评价指标
① 盈利能力分析
  A. 项目财务内部收益率
  B. 资本金收益率
  C. 投资各方收益率
  D. 财务净现值
  E. 投资回收期
  F. 投资利润率
② 偿债能力分析（借款偿还期或利息备付率和偿债备付率）
2）既有项目法人项目财务评价
（1）财务效益分析范围确定
（2）财务效益分析基础数据与参数选取
① "有项目"数据
② "无项目"数据
③ 增量数据
④ 其他计算参数
（3）销售收入估算（编制销售收入估算表）
（4）成本费用估算（编制总成本费用估算表和分项成本估算表）
（5）财务效益分析报表
① 增量财务现金流量表
② "有项目"损益和利润分配表
③ "有项目"资金来源与运用表
④ 借款偿还计划表

（6）财务评价指标
① 盈利能力分析
　A．项目财务内部收益率
　B．资本金收益率
　C．投资各方收益率
　D．财务净现值
　E．投资回收期
　F．投资利润率
② 偿债能力分析（借款偿还期或利息备付率和偿债备付率）
3）不确定性分析
（1）敏感性分析（编制敏感性分析表，绘制敏感性分析图）
（2）盈亏平衡分析（绘制盈亏平衡分析图）
4）财务效益分析结论

### 18．国民经济评价
（1）影子价格及通用参数选取
（2）效益费用范围调整
① 转移支付处理
② 间接效益和间接费用计算
（3）效益费用数值调整
① 投资调整
② 流动资金调整
③ 销售收入调整
④ 经营费用调整
（4）国民经济效益费用流量表
① 项目国民经济效益费用流量表
② 国内投资国民经济效益费用流量表
（5）国民经济评价指标
① 经济内部收益率
② 经济净现值
（6）国民经济评价结论

### 19．社会效益评价
（1）项目对社会的影响分析
（2）项目与所在地相互适应性分析
① 利益群体对项目的态度及参与程度
② 各级组织对项目的态度及支持程度
③ 地区文化状况对项目的适应程度
（3）社会风险分析
（4）社会评价结论

### 20．风险分析
（1）项目主要风险因素识别
（2）风险程度分析
（3）防范和降低风险对策

### 21．分析结论与建议
（1）推荐方案的总体描述
（2）推荐方案的优缺点描述
① 优点
② 存在问题
③ 主要争论与分歧意见
（3）主要对比方案
① 方案描述
② 未被采纳的理由
（4）结论与建议

### 22．附图、附件、附表
1）附图
① 场址位置图
② 工艺流程图
③ 总平面布置图
2）附表
（1）投资估算表
① 项目投入总资金估算汇总表
② 主要单项工程投资估算表
③ 流动资金估算表
（2）财务效益分析报表
① 销售收入、销售税金及附加估算表
② 总成本费用估算表
③ 财务现金流量表
④ 损益和利润分配表
⑤ 资金来源与运用表
⑥ 借款偿还计划表
（3）国民经济评价报表
① 项目国民经济效益费用流量表
② 国内投资国民经济效益费用流量表
3）附件
① 项目建议书（或初步可行性分析报告）的批复文件
② 环保部门对项目环境影响的批复文件
③ 资源开发项目有关资源勘察及开发的审批文件

④ 主要原材料、燃料及水、电、气供应的意向性协议
⑤ 项目资本金的承诺证明及银行等金融机构对项目贷款的承诺函
⑥ 中外合资、合作项目各方草签的协议
⑦ 引进技术考察报告
⑧ 土地主管部门对场址的批复文件
⑨ 新技术开发的技术鉴定报告
⑩ 组织股份公司草签的协议

**链接——案例 2-7**

### 关于拟扩建140万千瓦火电站项目的可行性分析报告

#### 1. 概述

该工程项目所属电厂位于S省东部W市，该地濒江临海，沃野平坦，舟楫便利，素以轻纺工业、港口运输发达而称雄，是我国对外开放的沿海城市之一。但是，要内外开放，横向联合，能源的奇缺束缚着经济腾飞的翅膀。

有关W市能源情况的数据，如表2-9所示。

表2-9　W市能源预测表　　　　　　　单位：万千瓦

| 项目 | 20×× | 20×× | 20×× | 20×× | 20×× | 20×× | 备注 |
|---|---|---|---|---|---|---|---|
| 最大负荷 | × | × | × | × | × | × |  |
| 应有装机 | × | × | × | × | × | × |  |
| 拥有装机 | × | × | × | × | × | × |  |
| 装机缺口 | × | × | × | × | × | × |  |

为解决电力供需矛盾，根据规划，国务院批准作为W市发电厂扩建工程的项目，建设规模为两台70万千瓦机组，可以缓和S省目前严重缺电局面，改善系统电源布局，加强电网结构，提高系统的稳定性和可靠性。对增加系统调峰能力、改善系统运行都是十分有利的。

该电厂在原有某电厂基础上建设，扩建条件好，水源、灰场燃料来源及运输等外部条件均已落实，环保措施可行并已经取得环保部门同意。该电厂扩建新增年燃煤量×万吨，除该省地方煤矿供应×万吨外，由外省供应给调煤×万吨。

厂址的水文、地质、气象资料齐全，条件较好，并为续建两台35万千瓦机组留有余地。

#### 2. 基本数据

（1）主要技术数据。

① 厂区占地面积：12公顷。施工用地面积：10公顷。
② 工程量：钢材12.3t，木料130m³，水泥27.8t，挖土方301m³，填方112m³。
③ 施工进度：20××年3月现场施工准备开始，20××年6月基础打桩至1号机投产共18个月，至2号机投产正式商业发电共28.5个月。
④ 单位建设周期：××天/万千瓦。
⑤ 单位造价：发电工程×元/千瓦。
⑥ 施工高峰平均人数：共×××人，土建××人，安装××人。
⑦ 发电标准煤耗：××克/度。
⑧ 煤种：褐煤，设计煤种低位发热量：×××大卡/千克。
⑨ 厂用电率：×%。
⑩ 线损率：×%。
⑪ 发电利用小时数：×××h。

⑫ 固定资产形成率：×%。
⑬ 基本折旧率：×%。
⑭ 贷款偿还期：5.6 年，在此期间，基本折旧费的还贷比例为×%。
⑮ 职工人数：暂定 634 人。
⑯ 年平均工资：8 650 元/（人·年）。
⑰ 设备大修折旧率：不计，适当增加材料和其他费用。
⑱ 企业留利：还贷前×%，还贷后×%。
⑲ 税金：产品税按销售收入的×%；城市维护建设税为产品税的 3%；所得税按开放城市中的合资企业待遇缴纳。
⑳ 经济年限：15 年。
㉑ 售电价格：×元/度。

（2）投资构成。工程投资构成如总概算表 2-10 所示。

表 2-10  工程投资总概算                    单位：万元

| 工程或费用名称 | 国外费用 ||||| 国内费用 ||||| 总计 |
|---|---|---|---|---|---|---|---|---|---|---|---|
| | 建筑工程费用 | 安装工程费用 | 设备装置费用 | 其他费用 | 合计 | 建筑工程费用 | 安装工程费用 | 设备装置费用 | 其他费用 | 合计 | |
| 热力系统 | × | | | | | × | × | | | × | × |
| 燃料供应系统 | | | | | | × | × | × | | × | × |
| 除灰系统 | | | | | | × | × | | | × | × |
| 水处理系统 | | | | | | × | × | | | × | × |
| 供水系统 | | | | | | × | × | | | × | × |
| 电气系统 | | | | | | × | × | | | × | × |
| 热工控制系统 | | | | | | × | | | | × | × |
| 附属生产工程 | × | | | × | | | | | | × | × |
| 生活福利工程 | | | | | | | | | | × | × |
| 引进工程费用 | | | × | | × | | | | | | × |
| 其他工程和费用 | | | | × | | | | × | × | × | × |
| 小计 | × | × | × | × | × | | | | | × | × |
| 法定利润 | | | | | | × | | | | × | × |
| 预备费 | | | | | | | | | × | × | × |
| 发电工程合计 | × | | × | × | × | × | | × | × | × | × |
| 各类费用单位造价 | × | | × | × | × | × | | × | × | × | × |
| 河势整理补贴 | | | | | | | | | | × | × |
| 煤灰综合利用补贴 | | | | | | | | | | × | × |
| 输变电配套工程 | | | | | | | | | | × | × |

（3）分年度投资计划。根据总投资额、建设进度及与外商所签的交货合同，并按照国家计划要求，制订分年度投资计划（见表 2-11）。

表 2-11  分年度投资计划                    单位：万元

| 项目 | 年度 |||| |
|---|---|---|---|---|
| | 1 | 2 | 3 | 总计 |
| 基建投资<br>（1）外汇供货贷款 | × | × | × | × |
| （2）外汇商业贷款 | × | | | |
| 外汇贷款合计 | × | × | × | × |
| （3）国内投资 | × | × | × | × |
| 流动资金 | × | × | × | × |
| 合计 | × | × | × | × |

（4）资金来源。工程总投资890万元，其中成套设备及部分主材贷款56万美元，由美国大通银行以出口信贷支付，按年利率6.5%复利计算；建设费用及输变电工程所需费用由S省和W市统筹集资，贷款额90万元，其中S省筹55万元，W市筹35万元，均按利率6%复利计算。

### 3. 财务效益分析

1）产品成本。产品成本是指售电总成本，包括发电成本和供电成本两部分，按国家水电管理部门现行的财务制度和规定计算。还贷期正常生产年份成本计算如表2-12所示。

表2-12　还贷期正常生产年份成本计算

| 成该项目 | | 计算方法 | 成本情况 | |
|---|---|---|---|---|
| | | | 年总成本/万元 | 单位成本/万元 |
| 发电成本 | 燃料 | 年发电量×煤耗×煤价 | × | × |
| | 购入电费 | — | — | — |
| | 水费 | — | × | × |
| | 工资（计时） | 人平均工资×职工人数 | × | × |
| | 材料费 | 年发电量×(×元/千度+×元/千度)* | × | × |
| | 其他费用 | 年发电量×(×元/千度) | × | × |
| | 基本折旧 | 固定资产×折旧率(10%) | × | × |
| | 合计 | | × | × |
| 供电成本 | 公司管理费 | 售电量×(×元/千度) | × | × |
| | 供电手续费 | 售电量×(×元/千度) | × | × |
| | 供电管理费 | 售电量×(×元/千度) | × | × |
| | 合计 | | × | × |
| 售电成本 | | | × | × |
| 还贷付息加价 | | (建设期本息+还贷期本息)÷10 | × | × |
| 总计 | | | × | × |

\*——注：此项"×元/千度+×元/千度"中，除煤耗外，其他主要应为各种耗材和零部件的购置费用。

电厂还款期间，在享受中外合资企业待遇的情况下，发电成本可随燃料价格和外汇比价浮动。售电价格在发电成本的基础上每度加价0.013元。因此包括加价部分，并考虑到供电成本，售电成本为0.23元/度。当然，在10年后固定资产折旧提完，工程贷款本息还清，成本将随之大幅度下降，估计为0.18元/度。按年通货膨胀率7.5%计算，成本调整为×元/度；按年通货膨胀率8.5%计算，成本调整为×元/度。由此可见，还贷期后，工程将为社会提供更为廉价的电力，社会效益也会提高。

在电厂的产品成本中，变动费用包括燃料、水费、购入电力费；固定费用包括材料费、工资（计时）、基本折旧、提取大修理费、其他费用（包括利息支出、办公费、差旅费等）、职工福利基金等。工程投产后，必须保证安全运行，提高发电能力，搞好省煤节电，降低生产成本。

2）销售收入、税金、利润计算。根据水电部规定，销售收入、税金、利润计算如表2-13所示。

表2-13　销售收入、税金、利润计算　　　　　　　　　　　单位：万元

| | 项目 | 投产期 | 达到生产能力生产期 | 合计 |
|---|---|---|---|---|
| | | 4 | 5~23 | |
| （一） | 生产负荷 | × | × | |
| | 产品销售收入 | × | × | × |
| （二） | 产品成本 | × | × | × |
| （三） | 销售税金 | × | × | × |
| 1 | 产品税 | × | × | × |
| 2 | 城市维护建设税 | × | × | × |
| 3 | 教育附加 | × | × | × |
| （四） | 销售利润 | × | × | × |
| 1 | 其中：供电利润 | × | × | × |
| | 发电利润 | × | × | × |

（1）销售收入与企业利润的计算。

① 年销售收入=年售电×单位售电价格

=年发电量×(1-厂用电率)×(1-线损率)×电价=×亿元

② 年企业利润=年销售收入-年总成本=×亿元

（2）税金的计算。根据国务院函×号文件和《中华人民共和国中外合资经营企业所得税法》及其实施细则等文件规定，工程进口的机器、设备、零部件和其他物品，免征关税和工商统一税；在销售电力后，按销售收入的15%缴纳工商统一税；所得税从获得年起头两年免征，第3～5年减半，第6年起为33%；免征建筑税等。另外，加征产品税的1%～3%为城市维护建设税。

3）偿还借款资金及偿还平衡计算。偿还借款资金包括扣除企业留利后的发电利润和可用于还款的基本折旧。资金还款借款如表2-14所示。

表2-14 资金还款借款 单位：万元

| 序号 | 项目 | 投产期 4 | 达到设计能力生产期 5 | 6 | 7～18 | 合计 |
|---|---|---|---|---|---|---|
| （一） | 发电利润 | × | × | × | × | × |
| （二） | 企业留利 | × | × | × | × | × |
| （三） | 还贷利润 | × | × | × | × | × |
| （四） | 还贷折旧 | × | × | × | × | × |
| （五） | 偿还借款资金 | × | × | × | × | × |

国内借款按年计息，建设期利息按复利计算至项目投产后支付。每笔借款发生当年均假定在年中支用，按半年计息，以后年份按全年计息。

4）现金流量分析。

（1）静态分析。逐年现金流量如表2-15所示。累计净现金流量为××万元。由现金流量表计算的指标包括以下几个。

表2-15 逐年现金流量 单位：万元

| 序号 | 项目 | 建设期 1 2 3 | 还贷期 4 5 6 7 8 9 10 11 12 13 | 还贷后 14～23 |
|---|---|---|---|---|
| 一 | 现金收入 | | | |
| | 1. 销售收入 | | ×××××××××× | ×× |
| | 2. 其他 | | ×××××××××× | ×× |
| | 小计 | | ×××××××××× | ×× |
| 二 | 现金支出 | | | |
| | 1. 固定资产投资 | ××× | | |
| | 2. 经营成本 | | ×××××××××× | ×× |
| | 3. 销售税金 | | ×××××××××× | ×× |
| | 4. 其他 | | ×××××××××× | ×× |
| | 小计 | ××× | | |
| 三 | 净现金流量 | ××× | ×××××××××× | ×× |
| 四 | 累计净现金流量 | ××× | ×××××××××× | ×× |

① 建设开始年算起的投资回收期=（累计净现金流量开始出现正值年份数）-1+（上年累计净现金流量的绝对值）/当年净现金流量=×（年）。

即×年零×个月。

② 自投产开始年算起的投资回收期=投资总额/（净利润+税金+利息支出）=×（年）

即×年零×个月。

③ 投资收益率 =（净利润+年利息支出）/投入资本×100%=×%

根据国家有关部门要求，工业部门的静态投资收益率应为×%～×%，电力工业30多年的平均投资收益率为×%，可见，该工程的该项指标因高于行业平均值，是符合要求的。

④ 净利率 = 净利润×100%/销售收入=×%

从以上指标可以看出，该工程投产后，偿债能力和创利能力较强，因此，在电力需求紧张、市场很大的情况下，暂时的高价电力，不仅使工程上马后生命力旺盛，并且在还贷期后，竞争能力随之增强，经济效益前景较好。

（2）动态分析。

① 动态投资回收期=-log(1-Ii/A)/log(1+i)=×年

② 财务净现值。由于我国尚无政府统一规定的基准贴现率（注：这是按可行性分析当时的情况）。根据国外的经验，并考虑到投资方案大多带有一定的风险和不确定性，基准贴现率应高于贷款利率的×%，即×%+×%=×%。为了便于计算，暂定为×%。

净现值（×%贴现率）=×万元>0，所以该方案是可以接受的。

③ 财务内部收益率（FIRR）。财务内部收益率计算如表2-16所示。

$$FIRR = i_1 + NPV_1 \times (i_2-i_1)/(NPV_1+|NPV_2|) = \times \%$$

财务内部收益率为×%，大于基准收益率$i_c$=×%，因此，该方案是可取的。

表2-16 财务内部收益率计算

| 年份 | 净现金流量 | $1/(1+i)^n$=×% | 现值 | $1/(1+i)^n$=×% | 现值 |
|---|---|---|---|---|---|
| 0 | × | × | × | × | × |
| 1 | × | × | × | × | × |
| 2 | × | × | × | × | × |
| 3 | × | × | × | × | × |
| 4 | × | × | × | × | × |
| 5 | × | × | × | × | × |
| 6 | × | × | × | × | × |
| 7 | × | × | × | × | × |
| 8 | × | × | × | × | × |
| 9 | × | × | × | × | × |
| 10 | × | × | × | × | × |
| Σ | | | × | | × |

5）财务平衡分析。

（1）从利润表中可见，投产第1年销售利润为×万元，第2年达到设计生产能力，销售利润为×万元，计算期销售利润总额为×万元，其中发电利润总额为×万元。

根据利润表计算的评价指标：

① 投资利润率 = ×%。

② 投资利税率 = ×%。

（2）固定资产借款总额为×万元，共付借款利息×万元，偿还期×年，还贷能力强。

（3）从财务平衡表2-17可见，整个计算期×年，除初偿还国内外借款本金和利息外，上交销售税金×万元，所得税×万元，企业盈余资金仍可达×万元。

6）不确定性分析。

（1）盈亏平衡分析。企业盈利大小，取决于成本的高低和产量的大小，产量除直接影响盈利大小外，还通过影响成本而间接影响盈利。

根据表2-18及国家水电管理部门的统一规定，在电厂的产品成本中，该项目预计固定费用为×万元，变动费用（单位）为×元/度，售电价为×元/度，及单位销售税金×元/度。

表 2-17 财务平衡表　　　　　　　　　　　　　　　　　　单位：万元

| 序号 | 项目 | 建设期 1 2 3 | 还贷期 4 5 6 7 8 9 10 11 12 13 | 还贷后 14～23 |
|---|---|---|---|---|
|  | 生产负荷（%） |  | ×××××××××× | ×× |
| （一） | 资金来源 |  |  |  |
| 1 | 销售利润 |  | ×××××××××× | ×× |
| 2 | 折旧费 |  | ×××××××××× | ×× |
| 3 | 固定资产投资借款 | ××× |  |  |
| （1） | 国内投资 | ××× |  |  |
| （2） | 卖方信贷贷款 | ××× |  |  |
| （3） | 政府贷款 | ××× |  |  |
| 4 | 流动资金借款 |  |  |  |
| 5 | 其他 |  |  |  |
|  | 来源小计 | ××× |  |  |
| （二） | 资金运用 |  |  |  |
| 1 | 固定资产投产 | ××× |  |  |
| 2 | 流动资金 | ××× |  |  |
| 3 | 企业留利 |  | ×××××××××× |  |
| 4 | 企业留用折旧 |  | ×××××××××× | ×× |
| 5 | 还本付息 |  | ×××××××××× |  |
| （1） | 国内还本付息 |  | ×××××××××× |  |
| （2） | 卖方还本付息 |  | ×××××××××× |  |
| （3） | 政府贷款还本付息 |  | ×××××××××× |  |
| 6 | 供电利润 |  | ×××××××××× | ×× |
| 7 | 所得税 |  |  | ×× |
| 8 | 盈余资金 |  |  | ×× |
|  | 运用小计 |  |  | ×× |

表 2-18 项目的不确定性分析　　　　　　　　　　　　　　　单位：万元

| 序号 | 项目 | 规划目标 | 售电价格 −20% −10% +10% +20% | 设备利用小时 −20% −10% +10% +20% | 投资额 −20% −10% +10% +20% | 外汇汇率 −20% −10% +10% +20% | 燃料价格 −20% −10% +10% +20% |
|---|---|---|---|---|---|---|---|
| 1 | 年销售收入 | × |  |  |  |  |  |
| 2 | 年总经营成本 | × |  |  |  |  |  |
| 3 | 税金 | × |  |  |  |  |  |
| 4 | 净利润 | × | （略） | （略） | （略） | （略） | （略） |
| 5 | 利息支出 | × |  |  |  |  |  |
| 6 | 国外贷款 | × |  |  |  |  |  |
| 7 | 国内集资 | × |  |  |  |  |  |
| 8 | 全部投资 | × |  |  |  |  |  |
| 9 | 投资收益率（%） | × | ×××× | ×××× | ×××× | ×××× | ×××× |
| 10 | 因素变化 1% 的变化率（%） |  | ×××× | ×××× | ×××× | ×××× | ×××× |
| 11 | 各因素的基础数据 |  | × | × | ×万元 | USD∶RMB=×∶× | ×元/t |

用产量表示的盈亏平衡点为：

BEP（产量）=年固定费用/（单位产品价格−单位产品可变成本−单位产品销售税金）=×（万元）

该项目必须在商业性发电×年后，开始还本付息，并要在×年内全部还清整个建设期和还贷期的贷款本息。为此，至少保证每年实现目标利润×万元，这样，盈亏平衡点为：

盈亏平衡点=年固定费用+年实现利润/（单价−单位产品可变成本−单位产品销售税金）=×%

（2）敏感性分析。根据电力工业达产期短的特点，在不确定性分析中应重点进行敏感性分析。我们选择了电价、设备利用小时、总投资、建设工期等，分别估计它们可能变化的范围和对投资效果的影响。

① 对静态投资收益率的敏感性分析。已求得投资收益率为×%。选取还贷期正常生产的中间一年作为规划目标年，并选取了售电价格、设备利用小时、投资额、外汇汇率和燃料价格五个敏感因素按±10%、±20%的不确定性，分别计算新的投资收益率。由表2-19可见，电价变动±×%，投资收益率波动±×%，投资收益率波动为±×%～×%，可视作中度敏感，应努力在保证质量的前提下降低造价。而外汇汇率、燃料价格变动±×%，投资收益率平均波动±×%，可见静态投资收益率对这两个因素不太敏感。

表2-19 敏感性分析

| 序号 | 变动量<br>变动因素 | +20% | +10% | 0 | −10% | −20% | 平均+1% | 平均−1% |
|---|---|---|---|---|---|---|---|---|
| 1 | 售电价格 | × | × | × | × | × | × | × |
| 2 | 设备利用小时 | × | × | × | × | × | × | × |
| 3 | 投资额 | × | × | × | × | × | × | × |
| 4 | 外汇汇率 | × | × | × | × | × | × | × |
| 5 | 燃料价格 | × | × | × | × | × | × | × |
| 6 | 建设工期 | 增加×年<br>× | × | × | 减少×年<br>× | | | |

② 动态投资收益率，即内部收益率的敏感性分析。动态内部收益率的敏感性分析仍采用售电价格等五个敏感因素在变化分别为±10%～±20%以及平均±1%的变化率时看其对内部收益率的影响。

由表2-18和表2-19所示，用静态、动态两种不同方法计算投资收益率变动趋势十分相似（也可用图表示，略）。作为一项综合性评价指标，静态敏感性分析较为简便、明了，历来为大家所接受；动态敏感性分析由于考虑了时间因素，收益率较静态收益率为低，各因素变动后对内部收益率的影响也相应减少了，与今后的实际变化趋势更相一致。

**4．项目的国民经济分析**

（1）基础数据的调整。

① 修正汇率。根据世界年通货膨胀率及实行浮动汇率后美元成为一种软货币而日渐趋软的趋势的形式，美元与人民币的比价在未来五年后，将由×：×上升为×：×。因此，该工程投资中，×万USD=×万元RMB。工程总投资拟按×万元RMB计算。

② 影子成本（见表2-20）。

表2-20 影子成本

| 项目 | 计算公式 | 金额/万元 | 单位成本/元/度 |
|---|---|---|---|
| 燃料 | 修正价格×元/吨 | × | × |
| 工资 | 影子工资率=基本工资××% | × | × |
| 材料费 | 调整后，年发电量××元/千度 | × | × |
| 其他费用 | 年发电量×元/千度 | × | × |
| 基本折旧 | 固定资产原值××% | × | × |
| 综合管理费用 | 售电量××元/千度 | × | × |
| 购入电力水费 |  | × | × |
| 合计 |  |  | × |

③ 影子价格。

$$影子价格=单位生产成本+单位经营利润$$

式中，单位生产成本为×元/度；单位经营利润=净利润税金÷年发电量=×元/度。

所以，影子价格为×元/度。

（2）国民经济动态分析评价。

① 经济现金流量分析。对基础数据调整后，编制了全部投资和国内投资经济现金流量表（略）。

② 经济净现值和经济内部收益率。由经济现金流量表计算经济内部收益率为×%，经济净现值为×元>0，该工程从国家角度考虑也是可行的。

（3）项目的社会效益分析。

① 社会收益和社会投资收益率。

$$社会收益=企业利润+销售税金=×（万元）$$
$$社会投资收益率=社会收益/总投资×100\%=×\%$$

这项指标低于经济内部收益率，这是因为还贷期中第×年只有×%的生产能力而影响了社会收益总额，若目标贴现率取×%～×%的平均值，则可认为是符合要求的。

② 就业效果和劳动生产率。

$$投资就业效果系数=总就业人数/项目总投资=×（人/万元）$$
$$全员劳动生产率=销售收入/职工人数=×（万元/人）$$

可见，就业效果并不理想，但劳动生产率指标是很高的。

③ 缓解缺电矛盾，间接效益十分显著。

### 5. 综合评价

该项目财务效益分析的各项指标较好，财务内部收益率为×%，高于基准收益×%；在贴现率为×%时的财务内部收益率为×%，高于基准收益×%；在贴现率为×%时的财务净现值为×万元，大于零；投资回收期为×年（静态）和×年（动态），不确定性分析具有一定抗风险能力，因此该项目的建设从财务上是可行的。

该项目国民经济分析各项指标也较好，经济内部收益率为×%，高于社会折现率；经济净现值以×%的利率贴现时为×万元，大于零，并且提供就业机会、缓和缺电矛盾等间接效益也十分显著。

因此，该项目的建设从国民经济角度看，应是可行的。

**【案例点评】** 项目详细可行性分析也叫可行性分析（或可行性研究，简称可研），是在项目决策前对项目有关的市场与工程、技术、经济等各方面条件和情况进行详尽、系统、全面的调查、研究和分析，对各种可能的建设方案和技术方案进行详细比较论证，并对项目建成后的经济效益、国民经济和社会效益进行预测和评价的一种科学分析过程和方法。作为建设项目投资决策的基础，它是项目进行技术、经济、社会和财务方面评估和决策的依据，是项目具体实施（进行建设和生产）的科学依据。因此，这个阶段是进行详细、深入的技术经济分析的论证阶段。对于拟上马新建的工业生产项目如何进行可行性分析，一般应在对项目进行深入、细致的技术经济论证的基础上对多种方案进行比较和优选，并就项目投资最后决策提出结论性的意见。故在内容上，应能满足作为项目投资决策的基础和重要依据的基本要求。

虽然项目详细可行性分析所涉及的内容很多，但可行性分析的基本内容通常可概括为三大部分：一是产品的市场调查和预测研究，这是可行性分析的先决条件和前提，它决定了项目投资建设的必要性，是项目能否成立的最重要的依据。二是物质技术方案和建设条件，从资源投入、厂址、技术、设备和生产组织等问题入手，这是可行性分析的技术基础，它决定了建设项目在技术上的可行性。三是对经济效果的分析和评价，说明项目在经济上的"合理性"和"有益性"，它是决定项目应否投资的关键，因此也是项目可行性分析的核心部分。可行性分析就是从以上三大方面对建设项目进行优化研究，并为项目投资决策提供科学依据的。

案例2-7通过改扩建项目可行性分析报告的介绍提供了一个与新建项目相互联系又在各自侧重点上有所区别的进行详细可行性分析的基本模式。作为工业生产投资项目的一种常用情形，该案例是在原有电厂条件基础上通过扩建，以达到新生产规模的火电站项目。案例报告的内容反映了对于老项目进行扩建在项目前期做可行性分析的各项基本要求，各项分析程序与内容深度的表达按照实际需要都较客观、到位，具有较强的可操作性。在实际运用时或与对类似项目进行可行性分析的过程中具有重要的代表性。通过案例可以看出，对此类扩建项目做前期可行性分析，要在市场需求旺盛——电能奇缺的前提下，从分析项目所涉及的物质技术条件入手，重点对项目的经济性——包括企业财务效益和国民经济效益方面进行多角度、深入的论证，才能抓住项目详细可行性分析要解决的关键问题，给投资者做出理性决策以明确、有说服力的理论依据。该案例提供的改扩建项目可行性分析的基本步骤和分析方法较好地反映了详细可行性分析在此类项目前期管理中的特点，对实际操作有一定的参考价值。

### 链接——案例2-8

## 中外合资澳迪药业有限公司药品生产经营项目可行性分析报告

编制可行性分析报告单位与人员（略）

目录

| | |
|---|---|
| 第1章 基本概况 | 第7章 厂址选择 |
| 第2章 合资各方概况 | 第8章 生产组织安排 |
| 第3章 市场分析和产品规划 | 第9章 项目进度安排 |
| 第4章 生产工艺和设备选择 | 第10章 总投资估算及资金筹措 |
| 第5章 物料供应安排 | 第11章 财务效益预测分析 |
| 第6章 环境及劳动保护 | 第12章 结论 |

### 第1章 基本概况

**1. 合资企业概况**

合资企业名称：澳迪药业有限公司。

法定地址：（略）。

企业宗旨：根据《中华人民共和国中外合资企业法》及中国其他有关法律法规，按照平等互惠互利的原则，采用先进技术、设备和科学的经营管理方法，开发高新技术产品，加快发展医药事业，造福人民大众，锐意进取，努力拼搏，使医药产品品种、质量和价格更具有竞争力，获得更好的经济效益。

经营范围：合资企业从事××、××、××系列产品及其制剂产品的开发、生产和销售。

生产规模：合资企业建成×年后将达到年产××原料药×吨，××原料药×××吨，××系列产品制剂××亿片，年销售收入××××万元。

**2. 合资各方名称**

甲方：华澳制药厂。

注册国家：中华人民共和国。

法定地址：中国GD省JM市民生路9号。

法定代表：钟××。

职务：厂长。

国籍：中华人民共和国。

企业性质：全民所有制。

主管部门：JM市医药管理局。

电话：(0×××)××××××。

电挂：××××。

邮编：××××××。

传真：(0×××)××××××。

乙方：中国华迪投资有限公司。

### 3. 合资企业总投资、注册资本、各方出资方式、出资比例

合资企业总投资：4 500万美元。

注册资本：4 000万美元。

各方出资比例：甲方为3 200万美元，占注册资本的80%；乙方为800万美元，占注册资本的20%。

出资方式：甲方以有形资产（土地、厂房、设备）及无形资产（工业产权、专有技术、土地使用权）折旧3 200万美元作为投资，乙方以现汇800万美元作为投资。

### 4. 各方股本缴付期限

甲方：自合资企业领取营业执照之日起30天内投入合资企业。

乙方：自合资企业领取营业执照之日起30天内投入合资企业。

### 5. 合资期限

自领取营业执照之日起20年。

合资企业的形式为有限责任，合资各方按所占注册资本比例分享利润和分担风险及亏损。

### 6. 编制可行性研究报告的依据

该合资企业是由华迪投资有限公司筹组境外资本为投入国内的医药工业而组建的合资企业，根据国家、GD省、JM市的统一安排和组织，进行了如下工作：

201×年10月×日，编写了"中国HJ高技术产业开发基金"项目建议书（项目申报书）。

201×年11月××日，项目申报书经国家科委审批。

201×年12月××日至201×年12月××日，完成资产评估报告。

201×年12月××日，开始编写项目可行性研究报告。

### 7. 项目基本数据（见表2-21）

表2-21 项目基本数据

| 序号 | 项目 | | 单位 | 数据 | 备注 |
|---|---|---|---|---|---|
| 1 | 总投资 | | 万元 | ××××× | 折合4 500万美元 |
| 2 | 其中 | 注册资本 | 万元 | ××××× | 折合4 000万美元 |
| | | 甲方 | 万元 | ×××× | 折合3 200万美元 |
| | | 乙方 | 万元 | ×××× | 折合800万美元 |
| 3 | 合资年限 | | 年 | 20 | |
| 4 | 总占地面积 | | 平方米 | ××××× | |
| 5 | 职工总人数 | | 人 | ××× | |
| 6 | 年产量 | ××原料药 | 号 | ××× | |
| | | 制剂 | 亿片 | ×× | |
| | | 其中××片 | 亿片 | × | |
| 7 | 产品外销比例 | ××原料药 | % | 50 | |
| | | 制剂 | % | × | |

## 8. 项目综合经济指标（见表2-22）

表2-22 项目综合经济指标

| 序号 | 项目 | | 单位 | 指标 | 备注 |
|---|---|---|---|---|---|
| 1 | 销售收入 | | 万元/年 | ××××× | 达产第一年 |
| 2 | 销售税金 | | 万元/年 | ×× | 达产第一年 |
| 3 | 年生产总成本 | | 万元/年 | ×××× | 达产第一年 |
| 5 | 平均年利润 | | 万元/年 | ×××× | |
| 4 | 平均年利润 | | 万元/年 | ×××× | 达产第一年 |
| 6 | 年创汇 | | 万元/年 | ××× | |
| 7 | 财务内部收益率 | 全投资所得税后 | % | ×× | |
| | | 中方合营者 | % | ×× | |
| | | 外方合营者 | % | ×× | |
| | | 自有资金 | % | ×× | |
| 8 | 投资回收期 | 全投资所得税后 | 年 | × | 包括两年建设期在内 |
| | | 中方合营者 | 年 | × | |
| | | 外方合营者 | 年 | × | |
| | | 自有资金 | 年 | × | |
| 9 | 财务净现值 | 全投资所得税后 | 万元 | ××××× | 基准收益率 $i=14\%$ |
| | | 中方合营者 | 万元 | ×××× | |
| | | 外方合营者 | 万元 | ×××× | |
| | | 自有资金 | 万元 | ××××× | |
| 10 | 盈亏平衡点 | | % | ×× | |
| 11 | 投资利润率 | | % | ×× | |
| 12 | 投资利税率 | | % | ×× | |
| 13 | 成本利润率 | | % | ×× | |
| 14 | 资本利润率 | | % | ×× | |

## 9. 项目承办概况

项目承办单位：华澳制药厂。

项目负责人：钟××，华澳制药厂厂长、高级经济师。

项目筹办组员：张××，华澳制药厂副厂长、经济师。

田××，华澳制药厂总工程师、高级工程师。

王××，华澳制药厂外经科科长、高级工程师。

王×，项目经理、工程师。

邹×，华澳制药厂技改处副处长、工程师。

周××，华澳制药厂财务处副处长、会计师。

张××，华澳制药厂计审室主任、会计师。

# 第2章 合资各方概况

## 1. 甲方概况

华澳制药厂是一家具有35年历史的综合性制药企业，是中国医药行业的重点骨干企业，属于国家大型二类企业。现有固定资产7亿元，厂区占地面积56万平方米，建筑面积13万平方米，拥有34个生产车间、9个辅助车间、7个营养品厂和3个药物研究所。职工15 600余名，其中工程技术人员3 780名，约占24.3%。

该厂有着稳定和高水平的管理基础，荣获国家医药局企业质量管理奖，被列为GD省医药行业的排头兵。新任领导班子基本上具有大专以上文化程度，上任一年全厂便实现销售收入、人均收入比上年增长53%以上，利税增长4.3倍以上，工业总产值2.7亿元，同时制定了工厂未来10年发展规划和新品开发滚动计划，员工凝聚力空前提高，企业境况蒸蒸日上。

该厂××药物的研制和开发能力强，已能生产7大类39种原料药和289种制剂品种，每年均有新品开发和工艺技术的改进突破，构建起了以国际高新技术水平优质产品为龙头、具有较强竞争力的产品结构体系，有37种产品荣获201×年出口免检；××产品在市场拥有明显竞争优势；××产品属国家 HJ 计划"九五"重点科技攻关项目，现已投入生产推向市场，填补了国内空白。在201×年国家科协与项目所在省共同举办的"第×××届中国新技术新产品博览会"上，××、××、××分别获得金奖和银奖。

该厂生产装备精良，从国外引进一整套具有21世纪初国际先进水平的制剂流水线；拥有先进生产工艺和检测手段，检测大楼×××平方米，检测人员均为大专文化程度，并定期参加培训；所有产品均按高于国家药典标准的企业内控标准组织生产，主要出口产品质量指标均达到或超过英、美、日药典标准。

拟合资产品中，××是国家科技 HJ 计划项目之一，××是国家医药局重点项目之一，××系列产品也是国家急需和市场畅销的优质名牌产品，符合行业规划和地方市局的要求。这些产品的共同特点在于都具有国际先进水平，经济效益好，市场前景和预期盈利水平可观。近三年的经营状况可见资产负债表、拟合资产品损益表（或利润表）及分配表、在建工程明细表、固定资产及累计折旧表、拟合资产品存货明细表等（略）。

**2. 乙方概况（略）**

## 第3章 市场分析和产品规划

**1. 主要产品概况（略）**

**2. 市场分析（略）**

**3. 市场预测**

预测201×—201×年各产品的产量、价格、出口量、出口价格、内销量、内销价格等（略）。

**4. 营销简述（略）**

## 第4章 生产工艺和设备选择

**1. 工艺流程（略）**

**2. 工艺水平分析（略）**

**3. 设备选择（略）**

**4. 新品开发（略）**

## 第5章 物料供应安排

**1. 原辅材料供应安排**

列表预测201×年、201×年、201×年的各产品原辅材料需求总量（略）。

**2. 能源动力**

（1）企业现状

水：×××t/h。

电：×××kW/h。

蒸汽：××t/h。
（2）合资项目对能源的需求。
水：×××t/h。
电：××××kw/h。
蒸汽：×t/h。
根据合资企业对能源的需求，企业目前的电需增容××kW/h、水需新开深井6口。

### 3. 运输

合资企业购进原辅材料、包装材料和运出成品，除由华澳制药厂运输车队解决外，需购进运输车辆17部。

## 第6章 环境及劳动保护

### 1. 环境保护

（1）合资企业产品每年废水、废气排放量为3.3万t，均需进行处理达标后再排放。
（2）"三废"治理需进行二级处理，一级处理由各生产车间进行，二级处理由环保处理工程中心进行，并进行回收工作。
经过二级处理可达到排放标准，见"排放污物许可证"和"××项目环保影响报告表"（略）。
（3）环保设备清单（略）。

### 2. 劳动保护

合资企业按照国家有关法律法规制定相应的劳动保护、劳动纪律、劳动安全和劳动卫生管理制度，并对职工实行相应的劳动保护待遇。

## 第7章 厂址选择

### 1. 厂址

合资企业地址拟建在朝阳高新技术开发区内，有部分车间作为中方出资的位于现华澳制药厂内。
合资企业位于中国GD省JM市，北边有锦栗铁路和锦栗高速公路，南面有127国道，飞机场距工厂13.5km，交通运输十分方便。
合资企业新建车间坐落在国家级朝阳高新技术开发区内，可享受各种优惠政策。

### 2. 厂区面积及布置（略）

## 第8章 生产组织安排

### 1. 公司组织形式

根据《中华人民共和国中外合资经营企业法》的规定，合资企业实行董事会领导下的总经理负责制，正副总经理由董事会聘任。
合资企业董事会由7人组成，其中，甲方委派4人，乙方委派3人。董事长由甲方任，副董事长2人（甲、乙方各出1人），董事4人（甲、乙方各出2人）。董事会聘任总经理1人，副总经理2人，由甲方推荐。总经理负责合资企业的生产经营，并对董事会负责。

### 2. 劳动定员

合资企业职工总数为436人，其中，管理人员49人，工人387人。
公司组织机构及人员安排表（略）。

### 3. 劳动力来源

人员来源主要从华澳制药厂现有人员中择优录取,不足部分按国家政策有关规定,由合资企业经 JM 市劳动人事部门公开向社会招聘。

### 4. 人员培训

合资企业在投产前,组织管理人员、生产操作工人学习有关合资企业法及有关规定,学习生产工艺操作规程和岗位安全操作法,学习药品法、药品生产管理规范,进行定岗定员及安全教育,学习企业的各项规章制度及企业精神,为期3天。

附"合资企业组织机构人员安排表""合资企业人员安排表"等(略)。

## 第9章 项目进度安排(略)

## 第10章 总投资估算及资金筹措

### 1. 总投资估算

该项目总投资为××××万元(折合4 500万美元),其中,建设投资××××万元(折合4 000万美元),占总投资额的88.89%。

(1)建设投资部分组成。甲方以实物折价的建设投资为××××万元,具体项目见甲方提供的资产评估报告(略),无形资产折价为××××万元,计×××万元。乙方以现汇投入800万美元,折合人民币××××万元。

合资企业贷款人民币为××××万元。

(2)流动资金。经估算,流动资金需×××万元。

(3)建设期利息。合资企业在建设期应付利息约×××万元。

### 2. 资金筹措

合资企业共需总投资为4 500万美元,其来源为:甲方以有形及无形资产出资,折价×××万元,折合3 200万美元;乙方以现汇出资800万美元,折合人民币××××万元。

## 第11章 财务效益预测分析

用于财务效益分析的报表见附件(略)。

### 1. 关于财务分析报表的说明

(1)财务报表中涉及增值税的内容均按现行增值税有关规定进行财务处理。产品销售收入按价税分流计算,即不含增值税。

所得税方面,因为该合资企业为生产性企业且合资期限为××年以上,计算时第一年、第二年免征所得税,第三年、第四年、第五年减半缴纳,第六年开始按33%税率缴纳。

(2)折旧政策。

① 折旧方法:直线折旧法。

② 残值预计:残值率为10%。

③ 折旧年限:房屋、建筑物20年;机器、设备、交通运输工具10年;其他10年。

(3)无形资产摊销期为10年。

### 2. 财务效益静态分析

(1)盈利能力分析。

① 投资利润率=年平均销售利润×100%/投资总额=××%

② 投资利税率=年平均销售利税×100%/投资总额=××%
③ 资本金利润率=年平均利润总额×100%/资本金总额=××%
④ 资本净利润率=年平均可分配利润×100%/资本金总额=××%
⑤ 销售利润率=利润总额×100%/产品销售收入=××%
⑥ 成本利润率=利润总额×100%/产品费用总额=××%

各项指标均高于行业平均水平，表明该项目盈利状况良好。

（2）财务现金流量分析。该项目累计现金流量为××××××××××万元，且静态投资回收期较短，为4.8年，在不考虑货币的时间价值情况下是可行的，具体计算见现金流量表（略）。

（3）清偿能力分析。资金来源与运用计算见资金来源与运用表（略）。资产负债率、流动比率、速动比率见资产负债表（略）。

该项目无国外借款，国内借款在投资后按最大偿还能力计算还本付息。从贷款还本付息估算表可以看出，投产第6.3（动态）年即可还清全部借款，表明项目具有良好的还债能力。

### 3. 财务效益动态分析

该项目动态财务指标（全投资）计算。

（1）所得税前财务内部收益率=××%

$$财务净现值(i = 14\%) = \times\times\times\times\times 万元$$

（2）所得税后财务内部收益率=××%

$$财务净现值(i = 14\%) = \times\times\times\times\times 万元$$

详见财务现金流量表（略）。

财务内部收益率均高于行业平均水平，说明该项目盈利能力较强。财务净现值均大于零，表明该项目在财务上可以接受。

### 4. 不确定性分析

（1）盈亏平衡分析。该项目以生产能力利用率表示的盈亏平衡点为××%，从这一指标看，该项目的平衡点较低，安全边际率较大，是可行的。参见盈亏平衡图（略）。

（2）敏感性分析（见表2-23）。

表2-23 敏感性分析

| 项目 | 变动幅度/% | | | | | | |
|---|---|---|---|---|---|---|---|
| | −20 | −10 | −5 | 0 | +5 | +10 | +20 |
| 1. 建设投资 | ×× | ×× | ×× | ×× | ×× | ×× | ×× |
| 2. 汇率 | ×× | ×× | ×× | ×× | ×× | ×× | ×× |
| 3. 原材料价格 | ×× | ×× | ×× | ×× | ×× | ×× | ×× |
| 4. 销售收入 | ×× | ×× | ×× | ×× | ×× | ×× | ×× |

从表2-23中可以看出，建设投资、销售收入是该项目最为敏感的因素，汇率和原材料价格相对来说不太敏感。

在项目可行区域内，允许销售收入降低、建设投资增加的幅度均超过××%。可见该项目具有一定的抗风险能力。见敏感性分析图（略）。

### 5. 项目近年效益分析

鉴于该合资项目是边生产边建设，因此，在上述按惯例对该合资项目的财务指标进行分析的基础上，根据预测得出计划的效益如表2-24所示。

在表2-24中求得的 $P/E$ 值已较为理想，该项目实施后的经济效益会高于同行业水平。而且正如前面已经说明过的，该报表对该项目的基本效益状况的反映仍偏保守。因此，综合以上财务效益分析，该项目从财务效益上讲是可以接受的。

表2-24  损益表

| 项目 | 20××年 | 20××年 | 20××年 | 20××年 | 20××年 | 20××年 |
|---|---|---|---|---|---|---|
| 一、产品销售收入 | ×××× | ×××× | ×××× | ×××× | ×××× | ×××× |
| 减：成本、费用 | ×××× | ×××× | ×××× | ×××× | ×××× | ×××× |
| 销售税金 | ×× | ×× | ×× | ×× | ×× | ×× |
| 二、利润总额 | ×××× | ×××× | ×××× | ×××× | ×××× | ×××× |
| 减：所得税 | — | — | ××× | ××× | ××× | ××× |
| 三、税后利润 | ×××× | ×××× | ×××× | ×××× | ×××× | ×××× |
| 减：盈余公积 | ××× | ××× | ××× | ××× | ××× | ××× |
| 四、可分配利润 | ×××× | ×××× | ×××× | ×××× | ×××× | ×××× |
| P/E |  |  |  | × | × |  |

说明：① 产品销售收入是按价税分流计算的，即不含增值税。
② 销售税金按销售收入的3%计算，主要是指城市维护建设税。
③ 所得税按二免三减半计算。所得税为33%。
④ 盈余公积按税后利润××%计算。
⑤ P/E = 注册资本/当年可分配利润。

# 第12章 结论

综合以上分析，对该项目得出以下结论。

（1）该项目采用国际基金形式筹组国际资本投资于国内医药工业企业，从事医药产品经营，符合国家发展医药工业、开发高新技术的政策和利用外资的方向，解决了企业虽有高新技术和市场前景好的产品，但缺乏发展资金的问题，有利于医药行业与国际市场接轨，有利于企业转变经营机制，在国内外市场上形成较强的竞争能力。

（2）该项目承办单位华澳制药厂是中国医药行业骨干企业，有着较好的药品生产基础和企业经营管理素质。

（3）拟合资产品××是国家科技 HJ 计划项目之一、世界最畅销的××药物。××等系列产品在国内是优质畅销药物。××是国家医药局重点项目，在国内外有着广阔的市场前景。该项目所采用的生产技术在国内也居领先地位，有较强的竞争力。

（4）经过财务测算分析，该项目投资利润率为××%、内部收益率为××%、资本金利润率为××%，经济效益较好。用生产能力利用率表示的盈亏点为××%，保本生产能力与设计生产能力相差较大。敏感性分析表明，在项目可行区域内，允许销售收入降低、基本投资增加的幅度均超过××%，承担风险能力较强。

总之，以上有关市场、技术、财务、经济等方面的结论表明，该项目在技术上是先进的、适用的，在工艺上是可靠的，在经济上是合理的，项目实施条件比较成熟。因此，该项目是可行的。

【案例点评】该案例是对"中国 HJ 高技术产业开发基金"投资华迪药业系列产品开发生产经营进行前期项目管理的成果——详细可行性分析报告原型所做的简化缩写，在以利用外资发展经济的中外合资经营项目的可行性分析中有一定的代表性和参考价值。

通常，以利用外资发展经济为目的在国内兴建的中外合资经营项目，按照详细可行性分析报告的编写规范，在明确投资方式、比例、外汇安排和收益与亏损负担办法的条件下，可以根据一般工业项目可行性研究的要求，从市场需求到物质技术条件、从财务效益到国民经济效益，就项目的经济性与社会效果评价等内容做出具体的说明（该案例即如此）。但需要注意的是，通常还应在详细可行性分析文本的最后附上有关合资各方所在国家（或地区）政府主管部门核发的营业执照副本、各方法定代表人证明书、双方在合资前期一段时间的资产负债表和损益表、国内外市场需求情况调查和预测报告及产品外销比例、有关外国厂商的基本情况资料与外商技术交流及非正式咨询价格的有关资料等文件作为支撑（该案例从略）。

## 2.5 对项目可行性分析的再评价——项目评估原理与基本内容要求

### 2.5.1 项目评估的含义及依据

#### 1. 项目评估的含义

项目评估是由投资决策部门组织和授权给诸如国家开发银行、建设银行、投资银行、国防工程咨询公司或有关专家，代表国家或投资方（主体）对上报的建设项目可行性分析报告所进行的全面的审核和再评价。它是在项目可行性分析的基础上，由第三方（国家、银行或有关机构）根据国家颁布的政策、法规、方法、参数和条例等，从项目（或企业）、国民经济、社会角度出发，对拟建项目建设的必要性、建设条件、生产条件、产品市场需求、工程技术、经济效益和社会效益等进行的全面评价、分析和论证，进而判断其是否可行的一个评估过程。项目评估是项目投资前期进行决策管理的重要环节，其目的是审查项目可行性分析的可靠性、真实性和客观性，为银行的贷款决策或行政主管部门的审批决策提供科学依据。其主要任务是对拟建项目的可行性分析报告提出评价意见，对该项目投资的可行与否做出最终决策（取舍），确定最佳的投资方案。

项目评估作为一种对投资项目进行科学审查和评价的理论与方法，强调从长远和客观的角度对可行性分析进行论证并做出最后的决策。为此，应参照给定的目标，对项目的净收益进行审定，权衡利弊得失，寻找可替代方案；或为达到给定目标，在对可行性分析进行论证过程中，通过计算分析其净收益来确定最佳方案并得出最终结论。

#### 2. 项目评估的依据

通常，可以作为项目评估的主要依据，对项目可行性分析报告进行评估的有：①项目建议书及其批准文件；②可行性分析报告；③报送单位的申请报告及主管部门的初审意见；④项目（公司）章程、合同及批复文件；⑤有关资源、原材料、燃料、水、电、交通、通信、资金（含外汇）、组织征地、拆迁等项目建设与生产条件落实的有关批件或协议文件；⑥项目资本金落实文件及各投资者出具的当年度资本金安排的承诺函；⑦项目长期负债和短期借款等落实或审批文件，以及借款人出具的用综合效益偿还项目贷款的函件；⑧必备的其他文件和资料。

若是项目贷款，则对于有关放贷机构而言，还需补充以下文件资料作为评估的依据：①借款人近三年的损益表、资产负债表和财务状况变动表；②对于合资或合作投资项目，各方投资者近三年的损益表、资产负债表和财务状况变动表；③项目保证人近三年的损益表、资产负债表和财务状况变动表；④银行评审需要的其他文件。

### 2.5.2 项目评估的基本要求与主要内容

#### 1. 项目评估的基本要求

按照我国现行政策和建设程序的规定，在项目投资的前期阶段，项目评估工作的主要内容是对项目可行性分析报告进行评估。具体来说，在可行性分析报告编制上报后，各级主管部门和综合计划部门对拟建项目尚未做出投资决策前，由决策部门组织或委托有资格的工程咨询机构、贷款银行（或单位）、有关专家，对上报的建设项目可行性分析报告进行全面的审核和再评价。其目的是审查和判断项目可行性分析的可靠性、真实性和客观性，对拟建项目投资是否可行并对最佳投资方案的确定是否合理提出评估意见，编写评估报告，作为项目投资最终审批决策的重要依据。

对拟建项目可行性分析报告的评估，主要从三个方面进行论证：①项目是否符合国家和地区有关政策、法令和规定；②项目是否符合国家和地区的宏观经济意图，是否符合国民经济发展的长远规划、行业规划和国土规划的要求，布局是否合理；③项目在工程技术上是否先进、适用，在经济和社会效益上是否合理、有效或有益。

要落实上述要求，项目评估人员必须从国家全局利益出发，坚持实事求是的原则，认真调查分析，广泛听取各方面的意见，对可行性分析报告中的基础资料、技术和经济参数进行认真审查核实，对拟建项目的评估意见尽量做到公正、客观和科学。具体要求是：①审核可行性分析报告中反映的各项情况是否确实；②分析项目可行性分析中各项指标计算是否正确，包括各种参数、基础数据、定额费率的选择；③从企业、国家和社会等方面综合分析和判断工程项目的经济效益和社会效益；④分析和判断项目可行性分析的可靠性、真实性和客观性，对项目做出取舍与否的最终投资决策；⑤编写项目的评估报告。

对某些大型建设项目而言，政府主管部门对其项目建议书也应进行评估，其程序和内容与对项目可行性分析的评估基本相同，只是重点对项目建设的必要性进行评估。

### 2．项目评估的主要内容

在可行性分析报告的基础上对工程建设项目进行的评估，其主要内容一般应包括以下方面。

（1）项目与企业概况评估。

（2）项目建设的必要性评估，即评估项目是否符合国家的产业政策、行业规划和地区规划，是否符合经济和社会发展需要，是否符合市场需求，是否符合企业的发展要求。为此：①从国民经济和社会发展的宏观角度论证项目建设的必要性；分析拟建项目是否符合国家宏观经济和社会发展意图；是否符合市场需求和国家规定的投资方向；是否符合国家建设方针和技术经济政策；项目产品方案和产品纲领是否符合国家产业政策、国民经济长远发展规划、行业规划和地区规划的要求。②产品需求的市场调查和预测。分析产品的性能、品种、规模、构成和价格，看其是否符合国内外市场需求趋势，有无竞争能力，是否属于升级换代的产品。③项目建设规模评估。根据产品的市场需求及所需生产要素的供应条件，分析项目的规模是否经济合理有益。

（3）项目建设和生产条件评估。

① 建厂条件和厂址方案评估。根据水文地质、原料供应和产品销售市场、生产与生活环境状况，分析项目建设地点的选择是否经济合理，建设场地的总体规划是否符合国土规划、地区规划、城镇规划、土地管理、文物保护和环境保护的要求和规定，有无多占土地和提前征地的情况，有无用地协议文件。

② 资源、原材料、燃料及公用设施条件评估。分析在建设过程和建成投产后所需原材料、燃料、设备的供应条件及供电、供水、供热与交通运输、通信设施条件是否落实，有无保证，是否取得有关方面的协议和意向性文件，相关配套协作项目能否同步建设。

③ 环境保护评估。主要是建设项目的"三废"（废水、废气和废渣）治理是否符合保护生态环境的要求，项目的环境保护方案是否获得环境保护部门的批准认可。

④ 项目所需的建设资金是否落实，资金来源是否符合国家有关政策规定、是否可靠。

⑤ 生产条件评估。主要根据不同行业建设项目的生产特点，评估项目建成投产后的生产条件是否具备。例如，加工企业项目着重分析原材料、燃料、动力的来源是否可靠、稳定，产品方案和资源利用是否合理；交通项目则主要分析其是否有可靠的货运量。

（4）工艺、技术和设备方案及人员组织评估。

① 对拟建项目所采用的工艺、技术、设备的技术先进性、经济合理性和实际适用性必须进

行综合论证分析。

② 分析项目采用的工艺、技术、设备是否符合国家的科技政策和技术发展方向，能否适应时代技术进步的要求，是否有利于资源的综合利用，是否有利于提高生产效率和降低能耗与物耗，并能提高产品质量。通过技术指标与国内外同类企业的先进技术进行对比分析，衡量项目技术水平的先进性。

③ 最新技术和最新科研成果的采用情况是否先进、适用、安全、可靠，是否经过工业性试验和正式技术鉴定，是否已经证明确实成熟和行之有效，是否属于国家明文规定淘汰或禁止使用的技术或设备。

④ 对于引进的国外技术与设备，应分析其是否成熟，是否确为国际先进水平，是否符合我国国情，有无盲目或重复引进情况；引进技术和设备是否与国内设备零配件和工艺技术相互配套，是否有利于"国产化"。

⑤ 对于改扩建项目还应注意评估原有固定资产是否得到充分利用，采用新的工艺、技术能否与原有的生产环节衔接、配合。

⑥ 建筑工程标准评估。论证采用的标准、规范是否先进合理，是否符合国家有关规定。论证建筑工程总体布置方案的比较优选是否合理，论证工程地质、水文、气象、地震、地形等自然条件对工程的影响和治理措施；审查建筑工程所采用的标准、规范是否先进、合理，是否符合国家有关规定和贯彻勤俭节约的方针。

⑦ 实施进度评估。论证项目建设工期和实施进度、试车、投产、达产及系统转换所选择的方案及时间安排是否正确合理。

⑧ 项目组织、劳动定员和人员培训计划评估。

（5）投资估算和资金筹措评估。主要评估投资额估算采用的数据、方法和标准是否正确，是否考虑了汇率、税金、利息、物价上涨指数等因素。资金筹措的方法是否正确，资金来源是否正当、落实，外汇能否平衡等。

（6）项目效益评估。

① 对拟建项目进行财务预测和财务、经济及社会效益评估，并在此基础上进行抵御投资风险能力的不确定性分析。

② 首先对评估项目效益所必需的各项基础经济数据（如投资、生产成本、利润、收入、税金、折旧和利率等）进行认真、细微和科学的测算和核实，分析这些数据估算是否合理，有无高估冒算、任意提高标准、扩大规模计算定额和费率等现象，或有无漏项、少算、压价等情况；看这些基础数据的测算是否符合国家现行财税制度和国家政策；还要论证资金筹措计划是否可行。

③ 项目的财务效益评估。这是从项目的角度出发，采用国家现行财税制度和现行价格，测算项目投产后企业的成本与效益，分析项目对企业的财务净效益、盈利能力和偿还贷款能力，检验财务效益指标的计算是否正确，是否达到国家或行业投资收益率和贷款偿还期的数据基准，以确定项目在财务上的有益与可行性。具体评估涉及财务基本数据的选定是否可靠，主要财务效益指标的计算及参数选取是否正确，推荐的方案是不是"最佳或最优方案"。

④ 项目的国民经济效益评估。通常从国家宏观的角度，在财务经济效益评估的基础上，重点对费用和效益的范围及其数值的调整是否正确进行核查，分析项目对国民经济和社会的贡献，检验经济效益指标（如经济净现值、经济内部收益率等）的计算是否正确，审查项目投入和产出采用的影子价格和国民经济参数测算是否科学、合理，项目是否符合国家规定的评价标准，以确定项目在经济上的合理、有益性。

⑤ 社会效益评估。对促进国家或地区社会经济发展，改善生产力布局，增加出口替代能力，

项目带来的经济利益和劳动就业效果,提高国家、部门或地方的科技水平、管理水平和文化生活水平的效益和影响等进行评估。可按照项目的具体性质和特点,分析项目给整个社会带来的效益。例如,对促进国家或地区社会经济发展和社会进步,提高国家、部门或地方的科学技术水平和人民文化生活水平,对社会收入分配、劳动就业、生态平衡、环境保护和资源综合利用等进行定量和定性分析,检验指标的计算是否正确,分析是否恰当,以确定项目在社会效益上的可行性。

⑥ 不确定性分析与项目风险评估。这包括对项目评估的各种效益进行盈亏平衡分析、敏感性分析和概率分析,以确定项目在财务上和经济上的主要风险因素及其敏感度,确定项目抵御投资风险的能力和项目风险的预防措施及处置方案,主要测算项目财务经济效益的可靠程度和项目承担投资风险的能力,以利于提高项目投资决策的可靠性、有效性和科学性。

(7) 项目总评估。在全面调查、预测、分析和评估上述各方面内容的基础上对拟建项目进行的总结性评估,也就是通过汇总各方面的分析论证结果,进行综合分析,提出关于可否批准项目可行性分析报告和能否予以贷款等的结论性意见和建议,为项目决策提供科学依据。

① 对于利用外资、中外合资或合作经营项目,需要补充评估合资(或合作)外商的资信是否良好;项目的合资(或合作)方式、经营管理方式、收益分配和债务承担方式是否合适,是否符合国家有关规定;分析借用外资贷款的条件是否有利,创汇和还款能力是否可靠,返销产品的价格和数量以及内外销比例是否合理;分析国内匹配资金和国内配套项目是否落实。

② 对于国内合资项目需要补充说明评估拟建项目的合资方式、经营管理方式、收益分配和债务承担方式是否恰当,是否符合国家有关规定;认真审核项目经济效益评价依据的合法性和合资条件的可靠性。

③ 对于技术改造项目需要补充评估对原有厂房、设备、设施的拆迁利用程度和建设期间对生产的影响;摸清企业生产经营和财务现状;对技改项目的性质、改造任务和改造范围进行严格界定;比较项目改造前后经济效益的变化,即比较项目进行技术改造和不进行技术改造的经济效益变化;对比与新建同类项目投资效益的差别;鉴定分析所采用的经济效益评价方法是否正确,效益和费用数据的含义是否适当;对因项目的增量效益不足所带动企业的存量效益的情况,还应进行企业总量效益的评估。

### 2.5.3 项目评估的工作程序

由于项目建议书和可行性分析报告应由各级项目审批单位委托有资质的工程咨询机构或项目贷款机构进行,故其一般遵循的评估程序如图2-4所示。

#### 1. 了解评估项目,做好准备工作

工程咨询公司或项目贷款机构在接受或确定项目评估任务后,应及时组织力量参与待评估项目的有关调查、考察、文件编制和预审等工作,为开展评估工作做好准备;及时了解和分析建设单位(项目业主)或项目主管部门对项目产品方案、拟建规模、建设地点及资金来源等方面的初步设想,以及对项目投资和效益等方面的希望和要求,确定在评估中需要着重解决的问题,明确评估目标,以利于有针对性地开展评估工作和提高评估的效率和质量。

#### 2. 成立评估小组,制订工作计划

工程咨询公司或银行评估机构,根据国家(或地区)有关部门下达的委托评估项目的特点及其复杂程度,采取不同的评估方式,成立项目评估小组(或专家组),确定项目负责人。评估小组应包括经济、技术与市场分析等专业人员,并明确分工。评估小组应制订评估工作计划,

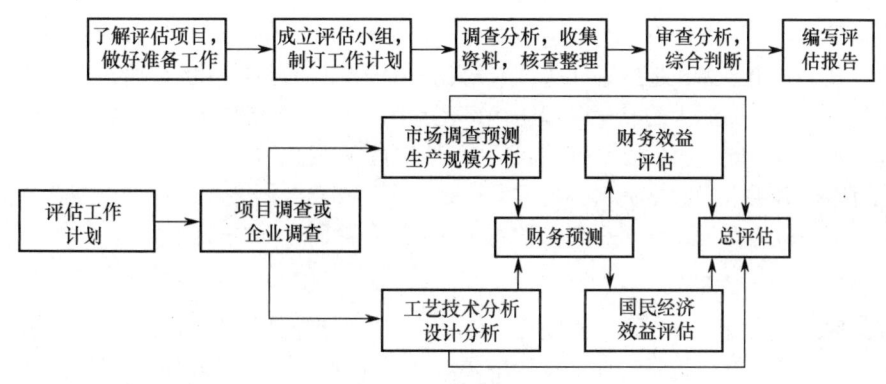

图 2-4 项目的评估程序

进行工作安排，提出具体实施意见，以保证评估质量。在评估工作计划中应明确评估目的、任务、内容、时间进度、人员分工，以及评估报告的编写原则及细则等内容。

### 3．调查分析，收集资料，核查整理

通过事前调查收集评估资料，是项目评估的一项基础工作。

为做好此项工作，评估单位首先应认真审阅委托单位提供的作为评估依据的待评估项目的可行性分析报告和主管部门的审查意见等文件资料，加以查证核实，做进一步研究分析。检查文件资料是否齐全，有无漏缺；办理这些文件的手续是否完备；提供的文件是否合法，内容是否有效；核查资金、资源、原材料的供应是否落实可靠。如果发现有不符合国家有关规定和评估要求的，则可要求委托单位提供补充或修改的文件资料。

另外，还应根据具体项目评估内容和分析要求进行企业调查和项目调查，进一步收集必要的数据和资料，核实和补充评估工作中所需的情况、数据和资料。

企业调查是对承担建设项目的现有企业（项目业主）进行的调查，内容包括该企业（项目业主）的历史情况、生产规模、近年生产经营情况和财务情况，以及存在的问题。要求企业提供近期的会计、统计报表和评估所需的调查表等书面资料。

项目调查是向项目主管部门、商业和外贸部门，以及与项目有关的其他单位和设计咨询机构，调查和收集有关项目产品在国内外市场上的工艺技术、设备选型、产品价格和成本、原材料供应等方面的资料。对于利用外资和合资项目，还应对投资双方进行调查，着重对投资者的资信状况进行评估。

对于调查中收集的资料要查证核实、加工整理、汇总归类，使之真实、可靠、正确，具有系统性和完整性，以供评估时进行审查分析和编写评估报告之用。

### 4．审查分析，综合判断

评估单位收集到必要的文件资料并达到要求后，可正式开展评审分析和论证工作。在审查分析工作过程中，如发现原有资料不足，应继续调查和收集资料，予以必要的补充。

按照项目评估的内容对建设项目可行性分析报告进行审查分析，对企业和项目概况进行审查（包括对借款人做资信评估），对市场和建设规模、工艺技术和设计分析、项目财务数据预测、企业财务效益和国民经济效益的分析等各方面进行多方案比选、论证，归纳分析结果，说明评估项目建设的必要性，技术、财务效益的可行性和经济上的合理有益性，提出项目投资建设的可行方案或否定项目投资建设的总结性意见与建议。

在审查分析过程中，通常要注意以下问题：①对所得资料在情况发生突然变化或在时间顺

序、数据异常时，要和同行业情况进行对比、核实，提出疑问；②对发现的疑问和存在的问题进一步调查，找出原因，加以证实；③针对找出的原因，分析问题的性质，分析这些问题是主要的还是次要的，其原因的产生是源于内部还是源于外部，问题的存在是暂时的还是持续的，问题能改善还是不能克服，以及这些问题的发展趋势和变化情况。

经过审查分析得出数据资料，再去粗取精、去伪存真、由表及里地加以综合分析判断。在审查分析中，应遵循公正、客观和科学的原则，避免片面性和主观随意性。

#### 5. 编写评估报告

在完成各项审查分析和综合判断后，评估单位应根据调查和审查分析结果，编写拟建项目可行性分析报告的评估报告。评估报告中要对可行性分析报告中提出的多种方案加以比较论证和评估，推荐1~2个最佳的投资建设方案。

银行对贷款项目评估报告内容的要求，应在全面评估的基础上，侧重评估贷款项目的投资估算与资金来源、财务经济效益和偿还能力、银行效益与风险防范能力，并对拟建项目的借款人进行资信评估，主要是评估借款人的经济地位，法定代表人素质和领导班子整体素质，主要投资者的生产经营、资产负债及偿债能力、信用和发展前景。通过综合论证分析，判断借款人的资信优劣，说明企业资信等级及评价单位的情况，其目的是优化信贷资产结构，提高信贷资产质量，防范和减少贷款风险，以保障信贷资金的效益性、安全性和流动性。

### 2.5.4 项目评估与可行性分析的关系

#### 1. 项目评估与可行性分析的一致性

（1）两者均处于项目投资的前期，都是在投资决策前为项目实施所进行的技术经济分析论证工作，都是前期工作中不可缺少的重要准备工作阶段，是关系到项目的生命力及其在未来市场的竞争能力的重要步骤，是决定项目投资成败的重要环节。

（2）两者都是投资项目决策前的技术经济分析，其目的均是实现项目投资决策的科学化、民主化和规范化，减少投资风险和避免投资决策失误，促使项目投资效益提高。

（3）两者的基本原理、内容和方法也是相同的，都是运用国家已规范化的评价方法和统一颁布的经济参数、技术标准和定额资料，采用同一衡量尺度和判别基准，通过产品的市场调查预测、建设条件和技术方案的工程经济分析论证，以及项目未来经济效益与社会效益的科学预测，判断项目投资的有益性、可行性和合理性，形成供取舍的抉择性意见。

#### 2. 项目评估与可行性分析的差异性

（1）概念与作用不同。可行性分析是在投资决策前对工程建设项目从技术、经济和社会各方面进行全面的技术经济分析论证的科学方法，其分析结果形成的可行性分析报告是项目投资决策的基础，为项目投资决策提供可靠的科学依据。

项目评估是对项目可行性分析报告进行的全面审核和再评价的工作，审查与判断的是项目可行性分析的可靠性、真实性和客观性，对拟建项目投资是否可行和确定最佳投资方案要提出评估意见，编写评估报告。作为项目投资最终审批决策的主要依据，它为项目决策者（或上级主管部门）提供结论性意见，具有一定的权威性和法律性。

（2）执行的单位不同。在我国，可行性分析通常是由投资主体（项目业主）及其主管部门主持和实施，或委托给有资质的工程咨询公司或设计单位等中介机构去执行，而委托的单位或机构的工作主要体现投资者的意见和建设目的，是为决策部门和投资主体服务的，并对项目业主负责。

项目评估则是由决策机构（如国家或地区主管投资的综合计划部门）和贷款决策机构（如银行）组织实施或授权给专门的咨询机构（如中国国际工程咨询公司）或有关专家，代表国家和地方政府对上报的可行性分析报告进行评估。委托机构和人员在执行过程中应体现国家和地区发展规划的目标，贯彻宏观调控政策，对投资和贷款的决策机构负责。

（3）分析的角度和侧重点不同。可行性分析主要是从企业自身的角度，侧重于产品市场预测，对项目建设的必要性、建设条件、技术可行性和财务效益的合理性进行分析研究，估量项目的盈利能力并决定其取舍，因此着重于项目投资的微观效益。

而项目评估若是由国家（或地方）的投资决策部门和国家开发银行（管理政策性投资项目的单位）主持，因其担负着国家宏观调控的职能，故将更多地站在国家的立场上，依据国家、部门、地区和行业等各方面的规划和政策，对项目可行性分析报告的内容和报告的质量（如数据的正确性、计算的理论依据和结论的客观公正性）进行评估，综合考察可行性分析的社会经济整体效益，侧重于项目投资的宏观效益。

与此同时，由商业性的专业投资银行所做的项目评估，由于受贷款风险机制约束，考虑到项目投资贷款的安全性和提高贷款资金的利用效率，因此，其对项目投资的评估，除应符合国家宏观经济发展的前提外，还必然讲求项目投资效益中的银行收益，就是重视借款企业的财务效益和偿还借款能力的评估。

（4）报告撰写的内容格式和成果形式不同。可行性分析报告主要包括总论、产品市场预测、建设规模分析、建设条件和技术方案论证、项目经济效益分析评价和结论与建议等10个方面的内容。报告中还应附有分析工作的依据、市场调查报告、厂址选择报告、资源信息报告、环境影响报告和贷款意向书等技术性和政策性文件。

项目评估报告则主要从项目建设必要性、建设与生产条件、技术方案、经济效益和项目总评估5个方面进行评估，对可行性分析报告的全部情况的可靠性进行全面的审核。此外，项目评估报告还要分析各种参数、基础数据、定额费率和效果指标的测算与选择是否正确，并且要求在报告中必须附有关于企业资信、产品销售、物资供应、建设条件、技术方案专利与生产协作、资金来源等一系列的证明和协议文件，以判断和证实项目可行性分析的可靠性、真实性和客观性，以利于决策机构对项目投资提出决策性建议。

（5）在项目管理工作中各自所处的阶段和地位不同。可行性分析工作是处于投资前期的项目准备工作阶段，它是根据国民经济长期规划、地区与行业规划的要求，对拟建项目进行投资方案规划、工程技术论证、社会与经济效益预测和组织机构分析，并经过多方案的计算、分析、论证和评价，为项目决策提供可靠的科学依据和建议，属于项目规划和预测工作，而且是项目决策活动中不可忽略的重要步骤，是投资决策的首要环节，为项目决策提供了必要的基础。

项目评估处在前期工作的项目审批决策阶段，是对项目可行性分析报告提出评审意见，最终确定项目投资是否可行，并选择最佳投资可行方案。项目评估是投资决策的必备条件，为决策者提供直接的、最终的决策依据，具有可行性分析工作所不能替代的更高的权威性。

### 3. 项目评估与可行性分析之间的相关性

作为投资决策过程中的两大基本步骤，两者相辅相成、先后有序、彼此映照、不可或缺。

（1）可行性分析是项目评估的对象和基础。项目评估应在可行性分析的基础上进行。

（2）项目评估是使可行性分析的结果得以实现的前提。可行性分析的内容和成果必须通过项目评估的抉择性建议来实现最终的取舍。因此，项目评估的客观评审结论是实现可行性分析所做的投资规划的前提。

（3）项目评估是可行性分析的延伸和再评价。鉴于项目评估是对可行性分析报告的各方面情况所做的进一步论证和审核，因此它是可行性分析工作的自然延伸和对其进行的再研究。

### 链接——案例 2-9

#### 对开设一间浴室项目的可行性分析论证

申城和平街道公园内坚持锻炼身体的五位下岗工人，一天在晨练后的闲聊过程中，议论起了再就业的问题。A 女士说："我今年只有 40 多岁，身体健康，下岗后待在家里真没劲，很想找份工作。"B 先生说："对，我也有同感，50 多岁的男同志，坚持上班没问题，可惜文化程度低了点儿，再找工作也不容易。"C 先生说："各级政府对我们这批年龄大、文化程度低的下岗工人再就业中的困难是了解的，专门设立了'4050 工程项目'，帮助我们再就业。"D 女士说："在等待上级组织给我们介绍工作的同时，我们自己也应主动想想办法。"这一建议立刻得到包括 E 先生在内的大家的支持，他们马上找了个地方坐下来议论就业机会。

A 女士首先发言，她建议开个理发店："因为启动资金少，不能搞太高的技术。"

D 女士说："目前开理发店，多数是年轻人，他们理出来的发式比较新潮，有吸引力。"

E 先生补充说："我们小区已有三家小理发店，再开新店，生意会好吗？我建议开饮食店，做家常小炒、面条饺子，我们都内行。"

B 先生说："周围大小饮食店已有五六家了，加上临时流动的点心摊，还有多少市场空间？再加上办饮食店，要定期做身体检查，审批麻烦，营业时的食品卫生也极重要。"

D 女士建议开一个面向中老年人的浴室，她胸有成竹地讲："我经过仔细观察，这几年人们住房条件改善，洗澡也不难。可是老年人的洗澡仍是一个社会难题。老人特别是有病老人，自己单独洗澡有困难，小辈甚至钟点工、保姆不会耐心负责地帮助老人洗澡，有的老人一提洗澡就发愁。"

B 先生立即支持，说："我家老父亲洗澡就有困难，我一个人搬不动，老婆、女儿帮不上忙，去年一年只洗了两次澡，说来真不好意思。如果我们办一个面向中老年人的浴室估计是一个受欢迎的项目。"

大家你一言我一语，最后比较一致的意见是发挥"4050"群体肯吃苦有爱心的优势，在小区内办一个小型浴室。推选 D 女士和 B 先生先做进一步调查，一周后拿出一个方案来再做讨论。

这五位下岗工人的议论，从理论上讲正是处于项目市场生命周期的第一阶段，被称作机会研究的工作。他们运用的是头脑风暴法，为再就业机会提出了很好的建议。接下来要做的就是对此项目进行初步可行性分析了。

一周后，五位下岗工人又聚在一起开会，D 女士和 B 先生将他们调查到的情况以及初步设想（初步可行性研究结果）向大家做了汇报。

D 女士说："经过需求调查，本小区共有 4 000 户，60 岁以上老人 1 800 人，调查问询时，老人和小辈都表示支持办浴室，并提出两点建议：一是在退休者中聘请 1~2 位医务工作者，将洗澡、推拿、按摩、医务咨询结合起来，更受欢迎。二是面向老人，服务态度一定要好，要确保老人安全。"

B 先生说："经过对产品的市场摸底，目前淋浴设备有三种类型：燃气设施、电热水器设施、太阳能设施。三种设施各有利弊（见表 2-25），本人建议采用燃气设施。"

经过讨论，大家认为选择燃气设施比较合理，预计投资费用（含淋浴设备、床、台子、椅子、空调等）12 万元，每年营运成本（含房租、燃气、水电、税收、工资等）4 万元，预计 4 年即能收回投资，5 年净收益有 4 万元（见表 2-26）。

表 2-25 备选设施对比

| 项目 | 因素 ||||
|---|---|---|---|---|
| | 价格/元 | 使用成本 | 客户心理因素 | 各种设施的优缺点 |
| 燃气设施 | 1 000~1 500 | 较多 | 使用时较安全 | • 燃气管道普及,安装方便<br>• 温度任意调整,用水量不限<br>• 热水供应稳定,不受时间限制<br>• 通风环境要好 |
| 电热水器设施 | 1 500~2 000 | 最多 | 使用时有心理恐惧,怕不安全 | • 用水量不受限制<br>• 温度调整随意<br>• 如遇停电会影响正常使用 |
| 太阳能设施 | 500~3 000 | 最低 | 使用时最安全 | • 用水量不能太大<br>• 阴天雨季,供热水有困难<br>• 楼层越高,光照越好,但不适合老人浴室 |

表 2-26 净收益估算表  单位:万元

| 项目 | 年份 |||||
|---|---|---|---|---|---|
| | 1 | 2 | 3 | 4 | 5 |
| 投资 | 12 | | | | |
| 营业成本 | | 4 | 4 | 4 | 4 |
| 营业收入 | | 8 | 8 | 8 | 8 |
| 净现金流量 | −12 | 4 | 4 | 4 | 4 |
| 累计净现金流量 | −12 | −8 | −4 | 0 | 4 |

投资回收期=累计净现金流量出现正值年份+(上年累计净现金流量绝对值÷当年净现金流量)−1 = 4 +(4÷4) −1 = 4(年)

在此,D 女士和 B 先生为了摸清该项目进行了充分的调查,提出的方案也较可行,但这只是初步可行性分析,而且只进行了静态分析,尚不能作为投资决策的依据,应该运用有关资金时间价值的理论再做进一步分析,才能使他们对项目经济性评价所提供的估算方案作为大家参与决策的依据。为此,需要做详细的可行性研究。

C 先生表示,他的女儿在财经大学读 MBA,正在学习项目管理,可以请女儿帮助做一份详细的可行性分析报告。大家很高兴,商定按现在的银行活期利率,用 5%做贴现率,先预计未来 5 年的经济效益。由此得到下面的动态经济性评价(财务效益分析)方案。

### 1. 净现值估算表

该项目的净现值估算如表 2-27 所示。

动态投资回收期 = 累计净现金流量出现正值年份+(上年累计净现金流量绝对值÷当年净现金流量)−1 = 5 +(1.054 8÷3.134)−1≈4.34 年≈4 年 4 个月

由表 2-27 可以看出,5 年累计净现值为 2.079 2 万元。

表 2-27 净现值估算  单位:万元

| 项目 | 年份 |||||
|---|---|---|---|---|---|
| | 1 | 2 | 3 | 4 | 5 |
| 投资 | 12 | | | | |
| 营业成本 | | 4 | 4 | 4 | 4 |
| 营业收入 | | 8 | 8 | 8 | 8 |
| 净现金流量 | −12 | 4 | 4 | 4 | 4 |
| 5%贴现系数 | 0.952 4 | 0.907 0 | 0.863 8 | 0.822 7 | 0.783 5 |
| 净现值 | −11.428 8 | 3.628 | 3.455 2 | 3.290 8 | 3.134 |
| 累计净现值 | −11.428 8 | −7.800 8 | −4.345 6 | −1.054 8 | 2.079 2 |

### 2. 盈亏平衡分析

第一年的 12 万元投资，按 5 年平摊，每年固定费用 2.4 万元，可变费用每人 8 元，收费标准每人 20 元/次，保本点的顾客人数为 $X_0$。

保本点顾客人数 $X_0$=固定费用÷(单价−可变费用)= 24 000÷(20−8)=2 000（人次）

按设施规模，每天平均可供 15 人洗澡，一周工作 6 天，休息 1 天。

保本点价格=(固定费用+人均可变费用×开放天数×每天人数)÷(开放天数×每天人数)=(2 400 + 8 × 313 × 15)÷(313 × 15)= 39 960÷4 695 = 8.51（元）

（1）假定每位顾客收费 20 元，全年保本点的顾客为 2 000 人次。
（2）假定每天保证能有 15 位顾客（全年 4 695 人次），保本点的价格为 8.51 元。

至此，他们得出了可以开办浴室的结论。

**【案例点评】** 这是一个规模属于小微型的关于非工业的第三产业社会服务项目投资的可行性论证分析案例，在实际生活中具有一定的代表性。虽然办浴室是一个规模较小的项目，可以不做社会经济分析，但事实上，在兼做投资者的创业者们真正开始实施项目——开办浴室的过程中，会发现由于当初还有一些相关问题欠考虑，故实际发生的费用较预计的要大，因而效益也不会如设想的那样好。具体原因主要有：一是第一年 12 万元的投资资金来源在大家研究时并未落实，如果是向银行贷款的，还应计算利息。二是作为一份完整的可行性分析报告，只做净现值估算和盈亏平衡分析还是远远不够的。D 女士和 B 先生为该项目所做的充分的调查研究，提出的方案虽然比较可行，但这只是初步可行性分析，而且只做了静态部分动态的分析，故此估算尚不能作为投资决策的依据。应该运用资金的时间价值理论做进一步分析，故而有待进一步思考和解决的应该是计算项目的内部收益率（或报酬率），并补充敏感性分析和环境影响报告。此外，对有关浴室作为特殊社会服务行业项目和下岗职工自谋职业办实体在当地是否可以享有的各种优惠政策的落实情况，以及浴室的具体位置（厂址）选择也都存在较大的问题，如浴室位置的好坏将直接影响客流量的大小，而各种优惠政策可能会节省（或减少）投资，从而直接影响项目预期经济效益的实现。

一份完整的可行性分析报告，需要研究者能够详细地从多个方面对项目的可行性从市场需求、物质技术条件到其经济性的盈利情况，甚至其社会效益等进行有针对性的比较综合和全面的分析，由于该案例只涉及了其中经济性的一些主要方面，故缺陷十分明显。事实上，若做项目评估，此项目的可行与否还存在其他方面有待补充完善、需要进一步加以解决的不少问题。

## 2.6 项目评估的成果表达——项目评估报告的格式与编写要求及编制大纲

与可行性分析过程与结果类似，项目评估的成果也需要通过一定的载体形式有效地表达出来，项目评估报告就是这样一种有效的载体形式。它是在确定对某一具体拟建项目进行决策之前，在可行性分析报告的基础上，对项目建设必要性、建设与生产条件、技术方案、经济与社会效益和项目总评估五个方面进行的评估，是对可行性分析报告全部情况的可靠性进行全面的审核后所完成的最后的书面报告。

### 2.6.1 撰写项目评估报告的一般格式与内容要求

书面的项目评估报告是投资者、国家或地方综合部门与项目主管部门对项目进行投资决策的重要依据，也是贷款机构与银行参与投资决策和贷款决策的重要依据，是对项目实行监督管理的基础性资料。

由于建设项目的类型多种多样，建设项目性质、规模和行业各不相同，使得评估报告的内容和重点也各有侧重、不尽相同，但通常都应包括以下主要内容。

（1）报告的封面应写上"×××项目评估报告"的字样，写明评估单位的全称及报告完成的时间，在第一、二页上分别说明"评估小组人员名单及分工"和"评估报告目录"。

（2）正文部分：①总论与项目概况。②建设必要性评估。③建设及生产条件评估。④技术评估。⑤基础财务数据预测与财务效益评估。⑥国民经济效益评估。⑦投资来源及资金筹措方式评估。⑧不确定性分析。⑨问题与建议。⑩总评估。

（3）附件、附图及附表。包括各类评估报告、参考资料及文件、评估基本报表和辅助报表等。

（4）按照 2005 年 12 月 29 日中国建设银行颁发的《固定资产贷款项目评估办法》的规定，对贷款项目的评估内容还应进一步涵盖以下具体内容：①借款人资信评估。②项目概况，包括项目建设必要性、进展过程、工艺技术、建设和生产条件、环境保护等的综合论证分析。③项目产品市场供求评估。④投资估算与资金来源评估。⑤财务评估（含财务基础数据测算、财务效益评估与不确定性分析）。⑥银行效益与风险防范评估，包括流动性和相关效益评估，以及对借款人提供的保证、抵押、质押等贷款风险防范措施的可行性进行分析评估。⑦问题和建议。阐述贷款项目当前存在的问题，提出建议或解决措施，做出最终评估结论。⑧附若干评估基本报表及报告附件。

### 2.6.2 项目评估报告撰写的要求

作为书面文本，项目评估报告是为政府有关部门、贷款金融机构和社会公众或企业投资者提供投资决策依据的论述性文件。故要求评估者站在第三者的角度，以公正、客观的立场，依靠各种数据资料，对项目进行具体介绍和评估。要求重点突出、观点明确，提出的建议要有针对性，即根据项目的具体特点，对投资者和决策部门极为关心的问题进行重点论述，做出明确的结论，防止重复、遗漏和千篇一律的现象。项目评估人员必须按照《建设项目经济评价方法与参数》（第 3 版）的要求及其他有关规定对项目进行严格、认真评估，并以实事求是的科学态度，按照统一的要求与格式编写评估报告。

在对可行性分析报告全面审查的基础上，项目评估人员要根据调查和审查结果编写建设项目评估报告。编写时要注意：①语言要简练准确。根据项目的大小，文字应控制在 10 000～15 000 字，最长不宜超过 20 000 字。②材料要真实有据。③结构要科学严谨。④分析要定量分析与定性分析结合，并应以定量分析为主。⑤评价要客观实际。要客观地、实事求是地进行评价叙述。

### 2.6.3 一般工业项目评估报告编制大纲

以一般工业项目评估为例，下面按照原国家计委、中国国际工程咨询公司对拟建项目可行性分析报告规定的评估内容做相关分析论证的要求，介绍编制项目评估报告大纲的基本内容。一般工业项目评估报告编制大纲要求如下。

**1. 项目概况**

（1）项目基本情况。

（2）综合评估结论。

**2. 评估意见**

（1）关于市场供需预测及拟建规模的评估意见。

（2）关于资源、原材料、燃料及公用基础设施的评估意见。
（3）关于建厂条件和厂址方案的评估意见。
（4）关于工艺、技术和主要设备选型方案的评估意见。
（5）关于环境保护的评估意见。
（6）关于企业组织、劳动定员和人员培训的评估意见。
（7）关于实施进度的评估意见。
（8）关于投资估算和资金筹措的评估意见。
（9）关于经济及社会效益的评估意见。
（10）综合结论意见。

**3. 问题和建议**

（1）存在或遗留的重大问题。
（2）潜在的风险。
（3）建议。
① 解决问题的途径和方法。
② 建议国家（或地区）有关部门采取的应急措施和方法。
③ 对下一步工作的建议。

**4. 按照中国建设银行对固定资产贷款项目所确定的评估内容要求，在大纲中还需补上的内容**

（1）借款人资信评估。
① 借款人经济地位评估。
② 借款人的法定代表人素质和领导班子整体素质评估。
③ 借款人生产经营情况评估。
④ 借款人资产负债及清偿能力评估。
⑤ 借款人信用和发展前景评估。
（2）项目概况分析。
① 项目建设必要性评估。
② 项目进展过程评估。
③ 项目工艺技术设备评估。
④ 项目建设和生产条件评估。
⑤ 项目环境保护评估。
（3）项目产品市场供求评估。
① 对产品市场供求现状的调查评估。
② 对产品供求发展趋势的预测评估。
③ 对项目产品竞争能力的分析评估。
④ 对项目建设规模和建设方案的经济合理性评估。
（4）投资估算与资金来源评估。
① 对项目总投资估算的评估。
② 对资金来源的评估，主要是对项目所有者权益和负债的可靠性进行分析。
（5）财务评估。
① 对基础财务数据测算与分析的评估。

② 对项目财务效益评估。
③ 对项目不确定性分析的评估。
(6) 银行效益与风险防范评估。
① 对银行效益评估,包括流动性评估和相关效益评估。
② 风险防范评估,主要是对借款人提供的保证、抵押、质押等贷款风险防范措施的评估。

### 链接——案例 2-10

#### R 地区新建钢铁联合企业项目财务与国民经济分析评价报告

**1. 概述**

拟在 R 地区新建一钢铁联合企业,该企业所在地区临近港口,铁路纵贯全境,公路四通八达,交通运输十分便利。另外,该地区的煤及其他辅助原料资源也极为丰富。企业所需原料——铁矿石拟由进口解决,洗精煤、无烟煤、白云石、石灰石就地解决,企业所需电力也由该地区电网供应。新建企业的外部条件较好。在该地区发展钢铁工业,还能利用该地区的工农业、城市服务、卫生教育等各种社会力量,可取得加快建设进度、节约投资等实际经济效益,同时还能促进该地区各项事业的发展。

新建的生产系统包括烧结、焦化、炼铁、炼钢、连铸、热连轧板、冷连轧板等主要生产车间及相应的辅助公用设施。设计规模为年产商品热轧板卷 120 万吨,冷轧板卷 100 万吨,镀锌板 80 万吨,商品材合计 300 万吨。该企业需征购土地 8 066.7 亩,全厂劳动定员 14 600 人。

**2. 基础数据**

项目的基础数据如表 2-28 所示。

表 2-28 项目的基础数据

| 序号 | 项目 | | 单位 | 数据 |
|---|---|---|---|---|
| 1 | 正常生产年产品产量 | | 万吨 | 300 |
| | 其中:热轧板卷 | | | 120 |
| | 冷轧板卷 | | | 100 |
| | 镀锌板 | | | 80 |
| 2 | 建设期 | | 年 | 5 |
| 3 | 生产期 | | | 20 |
| 4 | 按基本价格计算的固定资产投资 | | 亿元 | 242.58 |
| 5 | 按基本价格计算的流动资金 | | | 20.07 |
| 6 | 国外借款年利率 | | % | 9.2 |
| 7 | 建设银行借款年利率 | | | 9 |
| 8 | 短期借款年利率 | | | 9 |
| 9 | 流动资金借款年利率 | | | 8.64 |
| 10 | 国外借款期限 | | 年 | 5 |
| 11 | 国外借款本金等额偿还期 | | | 10 |
| 12 | 基期汇率 | | 人民币/美元 | 5.50 |
| 13 | 影子汇率 | | | 5.94 |
| 14 | 财务评价折现率 | | % | 11 |
| 15 | 社会折现率 | | | 12 |

**3. 项目财务效益分析**

1) 项目投资、资金筹措及实施进度。

(1) 固定资产投资。以基期价格计算的固定资产投资(含建设期利息)为 242.58 亿元,其中外汇为 15.85 亿美元［见固定资产投资总额估算表（略）］。项目投产后形成的固定资产价值为 233.808 亿元，无形及递延资产价值为 8.77 亿元。

（2）流动资金。参照老厂及类似项目资料，并结合该项目具体情况，按分项估算的正常生产年份（内销85%，外销15%）的流动资金为 20.068 6 万元［见流动资金估算表（略）］。

（3）资金筹措、建设进度及达产计划。固定资产投资 242.58 亿元（含外汇 15.85 亿美元）中，自有资金约占 32%（77.58 亿元），借款约占 68%（165 亿元）。国外借款为 10 亿美元（55 亿元），年利率9.2%，宽限期 5 年，偿还期 10 年（等额偿还本金）。国内人民币借款 110 亿元，由建设银行提供，年利率9%。

流动资金 20.07 亿元中，自有资金占 33%（6.7 亿元），银行借款占 67%（13.37 亿元），借款年利率为 8.64%。

项目建设期 5 年，投产期 3 年，投产第 1 年生产负荷为 50%，第 2 年为 75%，第 3 年为 90%，第 4 年达到设计生产能力。

固定资产投资在建设期 5 年内投入，各年的投入比例分别为 4.5%、13.9%、28.4%、30.2%和 23.0%。各年的资金筹措及使用计划表（略）。

2）产品成本和费用计算。

（1）计算说明。

① 所需铁矿石（块矿及粉矿）全部由国外进口，其价格参照近年国际市场价格确定。

② 固定资产综合折旧年限取 20 年，年折旧费为：（固定资产原值−净残值）÷折旧年限＝（2 338 080 − 233 808）÷ 20 = 105 213.6（万元）。

③ 无形资产及递延资产分 5 年摊销，年摊销费为：87 700 ÷ 5 = 17 540（万元）。

④ 职工工资。新建生产企业职工总数为 14 600 人，年人均工资及福利费按 7 000 元/人·年计算。

⑤ 成本中其他投入物价格按项目所在地区目前的市场价格确定。

（2）产品总成本费用。生产期各年的总成本费用表（略）。按基期价格计算，达到设计生产能力并还完借款本息时的年总成本费用为 497 898.5 万元，年经营成本为 381 134.9 万元。

3）产品销售收入计算。

（1）计算说明。

① 产品售价。产品内销价格按项目所在地区近期市场价确定；产品外销价格参照同类产品近年国际市场离岸价确定。

② 产品内外销比例。为使项目外汇平衡，在项目偿还国外借款期间，产品外销比例为 25%～50%，内销比例为 50%～75%；在偿还完国外借款本息后，产品外销比例为 15%，内销比例为 85%。生产期内平均外销比例为 21.8%，内销比例为 78.2%。

（2）销售收入。按基期价格计算的生产期各年产品销售收入计算表（略）。当产品外销比例为 15%、内销比例为 85%时，年销售收入为 1 003 430 万元。

4）利润与借款还本付息计算。项目应缴纳的销售税金及附加有增值税、城市维护建设税和教育费附加。增值税税率为 14%，城市维护建设税为增值税的 7%，教育费附加为增值税的 2%，项目所得税税率为 33%。

生产期各年的利润及利润分配计算见损益表（略）和项目借款还本付息计算表（略）。当项目偿还完国外借款本息、产品外销比例为 15%和内销比例为 85%时，年利润总额为 369 077 万元，年可供分配利润为 185 461 万元。投产后第 1 年，由于生产负荷低，产品外销比例大，平均售价低，项目将产生亏损，其亏损额为 120 241 万元。投产后第 3 年，弥补以前年度亏损后出现盈余，开始缴纳所得税。

根据损益表计算的各项静态指标如下：

① 投资利润率＝年平均利润总额÷项目总投资×100%＝5 752 418÷20÷(2 119 100＋306 680＋190 972)×100%＝287 621÷2 616 752×100%≈11%

② 投资利税率＝年平均利税总额÷项目总投资×100%＝407 761÷2 616 752×100%≈5.6%

③ 资本金利润率＝年平均利润总额÷资本金×100%＝287 621÷833 072×100%≈34.5%

5）财务盈利能力分析。按基价计算的全部投资和自有资金现金流量表（略）。项目的各项指标情况如表2-29所示。

表2-29 项目的各项指标情况

| 序号 | 指标名称 | 所得税后 | 所得税前 |
| --- | --- | --- | --- |
| 1 | 按全部投资计算 | | |
| 1.1 | 财务内部收益率/% | 10.00 | 13.68 |
| 1.2 | 财务净现值/万元 | | 403 900（$i_c$=11%） |
| 1.3 | 投资回收期/年 | 12.50 | 11.1 |
| 2 | 按自有资金计算 | | |
| 2.1 | 财务内部收益率/% | 10.44 | |

项目所得税前财务内部收益率（13.68%）高于行业基准收益率，说明该项目在财务上是可以接受的。

6）清偿能力分析。由资金来源及运用表（略）可以看出项目计算期内各年的资金盈余与短缺情况。项目建设期利息用自有资金支付。投产后第1年产生资金短缺，用短期借款支付，并相应在下一年偿还。国外借款在投产后10年内等额偿还。国内建设银行借款偿还期为：（13-1）＋163 984÷（48 443＋163 984）＝12.8（年）。

项目第14年出现盈余资金，计算期内累计盈余资金为163.9亿元。各年累计盈余资金可作为编制表的依据（使用这些数值时，其最后一年数值应扣除固定资产余值和回收的自有流动资金）。

资产负债表可以反映项目计算期内各年资产、负债和所有者权益情况。通过表中所列各年的资产负债率、流动比率和速动比率，进一步进行项目清偿能力分析：

（1）项目建成后的资产负债率为68%，偿债期间各年的资产负债率最高为71.6%、最低为8.7%，说明项目面临的风险程度不是很大，偿债能力是较强的。

（2）从第7年开始，项目流动比率超过136.5%，说明项目流动资产在短期债务到期以前可以变为现金用于偿还流动负债的能力是较强的。

（3）项目还完借款的当年（第15年）开始，其速动比率超过108.6%，说明项目在第15年以后，各年流动资产中可以立即用于偿付流动负债的能力也是较强的。

7）外汇平衡分析。在偿还国外借款本息期间，项目外销比例为25%～50%，国外借款本息偿还完毕后，外销比例为15%。项目所需原料（块矿和粉矿）全部由进口解决。在计算期内，各年均可达到外汇平衡，并在生产期内有部分外汇余额。项目全部计算期内外汇余额总计为85 771万美元。财务外汇平衡表（略）。

8）不确定性分析。

（1）盈亏平衡分析。项目达到设计能力和还清借款时的年总成本费用为497 899万元，其中，年固定总成本为212 914万元，年可变总成本为284 986万元，年销售收入为1 003 430万元，年销售税金及附加为136 455万元。所得税前盈亏平衡点的生产能力利用率为：212 914÷(1 003 430－284 986－136 455)×100%≈36.6%。

盈亏平衡点的产量为：300×36.6%＝109.8（万吨）。

由盈亏平衡分析可知，按基价计算时，项目生产能力利用率达到36.6%，产量达到109.8万吨时，即能达到盈亏平衡。超过此产量即有盈利，否则将产生亏损。该项指标表明，项目抗风险能力较强。

（2）敏感性分析。敏感性分析主要分析产品平均销售价格、经营成本、预测销售量（产量）和固定资产投资四个因素的变化对所得税前全部投资财务内部收益率的影响，计算结果如表 2-30 所示。

表2-30　敏感性分析表（按基期价格计算）　　　　　　　　　　　　单位：%

| 变动因素 | −15 | −10 | 基本方案 | 10 | 15 |
|---|---|---|---|---|---|
| 销售价格 | 5.67 | 8.58 | 13.68 | 18.20 | 20.32 |
| 经营成本 | 16.08 | 15.30 | 13.68 | 11.94 | 11.02 |
| 销售量 | 12.82 | 13.12 | 13.68 | 14.21 | 14.46 |
| 固定资产投资 | 15.63 | 14.93 | 13.68 | 12.59 | 12.10 |

由表 2-30 可知，相对来说，产品价格对 FIRR 较为敏感。当产品价格提高 15%时，FIRR 由 13.68%提高到 20.32%，增长 6.64%。其次是经营成本，如果经营成本增加 15%，则 FIRR 由 13.68%降为 11.02%；如果经营成本减少 15%，则 FIRR 由 13.68%提高到 16.08%。

### 4. 国民经济效益分析

1）基础数据调整。

（1）固定资产投资调整。

① 土地费用调整。该项目需新征土地 8 066.7 亩，每亩征购费为 3 万元，共计 2.42 亿元。

根据现场调查，新征土地原为旱田，每年种两茬：一茬为小麦，另一茬为玉米。小麦和玉米的净收益分别为 157 元/（亩·茬）和 186 元/（亩·茬），因此，每亩新征土地的净收益为：157 + 186 = 343 ［元/（亩·年）］。

设小麦和玉米的年产量平均递增 2%，收益调查年与开工年为同一年份，并按 12%的社会折现率计算，则 25 年内每亩土地的净收益现值为：$\sum_{t=1}^{25} 343 \left( \frac{1+2\%}{1+12\%} \right)^t = 3161$（元）。

8 066.7 亩土地 25 年内的净收益现值为：$8066.7 \times 3161 \approx 2550$（万元），即征用土地的机会成本为 2 550 万元。

因为土地影子费用=土地机会成本+新增资源消耗费用，而新增资源消耗费用包括老年人赡养费、养老保险金、剩余农业劳动力安置费、农转非人口粮食价差补贴、拆迁总费用、征地管理费等，每亩为 2 万元，共计 16 133 万元，则：土地影子费用= 2 550 + 16 133 = 18 683（万元），即土地费用由财务评价的 2.42 亿元调整为 1.868 3 亿元。

② 三材费用的调整。按影子价格计算，三材费用由 20.96 亿元调整为 15.31 亿元（见表 2-31）。

表2-31　三材费用调整　　　　　　　　　　　　　　　　　　单位：亿元

| 序号 | 项目 | 消耗量 | 调整前（1） | 调整后（2） | 差额（3）=（2）−（1） |
|---|---|---|---|---|---|
| 1 | 钢材/万 t | 88 | 17.60 | 12.76 | −4.84 |
| 2 | 木材/万 m³ | 6 | 0.36 | 0.39 | 0.03 |
| 3 | 水泥/万 t | 120 | 3.00 | 2.16 | −0.84 |
|  | 合计 |  | 20.96 | 15.31 | −5.65 |

③ 引进设备费用的调整。

A. 进口设备到岸价为 12.4 亿美元。财务评价时，按基期官方汇率（1 美元= 5.5 元）折算为 68.20 亿元，国民经济评价按影子汇率（1 美元= 5.94 元）调整为 73.66 亿元。

由于港口到厂区的距离较短，故港口到厂区的运费不予调整。

B. 引进设备其他费用为 0.9 亿美元，由 4.95 亿元调整为 5.35 亿元。

C. 引进设备基本预备费为 0.66 亿美元，由 3.63 亿元调整为 3.92 亿元。

D. 固定资产投资中转移支付部分。进口设备的关税及增值税和建设期支付的国内建行借款利息均属于国民经济内部的转移支付，在国民经济评价中应予以剔除。

引进设备关税及增值税为 14.8 亿元，建行借款利息为 20.3 亿元。

包括未调整部分在内，调整后的固定资产投资为 208.26 亿元。固定资产投资调整如表 2-32 所示。

表 2-32　固定资产投资调整　　　　　　　　　　　　　　单位：亿元

| 序号 | 项目 | 调整前 (1) | 调整后 (2) | 差额 (3) = (2) – (1) |
|---|---|---|---|---|
| 1 | 不予调整部分 | 96.95 | 96.95 | |
| 2 | 调整部分 | 145.63 | 111.31 | −34.32 |
| 2.1 | 土地费用 | 2.42 | 1.87 | −0.55 |
| 2.2 | 三材费用 | 20.96 | 15.31 | −5.65 |
| 2.3 | 引进设备费用 | 68.20 | 73.66 | 5.46 |
| 2.4 | 引进设备其他费用 | 4.95 | 5.35 | 0.40 |
| 2.5 | 引进设备预备费用 | 3.63 | 3.92 | 0.29 |
| 2.6 | 引进设备关税及增值税 | 14.80 | | −14.80 |
| 2.7 | 国外借款建设期利息 | 10.37 | 11.20 | 0.83 |
| 2.8 | 国内借款建设期利息 | 20.30 | | −20.30 |
| | 合计 (1+2) | 242.58 | 208.26 | −34.32 |

注：上述投资中不考虑建设期涨价预备金。

（2）产品价格的调整。热轧板、冷轧板和镀锌板都是国内短线产品，每年均需进口。项目的产品中既有内销也有外销。对于内销产品，可视为替代进口产品，因钢板具体用户难以确定，其影子价格可按到岸价格乘以影子汇率计算。项目建成后有自备码头，外销产品的影子价格可按近年来国际市场同类产品的离岸价格乘以影子汇率计算。

产品销售价格调整如表 2-33 所示。

表 2-33　产品销售价格调整

| 序号 | 项目 | 基期财务价格 /元/吨 (1) | 到岸（离岸）价 /美元/吨 (2) | 影子价格 /元/吨 (3) | 差额/元/吨 (4) = (3) − (1) |
|---|---|---|---|---|---|
| 1 | 内销产品 | | | | |
| 1.1 | 热轧板卷 | 2 800 | 370 | 2 198 | −602 |
| 1.2 | 冷轧板卷 | 3 800 | 460 | 2 732 | −1 068 |
| 1.3 | 镀锌板 | 4 200 | 600 | 3 564 | −636 |
| 2 | 外销产品 | | | | |
| 2.1 | 热轧板卷 | 1 925 | 350 | 2 079 | 154 |
| 2.2 | 冷轧板卷 | 2 420 | 440 | 2 514 | 94 |
| 2.3 | 镀锌板 | 3 190 | 580 | 3 445 | 255 |

注：影子汇率=5.94 元/美元；
内销产品影子价格=到岸价×影子汇率；
外销产品影子价格=离岸价×影子汇率。

按影子价格计算，当产品外销比例为 15%、内销比例为 85% 时，产品销售收入为 816 750 万元。

（3）流动资金的调整。调整后的流动资金为 163 350 万元。

（4）投入物价格和经营费用的调整。

① 经营成本中占比重最大的是铁矿石，全部为进口铁矿石。铁矿石经过项目自备码头运进厂内。其影子价格可按影子汇率进行调整。

进口粉矿: 32(美元/吨)×5.94=190(元/吨)
进口块矿: 37(美元/吨)×5.94=220(元/吨)

② 洗精煤在经营成本中占的比重仅次于矿石。洗精煤为外贸货物,可按减少出口考虑。离岸价格取 60 美元/吨。设煤矿到口岸的距离与到该项目的距离相等,则洗精煤的影子价格为: 60×5.94=356.4(元/吨)。

③ 外购电按地区电网影子价格(0.22 元/度)进行调整。

其他投入物在经营成本中所占比重较小,未予调整。

调整后,达到设计能力时的年经营费用为 408 434.6 万元[国民经济效益分析经营费用调整计算表(略)]。

(5)产品销售税金及附加是国民经济内部的转移支付,在国民经济评价中不参与计算。

(6)调整后的资金使用计划表(略)。

2)国民经济盈利能力分析。全部投资国民经济效益费用流量和国内投资国民经济效益费用流量计算表(略)。

三个主要国民经济效益分析指标如表 2-34 所示。

表 2-34 三个主要国民经济效益分析指标  单位: 亿元

| 序号 | 指标名称 | 数量 全部投资 | 数量 国内投资 |
|---|---|---|---|
| 1 | 经济内部收益率(%) | 12.79 | 13.98 |
| 2 | 经济净现值($i_s$=12%) | 9.73 | 19.95 |
| 3 | 累计净效益流量 | 589.6 | 559.6 |

由表 2-34 可知,全部投资经济内部收益率(12.79%)高于社会折现率(12%),全部投资的经济净现值为 9.73 亿元。

由于全部投资经济内部收益率高于国外借款利率(9.2%),因此,国内投资经济内部收益率与经济净现值均高于按全部投资计算的相应指标。

从上述主要指标来看,项目的国民经济效益是较好的。

3)经济外汇效果分析。在国民经济效益分析中,项目每年产品外销比例与财务评价相同。计算期(25 年)内项目净外汇流量为 85 771 万美元,各年均做到了外汇平衡。经济外汇净现值为 20 374 万美元,考虑到产品替代进口的外汇收入,经济外汇效果净现值为 409 690 万美元。

经济外汇流量计算表(略)。

经济换汇(含节汇)成本为: 国内资源现值÷经济外汇效果净现值= 2 255 905 ÷ 409 690 = 409 690(元/美元)。

经济换汇(含节汇)成本低于影子汇率(5.94 元/美元)。

出口产品和替代进口产品国内资源流量计算表(略)。

4)敏感性分析。产品销售价格、经营费用、产品销售量和固定资产投资四个因素变化时对全部投资经济内部收益率的影响如表 2-35 所示。

表 2-35 敏感性分析(国民经济效益分析)  单位: %

| 变动因素 | -15 | -10 | 基本方案 | 10 | 15 |
|---|---|---|---|---|---|
| 销售价格 | 4.50 | 7.55 | 12.79 | 17.36 | 19.49 |
| 经营费用 | 14.22 | 13.74 | 12.79 | 11.87 | 11.43 |
| 销售量 | 10.41 | 11.24 | 12.79 | 14.22 | 14.91 |
| 固定资产投资 | 14.68 | 14.00 | 12.79 | 11.73 | 11.25 |

由表 2-35 可知,EIRR 对产品售价的变化最为敏感,产品售价提高 15%,EIRR 将由 12.79%

提高到 19.49%；其次较为敏感的因素是销售量，当销售量降低 15%时，EIRR 将由 12.79%下降到 10.41%。

### 5. 评价结论

财务效益分析全部投资内部收益率为 13.68%，高于基准收益率 11%；投资回收期 11.1 年，低于行业基准投资回收期 12.6 年。国民经济效益分析以影子价格测算的全部投资经济内部收益率 12.79%，高于社会折现率 12%。除此之外，项目不仅可以在第 15 年如期偿还国外借款，还可以在第 12.6 年偿清国内建行借款。表明项目财务效益分析和国民经济效益分析均较好，经济上是可以接受的。

**【案例点评】** 这是一个借鉴《建设项目经济评价方法与参数》(第 3 版)中有关建设项目经济评价案例的参考资料经整理提炼后得出的评估报告。作为项目可行性分析的核心内容和决策的重要依据，经济评价的目的在于最大限度地避免风险，提高经济效益。通常，财务效益分析和国民经济效益分析合称为项目的经济评价或经济效益分析，是项目评价最重要的内容。按照《建设项目经济评价方法与参数》(第 3 版)的规定，在完成对项目基本方案的评价后，要做不确定性分析，并指出"不确定分析包括敏感性分析、盈亏平衡分析和概率分析"。盈亏平衡分析只用于财务效益分析，敏感性分析和概率分析则可同时用于财务效益分析和国民经济效益分析。因此，经济效益分析作为项目可行性研究的核心内容和决策的重要依据，其分析评价过程就需预先估算拟建项目的经济效益，包括财务和国民经济两个层次。建设项目的经济效益分析要做到既有利于引导投资方向，控制投资规模，提高计划质量，又能使项目和方案经过需要→可能→可行→最佳的步骤得到深入分析、比选。这样可以避免由于依据不足、方法不当、盲目决策所导致的失误，把有限的资源用于经济效益和社会效益真正最优的建设项目上，实现项目和方案决策的优化或最佳化。

由于该报告是对 R 地区拟新建一特大型钢铁联合企业项目进行可行性分析的经济评价——效益分析报告，其内容要求完全符合有关规定。故在新建项目经济评价中具有一定代表性。为了提高经济评价的准确性和可靠程度，在该案例中，对项目进行的经济评价就做到了以下四点：

（1）以经济效益为中心，把提高国民经济效益作为项目投资决策的主要目标。

（2）该项目及其方案评价的指标、计算指标的口径与尺度以及计算效果（直接与间接的效果、正效果与负效果）的深度与广度都具有一致性。

（3）价格与经济参数在时间上具有可比性。

（4）在财务与国民经济效益分析的基础上，详细进行了不确定性因素的分析，以保证建设项目能适应企业生产经营和国内外市场的变化。这对于（特）大型项目的建设尤为重要。

### 链接——案例 2-11

#### 新建 MIDI 化纤厂项目详细可行性分析评估报告

### 1. 概况

MIDI 化纤厂是新建项目。该项目是在市场预测、生产规模、工艺技术方案、建厂条件及厂址方案选择、公用工程和辅助设施诸方面进行研究论证和多方案比较后，确定了最佳方案的基础上进行的。

该项目是 S 省"十四五"规划不可缺少的原料工业，也是该省纺织行业的支柱产业，因此项目投产后将使企业大大增加经济效益。

该工程主要技术和设备拟从国外引进，少数设备国内配套。由于该工程建厂条件优越，因此对项目的实施提供了较好的条件。

该项目主要设施包括生产主车间、辅助生产设施、公用工程及有关的生产管理、生活福利等设施。

### 2. 基础数据

（1）生产规模及产品方案。年产服装生产用纤维级 A 产品 2.326 万吨，B 产品 1.64 万吨，C 产品 0.969 1 万吨，D 产品 1.5 万吨。

（2）实施进度。项目拟 3 年建成，第 4 年投产 70%，从第 5 年起达产 100%，全部计算期 18 年。

（3）固定资产投资及资金计划。

① 固定资产投资估算为 71 793 万元（含 5 423 万美元），固定资产投资方向调节税 1 436 万元。固定资产投资估算表和投资计划与资金筹措表（略）。

② 流动资金估算。流动资金估算按分项详细估算法进行估算，估算总额为 10 602 万元。流动资金估算表（略）。

③ 建设期利息估算为 8 497 万元（含 724 万美元）。

（4）资金来源。该工程所需建设资金 92 328 万元（含 6 147 万美元）。自有资金（资本金）为 25 000 万元，其余为贷款。该部分资金由省建行贷款 30 000 万元，其余由地方各部门筹措解决。贷款年利率：外汇为 8%，人民币为 12.24%。流动资金由省市工商银行贷款，年利率为 9.36%。

（5）职工人员数及工资总额。全厂定员 1 350 人，年工资总额 324 万元（包括职工福利基金）。

### 3. 项目财务效益分析

（1）年销售收入和年销售税金及附加估算。产品销售价格是根据近两年国内市场价格的平均售价计算的，预测到项目建成后的市场价格，A 产品每吨 8 500 元，B 产品每吨 9 500 元，C 产品每吨 19 800 元，D 产品每吨 9 000 元。年销售收入总额为 68 039 万元（正常生产年）。产品全部内销。

年销售税金及附加按国家规定计取，产品 A 缴纳产品税，其余均缴纳增值税，产品税率 15%，增值税税率 14%，城市维护建设税税率 7%，教育费附加税率 2%。由于该项目采用优惠政策，投产后前两年产品 A、B 免交产品税，自第 3 年开始自用产品 A 也免交产品税。

年销售收入和销售税金及附加估算表（略）。

（2）产品生产总成本。

① 为了使原材料、辅助料、燃料动力价格与产品销售价格相一致，均采用近两年市场平均售价。

② 固定资产折旧和无形资产及递延资产摊销计算。

在固定资产投资中第二部分费用除土地使用费列为固定资产原值之外，其余费用均作为无形资产及递延资产。

固定资产折旧采用平均年限法计算，折旧期 15 年，无形资产按 10 年摊销，递延资产按 5 年摊销。

③ 修理费。修理费按年折旧费的 30%提取。

固定资产折旧估算表（略）。

无形及递延资产摊销估算表（略）。

④ 借款利息计算。长期借款利息计算，建设期利息计入本金一并偿还，生产经营期利息及流动资金利息计入总成本中财务费用一栏。

⑤ 其他费用。其他费用的计算，为简化计算，该费用按工资及福利费的 2.5 倍估算，另加土地使用税。

（3）利润总额及分配估算。利润总额及分配估算见损益表（略）。

(4)财务盈利能力分析。

① 财务现金流量表(全部投资,略)。根据财务评价方法,将财务内部收益率及投资回收期采用两种方法计算,即所得税前、所得税后。

A. 所得税前。内部收益率为 19.40%,投资回收期为 7.08 年(含建设期),财务净现值($i_c$=12%)为 343 22 万元。

B. 所得税后。内部收益率为 13.29%,投资回收期为 8.55 年(含建设期),财务净现值($i_c$=12%)为 5 285 万元。

从上述两个指标可见,该项目财务内部收益率均大于行业基准收益率,说明盈利能力满足了行业的最低要求,财务净现值均较好,说明该项目在财务上是可以接受的。投资回收期均小于行业基准投资回收期,这表明项目投资能按时回收。

② 现金流量表(自有资金,略)。

A. 自有资金财务内部收益率为 14.84%。

B. 自有资金财务净现值($i_c$=12%)为 6 018 万元。

③ 根据损益表和固定资产投资估算表计算如下指标。

A. 投资利润率= 14 520 × 100% ÷ 92 328=15.73%

B. 投资利税率=(14 520 + 6 895) × 100% ÷ 92 328=23.19%

C. 资本金利润率= 14 520 × 100% ÷ 25 000=58.08%

该项目投资利润率和投资利税率大于行业平均利润率和平均利税率,这说明单位投资对国家积累的贡献水平达到了该行业的平均水平。

(5)清偿能力分析。资金来源与运用计算见同名表(略),资产负债率、流动比率和速动比率指标见同名表(略)。

偿还借款的资金来源包括还款期间的未分配利润(可供分配利润中,提一小部分作为企业盈余公积金使用,其余均全部用于还款)及折旧费、摊销费。

借款偿还期为 8.66 年(含建设期)。该项目投产后以最大偿还能力还款,说明项目具有偿债能力。

(6)敏感性分析。

① 考虑到项目在实施过程中可能会受到一些不确定性因素的影响,该项目对所得税前一些影响因素进行了敏感性分析。分别对固定资产投资、经营成本、销售收入做了提高 10%和降低 10%的单因素变化情况对内部收益率及投资回收期影响的敏感性分析,结果如表 2-36 所示。

表 2-36 财务敏感性分析

| 序号 | 项目 | 基本方案 | 销售收入 +10% | 销售收入 −10% | 经营成本 +10% | 经营成本 −10% | 投资 +10% | 投资 −10% |
|---|---|---|---|---|---|---|---|---|
| 1 | 内部收益率/% | 19.40 | 24.71 | 13.26 | 15.31 | 23.14 | 17.74 | 21.33 |
| 2 | 投资回收期/年(含建设期) | 7.08 | 6.17 | 8.8 | 8.13 | 6.39 | 7.45 | 6.72 |

从表 2-36 可以看出,各因素的变化都不同程度地影响内部收益率及投资回收期,其中销售收入最为敏感,经营成本次之,投资不太敏感。敏感性分析如图 2-5 所示。

② 盈亏平衡分析。以生产能力利用率表示的盈亏平衡点来表示。

BEP = 年固定成本÷(年销售收入−年可变成本−年销售税金及附加)× 100%

= 7 822 ÷(68 039 − 39 114 − 6 895)× 100% ≈ 35.51%

计算结果表明,该项目只要达到设计能力的 35.51%,即年产量达到 2.3 万吨,企业就可以保本。由此可见,该项目具有一定的抗风险能力。盈亏平衡如图 2-6 所示。

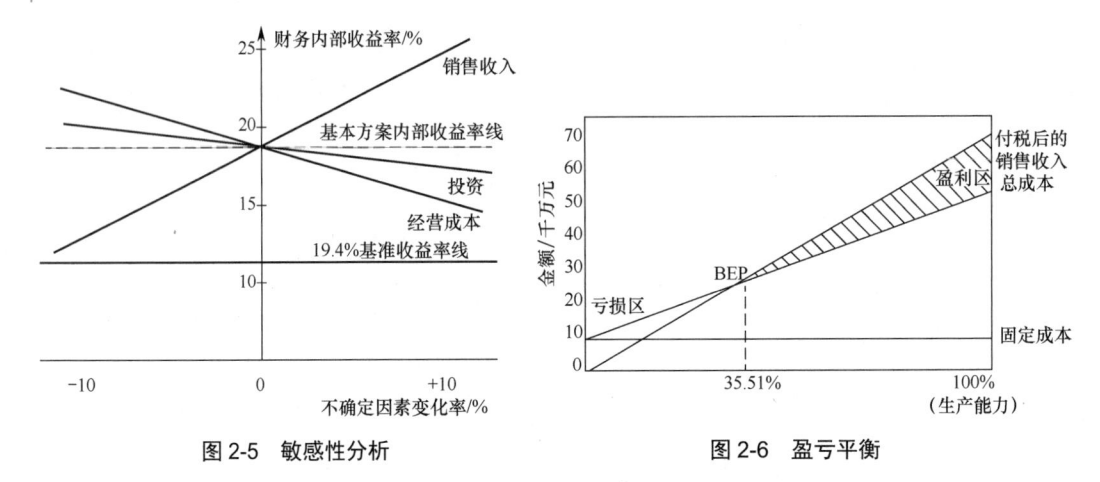

图 2-5  敏感性分析　　　　　图 2-6  盈亏平衡

（7）结论。从财务效益分析指标可以看出，项目财务内部收益率（基本方案）为 19.40%，投资回收期为 7.08 年（含建设期），投资利润率为 15.73%，投资利税率为 23.19%，盈亏平衡点为 35.51%，均高于行业基准指标，也高于银行贷款利率，并且有一定的抗风险能力。国家对于建设这项工程在财务上被认为是可行的，企业经济效益是好的，此方案拟推荐为可行方案。

**【案例点评】** 该案例是一个专项具体的财务评价（或称财务效益分析）报告。财务效益分析是在项目市场研究和技术研究的基础上进行的。所谓财务评价，就是根据国家现行财税制度和价格体系，分析、计算项目直接发生的财务效益和费用，编制财务报表，计算评价指标，考察项目的盈利能力、清偿能力及外汇平衡等财务状况，据以判别项目的财务可行性。它主要是利用有关的基础数据，通过编制财务报表，计算财务评价用效益分析指标及各项财务比率，进行财务分析，做出评价结论。该案例作为一个关于新建 MIDI 化纤厂以财务评价为主的投资项目分析，该财务效益分析正是在市场预测、生产规模、工艺技术方案、建厂条件及厂址方案选择、公用工程和辅助设施诸方面进行了详细可行性研究论证和多方案比较选择后，确定了最佳方案的基础上进行的。因而，该案例具有一定的代表性和较大的参考价值。

通常，财务效益分析评价是项目可行性研究的核心内容，其评价结论是决定项目取舍的重要决策依据。建设项目的财务评价无论对项目投资主体，还是对为项目建设和生产经营提供资金的其他机构或个人，均具有十分重要的作用。主要表现在：

（1）考察项目的财务盈利能力。项目的财务盈利水平如何，能否达到国家规定的基准收益率，项目投资主体能否取得预期的投资效益；项目的清偿能力如何，是否低于国家规定的投资回收期，项目债权人的权益是否有保障等，是项目投资主体、债权人，以及国家、地方各级决策部门、财政部门共同关心的问题。因此，一个项目是否值得兴建，首先要考察项目的财务盈利能力等各项经济指标，要进行财务效益分析评价。

（2）用于制定适宜的资金规划。确定项目实施所需资金的数额，根据资金的可能来源及资金的使用效益，安排恰当的用款计划及选择适宜的筹资方案，都是财务效益分析评价要解决的问题。项目资金的提供者们据此安排各自的出资计划，以保证项目所需资金能及时到位。

（3）为协调企业利益和国家利益提供依据。对某些国民经济效益分析评价结论好，财务效益分析评价不可行，但又为国计民生所急需的项目，必要时可向国家提出采取经济优惠措施的建议，使项目具有财务上的生存能力。此时，财务效益分析评价可以为优惠方式及幅度的确定提供依据。

该案例中报告提供的财务效益分析评价的程序就完全符合一般财务评价工作流程的要求：

（1）做了基础数据的准备。根据项目市场研究和技术研究的结果，对现行价格体系及财税制度进行财务预测，获得了项目投资、销售（营业）收入、生产成本、利润、税金及项目计算期等一系列财务基础数据，并将所得数据编制成辅助财务报表。

（2）编制了基本财务报表。编制了如上所述的财务预测数据及辅助报表，并分别编制反映项目财务盈利能力、清偿能力及外汇平衡情况的基本财务报表。

（3）对财务效益分析评价指标进行了计算与评价。根据基本财务报表计算各财务评价指标，并分别与对应的评价标准或基准值进行对比，对项目的各项财务状况做出评价。

（4）进行了不确定性分析。通过盈亏平衡分析、敏感性分析、概率分析等不确定性分析方法，分析项目可能面临的风险及项目在不确定情况下的抗风险能力，得出了项目在不确定情况下的财务效益分析评价结论或建议。

（5）做出了项目财务评价的最终结论。由上述确定性分析和不确定性分析的结果，对项目的财务可行与有益性做出最终判断。如该案例中项目因在财务上被认为有益可行，企业经济效益良好，故拟推荐该方案为可行方案。

### 链接——案例 2-12

#### 关于 TTT 公司 AAA 房地产开发项目贷款申请的评估报告

##### 第 1 章 项目主办单位概况

**1. 主办单位名称、经济类型和经营范围**

主办单位名称：BJ TTT 房地产开发有限公司。

经济类型：中外合资经营企业。

经营范围：在规划范围内对 AAA 项目的公寓及配套商业设备进行开发、建设、出租、出售及物业管理，并提供相关的咨询服务。

**2. 合资各方名称、注册国家、法定地址和法定代表人姓名、国籍**

（1）华成总公司（简称甲方），法定地址为 BJ 市×××街××号，法定代表人华×，中国籍。

（2）美国 M&M 公司（简称乙方），是根据美国法律成立的公司，法定地址是美国马萨诸塞州波士顿市，法定代表人撒·本杰明，美国籍。

（3）BJ 新城建设工程有限公司（简称丙方），法定地址为 BJ 市×区××路 11 号，法定代表人邹××，中国籍。

**3. 项目总投资、注册资本、各方出资比例、出资方式**

（1）合资公司的投资总额为 5 236 万美元（合 43 456 万元人民币，按评估时汇率折算，下同）。

（2）注册资本为 1 000 万美元。

甲方认缴 100 万美元，占注册资本 10%。

乙方认缴 890 万美元，占注册资本 89%。

丙方认缴 10 万美元，占注册资本 1%。

（3）注册资本出资方式。

甲、丙方：以认缴折合人民币现金出资。

乙方：以 890 万美元现金出资。

截至 20××年 3 月，公司注册资本计折合人民币 8 300 万元已全部到位。

（4）按投资方贷款。除资本金和 15 000 万元贷款外，项目的其余投资由股东按工程进度的需要贷款，不计利息。

### 4. 合营期限、利润分配

合营期限 50 年。在合资经营期间，合营各方按注册资本出资比例分配利润和分担风险及亏损。

### 5. 审批单位

该公司是 20×× 年 10 月经 BJ 市对外经济贸易委员会同意并报请 BJ 市计划委员会批准建立的（见《京计基字〔2006〕第×××号》文），20×× 年 11 月 BJ 市人民政府向该公司颁发了"外商投资企业批准证书"（外经贸京〔2007〕×××号），20×× 年×月国家市场监督管理总局向该公司颁发了"企业法人营业执照"（企合经总副字第×××号）。

## 第 2 章 项目概况

### 1. 项目背景

AAA 项目前身系 BJ 市××单位建设的综合业务楼，并已于 20×× 年破土动工。由于建设资金不足，经 BJ 市计划委员会批准，该项目于 20×× 年 10 月转给 BJ TTT 房地产开发有限公司继续开发建设与经营。20×× 年 11 月，经 BJ 市计划委员会批准，该项目原综合业务楼建设内容变更为公寓，项目名称变更为"×××花园"。20×× 年×月×日，经 BJ 市地名办公室核准，取得"AAA 公寓"《建筑名称核准证》。20×× 年×月，经首都规划委员会办公室认定，AAA 为住宅项目。

### 2. 项目内容

AAA 项目位于 BJ 市朝阳区，项目总占地面积为 5 126m$^2$，总建筑面积为 56 600m$^2$。其中，地上 18～26 层，共 45 776m$^2$；地下 4 层，共 10 824m$^2$；地下 4 层为汽车停车库，有车位 237 个；首层及 2 层为供住户使用的商务、办公、餐饮、健身娱乐及变配电、保安、消防等用房；地面 3 层以上为住宅，共有 9 种户型（计 238 套），属中高档住宅。该项目的住宅采取预售与现房出售，销售对象主要是外国驻华机构、外资企业和国内企业等单位和个人。

AAA 项目开发、建设总投资为 43 456 万元（除特别说明外，指人民币，下同）。BJ TTT 房地产开发有限公司自筹资金 14 941 万元（包括注册资本 8 300 万元和股东贷款 6 641 万元），占项目总投资的 34%。20×× 年以来已投入 7 910 万元。目前该项目土建工程已进入标准施工阶段。

AAA 项目的设计单位是 BJ 市海科设计研究院，施工单位是 BJ 新时代建筑工程公司，工程监理单位是 BJ 新天缘监理公司。

为销售 AAA 项目的住宅，BJ TTT 房地产开发有限公司已成立销售部，培训了销售人员，确定了销售策略和计划，聘请拉润斯先生担任市场总监。

## 第 3 章 项目工程建设

### 1. 主体工程

（1）工程概况。拟建高层住宅楼——AAA 项目由 BJ 市新时代设计研究院设计，经 BJ 市有关部门各级审定，并于 20×× 年×月×日通过市规划委员会办公室的认定。现已完成主体结构工程地下 4 层和地上 2 层的施工，计划 20×× 年年底主体工程封顶，20×× 年×月全部工程竣工入住。

① 工程总用地面积：5 126m$^2$。

② 建筑面积：56 600m$^2$（地上 45 776m$^2$，地下 10 824m$^2$）。

③ 建筑层数：地上 18 层、23 层、26 层，地下 4 层。

④ 绿化面积：810m²，占总用地面积的16%。
⑤ 容积率：8.9%。
⑥ 建筑密度：39%。
⑦ 停车数：237辆，室外30辆。
⑧ 该建筑3层以上为住宅，设有四房二厅、三房二厅、二房二厅等9种户型，共有238套住房，其中主力户型为二居室，共152套。
⑨ 首层及2层为供住户使用的商务、办公、餐饮、健身、娱乐及变配电、保安、消防等用房。
⑩ 地下4层除设备及人防用房外，均为汽车停车库及自行车库房。
⑪ 建筑外形根据城市规划部门要求，结合该地区环境特点，设计成北低南高台阶形，体形规整，气派典雅。

（2）工程特点。
① 地理环境优越。该工程周围已建成多座作为城市标志的高层建筑，如长城饭店、京城大厦、燕莎中心、中日交流中心等，它们已构成了BJ现代化城市的新面貌，是目前BJ的黄金地带，是高级商务、商业区。该项目所处地区空气质量为BJ市仅有的两个二级标准地区，加之靠近东三环，交通十分便利，建成后对项目销售业务十分有利。
② 区域内的人文环境较好。AAA项目建于BJ第三使馆区和国际学校的对面，毗邻中日交流中心、凯宾斯基饭店，大部分为外国使馆和国内外宾客工作及生活的地区，人文环境较好，项目建成后最适合提供国内外驻京机构人员居住。
③ 工程设计用地节约，平面布置紧凑，公用设施完善，户型齐全，户内外功能分区合理，客厅规整，视野开阔，空间分隔灵活，可满足住户不同的要求。建筑外形典雅，具有欧陆色彩。项目建成后适合外销。
④ 该工程场地呈南北长、东西短，建筑主要朝向为东西向，设计上为了最大限度地提高用地效益和建筑面积的要求，对住户的朝向功能未能完美解决。因此，居室单朝向房间多、双朝向房间少，居室室内环境若不采取措施改善，会对销售产生一定影响。
⑤ 该工程内的厨房及卫生间均通过天井通风、采光。由于一部分天井的面积过小（3.7m×2.4m）和过高（8.9m），难以满足卫生要求，并对消防不利，尽管设计已采取了相应措施，但今后在使用上必须加强专业管理。

综上所述，AAA项目所处的地段及投资环境是良好的，如销售价格合理，销售前景良好。

**2. 公用工程**
（1）给排水系统。
① 该工程项目西侧，现有市政给水管线DN400通过。经市自来水给水规划审批，同意待工程竣工后，从上述DN400管线上引入两条$\phi$100以上水管，供给该工程建成后所需的生活及消防用水。

最高生活用水量306立方米/天。
室内消防用水量30L/s。
室外消防用水量20L/s。
自动喷洒灭火用水量26L/s。

② 红线内设有生活污水及雨水排水管线，并分流排入工程建筑物北侧亮马桥路和西侧麦子店西路的市政雨水、污水管网内。生活污水平均排水量为245立方米/天。

（2）供电系统。该工程采用两路10kV电源供电。经市供电局20××年×月×日批准，由工程东侧光明公寓π接室，引出埋地电缆入户。该工程建筑物一层设有刀闸室及变配电室。变配电室内设有两台 10kV·A 干式变压器，正常时可同时运转，并互为备用。

工程总设备容量 4 619.6kW。

其中：动力设备 698.6kW。

照明设备 3 921.0kW。

总计算容量 2 368.7kW。

需要系数 0.51。

该工程主要用电为三级负荷用电：消防用电设备属一级负荷；普通电梯、生活水泵、公用照明及通风为二级负荷；住宅为三级负荷。

（3）热力系统。该工程所需采暖和生活热水均由市政热力管网提供。

工程项目冬季采暖用热量 263 万大卡/时间。

工程项目生活热水用热量 138 万大卡/时间。

全年供热范围：冬季供给室内采暖、生活用热水及维持游泳池水温；夏季仅供生活用热水。

（4）天然气系统。该工程项目所需生活用燃气由市天然气公司供给。在该工程建筑物附近亮马桥路一侧，现有 $\phi$400 中压市政天然气管线通过。该工程拟引入管线，经调压箱降为低压天然气入户，供使用。

（5）弱电系统。

① 电信。市政电信干线已设置在该工程楼前。为方便大楼管理部门需要，项目设有一个 500 门内部电话系统。大楼住宅部分均用市话，在各层预留电话配线箱，待住户入住后，可根据需要报装。

② 工程设有公用电视系统、可视对讲电话系统、火灾自动报警系统、保安监视系统及停车场管理系统。

综上所述，本工程项目的水、电、气、热力、通信等公用工程基础条件基本落实，技术设施齐全、合理，能满足项目发展的需要。

# 第4章 市场分析与营销评估

AAA 项目地处朝阳区燕莎商城附近的繁华商业区，北临开发中心的第三使馆区，周围外资企业和国内商家云集，物业地理位置优越，这些都是住宅销售的有利条件。因此，开发商将该项目定位为中高档专项住宅，销售对象定位为外国驻华机构、外资企业、港澳客商、东南亚客商和部分国内企业家。在综合考虑住宅的开发成本和客户的购买力后，开发商将住宅的起步价定为 1 750 美元/平方米。若按此价格计算，项目内部收益率可高达 46%。

（1）中高档住宅的供给。20××年以来，BJ 市中高档住宅发展迅速，仅外销房总供给量就高达 100 万 $m^2$，目前仍有 30 余万 $m^2$。若加上内销房部分中高档住宅的待销和在建面积，近期中高档住宅的总供给量可能超过 130 万 $m^2$。尽管如此，由于有上述的高额回报，不少开发商仍在寻找商机。因此，短期内中高档住宅的供应仍会保持上升趋势。

（2）中高档住宅的需求。项目主要销售对象是外交人士和海外客商。海外客商在京购置地产的目的是投资增值和工作住房。投资增值量取决于资源的稀缺程度。目前市场中高档住宅供给量充足，购入地产增值空间不大，回报率比前两年有所下降，买家观望者增多。尽管 BJ 是中国外商入住最多的城市，但 BJ 也是国际权威机构评定的全世界生活费用最高的三个城市之一，其中包括住宅价格。因此，为降低经营费用，外商增加雇用当地高级管理人员，缩减驻京高级管理人员，减少了外销房的一部分客源。从功能和质量上来讲，外销房和内销房出入不大，价格却差 2 000~3 000 元。这一价差也会抢走一些外销房的中外方客户。但是，我们也应看到，随着住房制度的改革，国内各个阶层人士购买私房的意识增强，一部分成功的企业家和高级职员会在房屋市场低迷的时候买入适用的高档住宅，这样便会增加一部分客户。因此，预计未来中高档住宅的需求会与目前大体持平。

（3）市场现状。据20××年BJ居民贷款购房发展统计，预售的10万 m² 普通住宅平均售价为 4 300元，预售的3.4万 m² 中高档住宅平均售价为 7 700元，预售的0.5m² 别墅平均售价为 10 000元。

表 2-37 为正在出售的类似于 AAA 项目的中高档住宅售价统计资料。

表 2-37　中高档住宅售价统计资料

| 住宅名称 | 位置 | 内外销 | 销售方式 | 价格/元/平方米 |
| --- | --- | --- | --- | --- |
| 美惠大厦 | 二环路港澳中心南侧 | 外销 | 预售 | 12 035 |
| 国际友谊花园 | 三元桥 | 外销 | 预售 | 12 035 |
| 世方豪情 | 京城大厦 | 外销 | 预售 | 11 000 |
| 罗马花园 | 中日友谊医院西 | 外销 | 现房 | 13 280 |
| 阳光广场 | 亚运村 | 外销 | 现房 | 11 000 |
| 宾都花园 | 长城饭店东 | 外销 | 现房 | 12 500 |
| 锦锈园 | 工体北路 | 内销 | 预售 | 8 588 |
| 世纪光华公寓 | 国贸中心北 | 内销 | 预售 | 9 988 |

（4）评估价格建议。开发商销售部门主持人郭·斯坦瑞先生是业内资深专家，有多年在美国和中国香港、广州、BJ等地的售房经验，熟悉房地产市场，为该项目制定了切实可行的销售战略，兼有训练有素的营销队伍，预计在未来市场销售上会有良好的业绩。

但是，综合考虑该项目自身的优势（如地理位置、专项住宅和优良的物业管理），中高档住宅的供给量和可预见的需求量，对未来房地产市场复苏的期望，参考目前同类住宅的市场成交价，同时依照项目评估的稳妥原则，建议在该项目评估中楼盘销售价格以 1 450 美元（或 12 035 元）起步为宜。

## 第 5 章　企业资信评估

（1）BJ TTT 房地产开发有限公司是我国政府批准的中美合资企业。中方股东是华成总公司和 BJ 新城建设工程有限公司；美方股东是美国 M&M 公司。

（2）BJ TTT 房地产开发有限公司的董事会由中美合资三方人员组成。其董事会成员均有大学以上学历和管理能力，领导群体素质较高，在 BJ TTT 房地产开发有限公司的工作中，三方合作很好。

（3）BJ TTT 房地产开发有限公司设有办公室、工程部、财务部和销售部，财务部的财务制度健全；财务部经理为乙方委派，具有大学以上文化水平，且有较高业务水平和管理能力。销售部的人员均为最近公开招聘的研究生和大学生；同时聘请香港某测量师行在 BJ 地区的总经理担任市场总监。

（4）AAA 项目是在建项目，也是 BJ TTT 房地产开发有限公司目前唯一从事的项目。自20××年以来，该项目已投入 7 910 万元，财务状况较好。由于该项目目前尚在施工，未能销售，故无收入。

## 第 6 章　投资总额及资金来源评估

### 1. 评估依据

（1）BJ 市东方设计研究院编制的《AAA 项目初步设计概算》。

（2）BJ 市 TTT 房地产开发有限公司的《贷款申请报告》。

（3）项目实施进度与实际投资使用情况。
（4）未完工程所需投资的预测。

### 2. 项目投资总额

该项目投资总额为 43 456 万元，全部用于开发产品投资。开发产品成本中不含财务费用部分为 41 367 万元。其中，土地开发费用 16 570 万元；前期工程费用 532 万元；基础设施及配套工程 1 379 万元；建筑安装工程费用 19 490 万元；预备费用 1 351 万元（见附表1）。

### 3. 项目建设及用款计划

该项目自 20××年开始建设，计划 20××年完工。资金使用计划 4 年，20××年已投资 7 910 万元，20××年投资 20 955 万元，20××年投资 9 792 万元，20××年投资 4 214 万元。

### 4. 项目资金来源

资金来源有注册资本金 8 300 万元，股东贷款 6 641 万元，拟向×××银行申请住房建设贷款 15 000 万元，以上约 29 000 万元，其余部分可用商品房预售收入款解决，因此，资金来源是可以落实的（见附表2）。

## 第7章 项目的财务效益评估

### 1. 评估依据

（1）建设部发布的《房地产开发项目经济评价方法》。
（2）《中国×××银行中长期贷款项目评估方法》。
（3）BJ TTT 房地产开发有限公司的《贷款申请报告》。
（4）国家现行的财税制度和有关法律。

### 2. 主要数据的确定

评估的基本数据经与借贷方共同研究确定如下：

（1）可销售的商品房面积 56 600 m$^2$，其中，住宅 42 100 m$^2$，服务用房 4 195 m$^2$，汽车车位 237 个/10 305 m$^2$。

（2）贷款。向银行借款 15 000 万元，借贷利率 5%，项目第 2 年借款 11 000 万元，第 3 年借款 4 000 万元。全部借款在第 4、5 年等本还款。

（3）商品房的销售价格。住宅每平方米第 1 年 1 450 美元、第 2 年 1 550 美元、第 3 年 1 650 美元（1 美元=8.3 元），折合人民币分别为 12 035 元、12 865 元及 13 695 元。服务用房每平方米 2 000 美元，折合人民币 16 600 元。汽车车位每个 250 000 元。

（4）销售计划。住宅及汽车车库车位进行预售，计划 3 年内售完，第 2 年销售 15%，第 3 年销售 50%，第 4 年销售 35%；服务用房则于第 4 年销售。预售房分期付款，合同签订当年交 50%，余款第 2 年交 30%，第 3 年交 20%。

（5）项目计算期。根据房地产开发项目的特点，以商品房全部售完为限，计算期定为 6 年，从第 2 年起继续施工，3 年内完工。

（6）税费率。增值税税率为 5%；城市维护建设税税率 7%，教育费附加费率 3%；土地增值税税率按不同的增扣比为 0～40%；企业所得税税率为 33%；管理费用按建筑工程费用的 3% 提取，销售费用按建筑工程费的 5% 提取；不可预见费为 1 351 万元；职工奖励及福利基金、储备基金和企业发展基金均按 5% 计提，余下可供分配的利润在借款未偿还前暂不分配，留在企业，直至项目计算期末再分配。

基准收益率设定为：$i_c$=15%。

### 3. 收入及成本

商品房收入共为 67 749 万元，与之相对应的开发产品成本为 43 456 万元。其中，管理费用及销售费用分别为 582 万元和 970 万元，财务费用为 2 089 万元（见附表 1、附表 3 和附表 4）。

### 4. 利润与税金

该项目经营税金为 3 726 万元，土地增值税为 6 048 万元，利润总额为 14 519 万元，所得税为 4 791 万元，减去三项基金后，可供分配的利润为 7 490 万元（见附表 4）。

### 5. 盈利能力分析

全部投资内部收益率：所得税前为 21.1%，净现值为 2 868 万元；资本金内部收益率为 37.1%；投资各方的内部收益率都是 15.7%；均大大高于银行利率及基准折现率，因此在财务上是可行的。投资回收期为 4.1 年（见附表 5 和附表 6）。

### 6. 清偿能力分析

申请抵押贷款 15 000 万元，约定从第 4 年起两年内偿还，其资金来源主要为可利用预售收入。经测算，预售收入除少量用于项目投资外，其余款项用来还款是绰绰有余的（见附表 7 和附表 8）。项目资产负债率是比较低的，仅在第 2 年达到 67%，其余年份在 37%～58%（见附表 9）。

## 第 8 章　国民经济评估（略）

## 第 9 章　不确定性分析

### 1. 项目的敏感因素

影响项目收益的主要敏感因素为开发产品投资、售房价格和售房款回笼进度三项（见表 2-38 和图 2-7）。

表 2-38　敏感性分析

| 序号 | 项目 | 变动幅度/% | 全部投资（所得税前） | | |
|---|---|---|---|---|---|
| | | | 内部收益/% | 净现值/万元 | 投资回收期/年 |
| 0 | 基本方案 | | 21.1 | 2 868 | 4.1 |
| 1 | 开发产品投资 | +10 | 28.7 | −191 | 4.4 |
| | | −10 | 14.6 | 5 926 | 3.8 |
| 2 | 售房价格 | +10 | 28.7 | 6 563 | 3.8 |
| | | −10 | 13.2 | −826 | 4.5 |
| 3 | 售房款回笼进度 | +10 | 22.8 | 3 440 | 3.9 |
| | | −10 | 17.2 | 991 | 4.4 |

从表 2-38 和示意性的图 2-7 来看，开发产品投资和售房价格是两大敏感因素，若它们分别向不利方向变动 10%，内部收益率会分别下降 14.6%和 13.2%，投资回收期也将分别增加至 4.4 年和 4.5 年。相比之下，售房款回笼进度对项目影响不太大。据此看来，项目有一定的抗风险能力。

### 2. 临界点分析

为考察对开发产品效益有影响的因素变化的极限承受能力，对开发产品投资、售房价格、土地费用和售房面积等因素进行临界点分析。若期望的可接受内部收益率为 15%，则开发投资的临界点为 47 530 万元，增长 4 074 万元；售房价格的临界点为 11 041 元，降低 929 元；土地费用的临界点为 22 138 万元，增长 5 568 万元；售房面积的临界点为 50 548m²，下降 6 052 万 m²。从临界点分析可知（见表 2-39），项目对土地费用变动的承受能力最强。

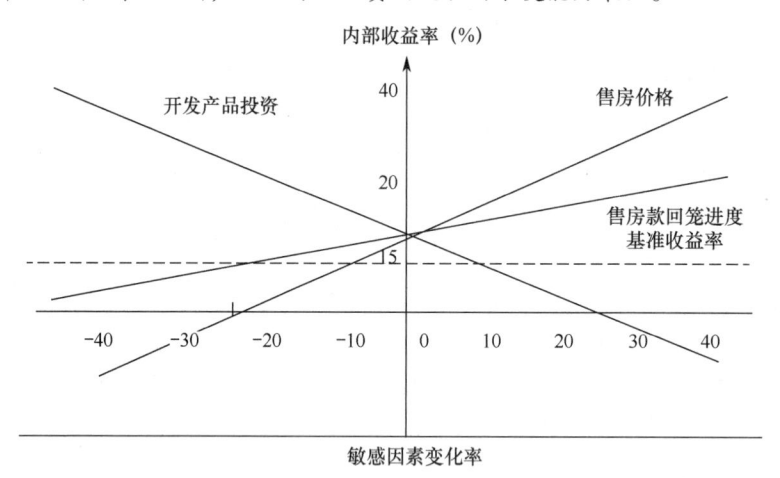

**图 2-7　敏感性分析（全投资、所得税前）**

**表 2-39　临界点分析**

| 指标名称 | 基本方案结果 | 临界点计算 | |
| --- | --- | --- | --- |
| 内部收益率/% | 21.1 | 期望值 | 15 |
| 开发投资/万元 | 43 456 | 最高值 | 47 530 |
| 售房价格/元/m² | 11 970 | 最低值 | 11 041 |
| 土地费用/万元 | 16 570 | 最高值 | 22 138 |
| 售房面积/m² | 56 600 | 最低值 | 50 548 |

## 第 10 章　贷款风险评估

### 1. 申请贷款的种类、金额、期限

项目主办单位根据工程进度用款情况拟向××银行××支行以抵押方式申请贷款 15 000 万元，宽限期为 2 年，2 年等本还款。

### 2. 抵押物及其估价

抵押物为项目主办单位自己的"国有土地使用权证"。该抵押物由主办单位委托 BJ××房地产咨询评估有限公司评估，估价内容为总建筑面积 56 600m²、建设用地面积 5 126m²。根据该公司《估价报告》，房地产估价结果为 34 438.57 万元。

《估价报告》将价格定义为：委托物业市场价值包含地块的熟地价和部分工程费用、部分设备费用。熟地价是委估地块达到七通一平，公寓用地 70 年土地使用权的市场价格。同时，含开发所支付的前期工程费（部分）、设备款（部分）及其他费用。

### 3. 抵押贷款风险的评估

《评价报告》是 20××年×月××日签署的。当时该项目正处在施工期，当年 3—8 月又投入建设资金约 5 000 万元。该估价依据的市场价为 2 500 美元/平方米，目前看来似乎偏高。上述两项相抵，抵押物原评估价值额仍应有所调低。

按《评估报告》的估价值，按抵押率占 50%及 70%计，可贷款的本息额为 17 219 万～24 000 万元。该项目贷款 15 000 万元，加利息共 17 400 万元。如此按抵押率计算的抵押物价值是可以接受的。

### 4. 贷款偿还能力的评估

根据该报告财务效益评估，该项目的借款可以在约定的两年内归还，评估进一步分析销售渠道影响，即使三年内销售率只达到90%，也不影响贷款的偿还。因此，贷款偿还能力是强的。

## 第11章 评估结论和建议

（1）BJ TTT房地产开发有限公司是经BJ市人民政府批准的、具有企业法人资格的中外合资企业。其经营范围就是AAA项目的开发、建设、出租、出售与物业管理。该公司注册资本为8 300万元，已全部到位。

（2）BJ TTT房地产开发有限公司的管理机构，特别是财务、销售等部门，机构简练、制度健全、工作严谨。

（3）AAA项目设计外形典雅，住宅户型多，内部设施合理，施工质量一流。

（4）BJ市朝阳区是BJ市规划的商务办公区，AAA项目正处于该区范围的中心地带，为外商机构、外资企业包围，又与BJ新开辟的第三使馆区隔路相望，交通便利，服务设施齐全，因此，相对于BJ市其他中高档住宅而言，具有较优越的地理环境。

（5）AAA项目是一项在建工程，已投入资金7 910万元，预计20××年年底结构封顶，20××年进行设备安装与内装修，于11月即可入住。目前是该项目工程使用资金较集中的时间，如能获得贷款支持，将有利于工程进展和投资效益的发挥。

（6）经预算分析，AAA项目的财务效益好，抗风险能力较强。只要销售价格合理，营销得力，可以按计划完成销售任务，回收资金。因此，该项目偿还贷款是有保证的（见表2-40）。

表2-40 主要经济指标

| 序号 | 名称 | 单位 | 数据 | 备注 |
| --- | --- | --- | --- | --- |
| Ⅰ | 设计规模 | | | |
| 1 | 房地产开发产品建筑面积 | 平方米 | 56 600 | |
| 2 | 商品房销售 | 平方米 | 56 600 | |
| | 其中：住宅 | 平方米 | 42 100 | |
| | 服务用房 | 平方米 | 4 195 | |
| | 汽车库车位 | 平方米 | 10 305 | |
| Ⅱ | 经济数据 | | | |
| 1 | 总投资 | 万元 | 43 456 | |
| 2 | 开发产品投资 | 万元 | 43 456 | |
| | 其中：财务费用 | 万元 | 2 089 | |
| 3 | 资金筹措 | 万元 | 43 456 | |
| | 其中：资本金 | 万元 | 8 300 | |
| | 借款 | 万元 | 15 000 | |
| 4 | 经营收入 | 万元 | 13 550 | 年平均 |
| 5 | 经营税金及附加 | 万元 | 745 | 年平均 |
| 6 | 总成本费用 | 万元 | 8 691 | 年平均 |
| 7 | 利润总额 | 万元 | 2 904 | 年平均 |
| 8 | 所得税 | 万元 | 958 | 年平均 |
| 9 | 税后利润 | 万元 | 1 946 | 年平均 |
| 10 | 土地增值税 | 万元 | 1 210 | 年平均 |
| Ⅲ | 财务评价指标 | | | |
| 1 | 商品房投资利润率 | % | 33.4 | |
| 2 | 商品房投资利税率 | % | 55.9 | |
| 3 | 商品房资本金净利润率 | % | 117.2 | |
| 4 | 全部投资内部收益率（所得税前） | % | 21.1 | |

续表

| 序号 | 名称 | 单位 | 数据 | 备注 |
|---|---|---|---|---|
| 5 | 全部投资的投资回收期（所得税前） | 年 | 4.1 | |
| 6 | 全部投资内部收益率（所得税后） | % | 15.3 | |
| 7 | 全部投资的投资回收期（所得税后） | 年 | 4.4 | |
| 8 | 资本金内部收益率 | % | 37.1 | |
| 9 | 长期借款偿还期（房地产总投资） | 年 | 4.0 | 贷款期限 |

（7）该贷款为抵押贷款，抵押率符合国家规定的范围。

总之，该项贷款是可行的，安全度较高。

建议在房地产市场特别是中高档住宅市场竞争激烈的形势下，要加强营销工作，以合理的价格和优良的服务，去赢得用户。

附表1  项目总投资估算　　　　　　　　　　　　　　单位：万元

| 序号 | 项目 | 开发产品 | 估算说明 |
|---|---|---|---|
| 1 | 开发建设投资 | 43 456 | |
| 1.1 | 土地开发费用 | 16 570 | |
| 1.2 | 前期工程费用 | 532 | |
| 1.3 | 基础设施及配套工程 | 1 379 | |
| 1.4 | 建筑安装工程费用 | 19 409 | |
| 1.5 | 公共配套设施建设费 | | |
| 1.6 | 开发间接费 | | |
| 1.7 | 管理费用 | | |
| 1.8 | 销售费用 | | |
| 1.9 | 开发期税费 | 368 | |
| 1.10 | 其他费用 | 206 | |
| 1.11 | 不可预见费用 | 1 351 | |
| 1.12 | 财务费用 | 2 089 | |
| 2 | 经营费用 | | |
| 3 | 项目总投资 | 43 456 | |
| 3.1 | 开发产品成本 | 43 456 | |
| 3.2 | 固定资产投资 | | |
| 3.3 | 经营资金 | | |

附表2  投资使用计划与资金筹措　　　　　　　　　　单位：万元

| 序号 | 项目 | 合计 | 1 | 2 | 3 | 4 | 5 | 6 |
|---|---|---|---|---|---|---|---|---|
| 1 | 总投资 | 43 456 | 7 910 | 20 955 | 9 792 | 4 214 | 585 | |
| 1.1 | 自营资产投资 | | | | | | | |
| 1.2 | 自营资产投资借款建设期利息 | | | | | | | |
| 1.3 | 自营资产投资方向调节税 | | | | | | | |
| 1.4 | 经营资金 | | | | | | | |
| 1.5 | 开发产品投资 | 43 456 | 7 910 | 20 955 | 9 792 | 4 214 | 585 | |
| | 其中：不含财务费用 | 41 367 | 7 910 | 20 675 | 9 130 | 3 450 | 203 | |
| | 财务费用 | 2 089 | | 280 | 662 | 764 | 382 | |
| 2 | 资金筹措 | 43 456 | 7 910 | 20 955 | 9 792 | 4 214 | 585 | |
| 2.1 | 资本金 | 8 300 | 4 980 | 3 320 | | | | |
| 2.2 | 预售收入 | 13 515 | | 2 924 | 5 792 | 4 214 | 585 | |
| 2.3 | 预租收入 | | | | | | | |
| 2.4 | 其他（股东贷款） | 6 641 | 2 930 | 3 711 | | | | |
| 2.5 | 借款 | 15 000 | | 11 000 | 4 000 | | | |
| 2.5.1 | 固定资产投资长期借款 | 15 000 | | 11 000 | 4 000 | | | |
| | 自营资产人民币借款 | | | | | | | |

续表

| 序号 | 项目 | 合计 | 1 | 2 | 3 | 4 | 5 | 6 |
|---|---|---|---|---|---|---|---|---|
| 2.5.1 | 房地产投资者人民币借款 | 15 000 | | 11 000 | 4 000 | | | |
| | 自营资产投资外币借款 | | | | | | | |
| | 房地产投资外币借款 | | | | | | | |
| 2.5.2 | 自营资产投资建设期利息借款 | | | | | | | |
| 2.5.3 | 经营资金人民币借款 | | | | | | | |

附表3　售房收入与经营税金及附加估算　　　　　单位：万元

| 序号 | 项目 | 合计 | 1 | 2 | 3 | 4 | 5 | 6 |
|---|---|---|---|---|---|---|---|---|
| 1 | 售房收入 | 67 749 | | 4 244 | 17 568 | 25 319 | 14 774 | 5 843 |
| 1.1 | 可销售面积/m$^2$ | 56 600 | | 7 861 | 26 203 | 22 537 | | |
| 1.2 | 平均售价/元/m$^2$ | | | 10 799 | 11 466 | 12 964 | | |
| 1.3 | 销售比例/% | 100 | | 14 | 46 | 40 | | |
| 2 | 经营税金及附加 | 3 726 | | 233 | 966 | 1 393 | 813 | 321 |
| 2.1 | 增值税 | 3 387 | | 212 | 878 | 1 266 | 739 | 292 |
| 2.2 | 城市维护建设税 | 237 | | 15 | 61 | 89 | 52 | 20 |
| 2.3 | 教育附加税 | 102 | | 6 | 26 | 38 | 22 | 9 |
| 3 | 土地增值税 | 6 048 | | 406 | 1 597 | 2 239 | 1 300 | 506 |
| 4 | 商品房销售净收入 | 57 975 | | 3 605 | 15 005 | 21 668 | 12 661 | 5 016 |

附表4　损益表　　　　　单位：万元

| 序号 | 项目 | 合计 | 1 | 2 | 3 | 4 | 5 | 6 |
|---|---|---|---|---|---|---|---|---|
| 1 | 经营收入 | 67 749 | | 4 244 | 17 568 | 25 319 | 14 774 | 5 843 |
| 1.1 | 商品房销售收入 | 67 749 | | 4 244 | 17 568 | 25 319 | 14 774 | 5 843 |
| 1.2 | 房地产租金收入 | | | | | | | |
| 1.3 | 自营收入 | | | | | | | |
| 2 | 经营收入 | 43 456 | | 2 924 | 11 503 | 16 074 | 9 333 | 3 622 |
| 2.1 | 商品房经营成本 | 43 456 | | 2 924 | 11 503 | 16 074 | 9 333 | 3 622 |
| 2.2 | 成本（摊销） | | | | | | | |
| 3 | 出租房经营费用 | | | | | | | |
| 4 | 自营部分经营费用 | | | | | | | |
| 5 | 自营部分折旧/摊销 | | | | | | | |
| 6 | 自营部分财务费用 | | | | | | | |
| 7 | 经营税金及附加 | 3 726 | | 233 | 966 | 1 393 | 813 | 321 |
| 8 | 土地增值税 | 6 048 | | 406 | 1 597 | 2 239 | 1 300 | 506 |
| 9 | 利润总额 | 14 519 | | 681 | 3 503 | 5 613 | 3 328 | 1 394 |
| 10 | 弥补以前年度亏损 | | | | | | | |
| 11 | 应缴纳所得税 | 14 519 | | 681 | 3 503 | 5 613 | 3 328 | 1 394 |
| | 税后利润 | 9 728 | | 456 | 2 347 | 3 761 | 2 230 | 934 |
| 12 | 职工奖励及福利基金 | 486 | | 23 | 117 | 188 | 112 | 47 |
| | 储备基金 | 778 | | 36 | 188 | 301 | 178 | 75 |
| | 企业发展基金 | 973 | | 46 | 235 | 376 | 223 | 93 |
| 13 | 所得税 | 4 791 | | 225 | 1 156 | 1 852 | 1 098 | 460 |
| 14 | 加：年初未形成分配利润 | | | | 351 | 2 158 | 2 527 | 2 122 |
| 15 | 可供投资者分配的利润 | | | 351 | 2 158 | 5 054 | 4 244 | 2 841 |
| | 应付利润 | 7 490 | | | | 2 527 | 2 122 | 2 841 |
| 16 | A方 | 749 | | | | 253 | 212 | 284 |
| | B方 | 6 666 | | | | 2 249 | 1 889 | 2 529 |
| | C方 | 75 | | | | 25 | 21 | 28 |
| 17 | 年末未分配利润 | | | 351 | 2 158 | 2 527 | 2 122 | |

附表5　财务现金流量表（全部本金）　　　　　　　　　　　　单位：万元

| 序号 | 项目 | 合计 | 1 | 2 | 3 | 4 | 5 | 6 |
|---|---|---|---|---|---|---|---|---|
| 1 | 现金流入 | 67 749 | | 4 244 | 17 568 | 25 319 | 14 774 | 5 843 |
| 1.1 | 售房收入 | | | | | | | |
| 1.2 | 租房收入 | | | | | | | |
| 1.3 | 自营收入 | | | | | | | |
| 1.4 | 其他收入 | | | | | | | |
| 1.5 | 回收固定资产余值 | 67 749 | | 4 244 | 17 568 | 25 319 | 14 774 | 5 843 |
| 1.6 | 回收经营资金 | | | | | | | |
| 1.7 | 净转售收入 | | | | | | | |
| 2 | 现金流出 | 55 933 | 7 910 | 21 539 | 12 849 | 8 934 | 3 414 | 1 287 |
| 2.1 | 固定资产投资（含方向税） | | 7 910 | | | | | |
| 2.2 | 开发产品投资（不含财务费用） | 41 367 | | 20 675 | 9 130 | 3 450 | 203 | |
| 2.3 | 经营资金 | | | | | | | |
| 2.4 | 自营部分经营费用 | | | | | | | |
| 2.5 | 出租房经营费用 | | | | | | | |
| 2.6 | 经营税及附加 | 3 726 | | 233 | 966 | 1 393 | 813 | 321 |
| 2.7 | 土地增值税 | 6 048 | | 406 | 1 597 | 2 239 | 1 300 | 506 |
| 2.8 | 所得税 | 4 791 | | 225 | 1 156 | 1 852 | 1 098 | 460 |
| 3 | 净现金流量 | 11 816 | −7 910 | −17 295 | 4 720 | 16 385 | 11 360 | 4 556 |
| | 累计净现金流量 | | −7 910 | −25 205 | −20 485 | −4 100 | 7 260 | 11 816 |
| 4 | 所得税前净现金流量 | 16 608 | −7 910 | −17 070 | 5 875 | 18 238 | 12 458 | 5 016 |
| | 累计所得税前净现金流量 | | −7 910 | −24 980 | −19 105 | −867 | 11 592 | 16 608 |

| 计算指标 | 所得税前 | | 所得税后 |
|---|---|---|---|
| 内部收益率 | 21.08% | | 15.29% |
| 财务净现值 | 2 868 | | 134 |
| 投资回收期 | 4.07 | | 4.36 |
| 基准收益率（$I_C$） | 15.00% | | 15.00% |

附表6　财务现金流量表（资本金）　　　　　　　　　　　　单位：万元

| 序号 | 项目 | 合计 | 1 | 2 | 3 | 4 | 5 | 6 |
|---|---|---|---|---|---|---|---|---|
| 1 | 现金流入 | 74 390 | | 4 244 | 24 209 | 25 319 | 14 774 | 5 843 |
| 1.1 | 售房收入 | 67 749 | | 4 244 | 17 568 | 25 319 | 14 774 | 5 843 |
| 1.2 | 租房收入 | | | | | | | |
| 1.3 | 自营收入 | | | | | | | |
| 1.4 | 其他（回收股东贷款） | | | | | | | |
| 1.5 | 回收固定资产余值 | 6 641 | | | 6 641 | | | |
| 1.6 | 回收经营资金 | | | | | | | |
| 1.7 | 净转售收入 | | | | | | | |
| 2 | 现金流出 | 58 508 | 7 910 | 10 842 | 9 628 | 17 386 | 11 407 | 1 334 |
| 2.1 | 资本金 | 8 300 | 4 980 | 3 320 | | | | |
| 2.2 | 预售收入用于开发产品投资 | 13 515 | | 2 924 | 5 792 | 4 214 | 585 | |
| 2.3 | 自营部分经营费用 | | | | | | | |
| 2.4 | 出租房经营费用 | | | | | | | |
| 2.5 | 经营税金及附加 | 3 726 | | 233 | 966 | 1 393 | 813 | 321 |
| 2.6 | 土地增值税 | 6 048 | | 406 | 1 597 | 2 239 | 1 300 | 506 |
| 2.7 | 所得税 | 4 791 | | 225 | 1 156 | 1 852 | 1 098 | 460 |
| 2.8 | 长期借款本金偿还 | 15 000 | | | | 7 500 | 7 500 | |
| 2.9 | 流动资金借款偿还 | | | | | | | |
| 2.10 | 短期借款本金偿还 | | | | | | | |
| 2.11 | 其他（股东贷款） | 6 641 | 2 930 | 3 711 | | | | |
| 2.12 | 职工奖励及福利基金 | 486 | | 23 | 117 | 188 | 112 | 47 |

续表

| 序号 | 项目 | 合计 | 1 | 2 | 3 | 4 | 5 | 6 |
|---|---|---|---|---|---|---|---|---|
| 3 | 净现金流量 | 15 882 | −7 910 | −6 598 | 14 581 | 7 933 | 3 366 | 4 509 |
| 4 | 累计净现金流量 | | −7 910 | −14 508 | 73 | 8 007 | 11 373 | 15 882 |

计算指标
内部收益率　　　　　37.1%
财务净现值　　　　　5 879
基准收益率（$I_C$）　15.00%

附表 7　长期借款还本付息估算　　　　　　　　　单位：万元

| 序号 | 项目 | 合计 | 1 | 2 | 3 | 4 | 5 | 6 |
|---|---|---|---|---|---|---|---|---|
| 1 | 长期还款本息累计 | | | | | | | |
| 1.1 | 年初借款本息累计 | | | | 11 000 | 15 000 | 7 500 | |
| | 本金 | | | | 11 000 | 15 000 | 7 500 | |
| | 建设期利息 | 15 000 | | | | | | |
| 1.2 | 本年借款 | 2 089 | | 11 000 | 4 000 | | | |
| 1.3 | 本年应计利息 | | | 280 | 662 | 764 | 382 | |
| 1.4 | 本年还本付息 | 15 000 | | 280 | 662 | 8 264 | 7 882 | |
| | 还本 | 2 089 | | | | 7 500 | 7 500 | |
| | 付息 | | | 280 | 662 | 764 | 382 | |
| 1.5 | 年末借款本息累计 | | | 11 000 | 15 000 | 7 500 | | |
| 2 | 房地产投资者人民币借款 | | | | | | | |
| 2.1 | 年初借款本息累计 | | | | 11 000 | 15 000 | 7 500 | |
| | 本金 | | | | 11 000 | 15 000 | 7 500 | |
| | 建设期利息 | | | | | | | |
| 2.2 | 本年借款 | 15 000 | | 11 000 | 4 000 | | | |
| 2.3 | 本年应计利息 | 2 089 | | 280 | 662 | 764 | 382 | |
| 2.4 | 本年还本付息 | | | 280 | 662 | 8 264 | 7 882 | |
| | 还本 | 15 000 | | | | 7 500 | 7 500 | |
| | 付息 | 2 089 | | 280 | 662 | 764 | 382 | |
| 2.5 | 年末借款本息累计 | | | 11 000 | 15 000 | 7 500 | | |
| 3 | 还本资金来源 | | | 456 | 8 514 | 24 504 | 27 981 | 4 556 |
| 3.1 | 上年余额 | | | | | | | |
| 3.2 | 摊销 | | | | 456 | 8 514 | 17 004 | |
| 3.3 | 折旧 | | | | | | | |
| 3.4 | 利润 | | | | | 369 | | |
| 3.5 | 可利用售房收入 | | | 456 | 8 057 | 15 621 | 10 978 | 4 556 |
| 3.6 | 其他 | | | | | | | |
| 4 | 偿还等额还款本金 | | | | | 7 500 | 7 500 | |
| 5 | 偿还长期贷款——本金能力 | | | 456 | 8 514 | 17 004 | 20 481 | 4 556 |
| 6 | 长期借款偿还期 | | 5 | | | | | |

注：有效利率为 5.09%。

附表 8　资金来源与运用　　　　　　　　　　　　单位：万元

| 序号 | 项目 | 合计 | 1 | 2 | 3 | 4 | 5 | 6 |
|---|---|---|---|---|---|---|---|---|
| 1 | 资金来源 | 97 690 | 7 910 | 22 275 | 21 568 | 25 319 | 14 774 | 5 843 |
| 1.1 | 商品房销售收入 | | | | | | | |
| 1.2 | 房地产租金收入 | 67 749 | | 4 244 | | | | |
| 1.3 | 自营收入 | | | | | | | |
| 1.4 | 自营资产长期借款 | | | | 17 568 | | | |
| 1.5 | 自营资产经营资金借款 | | | | | | | |
| 1.6 | 房地产投资借款 | | | | | 25 319 | | |
| 1.7 | 短期借款 | 15 000 | | 11 000 | | | 14 774 | 5 843 |

续表

| 序号 | 项目 | 合计 | 1 | 2 | 3 | 4 | 5 | 6 |
|---|---|---|---|---|---|---|---|---|
| 1.8 | 资本金 | | | | 4 000 | | | |
| 1.9 | 其他 | 8 300 | 4 980 | 3 320 | | | | |
| 1.10 | 回收固定资产余值 | 6 641 | 2 930 | 3 711 | | | | |
| 1.11 | 回收经营资金 | | | | | | | |
| 1.12 | 净转售收入 | | | | | | | |
| 2 | 资金运用 | 87 639 | 7 910 | 21 842 | 20 269 | 19 913 | 13 530 | 4 175 |
| 2.1 | 自营固定资产投资（含方向税） | | | | | | | |
| 2.2 | 自营固定资产建设期利息 | | | | | | | |
| 2.3 | 房地产投资（含财务费用） | 43 456 | 7 910 | 20 995 | 9 792 | 4 214 | 585 | |
| 2.4 | 经营资金 | | | | | | | |
| 2.5 | 自营部分经营费用 | | | | | | | |
| 2.6 | 自营部分财务费用 | | | | | | | |
| 2.7 | 出租方经营费用 | | | | | | | |
| 2.8 | 经营税金及附加 | 3 726 | | 233 | 966 | 1 393 | 813 | 321 |
| 2.9 | 土地增值税 | 6 048 | | 406 | 1 597 | 2 239 | 1 300 | 506 |
| 2.10 | 所得税 | 4 791 | | 225 | 1 156 | 1 852 | 1 098 | 460 |
| 2.11 | 应付利润 | 7 490 | | | | 2 527 | 2 122 | 2 841 |
| 2.12 | 自营资产长期借款本金偿还 | | | | | | | |
| 2.13 | 自营资产经营资金借款偿还 | | | | | | | |
| 2.14 | 房地产长期借款本金偿还 | 15 000 | | | | 7 500 | 7 500 | |
| 2.15 | 偿还其他应付款（股东贷款） | 6 641 | | | 6 641 | | | |
| 2.16 | 短期借款本金偿还 | | | | | | | |
| 2.17 | 职工奖励及福利基金 | 486 | | 23 | 117 | 188 | 112 | 47 |
| 3 | 盈余资金 | 10 051 | | 433 | 1 299 | 5 406 | 1 244 | 1 668 |
| 4 | 累计盈余资金 | | | 433 | 1 732 | 7 138 | 8 383 | 10 051 |

附表 9  资产负债表                                   单位：万元

| 序号 | 项目 | 1 | 2 | 3 | 4 | 5 | 6 |
|---|---|---|---|---|---|---|---|
| 1 | 资产 | 7 910 | 26 374 | 25 963 | 19 509 | 12 005 | 10 051 |
| 1.1 | 流动资产总额 | | | | | | |
| 1.1.1 | 应收账款 | | | | | | |
| 1.1.2 | 存货 | 7 910 | 26 374 | 25 963 | 19 509 | 12 005 | 10 051 |
| | 其中：在建开发产品 | | | | | | |
| 1.1.3 | 现金 | 7 910 | 25 914 | 24 230 | 12 370 | 3 622 | |
| 1.1.4 | 累计盈余资金 | 7 910 | 25 914 | 24 230 | 12 370 | 3 622 | |
| 1.2 | 在建工程 | | | | | | |
| 1.3 | 固定资产净值 | | 433 | 1 732 | 7 138 | 8 383 | 10 051 |
| 1.4 | 无形及递延资产净值 | | | | | | |
| 2 | 负债及所有者权益 | 7 910 | 26 374 | 25 963 | 19 509 | 12 005 | 10 051 |
| 2.1 | 流动负债总额 | 2 930 | 6 641 | | | | |
| 2.1.1 | 应付账款 | 2 930 | 6 641 | | | | |
| 2.1.2 | 短期借款 | | | | | | |
| 2.2 | 借款 | | 11 000 | 15 000 | 7 500 | | |
| 2.2.1 | 经营资金借款 | | | | | | |
| 2.2.2 | 固定资产投资借款 | | | | | | |
| 2.2.3 | 开发产品投资借款 | | 11 000 | 15 000 | 7 500 | | |
| | 负债小计 | 2 930 | 17 641 | 15 000 | 7 500 | | |
| 2.3 | 所有者权益 | 4 980 | 8 733 | 10 963 | 12 009 | 12 005 | 10 051 |
| 2.3.1 | 资本金 | 4 980 | 8 300 | 8 300 | 8 300 | 8 300 | 8 300 |
| 2.3.2 | 资本公积金 | | | | | | |

续表

| 序号 | 项目 | 1 | 2 | 3 | 4 | 5 | 6 |
|---|---|---|---|---|---|---|---|
| 2.3.3 | 储备基金 | | 36 | 224 | 525 | 704 | 778 |
| 2.3.4 | 企业发展基金 | | 46 | 280 | 656 | 879 | 973 |
| 2.3.5 | 累计未分配利润 | | 351 | 2 158 | 2 527 | 2 122 | |
| 比率指标 | | | | | | | |
| 资产负债率/% | | 37 | 67 | 58 | 38 | | |
| 流动比率/% | | 270 | 397 | | | | |
| 速动比率/% | | | | | | | |

**【案例点评】** 该案例是关于 BJ TTT 房地产开发有限公司就其 AAA 项目开发在已进行了可行性分析基础上对其贷款申请所做的项目评估文件。该报告文本是一份典型的符合可行性分析与项目评估过程规范要求的项目前期管理文件，对满足贷款审批需求的项目可行性分析与评估有着较高的参考价值和典型意义。

对房地产项目进行可行性分析和项目评估，特别是对其新开发项目进行前期研究，要把握项目所属产业的特殊性，即注意房地产业兼有生产、经营和服务三位一体的三重性质——房地产业不仅经营土地与建筑产品，同时还从事土地的开发和房屋建设，是介于工业——第二产业和服务业——第三产业之间的、以第三产业为主的独立产业部门。该产业与其他行业相比，具有内容丰富、涉及范围广，集房屋的自然属性、社会属性及其间内部联系密切的特点。因此，在进行房地产项目前期研究的过程中，要把研究的重点放在考察房地产项目自身的特性上，认真分析研究房地产项目的特性：一是房地产项目经营对象的固定性与项目投资的风险性；二是产品生产的单一性和开发建设的差异性；三是使用的耐久性；四是开发周期长、投资大；五是保值性和增值性；六是房地产价格受区域环境变化的影响大；七是所涉及的法律法规较多；八是其发展与多个行业密切相关，社会经济效益明显；九是作为资金、技术和知识密集型行业涉及的相关专业点多面广、知识容量大，对房地产项目的开发投资和经营管理在专门人才的要求上提出了更高的标准。据此，就能够有针对性地开展有关项目的可行性分析与评估工作。

正是基于对房地产业及其相关项目上述属性和特点的认识，人们在实践中才总结探索了对房地产项目进行有别于其他第一和第二、三产业新建项目可行性分析的具体要求和较成熟规范的评估模式。以房地产开发项目可行性分析为例，通常在进行可行性分析或评估的过程中，其作为成果载体形式的报告除了必须反映一般规范中的内容——如项目概况（总论）、建设条件、投资估算、资源供给和财务效益分析评价等，还必须重点关注和阐明项目的投资环境、市场供需与预测分析、开发方案与项目的策划等内容。只有在如此分析之后才能做出项目的综合评价，得出项目可行与否的结论。这里，市场调查与预测、开发方案的规划设计和项目策划及项目融资是房地产项目可行性分析与项目评估要考察分析和评价判断的几个关键环节和重点要素。若这几个方面在前述涉及的内容可行的基础上也可行，则项目得出可行的结论或通过评估的可能性就会大增。若项目还涉及融资贷款等内容，则还需增加有关就贷款评估对象资信进行评估的要求。

在该案例中，报告按照房地产开发项目可行性分析与评估的要求，较翔实、规范地阐明了可行性分析具体内容中，作为融资需要抵押贷款评估所应涉及的市场与营销评估、企业资信与资金来源评估、财务效益与不确定性及贷款风险评估等关键环节的情况，最后得出了贷款可行、安全度较高的评估结论，从而提供了企业据此文件获得项目贷款的可能性。

# 第2篇 可行性分析主要操作方法基本原理与案例解读

**【本篇阅读路线图】**

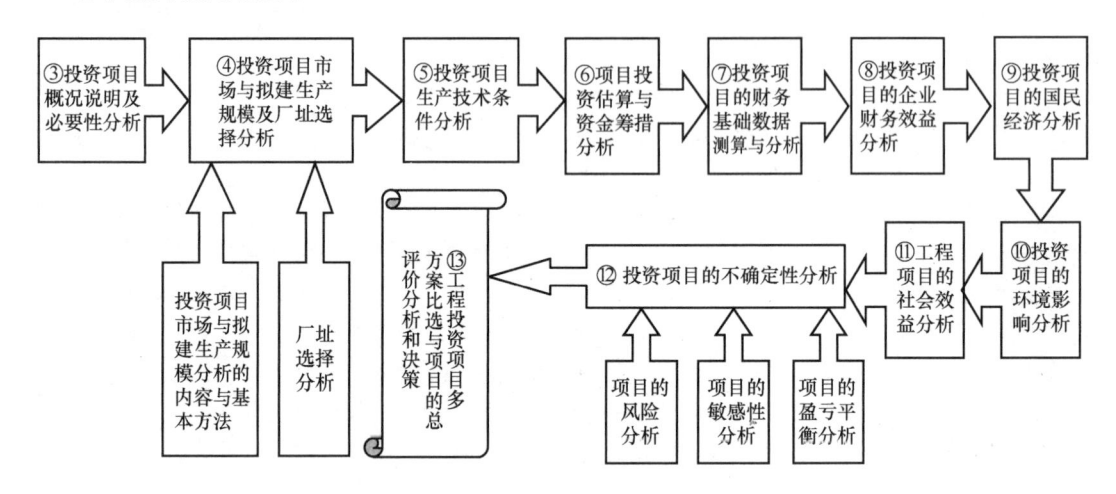

③投资项目概况说明及必要性分析 → ④投资项目市场与拟建生产规模及厂址选择分析 → ⑤投资项目生产技术条件分析 → ⑥项目投资估算与资金筹措分析 → ⑦投资项目的财务基础数据测算与分析 → ⑧投资项目的企业财务效益分析 → ⑨投资项目的国民经济分析 → ⑩投资项目的环境影响分析 → ⑪工程项目的社会效益分析 → ⑫投资项目的不确定性分析 → ⑬工程投资项目多方案比选与项目的总评价分析和决策

④支撑内容：投资项目市场与拟建生产规模分析的内容与基本方法；厂址选择分析

⑫支撑内容：项目的风险分析；项目的敏感性分析；项目的盈亏平衡分析

# 第 3 章

# 投资项目概况说明及必要性分析

**【本章提示】** 投资项目概况及必要性说明是投资项目分析最终成果（管理方案）的载体形式——可行性分析报告中总论部分最主要的内容。因此，对项目的概况做出说明并对项目必要性进行分析是投资项目一开始都必须做的基础性工作。所谓项目概况说明，也称项目简介，是指对项目投资者、项目提出的背景、审批程序与项目的发展情况及其投资环境所做的调研和分析说明。通过对项目有关情况的分析说明，可以让投资者对项目的概况、项目提出的缘由与投资者的意向有一个基本的了解，进而为后续进行的项目建设必要性及其在技术、财务、经济和社会等方面的可行性分析做好准备。项目建设必要性分析是投资项目可行性分析的重要环节，是针对拟议中投资项目就建设的必要性、重要性和可能性所做的可行与否的分析说明，是投资项目分析中作为最终载体形式可行性分析报告在内容上的基本要求。对项目投资建设必要性进行分析，要求在说明项目概况中有关项目发起过程、提出背景和投资理由的基础上，就项目前期工作进展情况和投资者意向，针对项目确定的目标，了解项目在行业中的地位，从宏观角度全面阐述投资建设的必要性、重要性与可能性。

**【本章理论要点综述】**

### 1. 投资项目背景与概况的分析说明

在进行投资项目可行性分析的基础阶段，要让投资的决策者对项目的概况、提出的缘由和投资者的意向有一个基本的了解，以便为进一步分析项目建设的必要性及其在技术、经济和社会与环境等方面的可行性做好准备是项目背景与概况说明部分必须解决的基本问题。为此应做好的主要工作有以下四个方面。

1）分析说明项目的投资者。这是明确项目投资前提的基础性必要条件，是提高项目成功率的基础。因为项目投资者的资格与未来项目实施的质量密切相关，而对全面反映其资格的各种背景条件进行分析论证，恰说明投资者是否具有投资所需的相应技术和经济实力。为此，应遵循客观、公正、全面、科学的原则，采用定性与定量相结合、静态与动态相结合、历史资料与未来资料相结合的方法，针对投资者现有资产、负债、人员构成及各种技术经济指标的情况做出涉及其经济实力、技术实力、管理水平和资信程度的考察、分析与评价。具体而言，应做到四个"分析"。

（1）分析投资者的经济实力。在此，可通过分析投资者的创立与发展过程，做到五个"阐明"：①阐明其注册资本、股本结构和主要股东的情况；②阐明投资者拥有的固定资产原值与净值及流动资产情况；③阐明应通过对利润表、资产负债表和现金流量表等的详细分析进行；④阐明有关企业近年来的财务状况；⑤根据财务指标判断投资者的资产拥有量和负债状况，阐明投资者的利润水平、产销率和市场占有率等，全面分析和评价投资者的经营状况，以此推断项目投资者是否有较强的经济实力来保证投资项目的顺利实现。

（2）分析投资者的技术实力。可通过分析投资者的技术开发组织机构是否健全，专业技术人员数量、专业机构、层次构成、工艺技术装备和研究与开发能力等情况，来评价投资项目人员配置的合理性与技术水平，阐明投资者在该行业所处的地位、市场份额、行业排名与竞争优势等。

（3）分析投资者的管理水平。作为投资项目能否成功的关键因素之一，应重点考察管理层的管理经验和行业熟悉程度两个方面——因为这是管理人员特别是高层管理人员政治业务素质、经历、管理能力、知识与年龄结构、开拓精神与团队协作情况的集中反映。若管理人员的技能涉及范围过窄，没有经历过项目风险的经验教训，将难以适应市场和环境的变化。故要以投资者的管理水平来说明其是否有能力经营管理好所投资的项目。

（4）分析投资者的资信程度。构成投资者资信程度的两个基本方面是筹资能力和信用水平，除分析项目投资者的筹资能力外，还应看其信用水平。

① 在筹资能力分析中，对内可通过以出资证明的方式对投资者开户的金融机构进行调查来说明投资者的内部筹资能力；而对外则可调查分析有无拟向投资者提供借款的金融机构或其他单位做出的提供资金的承诺。

② 在对投资者进行包括金融信用与经营信用在内的信用水平分析时，一是可通过调查分析投资者的借款总量、逾期借款、拖欠利息、信用证或票据承兑垫款、债务重组与贷款展期等情况说明其金融信用；二是分析投资者的供销、技术服务与咨询等经济合同的履约率情况来说明其经营信用。

通常，合同履约率=最近两年实际完成的合同份数÷近两年签订的合同份数。

2）分析说明项目的背景。项目背景是项目投资的客观条件，对背景分析就是要说明项目成立的前提条件是否具备，对项目设立的动因、投资环境与项目设想等基本情况做出系统的判断。具体有以下两个要求。

① 在有关项目动因的介绍中，一般应说明项目是否满足国民经济和社会长远发展规划的需要，是否满足地区或行业经济发展的需要，是否满足企业自身发展的需要等情况。若能满足相关需要，则项目本身就具有社会的、环境的与经济技术方面的意义。

② 应围绕企业自身的发展目标，分析项目与企业发展目标之间的关系，说明通过项目的投资建设对实现企业生产规模扩张与经济实力增强的作用。

3）分析说明项目的进展情况。通常应按照项目的审批程序，说明项目进展在两个方面的具体情况。

① 要阐明项目所处的发展阶段——前期（设想与建议立项、可行性分析、项目评价等）、中期（签约设计、采购订货、施工建设、竣工验收等）和后期（生产运营与后评价等）的情况。

② 应对项目发展的概况——项目发展过程中所做工作的情况，如调查分析的内容与成果、已做的试验试制工作和建设地点及备选方案等的进展情况做出粗略的说明。

4）分析说明投资环境。投资环境是指作为影响项目投资行为的所有外部各种不可控因素的总称，通常由自然（含地理）、经济社会和国际环境等与项目有直接或间接联系的各子环境构成，如建设环境、地域环境和项目总体环境等。实际进行分析时一般常用其特指经济环境。

具体的投资环境分析通常也有软、硬两种基本的形态：①软环境。凡是吸引人的政策、措施、政府态度、办事效率及其相关法律、经济制度与结构等无形的社会、经济、政治等非物质条件均属于软环境。②硬环境。与项目相关的交通运输条件、邮电通信与城市基础设施、原材料供应条件、自然资源、资金和技术等项目建设的必要条件及生产与生活服务的第三产业发展状况等有形但不可控的物质因素都属于硬环境。

在分析说明项目投资软、硬环境概况时，一般应从社会政治环境、经济环境和自然、技术与物质环境等方面分别加以阐述。

**2. 项目建设的必要性分析——内容与要求**

在说明项目背景与概况之后，应阐明项目建设的必要性，这是可行性分析的另一个基础性环节。项目建设的必要性作为项目存在具有重要性和可能性的理由，在项目投资分析中有四大重要的依据性作用：一是能说明项目规划和投资决策的正确性；二是能为增强项目产品的竞争力与提高投资效益、降低风险提供可靠依据；三是有利于说明控制投资项目建设规模、预防盲目和重复建设的情况；四是有利于引导投资者和贷款机构选择正确的投资方向。

项目建设必要性分析的具体内容一般可从宏观和微观两个方面加以阐述。

（1）宏观上，分析项目建设在宏观上存在的必要性，就是从国民经济发展的角度，站在全局高度，从总体上衡量项目对国民经济总量平衡、结构优化和地区与行业规划等宏观方面的影响，以说明其是否符合国家的产业政策。

通常对大中型和中小型两类建设项目在宏观分析方面的侧重点有所不同：大中型项目多从国民经济、自然生态环境和社会发展的角度进行分析评价，中小型项目则更多地从地区与行业发展的角度进行分析评价。具体分析的基本内容都以是否满足两个需要和一个要求为准：①国民经济平衡发展的需要，包括环境和社会需要；②经济结构优化的需要，包括是否可持续、平衡地发展；③是否符合国家在一定时期的产业政策与国民经济长远发展及行业和地区发展规划的要求，且以项目是否符合国家一定时期的方针政策为项目建设必要与可行的首要依据。

（2）微观上，分析项目建设在微观上存在的必要性，即从企业自身发展的角度、从投资者出发衡量项目对市场需求、企业发展、科技进步和投资效益等微观方面的影响。重点分析内容有：①项目产品（或提供的服务）是否符合市场需求；②项目建设是否符合企业发展战略；③考虑合理生产规模要求后能否取得较好的经济效益；④项目的社会与环境效益。

总之，通过完整的项目概况与必要性分析等基本内容的说明再附加上诸如可行性分析报告编制依据的说明，可构成投资项目分析成果（其基本载体——投资项目可行性分析报告）中的第一部分，即有关项目总论的主体部分表述。

**链接——案例 3-1**

**骏驰汽车公司年产 10 万辆 Z 型中高档轿车项目概况与必要性分析（节选）**

**1. 项目背景**

（1）项目名称：骏驰汽车公司年产 10 万辆 Z 型中高档轿车工程。

（2）承办单位概况：骏驰汽车公司的组成及概况介绍（略）。公司主要数据及上年公司主要经济指标（略）。

（3）可行性分析报告的编制依据。

① 骏驰公司编制的《骏驰汽车公司年产 10 万辆 Z 型中高档轿车工程项目建议书》。

② 骏驰汽车公司上级主管部门 $C_R$ 局对《骏驰汽车公司年产 10 万辆 Z 型中高档轿车项目建议书的批复》（批复文号略）。

③ 滨海市经济技术开发区规划。

④ 其他文件（略）。

（4）项目缘由——设立的动因。在国务院、中央各部委、滨海市委、滨海市政府的大力支持下，滨海市汽车工业从"六五"以来才得到了较大的发展。到20××年骏驰汽车公司已形成了100万辆汽车的生产能力，其中轿车生产能力为10万辆。

根据国家发展规划和国家汽车工业生产政策的要求，在"十一五"期间，国家重点支持2~3家有相当实力的大型企业，争取在20××年形成3~4家具有一定国际竞争实力的大型汽车集团，实现自主开发、自主生产、自主发展，参与国际竞争，骏驰汽车公司已具备了向新目标发展的条件。根据市场需求调查与预测，骏驰汽车公司拟在"十一五"期间通过自筹和银行贷款，引进国外先进产品与技术，新建年产10万辆轿车生产基地，既可增加轿车品种，提高技术水平，满足市场对不同层次轿车的需求，又能增强竞争力，迎接"入世"后汽车市场激烈的竞争和挑战，进一步参与国际市场的竞争。该汽车公司在滨海市经济开发区建设2.0~2.5升排量轿车项目，符合国家汽车工业发展产业政策、整体规划与布局，有利于滨海市的经济发展，提高汽车零部件工业的水平与规模，提高我国自主开发轿车的能力，为我国轿车进入国际市场打下基础。

2.0~2.5升排量轿车，适应市场范围广，可用于公务用车和商务用车，在出租车和家用轿车市场上也有一定的需求。而这档轿车目前国内生产能力相对较小，仍有一定的市场空间，通过技术引进，开发外形新颖、技术含量高、价格适中的中等排量的轿车，利用价格性能比的优势，可增强该公司的市场竞争力。

## 2. 项目概况

（1）项目拟建地点。根据滨海市的总体发展规划和经济发展布局，项目厂址定点在该市经济技术开发区。通过广泛的调查研究，有关技术人员对在开发区内可能用于厂址的两个地块进行现场踏勘，了解其地形地貌、地质、公用设施、交通、洪水水位、现有建（构）筑物情况、地下水位和农田水利情况，收集了地块的规划图和地形图，对重点部位进行了钻探，向有关部门进行了咨询，对拟选地块进行了综合分析比较，经多次讨论写出选址报告，并报上级有关部门批准，最后选定滨海市经济技术开发区西南部的A加工区新开路北侧地块为该项目建设厂址。该项目的选址符合社会经济发展及城市规划的要求。

（2）项目建设规模与目标。①建设规模为年产轿车10万辆；②产品是具有当代世界先进水平的新型车型；③生产线设计将充分考虑柔性，适应多品种生产的需要；④产品系列化、多品种；⑤广泛采用当代先进技术、装备和生产方式；⑥注重环保与安全卫生，按国家有关规范及滨海市对环境保护的要求与规定，对污染物进行有效治理，并采取有效的安全生产措施；⑦产品成本与售价具有竞争力，经济效益在行业平均水平之上。

（3）主要建设条件。

① A加工区新开路北侧地块面积50公顷，能满足建厂要求且地势平坦。

② A加工区能提供建厂所需的公用设施，包括：A. 在距拟选厂址东北部2.5km有地区降压站，可向厂区供应10kV电源；B. 在厂区东侧有直径为$\phi$500的城市自来水管，可供工厂所需生产及生活用水；C. 在厂区西北部有开发区集中供热站，可向工厂供应生产所需的热源；D. 在厂区南、北两侧均有完善的开发区管网。

③ 工厂东侧为新兴路，向北延伸与阳新高速公路出口相连，北侧新开路与西侧光明路及东侧采香路相接。公路交通十分便利。

④ 在路北侧有大片空地可用来未来零部件生产与供应基地。

⑤ 新兴路为市政主要通道，向东延伸可直通滨海市市区。

⑥ 在新开路南侧 5km 处为规划的滨海市铁路编组站。

⑦ 厂区有较小的土堆和池塘，需要进行场地平整。

（4）项目建设投入总资金及效益情况。①项目投入总资金为 743 603 万元，其中，建设投资为 413 982 万元，流动资金为 329 621 万元；②正常年销售收入为 1 945 000 万元，年利润平均为 12 315 万元，项目财务内部收益率为 20.18%，借款偿还期为 6.86 年。

（5）主要技术经济指标（略）。

（6）问题与建议（略）。

### 3. 项目的其他情况说明

（1）投资者情况。该项目的投资者是骏驰汽车公司。该公司作为一家生产轿车的大型企业，有雄厚的技术和经济实力，从该公司在行业中所处的地位、市场份额、行业排名、竞争优劣势等方面分析，其技术开发的组织机构是健全的，研究开发能力较强，人员配置合理，具有较高的技术水平，投资者有足够的技术实力来保证项目的顺利实施。

投资者具有较强的管理经验和行业熟悉程度，在行业中处于龙头地位，具有较强的筹资能力，同时也具有很好的金融信用和经营信用，合同履约率达到 93%。因此，经营上投资者也有能力保证项目顺利实施。

（2）投资环境分析。滨海市具有较好的社会、政治、经济环境，而且对于汽车行业来说，已形成一定的规模经济，有利于该项目的建设。

### 4. 项目建设的必要性分析

1）项目建设的宏观必要性。从国民经济发展的整体角度来看，该项目的投资建设符合国民经济总量平衡、结构优化及地区规划与行业规划等要求，符合国家产业政策。

20 世纪 80 年代以来，国家决定实施汽车工业的战略性转变，从以生产载重汽车为主逐渐转变为生产轿车为主。借此，我国轿车工业进入了全新的发展时期。国产轿车有了爆炸式的增长，彻底扭转了轿车主要依靠进口的局面。上海大众、神龙汽车、广州本田、上海通用、天津汽车、长安汽车等公司，通过合资或技术引进，生产各种等级型号的轿车，按发动机排量划分。

我国国民经济一直保持 7%～8% 的高速增长，国内外专家一致认为，21 世纪前期中国已成为世界最大的汽车市场。当前及今后一段时期内，轿车正在快速进入家庭，其中部分富有者也将选择中高级轿车作为私人用车。因此，2.0 升以上排量的轿车仍占整个轿车市场较大比例，其绝对需求量仍保持增长势头，而政府部门、合资公司、国有大中型企业、集体及民营企业对使用中高级轿车进行公务与商务活动的需求也在不断增加。此外，部分大城市由于经济的发展，出租车、宾馆、服务行业中高级轿车的需求也在不断增加。从当前国内已布点的轿车生产厂家所生产的轿车看，2.0～2.5 升排量轿车虽有雅阁、奥迪、小红旗等产品，但其产量及生产能力都比较小，还有一定的市场容量。

从国外市场供应状况分析，目前世界汽车产量及保有量中轿车占 70% 左右。西欧、北美及日本是世界汽车三大传统市场，是支持全球汽车工业发展的基础。20×× 年，上述三大市场占全球轿车销量的 76%。20×× 年，美国、日本、德国、法国四国轿车产量占当年世界轿车产量的 53%，世界轿车保有量的近 80% 也集中在上述地区，其中德国、美国、日本平均 2.0～2.5 人拥有一辆轿车。因此，在上述三大市场中，轿车的需求趋于饱和，产量及保有量增长缓慢，每年产量中很大部分为更新量。而亚洲及南美洲，尤其是中国市场潜力巨大，轿车产量及保有量增加迅速，各跨国汽车集团均把注意力放在上述的新兴市场，争取取得上述市场的竞争优势。

此外，世界汽车生产的能力远远大于汽车的实际产量。20×× 年，通用、福特、丰田、大众、雷诺等10个汽车集团、公司在世界37个国家的生产能力为6 700万辆,而实际产量不到5 300万辆,能力利用率仅为79%。由于汽车生产能力过剩明显,因此市场竞争日趋激烈。

为了增强市场竞争力,近年来世界汽车工业进行了全球性的大规模重组与兼并,以进一步实现资源优化,提高生产集中度,获得更大的规模效应。其中,最主要的有奔驰与克莱斯勒合并组成戴姆勒·克莱斯勒公司,并进一步控股日本三菱公司。通用公司与菲亚特公司结盟并控股日本五十铃公司及铃木公司,福特公司收购瑞士沃尔沃公司的轿车部分并控股日本马自达公司,雷诺公司与日本日产公司结盟并控股韩国三星公司,等等。与此同时,各汽车集团实施平台战略、模块化生产、跨国当地化生产及精益生产,以进一步降低生产成本、加速产品更新换代、增加产品品种、提高产品技术含量,在产品安全、节能、环保方面不断进取,以优质、新颖、低价、高性能、低能耗、低污染来赢得市场与用户。

2)项目建设的微观必要性。

(1)市场需求分析。进入20世纪90年代以来,国内轿车需求进入快速发展时期,产销量占汽车总量中的比例持续大幅提高,但轿车市场仍以公款消费和集团购买为主,潜在大市场——私人消费市场尚未完全形成。随着国民生产总值(GDP)的增长,轿车市场也会快速增长。根据国家20××年远景目标纲要,到20××年实现国民生产总值比20××年翻一番,年增长将保持在7%~8%,在目前阶段,我国GDP每增加1%,轿车市场需求平均增长约为1.5%。

一个国家人均GDP与每1 000人轿车拥有量有着密切关系,轿车市场规模与人均GDP水平基本对应。在相同的人均GDP水平上,我国1 000人轿车拥有量和轿车市场规模均为下限,这表明我国轿车市场很有潜力,随着国民经济的增长,我国轿车市场需求也将不断扩大。

由于我国地域广大、各地经济发展不平衡、社会各阶层收入差距也较大,因此对轿车档次的需求也不同。就近年来的情况看,在轿车市场需求增长较缓时,中高档轿车的需求反而强劲,分析其原因如下:①我国正在进入汽车社会的前期,私人购买轿车者很大部分是少数先富起来的人,他们当然要买好车。随着开放力度不断加大、市场经济不断发展,少数私营企业主、外资企业的白领职工、效益好的中外合资企业领导人、明星、金融证券业人士等年收入在15万元以上者,均具有购买中高档轿车的能力。②一些技术含量高、性能优越、款式新颖的中高档轿车投产,也促进了中高档轿车市场的发展。③打击走私力度的加强,促进了国产和进口车的销售。

世界各国中高档轿车的市场需求也很大,其销售量占汽车总销售量的比例也较高,如表3-1所示。

表3-1 世界各国中高档轿车销售量占汽车总销售量的比例　　　　　单位:%

| 国家或地区 | 中高档轿车销售量占汽车总销售量的比例 |
| --- | --- |
| 亚太地区 | 9 |
| 日本 | 9 |
| 澳大利亚 | 38 |
| 北美地区 | 15 |
| 欧洲 | 6 |
| 德国 | 12 |

(2)轿车需求预测。根据国家汽车规划基础研究课题组所做的未来10年轿车需求预测,其结果如表3-2所示。

表3-2　未来10年轿车需求预测　　　　　　　　　　　　　　　单位：万辆

| 序号 | 名称 | 20××年 | 20××年 |
| --- | --- | --- | --- |
| 1 | 保有量 | 1 423～1 542 | 2 291～2 483 |
| 2 | 需求量 | 193～220 | 339～385 |

"入世"后制约私人购买轿车的主要因素价格逐渐下降，并逐步与国际价格接轨，这将推动轿车需求的增长。

城市交通设施的改善、高速公路及城市道路的发展也将有利于轿车市场的发展。

停车场停车费用过高的问题曾抑制轿车需求的增长。但目前此问题已引起了有关方面的重视，在市政规划、住房建设时已开始对此问题予以考虑。

新汽车消费政策的出台，对各种不合理收费的治理及燃油税的实施将大大刺激轿车需求。发动机排量大于2.0升的中高档轿车占轿车总需求的比例：20××年达到27.5%，20××年将上升到32%。

由于轿车进入家庭的步伐加快，新汽车消费政策中对小排量轿车的优惠政策及燃油税的实施，中高档轿车所占比例会逐渐缩小，但在20××年仍会保持25%左右的比例。

（3）产品的供需平衡。目前国内生产中高档轿车的品牌有A、B、C、D、E、F六个，其总的生产能力已达30万辆左右，因此近期也处于能力过剩的阶段，市场竞争是很激烈的。和世界汽车市场一样，一定的能力过剩并不是坏事，它能推动企业在产品、质量、服务方面的提高和成本的降低，有利于轿车工业的发展。随着经济的发展和人民生活水平的提高，人们对中高档轿车的需求也会不断扩大。

（4）产品目标市场分析。

① 产品的目标市场。拟生产的轿车为排量在2.0～2.5升的中高档轿车，其市场用户可分为一般公务、商务、出租及私用四个部分，主要用户是一般公务用车和商务用车，约占70%，其次是私人用户，约占20%，同时也有较小的比例用于高档出租车。

随着经济的发展和人民生活水平的提高，必然刺激国内对中高档轿车的需求，加入世界贸易组织不可避免地会使国外中高档轿车涌入中国，冲击国内的轿车生产企业，因此拟生产的Z型中高档轿车选择的是国外目前最新颖、先进的产品，骏驰公司采用国际上最新技术标准，并广泛引进和采用当代世界先进的制造技术和先进的管理技术，以接近和达到国际汽车先进水平，增强产品的竞争力，以其自身的优势，在激烈竞争的国内汽车市场上取得较大的市场份额，并进一步参与国际市场的竞争。

主要用户构成如下。

- 公务用车：国家机关、事业单位。
- 商务用车：国有企业、集体企业、民营企业、三资企业、外商办事处。
- 经营用车：出租公司、宾馆。
- 私人用车：个人。

② 市场占有份额分析。目前中高档轿车市场主要由A、B、C、D、E、F等品牌占领。其中，C及E占有市场份额最大，分别为33.6%、27.8%；其次是D和A，分别为14.05%和13.5%；B、F则分别为0.1%、4.9%。

拟生产的Z型中高档轿车为国外MR汽车公司最新投放市场、式样新颖、排放可达欧×标准的产品，发动机为多气门、2.0～2.5升闭环电子控制燃油多点喷射，可变正时，并可配增压。

四座自动变速、驱动桥、发动机、变速箱集成电子控制、四轮独立悬架、可变排量空调系统、卫星自动导航、牵引力控制、双安全气囊、防撞结构和自动防抱死装置，并可根据用户需求有多种不同配置，而价格比 D 便宜 20%，极具竞争力。经技术经济综合分析，产品投放市场后最终可以取得这类车的 20%～25%的市场份额。

（5）价格现状与预测。目前国产中高档轿车国内市场售价（基本车型标准配置）情况如表 3-3 所示。

表 3-3　国产中高档轿车国内市场售价　　　　　　　　单位：万元

| 品牌 | A | B | C | D | E | F |
| --- | --- | --- | --- | --- | --- | --- |
| 售价 | 38 | 25 | 23 | 32 | 30 | 28 |

国外产品的涌入，势必使当前车价下降，估计平均下降幅度为 20%～25%。

拟生产的 Z 型中高档轿车，其配置及技术含量高于 D 品牌，且式样新颖，排放好，而其测算售价为 25 万元，因此，其性能价格比极具竞争力。

（6）市场竞争力分析。主要竞争对手情况（略）。

该产品竞争力的优势如下：①拟生产的产品是国外 MR 汽车公司于上一年开发投放市场的新产品，投放市场后，在世界各主要汽车市场深受用户好评和欢迎，成为销售热点，因此在产品款式、性能、配置方面均能高于国内厂家生产的同类产品。②整车排放可达欧×标准，这在国内同类产品中领先。③品种多，有排量为 2.0 升、2.0 升增压、2.3 升、2.5 升等多个产品规格，有标准型和豪华型，且可根据用户要求选装本国的配置，因而产品品种多、覆盖面广，可满足不同用户的需求。④按国际通用的营销方式，建立全国范围内的营销体系，其中主要营销点均为四位一体营销点。⑤外购件全球采购，并采用模块供货，不但外购件质量得到保证，也能降低产品成本。⑥售价低于国内同类产品。

该产品竞争力的劣势如下：①国外产品及国内同类产品经近几年努力均具有知名品牌效应，深入客户心中，而新投产的产品尚需经过一段时间的努力才能形成用户认同的知名品牌。②产品的开发、更新换代、新产品推出的速度与国外跨国公司相比尚处于不利地位。③若要在全国建立有效的营销服务体系和外购件的供应体系，尚需经过一段时期的努力。

# 第4章

# 投资项目市场与拟建生产规模及厂址选择分析

**【本章提示】** 在市场经济条件下，作为满足需求的载体，产品是由项目实现的，其生产制作过程是项目进行管理活动的过程，故由一定数量人口的需求所形成的项目必定源于市场，项目的生命力只能来自对市场的正确认识与合理把握。因此，了解项目的市场需求情况如何？有需求或潜在需求的市场与拟建项目规模之间的关系怎样？在项目建设条件上如何通过合适的厂址选择从物质基础上解决好项目建设地点与资源和消费需求等各类市场之间的基本关系？进行投资项目市场与拟建生产规模及厂址选择的可行性分析，是解决此类问题的必由之路，也是所有投资者和决策者都需理性（甚至非理性）面对的客观事实。

## 4.1 投资项目市场与拟建生产规模分析的内容与基本方法

**【本节理论要点综述】**

**1. 投资项目的市场分析**

（1）概念。投资项目的市场分析是指在市场调查和市场预测的基础上，根据满足需求的项目及其载体形式——产品的竞争能力、市场规模、位置、性质和特点等要素对拟建项目所做出的有关"项目产品是否有市场需求"的一种专业分析判断技术。

（2）市场分析的内容。一般包括市场供求分析、项目目标市场选择分析、项目产品分析、项目竞争力分析、市场营销策略分析和市场风险分析等六类，其中关系如图 4-1 所示。

（3）市场分析的基本方法。通常有市场调查和市场预测两种。在工程建设项目的投资分析中，一般只有借助市场调查和市场预测两种方法的综合运用才能进行有效的市场分析。

（4）市场分析的基本程序。进行项目市场分析的基本程序由图 4-2 所示的三步骤构成。

其中，收集市场的信息资料即市场调查，且此过程通常又可划分为三个阶段：调查准备阶段、调查实施阶段和调查结果处理阶段。

市场调查的方法最常用的主要有三种：典型市场调查法、重点市场调查法和抽样市场调查法。

（5）市场预测的方法。常用的市场预测方法主要有定性预测和定量预测两类。

① 定性预测方法。主要代表是德尔菲法（一种常用的、以匿名方式轮番征询专家意见、最终得出预测结果的特殊型集体经验调研判断方法），其基本工作程序如图 4-3 所示。

```
                        ┌── 市场需求分析
            ┌─ 市场供求分析 ── 市场供给分析
            │           └── 市场供求综合分析
            │                              ┌── 市场细分（S）
            ├─ 项目目标市场选择分析 ──────── 目标市场选择（T）
项目          │                              └── 市场定位（P）
市场        ├─ 项目产品分析 ──┬── 产品市场生命周期研究
分析        │                └── 产品的功能与特性研究
的主        │                              ┌── 市场竞争威胁分析
要内        ├─ 项目竞争力分析 ──────────── 项目的SWOT分析
容          │                              └── 项目市场竞争战略选择
            │                ┌── 产品方案
            ├─ 市场营销策略分析┬── 价格策略
            │                ├── 渠道和分销策略
            │                └── 促销策略
            │                              ┌── 风险因素识别
            └─ 市场风险分析 ─────────────── 市场风险程度估计
                                           └── 风险对策分析与评价
```

图 4-1　项目市场分析的主要内容

明确市场分析的工作范围 → 收集市场的信息资料 → 进行数据的处理和分析

图 4-2　项目市场分析的基本程序

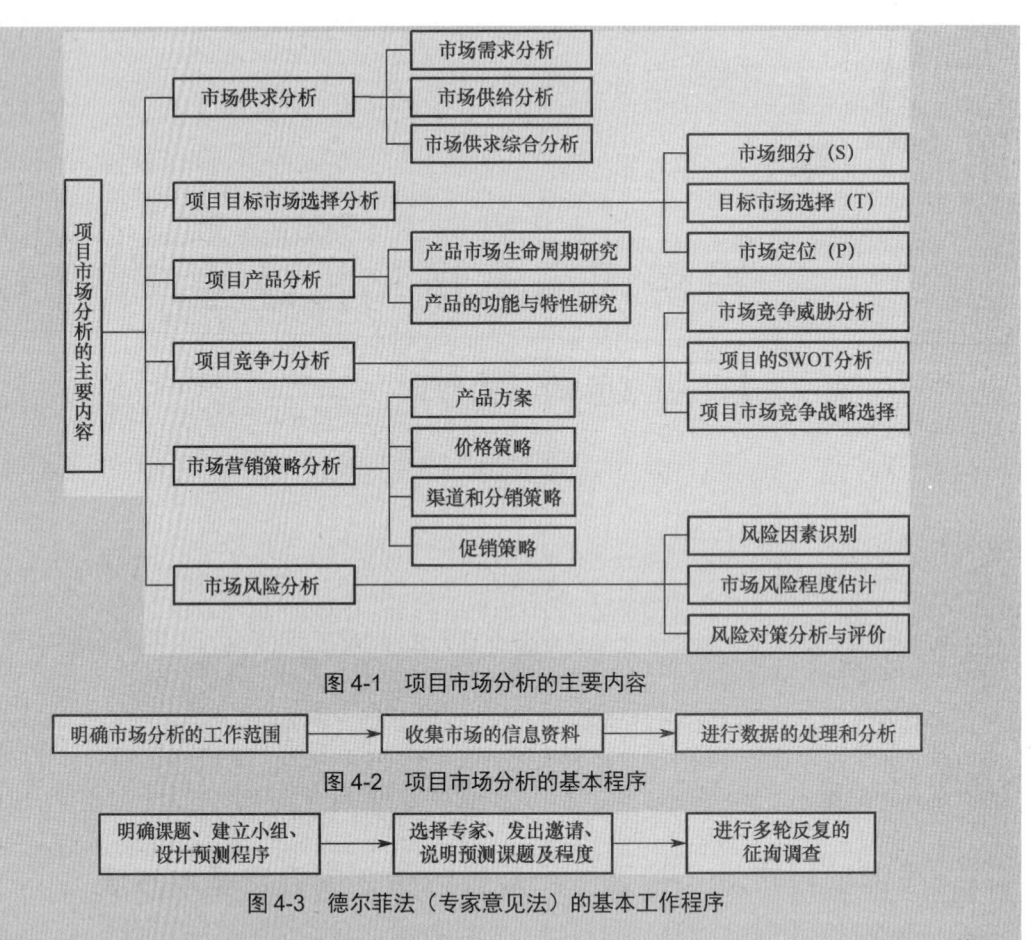

明确课题、建立小组、设计预测程序 → 选择专家、发出邀请、说明预测课题及程度 → 进行多轮反复的征询调查

图 4-3　德尔菲法（专家意见法）的基本工作程序

② 定量预测方法。以趋势分析预测法、回归分析预测法（含一元线性回归预测法、多元线性回归预测法）等方法为代表。

## 2. 拟建项目的生产规模分析

在工程项目的市场前景确定之后，即可对项目的规模进行分析和确定。

（1）拟建项目生产规模的概念。在工程项目分析中，所谓工业项目的生产规模，是指项目的生产能力，即在正常情况下，拟建项目可能达到的最大年产量或年产值。

① 规模经济是指在一定的规模下或一定的规模区间内，企业生产最有效率，能够取得较好效益，是根据生产力因素组合方式发展变化的规律，科学地、自觉地选择和控制企业的规模而取得的增产或节约。

② 规模经济的分类。根据不同的标准有不同类型：按实现领域的不同，规模经济可划分为生产上的规模经济和经营上的规模经济；按规模发挥作用的性质不同，规模经济可划分为内部规模经济和外部规模经济。

③ 制约和决定项目生产规模的主要因素。这通常包括国家经济计划和产业政策、项目产品的市场需求、项目所处行业技术经济特点、资金条件、建设生产条件、规模经济的要求和风险及项目主体的风险承受能力。当然，一个项目的规模最终受制于经济效益的规模和水平。

（2）确定生产规模的方法，一般主要有经验法和分步计算法两类方法。常用的是分步计算法，即先运用盈亏平衡分析法确定起始点经济规模，再确定合理经济规模的方法。其计算程序为：

① 根据项目产品性质的不同分内销、外销或替代进口三种情况，按单机、单机组、单机群和单线确定综合生产能力，再按获得的合理利润率，确定起始的最小经济规模。

② 确定最大经济规模。

③ 在拟建项目生产规模的最大与最小的上下限内，根据设备能力制定若干不同规模的比较方案。

④ 确定合理经济规模，即通过计算和比较各方案的成本费用和效益，选择成本费用最低、效益最好的方案为最终确定的拟建项目的合理生产规模。

此外，还有一些其他实用的方法。

### 链接——案例 4-1

#### 市场分析——对 M 国市场铁合金未来需求量的预测

20××年，S 省为开发 M 国市场，对该国未来 10 年铁合金需求量情况进行了预测，为 S 省钢铁工业和其他相关工业的长期规划提供了依据。预测分析过程采用德尔菲法进行，前后共进行了三轮，历时近一年。每一轮的问题包括三个部分：钢铁工业、合金工业、关键性技术的发展预测。要求应答者预测发展趋势曲线及其理由，并设想今后 20 年内钢铁工业技术发展的趋势。

预测小组从工业、政府、大学、研究所和商界挑选了参与预测的专家名单，在钢铁业专家的指导下选出了 100 人作为应答者候选人，经过征求专家个人意见，其中 42 人愿意参加，33 人对第一轮问题做出了答复。

**1. 第一轮预测**

专家调查表由三部分组成。

第一部分"钢铁工业"，给出了 20××—20××年 M 国钢铁工业发展的曲线，如钢铁的销售量、产量等。要求专家将曲线延伸到 20××年，并回答三个问题。

（1）专家认为曲线延伸可靠性如何？

（2）专家在做出曲线延伸时，关键性技术发展的假设是什么？

（3）其他技术发展的影响如何？

第一部分还给出了钢铁制造过程流程图和有关技术参数，数据是 20××年的，要求专家预测下一年的相应数据。

第二部分"合金工业"，像第一部分一样给出一些曲线，涉及铁合金工业的各方面，如 M 国铝消费量、钨消费量等，以及这些材料的进出口量。

第三部分"关键性技术的发展预测"，给出的是空白的发展表格，让专家自由填写。

经过对专家意见的处理，并对专家意见加以综合，反馈到第二轮。

**2. 第二轮预测**

第一部分"钢铁工业"，包括 36 项"预测设想""经济或国际性的考虑"，以及第一轮第一部分的所有曲线，要求专家对这些设想进行评分。

对于所有原始趋势曲线，都给出了它的延伸部分的四分位区间。要求专家重新做出曲线的延伸，并且说明自己的估计是可靠的或有风险的。上一轮中应答者为曲线延伸所给出的理由经整理反馈回来，共 116 条，请专家评分。

第二部分"合金工业"，与第一部分相同。预测设想部分有 69 项有关合金生产的设想和 17 项一般考虑，请专家评分。第一轮中的曲线及其延伸的四分位区间和四条预测理由也给了出来，请专家评分。

第三部分"关键性技术的发展预测",给出了 36 项关键性技术发展,请就 20××年以前实现的可能性及对钢铁工业的影响进行评价。另外,还给出了三条新的需求趋势曲线,请专家加以延伸和说明。

此轮为了增加有关塑料替代物的信息,增加了聚合物工业的专家。第二轮结果处理分为三个独立部分:①曲线的新的四分位区间;②设想和关键性技术发展的整理和归纳;③数值性的结论,即评分的计算列表。

### 3. 第三轮预测

专家调查表仍由三部分组成。第一部分和第二部分是总结,不需要回答。对每个问题都列出了从第二轮的结果计算出来的平均值和标准差。第三部分中有一些新的设想,以及前一轮中分歧较大的设想,要求专家重新评价。

第三部分给出了第二轮中关于可能性和潜在的关键性技术发展的影响分布及有关评论。要求应答者重新表明自己的倾向和每个潜在发展的影响,给出了三条曲线及专家为延伸而列出的理由,要求专家重新进行曲线延伸并且评定自己估计的可靠性;对于第一、二部分中出现较大分歧的所有设想要求专家重新评价。

通过汇总专家答复意见,德尔菲法预测曲线表明未来 M 国铁合金需求的年增长率为 22%～23%,到 20××年 M 国高级合金钢的需求量为铬钢 25 万～30 万吨、锰钢 100 万～125 万吨、镍 9 万～12 万吨。

### 链接——案例 4-2

#### 滨海市 KJS 交通枢纽及综合改造工程项目的市场分析(节选)

#### 1. 项目概况

(1)项目背景。滨海市的国民经济和社会发展在新世纪实现了新的飞跃。为进一步加快地区现代化、国际化的进程,到 21 世纪中叶使滨海市成为当代世界一流水平的现代化国际大都市,滨海市委、滨海市政府提出,重点加强城市交通、能源等基础设施建设,加快建设快速轨道交通工程和地铁建设,新建和改扩建一批公交枢纽站和运营场的发展目标。

该研究内容拟通过对全市未来发展、规划的研究来确立该项目立项的必要性,经综合市场分析以确定建设规模和市场定位,说明项目市场营销运作在经济上的合理性与可行性。

(2)承建单位概况及分析依据。

① 承建单位概况(略)。

② 分析报告的编制依据(略)。

(3)基本结论。通过该报告的研究可以看出,该项目的建设符合滨海市总体发展战略,是完成第一步构筑地区城市现代化的具体措施;配合交通路网建设,促进滨海市西北部地区经济发展。该项目有滨海市政府的大力支持,有关各方的全力配合,为该项目的实施提供了先决条件;加上承建单位实力雄厚、经验丰富,为该项目的开发奠定了良好的基础。该项目的社会效益明显、经济效益较高,通过预测,该项目的投资回收期为 12.4 年,内部收益率为 6.88%,贷款偿还期为 5.06 年,从财务评价上看该项目也是可行的。

该项目主要技术经济数据及指标如表 4-1 所示。

表 4-1　主要技术经济数据及指标

| 序号 | 数据及指标 | 单位 | 建成后（正常内） | 备注 |
|---|---|---|---|---|
| 1 | 用地面积 | m² | 59 900 | |
| 2 | 建筑面积 | m² | 262 700 | |
| 2.1 | 城铁站及换乘区 | m² | 29 000 | |
| 2.2 | 公益配套 | m² | 74 700 | |
| | 其中：地下车库 | m² | 65 000 | 1 200 个车位 |
| 2.3 | 商务服务 | m² | 159 000 | |
| 2.3.1 | 其中：商务 | m² | 61 000 | |
| 2.3.2 | 酒店 | m² | 16 000 | 343 个床位 |
| 2.3.3 | 写字楼 | m² | 55 000 | |
| 2.3.4 | 公寓 | m² | 27 000 | 270 套 |
| 3 | 总投资 | 万元 | 259 192 | 含铺底流动资金 |
| 4 | 年营业收入 | 万元 | 15 146 | 为出租部分 |
| 5 | 年增值税 | 万元 | 2 080 | |
| 6 | 年利润 | 万元 | 3 703 | 税后 |
| 7 | 年缴所得税 | 万元 | 1 824 | |
| 8 | 投资回收期 | 年 | 12.40 | 税前 |
| 9 | 投资利润率 | % | 1.41 | 税前 |
| 10 | 投资利税率 | % | 2.2 | 税前 |
| 11 | 内部收益率 | % | 6.88 | 税前 |
| 12 | 贷款偿还期 | 年 | 5.06 | |

**2．交通枢纽规划**

1）项目区域现状（略）。

2）枢纽规划。

（1）外部道路交通条件（略）。

（2）枢纽内部交通组织分析。

① 枢纽区远期客流规模及结构。KJS 交通枢纽远期将主要为城市铁路、环线地铁、城区公交、西北公交、自行车及枢纽周边以步行方式进入枢纽的行人等交通方式提供换乘服务。

分析表明，各种交通方式之间以城市铁路与环线地铁和地铁 3 号线之间的换乘量为最大，全日分别为 2×42 108 人次和 2×24 355 人次，高峰小时为 2×6 460 人次和 2×3 752 人次。

② 枢纽布局及客流组织的分析与评价。根据枢纽区各种交通方式车站及换乘厅和换乘通道的布局安排，该报告从枢纽乘客的方便性、舒适性、安全性、可靠性及经济性等多个方面对枢纽客流进行了分析评价。表 4-2 给出了客流运行特性系数。

表 4-2　客流运行特性系数

| | 环线地铁 | 城市铁路 | 城区公交 | 西北公交 |
|---|---|---|---|---|
| 环线地铁 | | 1.49 | 1.23（1.35） | 1.17（1.55） |
| 城市铁路 | 1.58 | | 1.59（2.53） | 1.23（1.47） |
| 城区公交 | 1.28 | 1.48 | | 1.49（1.56） |
| 西北公交 | 1.51 | 1.20 | 1.49（2.56） | |

从表 4-2 可知，各种交通方式的舒适性、安全性、可靠性及经济性以优、良等级居多。KJS 交通枢纽的设计充分体现了"以人为本"的设计理念，与其现代化大型公用设施的地位是相适应的。

（3）枢纽内部车辆交通组织及外部衔接。①公交车辆；②社会车辆；③非机动车辆与行人；④枢纽外部交通组织分析；⑤枢纽内部及区域环境研究。

3）规划客运量及枢纽建设规模。根据地铁客流调查、城铁客流预测报告及公交客运资料，经 KJS 枢纽至西北地区、中心城区的现状及 20×× 年各种交通方式规划客运量如表 4-3 所示。

表 4-3　经 KJS 枢纽至西北地区、城区客运量　　　　　　　单位：万人次/日

| 交通方式 | 西北地区 现状 | 西北地区 20××年 | 城区 现状 | 城区 20××年 |
|---|---|---|---|---|
| 公共汽车 | 6.15 | 5.8 | 0.65 | 8.6 |
| 城市铁路 |  | 22.45 |  |  |
| 铁路 | 0.3 | 0.9 |  |  |
| 环线铁路 |  |  | 5.88 | 13.02 |
| 地铁 3 号线 |  | 1.31 |  | 7.8 |
| 其他交通方式 |  |  |  | 1.04 |
| 小计 | 6.45 | 30.46 | 6.53 | 30.45 |

枢纽规划规模及设施建设的要求如表 4-4 所示。

表 4-4　枢纽规划规模及设施建设的要求

| 序号 | 规划设施内容 | 数量及面积 | 备注 |
|---|---|---|---|
| 1 | 市区公交线路 | 14 条，需设置 14 个发车站位 | 城区 6 条，西北近郊 4 条，动物园迁进 4 条 |
| 2 | 公交驻车位 | 42 个，面积约 5 000 m² | 白天运营周转及夜间停放单机车 |
| 3 | 公交到发车区 | 面积约 6 000 m² | 到发车区宜分开设置 |
| 4 | 出租车站 | 12 个到发车位，面积约 1 200 m² | 应设置少量运营周转车位 |
| 5 | 小汽车停车位 | 300 个，面积约 1.2 万 m² | 可设置在地下 |
| 6 | 自行车停车位 | 4 000 个，面积约 4 800 m² | 可设置在地下 |
| 7 | 枢纽管理用房 | 面积约 1.0 万 m² | 管理、办公、治安、消防等 |
| 8 | 旅客集散空间 | 面积约 5 700 m² | 换乘集散厅及通道 |
| 9 | 配套商饮用房 | 面积约 1.0 万 m² |  |
| 10 | 城市广场 | 面积约 1.0 万 m² | 北站站房南至西外大街红线 |
| 11 | 面积合计 | 面积约 5.47 万 m² | 不包含城市广场面积 |

### 3. 市场分析

由于该项目附属配套工程的建设涉及商场、酒店、写字楼和商住公寓，这里将着重介绍滨海市的市场概况。

（1）滨海市商业市场。

① 滨海市商业市场概况（略）。

② KJS 枢纽地区的市场研究。A. 地处交通枢纽。KJS 枢纽主要面向西北地区与城区的交通，可以说 90%以上是当地居民，潜在的有效需求大。B. 周边缺少同类商业设施，市场优势明显。在 KJS 枢纽方圆 3km 范围内大型综合商场较少，BR-MART 超市是该地区最大的商场，具有潜在竞争力。该地区是滨海市居民居住密集地区之一，潜在市场广阔。

（2）滨海市酒店市场。

① 滨海市旅游、酒店业概况（略）。

② KJS 枢纽地区酒店需求。KJS 枢纽地区酒店定位于中高档酒店，对中高档酒店客房需求量预测如表 4-5 所示。

表 4-5　对中高档酒店客房需求量预测

| 年份 | 年份序号 | 客房实际接待数（间） | 备注 |
|---|---|---|---|
| 201× | 1 | 32 418 |  |
| 201× | 2 | 36 545 |  |
| 201× | 3 | 37 955 |  |
| 201× | 4 | 38 042 |  |

续表

| 年份 | 年份序号 | 客房实际接待数（间） | 备注 |
|---|---|---|---|
| 201× | 5 | 39 242 | |
| 201× | 6 | 40 276 | |
| 201× | 7 | 40 070 | |
| 201× | 8 | 41 337 | |
| 201× | 9 | 43 159 | |
| 201× | 10 | — | |
| 202× | 11 | — | |
| 202× | 12 | 46 217 | |
| 202× | 13 | 47 279 | |
| 202× | 14 | 48 341 | |
| 202× | 15 | 49 403 | |
| 202× | 16 | 50 465 | |

根据表 4-5，绘制散点图，如图 4-4 所示，从该图中可以看出，观察值的时间序列接近直线，故可用直线趋势法进行预测。

设预测模型为

$$Y=a+bt$$

求得直线趋势预测模型参数：$a=33\,473$，$b=1\,062$。

用线性回归拟合曲线预测得出的预测值如下：

$Y_{201×}=33\,473+1\,062×12=46\,217$

$Y_{201×}=33\,473+1\,062×13=47\,279$

$Y_{201×}=33\,473+1\,062×14=48\,341$

$Y_{201×}=33\,473+1\,062×15=49\,403$

$Y_{201×}=33\,473+1\,062×16=50\,465$

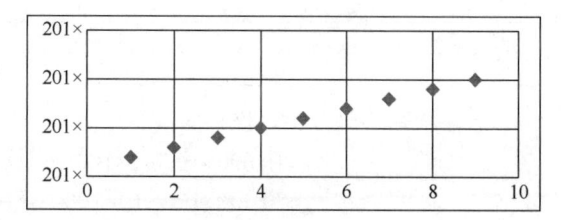

图 4-4 观察值的时间序列散点图

从上述计算中可以看出，在今后几年中社会对中高档酒店客房的需求量在逐年增加，每年增幅约为 1 000 间客房。按 65%的客房出租率计算，201×年的客房供应量应为 74 371 间，尚有 9 058 间的缺口，所以该项目新建客房 343 个床位出售方案是适应市场需要的。

（3）滨海市写字楼、商务公寓市场。

① 滨海市写字楼市场现状（略）。

② 滨海市写字楼市场未来发展（略）。

③ 写字楼价格趋势预测。

围绕该项目选择具有可比性的项目进行分析，如表 4-6 所示。

表 4-6 各物业价格影响因素权重系数

| 序号 | 物业名称 | 平均价格/元/（平方米·天） | 权重系数/% 繁华程度 | 交通条件 | 装修档次 |
|---|---|---|---|---|---|
| 1 | A 大厦 | 3.8 | 98 | 96 | 96 |
| 2 | B 大厦 | 6 | 110 | 98 | 105 |
| 3 | C 大厦 | 7 | 100 | 98 | 102 |
| 4 | D 大厦 | 6.6 | 100 | 98 | 98 |
| 5 | E 大厦 | 4.4 | 100 | 98 | 98 |

各物业的加权平均单价如下：

$P_A=3.8×100/98×100/95×100/96=4.21$[元/（平方米·天）]

$P_B=6×100/110×100/98×100/105=5.30$[元/（平方米·天）]

$$P_C=7\times100/100\times100/98\times100/102=7.00[元/（平方米·天）]$$
$$P_D=6.6\times100/100\times100/98\times100/98=6.87[元/（平方米·天）]$$
$$P_E=4.4\times100/100\times100/98\times100/98=4.58[元/（平方米·天）]$$

求得该项目的市场价格为：
$$P=(4.21+5.30+7+6.87+4.58)/5=5.59[元/（平方米·天）]$$

考虑到可变因素，将该项目出租单价定为：
$$P=5[元/（平方米·天）]$$

预测该项目的出售价格。
围绕该项目选择具有可比性的项目。
A 大厦售价：18 000 元/平方米。
B 大厦售价：20 000 元/平方米。
C 大厦售价：15 500 元/平方米。
具体分析如表 4-7 所示。

表 4-7　各物业价格影响因素权重系数

| 序号 | 物业名称 | 平均价格 元/平方米 | 权重系数/% 繁华程度 | 权重系数/% 交通条件 | 权重系数/% 装修档次 |
|---|---|---|---|---|---|
| 1 | A 大厦 | 18 000 | 98 | 96 | 96 |
| 2 | B 大厦 | 20 000 | 110 | 98 | 105 |
| 3 | C 大厦 | 15 500 | 100 | 98 | 102 |

各物业的加权平均单价如下：
$$P_A=18\,000\times100/98\times100/96\times100/105=18\,221（元/平方米）$$
$$P_B=20\,000\times100/110\times100/98\times100/102=18\,189（元/平方米）$$
$$P_C=15\,500\times100/100\times100/98\times100/98=16\,139（元/平方米）$$

求得该项目的市场价为：
$$P=(18\,221+18\,189+16\,139)/3=17\,516（元/平方米）$$

考虑到可变因素，将该项目销售单价定为：
$$17\,516\times0.9=15\,764\approx15\,800（元/立方米）$$

④ 枢纽写字楼、商务公寓定位（略）。

（4）市场分析。通过前面的分析可以看出，由于该项目所处地理位置特殊、客流量大，会给该项目未来经营带来潜在购买力。

① 商场。商场出售单价可达 13 500～18 000 元/平方米，此价格会呈现低速稳步增长态势，因此在该可行性分析中将出售价定为 15 800 元/平方米，出租时出租价定为 7 元/（平方米·天）。

② 酒店。从市场分析看，中高档酒店能为入驻（租）星级写字楼的公司提供可靠的会议地点，便利、舒适的招待资源，有利于提升公司整体形象。而写字楼亦能为酒店提供充足的客源，两者档次相近则为双赢格局。正是基于此，该方案中，酒店规划面积 18 000m²，销售压力小，鉴于所处地理位置并结合周边市场环境，酒店的销售相对具有优势，基于保守考虑，该可行性分析将销售价格定为 12 500 元/平方米。

③ 写字楼、商务公寓。该项目写字楼、商务公寓定位于中高档，并注重智能化配置，以吸引广泛 IT 行业，根据滨海市场预测价格并综合考虑，销售价格定位于 15 800 元/平方米（均价），出租价 5 元/（平方米·天）。

市场分析结论：该项目地处滨海市中心区繁华路段及 KJS 交通枢纽，具有区位优势。鉴于

第 4 章　投资项目市场与拟建生产规模及厂址选择分析

滨海市的经济发展与城市建设具有良好预期，只要项目经营者正确把握市场导向，根据市场环境适时调整经营战略，市场前景是比较乐观的。

**【案例点评】** 作为城市基础设施项目的一种类型，该案例给出的是一个关于特定区域交通运输项目的市场分析与研究的情况说明，其中因为拟建的 KJS 枢纽项目涉及的附属配套工程较多，又是在老城区以新建和综合改造为主考虑项目拟建的，其市场前景不易直接看出，故在进行项目前期可行性分析的过程中，须先对项目所在地滨海市的市场状况，特别是 KJS 枢纽地区的市场状况进行综合的市场分析，才能使该地区市场需求的前景清晰起来，以确定拟建项目的市场需求与目标市场定位。这是该案例的重要特点和典型意义所在。

对城市基础设施中的交通运输项目而言，虽然影响项目投资的因素很多，但最主要的还是运输量的需求和工程项目社会评价中"项目周期"模式在项目识别、准备、评估、实施及后评价各阶段具体内容的要求。其中，以综合反映项目所在地市场容量的关键因素之一是有关市场需求发展趋势的内容，它在很大程度上决定着投资方向的选择。为此，该案例做了较为系统、全面的分析论证。特别是对拟建的 KJS 枢纽项目涉及的较多附属配套工程（如商场、酒店、写字楼和商务公寓等），通过构建数学模型进行的预测，从理论依据上得出了该地区未来 5 年中高档酒店市场和写字楼、商务公寓市场的需求量预测值，从而说明了该枢纽项目中有关人口与生活水平、经济结构变动情况等对拟建项目未来运量可能产生影响的几个关键因素的效果，具有较强的可操作性、依据性和重要的参考价值。

需要说明的是，有关在可行性分析中对市场分析与预测运用数学方法（通常使用较多的是社会经济统计的方法）来阐明需求情况的报告，是进行市场研究最有说服力的科学方法，是一种较高水平的研究成果表达形式。它避免了定性分析中不确定性人为因素对未来预测结果可能产生的干扰，强调了严谨、科学和理性的思维过程，其量化的结果再结合定性分析的说明可极大地增强市场分析结论的科学性和说服力，值得推广和借鉴。但此方法的应用难点在于对可行性研究分析人员素质的要求更高，特别是在其理论基础的准备与积累方面。

### 链接——案例 4-3

#### 项目经济合理生产规模的确定方法

假设西部 Q 市场对 W 产品的需求量是 6 000 台，其固定成本是 8 000 元，销售单价是 5 元/件，可变成本是 3.4 元/件和 4.43 元/件，若不考虑可变成本随产量不同而变（见表 4-8），试用盈亏分析法计算 W 产品的经济合理生产规模。若考虑到工厂的最小生产规模（起始规模）为 1 000 台，根据建厂条件有三种可行的建设方案——建立 3 个年产 2 000 台或 2 个年产 3 000 台或 1 个年产 6 000 台生产规模的工厂，各方案所需费用如表 4-9 所示，试确定其经济合理生产规模的建厂方案。

表 4-8　经济合理生产规模计算　　　　　　　　　　　　　　　　单位：元

| 产量 (Q) | 单位成本 固定 (f) | 单位成本 可变 (V) | 单位成本 合计 | 总成本 (C) 固定 (f) | 总成本 (C) 可变 (V) | 总成本 (C) 合计 | 单价 (P) | 销售收入 (S) | 利润 |
|---|---|---|---|---|---|---|---|---|---|
| 1 | 2 | 3 | 4=2+3 | 5 | 6 | 7=5+6 | 8 | 9=1×8 | 10=9-7 |
| 0 | | | | | | 8 000 | | | |
| 2 000 | 4 | 6 | 10 | 8 000 | 12 000 | 20 000 | 5 | 10 000 | −10 000 |
| 4 000 | 2 | 4.03 | 6.03 | 8 000 | 16 120 | 24 120 | 5 | 20 000 | −4 120 |
| 5 000 | 1.60 | 3.4 | 5.0 | 8 000 | 17 000 | 25 000 | 5 | 25 000 | 0 |

续表

| 产量 (Q) | 单位成本 固定(f) | 单位成本 可变(V) | 单位成本 合计 | 总成本(C) 固定(f) | 总成本(C) 可变(V) | 总成本(C) 合计 | 单价 (P) | 销售收入 (S) | 利润 |
|---|---|---|---|---|---|---|---|---|---|
| 1 | 2 | 3 | 4=2+3 | 5 | 6 | 7=5+6 | 8 | 9=1×8 | 10=9-7 |
| 6 000 | 1.33 | 3.145 | 4.475 | | 18 850 | 26 850 | | 30 000 | +3 150 |
| 8 000 | 1.00 | 3.065 | 4.065 | | 24 520 | 32 520 | | 40 000 | +7 480 |
| 10 000 | 0.80 | 3.14 | 3.94 | 8 000 | 31 400 | 39 400 | 5 | 50 000 | +10 600 |
| 12 000 | 0.67 | 3.455 | 4.125 | | 41 460 | 49 460 | | 60 000 | +10 540 |
| 14 000 | 0.57 | 4.43 | 5.00 | | 62 000 | 70 000 | | 70 000 | 0 |

表 4-9 不同生产规模工厂建厂方案费用对比

| 各项费用指标 | 计算单位 | 方案 三厂方案 | 方案 二厂方案 | 方案 单厂方案 |
|---|---|---|---|---|
| 生产规模 | 台/年 | 2 000 | 3 000 | 6 000 |
| 总投资 | 万元 | 2 400 | 3 000 | 3 600 |
| 部门(行业)投资效果系数 | — | 0.12 | 0.12 | 0.12 |
| 单位产品投资 | 元 | 4 000 | 5 000 | 6 000 |
| 单位产品生产成本 | 元 | 5 000 | 4 800 | 4 600 |
| 单位产品平均运销费用 | 元 | 600 | 700 | 800 |
| 单位产品总成本 | 元 | 5 600 | 5 500 | 5 400 |

确定 W 产品经济合理生产规模建厂方案的解题过程如下。

(1) 用盈亏平衡法确定合理经济规模的范围。根据题意：

$$Q_A = f \div (P-V) = 8\,000 \div (5-3.4) = 5\,000 \text{（件）}$$

$$Q_B = f \div (P-V) = 8\,000 \div (5-4.43) = 14\,000 \text{（件）}$$

由图 4-5 和表 4-8 可知，盈亏平衡规模的最小产量是 5 000 件，最大产量是 14 000 件，最优规模为 10 000 件，而其经济合理规模在 8 000～12 000 件。

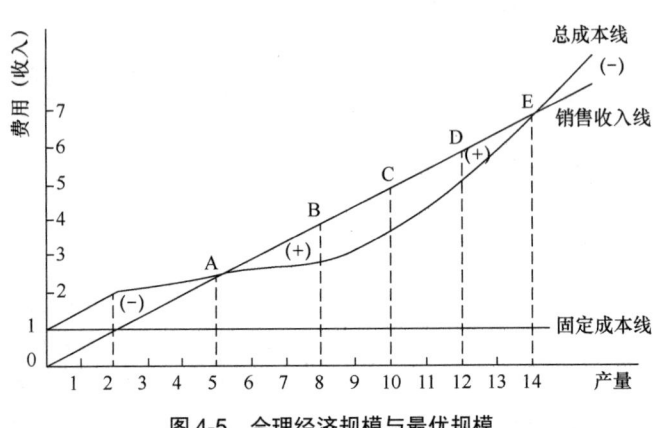

图 4-5 合理经济规模与最优规模

(2) 用最小费用法确定经济合理生产规模的建厂方案。根据题意，在不考虑运输与销售费用的情况下，各方案的年计算费用如下。

三厂方案：$A_1$=单位产品生产成本+单位产品投资×部门(行业)投资效果系数(投资回收期的倒数)=5 000+4 000×0.12=5 480（元）

二厂方案：$A_2$=4 800+5 000×0.12=5 400（元）

单厂方案：$A_3$=4 600+6 000×0.12=5 320（元）

结果表明，建设单厂的方案年计算费用最小，为最优方案。

若考虑运输与销售费用，各方案的年计算费用如下。

三厂方案：$A_1$=单位产品生产成本+单位产品平均运销费用+单位产品投资×部门（行业）投资效果系数（投资回收期的倒数）=5 000+600+4 000×0.12=6 080（元）

二厂方案：$A_2$=4 800+700+5 000×0.12=6 100（元）

单厂方案：$A_3$=4 600+800+6 000×0.12=6 120（元）

从上述计算可知，单厂方案建设费用最低，若考虑产品主要是内销，即建设三个年产2 000台生产规模的工厂应为最经济合理的方案。

**【案例点评】**确定合理的生产规模是进行投资项目可行性分析与评价工作的一项重要内容。在项目投资前，对拟建项目合理生产规模的确定过程实际上是一个在既定约束条件下（如市场需求基本可确定，这是最基本的要求）及综合考虑各种因素后，应用各种方法使选定的拟建规模尽可能接近最佳规模，以获得合理经济规模的过程。从理论上说，任何建设项目都存在所谓最佳规模。但在实际中，由于种种条件的限制，这种最佳规模往往难以实现，而只能在综合考虑各种因素之后，使选定的拟建规模尽可能接近最佳规模。这种在现实条件下可能实现的经济规模，通常是与产品方案的选择联结在一起的，需要通过多方案比较之后才能初步选定，这就是我们所指的合理经济规模，是一个"适度"合理经济规模的概念。

确定拟建生产规模的方法除前面理论要点所述的两类外，在实际应用过程中有很多，有些还在不断地创造中。主要常用的是设计分析人员按目前国内外同类或类似企业的经验数据、同时兼顾制约生产规模的各种因素来选择项目拟建规模的经验分析法；先按项目产品是否内销和有无进口品替代或产品可替代进口品以及项目生产的产品可出口三种情况，通过确定项目的起始生产规模，再确定最大的生产规模后，最终确定合理生产规模的分步计算法（三步确定法）；再就是用得最多的线性盈亏分析法、净现值指数法、最小费用法和净年值法与线性规划法等。本案例具体应用说明的是选择其中盈亏平衡法和最小费用法来分别确定有关项目的合理经济规模。

对有关项目在其最终形成企业规模做具体划分时，读者可参照中国建筑工业出版社2015年版《项目市场需求管理与建设条件分析》中所列《我国中小微型企业的划型情况（2011-07标准）》酌处。有关内容详见表4-10。

表4-10 国内中小微型企业划型简表（2011-07标准）

| 序号 | 所属行业 | 一般划型标准（依据） ||| 具体分类标准 ||| 划型企业规模 |
|---|---|---|---|---|---|---|---|---|
| | | 从业人员/人 | 资产总额/万元 | 营业收入/万元 | 从业人员/人 | 资产总额/万元 | 营业收入/万元 | |
| 1 | 农、林牧、渔业 | | | <20 000 | | | ≥500 | 中型 |
| | | | | | | | ≥50 | 小型 |
| | | | | | | | <50 | 微型 |
| 2 | 工业 | <1 000 | | 或<40 000 | ≥300 | 且≥2 000 | | 中型 |
| | | | | | ≥20 | 且≥300 | | 小型 |
| | | | | | <20 | 或<300 | | 微型 |
| 3 | 建筑业 | | <80 000 | 或<80 000 | ≥5 000 | 且≥6 000 | | 中型 |
| | | | | | ≥300 | 且≥300 | | 小型 |
| | | | | | <300 | 或<300 | | 微型 |
| 4 | 批发业 | <200 | | 或<40 000 | ≥20 | | 且≥5 000 | 中型 |
| | | | | | ≥5 | | 且≥1 000 | 小型 |
| | | | | | <5 | | 或<1 000 | 微型 |
| 5 | 零售业 | <300 | | 或<20 000 | ≥50 | | 且≥500 | 中型 |
| | | | | | ≥10 | | 且≥100 | 小型 |
| | | | | | <10 | | 或<100 | 微型 |

续表

| 序号 | 所属行业 | 一般划型标准（依据） ||| 具体分类标准 ||| 划型企业规模 |
|---|---|---|---|---|---|---|---|---|
| | | 从业人员/人 | 资产总额/万元 | 营业收入/万元 | 从业人员/人 | 资产总额/万元 | 营业收入/万元 | |
| 6 | 交通运输业 | <1 000 | | <30 000 | ≥300<br>≥20<br><20 | | 且≥3 000<br>且≥200<br>或<200 | 中型<br>小型<br>微型 |
| 7 | 仓储业 | <200 | | <30 000 | ≥100<br>≥20<br><20 | | 且≥1 000<br>且≥100<br>或<100 | 中型<br>小型<br>微型 |
| 8 | 邮政业 | <1 000 | | <30 000 | ≥300<br>≥20<br><20 | | 且≥2 000<br>且≥100<br>或<100 | 中型<br>小型<br>微型 |
| 9 | 住宿业 | <300 | | <10 000 | ≥100<br>≥10<br><10 | | 且≥2 000<br>且≥100<br>或<100 | 中型<br>小型<br>微型 |
| 10 | 餐饮业 | <300 | | <10 000 | ≥100<br>≥10<br><10 | | 且≥2 000<br>且≥100<br>或<100 | 中型<br>小型<br>微型 |
| 11 | 信息传输业 | <2 000 | | <100 000 | ≥100<br>≥10<br><10 | | 且≥1 000<br>且≥100<br>或<100 | 中型<br>小型<br>微型 |
| 12 | 软件和信息技术服务业 | <300 | | <10 000 | ≥100<br>≥10<br><10 | | 且≥1 000<br>且≥50<br>或<50 | 中型<br>小型<br>微型 |
| 13 | 房地产开发经营 | | <10 000 | <200 000 | | ≥5 000<br>≥2 000<br><2 000 | 且≥1 000<br>且≥1 000<br>或<1 000 | 中型<br>小型<br>微型 |
| 14 | 物业管理 | <1 000 | | <5 000 | ≥300<br>≥100<br><100 | | 且≥1 000<br>且≥500<br>或<500 | 中型<br>小型<br>微型 |
| 15 | 租赁和商务服务业 | | | | ≥100<br>≥10<br><10 | | 且≥8 000<br>且≥100<br>或<100 | 中型<br>小型<br>微型 |
| 16 | 其他行业 | | | | ≥100<br>≥10<br><10 | | | 中型<br>小型<br>微型 |

（资料来源：项目市场需求管理与建设条件分析，王勇等编著，2015年）

# 4.2 厂址选择分析

**【本节理论要点综述】** 在市场和拟建生产规模一定的情况下，对拟投资项目进行生产建设条件的分析是项目自身物质技术条件分析中的基础性关键环节。对项目生产建设条件，要分析和评价拟建项目是否具备建设施工条件和生产经营条件，以确定项目实施过程和投产后能否顺利生产经营。为此需具体分析资源条件，工程地质和水文条件，交通和通信设施条件，环境保护条件，外部协作配套和同步建设条件，以及原材料、燃料和动力供应条件等，而这一切均取决于项目的物质载体——厂址所在的前提条件。故搞好项目的厂址选择对未来项目的建设具有十分重要的基础性作用。

## 1. 厂址及其选择的概念

所谓厂址，也称场址，是指项目物质载体存在于地理时间和空间特征上的具体方位或坐落。工程项目选址分析就是在国家经济布局和区域发展规划的范围内，从几个可供考虑的厂址方案中选择最优厂址方案进行分析评价的过程。它是在项目建设条件方面，通过选择合适的厂址以便从物质基础上解决好项目建设地点与资源和消费需求等各类市场要素间基本关系的有效途径。

## 2. 影响厂址选择的因素与选址原则

（1）一般进行工程项目的选址应考虑的主要因素有自然因素、经济技术因素、社会和政治因素、交通和地理位置因素、市场因素等。

（2）工程项目选址应遵循七大原则：服从规划、满足项目生产经营需要、有利于节约投资、提高效益、安全、合理利用土地和环境保护。

（3）工程项目选址时应注意16个方面的要求：①位置选择；②占地面积；③地形地貌；④地质条件；⑤市场情况；⑥水文；⑦气候条件；⑧原材料供应；⑨能源；⑩动力供应；⑪人力资源；⑫协作条件；⑬环境保护；⑭交通运输；⑮地缘；⑯施工条件。

## 3. 厂址选择的基本方法

（1）一般比选法。通常按要求，在对上述内容进行分析的过程中，对多个厂址选择方案进行工程技术条件和经济条件比较时，可采用方案比较法、综合评分法和最小运输费用法三种基本方法。

（2）常用评价法。考虑到项目自身的特点、原材料资源、市场及运输条件对建厂地区选择、厂址条件和环境的影响、工业基础与地区间均衡的发展和地方财税政策的影响、厂址与投资成本的关系等因素，进行厂址选择可有多种方案的经济评价分析方法，其中较常用的是两种基本方法——方案比较法和评分优选法。其基本程序通常分为四个阶段（见图4-6），即准备阶段、现场踏勘及选址的基础资料收集阶段、厂址方案的比较与论证阶段和编写选址报告阶段，各阶段都有具体的工作内容和要求。

准备阶段 → 现场踏勘及选址的基础资料收集阶段 → 厂址方案的比较与论证阶段 → 编写选址报告阶段

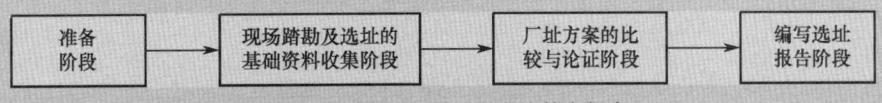

图4-6 确定厂址选择方案的基本程序

## 4. 厂址选择在可行性分析报告中的表述规定

按照编写一般工业项目可行性分析报告大纲的要求，在报告中对厂址选择应反映三个方面的基本内容。

（1）关于厂址所在位置现状的。①地点与地理位置；②厂址土地权属类别；③占地面积；④土地利用现状；⑤技术改造项目对现有场地的利用情况。

（2）关于厂址建设条件的。①地形、地貌、地震情况；②工程地质与水文地质；③气候条件；④城镇规划及社会环境条件；⑤交通运输条件；⑥公用设施社会依托条件（水、电、气、生活福利）；⑦防洪、防潮、排涝设施条件；⑧环境保护条件；⑨法律支持条件；⑩征地、拆迁、移民安置条件；⑪施工条件。

（3）关于厂址条件自身比选的。包括建设条件、建设投资、运营费用三种条件的比选以及推荐的厂址方案。

最后，须附上厂址方案的地理位置图。

## 链接——案例 4-4

### 红光化工厂选址方案比较分析

B 市红光化工集团研制成功一种新的化工产品，准备投资建厂进行批量试验和正式生产，为此需首先进行厂址选择。该集团拟筹建的下属红光化工厂厂址选择有两个备选方案。利用综合评分法对选址方案进行比选分析，其具体过程如下。

（1）确定方案比选的判断因素，如表 4-11 所示。

表 4-11 红光化工厂选址方案比较

| 判断因素 | 方案甲 | 方案乙 |
| --- | --- | --- |
| 位置选择 | A 市新建工业园区 | B 市市郊 |
| 投资费用 | 7 300 万元 | 5 600 万元 |
| 交通运输 | 距火车站 15km，距高速公路入口 8km | 距码头 36km，距火车站 25km |
| 能源供应 | 设有专用电力设施 | 无专用电力设施 |
| 人力资源 | 周边地区文化教育水平落后，缺乏相关专业技术人才 | 当地文化教育水平较高，相关专业技术人员富余 |
| 用水供应 | 有完备的给水设施 | 无供水管线，需要自设 |
| 企业协作 | 由于该市工业发展水平起步较晚且工业园区成立时间较短，周边缺少规模较大的协作企业 | 该市有比较扎实的工业基础，相关协作企业较多，且规模较大 |
| 三废处理 | 园区内设有污水排放管道 | 需自设污水排放管道 |

（2）根据备选方案的实际条件给出评价分值，如表 4-12 所示。

表 4-12 备选方案各判断因素评价

| 判断因素 | 各判断因素评价分值 ||
| --- | --- | --- |
|  | 方案甲 | 方案乙 |
| 位置选择 | 0.53 | 0.47 |
| 投资费用 | 0.23 | 0.77 |
| 交通运输 | 0.54 | 0.46 |
| 能源供应 | 0.76 | 0.24 |
| 人力资源 | 0.15 | 0.85 |
| 用水供应 | 0.62 | 0.38 |
| 企业协作 | 0.19 | 0.81 |
| 三废处理 | 0.62 | 0.38 |

（3）根据权重求出备选方案的每项评价因素的评价分值，并且汇总得出备选方案的评价分值，如表 4-13 所示。

表 4-13 备选方案评价分值计算

| 判断因素 | 权重 | 各判断因素评价分值 ||
| --- | --- | --- | --- |
|  |  | 方案甲 | 方案乙 |
| 位置选择 | 0.08 | 0.04 | 0.04 |
| 投资费用 | 0.14 | 0.03 | 0.11 |
| 交通运输 | 0.07 | 0.04 | 0.03 |
| 能源供应 | 0.12 | 0.09 | 0.03 |
| 人力资源 | 0.19 | 0.03 | 0.16 |
| 用水供应 | 0.09 | 0.06 | 0.03 |
| 企业协作 | 0.13 | 0.02 | 0.11 |
| 三废处理 | 0.18 | 0.11 | 0.07 |
| 合计 | 1.00 | 0.42 | 0.58 |

注：指标分值等于权重与评价分值的乘积。

（4）根据计算结果进行分析，因方案乙的评价分值高于方案甲，所以应选方案乙。

### 链接——案例 4-5

#### 益智饮品公司投资核桃露罐装生产线项目厂址选择分析（节选）

#### 1. 背景简介

B 市益智饮品有限责任公司拟投资 4 500 多万元，上马年产 6 000 吨核桃露的易拉罐装产品生产线，主要生产以核桃为原料的核桃乳汁。预计年创产值 4 654 万元。可安排 221 人就业，生产过程中有轻微污染，经治理可达到国家规定的环保标准。

#### 2. 项目建设区域投资"软环境"分析

（1）政策环境分析。核桃露项目建设地址，拟设在 B 市西部新城工业开发区内。该区为发展经济制定了一系列招商引资、对外开放政策，加大了服务力度，尤其鼓励支持绿色食品项目。在注册、各项许可、税务登记等方面实行多部门一站式办公，在材料齐全的情况下，7 个工作日即可取得工商执照，6 个工作日即可获得该开发区的土地、供电、规划、供水、建筑、环保等许可手续，并且能够引起政府及有关部门的高度重视。从优惠政策看主要有下述方面：①税收减免。该区规定对于新产品开发项目，从获利年度起免征 3 年所得税，其后 5 年减半征收，同时对其他税种采用财政奖励的办法，予以返还，期限为 5 年。充分利用这些税收优惠，可获取较高的利润。②土地优惠。该开发区在土地使用上，政策优惠。全部土地费用支出只占全部土地开发成本的 60%左右，这样每亩土地使用费仅 13 万元（使用期限 50 年），可节省土地投资。③收费优惠。该区对入驻开发区企业实行统一联合收费制度，各项行政事业收费标准控制在销售额的 2%以下，同时该区规定未经开发区许可，任何部门不得入区检查，增大了对入区企业的保护力度。

（2）产业环境分析。①核桃露项目坐落在开发区规划区域内，周边企业众多，尤其是一些高科技企业。中外合资企业、国外独资企业分布在核桃露项目周围，有的仅一墙之隔，涉及机械、电子、仪表、生物制药、建材、广告、纺织、食品等诸多行业。各企业内人才济济，聚集着一大批各行各业的高中级科技与工程技术人员及大量的先进仪器设备。施工与生产中遇到问题能够随时得到帮助与解决，这一条件可以说是得天独厚的。②毗邻企业有很多是搞出口贸易产品生产的，有很强的国际营销能力及广泛的渠道，加强同其合作，有利于迅速打开出口渠道与市场。③核桃露项目处在该区林业部门规划开发的核桃生产基地范围内。这种"公司+基地"的经营模式，使产品加工与原料生产联系紧密，有利于原料产品质量的提高与原料产品的运输和储存。

（3）社会人文环境分析。核桃露项目建设地址所在区域曾是 B 市工业基地，传统工业较为发达。近年来由于产业结构调整，减员增效，出现了大批下岗职工，可以为该项目的生产提供大量的人力资源。而且该行政区内有技工学校、职业学校多所，有十分优越的培养人才的条件。

由于该项目所属区域是工业基地，工业文明发达，人们容易接受新的经营理念和先进的管理经验，为该项目品牌的打造、形象树立和企业文化的塑造提供了十分有利的人文条件。

（4）融资环境分析。该项目所在区域的金融业较为发达，有各种金融机构不下几十个，实力雄厚的企业也较多，有较好的融资、拆借条件，并且结算、汇兑方便，金融环境较好。

#### 3. 项目具体选址分析

核桃露项目建设具体位置经过初步现场踏勘与分析，拟选在开发区平安路与时代路交界处十字路口的东北侧，该处可利用规划用地 34.6 亩（23 050m²），能够满足项目需要。具体条件分析如下：

（1）必要条件分析。

① 地形地貌条件。项目建设地址地形平坦开阔，原为耕地。地面经开发区工程治理，已具备施工建设条件，无须任何处理。

② 土地面积条件。该土地面积的分割按照开发区的统一规划，形状规则方正，呈东西走向，东西长210m，南北宽110m。除完全满足项目需要外，还留有一定面积的空余，以备将来扩建之用。

③ 地理位置条件。A. 给排水距离。核桃露项目因用水量较大，项目建设地址要求有良好的供水条件和排水条件，所以必须有良好的水体来源。选在该地址还考虑到原土地耕种时处有一灌溉用的深井，地下水源较为充沛。该地址东侧100m处原为沙石场，为挖沙取土之地，形成了直径约为0.5km、深度约为20m的大沙坑，并且附近无居民区，可供排放废水之用，因而该地址能够满足项目给排水的要求。B. 安全条件。该地址虽然位于YD河西岸不足200m处，但YD河坝基坚固，可抵御百年不遇洪水，所以不用考虑防洪要求。该地址附近无易燃、易爆、有毒气体及无机污染源，并且地上和地下无杆塔和预埋缆线，地下管网障碍较少，施工较为简便。

④ 地质条件。经挖深坑探查，该地址地层2m以上为黏土、2m以下为冲积沙砾土，能满足项目建设需要，无须特殊处理。

⑤ 能源动力条件。A. 电力供应条件。该项目由新城开发区110V电站供电，完全能满足要求。厂区南侧有东西向跨越10kV高压线缆，可直接接线，无须架设高压线，供电条件良好。B. 燃料供应条件。两台蒸汽与热水锅炉，年耗煤量约为1 200t。该区是无烟煤产区，所以燃煤供应不成问题。

⑥ 水源条件。该地址有两处供水来源：一是管网供水，二是井水汲取。生产经营中可交叉使用两者，能够满足工艺需要。

⑦ 交通运输条件。该项目原料与产品主要通过汽运，该开发区公路密集、运输方便，距该地址3km处为铁路货运站，可用于远途发运。

⑧ 环保要求条件。核桃露项目对粉尘有较高要求，该地址附近无浮尘源，空气净化度较高，无须防尘特殊处理。该项目所排废水含大量淀粉，夏季可能造成恶臭，经填埋处理可减轻危害程度，附近无居民居住，对环境影响不大。

（2）充分条件分析。核桃露项目所选地址位于新城开发区内，该开发区固定电话安装便利。移动通信效果好，计算机联网简便，有良好的通信条件，生活服务设施配套齐全，气候条件良好，外围环境好，是生产饮料产品的理想之地。

（3）项目建设地址选择决策。经过上述必要与充分条件的分析，同时又对该项目备选方案信安镇安阳村项目地址进行了对比和损益值计算。最后决定，尽管备选方案的一次性投资较小，但经营费用过高，所以选定新城开发区内的项目建设地址为最终方案。

# 第5章

# 投资项目生产技术条件分析

【本章提示】在市场基础和厂址一定的条件下，需对拟投资项目的物质生产条件做进一步的建设技术分析，这是项目可行性分析的具体要求。如何将拟议中的项目通过工程技术手段从无形的观念形态变为有形的可操作实物，从而最终达到实现项目生产运营制造出产品的目的，这是进行投资项目生产建设条件分析时必须解决的基本问题。本章结合案例就其中涉及的有关工艺技术、机器设备、方案设计与实施计划和进度安排等方面的内容，按项目物质技术条件分析的基本要求进行了较全面的介绍。

【本章理论要点综述】

### 1. 相关概念与分析的基本原则

（1）生产技术条件是实现项目目标的物质手段，是将观念形态的项目目标转化为实际成果的物质载体。进行有关生产技术条件的分析就是要找出将项目目标转化为实际物质成果时，其转变过程中具体、有效的载体系。鉴于这样的转变（化）载体体系通常可以有多个途径或方案，故需进行必要的比选。

（2）工程项目技术方案分析的主要内容：对生产工艺、设备选型和工程设计方案进行分析评价。

（3）技术方案分析应遵循的三个原则：先进适用、经济合理与安全可靠。

### 2. 工艺方案的概念

工艺方案是指为生产某种产品所采用的工艺流程和制造方法，它是技术分析内容的核心。

（1）进行工艺选择的思路：需考虑其可靠性、合理性、经济性、对产品质量的保证程度及与原材料的适应性等因素。

（2）一般可获得工艺技术的六大基本途径：技术许可证交易、工艺技术的成套购买、许可证持证者参与合资经营、技术人才的引进、成套设备的购买和委托合作开发。

### 3. 设备和工艺的关系及其选择

设备和工艺相互依存。工业项目的设备通常包括生产设备、辅助设备和服务设备三大类。

（1）设备选择分析的基本方法，需从四个方面加以分析：设备生产能力配置、设备间的配套性、对产品质量的保证程度和经济合理性。

（2）分析设备经济合理性的两种常用方法。

① 最小费用（或称年费用）法。通过计算各方案等额年费用来比选出费用最小的方案为最优的方法。

②费用效率分析法。通过计算各方案中设备系统效率与设备生命周期总费用两因素的比率（费用效率=系统效率÷生命周期总费用）再进行方案间最优比选的方法。此费用效率作为设备的运营效益，既可表示为易于计量的产量、销售收入等单一要素指标，也可表示为难以计量的各种功能，如启动性、舒适性和灵活性等。

计算费用效率时有两个需注意的要点：①用单一要素指标计算系统效率时可直接使用定义公式；②用单项要素作为系统效率时，则要先确定各单项要素所占系统比重，再用要素权重与要素得分的乘积算出各要素的权重值，之后汇总各设备选型方案的要素权重值作为系统效率，才能最后计算和比选出各方案的费用效率。

### 4. 项目工程设计方案分析的内容与要求

（1）分析内容：包括项目总平面设计（常以一定比例绘制的项目总平面图表现）方案分析、项目建筑工程设计方案分析。

（2）分析要求：对项目总平面设计方案进行分析时，重点应关注总平面图布置的合理性，如工艺流程的顺畅、国土与城市规划的要求、布置的紧凑与运营场内外运输的要求、安全卫生状况与节约用地、节约资源和经济合理等；对项目建筑工程设计方案进行分析时，主要看项目建筑工程设计方案中建筑物的空间平面布置和楼层高度适应工艺设备需要的情况，以及施工方案、顺序、进度等施工组织设计的内容，并按国家标准定额估算主要工作量。

### 5. 项目实施——项目从确立到建成交付具体过程的实际操作活动

（1）实施阶段的划分：项目实施一般可划分为任命实施工作小组、组建公司、政府或投资者批准、筹资、项目管理和组织、技术引进和转让、详细的工程设计和签约、建筑施工和安装、物资供应和服务、产前推销和验收交工等阶段。

（2）项目实施进度计划常用的两种基本方法。①甘特图（又叫横道图、施工进度表、条线图或道尔顿图，见图5-1）；②网络图（分两种表现形式：PERT法——计划评审技术和CPM法——关键路径法）。

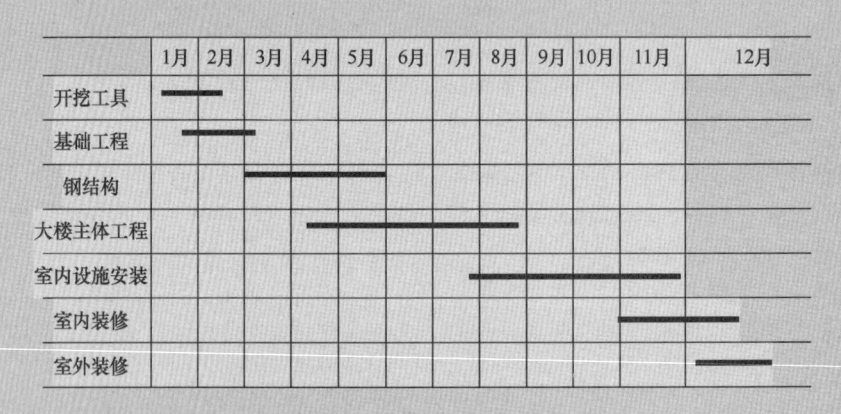

|  | 1月 | 2月 | 3月 | 4月 | 5月 | 6月 | 7月 | 8月 | 9月 | 10月 | 11月 | 12月 |
|---|---|---|---|---|---|---|---|---|---|---|---|---|
| 开挖工具 | | | | | | | | | | | | |
| 基础工程 | | | | | | | | | | | | |
| 钢结构 | | | | | | | | | | | | |
| 大楼主体工程 | | | | | | | | | | | | |
| 室内设施安装 | | | | | | | | | | | | |
| 室内装修 | | | | | | | | | | | | |
| 室外装修 | | | | | | | | | | | | |

图5-1 新建华科大厦施工项目甘特图

（3）项目实施的时间安排（确定两图示法的操作步骤），通常分为三个步骤：①计划者确定实施中各项任务的逻辑顺序；②计划者分析具体的任务如何完成；③分析人员建立实施时间表，明确项目实施开始时间和持续时间，明确每一项活动和任务在整个实施计划中的位置和时间。

## 链接——案例 5-1

### A 市新建第二污水处理厂项目工艺技术与工程设计方案（节选）

**1. 项目背景**

海西地区中心城市 A 市因工业生产发展和人口的迅速聚集污水处理量剧增。为此，在保留（和提高）原第一污水处理厂污水处理能力不变的前提下，拟抓紧筹建 A 市第二污水处理厂，以缓解污水量剧增与处理需求不足之间的矛盾。在此，采用何种污水处理技术和工程设计方案，以及项目实施后的环保与社会效益如何，成为影响 A 市城市基础设施建设项目进行前期物质技术条件分析的关键环节。

**2. 污水处理技术**

1) 第二污水处理厂工艺方案的选择原则。①技术成熟，处理效果稳定，保证出水水质达到规定的排放要求。②运行管理方便，运转灵活，并可根据进水水质的变化调整运行方式和工艺参数，最大限度地发挥处理装置和构筑物的处理能力。③选定的工艺技术及设备要因地制宜，便于养护维修，运行可靠，有一定的先进性。④便于实现工艺的自动控制，提高管理水平，降低劳动强度和人工费用。⑤合理衡量工艺方案的技术经济性，严格控制建设投资和运行费用。

2) 污水处理工艺方案比选。

（1）污水处理基本流程。

根据出水水质要求，处理流程为具有除磷脱氮功能的城市污水二级处理工艺。

一般情况下，城市污水二级处理的工艺流程包括预处理段、一级处理段、二级处理段和污泥处理段。

预处理段通常包括粗、细格栅，提升泵房和沉沙池，这是污水处理厂必备的工段。在该工程方案选择中，各个方案的预处理段单元构筑物及设备是相同的。

一级处理段通常指初次沉淀池。污水经初沉后，SS 可降低约 50%，$BOD_5$ 可降低 20%～30%，但对 $NH_3-N$ 和 T-P 的去除很少。因大部分 SS 为非挥发性 SS，这部分 SS 大量进入生化处理系统将不利于生化处理。根据进水水质，SS 为 200 毫克/升，$BOD_5$ 为 150 毫克/升，$BOD_5$ 量不高，属中偏低，一级处理需去除的主要对象是无机 SS，所以，设一级处理构筑物预沉池。

关于污泥处理，建设部、国家环保总局、科技部于 2000 年 5 月联合发布的《城市污水处理及污染物防治技术政策》中，要求"日处理 10 万立方米以上的污水二级处理设施产生的污泥，宜采取厌氧消化工艺进行处理，产生的沼气应综合利用"。据此，该工程设污泥厌氧消化稳定构筑物，以达到污泥稳定和污水指标。

综上所述，第二污水处理厂总体工艺流程包括预处理段、一级处理段、二级生物处理段、污泥消化处理段。

该工程工艺方案的选择论证将重点放在二级生物处理的工艺方案上。

根据对被处理污水除磷脱氮的需要，该报告对传统厌氧/缺氧/好氧工艺（A/A/O 工艺）与连续环形生物反应池两种方案进行比选。

（2）方案概述。

① 方案一：传统 A/A/O 工艺。该工艺具有除磷脱氮的功能。工艺流程由厌氧段、缺氧段和好氧段串联而成。污水先进入厌氧段，活性污泥中有些细菌具有在厌氧条件下释放污水中的磷在好氧条件下将其吸收的特点，通过剩余污泥的排放将磷排出系统。污水接着进入缺氧段，在其中进行有机物的初步降解和硝酸盐的反硝化。然后进入好氧段进行有机物的进一步降解和

氨氮的硝化。部分污泥回流至厌氧段与进水混合，好氧段末端的混合液回流至缺氧段，以提供其足够的硝酸盐，进行反硝化、脱氮，保证生物除磷的效果，降低出水中的总氮。剩余污泥进入带预浓缩的脱水机房。

传统 A/A/O 工艺可用于要求污水硝化/反硝化的情况。

传统 A/A/O 工艺流程方框图（略）。

② 方案二：连续环形生物反应池。二级生化处理采用在连续环形生物反应池基础上，MLSS 由外回流改成内回流的工艺，根据池形特点称为 OCO 反应池。该工程反应池和终沉池采用集约化设计，以减小用地面积，降低水头损失并简化了终沉池的污泥回流。

污水处理工艺流程如图 5-2 所示。

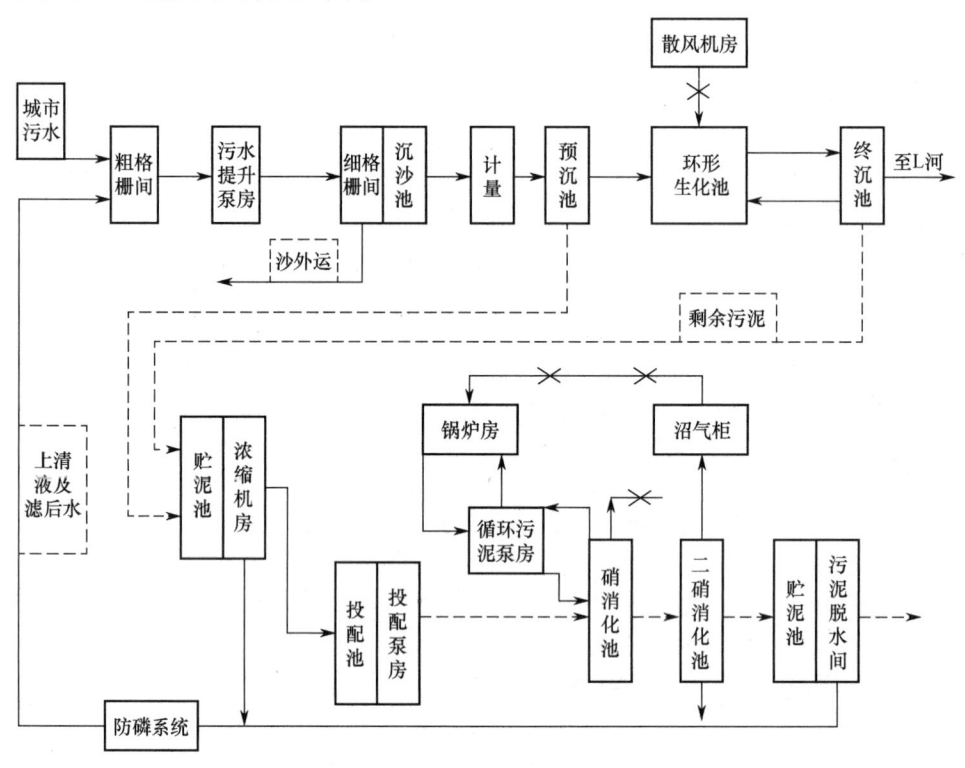

**图 5-2　新建第二处理厂的污水处理工艺流程**

改良连续环形生化池的工况基本上是以 A/A/O（通过改变各区的 DO 也可以 A/O）方式运行。实际上是带厌氧段的三沟式连续环形反应池（ORABL 氧化沟）改良演变而成。反应池的环流和完全混合的反应条件使其具有强大的缓冲能力，使处理耐冲击而稳定。反应池采用鼓风机供氧，池深比用机械充氧的要大，用地要少，氧利用率高。同时，用水下推流器和混合器完成环流与混合。

改良连续环形生化池是在中间环上打开一个大缺口，把原来的三圈环形池形改用 O+C+O 池形，在开口区组成一个混合区，根据水质情况，在这个混合区完成调配流量，完成池内混合液的回流。

具体运行工况如下：污水和回流污泥进入厌氧段，进行磷的释放后，混合液进入缺氧段进行反硝化和正常好氧氧化，大部分反硝化的 $NO_3^-$-N 由混合后的混合液提供。此后，经缺氧段，混合液进入混合区，在混合区来自好氧段的污水和来自缺氧段的污水进行混合分配。污水再进入好氧段进行磷的吸收后进入终沉池，另一部分再回流至混合区，当反应池内泥龄较长时，在池内 DO 大于 0.8mg/L 的区段都有硝化发生，但在好氧段由于 DO 控制值达到 2.0mg/L，所以最为强烈。混合液经好氧区后以渠道形式进入终沉池，清浊分流。沉淀后的污泥由污泥回流管直接进入生化池的厌氧段，沉淀水流出。

（3）生物处理系统比较。

方案一：传统A/A/O生物处理系统。

① 传统A/A/O曝气池。钢筋混凝土矩形池4座，有效水深6m，总停留时间8.7h，其中，厌氧区1.3h，缺氧区2.2h，好氧区5.2h。混合液回流比$R_1$=200%，污泥回流比$R_2$=100%，中微孔曝气管充氧，需空气量620m³/min。

② 终沉池。圆形钢筋混凝土结构，$D$=42m，8座，池边有效水深4m，总高5m，表面负荷$q$=0.8m³/(m²·h)，停留时间$t$=5h。

③ 污泥回流泵井。圆形钢筋混凝土结构，$D$=16m，2座，有效水深6.5m。

方案二：环形生化池生物处理系统。

① 环形生化池。环形钢筋混凝土结构，6座，$F$=2110平方米/座，有效水深6m，总停留时间8.7h，其中，厌氧区1.3h，缺氧区4.9h，好氧区2.5h。污泥回流比$R_2$=100%。

② 终沉池。圆形钢筋混凝土结构，$D$=48m，6座，池边有效水深4m，总高4.5m，表面负荷$q$=0.8m³/(m²·h)，停留时间$t$=5.2h。

（4）方案比较。以下将对两个比选方案从主要构筑物及技术、经济、运行管理方面进行比较。

① 构筑物及设备比较（见表5-1）。

表5-1 构筑物及设备比较

| 构（建）筑物名称 | 尺寸 | 结构形式 | 单位 | 数量 | 主要技术参数 | 主要设备 设备名称 | 主要设备 规格性能 | 单位 | 数量 | 备注 |
|---|---|---|---|---|---|---|---|---|---|---|
| 方案一：传统A/A/O生物处理系统 ||||||||||||
| 传统A/A/O曝气池 | 略 | 略 | 略 | 略 | 略 | 略 | 略 | 略 | 略 | 略 |
| 终沉池 | 略 | 略 | 略 | 略 | 略 | 略 | 略 | 略 | 略 | 略 |
| 污泥回流泵井 | 略 | 略 | 略 | 略 | 略 | 略 | 略 | 略 | 略 | 略 |
| 方案二：环形生化池生物处理系统 ||||||||||||
| 环形生化池 | 略 | 略 | 略 | 略 | 略 | 略 | 略 | 略 | 略 | 略 |
| 终沉池 | $D$=48m $H$=4.5m 池边有效水深4m | R.C | 座 | 6 | 略 | 吸刮泥机 剩余污泥泵 污泥界面计 DO仪 | $D$=48m $Q$=176m³/h，$H$=15m，$N$=2.5kW 0~4m 0~8mg/L | 台 台 台 台 | 6 12 6 6 | 6用6备 |

② 技术比较（见表5-2）。

表5-2 技术比较

| 比较项目 | 方案一（传统A/A/O生物处理系统） | 方案二（环形生化池生物处理系统） |
|---|---|---|
| 工艺技术 | | |
| 工艺 | 先进、成熟 | 先进、成熟 |
| *国内应用 | 20世纪80年代末开始 | 尚无应用 |
| *国外应用 | 广泛应用 | 主要在北美、南美、亚洲少 |
| *处理程度 | 去除率83%~90% | 去除率83%~90% |
| *有机物 | 去除率≥40% | 去除率≥40% |
| 氮 | 去除率≤85% | 去除率≤83% |
| 磷 | 城市污水要求去除有机物并对除磷脱氮有较高要求时适用 | 城市污水要求去除有机物并对除磷脱氮与较高要求时适用 |
| *适用性 | | |

续表

| 比较项目 | 方案一（传统 A/A/O 生物处理系统） | 方案二（环形生化池生物处理系统） |
|---|---|---|
| 运行管理 | — | — |
| 效果 | 稳定 | 稳定 |
| 有效工况调整 | 范围小 | 灵活，范围大，可 A/O、A/A/O 运行 |
| 构筑物数量、占地 | 较多 | 略多 |
| 能耗 | 较高 | 略低 |
| 设备 | 多，利用率低 | 少，利用率高 |
| 操作管理 | 自动化程度高，对管理水平要求较高 | 自动化程度高，但对工艺系统控制有较高和严格的要求 |

③ 技术经济比较（见表 5-3）。

表 5-3 技术经济比较

| 项目 | | 单位 | 方案一 | 方案二 |
|---|---|---|---|---|
| 用地（远期） | 面积 | 公顷 | 20.9 | 20.1 |
| | 单方指标 | $m^2/m^3$ | 0.696 | 0.670 |
| 工程投资 | 动态投资 | 万元 | 36 823.41 | 35 763.28 |
| | 单方指标 | 元/立方米 | 1 841.17 | 1 788.16 |
| 工程费 | 工程费 | 万元 | 23 333.39 | 22 656.03 |
| | 单方指标 | 元/立方米 | 1 166.67 | 1 132.80 |
| 装机容量 | | kW | 3 736 | 3 500 |
| 电耗 | 总电耗 | 万度/年 | 1 885 | 1 728 |
| | 单位电耗 | 度/立方米 | 0.258 | 0.237 |
| | 年电费 | 万元/年 | 733.11 | 644.51 |
| 污泥量 | | 吨/天 | 278 | 27.8 |
| 药耗（PAM） | 年药剂量 | 吨/年 | 42.9 | 42.9 |
| | 年药费 | 万元/年 | 214.5 | 214.5 |
| 年处理污水总成本 | | 万元/年 | 4 423.38 | 4 239.1 |
| 年经营成本 | | 万元/年 | 2 373.74 | 2 239.31 |
| 单位处理污水总成本 | | 元/立方米 | 0.81 | 0.58 |
| 单位经营成本 | | 元/立方米 | 0.33 | 0.31 |

（5）推荐方案的确定。通过以上数据对比，可以看出两个比选方案的主要区别如下。

① 在投资上，方案一比方案二花费略高的原因：生化池容积虽然相同，但方案一池内的隔墙较多，故投资有所增加；方案一比方案二在流程上增加了集配水井兼回流泵房；方案一终沉池与生化池分区布置增加了管道系统的工程量；方案一的设备略多于方案二。

② 在经营成本上，方案二较低的主要原因：方案二脱胎于 ORBAL 氧化沟供氧发生，控制不同区域的 DO 进行充氧，提高了氧的利用率；方案二省去了污泥提升泵房，污泥直接回流，减少污泥回流的提升水头约 2m，仅这部分每年就节约用电约 53 万度。

③ 在池型上，方案二的环形生化池优于 ORBAL 氧化沟的池型，只在其缺氧区与好氧区之间开了个缺口，运行中只需要通过设在池中的水下搅拌器和推流器的工况调整，就可以改变缺口处的水流条件，进而达到不同的运行工况。当缺口处的水流平直稳定时，运行工况同 ORBAL 通过改变 MLSS 浓度即可适用于常规的 A/O 工艺的运行要求，当通过搅拌器，使开口区水流达到一定的 MLSS 回流时，即可实现更高的 A/A/O 工艺的运行要求。

传统的 A/A/O 生化反应池，缺氧区与好氧区固定，一般在缺氧区不设充氧装置，利用处理过程 MLSS 回流液中的 DO 及 $NO_3$ 中的氧，所以，它受进水水质和处理标准的影响较大，当原污水中的 $NH_3$-N 较低时，缺氧区的利用率就降低。因此，其适用范围较环形生化池小。

我国是发展中国家，城市综合污水的水质变化较大。目前，一般来说，除 SS 指标外，其他指标的浓度都较低，该市的污水水质也是如此。随着城市建设的完善，人民生活水平的提高，污水浓度必然有所提高，对于污水处理标准，也会是一个从低到高的过程，因此，对于污水处理系统，也应要求能适应这一变化。方案二比方案一更具有适用性。

虽然目前国内尚无环形生化池布置的污水处理厂建成，且该市的第一污水处理厂采用的就是传统的 A/A/O 工艺，但通过上述比较，方案二比方案一具有投资和运行费用略低、适用性强的优势，故该项目采用方案二环形生化池方案。

3）污泥处理工艺及污泥处置方案选择。

（1）污泥处理的目的。污泥处理工艺是污水处理厂运行工艺中最重要的组成部分。污水处理产生的污泥必须采用适当的工艺进行处理后，使之达到稳定化和无害化的要求，方可根据有关标准和规定进行处置。

我国现有污水处理设施中，污泥稳定处理设施所占的比例较低，而处理工艺和配套设备完善的比例更低。由于污泥处理设施投资高，一些污水处理厂在建设中将污泥处理部分放在二期工程实施，但由于资金、人员、技术等多方面的原因，二期工程很多得不到落实。形成城市污水处理厂规模不断扩大，而污泥处理远滞后于污水处理的状况。在这种情况下，大量未经稳定处理的污泥没有正常出路，不得不直接排放，在城市垃圾的处理上增加了新的问题，所以对污泥的处理必须给予充分重视。

污泥处理的主要目的：①减少污泥中的有机物，使之稳定化，避免产生二次污染问题；②降低污泥含水率，减少污泥体积，为污泥处置创造条件，减少处置费用；③减少污泥中有害物质，使污泥达到无害化和卫生化的要求；④有利于污泥的综合利用，达到保护环境的目的。

（2）污泥处理工艺的选择。污泥处理方法一般有好氧消化法和厌氧消化法。

好氧消化法是通过对污泥进行较长时间的曝气，使污泥中的微生物处在内源呼吸阶段进行自身氧化。由于污泥中有机物含量较高，采用好氧消化能耗太大，运行费用高，不能回收沼气，故一般较少采用。

厌氧消化法是在无氧、适宜的温度条件下，由兼性菌及专性厌氧细菌降解污泥中的有机物，最终产物是二氧化碳和甲烷气（沼气），从而使污泥达到稳定。国内外长期以来一直使用传统的污泥处理工艺，一般流程为：二沉池污泥→污泥浓缩→污泥消化→污泥脱水→污泥处置。

其中，污泥浓缩、污泥脱水是通过物理方法提高污泥中的固体含量。污泥消化则利用了生物手段使污泥中的有机物分解，从而降低污泥总量。

消化池是利用厌氧发酵的方法来达到污泥稳定的目的，是污泥处理工艺中的关键构筑物。其优点是：①与消化前污泥相比可减少 30% 的体积；②生成的沼气是可利用的能源；③消除了恶臭，改善了污泥的卫生性；④增加了污泥作为肥料的可利用性。

综上所述，该工程推荐污泥处理采用厌氧中温两级消化工艺，使污泥达到稳定。消化温度为 33℃~35℃。消化池总停留时间为 21.6 天，其中，一级消化池 16.2 天，二级消化池 5.4 天。一级消化池采用全池机械搅拌，二级消化池采用浅层机械搅拌；加热方式为池外循环加热，并配套相应的沼气综合利用设施。

（3）污泥最终处置。目前，国内外城市污水处理厂污泥最终处置和利用的方式有还田农用、卫生填埋、焚烧、与城市生活垃圾混合堆肥等（见表5-4）。

根据实际情况，该项目污泥最终处置拟采用两种方法，分别为还田农用及卫生填埋。

## 3. 工程设计方案

（1）推荐工程设计方案。

① 工程内容概述。A 市第二污水处理厂近期建设规模为 20 万 $m^2/d$，$K_z$=1.3。采用推荐方案二（其主要工程内容略）。

表 5-4　污泥处置方式

| 处置方式 | 处理要求 | 处理原理 | 应用 |
|---|---|---|---|
| 还田农用 | 稳定和无害化,机械脱水含固率 20%～30%干污泥 | 按国家标准要求将污泥散到农田后翻耕,可种草、麦等,但不能种植蔬菜和水稻 | 在我国是较现实可行的处置方法,可大量处置污泥,可作为农用肥料,但必须控制有毒、有害物质和重金属 |
| 卫生填埋 | 尽量稳定和无害化,机械脱水含固率 20%～30%干污泥 | 安全填埋场做处置 | 大多数国家污泥处置的主要方法 |
| 焚烧 | 机械脱水含固率 30%干污泥 | 在焚烧厂和灰渣的安全填埋场做处置 | 耗能大、费用高,有二次污染问题要解决,一般很少采用 |
| 与城市生活垃圾混合堆肥 | 机械脱水含固率 20%～30%干污泥 | 堆肥、发酵 | 具有经济、简便、可氧化资源等优点,国外已在应用,国内虽已有应用,但产品出路较难落实 |

② 污水处理部分设计（略）。
③ 污泥处理部分设计（略）。
④ 厂内中水部分设计（略）。
⑤ 自动控制系统设计（略）。
⑥ 建筑设计（略）。
⑦ 结构设计（略）。
⑧ 主要构（建）筑物一览表（略）。
⑨ 引进设备意向及国内配套设备。

由于目前我国在污水处理设备和仪表的制造等方面距离发达国家还有相当大的差距,因此,该项目要引进一批在生产过程中发挥重要作用的、国内目前尚没有生产或技术不够成熟、产品质量有待提高的设备,以便保证污水处理厂的正常运行,同时,达到节能降耗、提高工作效率和自动化管理水平的目的。

本着节省投资的原则,处理过程中也可采用部分技术成熟、质量可靠的国内设备。

拟引进设备和国内配套设备的情况此处略。

（2）总平面布置及公用工程设计。
① 总平面布置设计。A. 布置原则。B. 总平面布置。
② 竖向高程设计。A. 竖向高程设计原则。B. 厂区设计高程。
③ 供电系统设计。A. 电源资料。B. 电源及电压。C. 负荷计算。D. 功率因素补偿。E. 10kV 开关站及 10kV/0.4kV 变配电站的设置（推荐方案）。F. 配电系统接线。
④ 其他公用工程设计。A. 给排水。B. 厂区道路。C. 运输。D. 通信。
⑤ 绿化设计。A. 绿化设计原则。B. 厂区前绿化设计。C. 各类用房周围绿地的设计。

**链接——案例 5-2**

### 用不同系统效率比选最优设备方案的两种费用效率分析法

**1. 方法一：以设备产量为系统效率的单一要素计算费用效率时的费用效率分析法**

若系统效率用"日产量"表示的三类能达到同一目标的设备,它们的各项数据如表 5-5 所示,试用费用效率分析法比较选择最优方案。

根据费用效率定义公式——费用效率等于系统效率占生命周期总费用的比率,计算可得：

A 设备的费用效率=380÷300=1.27

表 5-5  数据

| 设备类型 | 日产量/t | 生命周期总费用/万元 |
|---|---|---|
| A | 380 | 300 |
| B | 335 | 300 |
| C | 335 | 280 |

B 设备的费用效率=335÷300=1.12

C 设备的费用效率=335÷280=1.2

计算结果表明，在同样支出 1 万元费用的情况下，三个设备所获得的效益不同，其中 A 设备最为经济合理。

### 2. 方法二：以单项要素作为系统效率时的费用效率分析法

P 项目设备选型有三种方案，各设备的生命周期费用分别是 A 设备 12 万元，B 设备 11 万元，C 设备 11.5 万元。系统效率由五个单一要素组成，各要素的权重值计算如表 5-6 所示。试用费用效率分析法比较选择最优方案。

表 5-6  资料数据

| 设备类别 | 权重/% | A 设备 效率 | A 设备 得分 | A 设备 权重值 | B 设备 效率 | B 设备 得分 | B 设备 权重值 | C 设备 效率 | C 设备 得分 | C 设备 权重值 |
|---|---|---|---|---|---|---|---|---|---|---|
| 成品率 | 35 | 95% | 9 | 3.15 | 90% | 7 | 2.45 | 93% | 8 | 2.8 |
| 安全性 | 15 | 安全 | 10 | 1.5 | 一般 | 6 | 0.9 | 较安全 | 7 | 1 |
| 耐用性 | 25 | 10 | 6 | 1.5 | 14 | 9 | 2.25 | 12 | 8 | 2 |
| 环保性 | 15 | 良好 | 9 | 1.35 | 一般 | 8 | 1.2 | 一般 | 8 | 1.2 |
| 灵活性 | 10 | 好 | 10 | 1 | 一般 | 7 | 0.7 | 一般 | 7 | 0.7 |
| 合计 | 100 |  | 44 | 8.5 |  | 37 | 7.5 |  | 38 | 7.7 |

根据表 5-6 所列数据和费用效率计算公式，费用效率等于系统效率占生命周期总费用的比率，计算可得：

A 设备的费用效率=8.5÷12=0.71

B 设备的费用效率=7.5÷11=0.68

C 设备的费用效率=7.7÷11.5=0.67

计算结果表明，A 设备最为经济合理。

# 第6章 项目投资估算与资金筹措分析

**【本章提示】** 项目投资估算和资金筹措是进行项目经济效益分析的基础，也是反映项目经济性的一个重要依据。本章通过对项目拟投资总额主要估算思路的介绍及资金筹措方案具体案例进行分析，既说明了构成项目总投资的具体内容与常用的估算方法，又初步阐明了分析资金筹措方案的基本要点。

**【本章理论要点综述】**

### 1. 相关概念

项目建设的总投资是指项目从建设前期准备到其全部建成投产为止所发生的全部投资的总和，是项目建设和投入运营所需的全部资金，包括固定资产、无形资产、递延（或称其他）资产和流动资产。项目总投资估算构成及其资产形成关系如图6-1所示。对新建项目的总投资通常主要由固定资产投资总额和建成投产后所需的流动资金（一种在建设项目投产后维持正常生产经营所需购买原材料、燃料、支付工资及其他生产经营费用等所必不可少的周转资金）两部分组成。

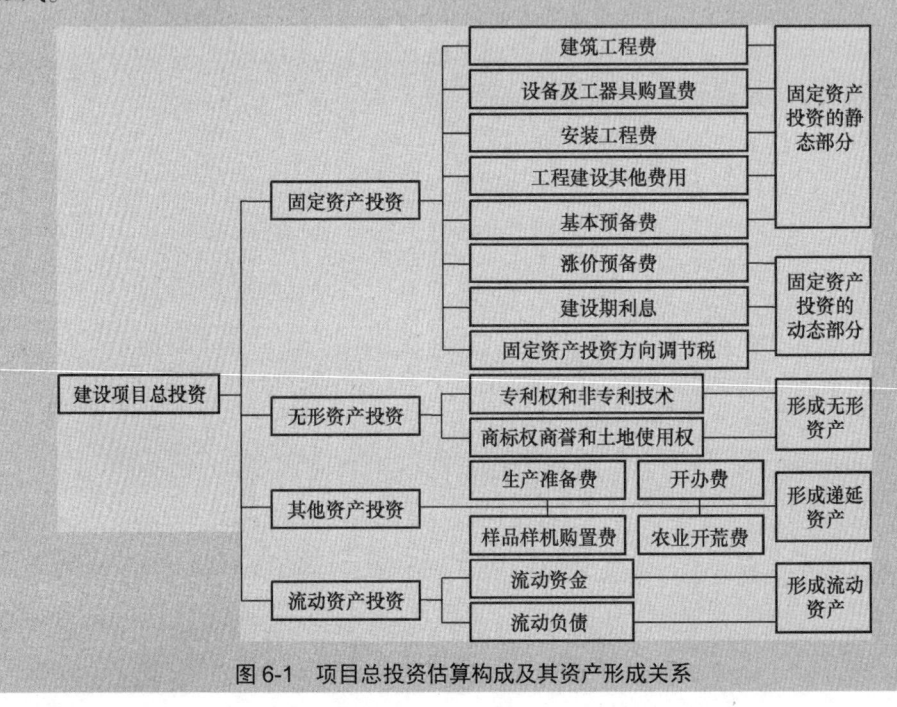

图 6-1 项目总投资估算构成及其资产形成关系

（1）固定资产是指那些在超过一年或超过一个营业期内，资产价值量在规定限额以上、不发生大的实物形态变化的资产。

（2）流动资产是指可在一年内或超过一年的一个营业期里变现或运用的资产，主要由流动资金和流动负债构成。

（3）无形资产是企业能长期拥有或可控制使用而无实物形态、可辨认的非货币性资产，如专利权、商标权、土地使用权、非专利技术和商誉等。

（4）递延资产，也称其他资产，是指除流动资产、长期投资、固定资产、无形资产外的所有不能计入工程成本的其他资产，主要有开办费、员工培训费、生产准备费、农业开荒费和需在生产经营期内分摊的各项递延费用等。

**2. 投资估算的基本内容与方法**

（1）固定资产投资的五种主要估算方法：生产规模指数法、分项比例估算法、资金周转率法、单位面积综合指标估算法和单元指标估算法。

① 固定资产的静态投资部分，由建筑工程费、设备及工器具购置费、安装工程费、工程建设其他费用、基本预备费五项内容构成。

② 固定资产的动态投资部分，包括涨价预备费、固定资产投资方向调节税和建设期利息。

（2）流动资金的两种估算方法。

① 扩大指标估算法。通常以销售收入、经营成本、总成本费用和固定资产投资总额等为基数来计算流动资金占其中的比率。

② 分项指标估算法。这是国际上通用的分项定额估算法，一般利用流动资金等于流动资产减去流动负债的原理，通过分解流动资产和流动负债的具体构成来得到流动资金当年增加额。

**3. 对项目投资估算和资金筹措分析的基本要求**

（1）为使项目能够顺利实施，保证正常的生产经营活动，在项目分析中，通常对总投资构成的完整性、合理性和计算的准确性进行分析，必须把项目总投资应估算的内容考虑周全，通过逐项鉴定分析与评价，核实投资估算的数据，以避免投资失控。

（2）资金筹措的概念与分析要求及内容。

① 所谓资金筹措，是根据项目投资估算的结果，研究落实资金来源和资金筹措方式，从中选择具有资金获取方便、筹（融）资结构合理且条件优惠、使用安全合适、综合资金成本最低和融资风险最小的筹资方案的过程。

② 分析要求与基本内容。在不考虑接受捐赠的情况下，项目建设的资金主要有自有资金和借贷资金两大类，不同的资金来源构成不同的资金筹措方案。对资金筹措方案的分析，一般主要应说明资金来源、资金使用的各个方面，以评价分析资金筹措方案的可行性。它包括筹资结构、资金成本、筹资风险、筹资数量、投放时间的安排与计划等。

**链接——案例 6-1**

### 华新公司对新项目建设总投资的估算分析

华新公司拟建一生产化工产品 OCRT 的项目，年产量为 23 万吨。已知条件如下。

**1. 项目建设实施进度计划**

第 1 年完成投资计划的 20%，第 2 年完成投资计划的 55%，第 3 年完成全部投资，第 4 年投产，当年生产负荷达到设计能力的 70%，第 5 年达到设计能力的 90%，第 6 年达产。项目生产期按 15 年计算。

### 2. 建设投资估算

该项目固定资产投资估算额为 52 000 万元,其中外汇 3 000 万美元(外汇牌价为 1 美元=8.3 元)。该项目无形与递延资产额为 180 万元,预备费用 5 000 万元。按国家规定,该项目的固定资产投资方向调节税税率为 5%。

### 3. 建设投资资金来源

该公司投资该项目的自有资金为 20 000 万元,其余为贷款。贷款额为 40 000 万元,其中外汇贷款为 2 300 万美元。贷款的人民币部分从中国建设银行获得,年利率为 12.48%(名义利率,按季结息)。贷款的外汇部分从中国银行获得,年利率为 8%(实际利率)。

### 4. 生产经营费用估计

达产后,全厂定员为 1 100 人,工资及福利费按每人每年 7 200 元估算。年其他费用为 860 万元。存货占用流动资金估算为 7 000 万元。年外购原材料、燃料及动力费估算为 19 200 万元。年经营成本约为 21 000 万元。各项流动资金的最低周转天数为:应收账款 30 天,现金 40 天,应付账款 30 天。

试进行下列投资估算:
(1)按分项估算法估算流动资金。
(2)估算建设期利息。
(3)估算总投资。

具体分析解题过程如下:

(1)流动资金计算。

① 应收账款=年经营成本÷周转次数=21 000÷(360/30)=1 750(万元);
② 存货=7 000(万元);
③ 现金=(年工资及福利费+其他费用)÷周转次数=(7 200×1 100÷$10^4$+860)÷(360/30)≈137.67(万元);
④ 流动资产=应收账款+存货+现金=1 750+7 000+137.67=8 887.67(万元);
⑤ 应付账款=年外购原材料、燃料及动力费÷周转次数=19 200÷(360/30)=1 600(万元);
⑥ 流动负债=应付账款=1 600(万元);
⑦ 流动资金=流动资产−流动负债=8 887.67−1 600=7 287.67(万元)。

(2)建设期各年应计利息估算(见表 6-1)。

表 6-1 建设期各年应计利息估算

| 银行贷款 | 合计 | 第 1 年(20%) | 第 2 年(55%) | 第 3 年(25%) |
|---|---|---|---|---|
| 国内部分 | | | | 单位:万元 |
| 本金部分 | 20 910 | 4 182 | 11 500.5 | 5 227.5 |
| 利息部分 | 3 629.2 | 273.5 | 1 334.9 | 2 020.8 |
| 本利合计 | 24 539.2 | 4 455.5 | 12 835.4 | 7 248.3 |
| 外汇部分 | | | | 单位:万美元 |
| 本金部分 | 2 300 | 460 | 1 265 | 575 |
| 利息部分 | 238.6 | 18.45 | | 131.3 |
| 本利部分 | 2 538.6 | 4 784 | 1 353.9 | 706.3 |

人民币贷款年实际利率=$(1+12.48\%÷4)^4-1=13.08\%$;则有关利息的计算,可按照下式:

每年应计利息=(年初借款本息累计+本年借款额÷2)×年实际利率

建设期利息=国内银行贷款利息+外汇贷款利息

计算得到：建设期利息=3 629.2+238.6×8.3=5 609.58（万元）。

（3）总投资估算。类似地，对有关投资进行的估算，可按照下式：

① 总投资估算额=建设投资+固定资产投资方向调节税+建设期利息+流动资金；
② 建设投资=固定资产投资+无形与递延资产投资+预备费；
③ 固定资产投资方向调节税=固定资产投资额×税率；
④ 代入有关数据，最后计算得出：

项目总投资=52 000+180+5 000+5 200×5%+(3 629.2+238.6×8.3)+7 333.56=72 723.14（万元）。

### 链接——案例 6-2

#### 海泰公司对拟建新设备与磁疗器项目筹资成本的估算

海泰公司拟投资 9 500 万元，新建微型磁记录设备和磁疗器项目。经主管部门批准，企业采用股份制形式，除发行企业债券集资外，还向社会公开发行人民币个人股。项目长期投资资金构成情况：①向银行申请固定资产贷款 2 500 万元，年贷款利率为 10.8%，并采取担保方式，担保费总额 100 万元，担保期限为 4 年；②发行一次还本付息单利企业债券 1 900 万元，委托某证券公司代理发行，发行费用总额 40 万元，5 年期，年利率 15.5%；③向社会发行个人普通股 300 万股，每股发行价格 12 元，每股股利为 0.9 元，每年预期增长 5%；④接受某海外慈善机构捐赠现金 111 万美元，折合成人民币总额 500 万元；⑤企业保留盈余资金 1 000 万元。

企业建成后的所得税税率为 25%。试问：该项目的综合资金成本是多少？

该案例的具体筹资成本的估算过程如下所述。

第一步：根据上述筹资方案提供的资料，计算各来源渠道的资金成本。

$$K_{贷}=[10.8\%+100\div(4\times2\ 500)]\times(1-25\%)=8.85\%$$

$$K_{债}=[15.5\%+40\times100\%\div(5\times1\ 900)]\times(1+25\%)=11.94\%$$

$$K_{股}=0.90\div12\times100\%+5\%=12.5\%$$

接受捐赠现金的成本，采用债务资金成本法确定。按项目债券资金成本计算，得

$$K_{捐}=11.94\%$$

企业保留盈利成本，采用普通股成本法计算，得

$$K_{盈}=12.5\%$$

第二步：通过分析，计算各项资金占长期投资总额的比重。

$$f_{贷}=2\ 500\div9\ 500\times100\%=26.3\%$$

$$f_{债}=1\ 900\div9\ 500\times100\%=20\%$$

$$f_{股}=300\times12\div9\ 500\times100\%=37.9\%$$

$$f_{捐}=500\div9\ 500\times100\%=5.3\%$$

$$f_{盈}=1\ 000\div9\ 500\times100\%=10.5\%$$

第三步：计算项目加权平均综合资金成本。

$$K=\sum_{i=1}^{n}R_{i}f_{i}=8.85\%\times26.3\%+11.94\%\times20\%+12.5\%\times37.9\%+11.94\%\times5.3\%+12.5\%\times10.5\%=11.4\%$$

最后得出该公司新建微型磁记录设备和磁疗器项目的加权平均综合资金成本为 11.4%。

## 链接——案例 6-3

### EM 企业对新项目筹资方案的分析

EM 企业计划年初的资金结构如表 6-2 所示。普通股票每股面值为 200 元,当年期股息为 20 元,预计以后每年股息增加 5%。该企业所得税税率假定为 33%,并且发行各种证券均无筹资费。

表 6-2　资金结构　　　　　　　　　　　　　　　　　　　　　　单位:万元

| 各种资金来源 | 金额 |
|---|---|
| 长期债券 B,年利率 9%,年股息率 10% | 600 |
| 优先股 P,年股息率 7% | 200 |
| 普通股 C,400 000 股,年增长率 5% | 800 |
| 合计 | 1 600 |

该企业拟上马新项目需增资 400 万元,有如下两个备选方案。

甲方案:拟发行长期债券 400 万元,年利率为 10%,同时,普通股股息增加到 25 万元,以后每年还可增加 6%。

乙方案:拟发行长期债券 200 万元,年利润 10%,另发行普通股 200 万元,普通股息增加到 25 万元,以后每年增加 5%。

试比较甲、乙方案的综合资金成本率,选择最佳的经济筹资方案。

该案例选优的解题过程按如下两种情况进行分析。

(1)采用甲方案,计算企业的综合资金成本率 $K_甲$。

各种资金来源的比重和资金成本率计算如下。

原有长期债券:$f_{B1}=600÷2\,000=30\%$,$K_{B1}=9\%×(1-33\%)÷(1-0)=6.03\%$

新增长期债券:$f_{B2}=400÷2\,000=20\%$,$K_{B2}=10\%×(1-33\%)÷(1-0)=6.7\%$

优先股:$f_P=200÷2\,000=10\%$,$K_P=7\%÷(1-0)=7\%$

普通股:$f_C=800÷2\,000=40\%$,$K_C=25÷200+5\%=17.5\%$

综合资金成本率:$K_甲=30\%×6.03\%+20\%×6.7\%+10\%×7\%+40\%×17.5\%=7.14\%$

(2)采用乙方案,计算企业的综合资金成本率 $K_乙$。

各种资金来源的比重和资金成本率计算如下:

原有长期债券:$f_{B1}=600÷2\,000=30\%$,$K_{B1}=6.03\%$

新增长期债券:$f_{B2}=200÷2\,000=10\%$,$K_{B2}=6.7\%$

优先股:$f_P=200÷2\,000=10\%$,$K_P=7\%$

普通股:$f_C=1\,000÷2\,000=50\%$,$K_C=25÷200+5\%=17.5\%$

综合资金成本率:$K_乙=30\%×6.03\%+10\%×6.7\%+10\%×7\%+50\%×17.5\%=8.88\%$

通过以上计算可以看出,因为 $K_乙>K_甲$,所以应选择甲方案筹资为宜,即甲筹资方案是最佳经济方案。

# 第 7 章

# 投资项目的财务基础数据测算与分析

**【本章提示】** 财务基础数据测算与分析是在经过项目建设必要性审查、生产建设条件分析和技术可行性分析之后,并在市场需求调查、技术方案和规模经济分析论证的基础上,按照合法、真实、准确、可比的"四性"原则,从项目分析的实际要求出发,对与项目有关的各种投入和产出数据进行收集、处理、分析和评价,以得到对项目总体未来经济性的基本把握和初步判断。为此,首先要明确项目财务基础数据测算的原则和分析的基本要求,财务数据的重要性决定了财务基础数据测算必须以科学、严谨的态度认真对待,应遵循合法性、真实性、准确性、可比性原则。财务基础数据测算的主要内容,一般包括项目总投资及资金筹措、生产成本费用的测算、销售收入及税金的估算、利润总额的测算及分配、贷款还本付息测算等。

**【本章理论要点综述】**

**1. 财务基础数据测算与分析的基本概念、作用和分析原则**

(1) 所谓项目的财务基础数据,是指与项目直接相关的各种投入和产出数据的通称。对项目财务基础数据进行测算与分析,即对有关的数据进行去伪存真、去粗取精的收集、计算、分析与评价,以为项目后续经济性的进一步分析和投资风险评价提供基础,是项目可行性经济分析中基础性的中心环节。只有通过财务基础数据的测算与分析,才能为项目的财务效益分析提供必需的财务基础数据,也才能进一步对项目进行财务效益和国民经济效益的分析,它在项目经济性可行与否的分析中起着承上启下的关键作用。

(2) 对财务基础数据进行测算与分析通常应遵循"四性"原则,即合法性、真实性、准确性和可比性。其中,为保证项目方案经济性可比,特别应注意可比性原则中的两个"一致性"要求:①计算方法和口径与现行财务制度一致;②时间和范围上收益与费用的计算口径一致,这是保证项目方案经济性可比的前提条件,也是进行后续财务效益分析和国民经济分析比较的根本基础。

(3) 实现可比性原则中两个"一致性"要求的前提:需按资金时间价值规律将不同时间发生的费用和收益转化为同一时点或同期的费用和收益,以确保投入产出的测算是在同一标准基础上进行的,具有同质的可比性。有关资金时间价值及其等值的计算如表 7-1 所示。

**2. 财务基础数据的测算与分析内容和要求**

(1) 进行测算的内容一般包括五个方面:①对项目总投资及资金筹措;②成本费用;③销售收入及税金;④利润总额及分配;⑤贷款还本付息。

表 7-1　资金时间价值及其等值计算的普通复利公式及其应用

| 普通复利 | | 已知 | 待求 | 基本公式 | 复利系数之间关系 |
|---|---|---|---|---|---|
| 一次支付序列 | 终值 | P | F | $A = P(1+i)^t = P(F/P, i, t)$ | $(F/P, i, t) \times (P/F, i, t) = 1$（互为倒数） |
| | 现值 | F | P | $P = F \times \dfrac{1}{(1+i)^t} = F(P/F, i, t)$ | |
| 等额支付序列 | 年金终值 | A | F | $F = A\left[\dfrac{(1+i)^t - 1}{i}\right] = A(F/A, i, t)$ | $(F/A, i, t) \times (A/F, i, t) = 1$（互为倒数） |
| | 偿债基金 | F | A | $A = F\left[\dfrac{i}{(1+i)^t - 1}\right] = F(A/F, i, t)$ | |
| | 资金回收 | P | A | | $(A/P, i, t) \times (P/A, i, t) = 1$（互为倒数） |
| | 年金现值 | A | P | $P = A\left[\dfrac{(1+i)^t - 1}{i(1+i)^t}\right] = A(P/A, i, t)$ | |

（2）具体要求。测算的结果通常应编制成三大类财务基础数据估算表：①有关固定资产投资和流动资金估算的投资使用计划和资金筹措表；②反映项目投产后生产成本、销售收入、税金和利润估算的损益表等；③反映项目建设期和生产期内资金流动和偿债能力的，如根据前两大类估算结果综合计算得到的还本付息表或资产负债表。其中，以项目投资、成本及销售收入的估算为核心，按一定顺序衔接的各表可构成图 7-1 所示的相互关系图。

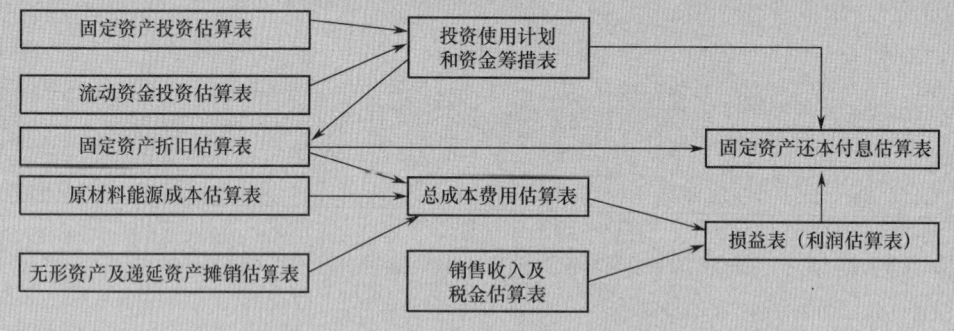

图 7-1　财务基础数据各估算表及其相互关系

### 3. 财务基础数据测算与分析的方法

财务基础数据测算一般分两步：①按投入项目的成本费用与产出的销售收入和税金的不同分别进行；②利润总额与固定资产投资贷款还本付息的测算与分析。

（1）在估算反映项目经营过程资源消耗的成本费用时，其过程是先要根据总成本费用构成方法的不同来分析具体内容，再估算具体费用，故分两种情况。

① 若用制造成本法构成费用，需按构成制造成本的直接费用（包括直接材料费、直接燃料动力费、直接工资和其他直接费，常用单价乘以耗量的方法计算）、制造费用（含折旧、修理、其他制造费用）、期间费用（含管理、财务与销售费用）经简单计算得到其构成。

（制造成本法的成本）费用=直接费用+制造费用+期间费用

② 若是按费用要素划分的成本费用，则需就外购材料费、外购燃料及动力费、工资及福利费、折旧费、摊销费、修理费、利息支出和其他费用逐一按计算公式要求分别计算。

这里，应特别注意计算折旧费的三种基本方法各自具有的基本特点。

A. 直线折旧法（年限平均法）的特点是同一固定资产每年折旧额相同。

B. 工作量法以固定资产完成的工作量（如行驶里程、工作小时、工作台班、生产的产品数量等）为单位计算折旧额，主要用于计算某些专业设备和交通运输车辆的折旧，是一种特殊的直线折旧法。

C. 加速折旧法主要有两种方法。

一是固定资产折旧率逐年递减的年数总和法;二是双倍余额递减法——在不考虑固定资产残值的情况下,用年初固定资产净值乘以2倍直线折旧率以得到年折旧额。它是为使固定资产在使用年限内能够加快得到补偿,在整个固定资产使用年限内,不考虑资金时间价值的情况下,使用前期计提折旧较多而使用后期计提折旧较少,但折旧总额都是一样的,有利于企业的进一步发展。

③ 若是其他成本构成的费用,应包括三类成本。一是经营成本(项目运营期间的生产经营费用);二是按成本与产量变化的关系划分的固定成本和可变成本(含变动成本和半可变或半固定成本);三是其他成本。其中包含:A. 机会成本(一种具有多用途的有限资源因置于特定用途时所放弃的最大收益);B. 沉没成本(以往发生但与当前决策无关的费用);C. 边际成本(每多生产一个单位产量所能产生的总成本增加额),需根据实际情况做出具体估算。

(2) 在估算与分析反映项目销售收入和税金的情况时,应分别进行:

① 对销售收入的估算,通常主要考虑三种情况,如产品销售量、销售单价(包含口岸价格、计划价格、市场价格和自定价格四种可选价格)和销售收入,再按计算公式经简单计算得到。

② 若项目的产品种类较多时,需分别计算每种产品的年销售收入后再做汇总,以求得总销售收入。

③ 对销售税金及附加的分析和估算,重点在于搞清税种、税率及计税额。

一般销售税金涉及的税种有增值税、消费税、增值税、资源税(按《资源税目税额幅度表》执行)、城乡维护建设税(税率标准为农村1%、县城5%、市区7%)和教育费附加(税率3%)。

(3) 测算与分析利润总额和固定资产投资贷款还本付息。

① 项目投产后的利润,除按销售利润、利润总额和税后利润三个层次分别依计算公式估算外,应重点关注两大问题:一是所得税(包括企业和个人所得税)的处理;二是税后利润的分配顺序(应注意一般项目与股份制公司项目在税后利润分配顺序上的差别)。

② 估算国内(外)贷款利息时,应首先搞清还本付息资金的来源,其次按建设期和投产期的不同分别根据计算公式,按五种不同还款方式(如等额利息法、等额本金法、等额摊还法、一次性偿付法或偿债基金法——具体的计算公式及其相互关系见表7-1)分别依计算公式估算国内(外)贷款利息。

## 链接——案例7-1

### D市关于新建P项目的财务基础数据测算与分析

**1. 项目概况**

D市拟新建的P项目年产A产品50万吨,其主要技术和设备拟从国外引进。厂址位于D市近郊,占用农田约30万 $m^2$,靠近铁路、公路、码头,水陆交通运输方便;靠近主要原料和燃料产地,供应有保证;水、电供应可靠。

该项目拟2年建成,3年达成,即在第3年投产,当年生产负荷达到设计生产能力的40%(20万吨),第4年达到60%(30万吨),第5年达到设计产量。生产期按10年计算,加上2年建设期,计算期为12年。

## 2. 项目财务基础数据测算

（1）投资估算与资金筹集。

① 固定资产投资估算。固定资产投资估算（含涨价预备费）为 50 000 万元，其中外汇 2 000 万美元，折合人民币 17 400 万元（按当时官方汇率 1 美元=8.7 元人民币），全部通过中国银行向国外借款，年利率 9%，宽限期 2 年，偿还期 4 年，等额偿还本金。人民币部分（32 600 万元）包括：项目自有资金（资本金）10 000 万元，向中国建设银行借款 22 600 万元，年利率为 9.27%，国内借款建设期利息按复利累计计算到投产后 1 年支付。国外借款建设期利息按复利累计计算到建设期末，与本金合计在一起，按 4 年等额偿还。

② 流动资金估算。流动资金估算为 12 000 万元，其中，项目自有资金为 3 600 万元，向中国工商银行借款 8 400 万元，年利率为 10.98%。3 年投产期间，各年投入的流动资金分别为 4 800 万元、2 400 万元和 4 800 万元。

投资计划与资金来源如表 7-2 所示。

表 7-2　投资计划与资金来源　　　　　　　　　　　　　　　　单位：万元

| 序号 | 项目 | 合计 | 建设期/年 1 | 建设期/年 2 | 投产期/年 3 | 投产期/年 4 | 达产期/年 5 |
|---|---|---|---|---|---|---|---|
| 1 | 总投资 | 53 669 | 23 291 | 30 378 | | | |
| 1.1 | 固定资产投资 | 50 000 | 22 400 | 27 600 | | | |
| 1.2 | 建设期利息 | 3 597 | 819 | 2 778 | | | |
| 1.2.1 | 国外借款利息 | 1 479 | 333 | 1 146 | | | |
| 1.2.2 | 建行借款利息 | 2 118 | 486 | 1 632 | | | |
| 1.3 | 流动资金 | 12 000 | 0 | 0 | 4 800 | 2 400 | 4 800 |
| 2 | 资金来源 | 65 597 | 23 219 | 30 378 | 4 800 | 2 400 | 4 800 |
| 2.1 | 自有资金 | 13 600 | 5 000 | 5 000 | 3 600 | | |
| 2.1.1 | 固定资产投资 | 10 000 | 5 000 | 5 000 | | | |
| 2.1.2 | 流动资金 | 3 600 | | | 3 600 | | |
| 2.2 | 固定资产投资借款 | 43 597 | 18 219 | 25 378 | | | |
| 2.2.1 | 国外借款 当年借款 | 17 400 | 7 400 | 10 000 | | | |
| | 待还利息 | 1 479 | 333 | 1 146 | | | |
| 2.2.2 | 建行借款 当年借款 | 22 600 | 10 000 | 12 600 | | | |
| | 待还利息 | 2 118 | 486 | 1 632 | | | |
| 2.3 | 流动资金借款 | 8 400 | | | 1 200 | 2 400 | 4 800 |

（2）销售收入与销售税金及附加。

① 销售收入（不含增值税）。经分析预测，建设期末的 A 产品售价（不含增值税）每吨为 900 元，投产第 1 年的销售收入为 18 000 万元，第 2 年为 27 000 万元，其后年份均为 45 000 万元。

② 销售税金及附加计算。

A. 增值税。该产品增值税税率为 17%。增值税计算公式为：

$$应纳税额 = 当期销项税额 - 当期进项税额$$
$$= 7\,650 - 1\,925 = 5\,725（万元）$$

$$销项税额 = 年销售收入 \times 17\%$$
$$= 45\,000 \times 17\% = 7\,650（万元）$$

按预测到建设期末的价格（不含增值税）估算，原材料费为 10 000 万元，燃料动力费为 15 000 万元。增值税额合计为 1 925 万元。

B. 城市维护建设税按增值税的7%计取。

$$达产期城市维护建设=5\,725×7\%≈401（万元）$$

C. 教育费附加按增值税的3%计取。

$$达产期教育费附加=5\,725×3\%≈172（万元）$$

销售收入、销售税金及附加估算表如表7-3所示。

表7-3 销售收入、销售税金及附加估算表　　　　　　　　　　单位：万元

| 序号 | 项目 | 合计 | 投产期/年 3 | 投产期/年 4 | 达产期/年 5 | 6 | 7 | 8 | 9 | 10 | 11 | 12 |
|---|---|---|---|---|---|---|---|---|---|---|---|---|
| 1 | 产品销售收入 | 405 000 | 18 000 | 37 000 | 45 000 | 15 000 | 15 000 | 15 000 | 15 000 | 15 000 | 15 000 | 15 000 |
| 2 | 销售税金及附加 | 56 681 | 2 519 | 3 778 | 6 298 | 6 298 | 6 298 | 6 298 | 6 298 | 6 298 | 6 298 | 6 298 |
| 2.1 | 增值税 | 51 525 | 2 290 | 3 435 | 5 725 | 5 725 | 5 725 | 5 725 | 5 725 | 5 725 | 5 725 | 5 725 |
| 2.1.1 | 销项税额（17%） | 68 850 | 3 060 | 4 590 | 7 650 | 7 650 | 7 650 | 7 650 | 7 650 | 7 650 | 7 650 | 7 650 |
| 2.1.2 | 进项税额 | 17 325 | 770 | 1 155 | 1 925 | 1 925 | 1 925 | 1 925 | 1 925 | 1 925 | 1 925 | 1 925 |
| 2.2 | 城市维护建设税（7%） | 3 608 | 160 | 240 | 401 | 401 | 401 | 401 | 401 | 401 | 401 | 401 |
| 2.3 | 教育费附加（3%） | 1 548 | 69 | 103 | 172 | 172 | 172 | 172 | 172 | 172 | 172 | 172 |

（3）产品成本和费用估算。总成本费用估算，在正常年份为23 616万元，其中，经营成本为17 594万元。总本成费用估算表如表7-4所示。

表7-4 总成本费用估算表　　　　　　　　　　单位：万元

| 序号 | 项目 | 合计 | 投产期/年 3 | 投产期/年 4 | 达产期/年 5 | 6 | 7 | 8 | 9 | 10 | 11 | 12 |
|---|---|---|---|---|---|---|---|---|---|---|---|---|
| 1 | 外购原材料 | 90 000 | 4 000 | 6 000 | 10 000 | 10 000 | 10 000 | 10 000 | 10 000 | 10 000 | 10 000 | 10 000 |
| 2 | 外购燃料动力 | 13 500 | 600 | 900 | 1 500 | 1 500 | 1 500 | 1 500 | 1 500 | 1 500 | 1 500 | 1 500 |
| 3 | 工资及福利费 | 10 940 | 1 094 | 1 094 | 1 094 | 1 094 | 1 094 | 1 094 | 1 094 | 1 094 | 1 094 | 1 094 |
| 4 | 修理费 | 25 000 | 2 500 | 2 500 | 2 500 | 2 500 | 2 500 | 2 500 | 2 500 | 2 500 | 2 500 | 2 500 |
| 5 | 折旧费 | 5 000 | 5 000 | 5 000 | 5 000 | 5 000 | 5 000 | 5 000 | 5 000 | 5 000 | 5 000 | 5 000 |
| 6 | 摊销费 | 100 | 100 | 100 | 100 | 100 | 100 | 100 | 100 | 100 | 100 | 100 |
| 7 | 利息支出 | 29 064 | 4 234 | 4 254 | 11 647 | 2 941 | 1 378 | 922 | 922 | 922 | 922 | 922 |
| 7.1 | 长期借款利息 | 21 161 | 4 102 | 3 859 | 10 725 | 2 019 | 456 | | | | | |
| 7.2 | 流动资金借款利息 | 7 903 | 132 | 395 | 922 | 922 | 922 | 922 | 922 | 922 | 922 | 922 |
| 8 | 其他费用 | 25 000 | 2 500 | 2 500 | 2 500 | 2 500 | 2 500 | 2 500 | 2 500 | 2 500 | 2 500 | 2 500 |
| 9 | 总成本费用 | 244 504 | 20 028 | 22 348 | 34 341 | 25 635 | 24 072 | 23 616 | 23 616 | 23 616 | 23 616 | 23 616 |
| 9.1 | 固定成本（9-9.2） | | | | | | | 11 194 | | | | |
| 9.2 | 可变成本（1+2+7） | | | | | | | 12 422 | | | | |
| 10 | 经营成本（9-5-6-7） | 164 440 | 10 694 | 12 994 | 17 594 | 17 594 | 17 594 | 17 594 | 17 594 | 17 594 | 17 594 | 17 594 |

① 工资及福利费估算。全厂定员为2 000人，工资及福利费按每人每年4 800元计算，全年工资及福利费为1 094万元，其中，职工福利费按工资总额的14%计提。

② 折旧估算。固定资产原值为52 597万元，净残值为2 597万元，按平均年限法折旧，折旧年限为10年，年折旧费为5 000万元。

③ 摊销费估算。无形资产为1 000万元，按10年摊销，年摊销费为100万元。

④ 利息支出。A. 固定资产投资借款利息计算（见表7-5）；B. 流动资金借款利息计算。投产第1年（年序3）为1 200×10.98%≈132（万元）；第2年（年序4）为3 600×10.98%≈395（万元）；以后年份为8 400×10.98%≈922（万元）。

（4）利润总额分配估算。

① 利润总额。销售收入与总成本费用估算中均未包括增值税。按是否计算增值税，损益表可采用两种不同的格式，但计算结果是一致的。

② 利润分配。项目所得税税率为 33%。法定盈余公积金按税后利润的 10%提取，当盈余公积金已达注册资本的 50%时，则不再提取。偿还国外贷款本金及还清国内借款本金后尚有盈余时，按 10%提取应付利润。

③ 长期借款利息估算。由于项目生产的长期借款利息计入产品成本费用，而且是"税后还贷"，因此，当计算项目固定资产投资国内借款偿还期时，要测算项目的最大还款能力，损益表须与还本付息表（见表 7-5）、总成本费用表逐年联合计算。还款期间，将未分配利润、折旧费和摊销费全部用于还款。

表 7-5　还本付息表　　　　　　　　　　　单位：万元

| 序号 | 项目 | 利率 | 投产期/年 1 | 投产期/年 2 | 达产期/年 3 | 达产期/年 4 | 达产期/年 5 | 达产期/年 6 | 达产期/年 7 |
|---|---|---|---|---|---|---|---|---|---|
| 1 | 借款及还本付息 | | | | | | | | |
| 1.1 | 年初借款累计 | | | 18 219 | 43 597 | 40 754 | 32 385 | 21 122 | 4 690 |
| | 国外借款 | 9% | | 7 733 | 18 879 | 14 159 | 9 439 | 4 719 | 0 |
| | 建行借款 | 9.72% | | 10 486 | 24 718 | 24 718 | 22 946 | 16 403 | 4 690 |
| | 短期借款 | 9.72% | | | 1 187 | 0 | 0 | 0 | 0 |
| 1.2 | 本年应计利息 | | 17 400 | 22 600 | | | | | |
| | 国外借款 | | 7 400 | 10 000 | | | | | |
| | 建行借款 | | 10 000 | 12 600 | | | | | |
| | 短期借款 | | | 1 877 | | | | | |
| 1.3 | 本年应计利息 | | 819 | 2 778 | 4 102 | 3 859 | 10 725 | 2 019 | 456 |
| | 国外借款 | | 333 | 1 146 | 1 699 | 1 274 | 8 495 | 425 | 0 |
| | 建行借款 | | 486 | 1 632 | 2 403 | 2 403 | 2 230 | 1 594 | 456 |
| | 短期借款 | | | | 182 | 0 | 0 | 0 | 0 |
| 1.4 | 本年偿还本金 | | | | 4 720 | 8 369 | 11 263 | 16 432 | 4 690 |
| | 国外借款 | | | | 4 720 | 4 720 | 4 720 | 4 719 | 0 |
| | 建行借款 | | | | | 1 772 | 6 543 | 11 713 | 4 690 |
| | 短期借款 | | | | 1 877 | 0 | 0 | | |
| 1.5 | 本年支付利息 | | | | 4 102 | 3 859 | 10 725 | 2 019 | 456 |
| | 国外借款 | | | | 1 699 | 1 274 | 8 495 | 425 | 0 |
| | 建行借款 | | | | 2 403 | 2 403 | 2 230 | 1 594 | 456 |
| | 短期借款 | | | | 182 | 0 | 0 | 0 | 0 |
| 2 | 偿还借款本金的资金来源 | | | | 4 720 | 8 369 | 11 263 | 16 432 | 16 066 |
| 2.1 | 利润 | | | | −2 257 | 3 269 | 6 163 | 11 332 | 10 966 |
| 2.2 | 折旧 | | | | 5 000 | 5 000 | 5 000 | 5 000 | 5 000 |
| 2.3 | 摊销 | | | | 100 | 100 | 100 | 100 | 100 |
| 2.4 | 短期借款 | | | | 1 877 | | | | |

（5）不含增值税的损益表如表 7-6 所示。

表 7-6　损益表（不含增值税）　　　　　　　单位：万元

| 序号 | 项目 | 合计 | 投产期/年 3 | 投产期/年 4 | 达产期/年 5 | 达产期/年 6 | 达产期/年 7 | 达产期/年 8 | 达产期/年 9 | 达产期/年 10 | 达产期/年 11 | 达产期/年 12 |
|---|---|---|---|---|---|---|---|---|---|---|---|---|
| 1 | 生产负荷 | | 40 | 60 | 100 | 100 | 100 | 100 | 100 | 100 | 100 | 100 |
| | 产品销售收入（不含增值税） | 405 000 | 18 000 | 27 000 | 45 000 | 45 000 | 45 000 | 45 000 | 45 000 | 45 000 | 45 000 | 45 000 |
| 2 | 销售税金及附加（不含增值税） | 5 156 | 229 | 343 | 573 | 573 | 573 | 573 | 573 | 573 | 573 | 573 |
| | 总成本费用（不含增值税） | 244 504 | 20 028 | 22 348 | 34 341 | 25 635 | 24 072 | 23 616 | 23 616 | 23 616 | 23 616 | 23 616 |
| 3 | 利润总额 | 155 340 | −2 257 | 4 309 | 10 086 | 18 792 | 20 355 | 20 811 | 20 811 | 20 811 | 20 811 | 20 811 |
| 4 | 弥补以前年度亏损 | 2 257 | 0 | 2 257 | 0 | 0 | 0 | 0 | 0 | 0 | 0 | 0 |

续表

| 序号 | 项目 | 合计 | 投产期/年 | | 达产期/年 | | | | | | | |
|---|---|---|---|---|---|---|---|---|---|---|---|---|
| | | | 3 | 4 | 5 | 6 | 7 | 8 | 9 | 10 | 11 | 12 |
| 5 | 应纳税所得额 | 153 083 | −2 257 | 2 052 | 10 086 | 18 792 | 20 355 | 20 811 | 20 811 | 20 811 | 20 811 | 20 811 |
| 6 | 所得税 | 51 173 | 0 | 677 | 3 238 | 6 201 | 6 717 | 6 868 | 6 868 | 6 868 | 6 868 | 6 868 |
| 7 | 税后利润 | 104 167 | −2 257 | 3 632 | 6 848 | 12 501 | 13 638 | 13 943 | 13 943 | 13 943 | 13 943 | 13 943 |
| 8 | 盈余公积金 | 7 853 | 0 | 363 | 685 | 1 259 | 1 364 | 1 394 | 1 394 | 1 394 | 1 394 | 1 394 |
| 8.1 | 应付利润 | 8 334 | 0 | 0 | 0 | 0 | 1 364 | 1 394 | 1 394 | 1 394 | 1 394 | 1 394 |
| 8.2 | 未分配利润 | 87 980 | −2 257 | 3 269 | 6 163 | 11 332 | 10 910 | 11 155 | 11 155 | 11 155 | 12 549 | 12 549 |
| 8.3 | 累计未分配利润 | | −2 257 | 1 012 | 7 175 | 18 507 | 29 417 | 40 572 | 51 727 | 62 882 | 75 431 | 87 980 |

## 链接——案例 7-2

### 对某地区新建项目 M 做财务基础数据的估算与分析

#### 1. 背景资料

某地区拟上马的新建项目 M，其基础数据如表 7-7 所示。

表 7-7 建设项目资金投入、收益、成本费用表 单位：万元

| 序号 | 项目 | | 年份 | | | | | | | |
|---|---|---|---|---|---|---|---|---|---|---|
| | | | 1 | 2 | 3 | 4 | 5 | 6 | 7 | 8 |
| 1 | 建设投资 | 自有 | 1 529.45 | 1 529.45 | | | | | | |
| | | 贷款 | 1 000 | 1 000 | | | | | | |
| 2 | 年销售额 | | | | 3 500 | 4 500 | 5 000 | 5 000 | 5 000 | 5 000 |
| 3 | 销售税金及附加 | | | | 210 | 270 | 300 | 300 | 300 | 300 |
| 4 | 年经营成本 | | | | 2 490.84 | 3 443.15 | 3 947.87 | 4 003.80 | 4 059.72 | 4 061.84 |
| 5 | 流动资产 | | | | 532 | 684 | 760 | 760 | 760 | 760 |
| 6 | 流动负债 | | | | 89.83 | 115.5 | 128.33 | 128.33 | 128.33 | 128.33 |
| 7 | 流动资金 | | | | 442.17 | 568.5 | 631.67 | 631.67 | 631.67 | 631.67 |

（1）固定资产投资总额为 5 263.90 万元（其中包括无形资产 600 万元），建设期 2 年，运营期 8 年。

（2）本项目固定资产投资来源为自有资金和贷款，自有资金在建设期内均衡投入，贷款总额 2 000 万元，在建设期内每年贷入 1 000 万元，贷款年利率 10%（按年计息），从中国建设银行获得，在运营期初，按照每年最大偿还能力偿还，无形资产在运营期 8 年中，均匀摊入成本，固定资产残值 300 万元，按照直线法折旧，折旧年限 12 年。

（3）本项目第 3 年投产，当年生产负荷达设计生产能力的 70%，第 4 年达到设计生产能力的 90%，以后各年均达到设计生产能力。流动资金全部为自有资金。

（4）所得税税率 33%。

#### 2. 问题与分析要求

问题 1：计算建设期贷款利息和营运期固定资产折旧费、无形资产摊销费。
问题 2：编制项目的还本付息表、总成本费用表、损益表。
问题 3：编制项目的资金来源和运用表。
问题 4：编制该项目的资产负债表。

#### 3. 解答过程说明

【解】（1）根据所给条件，按照以下步骤计算建设项目贷款利息：
第 1 年贷款利息=(0+1 000/2)×10%=50（万元）

第 2 年贷款利息=[(1 000+50)+(0+1 000/2)]×10%=155（万元）

建设期贷款利息总计=50+155=205（万元）

固定资产折旧费=(5 263.9-600-300)/12≈363.66（万元）

无形资产摊销费=600/8=75 万元

（2）根据所给条件，按照以下步骤编制项目的还本付息表、总成本费用表、损益表。

A. 依据贷款利息公式列出还本付息表中的各项费用，并填入建设期两年的贷款利息，如表 7-8 所示。因此，第 3 年年初累计借款额为 2 205 万元，则贷款利息按以下公式计算：

第 3 年的贷款利息=2 205×10%=220.50（万元）

表 7-8　还本付息表　　　　　　　　　　　　　　　　　单位：万元

| 序号 | 项目 | 年份 1 | 2 | 3 | 4 | 5 | 6 | 7 | 8 |
|---|---|---|---|---|---|---|---|---|---|
| 1 | 年初累计借款 | 0 | 1 050 | 2 205 | 1 672.54 | 1 112.65 | 538.52 | 0 | 0 |
| 2 | 本年新增借款 | 1 000 | 1 000 | 0 | 0 | 0 | 0 | 0 | 0 |
| 3 | 本年应计利息 | 50 | 155 | 220.5 | 167.25 | 111.27 | 538.52 | 0 | 0 |
| 4 | 本年应还本金 |  |  | 532.46 | 559.89 | 574.13 | 538.52 | 0 | 0 |
| 5 | 本年应还利息 |  |  | 220.5 | 167.25 | 111.27 | 53.85 | 0 | 0 |

B. 根据总成本费用的组成，列出总成本费用中的各种费用，并将还本付息表中的第 3 年的贷款利息 220.50 万元和年经营成本、年折旧费、摊销费用一并填入总成本费用表中，汇总得到第三年的总成本费用为 3 150 万元，如表 7-9 所示。

C. 将每年的销售额、销售税金及附加和第 3 年的总成本费用 3 150 万元一并填入损益表的该年份内，并按以下公式计算出该年的利润总额、所得税和税后利润，如表 7-10 所示。

第 3 年利润总额=3 500-3 150-210=140（万元）

第 3 年应缴纳所得税额=140×33%=46.20（万元）

表 7-9　总成本费用表　　　　　　　　　　　　　　　　单位：万元

| 序号 | 项目 | 年份 3 | 4 | 5 | 6 | 7 | 8 | 9 | 10 |
|---|---|---|---|---|---|---|---|---|---|
| 1 | 年经营成本 | 2 490.84 | 3 443.15 | 3 947.87 | 4 003.80 | 4 059.72 | 4 061.34 | 4 061.34 | 4 061.34 |
| 2 | 年折旧费 | 363.66 | 363.66 | 363.66 | 363.66 | 363.66 | 363.66 | 363.66 | 363.66 |
| 3 | 年摊销费 | 75 | 75 | 75 | 75 | 75 | 75 | 75 | 75 |
| 4 | 长期借款利息 | 220.5 | 167.25 | 111.27 | 53.85 | 0 | 0 | 0 | 0 |
| 5 | 总成本费用 | 3 150.00 | 4 049.06 | 4 497.80 | 4 496.31 | 4 498.38 | 4 500.00 | 4 500.00 | 4 500.00 |

表 7-10　损益表　　　　　　　　　　　　　　　　　　单位：万元

| 序号 | 项目 | 年份 3 | 4 | 5 | 6 | 7 | 8 | 9 | 10 |
|---|---|---|---|---|---|---|---|---|---|
| 1 | 年销售收入 | 3 500 | 4 500 | 5 000 | 5 000 | 5 000 | 5 000 | 5 000 | 5 000 |
| 2 | 销售税金及附加 | 210 | 270 | 300 | 300 | 300 | 300 | 300 | 300 |
| 3 | 总成本 | 3 150 | 4 049.06 | 4 497.80 | 4 496.31 | 4 498.38 | 4 500 | 4 500 | 4 500 |
| 4 | 利润总额 | 140 | 180.94 | 202.2 | 203.69 | 201.62 | 200 | 200 | 200 |
| 5 | 所得税 | 46.2 | 59.71 | 66.73 | 67.22 | 66.53 | 66 | 66 | 66 |
| 6 | 税后利润 | 93.80 | 121.23 | 135.47 | 136.47 | 135.09 | 134 | 134 | 134 |
| 7 | 盈余公积金 |  |  |  | 13.65 | 13.51 | 13.4 | 13.4 | 13.4 |
| 8 | 应付利润 |  |  |  | 22.96 | 121.58 | 120.60 | 120.60 | 120.60 |
| 9 | 未分配利润 | 93.80 | 121.23 | 135.47 | 99.86 | 0 | 0 | 0 | 0 |

第 3 年税后利润=140-46.2=93.8（万元）

D. 计算第 3 年的最大还款能力。最大还款能力就是将该年的税后利润全部作为未分配利润用来还款。

所以，第 3 年的最大还款能力=93.8+363.66+75=532.46（万元）

E. 计算第 4 年的最大还款能力。就是还本付息表中第 4 年的税后利润，为 121.23 万元（表 7-10）。所以，第 4 年的最大还款能力为：

第 4 年的最大还款能力=121.23+363.66+75=559.89（万元）

F. 以后各年重复以上计算，就是还本付息表、总成本费用表、损益表的三表连算，分别求出第 5 年的最大还款能力和第 6 年的最大还款能力。据此，可分别计算出第 6 年的未分配利润、盈余公积金和应付利润。

第 5 年的最大还款能力=135.47+363.66+75=574.13（万元）

此时，从还本付息表中可以看出，第 6 年再偿还 538.52 万元，就还清了全部贷款，由于第 6 年的税后利润 136.47 万元与折旧费、摊销费之和为 575.13 万元，超过了该年应还款额，所以，该年的未分配利润按以下公式计算：

第 6 年未分配利润=538.52−363.66−75=99.86<136.47（万元）

未分配利润小于税后利润，该年为盈余年份，应计取税后利润 10%的盈余公积金，最后剩余部分为应付利润。

即：盈余公积金=136.47×10%≈13.65（万元）

应付利润=136.47−13.65−99.86=22.96（万元）

G. 第 7、8、9 年和第 10 年已还清贷款，所以，总成本费用表中，不再有长期借款利息，损益表中的未分配利润也均为 0，税后利润只用于提取盈余公积金和应付利润。

H. 计算借款偿还期。

借款偿还期=(6−1)+538.52/(136.47+363.66+75)≈5.94（年）

（3）根据所给条件，按照以下步骤编制项目的资金来源与运用表，表中各项费用计算如下：

A. 资金来源

各年的利润总额、折旧费、摊销费分别取自损益表和总成本费用表。建设期各年的借款为

第 1 年借款总额=1 000+50=1 050（万元）

第 2 年借款总额=1 000+155=1 155（万元）

各年的自有资金为

固定资产：建设期两年中，每年提供 1 529.45 万元。

流动资金：流动资金总额为 631.67 万元，按达产比例分配。

第 3 年 442.17（万元）

第 4 年 568.5−442.17=126.33（万元）

第 5 年 631.67−568.5=63.17（万元）

回收固定资产余值=(12−8)×363.66+300=1 754.64（万元）

回收流动资金=442.17+126.33+63.17=631.67（万元）

B. 资金运用

固定资产投资：

第 1 年固定资产投资=1 000+50+1 529.45=2 579.45（万元）

第 2 年固定资产投资=1000+155+1 529.45=2 684.45（万元）

流动资金按达产比例分 3 年投入，第 3~5 年的投入额分别为：442.17 万元、126.3 万元、63.17 万元。所得税、应付利润取自损益表，借款还本取自还本付息表。

盈余资金=资金来源-资金运用

具体如表 7-11 所示。

表 7-11 资金来源与运用表　　　　　　　　　　　　单位：万元

| 序号 | 项目 | 年份 | | | | | | | | | |
|---|---|---|---|---|---|---|---|---|---|---|---|
| | | 1 | 2 | 3 | 4 | 5 | 6 | 7 | 8 | 9 | 10 |
| 1 | 资金来源 | 2 579.45 | 2 684.45 | 1 020.83 | 745.93 | 704.03 | 642.35 | 640.28 | 638.66 | 638.66 | 3 024.96 |
| 1.1 | 利润总额 | | | 140.00 | 180.94 | 202.20 | 203.69 | 201.62 | 200 | 200 | 200 |
| 1.2 | 折旧费 | | | 363.66 | 363.66 | 363.66 | 363.66 | 363.66 | 363.66 | 363.66 | 363.66 |
| 1.3 | 摊销费 | | | 75 | 75 | 75 | 75 | 75 | 75 | 75 | 75 |
| 1.4 | 贷款 | 1 050 | 1 155 | | | | | | | | |
| 1.5 | 自有资金 | 1 529.45 | 1 529.45 | 442.17 | 126.33 | 63.17 | | | | | |
| 1.6 | 回收固定资产余值 | | | | | | | | | | 1 754.64 |
| 1.7 | 回收流动资金 | | | | | | | | | | 631.67 |
| 2 | 资金运用 | 2 579.45 | 2 684.45 | 1 020.83 | 745.93 | 704.03 | 628.70 | 188.11 | 186.60 | 186.60 | 186.60 |
| 2.1 | 固定资产投资 | 2 579.45 | 2 684.45 | | | | | | | | |
| 2.2 | 流动资金投资 | | | 442.17 | 126.33 | 63.17 | | | | | |
| 2.3 | 所得税 | | | 46.20 | 59.71 | 66.73 | 67.22 | 66.53 | 66 | 66 | 66 |
| 2.4 | 应付利润 | | | | | | 22.96 | 121.58 | 120.60 | 120.60 | 120.60 |
| 2.5 | 借款还本 | | | 532.46 | 559.89 | 574.13 | 538.52 | 0 | 0 | 0 | 0 |
| 3 | 盈余资金 | 0 | 0 | 0 | 0 | 0 | 13.65 | 452.17 | 452.06 | 452.06 | 2 838.38 |
| 4 | 累计盈余 | 0 | 0 | 0 | 0 | 0 | 13.65 | 465.82 | 917.88 | 1 369.94 | 4 208.30 |

（4）根据所给条件和已填制好的各表，编制资产负债表，如表 7-12 所示。表中取值均来自背景资料、资金来源与运用表、还本付息表和损益表。

表 7-12 资产负债表　　　　　　　　　　　　单位：万元

| 序号 | 项目 | 年份 | | | | | | | | | |
|---|---|---|---|---|---|---|---|---|---|---|---|
| | | 1 | 2 | 3 | 4 | 5 | 6 | 7 | 8 | 9 | 10 |
| 1 | 资产 | 2 579.45 | 5 263.90 | 5 357.24 | 5 070.58 | 4 707.92 | 4 282.91 | 4 296.42 | 4 309.82 | 4 323.22 | 4 336.62 |
| 1.1 | 流动总额 | | | 532 | 684 | 760 | 773.65 | 1 225.82 | 1 677.88 | 2 129.94 | 2 582.00 |
| 1.1.1 | 流动资产 | | | 532 | 684 | 760 | 760 | 760 | 760 | 760 | 760 |
| 1.1.2 | 累计盈余 | | | | | | 13.65 | 465.82 | 917.88 | 1 369.94 | 1 822.00 |
| 1.2 | 在建工程 | 2 579.45 | 5 263.90 | | | | | | | | |
| 1.3 | 固定资产 | | | 4 300.24 | 3 936.58 | 3 572.92 | 3 209.26 | 2 845.60 | 2 481.94 | 2 118.28 | 1 754.62 |
| 1.4 | 无形资产 | | | 525 | 450 | 375 | 300 | 225 | 150 | 75 | 0 |
| 2 | 权益 | 257.45 | 5 263.90 | 5 357.24 | 5 070.58 | 4 707.92 | 4 282.91 | 4 296.42 | 4 309.82 | 4 323.22 | 4 336.62 |
| 2.1 | 负债 | 1 050 | 2 205 | 1 762.37 | 1 228.15 | 666.86 | 128.33 | 128.33 | 128.33 | 128.33 | 128.33 |
| 2.1.1 | 流动负债 | | | 89.83 | 115.50 | 128.33 | 128.33 | 128.33 | 128.33 | 128.33 | 128.33 |
| 2.1.2 | 贷款负债 | 1 050 | 2 205 | 1 672.54 | 1 112.65 | 538.52 | | | | | |
| 2.2 | 所有者权益 | 1 529.45 | 3 058.90 | 3 594.87 | 3 842.43 | 4 041.07 | 4 154.58 | 4 168.09 | 4 181.49 | 4 194.89 | 4 208.29 |
| 2.2.1 | 资本金 | 1 529.45 | 3 058.90 | 3 501.07 | 3 627.40 | 3 690.57 | 3 690.57 | 3 690.57 | 3 690.57 | 3 690.57 | 3 690.57 |
| 2.2.2 | 累计盈余公积 | | | | | | 13.65 | 27.16 | 40.56 | 53.96 | 67.36 |
| 2.2.3 | 累计未分利润 | | | 93.80 | 215.03 | 350.50 | 450.36 | 450.36 | 450.36 | 450.36 | 450.36 |
| 单位（%） | 资产负债率 | 40.7 | 41.89 | 32.90 | 24.22 | 14.16 | 3 | 2.99 | 2.98 | 2.97 | 2.96 |
| | 流动比率 | | | 592 | 592 | 592 | 603 | 955 | 1 307 | 1 660 | 2012 |

# 第 8 章

# 投资项目的企业财务效益分析

【本章提示】经济效益是生产经营活动中可用一整套经济指标衡量的投入与产出之间的关系,项目经济性分析的实质是对项目在建成后经济上有益与否,从经济效益表现形式中绝对和相对效益或正效益、零效益与负效益三种基本情况所做的有关企业和国民经济两个范围的一系列分析和判断,决策只是从其中若干方案里所做出的取舍。企业财务效益分析一般可通过分析可行性报告中项目的基础财务数据、基本报表和相关指标并与行业(或设定的)基准参数进行比较,来判断项目的盈利能力、清偿能力和外汇平衡能力等财务状况,以得出项目在企业财务角度上的可行性,为项目投资决策提供经济方面的科学依据。具体评估方法有现金流量、静态与动态的获利性和比率分析法等,并形成相应的指标体系。

【本章理论要点综述】

1. 相关概念

(1)经济效益与项目的经济性及企业财务效益分析。项目的经济性分析是指项目在可实现的条件下,从微观企业或投资者角度,或从宏观国民经济角度,对项目能否给投资者或企业及国家带来经济利益进行的评价和判断。工程项目财务效益分析是指在测算工程项目财务数据的基础上,根据现行的市场价格和国家各项现行的经济、财政、金融制度的规定,从工程项目(或企业)自身的角度出发,分析测算工程项目直接发生的财务效益和费用,编制财务报表,计算分析指标,考察工程项目的有益性(盈利能力、贷款清偿能力及外汇效果等财务状况),判别拟建工程项目的财务可行性。

(2)投资项目可行性经济分析的基本方式与作用。

① 两种基本的分析方式:A. 从投资者或企业角度的企业财务效益分析;B. 从宏观层面、国家立场上的国民经济分析。

② 工程项目财务效益分析的作用:作为投资项目可行性分析两种经济性评价方式中最基础和最重要的内容,该分析在银行及金融机构发放贷款与分析确定项目投资风险、获得上级审批和投资决策依据等方面都有着特殊的基础性、依据性意义,占有极为重要的地位。

(3)投资项目企业财务效益可行性分析的基本要求。一般而言,各个投资主体、各种投资来源和各种筹资方式兴办的大中型或限额以上的工程项目,均需要进行项目的经济性评价,其中最主要也是最基本的是做财务效益分析。对费用效益计算较简单、建设期和生产期较短、不涉及进出口平衡的项目,在财务效益分析结果可满足最终决策需要时,通常只做财务效益分析而不做国民经济分析,这时投资项目的决策就以其财务可行性分析的结果为依据。

(4)在常规资源约束条件下进行投资项目经济性分析的基本原理(两模式)。

① 基本模式1——绝对经济效益的差值分析式。

其主要原理可由如下算式表达：

项目经济效益（Δ）=项目总收入（产出）价值−项目总成本（全部投入）价值

所得出的项目投入与产出的比较分析结论应为下列三种情况之一：

当大于时（Δ>0），项目价值增值（盈利）；

当相等时（Δ=0），项目价值保值（保本）；

当小于时（Δ<0），项目价值贬值（亏损）。

② 基本模式2——相对经济效益的比值分析式。

其主要原理可由如下算式表达：

项目经济效益（η）= 项目总收入（产出）价值÷项目总成本（全部投入）价值

所得出的项目投入与产出的比较分析结论应为下列三种情况之一：

当大于时（η>1），项目价值增值（盈利）；

当相等时（η=1），项目价值保值（保本）；

当小于时（η<1），项目价值贬值（亏损）。

2．工程项目财务效益分析的基本方法：现金流量分析法、静态和动态分析法及财务报表分析法

下面主要介绍前两种方法。

（1）现金流量分析法。

① 概念。该法是把项目作为一个独立系统，通过反映项目在建设期与生产期内各年现金流入和流出的活动情况，即利用上述分析原理的第一种基本模式分析工程项目生命周期内各年货币的流入与流出的数量——特别是项目在某一时点（或极短的时段）上现金流入与流出差额的净现金流量 $\left[ NCF = \sum_{t=0}^{n}(CI-CO)_t \right]$，从而判断项目盈亏情况，决定项目是否可行。事实上，使用第二种分析原理基本模式也可以得出相同的结论。

② 基本判则。具体评价项目可行与否的判断标准，可按结果分两种情况：当NCF≥0时，项目因能保本或有盈利而可行；反之，当NCF<0时，因项目亏损必不可行。

（2）静态和动态分析法。这是以考虑资金时间价值与否为区分标志，对项目现金流量情况进行分析的方法。A. 静态分析法是不计算资金时间价值而以非折现值的年度资金流量为当年的数值，计算现金流量时只选择一个典型的（一般以工程项目达到正常设计生产能力的正常生产年份）净现金流量或取年平均值而不反映工程项目整个生命周期内的现金流量情况来进行简易分析的方法。B. 动态分析法是根据资金占用时间的长短，考虑资金时间价值，采用折现现金流量的分析方法，按指定利息率计算资金的实际价值和工程项目整个生命周期内的总收益，故其能如实反映资金实际运行情况和全面体现工程项目整个生命周期内的经济活动和经济效益，可对工程项目财务情况做出合乎实际的分析评价。

3．资金的时间价值与等值换算

（1）相关概念。资金在投入生产运营后会因参加生产经营活动而随着时间的推移产生价值的增值，这就是资金所具有的时间价值。

（2）计算问题。①考虑资金产生时间价值的因素，利用复利计息公式，可把在不同时点上若干金额不等的资金按规定利率（或设定的时间价值率）换算到相同时点，使之具有相等的价值，这就是资金的等值计算或换算。②现金流量图是用来描述资金作为时间函数关系的图形，反映了资金在不同时点流入与流出的实际运动状况，有助于分析计算现金流量中等额支付的年金、现值和终值的大小。③计算不同时点现金流量值的常用公式有一次支付式和多

次等额支付式两大类——可用计算复利系数的六种标准算式表达：反映一次支付情况的已知现值求终值、已知终值求现值、多次等额支付的已知年金求终值（年金终值公式）、已知终值求年金（偿债基金公式）、已知年金求现值（资金回收公式）和已知现值求年金（年金现值公式）。相关的等值换算公式参见第7章的表7-1。

**4. 企业财务效益分析的基本方法与内容**

（1）财务报表分析法是根据工程项目的具体财务条件及国家有关财税制度和条例规定，把工程项目在建设期内的全部投资和投产后的经济费用与收益，逐年进行计算和平衡后用财务报表的格式反映出来，以此来预计工程项目生命周期内各年的利润和资金盈缺情况，选择合适的资金筹措方案、制订资金筹措与还款计划，进行偿债能力分析和预测工程项目总的获利能力。

（2）财务效益分析的内容。①识别财务效益和费用，这是项目财务分析的前提，因项目的财务目标是获取尽可能大的利润，故应以项目为界、以项目的直接收入和支出为目标，确定对目标有贡献的收益和对目标有反贡献（负收益）的费用；②收集、预测财务分析的基础数据（如预计产品销量及各年产量、产品价格及其变幅、估算固定资产、流动资金、无形及递延资产和成本等）；③编制财务报表和进行财务分析指标的计算与分析。为了客观、公正、科学地对工程项目进行盈利能力、清偿能力等分析，通常需要编制一套基本的报表。

（3）财务效益分析的基本报表及其分析方法。

① 报表主要有四类：A. 反映项目盈利能力的现金流量表、损益表等；B. 反映项目清偿能力的资金来源与运用表、资产负债表等；C. 考察项目外汇平衡情况的财务外汇平衡表等；D. 为编制这些报表所需的一系列辅助报表，如投资估算表、总成本费用表、销售收入与税金表等。

② 分析方法。利用上述报表可较方便地计算各项财务效益评价指标，与评价标准或基准值做对比分析，按照相关判则的规定，对项目的盈利能力、清偿能力和外汇平衡等财务状况做出判断，以决定项目在财务上的可行性。项目财务效益分析的最终目的是全面了解项目的财务能力，任何单一的项目财务效益指标都不可能完成这一任务，所以必须综合考虑诸多指标。

③ 财务效益分析指标的分类及其体系。A. 根据是否考虑资金时间价值，财务分析指标可分为静态分析指标和动态分析指标两类；B. 根据指标性质的不同，财务分析指标可分为时间性指标、价值性指标和比率性指标三类；C. 根据财务分析目的的不同，财务分析指标可分为盈利能力指标、清偿能力指标和外汇平衡能力指标三类。各类指标共同构成完整的财务分析指标体系。为了便于学习，现以是否考虑资金时间价值为例，将各指标分类归纳，如图8-1所示。

**5. 经济性分析评价的基本判则**

需要注意的是，在财务分析各指标中应特别予以重视的是对作为项目可行与否评价分析判则的三大主要指标——财务净现值、财务内部收益率和动（静）态投资回收期概念的理解、计算与把握。具体要求和相关标准如下。

（1）财务净现值（FNPV）。一个关于项目在计算期内按设定的折（贴）现率将项目各年的净现金流量折算成期初的现值后所求得的项目现金流入与流出的代数和的概念，即 $FNPV = \sum_{t=0}^{n}(CI-CO)_t(1+i_c)^{-t}$，当 $FNPV \geq 0$ 时，说明项目可按基准收益（折现率为 $i_c$）水平收回投资或在收回投资的基础上获得收益，故项目可行；否则项目因不经济（FNPV＜0，无收益）而不可行，应该舍去。

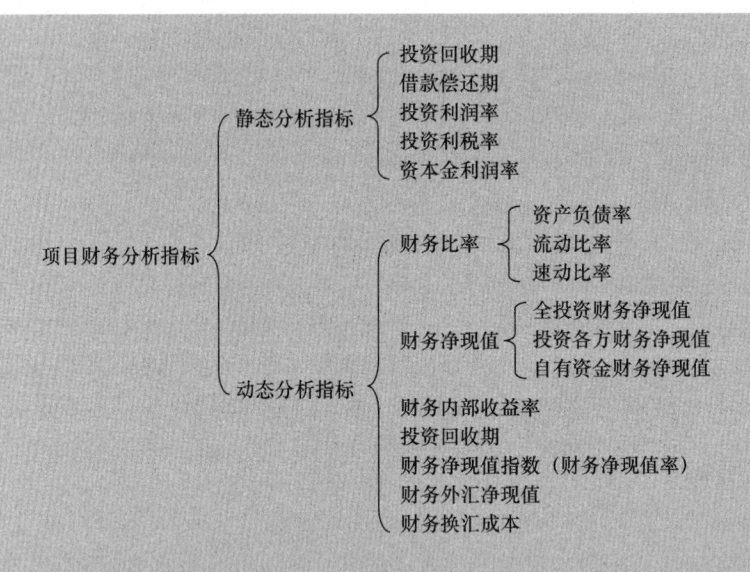

```
                            ┌ 投资回收期
                            │ 借款偿还期
                  ┌ 静态分析指标 ┤ 投资利润率
                  │            │ 投资利税率
                  │            └ 资本金利润率
                  │                    ┌ 资产负债率
                  │            ┌ 财务比率 ┤ 流动比率
                  │            │        └ 速动比率
项目财务分析指标 ┤            │        ┌ 全投资财务净现值
                  │            │ 财务净现值 ┤ 投资各方财务净现值
                  │            │        └ 自有资金财务净现值
                  └ 动态分析指标 ┤ 财务内部收益率
                               │ 投资回收期
                               │ 财务净现值指数（财务净现值率）
                               │ 财务外汇净现值
                               └ 财务换汇成本
```

图 8-1 项目的财务分析指标体系

（2）财务内部收益率（FIRR）。

① 概念。财务内部收益率（FIRR）是一个关于项目计算期内各年净现金流量的现值之和为零时的折现率，即 $\sum_{t=0}^{n}(CI-CO)_t(1+FIRR)^{-t}=0$，因其反映了项目投资可望达到的最大收益情况（也叫投资报偿率），是项目本身盈利能力的反映。其经济含义为财务内部收益率作为投资方案占用资金的补偿与回收能力，其值越高说明项目方案的财务特性就越好。因此，该指标常被投资者视为判断项目经济性有益与否的最重要的指标。

② 判则标准。在将 FIRR 与基准收益（折现率为 $i_c$）进行比较时，对于单一方案，（FIRR≥$i_c$），则项目可行；反之（FIRR<$i_c$）项目就不可行；麻烦的是多方案比选（参见第 13 章的相关内容）。

③ 由 FIRR 定义表达式求取具体的 FIRR 指标的两种基本方法。除不宜使用的解高次方程的方法外，常用的是逐次逼近的插值法（也叫线性内插法或试差法），来近似求解可得到 FIRR。具体操作步骤：A. 设定不同的折现率 $r$ 值。B. 代入项目净现值的简化（插值）计算公式中逐个进行试算。C. 找出两个折现率 $r_1$ 和 $r_2$，使其具有当 $r=r_1$ 时，$FNPV_{r_1}>0$；而当 $r=r_2$ 时，$FNPV_{r_2}<0(r_1<r_2, r_2-r_1≤5\%)$。D. 按插值公式 $FIRR=r_1+FNPV_{r_1}(r_2-r_1)\div[|FNPV_{r_1}|-|FNPV_{r_2}|]$，直接计算 FIRR。

（3）动（静）态的投资回收期（$P_t'$ 和 $P_t$）的计算和评价方法与标准。

① 区分是否考虑资金时间价值的情况，可按以项目净收益收回全部投资（固定资产投资和流动资金）所需时间的定义表达式来计算其值。

以静态投资回收期的计算为例，具体而言常有两种方法进行计算：A. 按项目投产后各年净收益都相等的情况，使用公式 $P_t=P\div A$，$P$ 为期初投资额的加总数，$A$ 为每年的净收益。B. 若项目投产后各年净收益都不相同，则使用公式 $P_t=$（累计净现金流量开始出现正值年份数-1）+上年累计净现金流量的绝对值÷当年净现金流量。

② 将求出的项目投资回收期与项目所属行业的基准投资回收期（$P_c$ 或 $P_0$）进行比较。

注意，考虑资金时间价值情况的动态投资回收期（$P_t'$）区别于静态投资回收期的关键之一是项目要用投产后所获得的净收益的现值来抵偿包括固定资产投资和流动资金的全部投资的现值，即增加了现金流量折现的因素，故较静态指标的计算麻烦和复杂了许多。此外，求出的项目动态投资回收期比较的基准也变成与项目所属行业的动态基准投资回收期（$P_c'$ 或 $P_0'$）进行比较。

③ 两种比较的基本判则通常是类似的：当 $P_t$（或 $P_t'$）$\leq P_c$ 或 $P_0$（或 $P_c'$ 或 $P_0'$）时，项目可行；否则，项目不可行。

### 链接——案例 8-1

#### 拟建红星火力发电厂（2×300MW）工程项目的财务分析

**1. 工程概况**

拟建的红星火力发电厂规划容量为 4×300MW 机组，本期工程为 2×300MW 燃煤发电机组。各工艺系统方案此处略。

**2. 基本数据**

（1）投资估算。该发电工程动态投资估算总额为 218 469 万元，其中，静态投资为 180 732 万元，价差预备费为 28 081 万元，建设期贷款利息为 9 656 万元。生产流动资金为 3 127 万元，其中，生产铺底流动资金为 938 万元，流动资金借款为 2 189 万元。

其他费用中场地使用税 446 万元列入无形资产，建设单位管理费、生产职工培训及提前进厂费共计 1 529 万元列入递延资产。发电工程价差预备费和建设期贷款利息，该案例全部计入固定资产。

（2）工程建设进度。工程建设进度初步设想施工准备到两台机组全部建成投产，总建设工期 50 个月，其中，施工准备 8 个月，主厂房开工至安装进入 13 个月，安装开始至 1 号机组投产 19 个月，1 号机组投产至 2 号机组投产 10 个月。也就是说，项目第 4 年 5 月 1 号机组投产，第 5 年 3 月 2 号机组投产。

中外双方合营期为合同生效后 19 年。

（3）流动资金构成。流动资金的应收账款、存款、现金、应付账款暂按年周转次数 12 次考虑，经计算项目达产设计能力年份的流动资金需要量为 3 127 万元（以达产期最大经营成本年份的数据计算）。其中，自有流动资金按 30% 计算，为 938 万元；流动资金借款为 2 189 万元。流动资金借款按国内借款考虑，利率以 10.98% 为准计列。

（4）资金筹措及分年度使用计划。工程建设投资由建设投资（含价差预备费）和建设期利息组成，共 218 469 万元，中外双方注册资本额为建设投资的 1/3。其中，中方注册资本额占总额的 75%，外方注册资本额占 25%，各方资本金在资本筹措时，在项目开始建设后 3 年内陆续纳入资金计划；建设投资不足部分，中外双方按注册资本比例为合营公司筹措，融资部分人民币贷款利率 11.16%；外币（美元）贷款利率 7%，人民币对美元的当时汇率为 5.7:1。

（5）还本付息。项目的还款原则为：各还款年应付利息计入总成本费用中的财务费用，应还的借款本金首先用折旧费、摊销费来归还，不足时用未分配利润归还。1 号机组投产当年及以后各年度投资在当年发生的利息计入固定资产，自下年度开始，发生的利息计入财务费用。还款采用等额还款方式，借款偿还期 10 年，即投产后第 7 年还清借款。

折旧费计算的基本数据为达产年固定资产折旧费，折旧年限为10年，净残值率为10%，折旧率9%。无形资产与递延资产摊销年限，按10年摊销考虑。

（6）成本费用计算的主要参数（略）。

（7）销售税金、利润和电价。

① 电价。经测算，第4～10年（还贷期）平均电价为274.3元/（兆瓦·时），第11～14年为234.1元/（兆瓦·时），第15～19年为179.5元/（兆瓦·时），测算的电价不含增值税。

② 增值税。合营电厂是独立核算企业，增值税税率为17%。增值税税额按销项税额扣除进项税额计算。

③ 所得税。所得税和地方所得税合计为应纳税额的33%，该项目申请享受投产后前两年免征，此后三年减半征收的优惠。

④ 盈余公积，按税后利润的15%提取。

⑤ 股利分配。外方股利按外方注册资本金，考虑利率7%，投产后7年内每年等额偿还本息的额度，再另加40万美元作为每年外方分利额度。经测算，外方股利为3 717万元人民币，中方股利按中、外方注册比例进行测算为11 151万元人民币。为了避免投资第一年电价过高，当年未分股利。

### 3. 财务效益分析

（1）财务盈利能力分析。该项目的财务分析过程编制了项目全部投资和自有资金的现金流量表与损益表（此三表略）。

根据财务现金流量表计算，财务分析的评价指标如下。

① 财务内部收益率（FIRR）。

$$FIRR_{全部}=16.3\%$$
$$FIRR_{自有}=19.01\%$$

财务内部收益率均大于行业基准收益率，盈利能力满足行业要求，也满足外方资金内部收益率达15%的要求。

② 财务净现值（FNPV）（$i=12\%$）。

$$FNPV_{全部}=37\,983\text{ 万元}$$
$$FNPV_{自有}=38\,779\text{ 万元}$$

因财务净现值均大于零，该项目在财务上是可以考虑接受的。

③ 投资回收期（$T_P$）。

$$\text{全部投资的投资回收期 }T_P=7.95\text{ 年}$$
$$\text{自有资金的投资回收期 }T_P=8.08\text{ 年}$$

投资回收期均在8年左右，表明该项目投资能按时回收。

（2）清偿能力分析。该项目还款的资金来源有折旧费、摊销费和利润，可以满足机组投产后7年内还清贷款。通过资金来源与运用表（略）的计算，可以看出，合营期各年能收支平衡，并有盈余。

从资产负债表（略）所示的计算可以看出，资产负债率在建设期和投产初期略大于0.5，从第8年以后，各年负债率小于0.5，并在其后各年逐渐下降；流动比率、速动比率在整个计算期内逐年增加，各年均大于1，这表明项目的资产可以抵补负债，有较强的清偿能力。

（3）不确定性分析（略）。

（4）综合经济性分析。通过上述分析，经济效益指标比较理想，各项指标均符合国家有关规定及投资方要求，项目具有较强的盈利能力和清偿能力，有利于银行考虑贷款。

## 链接——案例 8-2

### 新建工程项目 P 的综合财务效益分析

#### 1. 工程项目 P 的有关情况概述

工程项目 P 是新建项目，项目财务分析的各项基础工作如下所述。假定对项目市场前景、技术方案、项目本身的竞争能力等各方面进行了全面的论证和多方案比选，并确定了项目的最优方案，现以选定的项目最优方案为例，进行全面的项目财务效益分析。

#### 2. 对工程项目 P 有关财务数据的预测

为分析和评价工程项目 P 的财务可行性，对该项目的相关财务数据做如下预测。

1）项目投资计划与投资估算及资金筹措。

（1）投资计划。该项目的建设期为 2 年，实施计划为第 1 年完成投资的 40%，第 2 年完成投资的 60%；第 3 年投产，试产期为 1 年，当年达到设计生产能力的 80%；第 4 年达产，项目计算期为 12 年。

（2）固定资产投资估算。在该项目固定资产投资估算中，工程费与其他费用估算额为 5 000 万元，预备费为 500 万元，资金来源为自有资金和贷款。其中，自有资金 3 000 万元；其他为国内贷款，贷款年有效利率为 9%。则该项目固定资产投资估算为 5 000+500=5 500（万元）。

建设期贷款利息：第 1 年，2 500×40%÷2×9%=45（万元）；第 2 年，(2 500×60%÷2+1 045)×9%=161.55（万元）。假定固定资产投资中，开办费投资为 20 万元，无形资产投资为 200 万元，则在项目达到可使用状态之日，该项目可形成的固定资产原值为 5 500+45+161.55=220+5 486.55（万元）。

（3）流动资金估算。建设项目达到设计生产能力以后，项目定员为 100 人，工资每人每年 4 000 元，福利费按工资总额的 14% 提取，每年的其他费用为 114 万元，年外购原材料、燃料及动力费为 1 350 万元，年其他制造费用为 50 万元，年经营成本为 1 773 万元，年修理费用为折旧费的 50%。各项流动资金的最低周转天数分别为：应收账款 30 天，现金、预付账款、存货 40 天。假定该项目的固定资产年残值率为 4%，固定资产折旧年限为 10 年，则年折旧额为 5 486.55×(1−4%)÷10=526.7（万元），年修理费为 263.4 万元。用分项估算法估算项目的流动资金（流动资金全部来自贷款，贷款年有效利率为 6%）情况如下：

① 应收账款=年经营成本÷年周转次数=1 773÷(360÷30)≈147.8（万元）。

② 现金=[年工资及福利费+年其他费用]÷年周转次数=159.6÷9≈17.7（万元）。

③ 存货。

外购原材料、燃料及动力费=年外购原材料及动力费÷年周转次数=1 350÷9=150（万元）。

在产品=（年外购原材料、燃料及动力费+年工资及福利费+年修理费+年其他制造费）÷年周转次数=(1 350+45.6+263.4+50)÷9≈189.9（万元）。

产成品=年经营成本÷年周转次数=1 773÷9=197（万元）。

存货=150+189.9+197=536.9（万元）。

④ 流动资产=现金+应收账款+存货=17.7+147.8+536.9=702.4（万元）。

⑤ 应付账款=（年外购原材料、燃料及动力费）÷周转次数=1 350÷9=150（万元）。

⑥ 流动负债=应付账款=150（万元）。

⑦ 流动资金=流动资产−流动负债=702.4−150=552.4（万元）。

在估算出固定资产投资额和流动资金投资额及建设期贷款利息后，就可以得出项目总投资的数额，该项目总投资为 5 500+45+161.55+552.4=6 258.95（万元）。

根据总成本要素的构成关系，经营成本等于工资及福利费、修理费、外购原材料费、燃料及动力费和其他费用之和，即经营成本为 1 350+45.6+263.4+114 =1 773（万元）。

流动资金估算情况如表 8-1 所示。

表 8-1 流动资金估算　　　　　　　　　　　　　　　　　　　　　　　　　单位：万元

| 序号 | 项目 | 最低周转天数/天 | 周转次数/次 | 投产期/年 3 | 达到设计生产能力期/年 4 | 5 | 6 | 7 | 8 | 9 | 10 | 11 | 12 |
|---|---|---|---|---|---|---|---|---|---|---|---|---|---|
| 1 | 流动资产 | | | 589.9 | 702.4 | | | | | | | | |
| 1.1 | 应收账款 | 30 | 12 | 125.3 | 147.8 | | | | | | | | |
| 1.2 | 存货 | 40 | 9 | 446.9 | 536.9 | | | | | | | | |
| 1.3 | 现金 | | | 17.7 | | | | | | | | | |
| 2 | 流动负债 | | | 120 | 150 | | | | | | | | |
| 2.1 | 应付账款 | 40 | 9 | 120 | 150 | | | | | | | | |
| 3 | 流动资金（1–2） | | | 469.9 | 552.4* | | | | | | | | |
| 4 | 流动资金增加额 | | | 82.5 | 0 | | | | | | | | |

*注意，此处各年的流动资金数值与本案例所列表 8-5 和表 8-7 里的"全部投资"、表 8-6 的"自有资金"中的各个数值分别是在不同的资金来源情况下计算出来的，故有不同，也不应相同。

（4）项目总投资=固定资产投资+流动资金+建设期贷款利息=5 500+552.4+45+161.55=6 258.9（万元）。

（5）资金筹措。该项目自有资金 3 000 万元，其余为人民币国内贷款，其中，固定资产投资贷款的年有效利率为 9%；流动资金全部来自贷款，贷款年有效利率为 6%。

2）项目销售收入和销售税金及附加。该项目设计生产能力为年产量 40 万件，每件单价为 100 元（不含增值税）；销售税金及附加按国家规定税率估算，正常生产年份估算值为 240 万元。

3）该项目的产品成本估算。该项目总成本费用估算情况如表 8-2 所示。

表 8-2 总成本费用估算　　　　　　　　　　　　　　　　　　　　　　　　单位：万元

| 序号 | 项目 | 投产期/年 3 | 达到设计生产能力期/年 4 | 5 | 6 | 7 | 8 | 9 | 10 | 11 | 12 |
|---|---|---|---|---|---|---|---|---|---|---|---|
| | 生产负荷/% | 80 | 100 | | | | | | | | |
| 1 | 外购原材料 | 960 | 1 200 | | | | | | | | |
| 2 | 外购燃料及动力 | 120 | 150 | | | | | | | | |
| 3 | 工资及福利费 | | 45.6 | | | | | | | | |
| 4 | 修理费 | | 263.4 | | | | | | | | |
| 5 | 折旧费 | | 526.7 | | | | | | | | |
| 6 | 摊销费 | 40 | 20 | | | | | | | | |
| 7 | 财务费用 | 271.8 | 185.5 | 60.8 | 33.1 | | | | | | |
| 7.1 | 长期借款利息 | 243.6 | 152.4 | 27.7 | | | | | | | |
| 7.2 | 流动资金借款利息 | 28.2 | 33.1 | | | | | | | | |
| 8 | 其他费用 | | 114 | | | | | | | | |
| 9 | 总成本费用 | 2 341.5 | 2 505.2 | 2 380.5 | 2 352.8 | | | | | | |
| 10 | 经营成本 | 1 503 | 1 773 | | | | | | | | |

① 外购原材料、燃料及动力费，正常生产年份每年 1 350 万元。

② 工资及福利费，正常生产年份每年为 4 000×100×（1+14%）÷$10^4$=45.6（万元）。

③ 折旧费的计算见前述"（3）流动资金估算"，每年的折旧额为 526.7 万元。

④ 摊销费。无形资产摊销年限定为 10 年，则每年摊销费为 20 万元。

⑤ 开办费。按现行规定，开办费在投产第一年全部摊销。

⑥ 维修费。维修费按折旧费的 50% 提取，每年为 263.4 万元。

⑦ 财务费用，包括长期借款利息和流动资金借款利息。长期借款利息按项目建成投产后最

大偿还能力偿还;流动资金借款利息按年计算,当年的流动资金借款利息等于当年流动资金借款累计数乘以流动资金借款年有效利率,正常生产年份流动资金借款利息为 552.4×6%≈33.1(万元)。

⑧ 其他费用。在项目财务效益分析中为简化计算,其他费用一般按工资及福利费总额的 2.5 倍估算。

4)项目利润和利润分配。所得税按利润总额的 33% 提取。税后利润分配按国家规定顺序进行,先提取法定盈余公积金,然后按董事会(管理当局)决议进行利润分配。为方便起见,假定除留出用于支付长期借款还本的金额计入未分配利润外,剩余部分全部作为应付利润分配给项目投资主体。

5)项目借款逐年付息估算。该项目借款还本付息估算情况如表 8-3 所示。生产期初的长期借款本金为建设期长期借款本息合计数,其利息计入财务费用,还本资金来源为折旧费、摊销费和未分配利润,流动资金借款本金在期末用回收的流动资金偿还,流动资金借款利息计入财务费用。损益表如表 8-4 所示。

表 8-3 借款还本付息估算 单位:万元

| 序号 | 项目 | 建设期/年 | | 投产期/年 | 达到设计生产能力期/年 | | | | | | | |
|---|---|---|---|---|---|---|---|---|---|---|---|---|
| | | 1 | 2 | 3 | 4 | 5 | 6 | 7 | 8 | 9 | 10 | 11 | 12 |
| 1 | 人民币借款 | | | | | | | | | | | | |
| 1.1 | 年初借款本息累计 | | 1 045 | 2 706.55 | 1 693.4 | 307.7 | | | | | | | |
| 1.1.1 | 本金 | | 1 000 | 2 500 | 1 693.4 | 307.7 | | | | | | | |
| 1.1.2 | 建设期利息 | | 45 | 206.55 | | | | | | | | | |
| 1.2 | 本年借款 | 1 000 | 1 500 | | | | | | | | | | |
| 1.3 | 本年应计利息 | 45 | 161.55 | 243.6 | 152.4 | 27.7 | | | | | | | |
| 1.4 | 本年偿还本金 | | | 1 013.2 | 1 385.7 | 307.7 | | | | | | | |
| 1.5 | 本年支付利息 | | | 243.6 | 152.4 | 27.7 | | | | | | | |
| 2 | 还本资金来源 | | | | | | | | | | | | |
| 2.1 | 未分配利润 | | | 446.5 | 840.7 | | | | | | | | |
| 2.2 | 折旧费 | | | | 526.7 | | | | | | | | |
| 2.3 | 摊销费 | | | 40 | 20 | | | | | | | | |
| 3 | 还本资金合计 | | | 1 013.2 | 1 385.7 | 546.7 | | | | | | | |
| 3.1 | 偿还人民币本金 | | | | | | | | | | | | |
| 3.2 | 还本后余额 | | | 0 | 1.7 | 239 | | | | | | | |

表 8-4 损益表 单位:万元

| 序号 | 项目 | 投产期/年 | 达到设计生产能力期/年 | | | | | | | | |
|---|---|---|---|---|---|---|---|---|---|---|---|
| | | 3 | 4 | 5 | 6 | 7 | 8 | 9 | 10 | 11 | 12 |
| | 生产负荷/% | 80 | 100 | | | | | | | | |
| 1 | 销售收入 | 3 200 | 4 000 | | | | | | | | |
| 2 | 销售税金及附加 | 192 | 240 | | | | | | | | |
| 3 | 总成本费用 | 2 341.5 | 2 505.2 | 2 380.5 | 2 352.8 | | | | | | |
| 4 | 利润总额(1-2-3) | 666.5 | 1 254.8 | 1 379.5 | 1 407 | | | | | | |
| 5 | 所得税 | 220 | 414.1 | 455.2 | 464.3 | | | | | | |
| 6 | 税后利润 | 446.5 | 840.7 | 924.3 | 942.7 | | | | | | |
| 6.1 | 盈余公积金 | | | 92.4 | 94.27 | | | | | | |
| 6.2 | 应付利润 | | | 831.9 | 848.4 | | | | | | |
| 6.3 | 未分配利润 | 446.5 | 840.7 | | | | | | | | |
| | 累计未分配利润 | 446.5 | 1 287.2 | | | | | | | | |

### 3. 工程项目 P 的财务效益分析与评价

根据上述预测数据和实际数据，可以对该项目的财务可行性做出如下分析与评价。

（1）项目财务盈利能力分析。

① 项目全部投资静态现金流量情况如表 8-5 所示，根据表中数据可计算有关财务效益分析用的评估指标。

② 所得税后财务内部收益率。通过试算法计算，得到：

当 $i_1=18\%$ 时，$FNPV_{i_1}=342.7>0$；当 $i_2=20\%$ 时，$FNPV_{i_2}=-26.9<0$。

根据插值公式，得到：

所得税后内部收益率=18%+(20%–18%)×342.7÷(342.7+26.9)≈19.85% > 18%（行业基准收益率）

③ 所得税前财务内部收益率。通过试算，得到：

当 $i_1=25\%$ 时，$FNPV(i_1)=244.7>0$；当 $i_1=30\%$ 时，$FNPV(i_2)=-438.5<0$。

根据插值公式，得到：

所得税前财务内部收益率=25%+(30%–25%)×244.7÷(224.7+438.5)≈26.84% > 18%（行业基准收益率）

④ 所得税后财务净现值。

$$FNPV=\sum(CI-CO)_t\,(1+18\%)^{-12}=342.7>0$$

⑤ 所得税前财务净现值。

$$FNPV=244.7>0$$

⑥ 所得税后投资回收期。

$$P_t=7-1+140\div1\,522.7=6.1\,（年）<8\,年的行业基准投资回收期$$

⑦ 所得税前投资回收期。

$$P_t=5-1+573.5\div1\,987=4.29\,（年）<8\,年的行业基准投资回收期$$

⑧ 投资利润率=年平均利润总额÷项目总投资×100%=1 314.98÷6 258.95×100%≈21%。

⑨ 资本金利润率=年平均利润总额÷资本金×100%=1 314.98÷3 000×100%≈43.83%。

由于该项目投资利润率大于行业平均利润率，表明项目单位投资盈利能力达到了行业平均水平。

根据以上计算可以看出，该项目的所得税后及所得税前财务内部收益率均大于行业基准收益率；项目所得税后及所得税前财务净现值均大于零。这表明该项目从全部投资角度看盈利能力已满足了行业最低要求，在财务上是可以接受的。另外，项目所得税后及所得税前全部投资回收期均小于行业基准投资回收期，这表明项目投资能够在规定时间收回，所以项目也是可行的。

（2）项目动态财务效益分析指标。根据项目自有资金静态现金流量情况（见表 8-6），可计算有关项目动态财务评估指标如下。

① 项目财务内部收益率，通过试算，得到：

当 $i_1=20\%$ 时，$FNPV_{i_1}=149.19>0$；当 $i_2=24\%$ 时，$FNPV_{i_2}=-67.64<0$。

根据插值公式，得到：

财务内部收益率=20%+(24%–20%)×149.19÷(149.19+67.64)≈22.75%

② 项目财务净现值。

$$FNPV=\sum(CI-CO)_t\,(1+18\%)^{-12}=575.4>0$$

使用项目自有资金现金流量表计算得到的项目财务内部收益率大于项目所属行业的基准收益率，而且项目财务净现值也大于零，这也表明项目在财务上是可以接受的。

表 8-5　静态现金流量表（全部投资）

单位：万元

| 序号 | 项目 | 建设期/年 1 | 2 | 投产期/年 3 | 4 | 5 | 6 | 达到设计生产能力期/年 7 | 8 | 9 | 10 | 11 | 12 |
|---|---|---|---|---|---|---|---|---|---|---|---|---|---|
|  | 生产负荷/% |  |  | 80 |  |  |  |  | 100 |  |  |  |  |
| 1 | 现金流入 |  |  |  |  |  |  |  |  |  |  |  |  |
| 1.1 | 产品销售收入 |  |  | 3 200 |  |  |  |  | 4 000 |  |  |  |  |
| 1.2 | 回收固定资产余值 |  |  |  |  |  |  |  |  |  |  |  | 219.5 |
| 1.3 | 回收流动资金 |  |  |  |  |  |  |  |  |  |  |  | 552.4 |
| 2 | 现金流出 | 2 200 | 3 300 | 2 384.9 | 2 509.6 | 2 468.2 |  |  |  | 2 477.3 |  |  |  |
| 2.1 | 固定资产投资（含投资方向调节税） | 2 200 | 3 300 |  |  |  |  |  |  |  |  |  |  |
| 2.2 | 流动资金 |  |  | 469.9 | 82.5 |  |  |  |  |  |  |  |  |
| 2.3 | 流动资金增加额 |  |  | 1 503 |  |  |  |  | 1 773 |  |  |  |  |
| 2.4 | 销售税金及附加 |  |  | 192 |  |  |  |  | 240 |  |  |  |  |
| 2.5 | 所得税 |  |  | 220 | 414.1 | 455.2 |  |  |  | 464.3 |  |  |  |
| 3 | 净现金流量（1−2） |  |  | 815.1 | 1 490.4 | 1 531.8 | 1 522.7 | 1 522.7 | 1 522.7 | 1 522.7 | 1 522.7 | 1 522.7 | 2 294.6 |
| 4 | 累计净现金流量 | −2 200 | −5 500 | −4 684.9 | −3 194.5 | −1 662.7 | −140 | 1 382.7 | 2 905.4 | 4 428.1 | 5 950.8 | 7 473.5 | 9 768.1 |
| 5 | 所得税前净现金流量 | −3 300 |  | 1 035.1 | 1 904.5 | 1 987 | 1 987 | 1 987 | 1 987 | 1 987 | 1 987 | 1 987 | 2 764.9 |
| 6 | 所得税前累计净现金流量 | −5 500 |  | −4 464.9 | −2 560.4 | −573.4 | 1 413.6 | 3 400.6 | 5 387.6 | 7 374.6 | 9 361.6 | 11 384.6 | 1 413.5 |

表 8-6　静态现金流量表（自有资金）　　　　　　　　　　单位：万元

| 序号 | 项目 | 最低周转天数/天 | 周转次数/次 | 投产期/年 3 | 4 | 达到设计生产能力期/年 5 | 6 | 7 | 8 | 9 | 10 | 11 | 12 |
|---|---|---|---|---|---|---|---|---|---|---|---|---|---|
|  | 生产负荷/% |  |  |  |  |  |  |  |  |  |  |  |  |
| 1 | 现金流入 |  |  |  |  |  |  |  |  |  |  |  |  |
| 1.1 | 产品销售收入 |  |  | 3 200 | 4 000 | 4 000 | 4 000 |  |  |  |  |  | 4 000 |
| 1.2 | 回收固定资产余值 |  |  |  |  |  |  |  |  |  |  |  | 219.5 |
| 1.3 | 回收流动资金 |  |  |  |  |  |  |  |  |  |  |  | 552.4 |
| 2 | 现金流出 | 1 200 | 1 800 | 3 200 | 3 998.3 | 2 836.7 | 2 510.4 |  |  |  |  |  | 2 290.9 |
| 2.1 | 自有资金 |  |  |  |  |  |  |  |  |  |  |  |  |
| 2.2 | 借款本息偿还 |  |  | 1 013.2 | 1 385.7 | 307.7 |  |  |  |  |  |  |  |
| 2.3 | 借款利息支付 |  |  | 271.8 | 185.5 | 60.8 | 33.1 |  |  |  |  |  |  |
| 2.4 | 经营成本 |  |  | 1 503 | 1 773 |  |  |  |  |  |  |  |  |
| 2.5 | 销售税金及附加 |  |  | 192 | 240 |  |  |  |  |  |  |  |  |
| 2.6 | 所得税 |  |  | 220 | 414.1 | 455.2 | 464.3 |  |  |  |  |  |  |
| 3 | 净现金流量（1－2） | －1 200 | －1 800 | 0 | 1.7 | 1 163.3 | 1 489.6 |  |  |  |  |  | 1 709.1 |

（3）项目清偿能力分析。

① 固定资产投资国内借款偿还期：该项目资金来源与运用情况如表 8-7 所示。根据此表及还本付息估算表可计算项目固定资产投资国内借款偿还期：

$$P_d = 5 - 1 + 307.7 \div (526.7 + 20) = 4.6 \text{（年）}$$

所以该项目能够满足贷款机构要求的期限。

表 8-7　资金来源与运用表　　　　　　　　　　单位：万元

| 序号 | 项目 | 建设期/年 1 | 2 | 投产期/年 3 | 4 | 达到设计生产能力期/年 5 | 6 | 7 | 8 | 9 | 10 | 11 | 12 |
|---|---|---|---|---|---|---|---|---|---|---|---|---|---|
|  | 生产负荷/% |  |  |  |  |  |  |  |  |  |  |  |  |
| 1 | 资金来源 | 2 200 | 3 300 | 1 703.1 | 1 884 | 1 926.3 | 1 953.7 | 2 725.6 |  |  |  |  |  |
| 1.1 | 利润总额 |  |  | 666.5 | 1 254.8 | 1 379.5 | 1 407 |  |  |  |  |  |  |
| 1.2 | 折旧费 |  |  |  | 526.7 |  |  |  |  |  |  |  |  |
| 1.3 | 摊销费 |  |  | 40 | 20 |  |  |  |  |  |  |  |  |
| 1.4 | 长期借款 | 1 000 | 1 500 |  |  |  |  |  |  |  |  |  |  |
| 1.5 | 流动资金 |  |  | 469.9 | 82.5 |  |  |  |  |  |  |  |  |
| 1.6 | 其他短期借款 |  |  |  |  |  |  |  |  |  |  |  |  |
| 1.7 | 自有资金 | 1 200 | 1 800 |  |  |  |  |  |  |  |  |  |  |
| 1.8 | 其他 |  |  |  |  |  |  |  |  |  |  |  |  |
| 1.9 | 回收固定资产余值 |  |  |  |  |  |  |  |  |  |  |  | 219.5 |
| 1.10 | 回收流动资金 |  |  |  |  |  |  |  |  |  |  |  | 552.4 |
| 2 | 资金运用 | 2 200 | 3 300 | 1 703.1 | 1 882.3 | 1 594.8 | 1 312.7 |  |  |  |  |  | 1 865.1 |
| 2.1 | 固定资产投资 |  |  |  |  |  |  |  |  |  |  |  |  |
| 2.1.1 | 建设期利息 |  |  |  |  |  |  |  |  |  |  |  |  |
| 2.2 | 流动资金 |  |  | 469.9 | 82.5 |  |  |  |  |  |  |  |  |
| 2.3 | 所得税 |  |  | 220 | 414.1 | 455.2 | 464.3 |  |  |  |  |  |  |
| 2.4 | 应付利润 |  |  |  |  | 831.9 | 848.4 |  |  |  |  |  |  |
| 2.5 | 长期借款还本 |  |  | 1 013.2 | 1 385.7 | 307.7 |  |  |  |  |  |  |  |
| 2.6 | 流动资金借款还本 |  |  |  |  |  |  |  |  |  |  |  | 552.4 |
| 2.7 | 其他短期借款还本 |  |  |  |  |  |  |  |  |  |  |  |  |
| 3 | 盈余资金 |  |  | 0 | 1.7 | 331.5 | 641 |  |  |  |  |  | 860.5 |
| 4 | 累计盈余资金 |  |  | 333.2 | 974.2 | 1 615.2 | 2 256.2 | 2 897.2 | 3 538.2 | 4 179.2 | 5 039.7 |  |  |

② 财务比率。资产负债情况如表8-8所示，表中计算了资产负债率、流动比率、速动比率。

表8-8  资产负债表  单位：万元

| 序号 | 项目 | 建设期/年 | | 投产期/年 | | 达到设计生产能力期/年 | | | | | | | |
|---|---|---|---|---|---|---|---|---|---|---|---|---|---|
| | | 1 | 2 | 3 | 4 | 5 | 6 | 7 | 8 | 9 | 10 | 11 | 12 |
| 1 | 资产 | 2 245 | 5 706.6 | 5 729.9 | 5 297.3 | 5 082.1 | 5 176.4 | 5 270.7 | 5 365.0 | 5 459.3 | 5 553.6 | 5 647.8 | 5 742.1 |
| 1.1 | 流动资产总额 | | | 589.9 | 704.2 | 1 035.6 | 1 676.6 | 2 317.6 | 2 958.6 | 3 599.6 | 4 240.6 | 4 881.6 | 5 522.6 |
| 1.1.1 | 应收账款 | | | 125.3 | | | | 147.8 | | | | | |
| 1.1.2 | 存货 | | | 446.9 | | | | 536.9 | | | | | |
| 1.1.3 | 现金 | | | | | | 17.7 | | | | | | |
| 1.1.4 | 累计盈利资金 | | | 0 | 1.7 | 333.2 | 974.2 | 1 615.2 | 2 256.2 | 2 897.2 | 2 538.2 | 4 179.2 | 4 820.2 |
| 1.2 | 在建工程 | 2 245 | 5 706.6 | | | | | | | | | | |
| 1.3 | 固定资产净值 | | | 4 959.9 | 4 433.2 | 3 906.5 | 3 379.8 | 2 853.1 | 2 326.4 | 1 799.7 | 1 723 | 746.3 | 219.5 |
| 1.4 | 无形资产净值 | | | 180 | 160 | 140 | 120 | 100 | 80 | 60 | 40 | 20 | 0 |
| 2 | 负债及所有者权益 | 2 245 | 5 706.6 | 5 729.9 | 5 297.3 | 5 082.1 | 5 176.4 | 5 270.7 | 5 365.0 | 5 459.3 | 5 553.6 | 5 647.8 | 5 742.1 |
| 2.1 | 流动负债总额 | | | 589.9 | | | | 702.4 | | | | | |
| 2.1.1 | 应付账款 | | | 120 | | | | 150 | | | | | |
| 2.1.2 | 流动资金借款 | | | 469.9 | | | | 552.4 | | | | | |
| 2.1.3 | 其他短期借款 | | | | | | | | | | | | |
| 2.2 | 长期借款 | 1 045 | 2 706.6 | 1 693.4 | 307.7 | | | | | | | | |
| | 负债小计 | | | 2 283.4 | 1 010.1 | | | 702.4 | | | | | |
| 2.3 | 所有者权益 | 1 200 | 3 000 | 3 446.5 | 4 287.2 | 4 379.6 | 4 473.9 | 4 568.2 | 4 662.5 | 4 756.8 | 4 851.1 | 4 945.4 | 5 039.7 |
| 2.3.1 | 资本金 | | | | | | 3 000 | | | | | | |
| 2.3.2 | 资本公积金 | | | | | | | | | | | | |
| 2.3.3 | 累计盈余公积金 | | | | | 92.4 | 186.7 | 281.0 | 375.3 | 469.6 | 563.9 | 658.2 | 752.5 |
| 2.3.4 | 累计未分配利润 | | | 446.5 | | | | 1 287.2 | | | | | |

（4）该项目的财务综合效益情况分析评价结论。综合上述各项财务效益分析指标计算所给出的财务评价结果，可以看出该项目的经济效果不管是从静态还是从动态的情况来看，在财务上都是可以接受的。财务外汇情况如表8-9所示（注：此表仅在项目有涉外资金时才需单独列出。本案例因未发生涉外资金问题故有关数据为空，如表中所示，也可不用将此表单列）。

表8-9  财务外汇平衡表  单位：万元

| 序号 | 项目 | 建设期/年 | | 投产期/年 | | 达到设计生产能力生产期/年 | | | | 备注 |
|---|---|---|---|---|---|---|---|---|---|---|
| | | 1 | 2 | 3 | 4 | 5 | 6 | ... | 12 | |
| | 生产负荷/% | | | | | | | | | |
| 1 | 外汇来源 | | | | | | | | | 其他外汇收入包括自筹外汇等 |
| 1.1 | 产品销售外汇收入 | | | | | | | | | |
| 1.2 | 外汇借款 | | | | | | | | | |
| 1.3 | 其他外汇收入 | | | | | | | | | |
| 2 | 外汇运用 | | | | | | | | | |
| 2.1 | 固定资产投资中外汇支出 | | | | | | | | | |
| 2.2 | 进口原材料 | | | | | | | | | 技术转让费是指生产期支付的技术转让费 |
| 2.3 | 进口零部件 | | | | | | | | | |
| 2.4 | 技术转让费 | | | | | | | | | |
| 2.5 | 偿付外汇借款本息 | | | | | | | | | |
| 2.6 | 其他外汇支出 | | | | | | | | | |
| 2.7 | 外汇余缺 | | | | | | | | | |

# 第 9 章 投资项目的国民经济分析

【本章提示】项目的国民经济分析是站在国家的角度,采用费用与效益分析的方法,综合运用影子价格、影子汇率、影子工资和社会折现率等参数,计算分析项目需要国家付出的代价和对国家的贡献,是在更大范围内考察项目投资行为的经济合理性与宏观可行性的过程。项目的国民经济分析是投资项目经济性分析的重要组成部分,国民经济分析与企业财务效益分析共同构成完整的项目经济效益分析。但两者既有联系又有区别,项目的国民经济分析在投资项目可行性分析中对宏观经济的管理有重要的意义。

【本章理论要点综述】

### 1. 相关概念与作用及各种经济分析之间的关系

(1) 国民经济分析也叫国民经济评价或评估。它是按照资源合理配置的原则,从国民经济的角度(国家层面)出发,用一套国家参数(包括货物影子价格、影子工资、影子汇率和社会折现率等)计算和分析项目对国民经济的净贡献,以分析和评估项目在宏观上的经济合理性。

(2) 国民经济分析的作用。进行该项分析,在宏观层面上尤其对那些关系国计民生的规模以上项目,对合理配置有限的国家资源、真实反映项目对国民经济所做的贡献和实现投资决策的科学化有着十分重要的作用。

(3) 国民经济分析与企业财务效益分析的关系。作为项目投资决策经济性判断的重要依据之一,项目的国民经济分析是可行性分析的重要组成部分,它与项目的企业财务效益分析一起共同构成了完整的项目经济性评价,二者间既有区别又有联系,具体情况如表 9-1 所示。

表 9-1 国民经济分析与企业财务效益分析的相互关系与对项目经济性的影响

| 分析角度 | 评价结论 ||||||
|---|---|---|---|---|---|---|
| | 经济性(可行与否) |||| 相互关系 ||
| | | | | | 相同点(联系) | 不同点(区别) |
| 企业财务效益分析 | 可行 | 可行 | 不可行 | 不可行 | 评价分析的目的一致,分析评价的基础相同,分析方法与主要指标的计算方法类似 | 经济目标与分析内容不同,价值尺度不同,折现率与汇率不同 |
| 国民经济分析 | 可行 | 不可行 | 可行 | 不可行 ||| 
| 项目经济性分析结论 | 效益可行 | 不可行 | 效益可行 | 不可行 |||

### 2. 项目国民经济分析的基本原理

(1) 国民经济分析使用的基本经济评价理论,通常采用的是费用-效益分析方法,寻求以最小的投入(费用)获取最大的产出(效益)。也就是采取有无对比方法识别项目的费用和效益,采取影子价格理论方法估算各项费用和效益,采用现金流量分析方法,使用报表分析,采用经济内部收益率、经济净现值等指标进行定量的经济效益分析。

（2）国民经济分析所用的评估参数。作为国民经济评估的重要基础，正确理解和使用评估参数，是正确计算相关费用、效益、评估指标进行方案优化比选的前提。

① 国民经济分析用的评估参数。A. 通用参数，主要包括反映劳动力影子价格或项目工资成本影子价格的影子工资、能反映把外汇转换成国民经济真实价值汇率的影子汇率（SER）、站在国家角度看项目投资应达到的基本收益率标准——最低收益水平的社会折现率（$i_{社}$）、土地的影子价格等，这些通常由专门机构组织测算和发布。B. 需由项目可行性分析的专业评估人员根据项目具体情况自行测算的各种货物、服务、土地与自然资源等的影子价格。

② 通用参数中影子价格的概念、内涵与表现。A. 影子价格是在投资项目分析中用于国民经济分析或评价的价格，也称效率价格、最优价格等。称其为效率价格，是指它可以促成人们自动地从本位利益出发，去实现资源的最优分配；称其为最优价格，是指它反映了实现资源最优分配时对资源的社会价格的客观评价。B. 影子价格的经济实质是稀缺资源在最优利用的情况下，每单位所能获得的超额利润——一种不同于市场竞价自然选择的，由人为确定的，当社会经济处于某种最优状态时能反映社会劳动消耗、资源稀缺程度及最终产品需求情况的，比交换价格更合理的价格。C. 影子价格的内涵一般指影子利率、影子汇率、影子工资和影子出租——土地的影子价格。

③ 影子价格的寻求思路及确定。A. 一般要求有两条：一是区分贸易货物的类型——是外贸货物还是非外贸货物；二是据此可得多种不同的具体确定方法。B. 常用的算法（具体确定法）有五种：线性规划对偶解法、L-M法、S/V法、UNIDO法和增值法。涉及影子价格的理论通常包括资源最优配置理论、机会成本福利经济学理论、机会效益理论、全部效益和全部费用理论。

### 3. 开展项目国民经济分析的基本方法

（1）在财务效益分析基础上进行的操作。其主要步骤有：①调整和确定所要分析评价项目的经济费用和效益的范围与数值。②编制经济分析评价的基本报表。③进行经济效益指标的计算和分析评价。④按照有关国民经济分析评价指标的判别准则，做出与项目财务效益分析相类似的比选和取舍。

（2）直接进行国民经济分析的评价操作。其主要步骤有：①根据项目提供的产出物的性质识别和确定是否属于外贸货物。②按定价原则和项目产出物的种类、数量及逐年增减情况确定产出物的影子价格，计算项目的直接效益。③用货物的影子价格、影子工资、影子汇率、社会折现率和土地的影子价格等参数直接进行项目的投资估算（包括对流动资金的估算）。④根据生产经营的实物消耗和各种货物的影子价格、影子工资与影子汇率等参数计算经营费用。⑤识别项目的间接效益与间接费用。⑥编制有关报表。⑦计算相应的技术经济指标。

### 4. 国民经济分析中费用与效益的识别

（1）费用的识别与分类。①费用是指一个工程项目中因项目建设而使国民经济所付出的代价，包括项目自身和国民经济其他部门或其他环节所付出的代价。②项目费用分为直接费用和间接费用。

（2）效益的识别与分类。项目效益是指一个工程项目对国民经济所做的贡献。项目效益分为直接效益和间接效益。

（3）注意对转移支付的识别——在鉴别和度量效益与费用时，要剔除"转移支付"。所谓"转移支付"，是指那些既不需要消耗国民经济资源，又不增加国民经济收入，只是一种归属权转让的款项，包括税金、补贴和国内借款利息等。

**5. 国民经济分析需要编制的基本报表与分析要求**

（1）报表要求。通常，在国民经济分析中需编制2张主表和3张辅表；2张主表指"项目国民经济效益费用流量表"和"国内投资国民经济效益费用流量表"；编制3张辅表；是为了调整投资费用、销售收入和经营费用，包括"国民经济评估投资调整表""国民经济评估销售收入调整表"和"国民经济评估经营费用调整表"。

（2）通常，对项目的国民经济分析一般只进行国民经济盈利能力分析而不做清偿能力分析，以经济内部收益率为主要评价指标。根据项目的特点和实际需要，有时可计算三项指标：经济净现值指标、经济换汇成本和经济节汇成本。

### 链接——案例 9-1

#### 对投资大河水库改造项目国民经济分析

大河水库是一座集防洪、灌溉、航运和水产诸多功能为一体的巨型平原水库，承泄大河河流上中游的来水。该工程项目通过建设一条新的入海通道，使大堤的防洪标准从50年一遇提高到百年一遇以上。该工程项目除具有巨大的防洪效益和潜在的航运效益外，还可使沿线A地区的排涝标准从3年一遇左右提高到5年一遇，并缓解A地区高低片之间的灌排矛盾。该工程项目将于20××年开工建设，20××年完工，工期5年，工程运行期50年。该工程项目国民经济效益和费用的识别及国民经济效益分析评价的过程简述如下。

**1. 工程项目国民经济效益的识别和计算**

该工程项目具有巨大的防洪效益和明显的治涝效益，是该案例国民经济效益计算需要重点考虑的问题。

（1）防洪效益。该工程项目的防洪效益主要体现在减少水库周边圩区淹没及下游保护区的分、蓄洪概率上。

水库大堤的保护区主要有A、B、C三个地区。遇百年一遇及以上标准特大洪水，该工程项目可减少这些地区的分洪概率和淹没范围。各区基本情况如表9-2所示。

表9-2　大河水库周边不同地区人口及耕地情况

| 地区 | 人口/万人 | 耕地/万亩 |
| --- | --- | --- |
| 水库周边圩区 | 93 | 165 |
| A地区 | 213 | 165 |
| B地区 | 173 | 128 |
| C地区 | 1 727 | 2 038 |
| 合计 | 2 206 | 2 496 |

注：亩为非法定计量单位，1亩≈666.67m²。

① 减少淹没面积的计算。根据水库的工程具体情况，对各种频率下的洪水进行了调洪演算，分析确定了在不同洪水下水库各分洪口的启用顺序。分析结果表明，遇各种频率洪水时，入海水道工程都可不同程度地减少圩区和各保护区的分蓄洪量。洪水重现期按50年一遇、100年一遇、300年一遇、1 000年一遇、2 000年一遇五个等级，分别分析在各种等级的洪水出现时各地区有无项目时的淹没面积，以及通过"有无对比"计算该工程项目的减灾面积及损失率。

各地区、各种频率下洪水工程前后的淹没面积如表9-3所示。

表 9-3 洪水工程前后分洪量、淹没面积

| | 洪水重现期/年 | 分洪总量/亿 m³ | 分洪天数/天 | 各地区分洪量/亿 m³ A | B | C | 分洪后增加淹没面积/万亩 周边圩区 | A | B | C |
|---|---|---|---|---|---|---|---|---|---|---|
| 无项目情况 | 50 | | | 0 | 0 | 0 | 165 | 0 | 0 | |
| | 100 | 29.2 | 8 | 11.6 | 8 | | 165 | 165 | 36 | |
| | 300 | 133.7 | 20 | 38.2 | 21 | 752 | 165 | 165 | 32 | 1 680 |
| | 1 000 | 247.7 | 25 | 38.2 | 21 | 188.2 | 165 | 165 | 52 | 1 680 |
| | 2 000 | 299.0 | 25 | 38.2 | 21 | 239.5 | 165 | 165 | 52 | 1 680 |
| 有项目情况 | 50 | | | | | | | | | |
| | 100 | | | | | | 165 | | | |
| | 300 | 38.2 | 20 | 38.2 | | | 165 | 165 | | |
| | 1 000 | 170.5 | 24 | 38.2 | 21 | 111.1 | 165 | 165 | 52 | 1 680 |
| | 2 000 | 209.3 | 24 | 382 | 21 | 149.8 | 165 | 165 | 52 | 1 680 |

上述分析结果表明，对应于不同的标准洪水，通过有无对比分析得到的该工程项目的减淹面积情况如表 9-4 所示。

表 9-4 减淹面积有无情况对比

| 洪水重现期/年 | 有无对比该项目的减淹面积/万亩 周边圩区 | A | B | C |
|---|---|---|---|---|
| 50 | 165 | 0 | 0 | 0 |
| 100 | 0 | 165 | 36 | 0 |
| 300 | 0 | 0 | 52 | 1 680 |
| 1 000 | 0 | 0 | 0 | 0 |
| 2 000 | 0 | 0 | 0 | 0 |

② 直接洪灾损失计算。首先计算单位洪灾损失指标，它是洪水淹没地区单位面积（亩）资产损失总值（以元/亩为单位），与资产值（以元/亩为单位）、洪灾损失率（%）及洪灾损失增长率等因素有关。

A. 资产值。根据 20×× 年对该地区的抽样调查，资产值水库周边圩区亩均 9 500 元，A 地区亩均 17 600 元，B 地区亩均 13 500 元，C 地区亩均 18 200 元。

B. 洪灾损失率。通过对过去历次洪水淹没情况的统计数据，研究确定洪灾的损失率为：水库周边圩区遭遇 50 年一遇洪水 15%～75%，遭遇 100 年一遇及以上标准洪水为 20%～90%；A 地区和 B 地区为 25%～90%，C 地区为 15%～75%（见表 9-5 至表 9-8）。

表 9-5 周边圩区资产损失情况（平均资产值 9 500 元/亩）

| 洪水重现期/年 | 无项目 平均损失率/% | 损失值/元/亩 | 有项目 平均损失率/% | 损失值/元/亩 |
|---|---|---|---|---|
| 50 | 60 | 5 700 | 0 | 0 |
| 100 | 75 | 7 125 | 60 | 5 700 |
| 300 | 80 | 7 600 | 70 | 6 650 |
| 1 000 | 90 | 8 550 | 85 | 8 076 |
| 2 000 | 90 | 8 550 | 90 | 8 550 |

表 9-6 A 地区资产损失情况（平均资产值 17 600 元/亩）

| 洪水重现期/年 | 无项目 平均损失率/% | 损失值/元/亩 | 有项目 平均损失率/% | 损失值/元/亩 |
|---|---|---|---|---|
| 50 | 0 | 0 | 0 | 0 |
| 100 | 65 | 11 440 | 0 | 0 |
| 300 | 70 | 12 320 | 60 | 10 560 |
| 1 000 | 90 | 15 840 | 80 | 14 080 |
| 2 000 | 90 | 15 840 | 90 | 15 840 |

表9-7 B地区资产损失情况（平均资产值13 500元/亩）

| 洪水重现期/年 | 无项目 平均损失率/% | 无项目 损失值/元/亩 | 有项目 平均损失率/% | 有项目 损失值/元/亩 |
|---|---|---|---|---|
| 50 | 0 | 0 | 0 | 0 |
| 100 | 40 | 5 400 | 0 | 0 |
| 300 | 65 | 87 750 | 0 | 0 |
| 1 000 | 75 | 10 125 | 70 | 9 450 |
| 2 000 | 90 | 12 150 | 90 | 12 150 |

表9-8 C地区资产损失情况（平均资产值18 200元/亩）

| 洪水重现期/年 | 无项目 平均损失率/% | 无项目 损失值/元/亩 | 有项目 平均损失率/% | 有项目 损失值/元/亩 |
|---|---|---|---|---|
| 50 | 0 | 0 | 0 | 0 |
| 100 | 40 | 72 800 | 0 | 0 |
| 300 | 50 | 9 100 | 0 | 0 |
| 1 000 | 60 | 10 920 | 50 | 9 100 |
| 2 000 | 75 | 13 650 | 75 | 13 650 |

C. 基准年的资产损失值。根据上述指标，计算基准年的多年平均资产损失情况如表9-9所示。

表9-9 基准年的多年平均资产损失计算　　　　　　　　　　单位：万元

| 类别 | 周边圩区 | A地区 | B地区 | C地区 | 合计 |
|---|---|---|---|---|---|
| 无项目 | 36 862 | 29 572 | 4 307 | 80 772 | 151 513 |
| 有项目 | 15 100 | 9 438 | 807 | 26 754 | 52 099 |
| 有无对比之差 | 21 762 | 20 134 | 3 500 | 54 018 | 99 414 |

上述计算结果表明，该项工程目的多年平均直接防洪国民经济效益为9.94亿元。

D. 洪灾损失增长率。根据分析，该工程项目约定采用洪灾损失年增长率为20××—20××年为3%，20××—20××年为2.5%，20××—20××年为2%，即分阶段逐渐降低。

③ 间接防洪国民经济效益。工程可减免的间接国民经济损失称为间接防洪国民经济效益。根据已有资料分析并且结合该工程项目情况，间接损失按直接损失的15%计算。

该工程项目多年平均间接防洪国民经济效益为1.49亿元。

④ 防洪国民经济效益。直接防洪国民经济效益和间接防洪国民经济效益之和为防洪国民经济效益。该项目多年平均防洪国民经济效益为11.43亿元。

⑤ 防洪国民经济效益调整。需要调整的洪灾损失指标主要是粮食（以水稻为代表）；其他财产的影子价格调整系数按1.0计算，不做调整。大米按外贸出口货物计算，经计算，其影子价格为2 398元/吨，财务价格为2 150元/吨，影子价格调整系数为1.1，即粮食的影子价格调整系数为1.1。房屋及其他公共设施用房屋建筑工程的影子价格换算系数按1.1进行调整。粮食、房屋及其他公共设施建筑工程三项需要调整的国民经济费用占洪灾损失指标中损失值的30%～50%，取40%。综上可知，对整个洪灾损失指标按1.04系数进行调整，即防洪国民经济效益调整系数为1.04。调整后，该项目基期年防洪国民经济效益为11.89亿元。洪灾损失增长率不做调整。基期以后年份按洪灾损失增长率递增。

（2）治涝效益。工程建设可使A地区的排涝标准从3年一遇提高到5年一遇，其治涝国民经济效益主要反映在提高排涝标准上。A地区的排水、耕地面积情况如表9-10所示。

表9-10 A地区排水、耕地面积

| 地块类别 | 排水面积/km² | 耕地/万亩 |
|---|---|---|
| 普通地面 | 1 428 | 127 |
| 滩区 | 399 | 34 |
| 水面及其他 | 31 | |
| 合计 | 1 858 | 161 |

该工程项目可使多年平均减灾面积达到 7.5 万亩。根据灾情统计分析，A 地区涝灾面积中受灾程度大部分为轻、重灾，少数为绝收，平均减产率为 5%~60%。本次计算平均减产率取 35%。

该地区洪涝灾害受影响的主要是秋粮种植，且基本上都种植较耐水淹的水稻，所以把水稻作为秋粮的代表。20××年大米的财务价格为 2 150 元/吨。水稻正常年景下的单产为 480 千克/亩，水稻出米率为 75%。粮食单产以年均 1%的速度递增。

经计算，基年（20××年）该项目多年平均治涝国民经济效益为 2 031.75 万元，20××年后按 1%的增长率递增。

将大米的财务价格用影子价格来代替，然后计算治涝国民经济效益。大米按外贸出口货物计算，其影子价格为 2 398 元/吨；调整后治涝国民经济效益为 2 266.11 万元，按 1%的速度递增。

**2．工程项目国民经济费用的识别和计算**

（1）国民经济费用的构成。该项目的国民经济费用由工程建设费用、年运行费用、流动资金、更新改造费用和预留分洪口门费用构成。

① 工程建设费用。该项目的工程建设费用由河道工程投资（含移民安置）、枢纽建筑物工程投资、桥梁工程投资、排灌工程投资、穿堤建筑物工程投资等构成，共计 546 772 万元，自 20××年开始分 5 年投入（见表 9-11）。

表 9-11　大河水库改造项目分年投资情况　　　　　单位：万元

| 工程投资项目 | 静态投资 | 分年度投资 ||||| 
|---|---|---|---|---|---|---|
| | | 20××年 | 20××年 | 20××年 | 20××年 | 20××年 |
| 枢纽建筑物工程 | 202 306 | 30 346 | 49 565 | 65 749 | 43 294 | 13 352 |
| 桥梁工程 | 71 181 | 10 662 | 17 415 | 23 101 | 15 212 | 4 691 |
| 排灌工程 | 97 326 | 14 599 | 23 845 | 31 630 | 20 828 | 6 424 |
| 穿堤建筑物工程 | 77 642 | 11 646 | 19 023 | 25 233 | 16 616 | 5 124 |
| 河道工程（含移民安置） | 98 417 | 14 762 | 24 112 | 31 986 | 21 061 | 6 496 |
| 合计 | 546 772 | 82 015 | 133 960 | 177 699 | 117 011 | 36 087 |

② 年运行费用。经测算，该工程项目正常年份的年运行费用为 4 357 万元，并按 2.5%递增，20××—20××年按 50%分年投入，20××年以后开始足额投入。

③ 流动资金。流动资金 20××—20××年按 50%分年投入，20××年后足额投入。

④ 更新改造费用。更新改造费用共 9 850 万元，其中，机电设备（含安装工程）1 820 万元，于工程投产后的第 20 年一次性投入；金属结构（含安装工程）8 030 万元，于工程投产后的第 25 年一次性投入。

⑤ 预留分洪口门费用。国民经济分析评价费用计算中应包含分洪口门的工程费用，经估算为 22 500 万元，在开工后前三年的投资中摊列。

（2）工程项目国民经济费用的调整。由于该项目投资构成较为单一，国民经济费用调整简化处理如下。

① 确定国民经济内部转移支付费用（$A$）。属于内部转移支付费用的有各种税金，约占建安工作量的 10%，即 $A$ 为 19 534 万元。

② 计算主要材料国民经济费用调整后与调整前的差值（$B$）。该投资项目的主要材料中，汽油、柴油、木材、钢材按外贸进口货物计算；水泥按非外贸货物计算。经调整计算，$B$ 为 −18 753 万元，如表 9-12 所示。

③ 主要设备购置的调整。我国机电设备由市场进行调节，与国际市场价格相近，故该项目主要设备投资的国民经济费用不予调整。

表 9-12 主要材料国民经济费用调整计算

| 材料名称 | 规格 | 数量/吨·立方米 | 财务价格/元/(吨·立方米) | 影子价格/元/(吨·立方米) | 价格差额/元/(吨·立方米) | 国民经济费用差值/万元 |
|---|---|---|---|---|---|---|
| 汽油 | 70 | 4 057.1 | 2 665.90 | 1 586.82 | (1 079) | -438 |
| 柴油 | 0 | 133 561.95 | 2 499 | 1 458 | (1 042) | -14 125 |
| 水泥 | 425 | 221 609.3 | 384 | 349 | (35) | -775 |
| 板材 |  | 8 062 | 2 538 | 1 339 | (1 200) | -967 |
| 钢材 |  | 25 373 | 3 291 | 2 327 | (965) | -2 448 |
| 合计 |  |  |  |  |  | -18 753 |

④ 土地国民经济费用的调整。

A. 土地机会成本的计算。根据占有土地的适用性和其所处的环境等条件,土地利用情况及土地机会成本计算如表 9-13 所示。

表 9-13 土地利用情况及土地机会成本计算表

| 土地类别 | 占地面积/亩 | 可能替代用途 | 征用年限/年 | 年净国民经济效益/元(年·亩) | 净国民经济效益年均增长率/% | 机会成本/元/亩 | 机会成本总额/万元 |
|---|---|---|---|---|---|---|---|
| 挖压耕地 | 57 180 | 小麦水稻种植 | 50 | 580 | 1 | 6 390 | 36 538 |
| 滩地耕地 | 40 920 | 小麦水稻种植 | 1.5 | 420 | 1 | 618 | 2 529 |
| 挖压鱼塘 | 7 495 | 淡水养殖 | 50 | 2 070 | 2 | 25 655 | 19 228 |
| 滩地鱼塘 | 2 542 | 淡水养殖 | 1.5 | 2 070 | 2 | 3 384 | 860 |
| 挖压园地 | 6 646 | 桑园 | 50 | 572 | 2 | 7 089 | 4 711 |
| 宅基地 | 4 003 | 蔬菜 | 50 | 1 118 | 2.5 | 14 780 | 5 916 |
| 合计 | 118 786 |  |  |  |  |  | 69 782 |

在表 9-13 中,耕地、鱼塘、园地征用年限为施工期 6 年加上运营期 54 年,滩地征用 1.5 年后还原;园地以桑园为代表。

土地机会成本计算公式为

$$OC = NB_0(1+g)^{\tau+1} \times \frac{1-(1+g)^n(1+i)^n}{i-g} \quad (i \neq g)$$

式中,OC 为土地机会成本;$n$ 为项目占用土地的期限;$NB_0$ 为基年土地的"最佳可替代用途"的单位面积净效益;$\tau$ 为净效益计算基年 20××年距项目开工 20××年的年数;$g$ 为土地的最佳可替代用途的年平均效益增长率;$i$ 为社会折现率 10%。例如,对于挖压耕地,$NB_0=580$,$g=1\%$,$i=10\%$,$n=50$,$\tau=2$,则

$$OC = 580 \times (1+1\%)^{2+1} \times \frac{1-(1+1\%)^{50}(1+10\%)^{50}}{10\%-1\%} = 6 300 \text{(元)}$$

利用同样的方法计算可得:滩地耕地的每亩机会成本为 618 元;挖压鱼塘的每亩机会成本为 25 655 元;滩地鱼塘的每亩机会成本为 3 384 元;挖压园地的每亩机会成本为 7 089 元;宅基地的每亩机会成本为 14 780 元。然后根据占用土地的面积,计算土地的机会成本总额为 69 782 万元。

B. 新增资源消耗的计算。新增资源消耗用房屋建筑工程的影子价格乘换算系数 1.1,换算成影子国民经济费用,调整后的新增资源消耗为 72 680 万元。

土地的国民经济费用为土地的机会成本和新增资源消耗之和,即 142 462 万元。该项目占地的国民经济费用与投资估算中土地补偿费用的差值($D$)为 24 619 万元。分项调整结果如表 9-14 所示。

⑤ 按影子工资计算劳动力国民经济费用与投资估算中的劳动力财务费用的差值($E$)。劳动力的影子工资按工资及福利费乘影子工资换算系数 1.0 计算。据此,$E$ 为 0。

表9-14 移民安置及土地补偿国民经济费用　　　　　　　　　　　　单位：万元

| 费用类别 | 调整前费用 | 调整后费用 | 差额 |
| --- | --- | --- | --- |
| 土地补偿及安置补助 | 49 339 | 69 782 | 20 443 |
| 林木、果树补偿 | 10 474 | 10 474 | 0 |
| 房屋迁建补偿 | 27 522 | 30 274 | 2 752 |
| 专项设施重建补偿 | 2 913 | 3 205 | 292 |
| 附属设施补偿 | 1 309 | 1 440 | 131 |
| 企事业单位搬迁 | 14 011 | 15 412 | 1 401 |
| 其他费用 | 11 875 | 11 875 | 0 |
| 合计 | 117 443 | 142 462 | 24 619 |

⑥ 确定工程投资估算中的基本预备费（$F$）。基本预备费为主体工程投资中的工程费用和工程建设其他费用之和的6%，经测算为19 027万元。

⑦ 计算投资项目国民经济总费用及各年投资分配额。投资项目国民经济总费用=（工程静态总投资$-F-A+B+C+D+E$）×（1+基本预备费率）=（546 772-19 027-19 534-18 753+0+24 619+0）×（1+6%）≈544 922（万元）。

各年投资分配额由投资国民经济费用乘以各年度的投资比例得到。

⑧ 流动资金的调整。流动资金不予调整，仍按1 532万元计算。

⑨ 年运行费用的调整。工程年运行费用不予调整，仍按4 375万元计算。

⑩ 更新改造费用的调整。更新改造费不予调整，仍按9 850万元计算。

⑪ 预留分洪口门费用调整。预留分洪口门费用不做调整，仍按22 500万元计算。

国民经济评价分年度的投资、年运行费用、流动资金和更新改造费用，详见国民经济效益费用流量表（见表9-15）。

表9-15 国民经济效益费用流量表　　　　　　　　　　　　单位：万元

| 年份 | 效益流量 | 直接防洪效益 | 间接防洪效益 | 治涝效益 | 回收流动资金 | 费用流量 | 固定资产投资 | 预留口门费用 | 投入流动资金 | 年运行费用 | 更新改造费用 | 净效益流量 |
| --- | --- | --- | --- | --- | --- | --- | --- | --- | --- | --- | --- | --- |
| 201× | 0 | | | | | 87 426 | 81 801 | 5 625 | | | | -87 426 |
| 201× | 0 | | | | | 141 485 | 133 610 | 7 875 | | | | -141 485 |
| 201× | 0 | | | | | 189 024 | 177 235 | 9 000 | 766 | 2 023 | | -189 024 |
| 201× | 0 | | | | | 118 779 | 116 705 | | | 2 074 | | -118 779 |
| 201× | 0 | | | | | 38 883 | 35 992 | | 766 | 2 125 | | -38 883 |
| 201× | 121 312 | 103 376 | 15 506 | 2 430 | | 4 357 | | | | 4 357 | | 116 955 |
| 201× | 124 902 | 106 177 | 15 972 | 2 454 | | 4 466 | | | | 4 466 | | 120 436 |
| 201× | 128 600 | 109 672 | 16 451 | 2 478 | | 4 578 | | | | 4 578 | | 124 022 |
| 201× | 132 409 | 112 962 | 16 944 | 2 503 | | 4 692 | | | | 4 692 | | 127 717 |
| 201× | 136 332 | 116 351 | 17 453 | 2 528 | | 4 809 | | | | 1 809 | | 131 523 |
| 202× | 140 370 | 119 841 | 17 976 | 2 554 | | 4 930 | | | | 4 930 | | 135 440 |
| 202× | 144 540 | 123 436 | 18 515 | 2 579 | 5 053 | 5 053 | | | | 5 053 | | 139 477 |
| 202× | 148 105 | 126 522 | 18 978 | 2 605 | 5 179 | 5 179 | | | | 5 179 | | 142 926 |
| 202× | 151 769 | 129 685 | 19 453 | 2 631 | 5 309 | 5 309 | | | | 5 309 | | 146 460 |
| 202× | 155 523 | 132 927 | 19 939 | 2 657 | 5 441 | | | | | 544 | | 150 082 |
| 202× | 159 372 | 136 251 | 20 438 | 2 684 | 5 577 | 5 577 | | | | 5 577 | | 153 795 |
| 202× | 163 316 | 139 657 | 20 949 | 2 711 | 5 717 | 5 717 | | | | 5 717 | | 157 599 |
| 202× | 167 358 | 143 148 | 21 472 | 2 738 | 5 860 | 5 860 | | | | 5 860 | | 161 498 |
| 202× | 171 501 | 146 727 | 22 009 | 2 765 | 6 006 | 6 006 | | | | 6 006 | | 161 495 |
| 202× | 175 747 | 150 395 | 22 559 | 2 793 | 6 156 | 6 156 | | | | 6 156 | | 169 591 |
| 203× | 180 098 | 154 155 | 23 123 | 2 821 | 6 310 | 6 310 | | | | 6 310 | | 173 788 |
| 203× | 184 559 | 158 009 | 23 701 | 2 849 | 6 468 | 6 468 | | | | 6 468 | | 178 091 |

续表

| 年份 | 效益流量 | 直接防洪效益 | 间接防洪效益 | 治涝效益 | 回收流动资金 | 费用流量 | 固定资产投资 | 预留口门费用 | 投入流动资金 | 年运行费用 | 更新改造费用 | 净效益流量 |
|---|---|---|---|---|---|---|---|---|---|---|---|---|
| 203× | 189 130 | 161 959 | 24 294 | 2 877 | 6 630 | | | | | 6 630 | | 182 500 |
| 203× | 193 815 | 166 008 | 24 901 | 2 906 | 6 795 | | | | | 6 795 | | 187 020 |
| 203× | 198 301 | 170 158 | 25 524 | 2 935 | | 6 965 | | | | 6 965 | | 191 356 |
| 203× | 203 220 | 174 412 | 26 162 | 2 965 | | 8 959 | | | | 7 139 | 1 820 | 194 261 |
| 203× | 208 260 | 178 773 | 26 816 | 2 944 | | 7 318 | | | | 7 318 | | 200 942 |
| 203× | 212 398 | 182 348 | 27 352 | 3 024 | | 7 501 | | | | 7 501 | | 204 897 |
| 203× | 216 620 | 185 995 | 27 899 | 3 054 | | 7 688 | | | | 7 688 | | 208 932 |
| 203× | 220 929 | 189 715 | 28 457 | 3 085 | | 7 881 | | | | 7 881 | | 213 043 |
| 204× | 225 316 | 193 509 | 29 026 | 3 116 | | 16 108 | | | | 8 078 | 8 030 | 209 208 |
| 204× | 229 794 | 197 379 | 29 607 | 3 147 | | 8 280 | | | | 8 280 | | 221 514 |
| 204× | 234 362 | 201 327 | 30 200 | 3 178 | | 8 487 | | | | 8 487 | | 225 875 |
| 204× | 239 021 | 205 354 | 30 803 | 3 210 | | 8 699 | | | | 8 699 | | 230 322 |
| 204× | 243 773 | 209 461 | 31 419 | 3 242 | | 8 916 | | | | 8 916 | | 234 857 |
| 204× | 248 619 | 213 650 | 32 047 | 3 275 | | 9 139 | | | | 9 139 | | 239 480 |
| 204× | 253 562 | 217 923 | 32 688 | 3 307 | | 9 368 | | | | 9 368 | | 24 494 |
| 204× | 258 604 | 222 281 | 3 342 | 3 341 | | 9 602 | | | | 9 602 | | 249 002 |
| 204× | 263 747 | 226 727 | 34 009 | 3 374 | | 9 842 | | | | 9 842 | | 253 905 |
| 204× | 268 991 | 231 261 | 34 689 | 3 408 | | 10 088 | | | | 10 088 | | 258 903 |
| 205× | 274 240 | 235 887 | 35 383 | 3 442 | | 10 340 | | | | 10 340 | | 263 900 |
| 205× | 279 796 | 240 604 | 36 091 | 3 476 | | 10 599 | | | | 10 599 | | 269 197 |
| 205× | 285 361 | 245 417 | | | | 10 864 | | | | 10 864 | | 274 497 |
| 205× | 291 037 | 250 325 | 37 549 | 3 546 | | 11 413 | | | | 11 413 | | 285 414 |
| 205× | 296 827 | 255 331 | 38 300 | 3 581 | | 11 699 | | | | 11 699 | | 291 032 |
| 205× | 302 731 | 260 438 | 39 066 | 3 617 | | 11 991 | | | | 11 991 | | 296 762 |
| 205× | 308 753 | 265 647 | 39 847 | 3 653 | | 12 291 | | | | 12 291 | | 302 605 |
| 205× | 314 896 | 270 960 | 40 644 | 3 690 | | 12 598 | | | | 12 598 | | 308 563 |
| 205× | 321 161 | 276 379 | 41 457 | 3 727 | | 12 913 | | | | 12 913 | | 316 169 |
| 205× | 329 082 | 281 906 | 42 286 | 3 764 | 1 532 | | | | | | | |

### 3. 国民经济评价指标的计算与分析

根据用影子价格调整后工程项目各年的国民经济费用和效益情况，编制国民经济效益费用流量表（见表9-15）。国民经济效益分析评价的计算期包括工程的建设期和运行期。该项目建设期为6年，运行期为44年，计算期是201×—205×年（共50年）。计算期的时间基准点定在工程建设期的第1年（201×年年初），各项费用和效益均按年末发生和计算。

根据国民经济效益费用流量表，计算得出计算期内各项国民经济评价指标为

$$EIRR = 16.86\%$$
$$ENPV(i=10\%) = 54.43（亿元）$$

计算结果表明，该工程项目的国民经济内部收益率大于国家规定的社会折现率10%。以社会折现率计算的国民经济净现值大于零，因此该工程项目在国民经济上是可行的。

# 第 10 章

# 投资项目的环境影响分析

【本章提示】本章是在前述各项传统的习惯性常规分析的基础上,根据社会经济发展最终目标是希望实现人与自然和谐发展的"绿水青山就是金山银山"的要求,对项目评价提出的最新要求单独列出新增的分析评价内容,属于当今时代开始强调全资源要素项目经济性分析所必须考虑的评价内容之一。故在阐明项目环境影响分析含义的基础上,本章明确了项目环境影响分析的目的,就环境分析在项目评价中的地位和重要作用、进行项目环境分析应遵循的原则,说明了影响项目环境分析的因素和基本工作要求。结合项目建设程序,本章简要介绍了项目环境影响分析的工作程序、主要研究内容和撰写环境影响分析报告的主要内容,以及在项目环境影响分析中主要采用的两种方法——综合分析方法、效益-费用分析法等,并通过实际项目案例阐释了项目环境影响分析的具体过程和要点。

## 【本章理论要点综述】

### 1. 基本概念、分析目的、主要作用与要求

(1) 项目环境影响分析的概念。项目环境影响分析也叫环境影响评价(英文简称 EIA),是指对拟议中的建设项目、区域开发计划和国家政策实施后可能对环境产生的影响及其后果所进行的系统性识别、预测和分析,是在包含了常规资源的全资源要素条件下进行项目可行性分析时应该也必须考虑的最重要的观念和分析内容之一。

(2) 项目环境影响分析的目的和作用。项目环境影响分析的根本目的是鼓励在规划和决策过程中充分考虑环境因素,系统分析、识别并预测项目实施对环境的各种影响要素,通过制定环境保护措施消除或尽可能地降低项目实施对环境的不良影响,以保证项目建设的人类活动与环境的和谐、有序,实现社会、经济、环境的协调与可持续发展。

项目环境影响分析是项目建设在实现科学发展过程中的必然要求,是实现项目环境化管理的有效手段,对确定区域社会经济发展导向和保护环境,在保证项目选址和布局的合理、预防因建设项目的实施而对环境造成不良影响、保障和促进国家可持续发展战略与经济社会和环境的协调发展等方面做出国家(地区)或企业长远发展的重大决策,都有极为重要的基础性和依据性作用。

(3) 项目环境影响分析的基本要求。实施项目环境影响分析的三大基本要求:在突出环境影响分析针对性和科学性要求的前提下,要符合环境与经济协调发展,实行预防为主、防治结合、污染者负担、受益者补偿和开发者恢复。

(4) 开展项目环境影响分析工作的四项原则:①研究同一层次子系统间及不同层次各子系统间的关系,充分考虑项目内外各要素联系的相关性原则;②强调必须抓住项目建设可能引起主要环境问题的主导性原则;③注意分析由于不确定性因素可能引起的项目环境潜在性、

突发性风险与危机在不同层次、时段和发展阶段产生的直接与间接、短期与长期、可逆与不可逆及复合因素引起的突变、随机与混沌性影响的动态性原则;④注意环境影响分析过程的公开与透明所要求的公众参与原则。

**2. 项目建设程序与环境影响分析间的关系、分析程序及其工作内容**

(1)表10-1给出了环境影响分析与项目建设程序的关系。项目建设前期须按一定的工作步骤确定项目环境影响分析工作的主要内容与基本程序(见图10-1)。

表10-1　环境影响分析与项目建设程序的关系

| 序号 | 比较内容 | |
|---|---|---|
| | 项目建设程序 | 环境影响分析 |
| 1 | 项目建议书批准阶段 | 编制环境影响分析评价大纲 |
| 2 | 工程项目可行性分析与报告评价阶段 | 进行环境影响分析评价 |
| 3 | 工程设计阶段 | 监督设计、落实评价分析结论 |
| 4 | 施工阶段 | 监督环保设施在施工中的实施情况 |
| 5 | 运行阶段 | 进行环境监测 |

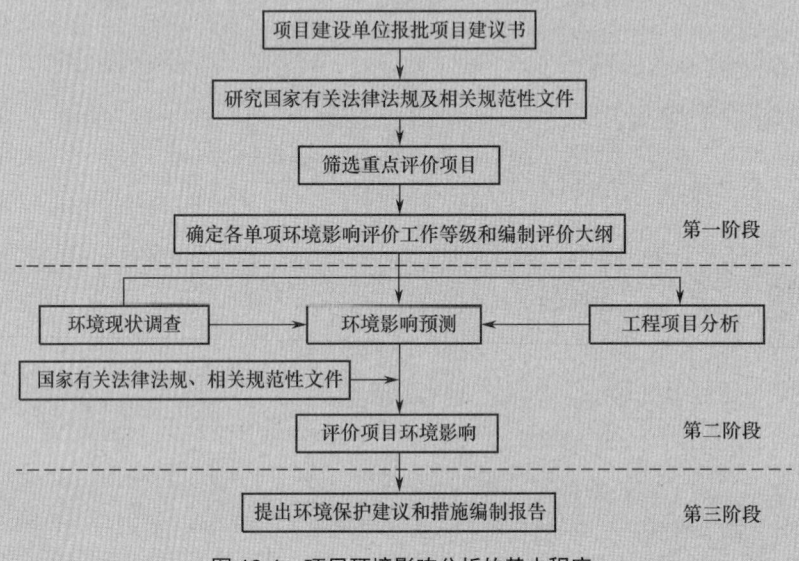

图10-1　项目环境影响分析的基本程序

(2)环境影响分析的具体工作内容与成果及其操作管理。

① 通常主要工作内容有五方面:A. 开展包括大气、水、土壤、生态、噪声与视觉影响和社会经济等的环境条件调查;B. 根据工程设计项目的特征及项目所在地环境条件,通过把握项目特点确定影响要素进行的工程分析;C. 确定环境影响因素——包括工程项目对自然、生态、社会经济等环境的影响,进行对人口、厂区服务设施、经济和价值观四大范畴的环境影响程度分析;D. 在分析工程项目对环境影响的同时,就项目建设过程中破坏环境、生产运营环境中污染环境导致环境质量恶化的主要因素进行有关自然环境中水、土地、空气和噪声,生态环境中有关物种与种群、种群及生态系统,社会环境中个人环境利益、个人福利、社会相互影响和集体福利等环境影响因素的分析;E. 在前述分析的基础上,按照国家有关环境保护法律法规的要求,就项目的环境保护措施提出具体的治理方案。

② 项目环境影响分析后的工作成果是形成项目环境影响分析报告。具体而言,它是在完成项目环境影响分析工作后作为成果载体的表达形式,是环境分析工作者要编制和上报的环境影响评价报告书、环境影响报告表或环境影响登记表。

③ 对项目环境影响分析工作的管理，通常由项目前期管理机构负责牵头组织，既可自己组织有资格的专人进行分析评价，也可以委托有资质的机构或单位进行。

**3. 项目环境影响分析的基本方法**

一般而言，开展项目环境影响分析主要有两种基本方法。

（1）项目环境影响综合分析法。从综合分析的角度，把项目实施对环境的影响从总体上综合起来，对项目环境影响进行定性或定量的评价分析方法，即所谓的项目环境影响综合分析。其中，按各自优劣性和局限性的特点又可分为五种主要的常用方法：指数法（含普通指数法和巴特尔指数法）、动态系统模拟法、矩阵法、图形重叠和网络法。

（2）以费用为主反映环境影响程度的方法。按照不仅需要从总体上把握环境影响程度的大小，在编制环境影响报告时还要进行环境影响经济损益分析，计算实施项目产生的损益数量。

具体而言，涉及要进行数据处理的主要有项目环境污染治理费用的分摊、建设项目环境影响的损失估算和项目环境影响分析与评价中的经济效益等三大类问题。为此在实践中人们发展和寻找出了对应于解决此类问题的三类基本操作方法，主要有直接市场法、替代性市场法和意愿调查评价法，或表达为环境影响的效益—费用分析法——包括直接法（含市场价值法和人力资本法）、替代法（含资产价值法和工资差额法）、费用分析法（含防护费用法和恢复费用法）。因为分析评价时的有关情况大多涉及定量计算，需利用较为烦琐的计算公式，故而所形成的方法体系就显得较为庞杂。为简便与概括起见，在此特将有关方法在略去具体计算公式的情况下经梳理归纳后汇总列于表 10-2 中，以期能让读者简明地一览所谓的方法体系的构成，并在具体应用时，可方便读者进行选择。

表 10-2 构成有关环境影响分析与评价的主要方法体系汇总

| 环境价值评价方法（公式略） ||| 治污费用分摊方法 || 环境影响的损失估算方法（公式略） | 环境影响的经济效益估算 ||
|---|---|---|---|---|---|---|---|
| 直接市场法 | 替代性市场法 | 意愿调查评价法 | 二原则 | "谁污染，谁治理"原则 | | 两类方法（公式略） ||
| ^ | ^ | ^ | ^ | "谁受益，谁分摊"原则 | ^ | ^ ||
| 市场价值或生产率法 | 资产价值法 | 第一类法① | 费用承担主体的主要方法 | 平均分配分摊法（公式略） | 洪灾环境影响损失估算 | 水电工程尾水供水环境效益估算 | 环保措施效益估算 |
| 人力资本法（收入损失法） | 工资差额法 | 叫价博弈法 | 无费用选择法 | 中央政府与环境治理费用 | 主次权分摊法 | 涝灾环境影响损失估算 | 渔业经济效益估算 | 排水、排涝、水土保持措施效益估算 |
| 防护费用法 | | 优先评价法 | 地方政府与环境污染治理费用 | 附加投资分摊法（或称增量法） | 水土流失环境影响损失估算 | 旅游经济效益估算 | 水质、大气保护措施效益估算 |
| 恢复费用法或重置成本法 | | 权衡博弈法 | 环境污染治理费用的最终承担者 | 效益比例分摊法 | 水体、大气污染环境损失估算 | 替代工程环境经济效益估算 | 防止诱发地震、文物保护措施效益估算 |
| 影子项目法 | | 德尔菲法 | 环保措施投资分摊方法 | 环境损失比例法 | 诱发地震、土壤污染等的环境影响损失估算 | 洪水泛滥土壤增肥经济效益估算 | |
| 后果阻止法 | | ^ | ^ | 排水量比例法 | ^ | ^ | |

备注：① 直接询问调查对象的支付意愿或受偿意愿
② 询问调查对象对某些商品和劳务的需求量，从中推断出调查对象的支付意愿或受偿意愿

### 链接——案例 10-1

## QH 省 HEB 州 NZ 峡水电站工程项目环境影响分析报告

### 1. 项目概况

NZ 峡水电站位于 MEN 县 YMT 呼乡和 QL 县 ML 镇交界处的大通河上游 NZ 峡河段，为《QH 省大通河流域水利水电规划》（2009 年）中规划的大通河干流梯级电站的第四座水电站，该电站为坝后式水电站。设计水库总库容 $5.77 \times 10^8 m^3$，调节库容 $2.85 \times 10^8 m^3$，属年调节水库，大坝为混凝土面板砂石坝，最大坝高 136.37m。输水设施有敞开式溢洪道、放水洞和发电引水洞，电厂装机容量 60 000kW（2×30 000kW），多年平均发电量 2.352 5 亿度，年利用小时数 3 921h。

水库正常蓄水位时水库面积 $13.3km^2$，该水电站水库淹没涉及 MEN、QL 两县的两个乡镇、两个行政村。迁移住户 9 户，临时帐篷 9 间，原则上采用就地退后进行安置；淹没及浸没林地 127.94 公顷、草地 1 151.42 公顷；水电站库区正常蓄水位以下没有文物古迹及矿产资源。

NZ 峡水电站的主要任务是发电，并兼有防洪任务，同时具有发展渔业养殖、观光旅游的潜力。

该项目总投资为 6.89 亿元，环保总投资为 4 341.5 万元，占总投资的 6.29%。

### 2. 环境现状

（1）生态环境现状：项目区 MEN 县多年平均气温 0.48℃，降水量 525mm。评价区地处大通河谷 Ⅰ、Ⅱ级阶地，属草甸、灌丛生态系统，区域内水土流失属轻度中等区，以水力侵蚀为主。

（2）地表水环境质量现状：地表水质均达到《地表水环境质量标准》GB 3838—20××Ⅱ类水质标准。

（3）环境空气质量现状：项目区为农牧区，附近区域内基本无工矿企业，环境空气质量处于自然本底状态。

（4）声环境质量现状：评价区整体声环境满足《城市区域环境噪声标准》GB 3096—20×× 中的Ⅰ类标准。

### 3. 环境保护敏感目标

（1）生态环境：施工区（坝址区、生产生活区、管理生活区、料场、渣场区、施工道路区等）土壤和植被。

（2）地表水环境：坝址下游大通河水质。

（3）声环境及环境空气：距坝址较近的扎沙村居民点约 5 户、燕麦徒村居民点约 9 户。

### 4. 环境影响分析

（1）工程施工。施工高峰期废污水日排放约 $2 907.6 m^3$，以 SS 为主要污染物，兼有油类、$BOD_5$ 等有机污染，均超过污染物排放标准；以沙石料冲洗废水排放强度最大，对水质影响明显。

施工高峰期间，爆破产生的粉尘对项目区环境空气质量将造成一定影响，对外环境敏感点影响轻微。

施工期噪声源主要为施工交通噪声、沙石骨料加工噪声及坝址施工区施工噪声。预测结果表明，大坝施工期间，交通噪声对声环境敏感点影响明显；施工噪声对声环境敏感点影响较小。

工程施工影响草地 19.24 公顷、河道河滩地 7.3 公顷，分别占评价区面积的 0.40%、0.15%，因其所占比例较小，且原有植被类型在附近区域广有分布，施工占地对区域生态整体稳定性及陆生植被多样性影响轻微。工程区无珍稀保护动物，受到惊扰的中、小型兽类可在邻近区域重新找到适合生存的环境，工程施工对陆生动物种群组成及数量不会造成明显影响。

工程施工损坏水土保持设施面积 1 291.38 公顷，新增弃渣量 17.28 万 m³，造成水土流失总量 63.69 万 t。

（2）水库淹没及移民。HF 水电站水库淹没涉及 MEN、QL 两县的两个乡镇，两个行政村。水库淹没草地 1 151.24 公顷、林地 127.94 公顷，因影响的植被类型及种类在附近地区广有分布，对植物资源不会造成显著影响。

水库淹没及占地需迁移 9 户牧民；移民安置采取就地后靠，可保证不降低移民生产、生活水平。

（3）水库运行。NZ 峡水库为年调节水库，坝址处多年平均径流量为每秒 41.8m³，总库容 5.77 亿 m³，年内水库交换次数 3 次，水体紊动作用不大，属分层型水库，会产生水温分层现象，下泄水温不会对下游农作物产生影响，若考虑石头峡水库建设，NZ 峡水库下泄水温在冬季封冻期间不会对下游石头峡水电站构筑物造成影响。

（4）对鱼类的影响。工程影响区可能分布有 5 种鱼类，虽无国家级重点保护鱼类和物种红色名录，但对黄河裸裂尻鱼（因具有一定的洄游产卵特性）影响较大，而对洄游特征不明显的斯氏高原鳅、拟硬刺高原鳅、甘肃高原鳅、黄河高原鳅 4 种鳅鱼类影响相对较小。

## 5. 工程可能造成的主要环境问题

（1）工程施工。导流工程、主体工程和施工辅助工程的工程量大，施工期间施工扬尘、施工机械和运输车辆尾气以及沙石料加工和混凝土拌和等产生的粉尘排放、施工废污水（沙石料冲洗水、混凝土拌和场冲洗水、机械和车辆冲洗水、生活污水）排放、噪声将对水质、声环境和大气形成污染影响。各种工程施工行为导流洞开挖、围堰修筑、大坝坝基开挖和填筑、沙石料开采、弃渣堆置、施工便道和施工营地等，将对生态环境造成破坏，同时对土地资源和水资源利用、社会经济等社会环境也会产生影响。

（2）移民安置。NZ 峡水电站因水库淹没占地需安置 9 户牧民，移民安置采取就地后靠，在移民搬迁、安置过程中，会对生态环境、土地资源和水资源利用、社会经济、人群健康等产生影响。

（3）工程运行。工程运行期水库蓄水影响水文和泥沙情势，水温将发生变化，水库运行和调度将使大坝以下径流过程在时空上发生变化，甚至有可能产生脱水段。另外，还有电站管理人员的生活污水及生活垃圾排放，水库淹没将损失草地、灌丛植被，库岸可能产生滑塌等。

## 6. 拟采取的污染防治和生态保护措施及预期效果分析

1）施工区污染防治和生态保护措施。

（1）水污染防治措施。

① 沙石料加工系统废水处理。采用絮凝沉淀法，沙石废水经处理后循环利用，尽可能实现废水回用零排放。

② 混凝土加工系统废水处理。采用间歇式絮凝沉淀的方式去除易沉淀的砂粒，该类污水经处理后，可循环利用，不外排。

③ 生活污水处理。由于生活污水实际产生量较小，在青藏铁路施工过程中一般采用沉淀处理的方法，就本工程而言，也可采用此方法，经处理后的污水用于道路降尘。

④ 修理系统含油污水处理。设置一个小型隔油池处理含油废水，经处理的污水可循环利用，不外排。

（2）生活垃圾处理措施。

为了预防生活垃圾对土壤、水体环境、景观和人群健康的危害，预防垃圾随意向河道倾倒，在地下水位较低处设一固定填埋场，各施工区生活垃圾定期清理，集中运至该填埋场填埋处置。

电站建成后，在厂区设一个垃圾收集站，容积 5m³ 左右，在主要交通道口、住宅区、公众场所设垃圾箱，定期清运至填埋场。

(3) 生态保护措施。

① 植被恢复措施。工程施工区水土防治措施中，对施工占地区内可绿化土地均采取了植树种草措施，该措施对于保护施工区陆生生物具有重要意义，可满足施工区植被保护与恢复要求，在此不另采取植被重建或恢复措施。

② 保证施工人员生活条件。工程施工期间，妥善解决生活能源问题，避免施工人员因生活需要砍伐植被。

③ 加强施工管理与宣传教育。施工人员不得追捕、猎杀、食用野生动物。

(4) 景观恢复措施。

① 料场景观恢复。沙砾料场取料时先将砂质壤土覆盖层（20~50cm）剥离保存，待施工结束后，结合水保措施并将其回填，可满足景观恢复的需要。石料场开挖结束后整平开采面，先回填粒径较大的废石渣，后回填表层土，并结合水土保持要求，进行绿化设计，可同时满足景观恢复的需要。土料场取土时先将表层植被剥离保存，待施工结束后，结合土保措施将其回填，可满足景观恢复的需要。

② 渣场景观恢复。该料场在取料前先将剥离层临时堆放在比较平缓的滩地上，剥离物堆置边坡比控制在1∶1.5以内，并用临时挡土墙进行拦护，临时挡土墙长约390m。取料结束后，弃渣回填到开挖坑中，其上回填0.50m厚的覆土，种植灌木林，以减少对区域环境的不良影响。

通过实施以上各项措施可使施工区的各类环境影响减小，以达到施工过程中的环境保护目标。

2) 移民安置区环境保护措施。

(1) 生态环境保护措施。

① 按照该工程移民生产安置规划，原则上采用就地后靠安置，对牧民赖以生存的草地需进行合理安置，避免因过度放牧造成草地退化。

② 因地制宜合理解决当地能源问题，以减免对当地自然林草地的破坏。

(2) 其他措施。

① 切实落实既定的移民安置规划和方案。充分体现"以人为本"，依照安置规划，重点做好移民的生产恢复与重建工作，以及搬拆迁补偿和公共设施的建设，以保障和提高移民的正常生产与生活。

② 移民资金严格做到专款专用，建立完善的监督机制，保证移民得到国家规定的补偿、补助费用，以安排好未来的生产、生活。

③ 加强移民安置的后期扶持工作，根据移民区的经济环境特点，引导移民调整产业结构，走上富裕道路。

④ NZ峡水电站建设移民数量虽然较小，但应在移民安置过程中加强宣传、教育工作，引导其以积极支持、友好配合的态度接受搬迁，并给予他们充分的支援与帮助。

3) 库区及下游影响区环境保护措施。

库区及下游影响区环境保护措施以水环境保护措施为典型。

① 生态基流的保证措施。为防止电厂引水后造成脱水段，进而影响脱水段的生态环境，必须保证河道生态需水的要求，综合该项目生态基流量较小的特点，建议该项目在坝底设一专门排水孔以保证生态基流。

② 水库库底卫生清理。根据有关水库库底卫生清理规范要求，对水库淹没区建（构）筑物、卫生防疫、林木进行清理。

③ 电厂生活污水治理。采用生活污水成套设备处理，处理目标按照《污水综合排放标准》GB8978—1996一级排放标准控制。处理后的生活污水可用于生产生活区的绿化、降尘。

4) 水土流失防治方案。

(1) 厂坝区水土保持措施。

① 临时措施设计。在上下游纵横围堰相结合的部分，水流冲刷大，为了防治冲刷引起水土

流失，围堰服务期间，在迎水面铺设彩色塑料布。

剥离的表层土堆放在地势比较平缓的地面上，分堆堆置，堆置高度不高于3m，堆置边坡比控制在1:1.5以内，并用临时挡土墙进行拦护。

工程围堰拆除产生的弃渣不得随意推入河中，要随拆随运至弃渣场，要压实平整，且围堰拆除要彻底。

② 植物措施。施工结束后，对开挖裸露面要进行绿化，绿化草种采用披碱草。

（2）工程管理及生活区水土保持措施。

该区工程措施在主体工程中已考虑，方案新增措施为绿化美化措施，绿化率以30%计，绿化面积2 680m²。

办公、生活福利区的园林布置采用灌、花、草立体综合配置，做到点、线、面相结合，在主要建筑物前的空地上种植草坪，草坪中可种植少量缀花植物和灌木。

（3）施工生产生活区水土保持措施。

① 临时措施。表土剥离堆放后，为防治降雨、地震、风及人为扰动等不利因素引起面蚀、细沟侵蚀、坍塌、斜溜等水土流失危害，四周采取编织袋围堰（编织袋装土）临时拦挡，表面撒播披碱草种。

在施工期间，来不及使用的沙石料、土料等建筑材料堆放在施工生产区内，如遇暴雨或大风季节，容易发生水力侵蚀和风力侵蚀，为了防治该类侵蚀的发生，在暴雨及大风季节，在该类建筑材料上部压盖草帘。

根据相关分析报告可知，该区有0.37公顷不使用的裸露地表，为了减少不必要的重复投资，在施工期间，撒播披碱草。

② 土地平整、覆土措施。工程施工结束后，该区内建筑物全部拆除，清理场地，平整土地后覆土50cm。平整场地共1.87公顷，覆土9 350万 m³。

③ 植物措施。工程施工结束且土地整治覆土后，栽植防护林带。种植灌木林，地面撒播草种，选择山中柳和沙棘灌木混交林，草种选择披碱草。

（4）料场区水土保持措施。

① 土料场措施。在开采之前剥离的表层，堆放在地势比较平缓的地面上，堆置边坡比控制在1:1.5以内，并用临时挡土墙（编织袋装土）进行拦护；取土结束后整平开采面，开挖边坡进行削坡，坡度应小于1:1.5，回填表层土，恢复为草地。

采用土质排水沟，排水沟底部与周围排水系统连接处用浆砌石排水沟。

② 块石料场措施设计。料场开采前，主体工程已设计在开采边界以外疏导外来水至天然排水系统；剥离层堆放在地势比较平缓的地面上，并用临时挡土墙进行拦护，表层土和其他无用层分开堆放；取料结束后整平开采面，先回填其他无用层（粒径较大的废石渣），后回填表层土，随后选择合适季节造林种草。

块石料开采结束后，要对开采坡面进行削坡处理。

③ 砂卵石料场措施设计。剥离层临时堆放在比较平缓的滩地上，并用临时挡土墙（编织袋装土）进行拦护。

料场开采前在料场周围修建排水沟，排除周边来水，排水沟设计同土料场，长度为550m。取料结束后，弃渣回填到开挖坑田中，其上回填0.50m厚的覆土，并种植灌木林。

（5）施工道路区水土保持措施。

① 永久公路措施。道路修建期间，由于时间关系，来不及处理的新挖边坡，在突遇降雨时，在其上部压盖草帘，防止水土流失。为了将边沟水流、边坡和路基附近的积水规范处理，防止水流对道路边坡或路基的面蚀，在路基范围外设置排水沟。在公路两侧种植灌木和草地，绿化公路沿线。

② 施工临时道路措施。道路修建期间，由于时间关系，来不及处理的新挖边坡，在突遇降雨时，在其上部压盖草帘，防止水土流失。在道路两旁修建土质排水沟。施工完毕后，撒播草种，进行植被恢复措施。

（6）水库淹没及库岸防护区水土保持措施。

为防止水库在运行过程中发生滑坡坍塌问题，同时为了美化库区生态环境，在水库库岸栽植防护林带。在水库高水位以下常水位和最高水位之间栽植两行柽柳，在水库高水位以上再栽植两行沙棘，在水库库岸栽植防浪林，防浪林为两行山生柳带。

### 7. 结论与建议

（1）结论。

根据评价区环境现状和生态环境发展趋势，结合NZ峡水电站建设和运行的各类工程活动特点和性质，预测NZ峡水电站对环境的影响。结果表明，工程建设的经济效益、社会效益和环境效益显著，有利影响是主要的。不利影响主要是工程施工对生态环境和水环境的影响、工程运行对下游用水的影响以及移民安置对社会环境的影响。在采取相应的环境保护措施后，可使各种不利影响得到较大程度的减免，将影响程度降低在自然与社会环境可承受的限度内。因此，从环境保护角度总体评价认为，工程的建设是可行的。

（2）建议。

① NZ峡水电站工程所在大通河河谷地区自然环境受人为长期开发影响，以草甸及灌丛植被为主，生物多样性简单，生态体系调节能力有限，环境质量已有下降趋势，工程各项建设与开发活动需高度重视环境保护工作，尽量削减排污量，减少对区域植被、地貌的破坏，维护评价区内生态体系的稳定状态。

② 项目暂时未做水生生物调查，建议在下一阶段的工作中应补做水生生物影响评价，就工程对水生生态的影响做较详细的分析并提出相应的保护措施。

③ 移民数量虽小，但应加强移民后期扶持工作，保证移民生产、生活水平不会降低，以妥善解决移民带来的社会问题。

④ 工程建设过程中需对水土保持设计方案进一步深化，严格落实各项水土保持措施，以减小工程对生态环境造成的影响。

⑤ 建议对大通河已建的梯级水电站已造成的水生生物影响进行专题后分析，为大通河干流梯级开发对水生生物的影响评价提供基础资料。

**【案例点评】** 这是一篇源自实例改编的相当完整的运用环境影响评价理论于具体投资项目环境影响评价的典型案例。该案例主要说明项目环境影响评价分析报告的基本结构与内容方面的具体要求，以使读者对项目环境影响评价报告的基本框架和分析阐述的要点内容建立起初步的感性认知，据此了解和熟悉并希望能最终掌握有关项目建设环境影响评价工作最为基本的主要内容。

该报告中，首先介绍了项目的概况，然后描述了项目所处环境的现状，提出了环境保护的总体目标，接着结合建设工程项目的特点进行了有关实施后的环境影响分析，并对影响结果进行了具体的分析评价；接下来提出了保护环境的措施并进行了分析；最后得出了分析评价结论和建议。由于该项目评价分析的是处于生态环境极为脆弱、影响因素极为敏感、环境条件十分苛刻的大江大河源头的工程项目，故而评价分析的意义十分重大，结论对项目本身和整个地区甚至国家的影响极为深远。因此，从该报告中看出，研究分析的过程完整、分析的影响因素及其程度到位，评价比较客观、公正，有较强的公信效果。

该报告内容丰富、翔实，涉及范围较为全面、广泛，评价分析的思路清晰、明确，对环境影响重点评价分析的观点鲜明、突出，结构繁简适当，且格式规范在项目环境影响分析中有一定的代表性，具有较强的典型意义和较高的参考价值。

# 第 11 章 工程项目的社会效益分析

【本章提示】项目的社会效益分析是以国家各项社会政策为基础,对项目实现国家和地方社会发展目标所做贡献和产生的影响及其与社会相互适应性所做的系统分析评价,属于当今时代强调全资源要素项目经济性分析时必须考虑的另一类评价内容。项目社会效益分析具有宏观性、长远性和多目标性,外部效益的评价角度多、定量分析难度大、行业特征明显等主要特点。对项目的社会效益只有以人为中心,坚持多层次、按项目的具体特点选用不同的分析评价方法和贯穿项目各阶段的原则进行分析,才能实现投资项目社会分析所包含的宏观社会效益目标与项目自身效益的多重目标。

本章通过理论精要和案例介绍,重点探讨了涉及工程项目社会分析的原则和内容、工程项目社会分析的步骤和方法、工程项目社会效益与影响分析的指标设计等主要内容。通过本章的学习可使读者掌握工程项目社会分析中的基本理论和具体方法,能够从社会公平与和谐的角度去分析和选择工程项目,并注意与工程项目经济分析以强调效益和效率为中心的思路存在显著差异。

## 【本章理论要点综述】

### 1. 相关概念、特点和作用与分析原则

(1)工程项目的社会效益分析,是识别、监测和分析工程项目的各种社会影响,促进与工程项目有关的各种利益相关者对项目的有效参与,优化工程建设实施方案,规避工程项目社会风险的重要工具和手段。通过分析对实现项目与社会的和谐和可持续发展、保障工程项目建设投资在工程与社会关系上的可行有重要的意义。当今时代,进行包含了常规资源的全资源要素条件下工程项目的社会效益分析,是评价项目可行与否时,应该也必须考虑的除环境影响因素外另一个最为重要的基本观念和分析内容。

(2)基本特点。由于工程项目的社会效益重在进行人文分析,且外部效益的多角度和定量分析难度大,故属于间接效益与间接影响的很多,分析的内容与形式具有多样性和多层次性,更多地注重宏观性和长远性,其多目标性与行业特征就特别明显。

(3)分析的基本原则与作用。工程项目社会效益分析要遵循三项基本原则以起到应有的作用:①以人为本,有利于社会发展;②科学性与系统性相结合,突出分析重点和特点,抓住主要矛盾进行科学评价;③强调客观性与可靠性和可比性。其中,最关键的是必须实事求是,注重以人为中心深刻认识工程项目社会分析的重要意义和作用,要清楚地认识到,对于任何工程项目只要可能影响到利益相关者,就必须统筹兼顾,从全局出发才可能依法进行工

程项目的社会效益分析。

**2. 工程项目社会效益分析的基本工作程序、基本分析评分方法与范围**

（1）工程项目社会效益分析的基本工作程序以大中型工程项目为代表，一般有如图11-1所示的主要流程。

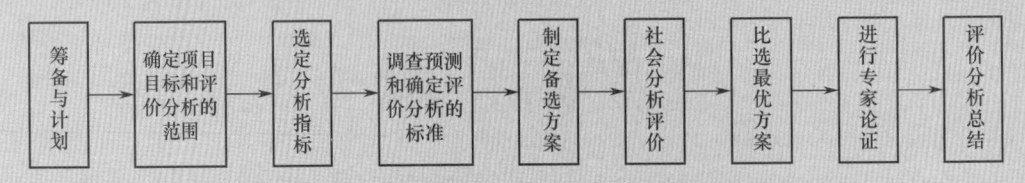

筹备与计划 → 确定项目目标和评价分析的范围 → 选定分析指标 → 调查预测和确定评价分析的标准 → 制定备选方案 → 社会分析评价 → 比选最优方案 → 进行专家论证 → 评价分析总结

图 11-1　工程项目社会效益分析的基本工作程序

① 按用途不同，可有 7 种方法：确定评价基准线的调查法、有无项目的对比分析法、以逻辑推理方式描述项目因果关系的逻辑框架法、利益群体分析法、排序打分法、财富排序法及综合分析评价法。

② 按使用阶段的不同，可有 3 种方法：快速社会评价法、详细社会评价法和参与式评价法。

③ 逻辑框架法因所构造的分析矩阵（见表 11-1），可用来总结项目宏观的投入、产出、目的和目标等诸多因素，分析项目实施运行过程中各方面的因果关系，评价项目的发展方向，故在对项目进行全面社会分析评价中使用较为普遍。

表 11-1　逻辑框架法的矩阵模式

| 项目结构 | 考核验证指标 | 验证方法 | 假设条件 |
| --- | --- | --- | --- |
| 宏观目标 | 达到目标的测定 | 信息来源、采用方法 | 目的—目标的条件 |
| 目的 | 项目的最终状况 | 信息来源、采用方法 | 产出—目的的条件 |
| 产出 | 计划产出、完工期具体范围 | 信息来源、采用方法 | 投入—产出的条件 |
| 投入 | 投入/预算、资源必要成本、性质、水平和开工期 | 信息来源 | 项目的原始条件 |

（2）工程项目社会效益分析的基本分析评价方法。工程项目进行社会效益分析的具体分析评价方法，因所涉及的社会因素、社会影响和社会风险不同，在目前条件下虽难有进行统一评价分析的指标、量纲和判则，但可根据项目的实际情况进行分类，并按使用用途的不同选择不同的方法。

（3）有关对建设项目社会效益与影响进行分析评价的主要内容，即工程项目社会效益分析的范围与评价的对象（关注的主要问题）。

一般而言，理论上工程项目社会效益分析的范围适合各类工程项目。但考虑到工程项目社会分析评价的难度大、要求高，且需一定的资金和时间投入，故并非任何项目都有必要进行社会效益分析。社会效益分析通常适用于那些社会因素较为复杂、社会影响较为久远、社会效益较为显著、社会矛盾较为突出、社会风险较大的公益性、基础性和大中型国家骨干项目与扶贫项目。事实上，社会评价关注的主要问题，通常有如下基本类型：一是参与，二是非自愿移民，三是利益相关群体协调，四是公平，五是妇女与弱势群体，六是文物保护，七是项目的可持续性，八是生态环境协调，具体情况可归纳为表 11-2。而对项目所涉及的应与社会相互适应情况的分析，其基本要点可汇总为表 11-3 所列的内容。

表 11-2　建设项目社会效益与影响分析评价的主要内容

| 基本影响内容 | 项目社会影响的具体表现形式 |
| --- | --- |
| 对社会环境的影响 | 对社会文化及教育的影响 |
|  | 对政治及社会安全的影响 |
|  | 对城市和地区形象的影响 |
| 对区域发展的影响 | 对区域土地资源开发利用的影响 |
|  | 对促进城市旅游业发展的影响 |
|  | 对完善城市基础设施的影响 |
|  | 对城市化进程和服务设施水平的影响 |
|  | 对城市产业分工和产业集群发展的影响 |
| 对项目所在地居民及弱势群体的影响 | 项目承受对象公平性情况 |
|  | 对社会人口的影响 |
|  | 对居民生活质量的影响 |
|  | 对居民收入、就业的影响 |
|  | 对妇女和老人的影响 |
|  | 对儿童群体的影响 |
|  | 对外来人口的影响 |
|  | 对少数民族的影响 |
| 对自然资源与生态环境的影响 | 对环境质量的影响 |
|  | 对自然环境的污染治理 |
|  | 对自然景观的影响 |
|  | 节约自然资源的综合指标 |
| 对区域教育、科学、文化、卫生等事业的影响 | 对城市科学与教育发展的影响 |
|  | 对城市文化的影响 |
|  | 对城市教育事业的影响 |
|  | 对文化产业发展的影响 |
|  | 对卫生或体育事业的影响 |

表 11-3　建设项目与社会互适性分析的要点

| 基本分析要求 | 项目与社会互适性的主要表现内容 |
| --- | --- |
| 对国家和地区发展目标的适应性 | 项目目标与地区发展战略的一致性 |
|  | 国家与地区对项目的需要程度 |
| 对当地人民需求的适应性 | 对当地人民需求的适应性 |
|  | 项目的文化与技术的可接受性 |
| 利益受损群体的补偿措施分析 | 受影响（受损）人群特点 |
|  | 利益受损的关键因素 |
|  | 补偿措施的公平、公正 |
| 项目的参与水平分析 | 影响参与的因素分析 |
|  | 不同利益群体参与项目活动的重要性分析 |
|  | 参与项目活动的积极性分析 |
|  | 最佳参与方式分析 |
|  | 做出项目参与规划 |
|  | 参与的风险与成本分析 |
| 项目的持续性分析 | 环境功能的持续性 |
|  | 社会经济效益的持续性 |
|  | 项目效果的持续性 |

具体来说，对工程项目通常可进行的社会效益分析范围，主要包括：①引发大规模移民征地或占用农田较多的交通、水利、采矿和油田工程项目；②具有明确的社会发展目标的工程项目（如扶贫项目、区域性发展项目和教育、文化与公共卫生等社会服务项目）；③工程项目地区的人口无法从以往的发展项目中受益或历来处于不利地位的情况；④工程项目地区存

在比较严重的社会、经济不平衡发展等现象；⑤工程项目地区存在比较严重的社会问题；⑥工程项目地区面临较大规模企业结构调整而可能引发大规模失业人口的情况；⑦可预见到工程项目会产生重大的非自愿移民、对文物古迹造成严重破坏等负面影响的情况；⑧工程项目的活动会改变当地人口的现行行为方式和价值观念的情况；⑨社区的参与对工程项目效果的可持续性和成功实施十分重要的情况；⑩工程项目设计人员对项目影响群体和目标群体的需求及项目地区发展的制约因素缺乏足够了解的情况。

### 3. 工程项目社会效益与影响分析评价的基本要求与演进过程

（1）基本要求。对工程项目社会效益与影响进行的分析评价，是以各项社会政策（如就业政策、公平分配政策、扶贫政策、社会福利政策与社会保障政策等）为基础，就项目本身对国家与地方各项社会发展目标的贡献与影响所进行的分析评价，主要分析项目在对社会环境、对自然与生态环境、对自然资源及对社会经济四个方面产生的效益与影响。

（2）评价分析的基本内容。①有关工程项目社会影响分析；②工程项目与所在地区的互适性分析；③工程项目社会风险分析。其涉及的问题主要是公平问题、项目参与问题和项目可持续性等。

（3）评价分析的指标及其体系。衡量各种效益与影响的评价分析各有具体的指标并构成一整套体系。

① 包含对社会环境影响和对自然与生态环境影响的六大社会性指标，即时间节约、教育、健康、技能开发、信息透明和社会性别平衡。

② 包含对自然资源影响和对社会经济影响的四大经济性指标，即收入增加、新增就业机会、生产率提高、收入分配。

③ 指标体系通常由两大类指标构成。

A. 以定量价值形式表示的：收入分配效益，即社会机构分配、地区分配与国内分配三种分配效益；劳动就业效益，含直接、间接与总就业三类效益；节约自然资源、综合能耗、环境保护质量与相关投资分析的效益指标。

B. 以非定量化的定性指标表示的：先进技术的引进、社会基础设施的建设、环境保护、生态平衡、资源利用、时间节约、地区开发与经济发展、城市建设的发展、人口结构和工业经济结构的改变，以及涉及人民科学文化水平的提高、产品的功能质量、审美效果与政治、军事等方面其他因素构成的定性指标。

工程项目社会效益分析的两种范式及其比较如表11-4所示。

表11-4 工程项目社会效益分析的两种范式的比较

| 分析范式 | 项目 | | | | |
| --- | --- | --- | --- | --- | --- |
| | 分析理念 | 理论基础 | 分析方法 | 分析主题 | 分析人员 |
| 技术经济 | 项目经济 | 经济学 | 成本—收益分析、财务评价、国民经济分析、成本—效用分析等 | 研究项目"剩余"，即除技术、经济、环境以外的不易说清的部分 | 技术、经济评价专家 |
| 社会学 | 项目社会 | 社会学 | 研究项目"剩余"，即除技术、经济、环境以外的不易说清的部分 | 研究作为整体的"项目社会"特别关注项目受影响群体 | 社会学家、人类学家 |

（4）建设项目社会（效益）分析评价与项目经济性（国民经济评价）、环境性分析与评价的关系。

① 一般关系。表11-5给出的是项目社会分析理论和方法演变的4个发展阶段及其相互关系。由表可知，人们对投资项目进行分析的过程是由浅入深、从简单到复杂的理性认识过

程。A. 20世纪50年代以前"以物质为中心"寻求项目利润最大化的项目财务评价阶段；B. 20世纪50年代以后从国民经济角度，站在国家立场出发进行评价的项目国民经济评价阶段（SCBA）；C. 20世纪70年代以来"以人为中心"的项目环境评价阶段；D. 20世纪90年代才开始的"以人为中心可持续发展"的投资项目社会效益评价，从而使投资项目分析从经济性分析发展到了对环境、经济、社会等多方面综合进行分析评价的新阶段。各阶段对项目进行分析评价的指标性质、评价方法及其目的支撑等内容既有联系又有区别，项目社会效益分析在项目分析评价体系与决策中扮演的角色越来越重要。

表11-5 项目社会效益分析评价与项目经济性、环境性分析评价的关系

| 阶段 | 时间（年代） | 评价指标性质 | 评价核心 | 评价分析方法 | 可持续发展 | 评价目的支撑方面 |
| --- | --- | --- | --- | --- | --- | --- |
| 财务评价 | 20世纪50年代以前 | 货币指标、可量化的物质指标 | 以物质为中心 | 定量分析 | 财务可持续 | 识别和确定项目财务方面的效果 |
| 国民经济评价 | 20世纪50年代以后 | 货币指标、可量化的物质指标 | 以物质为中心 | 定量分析 | 经济可持续 | 识别和计算项目经济方面的效果 |
| 环境评价 | 20世纪70年代以后 | 可量化的非物质指标 | 以人为中心 | 定量分析为主 | 环境可持续 | 识别项目环境方面的影响 |
| 社会效益评价 | 20世纪90年代至今 | 难以量化的非物质指标 | 以人为中心可持续发展 | 定性分析为主，并与定量分析相结合 | 社会可持续 | 识别项目社会方面的影响 |

② 进行建设项目社会（效益）分析评价与项目经济性（国民经济评价）需要注意的四大区别点（以下分别简称社会评价与国民经济评价）。

A. 目的不同。社会评价的目的是分析建设项目对人类文明进步以及环境保护的贡献与影响，是从社会角度衡量项目的优劣。国民经济评价的目的可以说是财务评价的补充与完善，它用理想的影子价格替代了并非均衡价格的市场价格，是从比财务评价更为公正的角度衡量项目的优劣。

B. 结果不同。社会评价是一种现实评价，是对项目对人文环境和自然环境的现实贡献与影响的描述，其结果是将项目的可行性判断纳入更严格、更长远的标准之中。国民经济评价则是一种理想评价或者虚拟评价，其评价参数通常是理想状态下的数值，现实中是难以实现的，因此，其结果是将项目的可行性判断纳入更为理想公正的环境下进行评价。

C. 方法不同。在目前的技术条件下，社会评价只能以定性描述为主，难以量化的因素较多；定量描述的部分，则以现实状态值为计量基础。国民经济评价则以定量描述为主，计量数值以理想状态值为基础，难以直接量化的部分可以采用系数法间接量化，一般不含定性描述。

D. 内容不同。社会评价与国民经济评价是两个不同的范畴。国民经济评价的内容包括两方面，一方面对建设项目自身发生的现金流出、流入（直接费用、效益）运用影子价格进行修正后的再评价；另一方面对本项目对于直接与之关联的供应等辅助企业的影响（间接费用、效益）进行的评价。社会评价的内容则宽泛得多，其必要性更多地与可持续发展战略相关联，如人类素质、就业率、公平分配、性别平等以及自然环境保护等。

### 链接——案例11-1

#### 欣欣纸浆厂项目社会效益综合评估报告（摘要）

欣欣纸浆厂项目是旨在利用当地丰富的竹木资源造纸，以改变H县贫困面貌的新建工业生产项目。H县竹木资源开发利用已讨论过几十年，由于受自然条件限制，基础工作开展得不够，项目投资巨大，使决策部门迟迟下不了决心。近几年来随着经济的发展，纸张的需求量不断扩

大，利用丰富的竹木资源代替木材料造纸，再次被提到议事日程上来。H县竹木资源丰富，HZ地区拟在此建设年产1万吨的纸浆厂。根据H县的实际情况，我们选择了11个评价因素，主要包括产业政策、市场预测、交通运输、原料供应、工艺技术、环境保护、厂址选择、资金来源、企业效益、社会效益、抗风险度。生成的专家咨询卡如表11-6所示，选聘了15位专家填写咨询卡。模糊运算后的社会评价结果如表11-7所示。

表11-6 项目社会效益综合评价专家咨询卡

| 评价因素 | 好 | 较好 | 一般 | 差 | 权值 |
|---|---|---|---|---|---|
| 产业政策 | √ | | | | 11 |
| 市场预测 | | √ | | | 18 |
| 交通运输 | | | | √ | 4 |
| 原料供应 | | √ | | | 18 |
| 工艺技术 | | √ | | | 9 |
| 环境保护 | | √ | | | 6 |
| 厂址选择 | | | | √ | 4 |
| 资金来源 | | | | √ | 4 |
| 企业效益 | | √ | | | 9 |
| 社会效益 | √ | | | | 11 |
| 抗风险度 | | | | √ | 6 |

专家签名：李× 潘×× 张×× 刘×× 吴× 王×× 参× 侯× 皮× 柳×× 卓× 吕× 何×× 赵×× 林×

表11-7 项目社会效益综合评价结果

| 评价程度 | 评价分值/分 |
|---|---|
| 满意 | 5 |
| 较满意 | 16 |
| 一般 | 27 |
| 不满意 | 52 |
| 结论 | 项目不可行 |

年产1万吨纸浆厂项目符合国家的产业政策。目前，我国纸张需求不断增加，造纸行业发展前景广阔。1万吨纸浆厂国内生产工艺技术比较成熟，H县是产煤县，燃料动力容易解决。考虑到H县是国家和省重点扶贫县，目前全县人均年收入低下，工业基础薄弱，粮食不能自给，财政入不敷出。如1万吨纸浆厂能顺利建成，将产生较大的经济效益，地方财政将增加收入近500万元，并能解决一批人的就业。但是，H县地处秦巴山区，山大沟深，建设1万吨纸浆厂厂址选择十分困难。一是其地理位置、地形条件、地质状况较差；二是耕地很少，建成一个较大的工厂必将占用大量良田。且厂址位于深山区、交通不便，原料供应、设备运输、产品外运都十分困难。该县目前有一个即将建成的年产约500吨的竹笋罐头厂，与拟建纸浆厂有争原料的问题，这将影响纸浆厂建成后原料的供给。其建设的最大困难在于资金来源，纸浆厂和其原料基地两者加在一起总需投资5 500万元，投资巨大，对于一个山区贫困县其困难程度不难想象。

鉴此，我们认为H县竹木资源虽然亟待开发利用，但许多建厂的物质条件尚不理想，投资额巨大。故在H县建设年产万吨纸浆项目不可行，这同社会评价的结果相一致。

【案例点评】该案例是严格按照项目评估程序对H县拟建设年产1万吨纸浆厂项目进行社会综合效益分析的一个报告的核心部分。作为早期的乡村扶贫与振兴项目，主要囿于有限的资金来源和经济效益要求的限制，虽然该项目本身的经济性和安置就业效益明显，但是通过对当地自然和社会经济环境的进一步深入分析，由15位专家在专家咨询卡中给出的评价是除产业政策和社会效益可以实现，市场、资源供应与技术条件和企业效益与环境保护情况较好外，其他则因交通运输、资金来源、厂址选择和抗风险度太低，从而不得不做出建设项目不可行的评估结论。应该说，这在当时是符合当地实际的一个正确、理性的评价。尽管项目建设的其他条件尚可——特别是符合产业政策和有社会效益与原材料资源条件较好的优势，但是按照社会经济评价的要求，在排除非理性的因素影响后所做的分析，必然会发现项目存在的其余不利因素及其可能在经济性和社会性方面带来的隐患。从中可以看出，项目的社会效益分析，不是简单地仅仅看其在社会生活表象中的作用如何，还应该深层次地看到由于自然地理和物质资源——特别是资金和厂址条件的约束可能给项目未来造成的不利影响。该项目的社会效益分析评价过程，先由评估机构拟就评估因素，再选聘 15 位专家填写专家咨询卡，以得到社会评价的模糊运算结果，这是一种较科学、严谨的方法，所选的评估因素客观、具体，评价结论因实现了量化而显得依据充分（不满意的分值远远大于满意的分值），故此案例从可操作性上讲具有一定的典型意义。

## 链接——案例 11-2

### GZSB 铁路项目的社会效益分析

#### 1. 项目背景及目标

（1）项目和项目区。GZSB 铁路项目位于 GZ 省西部的贫困山区。该项目将建成 128.5km 的铁路，包括 15 个火车站、118 座桥梁和 72 个涵洞。工程建设于 20××年下半年开始，20××年年底完工。

铁路穿越 3 个县区，即 ZS 区、PX 特区和 LPS 地区所辖的 SC 县。项目所在区域居民绝大多数为农村人口。人口数量从 20××年的 200 万人增长到 20××年的 280 万人。该地区 20××年的农村人均收入为 546 元，仅为全国农村人均收入的 28.3%。在项目建设开始之前，与项目有关的三个县——PX、SC 和 LZ 属于贫困县。

项目所在地区有几个煤矿，煤炭储量丰富。交通设施的缺乏限制了煤炭和其他资源的开发。该项目预计有助于将煤炭运输到 GZ 省能源匮乏的地区和邻近省份。根据设想，这将促进相关产业的发展，增加就业和创收机会，并有助于扶贫。

这条新铁路与 GZ 省自 KM-NN 至 KM 的铁路以及正在建设的 NJ 至 KM 的铁路段相连。这些铁路将构成中国大西南的一个骨干铁路网。

项目由下列几个部分构成：①铁路路轨铺设，相关道路和其他设施建设。②GZSB 铁路公司的机构建设，包括管理信息系统和财务系统。③受影响居民的搬迁移民。④环境保护和减轻环境影响措施。⑤相关的咨询服务。

（2）项目目标定位。GZSB 铁路项目的主要目标是给项目所在地区提供必要的交通运输设施，促进经济增长，创造条件减少地方贫困。扶贫是项目的第二个目标，为了达到扶贫的目的，应当为贫困人口提供新的就业机会，增加其经济收入，为他们提供接受基础教育、使用公共卫生和通信设施、享受农业延伸服务和使用金融服务的渠道。贫困人口的生活环境应该得到改善，92 010 人或者项目所在地区人口的 40%应该脱贫。项目为该地区扶贫制定了周密的短期和长期目标。

① 短期目标：在铁路建设期间，为 5 500 个贫困家庭或者 45%的铁路工人在相关的服务行业提供长期的就业机会。项目预计还将为生活在贫困线以下的工人创造 3 600 个工作机会，向那些非熟练工人提供培训。

② 长期目标：为部分贫困人口提供长期就业机会，如铁路设施维护、煤矿采煤方面的非农业就业机会，促进就业，改善交通运输，促进经济和社会发展。

## 2. 项目准备和设计中的社会效益分析

GZSB 铁路项目的社会效益分析是根据亚洲开发银行的准则和建议进行的。20××年完成了社会经济调查和社会分析，20××年完成移民搬迁计划的社会分析。从项目实施开始（20××年），定期提交有关搬迁移民、扶贫和少数民族问题的监测报告。

GZSB 铁路项目社会分析主要目的：提供关于受项目影响者的社会经济状况，确定项目对项目所在地区所有人口造成的影响，其中包括少数民族群体及其他弱势群体。根据扶贫的标准，界定项目受益的目标群体。项目将为目标群体提供就业机会、增加收入和享受其他服务的渠道。

20××年进行的社会经济抽样调查覆盖了超过 80km 铁路沿线地区所分布的 6 个村/镇、125 户人家，即覆盖了受项目影响家庭总数的 20%。数据显示了在移民搬迁之前这些受影响人口的生活水平和其他方面的情况。所采用的指标包括：家庭规模和构成（男性/女性）及户主性别；教育水平和目前就学情况（男性/女性）；得到医疗卫生服务、安全饮用水、电力、电话和邮政通信的途径；户口情况（农村/城市户口）和户主民族状况；家庭所有有收入成员（分性别）的收入来源（农业、矿业/工业、其他），包括就业的类型和地点（专职、兼职或季节工）；矿业/工业工人所在工作单位的登记类型（国有企业、乡镇企业和村办企业、家庭企业、私人企业、其他性质）；每个家庭成员上月得到的收入情况；离开家乡到其他地方找工作的家庭成员数量（地点、就业状况、收入、性别）；上月家庭主要支出（食品、医疗健康、教育等）；如果从事农业生产劳动，耕地的数量；生产和销售的主要农产品的价值和数量；主要的家庭支出（食品、医疗健康、教育和耐用消费品）；拥有的耐用消费品数量和类型（收音机、电视机、录音机）；乘火车旅行和用火车运输货物的费用开支。

社会经济监测涉及 GZSB 铁路项目的下列进展情况：土地征用；征用土地赔偿、建筑物和财产损失赔偿、受影响居民的搬迁、道路和其他设施的开发、受影响群体和原住地居民的关系、特定群体恢复收入计划的实施情况。效益监测和分析强调能够证明不利影响是否已经被减轻，居民的收入水平是否已经恢复到土地被征用之前的水平，其中尤其要关注就业形式和贫困水平的变化，与煤炭开发相关的环境保护政策的实施。

## 3. 项目实施期间的社会效果分析

（1）贫困。GZSB 铁路沿线的许多人靠土地为生，很少有从事非农业工作的机会。到 20××年年底，该项目雇用的工人中的 55% 是当地非熟练工人，这些人过去一直生活在贫困线以下（根据国际贫困线每天 1USD 的标准统计），他们的月工资收入约为 500 元 RMB。在 20××年的第四季度，雇用工人 9 423 人；到了 20××年第四季度，由于铁路建设接近尾声，雇用工人数量减少到 4 212 人。

新建铁路对缓解当地的贫困状况产生以下短期影响：在铁路项目建设期间为贫困人口提供了直接和稳定的就业机会；开辟了与铁路相关的服务产业、建筑材料工业和交通运输业的渠道，为那些贫困人口提供了更多的就业机会。由于在非农业领域的就业机会和收入的增长，许多过去生活在贫困线以下的人发现他们有能力摆脱贫困。根据 GZSB 铁路建设发展报告，在整个项目建设过程中雇用工人的数量平均为 11 215 人，其中 6 289 人为当地的非熟练工人。到 20××年年底，当地的非熟练工人占该项目工人总数的 56%。按每天每人收入 15 元 RMB 计算，一个工人每年可以挣到大约 4 350 元 RMB。根据当地社会科学院发布的扶贫监测报告，从 20××年 7 月到 20××年 12 月，项目建设期间平均每月为 14 642 个劳动力提供了工作机会，其中 8 832 人为非熟练工，大约占总数的 60%。

20××—20××年，中国农村地区的贫困线定为 1 067～1 196 元。GZ 省制定的脱贫标准是每人年纯收入为 1 150 元和 650 斤粮食。上文提到的工人的年收入为 4 350 元，这些钱已经足够使他们中的任何贫困家庭摆脱贫困。但是，要达到真正意义上的脱贫，需要有两个先决条件：第一，当地的熟练工人必须来自更为贫困的家庭；第二，更为贫困的家庭必须有稳定的就业机会。他们的工作收入必须使家庭的人均收入高于贫困线。根据国家贫困标准，居住在铁路项目地区25%的人口当时生活在贫困线以下。

没有特殊的政策和措施，不可能从这25%的人口中抽出大多数或者所有的非熟练劳动力，这些家庭是收入最低的家庭。然而，如果采取一个高一点的贫困线标准，情况将会大不相同。中国的贫困线仅为世界银行设定每人每天1美元（根据购买力平价计算）的贫困线的三分之二。根据这个标准，中国的贫困线标准应该为每人每年大约1100元。20××年，SC县铁路沿线8个镇的人均年纯收入为1042元。根据世界银行的贫困标准判断，在农村贫困地区的贫困家庭比例高达人口的三分之二。根据这个标准，铁路工人中的大多数毫无疑问属于贫困群体。

（2）移民搬迁。铁路线路走向是根据技术要求选定的，在可能的情况下尽量避免出现非自愿的搬迁移民；但在搬迁不可避免的情况下，应尽最大努力将搬迁移民数量降低到最少。在GZSB铁路项目中，修建铁路需要永久性占用土地435万 $m^2$，在铁路线建设过程中需要临时占用土地124万 $m^2$。大约有37 774$m^2$的房屋需要拆迁。615个家庭或者2 466人（这些搬迁移民中的94%以农业为生）将受到项目的影响，超过半数的人需要搬迁，其余的人因为占用耕地而受到损失。

GZSB铁路公司制订了一个移民计划，确保受项目影响的人得到资助，使他们比项目建设之前生活得更好一些。如果需要，受项目影响的人，特别是那些以妇女为户主的家庭，应当根据土地管理法的规定给予额外的资助，从而恢复他们的收入。该搬迁移民计划的目的是帮助搬迁居民恢复他们的收入水平，最大限度地减轻对他们的经济和社会环境的不利影响。到20××年年底，永久性占用的土地数量总数达到了508万 $m^2$，另外有150万 $m^2$ 土地在项目建设期间被临时占用，平均每亩土地的赔偿金额为3 720元，882户已经搬迁完毕。

GZSB铁路公司主要负责搬迁移民计划的实施，而LPS地区则负责土地征用和搬迁移民。土地征用和搬迁移民成本列入项目预算，所有的赔偿都是以现金支付的。没有进行土地的再分配或调整。为了帮助受项目影响居民恢复并提高收入水平，当地政府采取了下列措施：增加就业机会、为扶贫项目提供更多的信贷资金、帮助提高耕作技术、改善基础设施状况。

受项目影响的住户分别以下列三种形式进行搬迁。

① 在原住村庄里分散搬迁。这涉及从原来的房屋搬到同村的新房基地。如果新房建在承包的土地上，这个家庭得到对老房屋的赔偿费；如果不是，赔偿费由村集体拥有。

② 搬迁到新村。在这种情况下，要为搬迁居民建设新的村子。例如，在BG地区为223户人家（18户于20××年年底已经搬迁完毕）建了两个搬迁移民村（占地4万 $m^2$）。对于这类的移民搬迁，需要提供基础设施（如水、电和道路），每户规划建房面积为130~150$m^2$。

③ 搬迁到城镇。为了支持SH煤矿和SH火车站的建设，PX特区和SH镇政府于20××年决定在SH隧道附近建设SH镇。该镇占地8万 $m^2$，部分宅基地通过招标方式进行出售，有近100个家庭（包括8户受项目影响的家庭）在镇上建了两到三层的楼房。

GZSB铁路沿线的许多家庭长期以来靠土地为生，没有很多的就业机会。GZSB铁路建设期间，农民家庭的土地被征用了，而当时在整个项目区尚没有有关土地再分配的新政策。因此，征用土地对一些家庭来说意味着他们永远失去了部分土地资源。失去土地的家庭得到了一些金钱上的补偿，从而使他们在短期内不会有严重的生活困难。但从长期来看，在他们的土地被征用之后，除非他们能够找到稳定的非农业就业机会或者到私营企业做工，这些家庭将面临贫穷。而这些包括老年家庭和女性较多的家庭在内的贫困家庭很少有非农业就业机会，很少有能力开办自己的企业。失去土地对那些贫困家庭、家庭成员年龄大的家庭及女性多于男性的单身母亲家庭所造成的影响更为严重。

显然，那些土地被征用的人要比把家搬到附近另一个地方的人，遭受更多的长期影响。有些家庭因为房屋破旧仅得到了少量的补偿费，而他们不得不借钱盖新房，但是又没有能力把钱还回去。特别是那些土地完全或大部分被征用的家庭以及那些找不到其他谋生手段的家庭更是如此，他们面临着跌入贫困深渊的极大危险。

（3）社会性别。据估计，GZSB铁路项目所在地区家庭收入的40%～60%是妇女劳动所得。社会经济调查显示，项目所在地区20%是以妇女为户主的家庭。女性在农业生产、饲养家畜、打水砍柴方面是主要劳动力，在家庭管理方面也发挥着主要作用。因为缺少医疗服务，妇女还面临着严重的健康问题。根据项目设想，铁路将使更多的男性劳动力到外地打工谋生，因此，加速了农村地区的"女性化农业"的发展，对已婚女性而言更是如此。但是对于外出打工人数较多的地方来说，年龄在16～24岁的未婚年轻女性也到外地找工作。在那些家里的丈夫已经外出打工的家庭，已婚女性已经承担着较多的农业生产劳动。因此，家庭主妇们受到更多的来自土地征用所带来的直接挑战。

在GZSB铁路项目区，以女性为户主的家庭得到了资助，用来恢复家庭收入。20××年，受到项目影响的8名女性为户主的少数民族家庭得到了小额信贷的资助。20××年，随着铁路、通信和道路设施的建设，平均每月有1 130名非熟练女性工人被雇用（相当于非熟练工人总数的10%）。同时，项目所在地区的1 826名女性在贸易和服务领域找到了工作（见表11-8）。

表11-8 20××年项目所在地14个镇女性就业情况

| 年份 | 就业 | | |
|---|---|---|---|
| | 项目建设中的就业 | 其他行业的就业 | 就业总人数 |
| 20×× | 0 | 636 | 636 |
| 20×× | 929 | 1 350 | 2 279 |
| 20×× | 1 103 | 1 826 | 2 929 |

表11-8的统计数字表明，在与铁路建设相关的贸易和服务行业就业的女性数量，比在工程建设项目中就业的女性要多。这主要因为建设工地所使用的民工是由建筑公司雇用和组织的。从事为建筑工地民工提供贸易和服务方面工作的女性比预计的要多。

项目建设导致的搬迁移民对那些以女性为户主的家庭来说比较麻烦。在正常和比较有利的情况下，补偿费足以修建一座同等质量或者更好的房子。但是，以女性为户主的家庭通常是更为贫困的家庭。通常情况下，对她们的破旧房屋的赔偿费不高，她们又没有积蓄来修建新房。此外，以女性为户主的家庭往往缺少能够帮她们建房的劳动力。对那些以女性为户主的家庭更是难上加难，因为根据当地结婚后住男方家里的习俗，她们一般都不是本村人。由于同样的原因，以女性为户主的家庭相互之间进行互惠互利的帮忙也很困难，因为传统上只有男性才能这样做。

GZSB铁路项目对女性的影响，可以归纳为以下几个方面：项目为女性提供了更多的就业机会，不论是直接参加铁路建设方面的工作，还是为铁路建设提供服务或食品。然而，这些工作的大多数属于铁路建设期间的临时性工作。用电、用水状况的改善使生活变得更加容易。道路状况的改善提高了农产品的商品化率，使化肥、庄稼和煤炭的运输更为方便，学校和医疗服务设施也得到改善。收入的增加使更多的家庭有能力把孩子，特别是女孩送到学校念书。项目改变了人们的观念。项目的建设还增加了项目区内外居民之间的联姻。

（4）少数民族问题。到20××年，在10个少数民族聚居的镇上，受GZSB铁路项目影响的少数民族家庭有612个，其中187个家庭受到移民搬迁的影响、367个家庭受到土地征用的影响、58个家庭受到土地租用的影响。

在铁路建设期间，向新建铁路沿线的居民提供技术和知识，不仅为他们提供了更好的工作和增加收入的机会，与建筑公司的接触也为他们提供了了解和使用新技术的机会。住在偏远地区的村民通常不习惯把他们饲养的猪和鸡拿到集市上去销售，铁路施工队伍的到来提高了猪和鸡的销售价格，吸引他们到集市上去销售家禽家畜，因此，大大刺激了他们饲养更多家禽家畜的积极性。有些村民害怕到家乡之外的地方找工作，家门口发生的变化对他们是一种鼓励。少数民族群体与其他群体一样，成为铁路建设的受益者。

（5）预期和非预期影响。

① GZSB 铁路项目给沿线居民带来的最明显、最大的实惠就是沿铁路修建的小路，这些小路改善了当地的交通运输环境。该铁路项目共建小路 298km，包括 265km 主要路段和 33km 长的连接路段。

② 许多村里的饮用水状况得到了改善。因为项目建设需要把水引到施工现场去，附近的村子可以使用施工单位的设施打水。SC 县铁路沿线城镇的分水渠长度要比其他地区的城镇高出 17%。

③ 铁路建设给一些村子带去了电力，因此改善了农村家庭的生活环境。如果把建设筹备阶段的差异考虑进去，20×× 年 SC 县铁路沿线城镇的用电率要比该县其他地方高出 7%。

在项目准备阶段没有预料到或者没有给予足够重视的消极影响，主要包括以下方面：断路、红标线（安全线）之外的土地使用问题、饮用水问题、由于土地征用造成的长期贫困影响。

A. 在铁路和高速公路建设期间毁掉或切断原有的道路是很正常的，但如果这个问题没能妥善地解决，对该地区农村居民的生活和工作所造成的影响可能是深远的。当受到影响的居民是弱势群体或者贫困者（如老人、残疾人和儿童）的时候，这种消极影响通常会被扩大。在 GZSB 铁路线上，有许多条道路被切断，但又没有适当恢复，这对周边居民的生活和生计都产生了严重的不利影响。B. 安全线以外的土地在铁路建设期间被占用了，并且没有进行赔偿，这成了 GZSB 铁路项目建设期间另一个引起争论的问题。GZSB 铁路经过的地方多数是山区，并且坡度陡峭，很难保证路基上的沙石在建设期间能留在安全线以内。特别是在雨季，这些地区经常发生泥石流。由于疏忽，工程建设占用了安全线以外的部分土地，甚至小路也被占用。当地政府和铁路公司需要讨论解决这个问题的方案。C. 适合饮用的水源由于铁路的建设被切断，而且被切断了水源的水又在工程建设期间被用完了。GZSB 铁路建设完工后一直没有引来足够的新水源，或者及时替代旧水源。这个问题虽然没有像其他问题那样被经常提到，但是部分山区的居民特别提出了这个问题。

（6）短期和长期影响。GZSB 铁路项目对扶贫的短期影响是项目的建设创造了几千个就业机会，根据国际判断贫困的标准，这些机会大多都给了贫困居民。他们从铁路上挣来的钱足以使他们摆脱贫困，那些从铁路建设获益的家庭也可以摆脱贫困状况。

在铁路建设期间，当地人收入增长的情况能否在项目结束之后继续下去，主要取决于当地的经济发展和铁路建设为那些贫困和搬迁居民创造就业机会的多少。直接就业机会在铁路建设完工之后急剧减少，因为建设工人的离开，使当地农村家庭的收入开始下降。

（7）当地不同区域的社会影响。由于项目所在地的情况不同，各地受项目的影响也各有不同。在 GB 镇和 LPS 地区，居民获得的就业机会较多，所获赔偿的比例也比铁路沿线的村庄要高。一些地方有很强的能力促进当地的经济发展，而其他地方的地方政府则缺少远见，尚不知利用铁路建设发展本地经济。不同的社会经济环境使铁路建设所带来的影响有所不同。

**4. GZSB 铁路项目的启示**

（1）应善于运用就业和赋权机会。铁路建设期间提供的技术和知识不仅为新建铁路沿线的居民增加了收入，而且使他们在与建筑公司和建筑工人的接触中学到了新技能。住在偏远地区的村民通常不习惯把他们饲养的猪和鸡拿到集市上去销售，铁路施工队伍的到来提高了猪和鸡的销售价格，吸引他们到集市上去销售家禽、家畜。因此，大大刺激了他们饲养更多的家禽、家畜的积极性。有些村民害怕到家乡之外的地方找工作，家门口发生的变化对他们是一种鼓励，少数民族群体属于从铁路项目获得益处的人群，并对其生活产生良性影响。例如，由于与筑路工人的交易活动和交流的增加，少数民族妇女开始学习汉语。

（2）应鼓励偏远地区村民接受新观念、新思想。GZSB铁路的建设使人口的流动性显著增加，在项目实施过程中所产生的活力和交流机会超出了项目预期。外来工人和生意人源源不断地来到该地区，年轻人外出打工的机会增多，一些年轻姑娘嫁给了外地人，村民和外地人交流的机会和频率正在增加，新观念、新思想源源不断地流入铁路沿线地区。

（3）兼顾短期和长期影响。短期就业机会比长期的要多得多，短期就业机会更多的是修建道路和为铁路建设工地的外地工人提供服务，而从事铁路建设工作的机会比较少。由于建筑工人队伍通常是由工程承包商提供的，来自全国各地，铁路维护由铁路部门自己的熟练工人承担，对那些非熟练的当地劳动力来说没有太多的铁路建设方面的工作机会。通过生产和运输煤炭提供长期就业的设想尚不能实现，因为这与政府关于关闭事故发生率高的小煤窑的政策相违背。当地政府不得不面临将短期的经济社会影响转换成长期的地方社会经济可持续发展战略的挑战，现已经开始讨论如何促进当地旅游业的发展，有一种可能是将过去租给外地工人的空房利用起来，发展旅游业和加工工业。

（4）移民搬迁需要男性和女性的共同参与。因项目导致的搬迁对男性和女性所产生的社会影响有很大的不同。因为在从事农业生产方面女性多于男性，并且由于女性的教育水平要比男性低，女性有照料儿童、老人和病人的额外社会责任等因素，由于劳动分工的性别特点，女性在使用外部空间（如道路和田野）和家里空间方面与男性不同。因此，在调查项目对他们日常生活产生的影响时，不但要征求男性的意见，更重要的是征求女性的意见。女性可能以不同的方式看待项目对社区的整体影响，而这些社会问题可能是男性所想不到的。例如，GZSB铁路项目中的道路中断问题就是由女性提出的，她们担心道路中断使学龄儿童和老人面临出行困难。

（5）应重视受土地征用影响的贫困人口的可持续收入来源。在许多情况下，铁路项目中受土地征用影响的家庭和搬迁移民的家庭都会用他们得到的赔偿金建造一所比原来大一些的房子。如此一来，他们就不再有钱从事小买卖或其他生意。买卖生意主要是外地人来做，但是随着铁路建设的结束，商业环境开始发生变化，外地投资者开始撤走。在项目建设期间，通过向外地工人出租房屋、开小餐馆等，有很好的机会赚钱生活。有些得到土地征用或房屋拆迁赔偿金的人成了房屋出租的房东，把房子租给外地人赚钱。但在项目建设结束后，如何使贫困人口获得持续、稳定的收入来源，成为必须面对的问题。

**【案例解析与点评】**这是一篇选自真实建设项目的案例，内容部分改编于某现代工程——铁路建设项目对沿线地区社会经济影响进行社会效果分析的评价报告，报告内容和分析评价模式在建设项目社会效果分析与评价中有相当的代表性和典型意义。

该案例中的报告较好地反映了以铁路为代表的基础设施投资建设项目对所在沿线地区社会经济影响的效果分析与评价方法。其中特别是关于项目与当地社会互适性和乡村振兴（扶贫效果）等内容的分析，资料翔实，重点突出，理据充分，调查内容真实，数据准确，分析可靠，评价也很中肯到位。因此，在有关项目社会效果分析实践中该案例具有较强的示范效果与借鉴作用，对搞好类似的扶贫开发项目和乡村振兴项目的前期社会效果分析与相关评价工作有较高的参考价值和独特的作用。

# 第 12 章 投资项目的不确定性分析

**【本章提示】**

**1. 进行不确定性和风险分析的国家规定与要求**

国家发展改革委建设部发布的《建设项目经济评价方法与参数》(第 3 版)(2006 年)规定在完成基本方案的评价后,要做不确定性分析。在常规资源约束条件下,项目不确定性分析是在完成对投资项目基本方案的财务效益分析和国民经济效益分析之后,为了解某些因素在诸如物价浮动、技术装备和生产工艺变革、产能变化、建设资金不足或建设工期延长、政府政策和规定发生变化等不确定性条件下,对投资项目效益可能带来的影响或发生的变化,以提供充分的信息,为决策服务,在投资项目决策分析与评价过程中所进行的一项分析评价工作。

**2. 不确定性分析或风险分析的相关概念与基本要求**

由于前述各章有关项目的财务效益和国民经济效益分析均是在评价分析条件一定或称确定性情况下,评估分析人员与决策者在调研基础上,根据经验与收集的历史资料对项目分析涉及的一些基础数据和基本指标进行的特定假设、估计和预测,即在某种程度上有一定把握的条件下所进行的分析,故与此不同,项目的不确定性分析正是在对此把握存在较大误差甚至完全无确切把握、只有风险的情况下,就项目投资、生产成本、销售收入、外汇率、产品价格和生命期等主要不确定因素或其他风险因素的变化可能引起的项目投资收益等各种经济效益分析指标的变化及变化的程度所进行的分析评价。因此,该分析也叫不确定性评价或风险评价。

**3. 一般进行项目不确定性分析的基本思路**

在常规资源约束条件下,进行项目不确定性分析通常是在财务效益分析和国民经济效益分析的基础上,通过估计可能出现的不确定因素来调整预测数据,在容许的误差范围内再进行分析和评价,以达到尽量弄清和减少不确定因素对经济效益分析评价的影响,避免项目建成投产后不能获得预期利润或造成亏损现象的发生,提高项目投资决策科学性和可靠性的目的。为此,须按建设项目的类型、特点和该项目对国民经济的影响程度确定分析的具体内容和方法,如可在同时进行财务效益和国民经济效益分析的基础上,有选择地仅对大中型项目的财务分析做盈亏平衡分析、敏感性分析和概率分析,而对某些重大骨干项目或风险性较大的项目则必须进行风险分析,以估计项目可能存在的风险,考察项目的财务可靠性,提高经济性分析与评价的准确度和可信度,避免和减少投资决策的失误,为投资决策提供科学的客观依据。

## 12.1 项目的盈亏平衡分析

**【本节提示】**盈亏平衡分析（也叫量本利分析或 BEP 分析）是在常规资源要素投入条件下通过计算项目的盈亏平衡点，就项目对市场需求变化的适应能力研究分析项目经营过程中产量、成本和利润三者间的平衡关系。盈亏平衡分析作为不确定性分析的基础，是对建设项目进行变动因素后续分析的第一步，重点应掌握的是分析过程所涉及的线性盈亏平衡分析和非线性盈亏平衡分析的计算、应用与评价等问题。本节通过理论综述和具体的案例给出了较全面系统的介绍说明。

**【本节理论要点综述】**

**1. 基本概念、分类与指标**

（1）盈亏平衡分析是在一定市场、生产能力及经营管理条件下，通过对项目载体产品的产量、成本与利润的分析，测定能够反映项目在达到一定生产水平时收益与支出实现相互平衡关系的收支平衡点，来判断项目对市场需求变化的适应能力，以选择可行方案的一种不确定性分析方法。

（2）盈亏平衡分析的类型。按生产成本及销售收入与产量（或销售量）之间是否呈线性或非线性的函数关系，可分为线性盈亏平衡分析和非线性盈亏平衡分析。

（3）相关指标。评价是否实现或达到盈亏平衡，可通过图解或求解数学方程式两种方法分别计算和得出反映盈亏平衡关系的各项评价分析指标，主要是保本点产量、保本价格、最低生产能力和最低销售收入等。

**2. 线性盈亏平衡分析的原理**

（1）分析的基础——三个基本前提：①产品产量与销售收入和总成本两者均呈线性关系；②在一定时期和一定产销量范围内产量等于销量；③产品销售单价和销售收入所依据的单位可变成本均假定不变。

（2）分析所用的条件。由上述前提可得出分析用的两种方法（条件）。

① 函数关系式。保证在上述前提下可求出销售收入 $y_2 = px$ 与总成本 $y_1 = f+vx$ 两函数间存在交点 BEP$(x,y)$ 的一次线性函数关系式：

$$px = f+vx$$

式中，$p$ 为单位产品价格；$v$ 为单位产品可变成本；$f$ 为总固定成本；$x$ 为正常年份内产品的产量。

② 图解分析方法。在坐标平面上求得该函数所需要的图——线性盈亏平衡分析（见图 12-1）。由此图可知，在出现销售收入 $y_2 = px$ 与总成本 $y_1 = f+vx$ 两线交点的 BEP 之前的区域是亏损区，而之后的区域则是盈利区。该 BEP 成为判断项目实现盈亏平衡的分界（保本）标志。

（3）分析结论。根据函数关系或图像的分析条件，可在理解和掌握有关盈亏平衡分析的图解法和方程式解法的基础上，进行单一产品方案和多品种产品的盈亏平衡分析（见案例 12-1），并得到能在平衡点上反映产品生产总成本与销售收入相等（$y_1 = y_2$）时，盈亏平衡关系的有关评价指标，如保本点产量 BEP$x = f/(p-v)$、保本点价格 BEP$_p = f/x+v$ 和保本点销售收入（销售额）BEP$_s = p \times f/(p-v)$ 等。

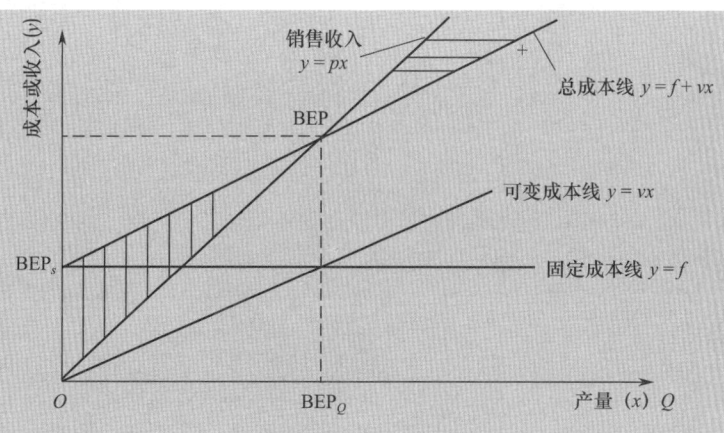

图 12-1 线性盈亏平衡分析

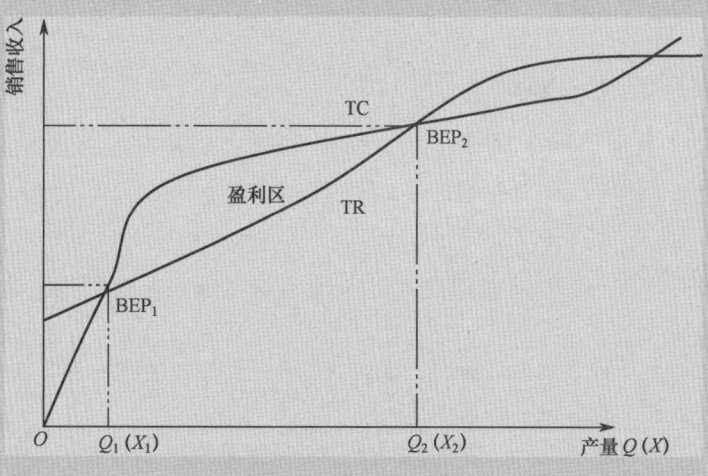

### 3. 非线性盈亏平衡分析

（1）基本概念。所谓非线性盈亏平衡分析，实际上仍然是关于产量和生产成本与盈利（量本利）间相互对应关系的分析，只是三者间的关系出现了如下之一或部分同时发生的情况：

① 产量与销售收入呈线性关系，而与生产成本呈非线性关系（如二次曲线）。
② 产量与销售收入呈非线性关系，而与生产成本呈线性关系。
③ 三者间均呈非线性关系。

若三者之一的情况发生，这会使得对其平衡点各项指标的计算较线性盈亏平衡分析要繁复一些，故非线性盈亏平衡分析是一种有附加条件的线性盈亏平衡分析。反过来也可以说，线性盈亏平衡分析是无附加条件的特殊的非线性盈亏平衡分析，是非线性盈亏平衡分析的特例。

（2）分析的基本原理。非线性盈亏平衡分析的基本思路，依然是解方程——注意解的是联立方程组，目的是求出在图像上因非线性相交可得到多个盈亏平衡交点（所谓开门点 $Q_1$ 和关门点 $Q_2$，从而找到所对应的参数，若是一元多次方程，还可解得对应参数的开门点 $Qi_1$ 和关门点 $Qi_2$……见图 12-2）的值。具体而言，以成本函数与收入函数的一般非线性代表，若用一元二次曲线表示时，其表达式通常如下。

图 12-2 非线性盈亏平衡分析

① 分析条件。
A. 假设有成本函数：$C = a+bx+cx^2$。

式中，a、b、c为常数；x为产量。

B. 另有收入函数：$S = dx + ex^2$。

式中，d、e为常数；x为产量。

② 分析要求。找出非线性盈亏平衡分析的基本函数关系。

为此，可令 $R = S - C = 0$。

式中，R为利润；C为成本；S为收入。

可得：$a + bx^2 + cx^2 = dx + ex^2$；即 $(c-e)x^2 + (b-d)x + a = 0$。

按照对二次方程式求根的公式：

$$X = \frac{-B \pm \sqrt{B^2 - 4AC}}{2A}$$

可求得：

$$X_{1,2} = \frac{-(b-d)}{2(c-e)} \pm \frac{\sqrt{(b-d)^2 - 4a(c-e)}}{2(c-e)}$$

③ 分析结论。

A. 确定盈亏平衡点的表达。此时，生产总成本曲线TC与销售收入曲线TR有两个交点，就是盈亏平衡点的最低产量 $X_1$ 和最高产量 $X_2$，即图12-2（注：在此图中 $BEP_1$ 与 $BEP_2$ 点线之外的区域为亏损区，且 $BEP_2$ 前的该两曲线可视为一个二次曲线），所对应的 $Q_1$ 和 $Q_2$ 两点的产量有时也称为开门点产量和关门点产量；同理，还有纵轴（销售收入 S）上对应的销售平衡点 $S_1$ 和 $S_2$ 为保本的最低销售量 $S_1$ 和盈利的最大销售量 $S_2$（图中 $S_{1,2}$ 有略）。

B. 求出具体的非线性盈亏平衡点数值。至于要求利润最大的产量，只要考虑在最大利润点上，利润变化率（边际利润或利润曲线斜率）为零，故须对利润方程求导，使导数等于零，即可求得非线性盈亏平衡点的产量x。

$$2(c-e)x + (b-d) = 0$$

$$x = \frac{-(b-d)}{2(c-e)}$$

$$\frac{dR}{dx} = \frac{d(S-C)}{dx} = \frac{d[(c-e)x^2 + (b-d)x + a]}{dx} = 0$$

### 4. 盈亏平衡分析法的局限性

无论是线性还是非线性盈亏平衡的分析方法，都存在很大的局限性。值得注意的是其产生的主要原因。

（1）由于所假定的产量等于销售量的前提，在项目的生命周期内市场变化的情况纷繁复杂时，项目产品的产量完全等于销售量的可能性有，但往往不是很大。

（2）它所采用的数据必须是正常生产年份的数据，而投产后各年情况不尽相同，正常生产年份数据不易选定。

（3）它只能对各不确定因素对项目的盈利水平进行分析，而不能就各不确定因素对项目经济效益指标和投资方案影响的敏感性程度进行分析。

### 链接——案例12-1

假定设计年产量为18万吨涤纶纤维的江海化纤厂项目，其总成本为8.32亿元，其中总固定成本为1.12亿元，单位可变成本为4 000元/吨，销售单价为7 000元/吨。试用实际生产量、生产能力利用率、销售收入和保本价格计算其处于盈亏平衡时的各平衡点指标。

根据理论综述里所提及的公式，解题的具体计算过程如下：

（1）用实际产量表示 $BEP_x$。
$$BEP_x = f \div (p-v) = 11\,200/(7\,000-4\,000) \approx 3.73（万吨）$$
说明产量达到 3.73 万吨时，该项目即可保本。

（2）用销售收入表示 $BEP_s$。
$$BEP_s = p \times f \div (p-v) = 7\,000 \times 3.73 \approx 2.61（亿元）$$
说明当销售收入为 2.61 亿元时，企业也可保本。

（3）用生产能力利用率表示 $BEP_r$。
$$BEP_r = f \times 100\% + Rx \times (p-v) = 3.73 \times 100\% \div 18 \approx 0.21 \times 100\% = 21\%$$
说明当生产能力为设计能力的 21% 时，企业即可不亏不盈。

（4）用销售单价表示 $BEP_p$。
$$BEP_p = (f+vx) \div R = 8.32 \div 18 \approx 4\,622（元/吨）$$
说明涤纶纤维产品能保本的最低销售价格为 4 622 元/吨。

（5）计算价格安全度。
　价格安全度 $= (Po-Pb) \times 100 \div Po = (7\,000-4\,622) \times 100\% \div 7\,000 = 33.97\% \approx 34\%$

（6）计算产量安全度。
　产量安全度 $= (Qr-Qb) \times 100\% \div Qr = (18-3.73) \times 100\%/18 = (1-BEP_r) = 1-21\% = 79\%$

计算结果说明，涤纶纤维产量达到 3.73 万吨，生产能力利用率达到设计年产量的 21%，销售收入为 2.61 亿元，每吨售价为 4 622 元时，企业即可保本，不会产生亏损，又因价格安全度为 34%、产量安全度为 79%，因此，该项目具有较大的承担风险的能力。

### 链接——案例 12-2

假定美欣公司拟投资项目生产新美牌光波炉产品，根据市场调查，该产品的销售价格、年生产成本与产销量的关系分别为：$P = 600-0.02Q$（元/台）；$TC = 400\,000+200Q+0.02Q^2$。试对该项目的拟上新产品情况进行盈亏平衡分析。

具体分析解读过程如下：

销售收入函数：$TR = PQ = (600-0.02Q)Q = 600Q-0.02Q^2$

生产成本函数：$TC = 400\,000+200Q+0.02Q^2$

利润函数：$M = TR-TC = 0.04Q^2+400Q-400\,000$

欲求盈亏平衡产销量，令 $M = 0.04Q^2+400Q-400\,000 = 0$

则可求得：$Q_1 = 117$ 台；$Q_2 = 8\,873$ 台

求利润最大时的产销量，令 $M = 0.08Q+400 = 0$，有 $Q = 5\,000$ 台

则当 $Q = 5\,000$ 台时，该项目可实现最大利润，即：

最大利润 $= 0.04 \times 5\,000^2+400 \times 5\,000-400\,000 = 2\,600\,000$（元）

## 12.2 项目的敏感性分析

【本节提示】敏感性分析是研究和分析项目投资、成本、价格、产量与工期等主要变量发生变化时，导致对项目经济效益主要分析评价指标发生变动所产生影响的敏感程度，可用

来判断相对于某个项目的指标在其外部条件发生不利变化时的承受能力。敏感性分析侧重于对最敏感的关键因素（不利因素）及其敏感程度进行的分析，往往有单因素和多因素两种情况敏感性的分析检查。本节通过理论综述就此做了有关分析方法、步骤与应用的系统介绍，所链接的案例对投资项目动态可行性分析中的这一难点进行了详细解读。

## 【本节理论要点综述】

### 1. 敏感性分析的相关概念

（1）基本定义。项目的敏感性分析是一种动态情况下的不确定性分析，是项目分析中不可或缺的组成部分。它是在决定一个项目投资效益的许多不确定因素中，测定其中一个或几个不确定性因素变化时对项目投资效益影响程度的一种动态分析方法。也就是说，在项目确定性分析的基础上，敏感性分析通过找出敏感性因素及其最大变动幅度，进一步分析和预测项目主要不确定因素的变化对项目内部收益率、净现值等各种评价指标的影响，分析项目经济效益指标对各个确定性因素的敏感程度，以据此确定评价指标对该因素的敏感程度，进而判断项目对其变化的承受能力——项目承担风险的能力。

（2）敏感性与风险的关系。考虑到敏感性分析尚不能确定各种不确定性因素发生一定幅度的概率，因而其分析结论的准确性常常会受到一定的影响。实际上常会出现的情形是敏感性分析找出的某个敏感性因素在未来发生不利变动的可能性很小，引起的项目风险不大；而另一因素在敏感性分析时表现不太敏感，但其在未来发生不利变动的可能性却很大，进而会引起较大的项目风险。

（3）概率分析的概念及其与敏感性和风险分析的关系。该分析是用概率研究来预测不确定因素和风险因素对项目经济评价指标影响的一种定量分析方法。概率分析与敏感性分析都是分析项目承担风险大小的，敏感性分析只明确不确定因素中的不利因素发生变化幅度的大小，从而预测项目应承担的风险大小，而不能明确各个不确定因素发生相对变动的概率（事件发生的可能性）有多大，要了解各个不确定因素发生相对变动的概率有多大，这就要靠概率分析来完成。

### 2. 敏感性分析的主要作用

在项目可行性分析中进行的敏感性分析一般应起到如下四个方面的作用。

（1）分析和确立敏感性因素和不敏感性因素。敏感性因素是指稍有变动就会引起投资效益指标的明显变动的因素；不敏感性因素则是指变动时只能引起投资效益指标的一般性变动甚至看不出什么变动的因素。

（2）了解项目的风险程度。为使项目决策者了解项目的风险程度，需从不确定因素中找出那些对项目投资效益有重大影响并在前期和投产期可能发生较大变动的敏感性因素，再根据敏感性因素的变动幅度，分别计算净现值或内部收益率指标，以便决策者通过各方案敏感性程度的对比，采取对策予以控制——选择敏感度小或风险小的方案为项目投资方案。

（3）明确影响决策诸要素间的关系。由于在敏感性分析时，要假定除敏感性因素外，其他因素是不变动的，这就要在分析时充分注意到诸要素间的依存关系，对与敏感性因素存在依赖关系的要素，应在分析计算过程中充分反映出来。

（4）分析项目的临界承受能力，即通过分析评价指标对该因素的敏感程度来分析该因素达到临界值时项目的承受能力。其中：

① 项目对某种因素的敏感程度的两种表示方法。A. 列表法，把敏感性因素按一定比例

变动时引起评价指标的变动幅度用数据列表显示出来；B. 敏感性分析图，用曲线表明评价指标达到临界点（如内部收益率等于基准收益率）时允许某个因素变化的最大幅度，即极限变化（若超过此极限，项目则不可行）情况。

② 可选做不确定性因素分析对象的参数和指标。通常人们将产品价格、产品产量（生产负荷）、主要原材料或动力价格、建设投资、汇率、固定资产投资、建设工期等参数作为考察的不确定因素，对其考察时进行分析用的有影响的经济指标有净现值、折现率、还本期和内部收益率等。

**3. 敏感性分析的基本原理与操作方法**

（1）敏感性分析的基本分类与操作步骤。

① 敏感性分析的分类。作为分析的表现形式，按分析因素的多少，一般分为单因素敏感性分析和多因素（含双因素或三因素等）敏感性分析两种情况。其中，基础的和重点的也最常用的是单因素敏感性分析。

② 敏感性分析主要包括六大基本操作步骤（见图 12-3）。

确定分析对象（评价用指标）→选定不确定因素→针对敏感性因素，计算和分析敏感度系数和临界值→绘制敏感性分析图和分析表→利用绝对或相对测定法确定敏感性因素→进行方案选择

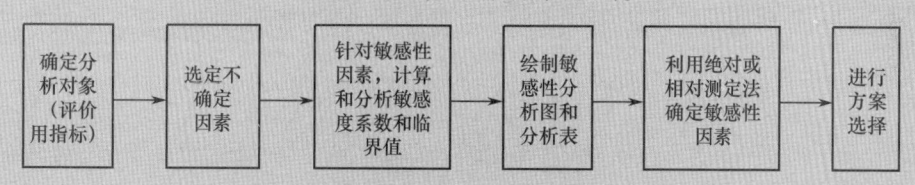

图 12-3　敏感性分析的六大基本操作步骤

A. 确定分析对象——评价项目用的经济效益指标。一般可按项目性质、类型、特点与要求的不同，选择最能反映其经济效益的综合性指标作为敏感性分析的对象，如计划阶段的项目分析常选静态投资收益率、贷款或合资项目常选用的返本期。若需反映资金的时间价值，常用的动态指标主要是动态投资回收期、净现值和内部收益率。

B. 选定不确定因素——在成本效益指标中选择占比重大、影响大，在建设期和生命周期内最有可能发生变动的因素为敏感性因素（如产品销售量、产品价格、固定成本、可变成本、总投资和建设期等）。

C. 针对敏感性因素，计算和分析敏感度系数（$E = \Delta A \div \Delta F$，式中，$\Delta A$ 为不确定因素 $F$ 发生 $\Delta F$ 的变化率时评价指标的相应变化率，$E$ 为 $A$ 对于 $F$ 的敏感度系数）和临界值——项目允许不确定因素向不利方向变化的极限值。

D. 绘制敏感性分析图和分析表。

E. 利用绝对或相对测定法确定敏感性因素。

F. 进行方案选择。

（2）单因素敏感性分析与多因素敏感性分析的联系。

① 一般区别。对于单因素敏感性分析因为要估算单个因素的变化对项目效益产生的影响，故其计算步骤与上述过程完全相同；而对多因素敏感性进行分析因要估算的是多个因素同时发生变化时项目评价指标的影响，一般应在单因素敏感性分析的基础上，在进一步假定同时变动的几个因素均相互独立（一个因素变动的幅度和方向与其他因素无关）且各因素发生变化的概率相同的条件下，按照与单因素敏感性分析大体相同的原理进行分析。

② 常用的多因素敏感性分析的内容。多因素敏感性分析中的多因素是指有超过两个的敏感性因素需要分析和确定，故主要有双因素敏感面分析和三因素敏感体分析等。

③ 多因素敏感性分析的目的。不论用何种方法对敏感性因素进行分析均要求达到为决策

者找出影响项目成败的最敏感因素、预测项目建设中可能遇到的风险,以提高投资决策准确性的目的。

(3) 敏感性分析需注意的问题。通常,在进行敏感性分析时,一般有三个问题需要注意。

① 可通过分析得知或观察敏感度系数与临界点,通常视敏感度系数高者或临界点较低者为较为敏感的因素。

② 判断临界点所表示的不确定因素变化发生的可能性,为此须以分析研究成果为基础,结合经验进行判断,说明所考察的某种不确定因素是否可能发生临界点所表示的变化。

③ 提出敏感性分析结论和建议,指出最为敏感的一个或几个关键因素,粗略预测项目可能的风险,并为下一步的风险分析打下基础。

对于无须系统地进行风险分析的项目,应根据敏感性分析结果提出相应的减小不确定因素影响的措施,提请项目单位、投资者和有关各方在决策和实施中注意,以尽可能降低风险,实现预期效益。

## 链接——案例 12-3

### 对新建樟江化工厂项目进行的敏感性分析

东部 S 省樟江市拟新建一座大型化工企业樟江化工厂,计划投资 3 000 万元,建设期 3 年,考虑到机器设备的有形损耗与无形损耗,生产期定为 15 年,项目报废时,残值与清理费正好相等。投资者的要求是,项目的投资收益率不低于 12%。试通过敏感性分析决策该项目是否可行以及应采取的措施。

该项目的敏感性分析过程可分六步进行。

(1) 预测正常年份的各项收入与支出,以目标收益率为基准收益率,计算基本情况下的净现值和内部收益率(见表 12-1)。

表 12-1 樟江化工厂新建项目基本情况　　　　　　　　单位:万元

| 年份 | 投资成本 1 | 销售收入 2 | 生产成本 3 | 净现金流量 4=2-1-3 | 12%贴现系数 5 | 净现值 6=4×5 |
|---|---|---|---|---|---|---|
| 1 | 500 | | | −500 | 0.892 9 | −446.45 |
| 2 | 1 500 | | | −1 500 | 0.797 2 | −1 195.80 |
| 3 | 1 000 | 100 | 70 | −970 | 0.711 8 | −690.45 |
| 4 | | 4 000 | 3 600 | +400 | 0.635 5 | +254.20 |
| 5 | | 5 000 | 4 300 | +700 | 0.567 4 | +397.18 |
| 6~15 | | 6 300** | 5 400** | +900** | 3.206 1* | +2 885.31 |
| 合计 | 3 000 | 72 100 | 61 970 | +7 130 | | +1 203.99 |

注: 1. *是贴现率为 12%时第 6~15 年时的年金现值系数,下同。
　　2. **为单年数值,下同。

从表 12-1 中可以看出,该项目正常情况下的净现值为正值,且数值较大。运用线性内插法确定基本情况下的内部收益率,计算过程略。

当贴现率为 18%时,净现值为 188.86 万元;当贴现率为 20%时,净现值为 −28.84 万元。选择靠近零的两组数据用内插法计算其内部收益率。

$$\text{内部收益率} = 20\% + (20\% - 18\%) \times 188.86 \div (188.86 + |-28.84|) = 21.74\%$$

从计算结果得知,正常情况下内部收益率为 19.73%,高于投资者期望收益率,具有较大吸引力。对此类项目成本效益影响较大的因素是投资成本、建设周期、生产成本和价格波动,需分别对这些因素进行敏感性分析。

(2）进行投资成本增加的敏感性分析。假定该项目由于建筑材料涨价，导致投资成本上升15%，原来3 000万元的投资额增加为3 450万元。进行敏感性分析时，首先在基本情况表中对投资成本一栏加以调整，算出净现值，然后再计算内部收益率，如表12-2所示。

表12-2 樟江化工厂投资成本增加15%时敏感性分析　　　　　　　　单位：万元

| 年份 | 投资成本 | 销售收入 | 生产成本 | 净现金流量 | 12%贴现系数 | 净现值 |
|---|---|---|---|---|---|---|
| 1 | 500+450 |  |  | −950 | 0.892 9 | −848.26 |
| 2 | 1 500 |  |  | −1 500 | 0.797 2 | −1 195.80 |
| 3 | 1 000 | 11 | 70 | −970 | 0.711 8 | −690.47 |
| 4 |  | 4 000 | 3 600 | 400 | 0.635 5 | 254.20 |
| 5 |  | 5 000 | 4 300 | 700 | 0.567 4 | 397.18 |
| 6～15 |  | 6 300 | 544 | 900** | 3.206 1* | 2 885.31 |
| 合计 | 3 450 | 72 100 | 61 970 | 6 680 |  | 802.18 |

从表12-2中可见，其余条件不变，仅仅由于第1年投资增加450万元，净现值已由原来的1 203.99万元降为802.18万元，其内部收益率也相应下降。拟用内插法试算：

当贴现率为16%时，净现值为69.91万元；当贴现率为18%时，净现值为−192.52万元。

内部收益率= 16% +(18%−16%)×69.91÷(69.91+|−192.52|) = 16.53%

分析表明，在其他条件不变，投资成本上升15%时，该项目内部收益率由19.73%降为16.53%，但仍高于投资者期望收益率，项目仍可实施。

(3）进行项目建设周期延长的敏感性分析。假定该项目施工过程中，由于台风暴雨，造成部分工程返工停工，建设周期延长1年，并由此导致投资增加100万元，试生产和产品销售顺延1年，预测数据如表12-3所示。

表12-3 樟江化工厂建设周期延长1年的敏感性分析　　　　　　　　单位：万元

| 年份 | 投资成本 | 销售收入 | 生产成本 | 净现金流量 | 12%贴现系数 | 净现值 |
|---|---|---|---|---|---|---|
| L | 500 |  |  | −500 | 0.892 9 | −446.45 |
| 2 | 1 400 |  |  | −1 400 | 0.797 2 | −1 116.08 |
| 3 | 900 | 100 | 70 | −900 | 0.711 8 | −640.62 |
| 4 | 300 | 5 000 | 4 300 | −270 | 0.635 5 | 171.59 |
| 5 |  | 6 300 | 5 400 | 700 | 0.567 4 | 397.18 |
| 6～15 |  |  |  | 900** | 3.206 1* | 2 885.31 |
| 合计 | 3 100 | 68 100 | 58 370 | 6 630 |  | 907.75 |

拟用内插法试算：

当贴现率为16%时，净现值为206.98万元；当贴现率为18%时，净现值为−42.31万元。

内部收益率= 16%+(18%−16%)×206.98÷(206.98+|−42.31|) = 17.66%

计算表明，该项目对工期延长1年的敏感度不高，内部收益率在17%以上，项目可以进行。

(4）进行生产成本增加的敏感性分析。假定由于原材料和燃料调价，使该项目投产后，生产成本上升5%，其他条件不变，基本情况表中的数据调整后，如表12-4所示。

表12-4 樟江化工厂生产成本上升5%的敏感性分析　　　　　　　　单位：万元

| 年份 | 投资成本 | 销售收入 | 生产成本 | 净现金流量 | 12%贴现系数 | 净现值 |
|---|---|---|---|---|---|---|
| 1 | 500 |  |  | −500 | 0.892 9 | −446.45 |
| 2 | 1 500 |  |  | −1 500 | 0.797 2 | −1 195.80 |
| 3 | 1 000 | 100 | 73.5 | −973.5 | 0.711 8 | −692.94 |
| 4 |  | 4 000 | 3 780 | 220 | 0.635 5 | 139.81 |
| 5 |  | 5 000 | 4 515 | 485 | 0.567 4 | 275.19 |
| 6～15 |  | 6 300 | 5 670 | 630** | 3.206 1* | 2 019.72 |
| 合计 | 3 000 | 72 100 | 64 995.5 | 3 546.5 |  | 99.53 |

拟用内插法试算：

当贴现率为12%时，净现值仅为99.53万元；当贴现率为13%时，净现值为–38.16万元。

$$\text{内部收益率} = 12\% + (13\% - 12\%) \times 99.53 \div (99.53 + |-38.16|) = 12.72\%$$

计算表明，生产成本上升对项目效益影响较大，生产成本上升5%，导致内部收益率下降7个百分点。但由于仍高于12%的期望收益率，并可获99万余元净现值，因此在控制成本不再上升的条件下，此方案仍可行。

（5）进行价格下降的敏感性分析。在市场经济条件下产品价格若呈上升趋势当然对项目效益有利，但也不能排除价格下降的可能性。假定经市场预测后得知，项目投产后前两年按计划价格销售，从第3年开始，由于市场需求减少，产品价格下降8%，才能薄利多销，保证生产的产品全部售出。在其他条件不变的情况下，销售收入也随之下降8%，此时基本情况表将做相应调整（见表12-5）。

表12-5　樟江化工厂产品价格下降8%的敏感性分析　　　　　　　　　　　单位：万元

| 年份 | 投资成本 | 销售收入 | 生产成本 | 净现金流量 | 12%贴现系数 | 净现值 |
|---|---|---|---|---|---|---|
| 1 | 500 | | | –500 | 0.892 9 | –446.45 |
| 2 | 1 500 | | | –1 500 | 0.797 2 | –1 195.80 |
| 3 | 1 000 | 100 | 70 | –970 | 0.711 8 | –690.47 |
| 4 | | 4 000 | 3 600 | 400 | 0.635 5 | 254.20 |
| 5 | | 4 600 | 4 300 | 300 | 0.567 4 | 170.22 |
| 6～15 | | 5 796 | 5 400 | 396** | 3.206 1* | 1 269.54 |
| 合计 | 3 000 | 66 660 | 61 970 | 1 690 | | 638.74 |

拟用内插法试算：

当贴现率为12%时，净现值已为负值，为–638.74万元；当贴现率为6%时，净现值为97.96万元。

$$\text{内部收益率} = 6\% + (12\% - 6\%) \times 97.96 \div (97.96 + |-638.74|) = 6.8\%$$

计算数字清晰地警告投资者，该项目对销售价格因素非常敏感，必须千方百计地提高产品质量，控制价格下降幅度，否则无法实现投资者的期望收益率。假如通过努力，仍不能控制价格下降的幅度，此项目不可行。

（6）对整个项目的敏感性分析情况进行汇总和对比（见表12-6）。销售价格下降8%，生产成本增加5%，投资成本增加8%，建设周期延长1年。后三个因素发生时净现值仍为正值，仍能实现投资者的期望收益率。当第一个因素发生时，净现值降为负值，不能实现投资者需要，在财务效益分析和社会经济效益分析时，必须提出切实的措施，以确保方案有较好的抗风险能力，否则就应另行设计方案。

表12-6　樟江化工厂四个主要因素敏感性分析汇总

| 敏感性因素 | 净现值/万元 | 与基本情况差异/万元 | 内部收益率/% | 与基本情况差异（百分点） |
|---|---|---|---|---|
| 基本情况 | 1 203.99 | 0 | 19.73 | 0 |
| 产品价格下降8% | –638.74 | –1 842.73 | 6.8 | –12.93 |
| 生产成本上升5% | 99.53 | –1 104.46 | 12.72 | –7.1 |
| 投资成本增加8% | 802.18 | –401.81 | 16.53 | –3.2 |
| 建设周期延长1年 | 907.75 | –296.24 | 17.66 | –2.07 |

【案例点评】这是一个关于单因素敏感性分析全过程的典型示范性案例。该案例的上述分析过程表明，敏感性分析是不确定性分析中的一个重要方法，是投资决策中选择最优方案，以及评审项目取舍时不可或缺的决策步骤。在充分肯定其作用的同时，也必须注意其固有的局

限性,即敏感性分析只能指出项目评估指标对各种不确定因素的敏感程度,以及促使项目可行所能允许的不确定因素变化的极限值,据此预测项目可能承担投资风险的程度,而不能表明不确定因素的变化对评估指标的这种影响发生的可能性的大小,以及在这种可能性下对评估指标的影响数值。具体而言,这种分析是将几个影响因素割裂开、逐个分析,若几个因素同时作用,则不能单独依靠敏感性分析进行决策,还应配合其他方法。每种影响因素的变化幅度是由分析人员主观确定的,若事先未做认真的调查研究或收集的数据资料不全或不准,敏感性分析得出的预测可能带有较大的片面性,甚至导致决策失误。例如,该案例中分析人员预测产品价格下降的幅度为8%,如果实际情况只会在5年后才下降5%,到时敏感性分析的结果就可能有较大的变化。因此,运用敏感性分析方法时,必须注意各种影响因素之间的相互关系,广泛开展调查研究,尽量使收集的数据客观、完整,这样才可能克服预测中的主观片面性,为决策者提供可靠的依据。因此,敏感性分析仍属于定性分析的范畴,而不确定因素和风险的定量分析尚有赖于概率分析方法来解决。

### 链接——案例 12-4

#### T 项目的单因素敏感性列表法分析

T项目设有两个投资方案:第一方案的内部收益率为 23.6%,第二方案的内部收益率为 26.7%。如果考虑总投资、固定成本、可变成本、原材料价格都比原方案增加 10%,而产品单位售价、年销售量都比原方案降低 10%,又推迟一年投产。用敏感性分析方法选择最优方案。

经过敏感性分析计算,将具体的风险程度反映于表 12-7 中。

表 12-7  不同方案的敏感度比较

| 主要变量因素的变动 | 第一方案 内部收益率/% | 变化率/% | 第二方案 内部收益率/% | 变化率/% |
| --- | --- | --- | --- | --- |
| 原方案 | 23.6 | 0 | 26.7 | 0 |
| 总投资(10%) | 21.6 | −0.2 | 24.5 | −0.22 |
| 原材料价格(10%) | 12.4 | −1.12* | 25.8 | −0.09 |
| 可变成本(10%) | 11.4 | −1.22* | 25.2 | −0.015 |
| 固定成本−10% | 22.1 | −0.15 | 25.7 | −0.10 |
| 产品单位售价−10% | 6.4 | −1.72* | 22.2 | −0.45* |
| 年销售量−10% | 19.8 | −0.38 | 23.2 | −0.34* |
| 投产推迟一年 | 16.2 | −0.74 | 19.5 | −0.72* |

*注:表中带*的数据均为根据某类需要的提示。

表 12-7 中的数据表明,在第一方案中最敏感因素为单位售价、可变成本和原材料价格;而第二方案的敏感因素为投产期、单位售价和年销售量。总体来看,第一方案敏感因素的变化幅度(变化率)要比第二方案大得多,如售价的变化率第一方案是第二方案的三倍多。因此,第一方案投资的风险程度较大,而第二方案原方案的内部投资收益率又大于第一方案(26.7%>23.6%),因而第二方案是收益高、风险小的最优方案。

【案例点评】在进行项目的投资决策方案比较时,一般采用项目内部收益率作为敏感性分析对象,并通过计算主要变量(投资、成本、售价和投产期等)的变化对内部收益率指标的影响,选择敏感因素变化幅度(变化率)小的方案为最佳方案,因其投资风险小。因此,只有内部投资收益率大,又能经得起风险变化和敏感度小的项目,才是最可靠的投资方案。该案例是对此原理的一个具体应用,在实际工作中有一定的代表性。

### 链接——案例 12-5

#### K 项目对投资和年收入双因素变动时的敏感面分析

假设 K 项目的总投资为 1 亿元，固定资产残值为 2 000 万元，年销售收入为 5 000 万元，年经营成本为 2 000 万元，项目生命周期为 5 年，部门基准收益率为 8%。试进行投资和年销售收入这两个因素变动的敏感面分析。

这里分析对象选用投资收益率，并研究当投资与年销售收入这两个因素同时变化时对投资收益率的影响，以及如果使投资收益率不低于 8% 时这两个因素的变化情况。

设 $x$ 为初始投资变化的百分比，$y$ 为年销售收入变化的百分比，则按 8% 的投资净效益（净年值），年金 NAV 就可按下列公式计算：

$$NAV(8\%) = -10\,000(1+x)(A/P, 8\%, 5) + 5\,000(1+y) - 2\,000 + 2\,000(A/F, 8\%, 5)$$
$$= 636.32 - 2\,504.6x + 5\,000y$$

为使项目投资能获得应有的盈利（≥8%），则要求年金 NAV(8%)≥0。

由此可得：$y \geq -0.127\,264 + 0.500\,29x$。

如令 $y = 0.500\,29x - 0.127\,264$，以投资变化百分率为横坐标、年销售收入变化百分率为纵坐标做平面直角坐标图，则可按此表达式在坐标图上画出关于不等式 $y \geq -0.127\,264 + 0.500\,29x$ 的图形，即能够得到一条与横坐标截距为 25.05%、与纵坐标截距为 12.73% 的直线，该直线把图面分成上下两部分（见图 12-4）。

由图 12-4 可以看出，$y = 0.500\,29x - 0.127\,264$ 把平面划分成的两个区域，在直线上方 NAV(8%)>0 的一侧是可行区（接受区）；而在直线下方 NAV(8%)<0 的一侧就是不可行的否决区。也就是说，如果投资方案位于直线上方部位，则说明该项目可以获得 8% 以上的投资收益率，项目可行；如果投资方案位于直线下方部位，则项目就得不到 8% 的基准收益率，项目就不可行。

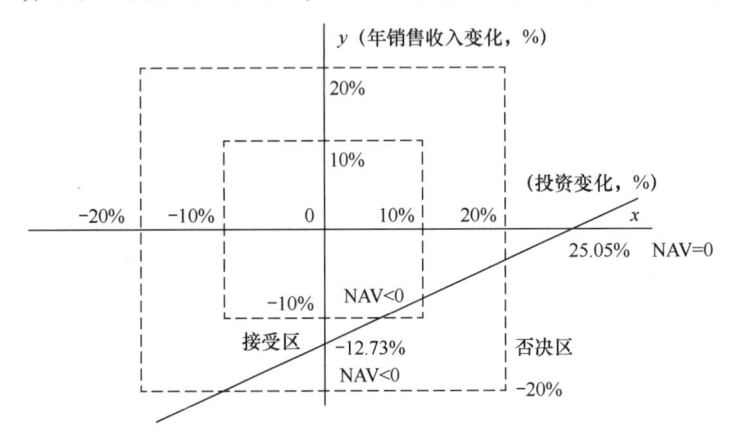

图 12-4 K 项目的双因素敏感面分析

这里也反映了初始投资与年收入变量因素同等变化的允许发生的范围：若只改变年销售收入，而其他因素不变，当年销售收入降低到 12.73% 或以下时，项目将由可行变为不可行；若只改变投资额，而其他因素不变，当投资额增加到 25.05%（令 $y = 0.500\,29x - 0.127\,264 = 0$ 后，求 $x$ 所得）以上时，项目也将由可行变为不可行。

【案例点评】由于单因素敏感性分析只能分析在单个不确定因素发生变化而其他因素不

变的条件下，对项目经济效果评估指标产生的影响程度，而不能对多个不确定因素同时发生变化所引起的影响程度进行综合分析，因此需用多因素敏感性分析来估算多个因素同时发生变化时对项目评价指标的影响。敏感面分析是多种因素敏感性分析中常用的一种，它是研究两个敏感性因素同时发生变化时对项目评估指标影响程度的基本方法。进行多因素敏感性分析时，假定的前提条件要求同时变动的多变量因素是互相独立的。因此，当分析两个因素同时变化时的敏感性就可得到一个敏感面。该案例给出了一个双因素敏感面分析的具体操作过程，较好地说明了双因素敏感面分析时应涉及的主要内容与要求。从中可见，最简洁的方法是把敏感性曲线的分布与等量曲线合列在一张图中，根据方案的几个参数可把图分成两个区域：接受（可行）区和否决（不可行）区。该案例选择了年销售收入和投资两个关键参数进行敏感性研究。为此，就要列出一个方程式（计算公式），以便确定该方案的净现值或净年值。其中一个参数用图上的 $x$ 轴表示，另一个参数则用 $y$ 轴表示。列出公式的目的在于导出一个表示使净现值或净年值为零时参数 $x$ 与 $y$ 的对应关系的表达式，并用一条敏感性曲线在敏感性曲线图上反映出来，在曲线的一侧的百分比变化（与原数值相比）使方案的现值（或等值）为正值，而曲线的另一侧的百分比变化能使方案的净现值（或等值）为负值，以此曲线划分出方案可行的界限。

## 12.3 项目的风险分析

**【本节提示】** 常规资源约束条件下进行的投资项目风险分析，是在市场预测、技术方案、工程方案、融资方案和社会评价论证已进行了初步风险分析的基础上，进一步综合分析和识别拟建项目在建设和运营中潜在的主要风险因素、揭示风险来源、判别风险程度、提出规避风险对策、降低风险损失的过程。风险防范的措施一般包括风险回避、风险控制、风险转移和风险自担四种。

**【本节理论要点综述】**

### 1. 关于风险和与风险有关的概念

（1）风险及其定义与内涵。

① 初步定义及其现状。从经济学、保险学、风险管理等不同的角度给出的有关风险的概念不同，至今虽尚未统一，但其中为学术界和实务界较普遍接受的关于风险的概念，主要是风险就是与出现损失有关的不确定性，以及风险就是在给定情况下和特定时间内，可能发生的实际结果与预期之间的差异这样两种基本定义。

② 内涵与说明。据此可知，风险通常应具备不确定性和产生损失后果两方面的条件：风险是未来结果因其不确定性产生损失的可能性；风险与不确定因素的不确定性程度有关，也与收益函数的性质有关；风险所造成的损失主要有降低风险所需的开支、因考虑风险而失去的机会成本、为应对潜在损失而准备策略所需的成本、无法补偿的损失等。

（2）涉及风险的相关概念。

① 风险因素，即能产生或增加损失概率和损失程度的条件或因素，是风险事件发生的潜在原因，是造成损失的内在或直接的原因。此风险因素一般可分为自然风险因素、道德风险因素和心理风险因素三种。自然风险因素指诸如冰雪路面、汽车发动机性能不良或制动系统故障等均可能引发车祸而导致人员伤亡的有形并能直接导致某种风险的事物。道德风险因素指人的品质缺陷或欺诈等无形的、与人的品德修养有关的因素。心理风险因素指投保后疏于对损失的防范，自认为身强力壮而不注意健康等无形的、与人的心理状态有关的因素。

② 风险事件，指诸如失火、雷电、地震、偷盗、抢劫等能够造成损失的偶发事件，它是造成损失的外在原因或间接原因。

③ 损失（含直接损失、间接损失和隐蔽损失），特指非故意的、非计划的和非预期的经济价值的减少。实际上，在对损失后果进行分析时，重要的是要找出一切已经发生和可能发生的损失，尤其是对间接损失和隐蔽损失要进行深入分析；有些损失是长期起作用的，是难以在短期内弥补和扭转的，即使做不到定量分析，至少也要进行定性分析，以便对损失后果进行全面、客观的估计。

④ 损失机会，指损失出现的概率。一般可将概率分为两种：客观概率和主观概率，客观概率是某事件在长时期内发生的频率，即根据过去的统计资料的分析结果所得出的概率。客观概率的确定需要有足够多的统计资料。而主观概率则是个人对某事件发生可能性的主观估计。其结果受到诸如个人受教育的程度、专业知识水平、实践经验、年龄、性别、性格等许多因素的影响。故在采用主观概率分析时，应选择在某一特定事件方面专业知识水平较高、实践经验较为丰富的人来估计；在统计资料不够充分的情况下，以专家做出的主观概率代替客观概率是可行的，在必要时可综合多名专家的估计结果。

2. 关于不确定性与风险的关系

作为一个被人们广泛运用的概念，风险在经济活动中与不确定性既有联系又有区别。二者的关系可归纳为四个方面：①不确定性是风险的起因。②不确定性与风险相伴而生。③不确定性与风险有区别——不确定性的结果既可能优于预期，也可能低于预期。实际分析常将结果可能低于预期甚至遭受损失的情况归为"有风险"，或从是否得知发生的可能性来区分不确定性与风险，将不知发生的可能性称为不确定性，将已知发生的可能性称为有风险。④投资项目具有不确定性与风险——因在投资项目活动中客观存在着不以人们意志为转移的风险，即使在投资项目的决策分析与评价的全过程中已尽可能对基本方案的各方面做了详尽的研究，但由于预测结果的不确定性，项目经营的将来状况仍会与设想的状况发生偏离，项目实施后的实际结果可能与预测的基本方案结果产生偏差，致使实际结果低于预期，因此投资项目面临潜在风险。

3. 风险的表现形式与分类方法

按风险的后果、风险的产生原因、风险的影响范围等的不同，风险的表现形式通常可有以下四种分类方法。

（1）按风险造成的后果分类。只会造成损失而不会带来收益的纯风险和既可能造成损失也可能创造额外收益的投机风险。二者往往同时存在，且在相同的条件下，因纯风险重复出现的概率较大，表现出某种规律性，故人们可能较成功地预测其发生的概率，相对容易地采取防范措施。而投机风险则不同，其重复出现的概率较小，预测的准确性相对较差，也就较难防范。

（2）按风险产生的原因分类。

① 市场风险。因市场供需实际情况与预测值发生偏离或项目产品市场竞争力或竞争对手情况发生重大变化，或者项目产品和主要原材料的实际价格与预测价格发生较大偏离而产生。

② 资源风险。因资源开发项目中矿产资源的储量、品位、可采储量、工程量等与预测发生较大偏离，导致项目开采成本增加、产量降低或者开采期缩短的情况。

③ 技术风险。它又可进一步分为四类风险：A. 因项目采用技术（包括引进技术）的先进性、可靠性发生重大变化，导致生产能力利用率降低，生产成本增加情况的技术风险；B. 因工程地质条件和工期拖长等造成的工程风险；C. 因资金供应不足或来源中断导致项目持续

时间延长甚至被迫终止融资、使成本升高的资金风险；D. 政策风险，即国内外政治经济条件发生重大变化或政府政策做出重大调整使项目原定目标难以实现甚至无法实现的情况。

④ 外部协作条件风险。因社会条件、社会环境发生变化，给项目建设和运营带来损失的社会风险和其他风险。

（3）按风险影响范围的大小分类。①基本风险：作用于整个经济或大多数人群、具有普遍性的风险，如战争、自然灾害、高通货膨胀率等。②特殊风险：仅作用于某一特定单体（如个人或企业）、不具有普遍性的风险，如偷车、抢银行、房屋失火等。显然，基本风险的影响范围大，后果严重；特殊风险的影响范围小，虽就个体而言，其损失有时也相当大，但相对于整个经济和社会而言，其后果并不很严重。

（4）按其他方式分类。主要有三种情况：①按分析依据的不同，分为客观风险和主观风险；②按分布情况的不同，分为国别（地区）风险和行业风险；③按潜在损失形态的不同分为财产风险、人身风险和责任风险。

**4. 项目风险分析的作用与分析的基本方法**

（1）从作用上看，主要有四大基本作用：①可识别各种风险的存在；②揭示风险产生的来源；③可采取必要措施，对风险进行防范——它对于完善项目前期工作中的方案设计、降低投资项目风险可收到事半功倍的效果；④有助于加强信息反馈，为决策提供必要的依据。

（2）从方法上讲，通常有四种基本方法。

① 划分风险等级。按风险因素对投资项目影响程度和风险发生的可能性大小进行风险等级的划分。其中，主要有四种：A. 灾难性风险。风险发生的可能性很大，一旦发生将产生灾难性后果使项目无法进行。B. 严重风险。风险发生的可能性大，风险造成的损失大，使项目由可行变为不可行；或者风险发生后造成的损失严重，但其发生的概率很小，采取有效的防范措施，项目仍然可以正常实施的情况。C. 较大风险。风险发生的可能性较大，或发生后造成的损失较大，但造成的损失程度是项目可承受的情况。D. 一般风险。风险发生的可能性不大，或即使发生造成的损失也较小，不会影响项目可行性的情况。

② 进行风险评价估算，在实际分析时按项目具体情况和要求的不同，常选用的评估方法是简单估计法（含专家评估法、风险因素取值评定法和概率分析法）。

③ 风险防范对策，包括风险回避、风险控制、风险转移和风险自担四种规避措施。

④ 确定风险对策中需要注意的几个具体问题：A. 对策研究应贯穿决策分析与评价的全过程；B. 是项目有关各方的共同任务；C. 风险对策应具有针对性、可行性、经济性等。

**5. 项目不确定性与风险的概率分析方法**

风险的概率分析法，是使用概率来研究预测不确定因素和风险因素对项目经济性评价指标影响的一种定量分析方法。一般对大型的重要骨干项目，在经济效益分析时可从项目特点和实际需要出发，在有条件情况下进行概率分析。概率分析法通常采用期望值法和决策树法两种方法进行。

（1）期望值法。通常步骤是经由计算项目净现值的期望值及净现值大于或等于零时的累计概率；再通过蒙特卡洛（Monte-Carlo）模拟法测算项目分析评价指标（如内部收益率）的概率分布，来为项目决策提供依据。期望值法进行分析计算的一般步骤和基本公式是先确定一个或两个不确定因素或风险因素（如投资、收益）；再估算每个不确定因素可能出现的概率；这种估算需要借助历史统计资料和评价人员的丰富经验，以先验概率（各种数据可能出现的频率）为依据进行估计和推算；然后按下式计算变量的期望值：

$$E(x) = \sum_{i=1}^{n} X_i P_i = X_1 P_1 + X_2 P_2 + \cdots + X_n P_n ; \quad i = 1, 2, \cdots, n$$

式中，$E(x)$为变量$x$的期望值；$P_i = P(x_i)$为对应所出现变量$X_i$的概率值；$X_i$为随机变量的各种取值。

由上式可见，期望值实际上就是各种变量取值以其概率加权平均而得的数值。

最后计算用来衡量变量$X$的各值$X_i$与期望值的平均偏离程度的方差和均方差。

$$方差\, \sigma^2 = E[X_1 - E(X)]^2 + E[X_2 - E(X)]^2 + \cdots + E[X_n - E(X)]^2 = \sum_{i=1}^{n} P_i [X_i - E(X)]^2$$

$$均方差\, \sigma = \sqrt{\sum_{i=1}^{n} P_i [X_i - E(X)]^2}$$

（2）决策树法。该方法的名称是来自其分析问题时树状图形的直观运用概率分析的一种图解方法。通常，对某一决策点来说，其各个可行方案皆如树枝般表现在图上。决策树考察的方案都是相关的，也就是说，每个方案都分成许多阶段，后面阶段的损益状况完全依赖于前一阶段的状况，就像树枝一样出于同一根部又有许多分支。这种方法将方案的因果关系形象地表示出来，同时又可以将方案有关的概率、成本、收益等资料显示在图上，从而使决策的制定过程变成了像在树上剪枝一样简单明了，故又常常称为"剪枝法"。

决策树法主要用于对各方案的状态、概率和收益的情况进行比选，为决策者选择最优方案提供依据。决策树法特别适用于多阶段的决策分析。

### 链接——案例 12-6

K公司拟以25 000元的价格购置计算机一台，假设使用寿命为2年。项目第1年净现金流的三种估计是22 000元、18 000元和14 000元，概率分别为0.20、0.60和0.20；项目第2年净现金流的三种估计是28 000元、22 000元和16 000元，概率分别为0.15、0.70和0.15，折现率为10%。试问：该购置计算机项目是否可行？

作为简单的概率分析，我们来研究这个项目的净现值的期望值与方差情况。

（1）计算这两年净现金流量的期望值与方差。计算情况如表12-8和表12-9所示。其中，$y_1$和$y_2$表示第1年和第2年的净现金流量，它们都有三种出现的可能。

表12-8　净现金流量的期望值与方差的计算（一）

| 状态 | $y_1$ | 概率 $P_i$ | $E(y_1)$ | $y_1 - E(y_1)$ | $[y_1 - E(y_1)]^2$ | $E[y_1 - E(y_1)]^2$ |
|---|---|---|---|---|---|---|
| 好 | 22 000 | 0.20 | 4 400 | 4 000 | 16 000 000 | 3 200 000 |
| 一般 | 18 000 | 0.60 | 10 800 | 0 | 0 | 0 |
| 差 | 14 000 | 0.20 | 2 800 | -4 000 | 16 000 000 | 3 200 000 |
| 合计 |  |  | 18 000 | 0 | 32 000 000 | 6 400 000 |

表12-9　净现金流量的期望值与方差的计算（二）

| 状态 | $y_2$ | 概率 $P_i$ | $E(y_2)$ | $y_2 - E(y_2)$ | $[y_2 - E(y_2)]^2$ | $E[y_2 - E(y_2)]^2$ |
|---|---|---|---|---|---|---|
| 好 | 28 000 | 0.15 | 4 200 | 6 000 | 36 000 000 | 5 400 000 |
| 一般 | 22 000 | 0.70 | 15 400 | 0 | 0 | 0 |
| 差 | 16 000 | 0.15 | 2 400 | -6 000 | 36 000 000 | 5 400 000 |
| 合计 |  |  | 18 000 | 0 | 72 000 000 | 10 800 000 |

$$E(y_1) = 18\,000, \sigma_1^2 = 6\,400\,000, \sigma_1 = 2\,530$$

$$E(y_2) = 22\,000, \sigma_2^2 = 10\,800\,000, \sigma_2 = 3\,286$$

（2）计算项目净现值的期望值与方差。

$$E(\text{NPV}) = \frac{E(Y_1)}{(1+i)} + \frac{E(Y_2)}{(1+i)^2} - 25\,000 = \frac{18\,000}{1+0.1} + \frac{22\,000}{(1+0.1)^2} - 25\,000 = 9\,543 \text{（元）}$$

$$\sigma^2(\text{NPV}) = \frac{\sigma_1^2}{(1+i)^2} + \frac{\sigma_2^2}{(1+i)^4} + \frac{2\text{COV}(y_1, y_2)}{(1+i)^3}$$

$$= \frac{6\,400\,000}{(1+0.1)^2} + \frac{10\,800\,000}{(1+0.1)^4} + \frac{2 \times 19\,200\,000}{(1+0.1)^3} = 41\,501\,200$$

$$\text{均方差} \sigma = \sqrt{41\,501\,200} = 6\,442 \text{（元）}$$

所以，项目净现值取值的情况是 $9\,534 \pm 6\,442$，即波动范围在 $3\,092 \sim 15\,976$ 元，因为下限 $3\,092$ 大于零，故此判断购置计算机项目是可行的。

## 链接——案例 12-7

### 运用决策树进行新项目 M 两方案比选的过程

M 项目有两个预选方案 A 和 B，方案 A 需投资 500 万元，方案 B 需投资 300 万元，其使用年限均为 10 年。据估计，在此 10 年间产品销路好的可能性有 70%，销路差的可能性有 30%，设折现率 $i = 10\%$。由于采用的设备及其他条件不同，故 A、B 两方案的年收益也不同，其数据如表 12-10 所示。试对该项目各方案进行比选。

表 12-10 项目方案在不同状态下的年收益　　　　　　　　　　　　　单位：万元

| 自然状态 | 概率 | 方案A | 方案B |
|---|---|---|---|
| 销路好 | 0.7 | 150 | 100 |
| 销路差 | 0.3 | −50 | 10 |

解题分析的具体过程如下。

此例中只有一个决策点，两个可选方案，每个方案都会面临两种自然状态，故可画出如图 12-5 所示的决策树。

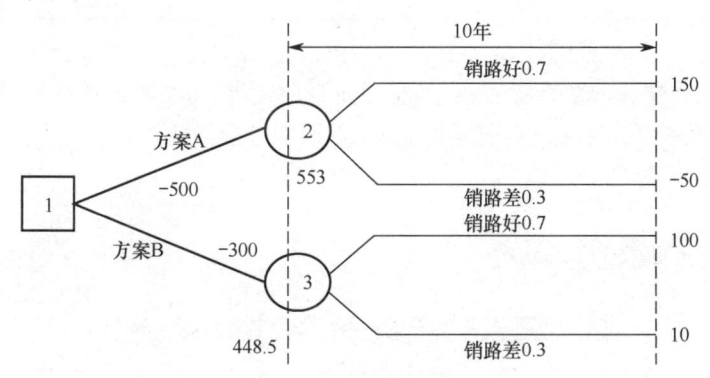

图 12-5 M 项目决策树

依照纵向准则，从左至右地给各节点编上序号之后，就可以计算各点的期望值：

节点②的期望值 $= 150(P/A, 10\%, 10) \times 0.7 + (-50)(P/A, 10\%, 10) \times 0.3$
$= (105 - 15) \times 6.144 \approx 553 \text{（万元）}$

节点③的期望值 $= 100(P/A, 10\%, 10) \times 0.7 + 10(P/A, 10\%, 10) \times 0.3$
$= (70 + 3) \times 6.144 \approx 448.5 \text{（万元）}$

方案 A 的净现值收益 = 553–500 = 53（万元）。
方案 B 的净现值收益 = 448.5–300 = 148.5（万元）。
显然，应选取方案 B。

### 链接——案例 12-8

#### 建设 W 厂所需投资还本期的概率分析应用实例

建设 W 厂有两个可供选择的方案，如表 12-11 所示。试用概率分析法求解 W 厂建设所需要投资的还本期情况。

表 12-11　W 厂建设的备选方案情况

| 序号 | 项目指标 | | 甲方案 | 乙方案 |
|---|---|---|---|---|
| 1 | 投入资金/万元 | | 1 000 | 900 |
| | 概率/% | | 40 | 60 |
| 2 | 年净现值收益 3～10 年/万元 | | 250 | 190 |
| | 概率/% | | 30 | 70 |

解题分析的具体过程如下。

（1）确定两个因素：投入资金和每年净现值收益。

（2）确定已知的主观概率，投入资金甲、乙两方案的概率分别为 40% 和 60%，年净现值收益各为 30% 和 70%。

（3）按各方案出现的概率计算期望值，如表 12-12 所示。

表 12-12　计算各方案的概率期望值

| 序号 | 项目指标 | | 方案概率 | 估计值 | 预期值 |
|---|---|---|---|---|---|
| 1 | 投入资金/万元 | 甲方案 | 1 000×0.4 | 400 | 940 |
| | | 乙方案 | 900×0.6 | 540 | |
| 2 | 年净现值收益/万元 | | | | |
| | 3～10 年 | 甲方案 | 250×0.3 | 75 | 208 |
| | | 乙方案 | 190×0.7 | 133 | |

（4）计算投资返本期。

投资返本期的期望值 = 940÷208 ≈ 4.5（年）（不含建设期）

（5）对方案的评价。通过概率分析计算结果，该项目贷款使用的建设资金，最大可能在项目投产后 4.5 年左右偿还。

### 链接——案例 12-9

#### 华中市宜居房地产项目不确定性与风险分析

**1. 项目背景**

（1）地理位置。该房地产项目位于中华路与华东大道交汇处。北临宜居公司新住宅区，南临华东大道，西接中华路。项目地块紧邻新和公园，具有较好的自然环境优势，同时距离华中市的商业中心只有约 2km 的路程，具有较好的商业价值。

（2）经济技术指标。

① 预计规划占地面积：7 000m$^2$。

② 总建筑面积：25 000m²，其中，居住用房为 20 050m²，商业用房为 4 950m²，停车位有 50 个。
③ 容积率：3.6，楼层为 12，建筑密度为 35%。
④ 绿化率：30%。
⑤ 项目单方成本：3 137 元/平方米。
⑥ 项目总成本：7 843 万元。
⑦ 项目销售价格预估。住宅部分：结合项目周边在售项目的情况和项目自身的优劣势，估计住宅销售价格为 3 400 元/平方米；商业部分：一层为 7 000 元/平方米，二层、三层为 4 000 元/平方米。加权平均价格为 3 717 元/平方米。
⑧ 项目销售收入：9 293 万元。
⑨ 税前利润：1 450 万元。
⑩ 税后利润：971 万元。
⑪ 税后利润率：12%。

## 2. 敏感性分析

该项目的不确定性主要来自利润、销售价格和销售成本三个主要因素。对项目销售利润指标进行单因素敏感性分析，分别取变化率为±5%和±10%。

固定成本，要分析价格的变动对利润的影响，按照建造面积确定有关住宅、一层商铺、二层商铺、三层商铺的面积比例为 18 800∶1 166.7∶1 166.7∶1 166.7，即 16.11∶1∶1∶1，它们的销售单价分别为 3 400 元/平方米、7 000 元/平方米、4 000 元/平方米，则平均单价为 3 651.14 元/平方米。虽然销售价格的变化会导致销售费用、销售税金等的影响，但是它们毕竟是很小的一部分，因此先忽略，假设销售价格与成本是相互独立的。另外，仅考虑住宅的价格变动，不考虑商铺价格变动对销售量的影响。此时（在 3 716.8 元/平方米点处）因成本或售价带来价格变动的敏感性分析如表 12-13 所示。

表 12-13　价格变动的敏感性分析

| 变动原因（原始值） | 变动幅度 ||||| 
| --- | --- | --- | --- | --- | --- |
| | −10% | −5% | 基本方案 | 5% | 10% |
| 成本（3 716.8 元/平方米） | −54.22% | −27.11% | 0 | 27.11% | 54.22% |

显然，价格的变动对利润的影响很大：在销售过程中，提价将获得更多的销售收入，降价将会导致更大的损失。因此，要加强价格的控制。当市场行情较好，客户对该房地产的产品看好时，可以适当提高销售价格。

当价格固定时，分析成本对利润的变化。在整个开发建设过程中，鉴于建设期的长短、拆迁成本的影响、工程合同索赔、不可预见费等因素将会影响整个成本的变化，因此分析成本对利润的敏感性具有实际意义。

成本变动（在 3 716.8 元/平方米点处）的敏感性分析如表 12-14 所示。

表 12-14　成本变动的敏感性分析

| 变动原因（原始值） | 变动幅度 ||||| 
| --- | --- | --- | --- | --- | --- |
| | −10% | −5% | 基本方案 | 5% | 10% |
| 销售价格（3 716.8 元/平方米） | 59.06% | 29.53% | 0 | −29.53% | −59.06% |

很明显，成本的变动对利润的影响很大：在开发过程中，若能缩短建设期、降低拆迁成本的影响、减少工程合同索赔费将会使利润得到很大幅度的提高。因此，要加强对成本的控制。

销售价格、成本对利润的敏感性分析如图 12-6 所示。

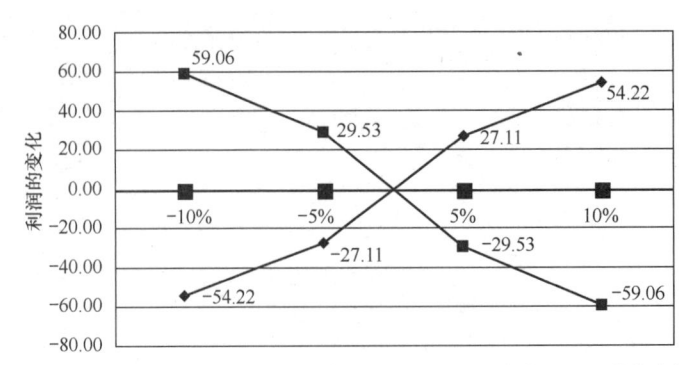

```
                80.00
                60.00    59.06
利                                                    54.22
润   40.00
的           29.53
变   20.00                      27.11
化    0.00
         -10%    -5%    5%    10%
       -20.00
              -27.11   -29.53
       -40.00
       -60.00  -54.22            -59.06
       -80.00
```

→ 成本导致的利润的变化；  ■ 销售价格导致的利润的变化；  ■ 价格的变化

注：–59.06、–29.53、54.22 表示利润变化率为–59.06%、–29.53%、54.22%。

**图 12-6　销售价格、成本对利润的敏感性分析**

通过敏感性分析可知，项目的销售价格和成本对利润的影响较大，如何把握市场行情，适当提高销售价格对项目有利，但是与此同时面临着很多风险；另外，成本的有效控制将对整个项目的盈利状况大有提高。

### 3. 盈亏平衡分析

根据该项目固有的特点，将项目的各种建造成本、费用等经计算后，做如下分类。

（1）固定成本（$F$）包括土地成本、前期工程费用、基础设施费用，合计 3 217 万元。

（2）单位面积可变成本（$V$）包括建安工程费、公共设施配套费、规划费、不可预见费、管理费、销售费、物业维修基金、建设期利息，合计 1 309.62 元/平方米。

（3）税收（$T$）主要是销售税费 188.90 元/平方米。

（4）住宅价格（$P$）为 3 400 元/平方米。

（5）达到盈亏平衡点的面积（$Q^*$）为 16 917m$^2$（该面积数量表明只要卖出的住宅面积为 16 917m$^2$，即可达到盈亏平衡——保本的目的）。

### 4. 风险分析

（1）风险识别因素。项目风险分析贯穿于项目建设和生产运营的全过程。该项目在可行性分析阶段应着重识别以下风险。

① 市场风险。市场风险一般来自三个方面：一是市场供需实际情况与预测值发生偏离；二是项目产品市场竞争力或者竞争对手情况发生重大变化；三是项目产品和主要原材料的实际价格与预测价格发生较大偏离。该项目的住宅小区定位为中高档，它所面对的目标顾客是居民人数比例较小的高收入阶层。他们要求的小区不仅仅满足最基本的居住需求，而是具有较高居住品位、体现对人的关怀和尊重的现代居住社区。这就产生了两个方面的要求：一方面，在项目设计中，如何精雕、细刻，使得未来开发的产品能符合这些目标顾客的要求；另一方面，如何在广大的市场与顾客面前展现该物业与众不同的魅力和优势。

② 工程风险。工程地质条件、水文地质条件与预测发生变化，导致工程量增加、投资增加、工期拖长。该项目的地质、地形经认真、仔细考察，已基本确定。由于地段曾经是 YJ 湖的一部分，地块地质较松软，所选空地有一部分为空洼地带，但无严重不良地段，不属于滑坡区和泥石流区。经严格的工程分析，在施工阶段可确保安全性。

③ 资金风险。资金供应不足或者来源中断导致项目工期拖期甚至被迫终止；利率、汇率变化导致融资成本升高。通常，该项目的可用资金，一般不存在风险；政府财政性拨款的风险也

较小；贷款的事项需按照有关规定办理。

④ 政策风险。政策风险主要指国内外经济条件发生重大变化或者政府政策做出重大调整，项目原定目标难以实现甚至无法实现。有目共睹，现在国内经济形势日益良好，这对广大开发商来说正是大好机会，但是仍要关注国家的宏观调控政策及地方政府的相应规章的出台。

⑤ 其他风险。还要考虑除以上四个风险之外的其他风险，如资源风险、社会风险、外部协作条件风险等。某些风险在该项目中虽不是重点，但要考虑其突发性。

（2）风险分析方法。在这里采用专家分析法进行风险分析。首先请各位专家凭借经验独立对各类风险因素的风险程度做出判断，然后将每位专家的意见归集起来进行分析。

我们将风险分为：①灾难性风险。风险发生的可能性很大，一旦发生将产生灾难性后果，项目无法承受。②严重风险。这有两种情况，一是风险发生的可能性大，风险造成的损失大，使项目由可行变为不可行；二是风险发生后造成的损失严重，但是风险发生的概率很小，采取有效的防范措施，项目仍然可以正常实施。③较大风险。风险发生的可能性较大，或者发生后造成的损失较大，但造成的损失程度是项目可以承受的。④一般风险。风险发生的可能性不大，或者即使发生，造成的损失较小，一般不影响项目的可行性。

风险因素和风险程度分析如表 12-15 所示。

表 12-15　风险因素和风险程度分析

| 序号 | 风险因素名称 | 灾难性 | 严重 | 较大 | 一般 | 说明 |
|---|---|---|---|---|---|---|
| 1 | 市场风险 | | | | | |
| 1.1 | 　市场需求量 | *** | | | | |
| 1.2 | 　竞争能力 | | | *** | | |
| 1.3 | 　价格 | | | *** | | |
| 2 | 工程风险 | | | | | |
| 2.1 | 　工程地质 | | *** | | | |
| 2.2 | 　水文地质 | | | *** | | |
| 2.3 | 　工程量 | | | | *** | |
| 3 | 资金风险 | | | | | |
| 3.1 | 　利率 | | | | *** | |
| 3.2 | 　资金来源中断 | | | *** | | |
| 3.3 | 　资金供应不足 | | *** | | | |
| 4 | 政策风险 | | | | | |
| 4.1 | 　政治条件变化 | | | *** | | |
| 4.2 | 　经济条件变化 | | *** | | | |
| 4.3 | 　政策调整 | | | *** | | |
| 5 | 其他风险 | | | | *** | |

注：*表示风险程度大小。

（3）风险防范措施。风险分析的目的是研究如何降低风险程度或者规避风险，减少风险损失。在预测主要风险因素及其风险程度后，应该根据不同风险因素提出相应的规避和防范对策，以期减小可能的损失。这包括风险投资的风险回避、风险转移、风险分散和损失控制。

# 第13章 工程投资项目多方案比选与项目的总评价分析和决策

**【本章提示】** 本章综合前面各章所述的基本内容，就投资项目可行性分析中达到目标的各方案自身及其间的经济性分析与选优评价问题——涉及项目多方案的比选原则、内容、思路与方法和技巧等，结合项目最后的综合分析与评价——总评价和决策的要求，从理论综述到案例做了突出重点、针对性较强的具体介绍和说明。其目的是进一步加深读者对项目可行性分析的认识，提高项目综合分析运用与决策的能力。

## 【本章理论要点综述】

### 1. 相关的基本概念

（1）方案及其作用。一个项目所具有的能够达成同一目的的各种不同的途径、方法或渠道和手段等常称为项目的方案。作为寻求合理的建设和技术方案的必要手段和项目经济性分析的重要组成部分，对投资方案进行的比较和选择，其目的除通过各种可供选择的技术方案和建设条件的技术经济过程的分析与评价，以比较和筛选最佳经济方案纳入项目可行性分析报告外，就是要分析判断项目总体建设方案的最佳经济效果并做出最终的有益性分析评价，选出投资效益最佳的总体建设方案纳入可行性分析报告部分，这是项目可行性分析与评价中决定投资命运选择决策阶段的关键依据所在。

（2）决策的概念及其基本原理。决策是项目在进行多方案比选后，作为对符合一定标准的满意或最佳方案做出的最后取舍。能够有效进行决策的投资项目多方案比较分析评价的基本原理主要有两个——比较原理和选优原理。

① 比较原理中"比较"的概念。它是指项目单方案内或多方案间进行科学比较的原则。它要求对相互可替代方案的选择，要不漏、不多和选准，能够实事求是地反映事物的本质，比选过程必须遵循可比性的原则，对有差别的单方案内或多方案间一些不能够直接对比的指标，要做计算修正的价值等同化过程的可比性处理，从而达到单方案内或多方案间具备四个基本的可比原则。

② 可比的四项基本原则：满足在需求上的可比、在消耗费用上的可比、在价格上的可比和在时间上的可比——时间上应基于同一时点方可比较的条件。

通常，各类投资方案的经济效果往往就是进行方案比选的主要依据，其步骤是按照先做绝对效果检验，再做相对效果检验的思路顺序进行。

③ 多方案比选过程应注意正确处理好的三个关系。A. 企业微观财务分析与国民经济宏

观分析之间的关系（见表9-1），分析时应将两者结合起来进行且以国民经济宏观分析的结论（若进行了该项分析）为主做出取舍；B. 单方案绝对经济效果检验与多方案相对经济效果检验之间的关系（见表13-1），分析时应把两者结合起来且以相对经济效果检验效果为主；C. 静态经济分析与动态经济分析之间的关系（见表13-1），分析时应把两者结合起来且以动态经济分析为主。

表13-1　不同情况下项目方案各经济分析间的相互关系

| 情况 | 对单方案或多方案间经济效益的分析评价 ||| 考虑资金时间价值与否的分析评价 |||
|---|---|---|---|---|---|---|
| | 绝对经济效果检验 | 相对经济效果检验 | 总的分析评价结论 | 静态经济分析 | 动态经济分析 | 总的分析评价结论 |
| 1 | 可行 | 可行 | 可行 | 可行 | 可行 | 可行 |
| 2 | 不可行 | 不可行 | 不可行 | 不可行 | 不可行 | 不可行 |
| 3 | 可行 | 不可行 | 不可行 | 可行 | 不可行 | 不可行 |
| 4 | 不可行 | 不可行 | 视具体情况而定 | 不可行 | 不可行 | 可行 |

④ 选优原理的基本原则及做出取舍时应考虑的内在关系。所谓选优是根据可行性、效益性、改善性与战略性的四项优选原则，就如何正确处理好四项关系所提出的具体要求。

选优通常需处理好的关系主要有如下四大类。

A. 局部最优与全局最优的关系。在局部最优的基础上，应协调好两者既有一致性也有不一致性、数量上既有叠加性也有非叠加性的情况。

B. 静态最优与动态最优的关系。在不考虑资金时间价值条件下，选出的静态最优往往不一定是最优，两者评价结果不同时应以动态最优的结果为准。

C. 单目标最优与多目标最优的关系。实际分析时因两者的优化方法不同，常把多目标通过一定的手段转变为一个假定的单目标后再优化，当出现优化结果不一致时常以比单目标优化更全面的多目标优化结果为准。

D. 最优方案与满意方案之间的关系。选优本应选出的是最佳，但因实际情况的复杂与其他各种条件的约束性会使最终选择的往往只能是满意方案而非最优方案，这是更符合实情的评价分析结果。

**2. 投资方案比选决策的基本判断原则与具体方法**

（1）对项目现金流量的经济性做多方案比选时，一般应进行绝对或相对效果的检验分析评价。

① 对单方案项目而言，仅需满足绝对效果检验标准即可，一般使用较多的是净现值法和净年值法。这是依据净现值或净年值指标在经济上是否有利的标准来进行取舍的决策方法。对单方案项目只需要做绝对效果检验，即接受指标值大于或等于零的项目方案；反之均应拒绝。

② 对多方案进行比选时，当互斥方案的生命周期相等时，要通过如下两步骤才能做出取舍：A. 在每个单方案已通过绝对效果检验（含去未通过的方案）时，通常选择指标值大于等于零的方案；B. 做相对效果检验时，选择指标值最大的方案为最优。

③ 单方案与多单方案所使用的绝对或相对效果检验分析的内在关系。两者的区别在于前者给出了项目方案生命周期内取得的超出目标盈利的余额收益现值，而后者给出的则是项目方案生命周期内每年的平均（等额）余额收益。

（2）具体情况的操作方法。

① 在考虑资金有无约束条件的分析时，主要有如下四种方法。

A. 若有明显资金限制情况下最宜采用的多方案简便比选方法是净现值率法。因该法的核心指标——净现值率，也叫净现值指数，是反映单位投资所能获得超额收益的方案净现值与方案投资总额的现值的比率。故用此指标进行多方案比选时，其判则与净现值法相同，但有效地弥补了净现值法不能准确反映方案投资利用效率高低的不足。

B. 若使用动（静）态投资回收期指标进行分析，其判则均要求做比较时应小于或最多等于基准的动（静）态投资回收期，项目可行；否则就不经济了。

C. 对于使用最小费用法（费用现值或费用年值法）进行比选的情况，应始终坚持费用最小的方案为最优的原则。

D. 差额投资内部收益率法。对多方案项目通常仅可只选其一的互斥方案比选时，常用差额投资内部收益率法进行评价，以避免直接采用受现金流量分布影响大的内部收益率法比选时，有可能导致与使用净现值法或净年值法比选后得出不同结论的情况发生。其判据要求是：在淘汰单方案内部收益率小于基准收益率的方案后，先分别两两计算出方案间的差额投资内部收益率（$\Delta IRR$）后，将求得的指标值按大小排序再与基准收益率（$i_c$ 或 $i_0$）做比较。在 $\Delta IRR > i_c$ 或 $i_0$ 时，选择和保留投资额大的方案为最优（大者最大）；在 $\Delta IRR \leqslant i_c$ 或 $i_0$ 时，选择和保留投资额小的方案为最优（小者最小）。

② 一些特殊情况的比选方法。

A. 在对投资方案比选方法的选择上，除上述一般方法外，还应注意如下两种情况的分析：不同方案间的计算期（应换算到相同时点或时段上进行比选）；产出效益与产品产量的一致性等实际情况。

B. 具体比选时，重点应把握好对产量不同的多方案可比性处理和质量不同的多方案可比性处理：在产量差别不大的多方案间比选时，必须把投资额和年经营费用的绝对值换算为相对值，即转化为单位产品投资额和单位产品年经营费用后才能直接相比；在产量差别显著的多方案间比选时，应使用价值等同化（做资金时间价值的等值换算后）进行折算处理；至于质量不同方案间的比选，则往往要进行使用效果系数的修正。

（3）项目总评价，即项目方案的综合分析评价。这是项目可行性分析全过程的最后一个阶段，是对拟建项目进行分项分析后就各单项评价结果所做系统分析研究的总结，是项目全部分析评价工作结束前作为综合评价分析的最后一个环节。它要求从总体上判断项目建设的必要性、技术的先进性、财务和经济的可行性，进而提出结论性意见和建议。

### 3. 项目各分项分析的结论与项目决策

（1）项目各分项分析的结论一般会出现两种情况。

① 各分项分析的结论一致，即其结论都认为项目是可行的或不可行的。

② 各分项分析的结论相反或具有一定的差异，即有的分项分析的结论认为项目是可行的，而有的分项分析的结论则认为项目是不可行的，这种"可行"与"不可行"在程度上往往有一定的差异，最终应通过综合分析做出单一可行与否的结论。

（2）项目总评价的综合结论要求。

① 在内容上的一般要求。应对项目分析评价过程中重大方案的选择和推荐意见、项目建设方案的企业财务效益和国民经济效益、不确定因素对项目经济效益的影响及项目投资的风险程度、项目中非数量化的社会效果等进行综述，并指出项目分析评价中存在的问题、提出有关的建议。

② 具体表述应包括必要性分析结论，项目产品市场分析结论，建设条件和生产条件分析结论，技术分析结论，以及财务、经济可行性分析结论等。

（3）项目总分析评价与决策。

## 第13章 工程投资项目多方案比选与项目的总评价分析和决策

① 项目总分析评价时一般遵循如图 13-1 所示的基本流程。

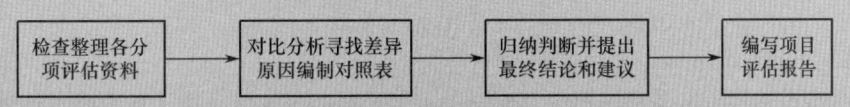

检查整理各分项评估资料 → 对比分析寻找差异原因编制对照表 → 归纳判断并提出最终结论和建议 → 编写项目评估报告

图 13-1　项目总分析评价的基本流程

② 编写项目评价报告的具体四大要求：结论要科学可靠；建议要能明确说明项目初步可行或不可行；对关键内容做重点分析；语言要简明精练。

③ 决策的一般概念与方法。

A. 决策的一般概念与内涵。决策是在投资项目分析中主要用于判断投资建设方案的优劣及取舍的选定，是依据大量的可行性分析资料，运用科学的方法，进行正确的估算和判断，选出最优投资建设方案的过程。因此，项目的投资决策是指项目投资者为了实现预期的投资效果目标，采用一定的理论、方法和手段，对若干个可行性项目实施方案进行研究论述，从中选出最为满意的项目实施方案的过程。

B. 多目标决策的概念及其一般方法分类。多目标决策是工程项目及其管理中普遍存在的决策问题。多目标决策的过程是指采用一种规范的方法去求解一个多目标决策问题的全过程。多目标决策方法通常可分为连续决策技术和离散决策技术；其中，连续决策技术主要有加权法、综合法和目标规划法等；离散决策技术主要有线性加权法、逼近于理想解的排序方法、层次分析法等。

本章通过具体案例重点介绍了其中可用于多方案选择、多方案评价、科研选题等多个方面的几种常用方法，包括层次分析法在内的应用情况。

### 链接——案例 13-1

#### R 项目厂址方案的现金流量法优选过程

对 R 项目的投资，计划有三个厂址选择方案，每个选址方案的财务现金流量情况如表 13-2 所示。假定项目所在行业的基准收益率为 15%，试用净现值法、净年值法和净现值率法进行各厂址方案的比选和选择最优的厂址方案。

表 13-2　各选址方案财务现金流量　　　　　　　　　　　　　　　　　单位：万元

| 选址方案 | 建设期 |  | 生产期 |  |  |
|---|---|---|---|---|---|
|  | 1 | 2 | 3 | 4～15 | 16 |
| A | -2 024 | -2 800 | 500 | 1 100 | 2 100 |
| B | -2 800 | -3 000 | 570 | 1 310 | 2 300 |
| C | -1 500 | -200 | 300 | 700 | 1 300 |

使用各种不同方法解题的具体过程如下所述。

（1）方法一：净现值法。按行业基准收益率 15% 计算的各方案净现值为：

A 方案：$FNPV_A = 582.5$（万元）

B 方案：$FNPV_B = 586.0$（万元）

C 方案：$FNPV_C = 14.3$（万元）

计算结果表明 B 方案的财务净现值最高，故 B 是最优方案。

（2）方法二：净年值法。从复利系数表查得 $(A/P, 15\%, 16) = 0.168$，再根据前述的计算结果，按净年值法可计算各方案的净年值为：

A 方案：$NAV_A = 582.5 \times 0.168 \approx 97.9$（万元）
B 方案：$NAV_B = 586.0 \times 0.168 \approx 98.5$（万元）
C 方案：$NAV_C = 14.3 \times 0.168 \approx 2.4$（万元）

计算结果表明方法二与方法一的结论一致，这说明在仅考虑项目方案现金流量而非单位现金投资效益的情况下，因 B 方案的净年值最高，故 B 方案应为最优厂址选择方案。

（3）方法三：用净现值率法进行方案比较并选择最优厂址方案。

首先按 15% 的基准收益率，计算各方案的投资现值为：

A 方案：$I_{PA} = 2\,024 \times 0.870 + 2\,800 \times 0.756 = 3\,877.68$（万元）
B 方案：$I_{PB} = 2\,800 \times 0.870 + 3\,000 \times 0.756 = 4\,704$（万元）
C 方案：$I_{PC} = 1\,500 \times 0.870 + 200 \times 0.756 = 1\,456.2$（万元）

根据前面计算得出的各方案财务净现值，便可计算各方案的净现值率为：

A 方案：$FNPVR_A = \dfrac{NPV_A}{I_{PA}} = \dfrac{582.5}{3\,877.68} \approx 0.15$

B 方案：$FNPVR_B = \dfrac{NPV_B}{I_{PB}} = \dfrac{586.0}{4\,704} \approx 0.125$

C 方案：$FNPVR_C = \dfrac{NPV_C}{I_{PC}} = \dfrac{14.3}{1\,456.2} \approx 0.009\,8$

计算结果表明，A 方案的财务净现值率最大，在考虑单位投资效益的情况下，应是最优厂址选择方案。

**【案例点评】** 上述案例中使用方法一和方法二获得的比选结果完全一致，却与方法三的结论相反，这看上去似乎很矛盾，甚至无法做出取舍，但若要考虑单位投资效益的情况就能够较容易地做出判断了。仅从项目总体现金流量的经济性看，B 方案无疑是最佳的，但若考虑单个方案的投资收益，A 方案的情况因为最好而会超过 B 方案成为首选。出现此种情况的原因在于前两种方案仅是从现金总流量的情况出发考虑收益最佳获得的比选结果，而后者则是从投资利用效率分析得出的结论，因此能弥补净现（年）值法未准确反映方案投资利用效率高低的不足。这是该案例需要特别加以说明的，也是此类用现金流量方法进行方案比选时应特别注意的地方。

### 链接——案例 13-2

#### 有资金约束的多方案比选案例

现有八个独立备选方案需要进行分析，其投资现值、净现值的情况如表 13-3 所示。试回答：

表 13-3　各方案的投资现值和净现值　　　　　　　　　　　　　　　单位：万元

| 指标 | 方案 |  |  |  |  |  |  |  |
|---|---|---|---|---|---|---|---|---|
|  | A | B | C | D | E | F | G | H |
| $I_P$ | 50 | 60 | 70 | 80 | 90 | 100 | 110 | 120 |
| NPV | −10 | 30 | 56 | 72 | 63 | 60 | 44 | −12 |

① 若可利用资金限额为 240 万元，应选择哪些方案？
② 若可利用资金限额为 300 万元，应选择哪些方案？
③ 若可利用资金限额为 450 万元，应选择哪些方案？

解题过程应分三步进行。

第一步，做经济性绝对效果检验——剔除无资格（不合格）的方案。方案 A 和方案 H 的净现值小于零（负值）。

第二步，进行相对效果检验——先计算有资格（合格）多方案的净现值率：
$NPVR_B=0.5$；$NPVR_C=0.8$；$NPVR_D=0.9$；$NPVR_E=0.7$；$NPVR_F=0.6$；$NPVR_G=0.4$。

第三步，再按净现值率大小排序 D、C、E、F、B、G，并做方案优劣的顺序图，如图 13-2 所示。

第四步，选择方案优化组合：

（1）根据条件①，方案的优化组合为 D、C、E，投资额正好为 240 万元，符合资金约束条件。

（2）根据条件②，可以选择方案 D、C、E，投资额为 240 万元，剩余 60 万元不够方案 F 投资之用，由于项目的不可分性，不能选 F 方案，而可选择 B 方案，其投资额刚好为 60 万元，这样资金全部用完，故最佳方案组合为 D、C、E、B。

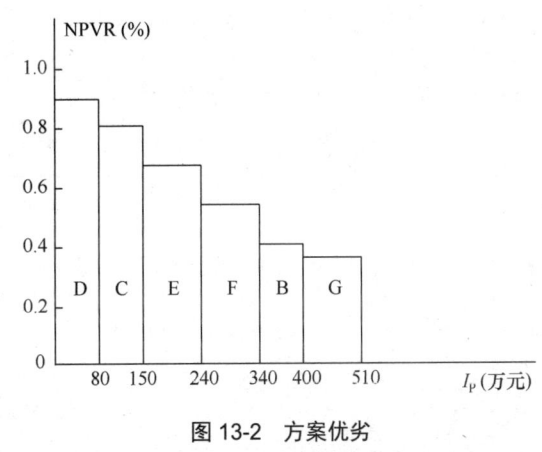

图 13-2 方案优劣

（3）根据条件③，可以选择 D、C、E、F、B 方案，还剩余 50 万元，不够方案 G 投资之用，又不能选净现值小于零的 A 方案，只能选择 D、C、E、F、B 为最优方案组合，所剩余资金应投资于任何可能达到基准收益率的项目。

### 链接——案例 13-3

#### 用层次分析法对两种代替轮渡过河运输的方案进行项目决策

江东地区拟改善一条河道的过河运输条件，为此要确定是否需兴建桥梁或隧道以代替现存的轮渡。现有三个决策方案可供选择：桥梁 $A_1$、隧道 $A_2$、轮渡 $A_3$。试作为投资决策者从中选择最优决策方案。

具体的解题分析过程如下。

（1）在进行综合分析评价时，先将各影响决策的因素列出并做分层归类。为此，拟考虑过河的效益 $E_1$ 与代价 $E_2$，其影响因素主要为经济的、社会的、环境的，故可画出系统的层次结构，如图 13-3 所示。

（2）由图 13-3 可知，系统分为 3 层：第 1 层有 6 个基本单元系统，第 2 层有 2 个单元系统，第 3 层（最高层）仅有 1 个单元系统。求解最优决策应从第 1 层开始，再进行第 2 层，最后到第 3 层，可解得最优决策。

① 确定第 1 层中 3 个效益基本单位 $B_1$、$B_2$、$B_3$。现以经济效益基本单元系统 $B_1$ 为例做一个说明。$B_1$ 考虑 5 个目标：节省时间 $C_1$，收入 $C_2$，岸间商业 $C_3$，当地商业 $C_4$，建筑就业 $C_5$。

先对 $C_1$ 给出桥梁 $A_1$、隧道 $A_2$、轮渡 $A_3$ 三个决策（$m=3$）做关于模糊特性 $\beta$——优越性 $m \cdot (m-1) \div 2$ 次的二元对比。对比结果为，对于节省时间这一目标，桥梁 $A_1$ 决策比隧道 $A_2$ 决策、轮渡 $A_3$ 决策重要，而隧道 $A_2$ 决策比轮渡 $A_3$ 决策重要，则得指标集 $C_1$ 二元对比重要性排序的标度矩阵：

$$E_{C_1} = \begin{pmatrix} 0.5 & 1 & 1 \\ 0 & 0.5 & 1 \\ 0 & 0 & 0.5 \end{pmatrix} \begin{matrix} 2.5 \\ 1.5 \\ 0.5 \end{matrix}$$

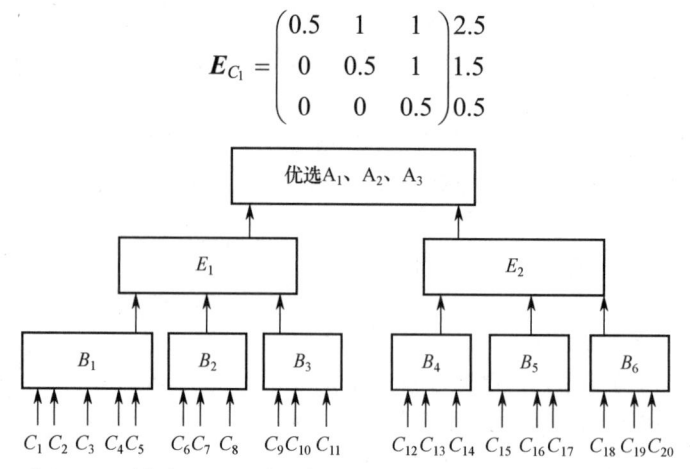

注：$C_1$—节省时间；$C_2$—收入；$C_3$—岸间商业；$C_4$—当地商业；$C_5$—建筑就业；$C_6$—安全可靠；$C_7$—交往沟通；$C_8$—自豪感；$C_9$—舒适；$C_{10}$—进出方便；$C_{11}$—美化；$C_{12}$—投入资金；$C_{13}$—操作维护；$C_{14}$—冲击渡船业；$C_{15}$—冲击生活方式；$C_{16}$—交通拥挤；$C_{17}$—居民搬迁；$C_{18}$—汽车排放物；$C_{19}$—对水的污染；$C_{20}$—对生态的破坏；$B_1$—经济效益；$B_2$—社会效益；$B_3$—环境效益；$B_4$—经济代价；$B_5$—社会代价；$B_6$—环境代价；$E_1$—过河效益；$E_2$—过河代价；$A_1$—桥梁；$A_2$—隧道；$A_3$—轮渡。

**图 13-3　综合评价用系统的层次结构**

可检验矩阵量 $E_{C_1}$ 为排序一致性矩阵。由此得到三个决策关于优越性的排序：$A_1$、$A_2$、$A_3$。就节省时间 $C_1$ 而言，考虑到桥梁 $A_1$ 比隧道 $A_2$ 略为优越，通过项目总分析评价中指标权重确定方法（熵值法），可得隶属度值 $\psi_{12}=0.6$；对 $C_1$ 来讲，桥梁 $A_1$ 极其优越于轮渡 $A_3$，而得 $\psi_{13}=0.111$，$\psi_{11}=1$，故就节省时间目标 $C_1$ 而言，$A_1$、$A_2$、$A_3$ 三个决策对优的相对隶属度向量（$\psi_{ij}$ 相当于 $r_{ij}$）为：

$$r_{C_1}=r_1=(1, 0.6, 0.111)$$

对目标 $C_2$、$C_3$、$C_4$、$C_5$ 进行类似的解算，分别得到：

$$r_{C_2}=r_2=(0.6, 1, 0.081)$$
$$r_{C_3}=r_3=(1, 0.379, 0.081)$$
$$r_{C_4}=r_4=(1, 1, 0.176)$$
$$r_{C_5}=r_5=(0.739, 1, 0.081)$$

则经济效益基本单元系统的 3 个决策、5 个目标对优的相对隶属度矩阵为：

$$R_{B_1}=R_{ij}=\begin{pmatrix} 1 & 0.6 & 0.111 \\ 0.6 & 1 & 0.081 \\ 1 & 0.379 & 0.081 \\ 1 & 1 & 0.176 \\ 0.739 & 1 & 0.081 \end{pmatrix}$$

现在来确定 $B_1$ 中 5 个目标的权向量。对 $B_1$ 给出 $C_1$、$C_2$、$C_3$、$C_4$、$C_5$ 共 5 个目标（$n=5$）关于模糊性 $\beta$——重要性 $n(n-1)\div 2=10$ 次的二元对比，得标度矩阵：

$$E_{B_1}=\begin{pmatrix} 0.5 & 0 & 0 & 0 & 0 \\ 1 & 0.5 & 0 & 0 & 0 \\ 1 & 1 & 0.5 & 0 & 1 \\ 1 & 1 & 1 & 0.5 & 0 \\ 1 & 1 & 0 & 1 & 0.5 \end{pmatrix}\begin{matrix} 0.5 \\ 1.5 \\ 3.5 \\ 3.5 \\ 3.5 \end{matrix}$$

根据各行之和得不到目标关于重要性的排序，对上述矩阵进行一致性检查，易知在矩阵第

3 行给出的 $e_{34}=0<1=e_{35}$；而在第 4、5 行中却有 $e_{45}=0<1=e_{54}$，不满足矩阵 $E$ 为排序一致性的第 2 个条件。为此对上述矩阵进行修正，即再考虑 $e_{34}$、$e_{35}$、$e_{45}$ 的取值。经慎重考虑将 $e_{34}$ 改为 1，得修正后的标度矩阵为：

$$E_{B_1}=\begin{pmatrix} 0.5 & 0 & 0 & 0 & 0 & 0.5 \\ 1 & 0.5 & 0 & 0 & 0 & 1.5 \\ 1 & 1 & 0.5 & 1 & 1 & 4.5 \\ 1 & 1 & 0 & 0.5 & 0 & 2.5 \\ 1 & 1 & 0 & 1 & 0.5 & 3.5 \end{pmatrix}$$

得到关于 5 个目标重要性的排序为 $C_3$、$C_5$、$C_4$、$C_2$、$C_1$。就经济效益 $B_1$ 而言，考虑商业目标 $C_3$ 比建筑就业目标 $C_5$ 明显重要，$C_3$ 比当地商业目标 $C_4$ 非常重要，$C_3$ 比收入目标 $C_2$ 非常重要，$C_3$ 比节省时间目标 $C_1$ 极端重要。根据项目总分析评价中对定性指标量化（标准化）的处理表可查得 $\beta_{35}=0.429$，$\beta_{34}=0.212$，$\beta_{32}=0.176$，$\beta_{31}=0.053$。这里，模糊特性 $\beta$ 指重要性，且 $\beta_{33}=1$。故对 $B_1$ 来说，$C_1$、$C_2$、$C_3$、$C_4$、$C_5$ 共 5 个目标对重要性的相对隶属度向量为：

$$\boldsymbol{\beta}_{B_1}=(0.053, 0.176, 1.0, 0.212, 0.429)$$

对 $\beta$ 进行归一化处理得到目标权向量为：

$$\boldsymbol{W}_{B_1}=(0.028, 0.094, 0.535, 0.113, 0.230)$$

将向量 $\boldsymbol{W}_{B_1}$ 与矩阵 $\boldsymbol{R}_{B_1}$ 中的有关数据及 $P=1$ 代入多目标模糊优选模型公式[①]求解，得到经济效益基本单元系统 $B_1$ 的三个决策 $A_1$、$A_2$、$A_3$ 对优的相对隶属度向量：

$$\boldsymbol{B}_1: u_1^+=(0.988, 0.786, 0.010)$$

类似地，得到社会效益基本单元系统 $B_2$、环境效益基本单元系统 $B_3$ 的三个决策方案 $A_1$、$A_2$、$A_3$ 对优的相对隶属度向量为：

$$\boldsymbol{B}_2: u_2^+=(1, 0.771, 0.020)$$

$$\boldsymbol{B}_3: u_3^+=(0.999, 0.268, 0.031)$$

② 进行第 2 层效益单元系统 $E_1$ 的解算。

令 $u_p=r_{ij}$，得效益单元系统 $E_1$ 的输入矩阵为：

$$\boldsymbol{R}_{E_1}=\begin{pmatrix} 0.988 & 0.786 & 0.010 \\ 1 & 0.771 & 0.020 \\ 0.999 & 0.268 & 0.031 \end{pmatrix}$$

类似地，确定 $E_1$ 中三个输入 $B_1$、$B_2$、$B_3$ 的权向量为：

$$\boldsymbol{W}_{E_1}=(0.663, 0.221, 0.166)$$

将向量 $\boldsymbol{W}_{E_1}$ 与矩阵 $\boldsymbol{R}_{E_1}$ 中的数据及 $P=1$ 代入多目标模糊优选模型公式求解，得效益单元系统 $E_1$ 的三个决策 $A_1$、$A_2$、$A_3$ 对优的相对隶属度向量为：

$$\boldsymbol{E}_1: u_1^+=(1, 0.572, 0)$$

③ 确定第 3 层中三个代价基本单元系统的输入——目标对劣的相对隶属度（因代价与效益相反，代价越大的决策越劣）。与效益系统的解算相类似，得到代价单元系统 $E_2$ 的三个决策 $A_1$、

---

[①] 以 $U_i^+$ 表示的方案 $i$ 的相对优属度——多目标模糊优选模型公式为：

$$U_i^+=1\div\left\{1+\left[\sum_{j=1}^n\left[W_j(1-\boldsymbol{R}_{ij})\right]^P\div\sum_{j=1}^n\left[W_j\boldsymbol{R}_{ij}\right]^P\right]^{2/P}\right\}$$

式中，$W_j$ 为目标 $j$ 的权重；$P$ 为距阵参数；$\boldsymbol{R}_{ij}$ 为方案 $i$ 的优属度向量。

$A_2$、$A_3$ 对劣的相对隶属度向量为:

$$E_2 : u_2^- = (1, 0.376, 0)$$

根据余集定义,对优的相对隶属度向量为:

$$E_2 : u_2^+ = (0, 0.624, 1)$$

对于第 3 层(最高层)决策优选单元系统求解。显然此单元系统的输入矩阵 $R$ 为:

$$R = \begin{pmatrix} 1 & 0.872 & 0 \\ 0 & 0.624 & 1 \end{pmatrix}$$

考虑效益、代价单元系统 $E_1$、$E_2$ 的权重为:

$$W = (0.6, 0.4)$$

将 $P=1$ 和 $R$、$W$ 矩阵中的有关数据代入多目标模糊优选模型公式求解,可得三个决策桥梁 $A_1$、隧道 $A_2$、轮渡 $A_3$ 对优的相对隶属度向量为:

$$u_i^+ = (0.692, 0.921, 0.308)$$

按照对优的相对隶属度最大原则,三个决策的优劣排序为:隧道 $A_2$、桥梁 $A_1$、轮渡 $A_3$,故此应选择建造隧道方案为最优。

## 链接——案例 13-4

### 用剪枝法对企业设备几种更新方案进行的项目决策

江南服装公司下属 A 服装厂为提高产品竞争能力,扩大生产能力,拟对某类服装生产线上马生产设备更新项目。经过市场调查,此类服装未来不同市场需求概率的情况分别是:需求量高为 0.3;需求量一般为 0.6;需求量低为 0.1。服装厂生产设备更新项目的方案有两个。

方案 1——自行研究设计。自行研究设计成功概率为 0.6,研究经费预计为:若保持原产量水平,只需投资 20 万元;但若要增加产量,则需要再投资 5 万元。

方案 2——外购新设备。购置费 45 万元,若今后增加产量不需要追加投资,具有大的生能潜力。但经过了解,能够买到这种设备的可能性为 0.80。

若两方案都不成功,则该厂仍然采用现有生产设备生产,并保持原产量。经过预测得到的三种生产设备方案在不同市场需求状态下的损益值如表 13-4 所示。服装厂设备更新项目所需投资额来自公司拨款。试问:A 服装公司的经理该如何做出决策?

表 13-4 各设备方案在不同市场需求状态下的损益值 单位:万元

| 方案 | | 状态 | | |
|---|---|---|---|---|
| | | 需求量高 0.3 | 需求量一般 0.6 | 需求量低 0.1 |
| 自行研究 | 产量不变 | 0 | 50 | 150 |
| | 产量增加 | 20 | 80 | 250 |
| 外购设备 | 产量不变 | 40 | 100 | 200 |
| | 产量增加 | 80 | 120 | 300 |
| 现设备(产量不变) | | 50 | 0 | 20 |

【思路分析】这应该是一个包含三层次设备更新项目的投资决策问题,第一层次是公司是否批准 A 服装厂的投资款申请;第二层次是 A 服装厂设备更新项目两方案的选择;第三层次是在无论哪种更新设备方案成功后,是否应该增加产量的决策。

遇到此类问题,还可以利用决策树方法先对决策问题进行描述,并以利润期望值或损益值准则做出决策的分析图,所构成的决策树及其分析情况如图 13-4(按有关概率算得的具体损益值，详见各个概率枝末端高或低所示的△数值）或图13-5（按有关概率算得的具体期望值，详见各个概率枝末端高或低的括号内数值）所示。之后就可以按照有关要求进行计算和比较。

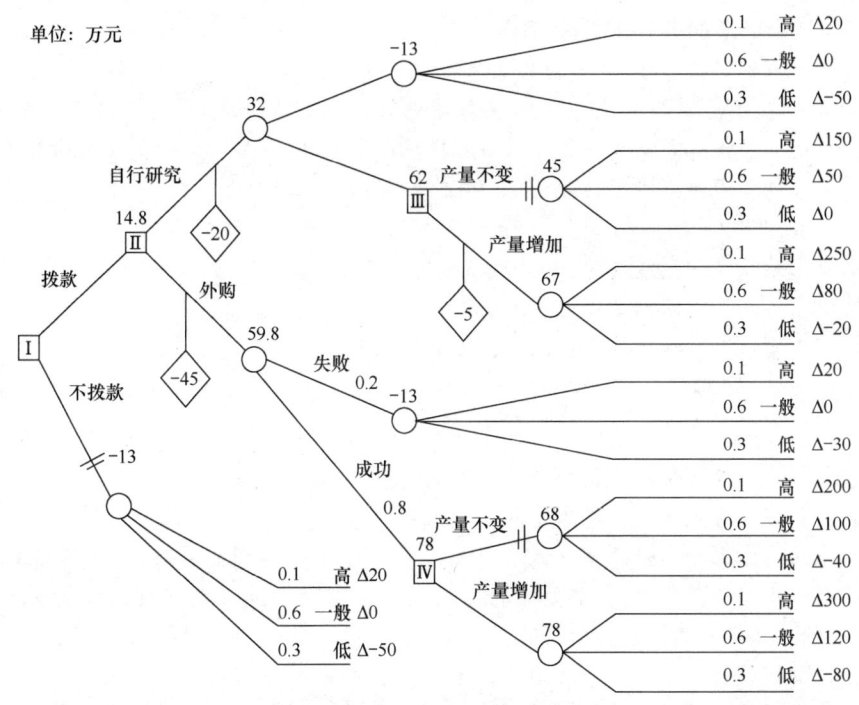

图 13-4　A 服装厂设备更新项目分析系统的决策树状层次结构与损益值分析

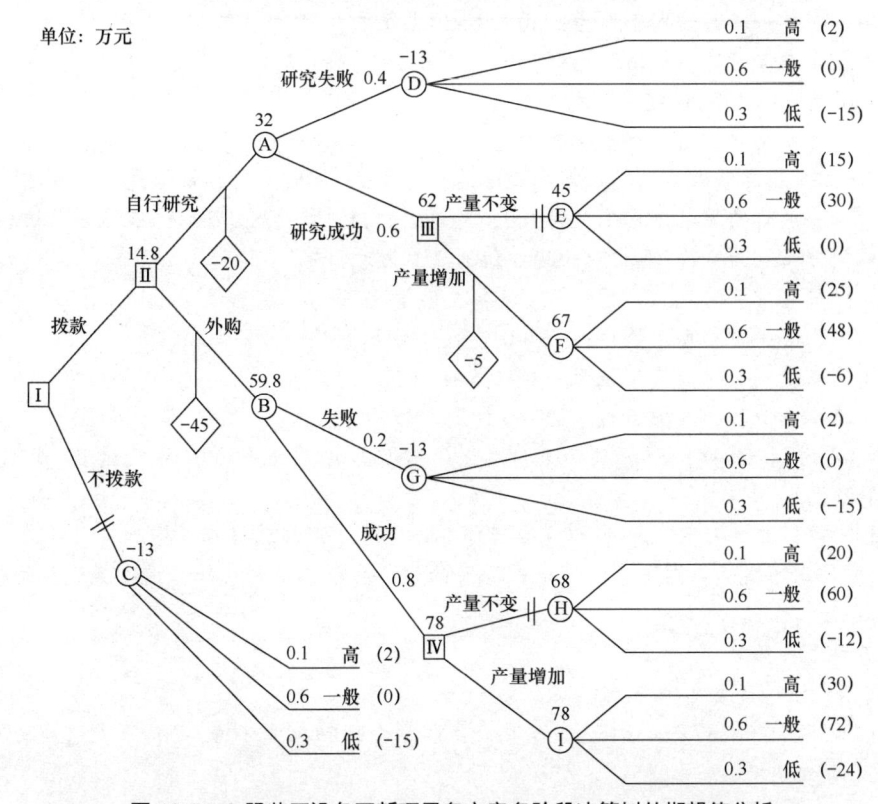

图 13-5　A 服装厂设备更新项目多方案多阶段决策树的期望值分析

在此，首先需要正确地计算出图中最右端的期望值，之后再分别计算其他各步骤的内容。具体的解题分析过程说明如下。

1. 公司是否批准服装厂的投资申请

由上述题目数据可得：

在不拨款情况下，市场需求状态需求量高时的需求概率情况为 0.3，其对应的损益值为 −50 万元；市场需求状态需求量一般时的需求概率情况为 0.6，其对应的损益值为 0；市场需求状态需求量低时的需求概率情况为 0.1，其对应的损益值为 20 万元。

因此，计算可得：

当市场需求量高时的期望值为：−50×0.3=−15（万元）

当市场需求量一般时的期望值为：0×0.6=0

当市场需求量低时的期望值为：20×0.1=2（万元）

损益情况为：−15+0+2=−13（万元）

所以，当公司在不拨款的情况下是亏本的，这种方案不可行，公司应该批准给服装厂拨款。

2. 在公司批准给服装厂拨款情况下，设备更新项目的方案

（1）在自行研究方案下，产量不变时。

市场需求状态需求量高时的需求概率情况为 0.3，其对应的损益值为 0；市场需求状态需求量一般时的需求概率情况为 0.6，其对应的损益值为 50 万元；市场需求状态需求量低时的需求概率情况为 0.1，其对应的损益值为 150 万元。

因此，计算可得：

当市场需求量高时的期望值为：0×0.3=0

当市场需求量一般时的期望值为：50×0.6=30（万元）

当市场需求量低时的期望值为：150×0.1=15（万元）

损益情况为：0+30+15=45（万元）

（2）在自行研究方案下，产量增加时。

① 市场需求状态需求量高时的需求概率情况为 0.3，其对应的损益值是−20 万元；市场需求状态需求量一般时的需求概率情况为 0.6，其对应的损益值为 80 万元；市场需求状态需求量低时的需求概率情况为 0.1，其对应的损益值为 250 万元。

因此，计算可得：

当市场需求量高时的期望值为：−20×0.3=−6（万元）

当市场需求量一般时的期望值为：80×0.6=48（万元）

当市场需求量低时的期望值为：250×0.1=25（万元）

损益情况为：−6+48+25=67（万元）。当产量增加时，公司还需再投资 5 万元，所以 67−5=62（万元）。

② 因为 62 万元＞45 万元，所以在自行研究方案下，应该选择产量增加。

③ 此方案若不成功，则工厂仍然采用现有的设备生产，由题意知，该方案失败的概率为：

1−0.6=0.4

62×0.6=37.2（万元）

−13×0.4=−5.2（万元）

所以可得利润为 37.2−5.2=32（万元），又由于期初需要投资 20 万元，所以利润为 32−20=12（万元）。

（3）在外购设备方案下，产量不变时。

市场需求状态需求量高时的需求概率情况为 0.3，其对应的损益值是-40 万元；市场需求状态需求量一般时的需求概率情况为 0.6，其对应的损益值为 100 万元；市场需求状态需求量低时的需求概率情况为 0.1，其对应的损益值为 200 万元。

因此，计算可得：

当市场需求量高时的期望值为：$-40 \times 0.3 = -12$（万元）

当市场需求量一般时的期望值为：$100 \times 0.6 = 60$（万元）

当市场需求量低时的期望值为：$200 \times 0.1 = 20$（万元）

损益情况为：$-12 + 60 + 20 = 68$（万元）

（4）在外购设备方案下，产量增加时。

① 市场需求状态需求量高时的需求概率情况为 0.3，其对应的损益值是-80 万元；市场需求状态需求量一般时的需求概率情况为 0.6，其对应的损益值为 120 万元；市场需求状态需求量低时的需求概率情况为 0.1，其对应的损益值为 300 万元。

因此，计算可得：

当市场需求量高时的期望值为：$-80 \times 0.3 = -24$（万元）

当市场需求量一般时的期望值为：$120 \times 0.6 = 72$（万元）

当市场需求量低时的期望值为：$300 \times 0.1 = 30$（万元）

损益情况为：$-24 + 72 + 30 = 78$（万元）

② 因为 78 万元＞68 万元，所以在外购设备方案下，应该选择产量增加。

③ 此方案若不成功，则工厂仍然采用现有的设备生产，由题意知，该方案失败的概率为：1-0.8=0.2

$78 \times 0.8 = 62.4$（万元）

$-13 \times 0.2 = -2.6$（万元）

所以可得利润为 62.4-2.6=59.8（万元），又由于期初购置设备需要投资 45 万元，所以利润为 59.8-45=14.8（万元）。

### 3. 选择哪种方案

由上面第 2 步骤分析可得：

因为外购设备增加产量的利润 14.8 万元＞自行方案产量增加的利润 12 万元，所以公司应该选择在拨款情况下进行外购设备方案时增加产量的做法。

由此可得出的基本分析结论是：该公司经理应批准服装厂外购新设备并增加产量的方案，向该厂调拨投资额 45 万元作为设备购置费用，这样可获得 14.8 万元利润的期望值，否则公司就要处于亏损状态。

# 第3篇　投资项目可行性分析典型案例综合解析

【本篇阅读路线图】

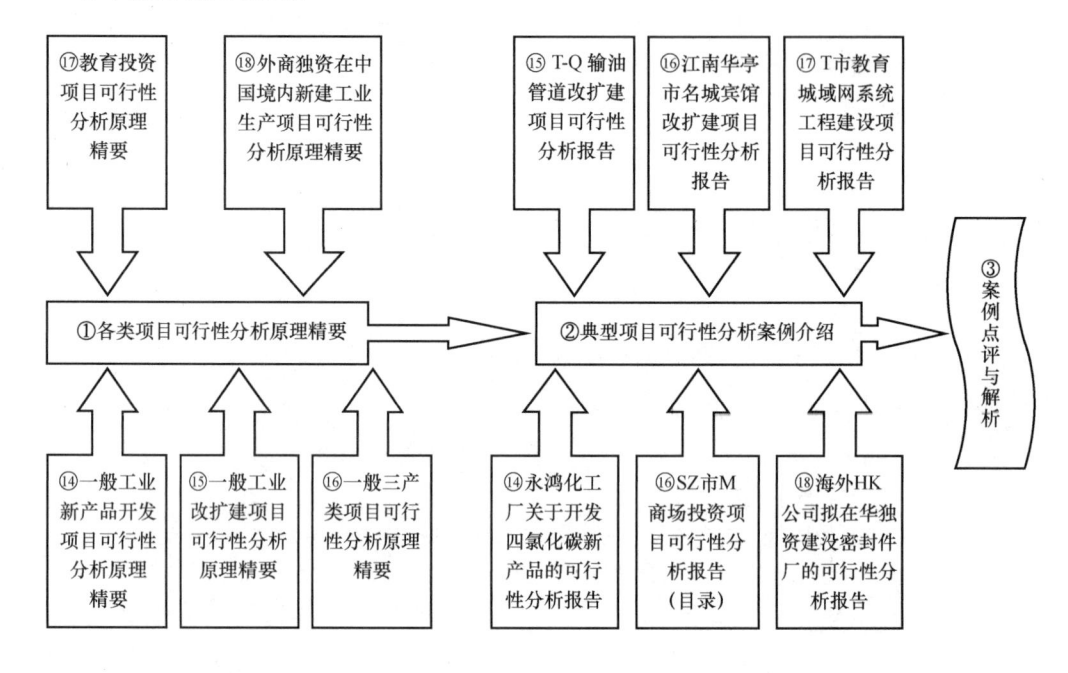

```
⑰教育投资              ⑱外商独资在中         ⑮ T-Q 输油         ⑯江南华亭          ⑰ T市教育
项目可行性              国境内新建工业         管道改扩建         市名城宾馆          城域网系统
分析原理                生产项目可行性         项目可行性         改扩建项目          工程建设项
精要                    分析原理精要           分析报告           可行性分析          目可行性分
                                                                  报告                析报告
      │                      │                     │                │                   │
      ▼                      ▼                     ▼                ▼                   ▼
                                                                                                    ③案
      ①各类项目可行性分析原理精要  ══════▶  ②典型项目可行性分析案例介绍  ══════▶    例
                                                                                                    点
      ▲          ▲          ▲          ▲          ▲          ▲                                    评
                                                                                                    与
                                                                                                    解
⑭一般工业     ⑮一般工业     ⑯一般三产     ⑭永鸿化工     ⑯SZ市M       ⑱海外HK                     析
新产品开发     改扩建项目     类项目可行     厂关于开发     商场投资项     公司拟在华独
项目可行性     可行性分析     性分析原理     四氯化碳新     目可行性分     资建没密封件
分析原理       原理精要       精要           产品的可行     析报告         厂的可行性
精要                                         性分析报告     （目录）       分析报告
```

# 第14章

# 工业新产品开发项目可行性分析原理精要与案例解析

## 14.1 一般工业新产品开发项目可行性分析原理精要

### 1. 一般工业新建项目可行性分析的主要内容与要求

通过前面对项目可行性分析基本原理的案例解读，读者对常规资源约束条件下一般工业投资建设项目可行性分析在满足其主要作为投资决策基础和重要依据方面的内容和基本要求有了一定认识。具体来说，以可行性分析报告形式作为项目前期研究成果反映的常规资源约束条件下一般工业新项目在实际分析过程中通常应包括 10 个方面的主要内容与要求（详见本书 2.4.1 的有关内容。为免重复，此略）。

（1）综述项目概况、可行性分析主要结论概要和存在问题与建议的总论。此部分要求应阐明对推荐方案在论证过程中曾有的重要争论问题和不同的意见与观点，并对建设项目的主要技术经济指标列表说明；说明建设项目提出的背景、投资环境、项目建设投资的必要性和经济意义，项目投资对国民经济的作用和重要性；提出或说明项目调查研究的主要依据、工作范围和要求；说明项目的历史发展概况、项目建议书及有关审批文件。

（2）产品的市场需求和拟建规模分析。要说明调查国内外市场的近期需求情况；国内现有工厂生产能力的估计；销售预测、价格分析、产品竞争能力、进入国际市场的前景；建设项目的规模，产品选择方案和发展方向的技术经济比较和分析。

（3）资源、原材料、燃料及公用设施情况。例如，经国家正式批准的资源储量、品位、成分及开采、利用条件的评述；所需原料、辅助材料、燃料的种类、数量、质量及其来源和供应的可能性；有毒、有害及危险品的种类、数量和储运条件；材料实验情况；所需动力（水、电、气等）公用设施的数量、供应方式和供应条件、外部协作条件及签订协议与合同的情况。

（4）建厂条件和厂址方案。这包括厂址的地理位置，与原料产地和产品市场的距离，厂址周边的条件；根据建设项目的生产技术要求，应在指定的建设地区内，对建厂的地理位置、气象、水文、地质、地形条件、地震、洪水情况和社会经济现状进行调查研究，收集基础资料，了解交通、运输及水、电、气、热的现状和发展趋势；厂址面积、占地范围、厂区总体布置方案、建设条件、地价、拆迁及其他工程费用情况；对厂址选择进行多方案的技术经济分析和比较选择，提出选择意见。

（5）项目工程技术方案。要在选定的建设地点内进行总图和交通运输设计，并做多方案比选，确定项目的构成范围和主要单项工程（车间）的组成，对厂内外主体工程和公用辅助工程方案做比较论证；估算项目土建工程总量；选择土建工程布置方案（包括场地平整、主要建筑物和构筑物与室外工程的规划）；对采用技术和工艺方案的论证，含技术来源、工艺路线和生产方法，主要设备选型方案和技术工艺的比较；引进技术、设备的必要性及其来源国家的选择比较；设备的国外分交或与外商合作制造方案的设想；应附上工艺流程图等。

（6）环境保护与劳动安全和社会影响效果分析。

① 在环境影响分析方面，做有关拟建项目"三废"（废气、废水、废渣）种类、成分和数量的环境现状调查，并对环境影响进行预测；说明治理方案选择和回收利用的情况；对环境影响做预评价。

② 在劳动安全方面，应阐明劳动保护与安全卫生；说明城市规划及防震、防洪、防空、文物保护等要求及相应的措施方案。

③ 对项目社会影响的分析，主要看有无不利的后果，具体应从对项目所在地社会经济发展有无推动作用的角度考虑。

（7）生产组织、劳动定员和人员培训。这包括：对项目建成后全厂生产管理体制、机构的设置和方案的选择论证；工程技术和管理人员的素质和数量的要求；劳动定员的配备方案；人员培训的规划和费用估算。

（8）有关项目实施计划和进度的要求。要按照勘察设计、设备制造、工程施工、安装、试生产所需时间和进度要求，选择整个工程项目实施方案和制定总进度，并用条线图（道尔顿图）和网络图等来表述最佳实施计划方案的选择。

（9）关于经济效果的分析与评价。这包括：对各项基建费用、流动资金和项目总投资的估算；项目资金来源和包括贷款计划的筹措方式；企业生产成本估算；项目财务效益分析、国民经济效益分析和不确定性分析。

（10）有关分析评价的结论与建议。对诸如新产品开发一类的新建项目建设方案做综合分析评价与方案选择；运用各项数据，从技术、经济、社会、财务等方面，论述建设项目的可行性，推荐一个以上可行方案，提供决策参考，指出其中存在的问题；最后得出结论性意见和改进的建议。

**2. 新产品开发项目及其可行性分析的原理与要求**

（1）相关概念及其前期研究思路。一般而言，工业新产品开发项目是指第二产业项目中由制造业和加工业等工业性项目组成的以基础研究和应用研究成果为基础，采用新原理、新结构、新工艺和新材料，在一定区域范围内首次出现的项目。对其进行可行性分析是对项目投资最后决策提出结论性意见的工业生产新建项目可行性分析中重要的一种，其分析原理在一般工业新建项目类分析中有一定的代表性和典型意义。新产品开发项目可行性分析的关键环节在于把握好对新产品本身先进性、实用性的分析，以及对所采用新技术可靠性的分析研究。在对项目进行深入、细致的技术经济分析论证基础上，就多种方案所做的比较和优选。

通常，对新产品开发项目进行可行性分析的基本思路是：首先考虑的应是用户喜好的设计，产品需满足用户的各方面要求；其次产品设计应考虑环境影响，其生产和使用过程应使用更少的资源；最后产品设计应考虑生产能力和装配的设计及生产程序与装配步骤，不能把设计功能和生产功能分裂开来，要用最低的成本生产高质量的产品。为此，在进行新产品开发项目可行性分析时，要与一般工业生产新建项目可行性分析一样，应全面地从技术经济、市场、环境和社会等诸多方面综合考虑，一般采用多指标综合分析模型的方法进行，其中常用计算产品开发可行度指标来论证新产品开发项目的优劣——当产品开发可行度值达到规定数值时该项目可行；否则，该项目不经济，应舍去。

（2）新产品开发项目可行性分析的内容与要求。在此方面，该类分析和一般工业新建项目可行性分析的内容与要求基本相同。按国家有关规定，把一般工业新建项目包括新产品开发项目可行性分析的基本内容概括为三大部分：产品的市场调查和预测研究，这是可行性分析的先决条件和前提，它决定了项目投资建设的必要性，是项目能否成立的最重要的依据；技术方案和建设条件，从资源投入、厂址、技术、设备和生产组织等问题入手的分析，这是可行性分析的技术基础，它决定了建设项目在技术上的可行性；对经济效果的分析和评价，说明项目在经济上的"合理有益性"，它是决定项目应否投资的关键，也是项目可行性分析的核心部分。可行性分析就是从以上三方面对建设项目进行优化研究，并为项目投资决策提供科学依据的。

## 14.2 典型新产品开发项目可行性分析案例介绍

永鸿化工厂关于开发四氯化碳新产品的可行性分析报告

### 第1章 总说明

**1. 可行性分析工作的依据和范围**

（1）可行性分析工作的依据。建设年产1 000t四氯化碳装置，是根据桂北省发展精细化工战略要求、满足市场急需、填补桂北省空白的一项重要措施。永鸿化工厂根据此项要求，结合自身的有利条件提出这一项目，并根据桂北省和云海市化工局批准的项目建议书和桂北省经委新产品开发规划要求，进行可行性分析。

（2）可行性分析工作的范围。可行性分析的研究重点是四氯化碳产品的市场前景。目前该产品为桂北省空白，全国市场需求量约为21 000t，年缺口量约为6 000t，特别是随着城乡居民对家电产品的需求，制冷剂将更加紧张，而四氯化碳为发展氟制剂的配套产品，因此从市场角度，可以肯定开发此产品的价值。此外，着重研究了永鸿化工厂开发此产品的厂房设备、与现在生产产品的相近性、原材料供应、生产工艺技术、产品销售渠道、直接经济效益与社会效益等。

**2. 承办企业的概况**

（1）永鸿化工厂，系全民所有制企业，属云海市化工局领导。该厂为1954年建厂，是一个历史悠久的化工厂，多年来一直生产硫酸、磷肥和20%发烟硫酸。

（2）厂址概况。该厂位于云海市西北部，距市中心约4km，距厂区2km处有一铁路专用货场，占地面积3 300m$^2$，全厂占地面积为58 000多m$^2$，尚有空闲的面积可用该项目的建设。该厂现有各种车辆17台，加上铁路运输，交通方便。

（3）生产能力和产销情况。该厂自建厂以来，一直生产硫酸、磷肥、20%发烟硫酸，现产量已达：硫酸4万t，磷肥10万t，20%发烟硫酸0.3万t。产品销往省内外，有良好的信誉。

（4）工艺、设备状况和水平。该厂现有生产硫酸、磷酸等的各种反应器和自动化控制仪表，且设备系统均较先进，能满足现在的生产技术要求。

（5）水、电、气情况。该厂有五眼深井，供水能力为150t/h，水温16℃～18℃，有30m高100t水塔一座，水压3kg/cm$^2$。

厂内现有电力变压器：750kVA两台，560kVA一台，总容量为2 060kVA。现有用电负荷1 400kW，有充足宽余的供电能力。

厂内有锅炉：4吨/（小时·台），2吨/（小时·台），总产气能力为6t/h。

（6）人员情况。该厂现有职工580人，工程技术人员38名，其中，高级工程师2名、工程师20名，其余为助理工程师，其他管理人员40名。工人平均技术等级为4.5级。××年全员劳动生产率为 14 655 元/（人·年）。

（7）固定资产状况。现有设备 125 台件，厂房面积 2 015m²，固定资产原值 432 万元，净值 205 万元。各种运输车辆 17 台。

承办企业概况如表 14-1 所示。

表 14-1　承办企业概况

| 序号 | 指标名称 | | 单位 | 数量 | 备注 |
|---|---|---|---|---|---|
| 一 | 生产能力 | | 吨/年 | | |
| 1 | 硫酸 | | | 40 000 | |
| 2 | 磷肥 | | | 100 000 | |
| 3 | 20%发烟硫酸 | | | 3 000 | |
| 二 | 人员总数 | | 人 | 580 | |
| 1 | 生产工人 | | | 482 | |
| 2 | 辅助生产工人 | | | 20 | |
| 3 | 工程技术人员 | | | 38 | |
| | 其中：高级工程师 | | | 2 | |
| | 　　　工程师 | | | 20 | |
| | 　　　助理工程师 | | | 16 | |
| 4 | 其他 | | | 40 | |
| 三 | 占地面积 | | 亩 | 87 | |
| 四 | 建筑面积 | | m² | 9 860 | |
| | 其中：生产面积 | | | 7 260 | |
| | 　　　辅助生产面积 | | | 1 200 | |
| | 　　　办公及生活面积 | | | 1 400 | |
| 五 | 主要设备台数 | | 台 | 125 | |
| 六 | 原材料消耗和能耗 | | 万吨/年 | | 另外还有 17 辆车 |
| 1 | 主要原料 | | | 460 | |
| 2 | 磷矿粉 | | | 66 | |
| 3 | 硫铁矿粉 | | | | |
| 4 | 石油 | | | 4.5 | |
| 5 | 煤 | | | 456 | |
| 6 | 水 | | 吨/年 | 193 800 | |
| | 电 | | | 182 240 | |
| | 蒸汽 | | | 2 924 | |
| 七 | 总产值及劳动生产率 | | 万元 | | |
| 1 | 总产值 | | | 850 | |
| 2 | 劳动生产率 | | 万元/（人·年） | 14 655 | |
| 八 | 固定资产和流动资金 | | 万元 | | |
| 1 | 固定资产原值 | | | 432 | |
| 2 | 固定资产净值 | | | 205 | |
| 3 | 设备净值 | | | 170 | |
| 4 | 建筑物净值 | | | 35 | |
| 5 | 流动资金 | | | 100 | |
| 九 | 自有资金 | | 万元 | 85 | |
| 十 | 单位产品成本 | | 元/吨 | | |
| 1 | 硫酸 | | | | |
| 2 | 磷肥 | | | | |
| 3 | 20%发烟硫酸 | | | | |
| 十一 | 利润 | | 万元 | | |
| 1 | 前一年利润 | | | 150 | ××年 |
| 2 | 前一年净利润 | | | | |

## 3. 可行性分析工作的主要经过

××年×月,该厂针对市场需求和在桂北省尚属空白等情况,提出项目建议书后报经桂北省化工厅批准,9月永鸿化学工业公司(该厂的上级公司),委托云海市化工设计院进行了"年产1 000t 四氯化碳的可行性分析"。

## 4. 可行性分析的内容概要和结论

(1)内容概要。该项目产品为四氯化碳,生产规模为1 000吨/年。主要工艺为二硫化碳和氯气在铁催化剂作用下,生成四氯化碳,反应产物粗四氯化碳经碱洗,再通氯,再碱洗后即得成品四氯化碳,生产工艺成熟。生产所需的全套设备,由恒和化工厂购进。生产所需的主要原料二硫化碳由桂北省宏达化工厂供给,氯气和烧碱由附近的嘉合化工厂供给,以上原料均签订了供应意向书(见附件3、4),供应有保证。

该项目所需物料量不多,每年只有2 500t左右,该厂现有车辆能满足运输需要。

该厂现有水、电、气的供应能力除满足现有生产的需要外,均可满足该项目生产的需要。

该项目生产中产生少量废气和废水。废气由36m高的烟囱排空;废水中含有5%的NaOH,拟与该厂硫酸车间排出的酸性废水中和后排放。这样处理后,二者均不会对环境造成多大污染(见附件5)。

该项目预计建设进度为:前期准备5个月,建设期9个月,其中含试车投产及鉴定1个月,共计14个月。建设期比较短。

该项目产品为该地区宏远厂拟开发的氟制冷剂的配套原料,基本上满足永鸿化工厂需要,每年仅300t对外销售,故销售不成问题。

该项目总投资116.6万元。其中,自筹20万元,其余96.6万元已商妥,由所在地建设银行贷款解决(见附件5),资金落实。

该项目的主要经济技术指标如表14-2所示。

表14-2 主要经济技术指标

| 序号 | 指标名称 | 单位 | 数量 | 备注 |
|---|---|---|---|---|
| 一 | 主要产品<br>四氯化碳(99.9%) | 吨/年 | 1 000 | 生产氟制冷剂用量700吨/年 |
| 二 | 新增人员总数<br>其中:生产工人<br>辅助生产工人<br>工程技术人员<br>其他人员 | 人 | 51<br>23<br>18<br>0<br>5 | |
| 三 | 新增占地面积 | 亩 | 3 | |
| 四 | 新增建筑面积 | | 1 564 | |
| 1 | 生产面积 | m² | 964 | |
| 2 | 辅助生产面积 | | 600 | |
| 五 | 设备总数<br>其中:新增设备数<br>利用设备数 | 台 | 45<br>34<br>10 | |
| 六 | 原材料消耗 | | | |
| 1 | 二硫化碳 | | 600 | ≥98.5% |
| 2 | 氯气 | t | 1 500 | ≥95% |
| 3 | 烧碱 | | 350 | ≥30% |
| 七 | 燃料及动力消耗 | | | |
| 1 | 水 | 吨/年 | 285 000 | 主要是冷却水 |
| 2 | 蒸气 | | 4 360 | |
| 3 | 电 | 度/年 | 268 333 | |

续表

| 序号 | 指标名称 | 单位 | 数量 | 备注 |
|---|---|---|---|---|
| 八 | 总产值与劳动生产率 | | | |
| 1 | 总产值 | 万元 | 290 | 仅四氯化碳，共计入老产品碳酸、磷肥等 |
| 2 | 生产工人劳动生产率 | 元/(人·年) | 103 571 | 按新增生产工人28人计 |
| 3 | 全员劳动生产率 | | 56 863 | 按新增人员51人计 |
| 九 | 投资 | | | |
| 1 | 新增建设投资 | | 116.61 | |
| 2 | 利用固定资产净值 | 万元 | 0 | |
| 3 | 利用已存流动资金 | | 21.8 | |
| 4 | 新增流动资金 | | 50.7 | |
| 5 | 总投资 | | 189.11 | |
| 十 | 年总成本 四氯化碳成本 | 元/吨 | 2 181.5 | |
| 十一 | 年销售收入 四氯化碳 | 万元/年 | 290 | 按1 000t计 |
| 十二 | 正常年实现利税 | | 71.8 | 本项目所实现 |
| | 正常年实现利润 正常年实现税金 | 万元 | 40.5 31.3 | |
| 十三 | 财务效益分析 | | | |
| 1 | 内部收益率（IRR） | % | 37 | |
| 2 | 投资利税率 | % | 37.2 | |
| 3 | 投资回收期 | 年 | 3.67 | 含建设期 |

（2）结论。该厂开发四氯化碳具有明显的经济效益和社会意义，因其首先可填补桂北省的化工产品空白，此外可缓和市场的紧张需求，并为该厂创年净利润40.5万元，并可由此带来当地其他化工产品的发展，且项目投资回收期短，仅为3年8个月。故项目可行。

### 5. 存在问题和建议

四氯化碳生产成本构成中，原料费所占比例较大。当前氯气和烧碱紧张，价格不断上涨，将对该项目的经济效益产生影响。

据了解，由于目前四氯化碳紧缺，有较多的工厂都在开发此产品，预计今后四氯化碳紧缺状况将趋于缓和。故建议上级主管部门抓紧批准永鸿化工厂与宏远厂配套的氟利昂制冷剂工程项目以稳定需求。

## 第2章　供需预测和生产规模的确定

### 1. 市场调查和供需预测

（1）长期以来，我国四氯化碳产量都很低。20世纪60年代中期只有1 842t，20世纪80年代初期也仅为9 429t，到90年代中期也才达到15 000t以上，仍然还缺6 000多t。生产厂家有GDJM电化厂、CQ天然气化工研究所、SCZG鸿鹤化工总厂、DL保温材料厂、HNYY化工厂、TJ旭日化工厂、HS日电化工厂。

四氯化碳是生产氟利昂制冷剂（$F_{12}$、$F_{22}$）的原料，还可用作溶剂、灭火剂、有机物的氯化剂、香料的浸出剂、药物的萃取剂和织物的干洗剂等。生产电冰箱需要氟利昂制冷剂。随着人民生活水平的提高，家用电器日益增多，其中电冰箱需要量也随之猛增。据有关部门调查，我国电冰箱正迅速进入城乡家庭生活。20××年全国生产制冷设备仅12万台。当年社会拥有量为56万台（其中家庭拥有264万台）。全国家用制冷设备普及率很低，仅0.14%。普及率最高的

GD省为5.6%，BJ为2.7%，HS为0.83%，TJ为0.58%，其他各省均低于0.5%。20××年全国城乡需求为23万台。今年制冷设备需求与生产量均为200万台。按"九五"规划预测，到20××年家用制冷设备年产达650万～750万台。整个"九五"期间，全国制冷设备需求为3 200万台（其中城镇1 670万台，农村1 570万台）。届时家用制冷设备的普及率将超过10%。

工业制冷设备由氨制冷逐渐转向氨、氟利昂并重。故工业制冷设备需求氟利昂数量也在大量增加。就以上两项，年需氟利昂2万余t。此外，可以氟利昂为原料生产氟塑料及气雾喷射剂等。预测到20××年市场需求将超过8万t。由此可知，四氯化碳的需求量到20××年将达到4万t以上。

（2）销售预测。该项目四氯化碳装置于20××年年底建成后，年产1 000t成品全部作为商品出售。仅JN化工厂每年就需要8 400t。另外，20××年2月在BJ同日本商人就四氯化碳出口一事进行的洽谈中，该厂生产的全部数量制冷设备他们全部可以包销。待20××年年底当地宏远厂年产1 000t氟利昂制冷剂工程项目投产后，需要700t四氯化碳做原料，仅其余300t另行出售。故销售市场无问题。

（3）销售价格的预测和分析。根据国家有关技术情报研究机构所编《化工产品手册》一书的介绍，参考价格为2 200元/吨。由于市场紧缺，20××年度HNYY化工厂售价为2 640元/吨。HLJ的价格为2 900元/吨。20××年有的地方已涨到了3 200元/吨。本报告拟定销售价格为2 900元/吨。

根据市场需求量的调查，由于电冰箱产量的增加，制冷剂的需要量将相应增加，作为制冷剂原料的四氯化碳市场前景很好，因而预计四氯化碳的价格在今后相当长一段时间内不会下降而可能上涨。

市场需求预测和销售收益预测如表14-3和表14-4所示。

表14-3 市场需求预测　　　　　　　　　　　　　　　　　　　　单位：万t

| 序号 | 调查内容 | 目前情况 | 项目投产时情况 | 项目投产1年后情况 | 项目投产2年后情况 |
|---|---|---|---|---|---|
| 一 | 总需求量 | 2.5 | 3.6 | 4.5 | 5.5 |
| 1 | 国内需求量 | 2 | 2.5 | 3 | 4 |
| （1） | 销售量 | 1 | 1.5 | 2.5 | 3.5 |
| （2） | 未满足量 | 1 | 1 | 0.5 | 0.5 |
| 2 | 出口需求量 | 0.5 | 1 | 1.5 | 1.5 |
| 二 | 总供给量 | 1.5 | 2 | 3 | 4 |
| 1 | 国内现有生产能力 | 1 | 1.5 | 2.5 | 3.5 |
| 2 | 进口量 | 0.5 | 0.5 | 0.5 | 0.5 |
| 三 | 总供需差额 | 1 | 1.5 | 1.5 | 1.5 |
| 四 | 该项目产量 | 0 | 0.09 | 0.1 | 0.1 |

表14-4 销售收益预测

| 年份 | 单价/元 |  | 预测销售量/t |  |  | 含销售税金的销售收入/万元 |  |  |
|---|---|---|---|---|---|---|---|---|
|  | 出口 | 内销 | 出口 | 内销 | 合计 | 出口 | 内销 | 合计 |
| 20×× |  | 2 900 |  | 900 | 900 |  | 261 | 261 |
| 20×× |  | 2 900 |  | 1 000 | 1 000 |  | 290 | 290 |

## 2．产品方案

（1）可供选择的产品方案。在氟利昂制冷剂产品系列中，$F_{12}$的用途最为广泛，主要用作制冷剂，广泛用于家庭、商业、公用设施的制冷或空调，还可用作气雾喷射剂等。$F_{12}$主要用作低温制冷剂及制作聚四氟乙烯的原料。当地宏远厂新上的年产1 000t氟制冷剂装置生产氟制冷剂$F_{12}$和$F_{22}$两种产品，这套氟制冷剂装置单生产氟制冷剂$F_{12}$时，年产1 000t，单生产氟制冷剂$F_{22}$时年产600t。生产$F_{12}$年需700t的四氯化碳，由该项目产品供应，本省无其他生产厂家。$F_{12}$

的广泛用途和用量的猛增，宏远厂生产 $F_{12}$ 的可能性最大。

另外，四氯化碳目前十分紧缺。

所以，我们选择生产四氯化碳产品方案：一则满足当地宏远厂生产氟制冷剂 $F_{12}$ 的需要；二则可为市场提供产品，以解决紧缺状况。

（2）产品经济生命期预测。从市场预测看，四氯化碳总需求量，20××年为2.5万t，以后每年递增1万t，为直线上升趋势。这说明该产品正处于增长阶段成长期，未到饱和阶段，因此，适宜开发。

### 3. 生产规模的确定

产品受资金限制及生产四氯化碳的原料紧缺（主要指氯气），几年以后市场需求可能有大的变化，因此四氯化碳规模，不宜过大。再考虑到生产四氯化碳的装置于20××年年底建成，正式生产要到 20××年，考虑刚投产一些不正常因素，开车率较低，故年产量计划为 900t。20××年达到设计要求，年产量为1 000t。如果届时市场销路很好，则在装置中再增加一个反应器，产量就会大幅度提高。经过扩大生产，20××年可达1 500t，700t供应生产氟制冷剂 $F_{12}$，其余800t作为商品出售，再后来的实际产量将由市场需求决定。

## 第3章 资源、物料的供应和保证

### 1. 资源

该项目生产所需的主要是物料，而资源不是主要问题，水、电、气等也都不成问题。

### 2. 物料

主要物料，如二硫化碳、氯气均可就地解决，已与生产厂签订了供货意向书（见附件6），供应有保证。主要物料有关数据如表14-5所示。

表14-5 主要物料有关数据

| 序号 | 名称 | 规格 | 单位 | 年需要量 | 费用/元 单价 | 费用/元 总计 | 来源 | 运距/km | 运杂费/元 | 总费用/元 | 供应的可靠性 |
|---|---|---|---|---|---|---|---|---|---|---|---|
| 一 | 原材料 | | | | | | | | | | |
| 1 | 二硫化碳 | ≥98.5% | t | 600 | 1 450 | 87 000 | 本市 | 20 | 9 375 | 879 375 | 既能就地解决又有供货意向书，故认为供应可靠 |
| 2 | 氯气 | ≥95% | | 1 500 | 450 | 67 500 | | 0.3 | 470 | 675 470 | 供应可靠 |
| 3 | 烧碱 | ≥30% | | 350 | 252 | 88 200 | | 0.3 | 261 | 88 461 | |

## 第4章 厂址选择

该项目系在永鸿化工厂现有厂区内建设，无须另选厂址。原有水、电、运输、交通等条件可以利用，距原料供应厂家很近。最远的二硫化碳供应厂家宏达化工厂距离为20km，与烧碱的供应厂市嘉合化工厂距离仅为300m。故厂址条件较优越。

## 第5章 工艺技术与设备

### 1. 工艺技术方案

（1）技术及其来源。恒和化工厂于20××年建成一套年产1 000t四氯化碳装置，建成后，因当时四氯化碳滞销，没有投产就封闭起来了，现已无力开车。他们决定将全套设备一次性处理掉。永鸿化工厂有关人员多次到该厂现场查看调研，认为设备状况基本完好，经双方磋商，决定购买这套装置，以及所有技术资料，现已达成协议（见附件7）。

（2）工艺流程和主要工艺参数。

① 产品技术水平。

A. 物化性质。四氯化碳又名四氯甲烷，是无色透明易挥发的液体，具有特殊的芳香味，味甜。四氯化碳气体比空气重5.3倍，比重1.595，沸点76.74℃，凝固点-23℃，折射率1.460 7，蒸汽压91.3毫米汞柱，微溶于水，能与醇、氯仿、乙醚等以任何比例混合，其蒸汽不能燃烧。遇高温易产生剧毒气体——光气。对许多有机物质（如脂肪、油类、橡胶）具有很强的溶解性能。

B. 质量标准。

外观：无色透明液体。比重：1.592~1.600。沸程（75.5℃~77.5℃）时：馏出量体积≤95%。不挥发物：≤0.01%。游离氯：无。二硫化碳：无。

② 生产工艺路线的选择。

生产四氯化碳有四种方法：甲烷氯化法、二氯化硫与碳的互相作用、各种氯衍生物的分解氯化、二硫化碳氯化法。

甲烷氯化法是现实的，是有前途的一种方法。由于当地没有天然气（甲烷98%）原料，故难以采用。

二氯化硫与碳的互相作用制取四氯化碳。其缺点是要消耗大量能量使碳加热，而且氯没能有效地利用。在大规模工业中，不采用这种方法。

氯衍生物的分解氯化法只是在利用找不到其他用途的废料时作为辅助方法才有意义。

二硫化碳氯化法是国内大多数厂家采用的方法，如HS日电化工厂、HNYY化工厂、TJ旭日化工厂等多年来的生产均采用这种方法。该厂需用的二硫化碳和氯气两种原料附近能提供。副产品得到的硫可出售给本市盘山沟乡化工厂继续生产二硫化碳使用。该厂生产工艺路线成熟，故确定采用此法。

③ 工艺流程简述。二硫化碳和氯气在铁催化剂作用下生成四氯化碳，反应产物粗四氯化碳经碱洗、再通氯、再碱洗后即得成品，而反应得到的副产品二氯化硫继续与二硫化碳反应，生成的二硫化碳和四氯化碳的混合料再和氯气反应，即得粗四氯化碳。处理后，即得成品。

反应式：

$$CS_2 + 3Cl_2 \xrightarrow[\text{铁催化剂}]{95℃ \sim 100℃} CCl_4 + S_2Cl_2$$

二氯化硫与适量的二硫化碳继续反应：

$$2S_2Cl_2 + CS_2 \rightarrow CCl_4 + 6S\downarrow$$

（3）技术费用的估算和列支。由于该项目只是从恒和化工厂买进全套设备（包括全套技术资料）即可，故未单独发生技术购置费用。

**2. 主要生产设备的选型**

因为所有生产设备系统成套购得，所以完全配套。其详细情况如表14-6所示。

表14-6 主要生产设备

| 序号 | 设备名称 | 型号 | 规格 | 单位 | 数量 | 国别厂家 | 备注 |
|---|---|---|---|---|---|---|---|
| 1 | 混合器 |  |  | 台 | 2 | 国产 |  |
| 2 | 管式反应器 | 管为不锈钢管 | 管为不锈钢管 |  | 2 |  |  |
| 3 | 冷却器 |  | 碳钢 |  | 3 |  |  |
| 4 | 储罐 |  | 衬瓷砖 |  | 3 |  |  |
| 5 | 蒸馏塔 |  | 碳钢 |  | 1 |  | 铁圈填料 |
| 6 | 冷凝器 |  | 不锈钢 |  | 6 |  | 盘管式 |
| 7 | 中和塔 |  | 碳钢 |  | 2 |  |  |

续表

| 序号 | 设备名称 | 型号 | 规格 | 单位 | 数量 | 国别厂家 | 备注 |
|---|---|---|---|---|---|---|---|
| 8 | 水液分离器 | | 不锈钢 | | 1 | | |
| 9 | 回收储槽 | | 碳钢 | | | | |
| 10 | 空压机 | 2-1.5/7 | | | 1 | | $n=13kW$ |
| 11 | 分馏塔 | | 碳钢 | | 1 | | |
| 12 | 排管冷却器 | | 碳钢 | | 1 | | |
| 13 | 泵 | 3BA-9 | | 台 | 3 | 国产 | $n=7.5kW$ |
| 14 | 回收塔 | | 硬聚氯乙烯 | | 1 | | |
| 15 | 碱循环槽 | | 碳钢 | | 1 | | 内有盘管 |
| 16 | 风机 | | 硬聚氯乙烯 | | 1 | | |
| 17 | 成品计量槽 | | 衬铝 | | 1 | | |
| 18 | 分解槽 | | 碳钢 | | 2 | | |
| 19 | 蒸汽锅炉 | | 2t | | 1 | | |

## 第6章 公用工程设计方案

### 1. 总图、仓储及运输

（1）总图布置。因为四氯化碳项目系在原厂址基础上建设，故根据厂内建设中运输、供配电、上下水等各方面条件，总图布置为将四氯化碳的生产车间及附属车间，建筑在老厂机修车间西侧，占地面积为2 000m²，拆除原建筑物300m²，场地平整1 500m²（见附件8）。

（2）仓储及运输。①仓储。由于该厂现有成品库房及半成品库房，仓储面积有富余，可供该项目使用，所以无须另建仓储设施。②运输。该项目所需原料及成品的全年运输量，如表14-7所示。

表14-7 全年运输量

| | 名称 | 数量 | 单位 | 包装方式 | 形态 | 运输方式 | 备注 |
|---|---|---|---|---|---|---|---|
| 运入 | 二氯化碳 | 600 | | 桶装 | 液态 | 公路 | 铝桶 |
| | 氯气 | 1 500 | | 钢瓶 | | | |
| | 烧碱 | 350 | | 槽车 | | | |
| | 小计 | 2 450 | t | | | | |
| 运出 | 四氯化碳 | 1 000 | | 铁桶装 | 液态 | 公路、铁路 | 最大量 |
| | 小计 | 1 000 | | | | | |
| | 总计 | 3 450 | | | | | |

该厂现有各种运输车辆17辆：

解放牌汽车：4t级3辆，3.5t级2辆，5t级2辆。黄河牌汽车：7t级5辆（翻斗自卸）。

装载机：ZL50型1辆，ZL-40型2辆。推土机：移山120型1辆。天津雁牌客货汽车：1.5t级1辆。

此外，还有一专用铁路货场，距厂区仅2km，占地面积为3 300m²。

该厂运输能力为30万吨/年，目前运输量只有20万吨/年，故运输能力无问题。

### 2. 土建

该项目在现有厂址内建设。其工程地质情况为：①复土层系属于第四系，全系统为新近沉积黏土及一般黏土。地层岩性较为均匀，无不良地质现象。工程地质条件尚属简单。②地基承载力为12～20t/m²。③地震烈度为7度。④需新增建筑面积690m²，为框架和砖混结构。需拆除原有建筑300m²。

土建工程如表14-8所示。

表 14-8 土建工程

| 序号 | 工程名称 | 结构形式 | 工程量单位 | 工程量 | 费用单位 | 费用合计 |
|---|---|---|---|---|---|---|
| 一 | 场地整理 | | | | | |
| | 场地平整 | 面积 | m² | 1 500 | 0.9 元/平方米 | 1 350 |
| | 临时道路 | | | 5 000 | 1.25 元/平方米 | 6 250 |
| | 临时供电 | 架线 | m | 3 500 | 2 元/米 | 7 000 |
| | 小计 | | | 10 000 | | 14 600 |
| 二 | 建筑工程 | | | | | |
| | 生产工房 | 框架结构 | m² | 364 | 240 元/平方米 | 37 360 |
| | 包装工房 | 简易工棚 | m² | 600 | 100 元/平方米 | 60 000 |
| | 化验室 | 砖混结构 | m² | 60 | 200 元/平方米 | 12 000 |
| | 车间办公室 | | m² | 60 | 150 元/平方米 | 9 000 |
| | 小计 | | | 1 084 | | 118 360 |
| 三 | 建筑物拆除 | | | | | |
| | 旧化验室 | 砖混结构 | m² | 35 | 0.5 元/平方米 | 17.5 |
| | 旧钳工间 | 砖混结构 | m² | 265 | 0.5 元平方米 | 132.5 |
| | 小计 | | | 300 | | 150 |
| 四 | 室外工程 | | | | | |
| | 道路 | 沥青混凝土 | m² | 3 500 | 10 元/平方米 | 35 000 |
| | 管道 | 地下埋设蒸汽管道 | m | 450 | 150 元/米 | 69 000 |
| | | 物料输送管道 | m | 210 | 250 元/米 | 52 500 |
| | 小计 | | | 4 160 | | 156 500 |
| | 总计 | | | | | 289 610 |

### 3. 供电

该厂现有变压器容量为 2 060kVA（其中，750kVA 变压器两台，560kVA 变压器一台）。目前生产所用负荷为 1 400kW，该项目需用电负荷仅为 100kW，故变压器容量足够使用，不需增容。此外，该厂配电室距云海市化工区变电站仅 40m，故供电可靠性较高。本装置用电直接从配电室接线。

### 4. 给排水

该厂有五眼深井，能供水 150t/h。水温 16℃～18℃。有 30m 高 100t 水塔一座，水压 3kg/cm²。全厂排水由厂区东北方向排出厂外。排水管直径为 300mm。本装置给排水主要利用原有设施。只增加部分管线，投资极少。

（1）循环水。循环水冷却采用 NBL-100 型中温玻璃钢冷却塔两座。进水温度 40℃，出水温度 32℃，温差 8℃。循环水泵房设计为长 16m、宽 6m 半地下式混合结构。泵房内安装 8sh-9A 循环水泵 2 台（其中 1 台备用）。值班室为 6m×9m 的地面混合结构。

（2）生活污水、生产下水。对于生活污水、生产下水、雨水，原厂区没有分开排泄，下水排泄点在东北方向，距厂区 2km。新装置排水（包括"三废"中的废水）统一由该厂动力车间污水处理工段经处理后排出。

### 5. 热力与采暖通风

该装置所需热力与采暖所需蒸汽，在厂现有的基础上只需增加一台 2t/h 锅炉即可。而通风也只需增加一台通风机和相应的管路即可，如表 14-9 和表 14-10 所示。

### 6. 测量与自动控制

由于该项目的设备购置系由恒和厂直接购进全套设备，无须该厂再配设测量与自动控制装置。

表 14-9 拟购锅炉的情况

| 序号 | 设备名称 | 型号 | 规格 | 单位 | 数量 | 单价 美元 | 单价 折人民币 | 单价 人民币 | 总价 美元 | 总价 折人民币 | 总价 人民币 | 总计 美元 | 总计 人民币计 | 国别厂家 |
|---|---|---|---|---|---|---|---|---|---|---|---|---|---|---|
| 1 | 锅炉 | WNLZ-13-A | 2T/hp=13kg/cm² | 台 | 1 | | | 35 000 | | | 35 000 | | 35 000 | 本国 |

表 14-10 设备安装工程表

| 序号 | 工程名称 | 工程内容 | 单位 | 工程量 | 费用/元 单位 | 费用/元 合计 |
|---|---|---|---|---|---|---|
| | 设备安装工程 | | | | | |
| 1 | 锅炉安装 | 基础 | m² | 4.5 | 350m² | 1 575 |
| 2 | 蒸汽管路 | 地下埋设 | m | 150 | 460m | 69 000 |
| 3 | 通风管路 | 架设 | m | 250 | 15m | 3 750 |

### 7. 机、电、仪器修理及其他

该厂现有的机、电、仪器修理设备和技术力量已够用,无须另行配置。

## 第7章 环境保护、劳动卫生与安全

### 1. 环境保护

(1)废液。排出少量含 5% NaOH 的碱性污水,可与该厂硫酸车间排出的酸性污水中和达到排放标准后排放。

(2)废气。根据从采用相同装置的生产厂家了解的情况(如 SH 新申江化工厂、HN 湘水化工厂),在生产过程中只从分馏塔中排出一些高沸点物,数量不大,经尾气烟囱(设计高度为 36m)高空排放,对周围环境没什么污染。

该项目无废渣。

以上处理方案可达环保要求。

### 2. 劳动卫生与安全

四氯化碳具有毒性,中毒症状分急性中毒和慢性中毒。

(1)急性中毒。吸入 2~4ml 的四氯化碳即能致死。因中枢神经受麻醉而呈抑制,立即意识不清,昏迷死亡。如吸入较高浓度的四氯化碳,最初出现上呼吸道黏膜刺激症状,随后有头痛、头晕、精神恍惚、恶心、呕吐、腹疼、腹泻等。继之出现肝、肾损害,食欲明显减退,发热、肝区疼痛,黄疸和肝功能异常。严重者发生急性重型肝炎、肝性脑病与肾衰竭,有时可以发生肺气肿。

对急性中毒者所采取的急救措施:立即远离现场、吸氧、静卧保暖、皮肤可用清水或 2% 碳酸氢钠或 1%硼酸溶液冲洗。如误服,应立即用 1:2 000 高锰酸钾洗胃。

(2)慢性中毒。常表现为头昏、眩晕、倦怠无力、记忆力减退、食欲缺乏、便秘或腹泻等症状。常伴有肝、肾损害。严重者可发生肝硬化。肾脏受到损害时,小便出现蛋白、红细胞管型等。

慢性中毒应对症治疗(略)。

此外,四氯化碳对皮肤黏膜有脱脂、干燥作用,接触后常引起皮肤破裂。由于以上原因,生产车间的设备和管道应密封良好,防止泄漏,并有良好的通风,降低空气中四氯化碳的含量,空气中允许浓度为 10PPm(65mg/m²),始达到卫生要求。要求工人工作时戴橡胶手套,皮肤如接触后采取前述措施。

## 第8章 企业的机构和定员

### 1. 组织机构

由于该项目是在该厂原有基础上进行的,除增加必要的人员外,对于机构无须另行增设,故机构无变化。

### 2. 劳动定员和来源

该项目需:操作工28人,分析工9人,维修工9人,管理人员5人,以上共计增员51人,工人为新招合同制工人,干部、技术人员及班组长由厂原有人员中调配。

### 3. 人员培训

拟于20××年7—9月去SH新申江工厂进行技术培训,技术工人和技术人员20人,培训费为18 000元。

## 第9章 项目实施计划

### 1. 项目实施的内容

(1)项目实施的管理。该项目由该厂一名副厂长及技术科、生产科、设备动力科抽出若干人员组成筹建办公室,另外,由供销科抽出专人负责各种物料及物资的供应和订货。

(2)设计和设备订货。该项目由于购进的是全套技术及设备,故不存在工艺及设备的设计问题。关于土建厂房的设计,拟委托云海市工业设计院承担。

(3)施工阶段。土建设计施工和设备安装调试预计8个月完成。

### 2. 项目实施进度表的编制

按上述进度情况,编制项目实施进度如表14-11所示。

表14-11 项目实施进度

| 项目进度内容 | 20××年 ||| 20××年 |||||||||||| 20××年 ||
|---|---|---|---|---|---|---|---|---|---|---|---|---|---|---|---|---|
| | 10 | 11 | 12 | 1 | 2 | 3 | 4 | 5 | 6 | 7 | 8 | 9 | 10 | 11 | 12 | 1 | 2 |
| 市场调研和可行性研究 | | | | | | | | | | | | | | | | | |
| 项目立项和落实资金 | | | | | | | | | | | | | | | | | |
| 签订全套设备供货合同 | | | | | | | | | | | | | | | | | |
| 土建工程设计和施工 | | | | | | | | | | | | | | | | | |
| 人员培训 | | | | | | | | | | | | | | | | | |
| 设备安装 | | | | | | | | | | | | | | | | | |
| 调试和试生产 | | | | | | | | | | | | | | | | | |
| 产品鉴定 | | | | | | | | | | | | | | | | | |

## 第10章 投资估算及资金筹措

### 1. 投资估算

(1)固定资产投资估算。根据该项目建设内容,固定资产总投资为116.61万元。其中,工程项目投资97.70万元,占总投资的83.8%;其他费用投资18.91万元,占总投资的16.2%。

固定资产投资估算表如表14-12所示。

估算说明如下:①通用设备和专用设备估算,根据供货厂家提供的设备原价,另加4%设备运杂费进行编制。②工艺管道及安装工程估算,参考有关指标和类似项目概算进行编制。③建筑工程估算,根据工艺要求和结构形式,结合当地造价水平进行编制。④其他费用估算,是根据有关规定和该项目实际情况进行编制的。

表 14-12　固定资产投资估算表　　　　　　　　　　　　　　　　　单位：万元

| 序号 | 工程或费用名称 | 估算价值 ||||| 其中：外币 | 占总估算价值的比例（%） | 备注 |
|---|---|---|---|---|---|---|---|---|---|
| | | 建筑工程 | 设备购置 | 安装工程 | 其他费用 | 合计 | | | |
| 一 | 工程费用 | | | | | | | | |
| 1 | 生产工房 | 25.9 | 45.8 | 9.7 | | 81.4 | | 69.8 | |
| 2 | 包装工工房 | 6.0 | 1.5 | 0.1 | | 7.6 | | 6.5 | |
| 3 | 化验室 | 1.1 | 3.2 | 0.2 | | 4.5 | | 3.9 | |
| 4 | 车间办公室 | 0.9 | | | | 0.9 | | 0.8 | |
| 5 | 室外管线、道路 | 3.4 | | | | 3.4 | | 2.9 | |
| | 合计 | 37.3 | 50.5 | 10.0 | | 97.8 | | 83.9 | |
| 二 | 其他费用 | | | | | | | | |
| 6 | 生产工具、家具费 | | | | 2.5 | 2.5 | | 2.1 | |
| 7 | 试车费 | | | | 3.5 | 3.5 | | 3.0 | |
| 8 | 培训费 | | | | 1.8 | 1.8 | | 1.5 | |
| 9 | 勘察设计费 | | | | 2.4 | 2.4 | | 2.1 | |
| 10 | 预备费 | | | | 8.6 | 8.6 | | 7.4 | |
| | 合计 | | | | 18.8 | 18.8 | | 16.1 | |
| | 总估算价值 | 37.3 | 50.5 | 10.0 | 18.8 | 116.6 | | 100.0 | |

（2）流动资金估算。参考类似企业有关资料并结合该项目的实际情况，生产流动资金按占年销售收入的25%估算，正常生产年份的流动资金为72.5万元。

### 2. 资金筹措及分年使用计划

固定资产总投资为116.61万元，其中，企业自有资金为20万元，向工商银行贷款96.60万元，年利率为8.64%。

正常生产年份流动资金总额为72.50万元。按工商银行要求，企业自有流动资金占30%，计21.80万元；其余70%，计50.70万元由工商银行贷款，年利率为7.92%。

根据该项目实施进度，固定资产投资在第1年全部投入，流动资金按生产负荷投入；第2年投入90%，计65.30万元；第3年再投入7.20万元，达到100%。

投资使用计划如表14-13所示。

表 14-13　投资使用计划

人民币单位：万元　　外币单位：万美元　　小计与合计单位：万元

| 序号 | 项目 | 建设期 1 ||| 投产期 2 |||| 达产期 3 |||| 合计 |
|---|---|---|---|---|---|---|---|---|---|---|---|---|---|
| | | 外币 | 折人民币 | 人民币 | 小计 | 外币 | 折人民币 | 人民币 | 小计 | 外币 | 折人民币 | 人民币 | 小计 | |
| 一 | 固定资产投资 | | | | | | | | | | | | | |
| 1 | 自有资金 | | | 20.0 | 20.0 | | | | | | | | | 20.0 |
| 2 | 人民币借款 | | | 96.6 | 96.6 | | | | | | | | | 96.6 |
| 2.1 | 拨改贷 | | | 96.6 | 96.6 | | | | | | | | | 96.6 |
| 2.2 | 银行借款 | | | | | | | | | | | | | |
| 2.3 | 地方自筹 | | | | | | | | | | | | | |
| 3 | 外汇借款 | | | | | | | | | | | | | |
| 3.1 | 国内 | | | | | | | | | | | | | |
| 3.2 | 国外商业贷款 | | | | | | | | | | | | | |
| 3.3 | 出口信贷 | | | | | | | | | | | | | |
| | 小计 | | | 116.5 | 116.6 | | | | | | | | | 116.6 |
| 二 | 流动资金 | | | | | | | | | | | | | |
| 1 | 自有资金 | | | | | | | 19.6 | 19.6 | | | 2.2 | 2.2 | 21.5 |
| 2 | 流动资金借款 | | | | | | | 45.7 | 45.7 | | | 5.0 | 5.0 | 50.7 |
| | 小计 | | | | | | | 65.3 | 65.3 | | | 7.2 | 7.2 | 72.5 |

## 第11章 经济分析

该项目是永鸿化工厂扩建年产 1 000t 四氯化碳的独立车间,新增产品与老产品无关,其增量投资为新增投资,增量效益为扩建部分新增的效益。

**1. 基本数据**

(1)实施进度及项目计算期。该项目第 1 年为建设期;第 2 年开始投产,其生产负荷达到设计能力的 90%;以后各年达到 100%,生产期按 10 年计算,整个计算期为 11 年。

(2)生产成本估算。①生产原材料费按现行价格加上到厂运杂费计算;②燃料和动力费按工厂劳务成本计算;③固定工资及职工福利基金按该厂平均水平计算;④车间经费、企业管理费和销售费用按该厂实际水平和有关规定计算;⑤固定资产基本折旧计算。

固定资产形成率按 95% 计算,建设期利息 4 万元,净残值按 5% 计算,固定资产折旧年限按 15 年计算,根据计算公式:

年折旧额 = (固定资产投资×固定资产形成率+建设期利息−净残值) ÷ 折旧年限
        = (116.6×95%$^*$+4)×95%$^*$ ÷ 15 ≈ 7.3(万元)

[$^*$——注:式中两处 95% = 1−(116.6×95%+4)×5%]

⑥流动资金在投产第一年开始按生产负荷投入,并按全年计算利息。

成本计算如表 14-14 和表 14-15 所示。

表 14-14　单位成本　　　　　　　　　　　　　　　　　　　单位:万元

| 序号 | 项目 | 规格 | 单位 | 单价 | 消耗定额 | 金额(负荷)/% 90% | 100% | 100% |
|---|---|---|---|---|---|---|---|---|
| 一 | 原材料 | | | | | | | |
| 1 | 二硫化碳 | ≥98.5% | T | 1 450 | 0.6 | 870.0 | 870.0 | 870.0 |
| 2 | 氯气 | ≥95% | | 450 | 1.5 | 675.0 | 675.0 | 675.0 |
| 3 | 烧碱 | ≥30% | | 252 | 0.35 | 88.2 | 88.2 | 88.2 |
| 二 | 燃料和动力 | | | | | 84.5 | 81.8 | 81.8 |
| 三 | 工资 | | | | | 54.4 | 49.0 | 49.0 |
| 四 | 提取的职工福利基金 | | | | | 6.0 | 5.4 | 5.4 |
| 五 | 车间经费 | | | | | 189.4 | 170.5 | 170.5 |
| 六 | 副产品回收 | | | | | | | |
| 七 | 车间成本 | | | | | 1 967.5 | 1 939.9 | 1 939.9 |
| 八 | 企业管理费 | | | | | 257.6 | 235.8 | 235.8 |
| 九 | 工厂成本 | | | | | 2 225.1 | 2 175.7 | 2 175.7 |
| 十 | 销售费用 | | | | | 5.8 | 5.8 | 5.8 |
| 十一 | 单位成本合计 | | | | | 2 230.9 | 2 181.5 | 2 181.5 |

表 14-15　总成本　　　　　　　　　　　　　　　　　　　单位:万元

| 序号 | 项目 | 第 2 年 100%负荷 可变成本 | 固定成本 | 合计 | 第 3 年全额 100%负荷 可变成本 | 固定成本 | 合计 | 第 4~11 年 100%负荷 可变成本 | 固定成本 | 合计 |
|---|---|---|---|---|---|---|---|---|---|---|
| 一 | 原材料 | | | | | | | | | |
| 1 | 二硫化碳 | 87.00 | | 78.30 | 78.30 | | 87.00 | 87.00 | | 87.00 |
| 2 | 氯气 | 60.73 | | 60.75 | 67.50 | | 67.50 | 67.50 | | 67.50 |
| 3 | 烧碱 | 7.94 | | 7.94 | 8.82 | | 8.82 | 8.82 | | 8.82 |
| | 小计 | 146.99 | | 146.99 | 163.32 | | 163.32 | 163.32 | | 163.32 |
| 二 | 燃料和动力 | | | | | | | | | |
| 1 | 水 | 0.72 | 0.34 | 1.06 | 0.80 | 0.34 | 1.14 | 0.80 | 0.34 | 1.14 |
| 2 | 电 | 1.69 | 0.80 | 2.49 | 1.88 | 0.80 | 2.68 | 1.88 | 0.80 | 2.68 |
| 3 | 气 | 2.74 | 1.31 | 4.05 | 3.05 | 1.13 | 4.36 | 3.05 | 1.31 | 4.36 |

续表

| 序号 | 项目 | 第2年100%负荷 | | | 第3年全额100%负荷 | | | 第4~11年100%负荷 | | |
|---|---|---|---|---|---|---|---|---|---|---|
| | | 可变成本 | 固定成本 | 合计 | 可变成本 | 固定成本 | 合计 | 可变成本 | 固定成本 | 合计 |
| | 小计 | 5.15 | 2.45 | 7.60 | 5.73 | 2.45 | 8.18 | 5.73 | 2.45 | 8.18 |
| 三 | 工资 | | 4.90 | 4.90 | | 4.90 | 4.90 | | 4.90 | 4.90 |
| 四 | 提取的职工福利基金 | | 0.54 | 0.54 | | 0.54 | 0.54 | | 0.54 | 0.54 |
| 五 | 车间经费 | | 17.05 | 17.05 | | 17.05 | 17.05 | | 17.05 | 17.05 |
| 六 | 企业管理费 | | 23.18 | 23.18 | | 21.58 | 21.58 | | 23.58 | 23.58 |
| 七 | 销售费用 | 0.52 | | 0.52 | 0.58 | | 0.58 | 0.58 | | 0.58 |
| 八 | 总成本 | 152.64 | 48.12 | 200.78 | 169.63 | 48.52 | 218.15 | 169.63 | 48.52 | 218.15 |
| | 其中：基本折旧 | | 7.3 | 7.3 | | 7.3 | 7.3 | | 7.3 | 7.3 |
| | 流动资金利息 | | 3.6 | 3.6 | | 4.0 | 4.0 | | 4.0 | 4.0 |
| 九 | 经营成本 | 152.66 | 37.22 | 189.88 | 169.63 | 37.22 | 206.85 | 169.63 | 37.22 | 206.85 |

**2. 财务评价**

（1）销售收入。根据有关资料和同类产品的国内市场价格，拟定该产品的销售价格为2 900元/吨。按上述价格计算的正常生产年份的销售收入为90万元。产品销售收入计算如表14-16所示。

（2）税金。该项目为新产品开发，根据有关规定投产后（第1、2、3年）免税3年，从第4年开始照章纳税，其产品税为10%，城市维护建设税和教育费附加分别为产品税的7%和1%。

经计算，正常生产年份的销售税金为31.3万元。

表14-16 产品销售收入

销售收入：人民币单位：万元　外币单位：万美元　内销与小计单位：万元

| 序号 | 产品名称 | 单位 | 单价 | | 生产负荷90% | | | | | | 生产负荷100% | | | | | |
|---|---|---|---|---|---|---|---|---|---|---|---|---|---|---|---|---|
| | | | 外销（外币） | 内销（人民币） | 销售量 | | | 销售收入 | | | 销售量 | | | 销售收入 | | |
| | | | | | 外销 | 内销 | 小计 | 外销 | 内销 | 小计 | 外销 | 内销 | 小计 | 外销 | 内销 | 小计 |
| 1 | 产品销售（营业）收入 | | | | | | | | | | | | | | | |
| 2 | 四氯化碳 | t | | 0.29 | | 900 | 900 | | 261 | 261 | | 1 000 | 1 000 | | 290 | 290 |

（3）利润。该项目不发生技术转让费和资源税，也不考虑营业外净支出，经计算，正常生产年份的利润总额为40.5万元。

利润表如表14-17所示。

表14-17 利润表　　　　　　　　　　　　　　　　　单位：万元

| 序号 | 项目 | 投产期 | 达到设计能力生产期 | | | | | 合计 |
|---|---|---|---|---|---|---|---|---|
| | | 2 | 3 | 4 | 5 | 6 | 7~11 | |
| | 生产负荷（%） | 90 | 100 | 100 | 100 | 100 | 100 | |
| 一 | 产品销售（营业）收入 | 261 | 290 | 290 | 290 | 290 | 290×5 | 2 871 |
| 二 | 总成本 | 200.8 | 218.2 | 218.2 | 218.2 | 218.2 | 218.2×5 | 2 164.6 |
| 三 | 销售税金 | | | 31.3 | 31.3 | 31.3 | 31.3×5 | 250.4 |
| 四 | 技术转让费 | | | | | | | |
| 五 | 销售利润 | 60.2 | 71.8 | 40.5 | 40.5 | 40.5 | 40.5×5 | 456 |
| 六 | 资源税 | | | | | | | |
| 七 | 营业外净支出 | | | | | | | |
| 八 | 利润总额 | 60.2 | 71.8 | 40.5 | 40.5 | 40.5 | 40.5×5 | 456 |

根据表14-17计算下列评价指标：

投资利润率=年利润总额×100%÷总投资=40.5×100%÷(116.6+4+72.5)≈21%

投资利税率=年利税总额×100%÷总投资=(40.5+31.3)×100%÷(116.6+47+2.5)
$$\approx 43.2\%$$

（4）现金流量分析。现金流量计算如表 14-18 所示。

表 14-18 现金流量表（全部投资） 单位：万元

| 序号 | 项目 | 建设期 1 | 投产期 2 | 合计 3 | 合计 4 | 合计 5~10 | 合计 11 | 合计 |
|---|---|---|---|---|---|---|---|---|
|  | 生产负荷（%） |  | 90 | 100 | 100 | 100 | 100 |  |
| 一 | 现金流入 |  |  |  |  |  |  |  |
| 1 | 产品销售（营业）收入 |  | 261 | 290 | 290 | 290×6 | 290 | 2 871 |
| 2 | 回收固定资产余值 |  |  |  |  |  | 41.8 | 41.8 |
| 3 | 回收流动资金 |  |  |  |  |  | 72.5 | 72.5 |
|  | 流入小计 |  | 261 | 290 | 290 | 290×6 | 404.3 | 2 985.3 |
| 二 | 现金流出 |  | 65.3 |  |  |  |  |  |
| 1 | 固定资产投资 | 116.6 | 189.9 |  |  |  |  | 306.5 |
| 2 | 流动资金 |  |  | 7.2 |  |  |  | 7.2 |
| 3 | 经营成本 |  |  | 206.9 | 206.9 | 206.9×6 | 206.9 | 1 862.1 |
| 4 | 销售税金 |  |  |  | 31.3 | 31.3×6 | 31.3 | 250.4 |
| 5 | 技术转让费 | 116.6 | 255.2 | 214.1 | 238.2 | 238.2×6 | 238.2 | 2 491.5 |
| 6 | 资源税 | −116.6 | 5.8 | 75.9 | 51.8 | 51.8 | 166.1 | 493.8 |
| 7 | 营业外净支出 | −116.6 | 110.8 | −34.9 | 16.9 | 327.7 | 493.8 |  |
|  | 流出小计 |  |  |  |  |  |  |  |
| 三 | 净现金流量 |  |  |  |  |  |  |  |
| 四 | 累计净现金流量 |  |  |  |  |  |  |  |
|  | 计算指标：财务内部收益率：37% |  |  |  |  |  |  |  |
|  | 　　　　　财务净现值（$i$=10%）：203 |  |  |  |  |  |  |  |
|  | 　　　　　投资回收期：3 年 8 个月 |  |  |  |  |  |  |  |

从表 14-18 可得出，累计净现金流量第 4 年出现正值，计算期内累计净现金流量为 463.8 万元。

由表 14-18 计算的财务评价指标如下：财务内部收益率 37%；财务净现值（$i_c$=10%）203 万元；投资回收期（含建设期）3 年 8 个月。

（5）借款偿还分析。还款资金来源计算如下：①可用于还款的折旧，基本折旧按规定上缴 15%的能源交通建设基金后，其余 20%为企业留用，80%为还款资金。②扣除企业留利后的利润总额，按规定还款期间企业留利为企业基金取工资总额 5%、奖励基金取标准工资 12%、新产品试制基金取正常年利润的 3%。

项目投产后，每年用上述还款资金偿还固定资产借款本息，借款偿还期含建设期为 2 年 8 个月。借款偿还平衡表如表 14-19 所示。

表 14-19 借款偿还平衡表 单位：万元

| 序号 | 项目 | 建设期 1 | 投产期 2 | 达产期 3 | 合计 |
|---|---|---|---|---|---|
| 一 | 借款支用及还本付息 |  |  |  |  |
| 1 | 年初借款累计 |  | 100.6 | 43.5 |  |
| 2 | 本年借款支用 | 96.6 |  |  | 96.6 |
| 3 | 本年应计利息 | 4.0 | 6.0 | 1.9 | 11.9 |
| 4 | 本年还本付息 |  |  |  |  |
| 4.1 | 还本 |  | 53.1 | 43.5 | 96.6 |
| 4.2 | 付息 |  | 10.0 | 1.9 | 11.9 |
| 5 | 期末借款累计 | 100.6 | 43.5 | 0 |  |
|  | 其中：利息累计 | 4.0 |  |  |  |

续表

| 序号 | 项目 | 建设期 1 | 投产期 2 | 达产期 3 | 合计 |
|---|---|---|---|---|---|
| 二 | 还款资金来源 | | | 206.9 | 206.9 |
| 1 | 利润总额 | | 60.2 | 71.8 | |
| 2 | 可用于还款的折旧 | | 5.0 | 5.0 | |
| 3 | 可用于还款的其他收益 | | | | |
| 4 | 还款期企业留利 | | 2.1 | 2.1 | |
| | 合计 | | 43.1 | 74.7 | |

（6）财务平衡分析。财务平衡表如表 14-20 所示。

表 14-20　财务平衡表　　　　　　　单位：万元

| 序号 | 项目 | 建设期 1 | 投产期 2 | 达到设计能力生产期 3 | 4 | 5~10 | 11 | 合计 |
|---|---|---|---|---|---|---|---|---|
| | 生产负荷（%） | | 90 | 100 | 100 | 100 | 100 | |
| 一 | 资金来源 | | | | | | | |
| 1 | 利润总额 | | 60.2 | 71.8 | 40.5 | 40.5×6 | 40.5 | 456 |
| 2 | 折旧费 | | 7.3 | 7.3 | 7.3 | 7.3×6 | 7.3 | 73 |
| | 其中：可作为归还借款的折旧 | | 5 | 5 | | | | 10 |
| 3 | 固定资产投资借款 | 96.6 | | | | | | 96.6 |
| 4 | 流动资金借款 | | 45.7 | 5 | | | | 50.7 |
| 5 | 企业自有资金 | 20 | | | | | | 20 |
| 5.1 | 用于固定资产投资 | | 19.6 | 2.2 | | | | 21.8 |
| 5.2 | 用于流动资金 | | | | | | 41.8 | 41.8 |
| 6 | 回收固定资产余值 | | | | | | 21.8 | 21.8 |
| 7 | 回收自有流动资金 | | | | | | | |
| | 来源小计 | 116.6 | 132.8 | 86.3 | 47.8 | 47.8×6 | 111.4 | 781.7 |
| 二 | 资金运用 | | | | | | | |
| 1 | 固定资产投资 | 116.6 | | | | | | 116.6 |
| 2 | 流动资金 | | 65.3 | 7.2 | | | | 72.5 |
| 3 | 还款期间的企业留利 | | 2.1 | 2.1 | | | | 4.2 |
| 4 | 企业留用的折旧 | | 1.2 | 1.2 | 6.2 | 6.2×6 | 6.2 | 52 |
| 5 | 自折旧中提取的能源交通基金 | | 1.1 | 1.1 | 1.1 | 1.1×6 | 1.1 | 11 |
| 6 | 固定资产投资借款利息偿还 | | 10 | 1.9 | | | | 11.9 |
| 7 | 固定资产投资借款本金偿还 | | 53.1 | 43.5 | | | | 96.6 |
| 8 | 所得税 | | | | | 22.3×6 | 22.3 | 156.1 |
| 9 | 盈余资金 | | | 29.3 | 18.2 | 18.2×6 | 81.8 | 238.5 |
| | 运营小计 | 116.5 | 132.8 | 86.3 | 47.8 | 47.8×6 | 111.4 | 781.7 |

从财务平衡表（见表 14-20）和利润表（见表 14-17）中得出，整个计算期 11 年内（包括 1 年建设期），除偿还借款本金和利息外，可上交销售税金 250.4 万元，所得税 156.1 万元。能源交通建设基金 11 万元，还款期间企业留利 4.2 万元，企业留用的折旧 52 万元，盈余资金 238.5 万元。

（7）不确定性和风险分析。

① 盈亏平衡分析。计算生产能力利用率盈亏平衡点：

BEP＝总固定成本×100%÷(销售收入-总可变成本-销售税金)

＝48.52×100%÷(290-169.63-31.3)≈54.5%

计算表明，当生产能力达到 54.5%时，也就是当二氯化碳产量达到 545t 时，企业可以保本，实现盈亏平衡。

② 敏感性分析。该项目就固定资产投资、销售价格和经营成本的变化对财务内部收益率的影响进行了敏感性分析，相关数据列于表 14-21 中，所做敏感性分析图见附图（图略）。从表 14-21

中可以看出，每个因素的变化都不同程度地影响了项目的内部收益率，尤其销售价格和经营成本更为明显，但各因素在±10%幅度内变化，其内部收益率均在16%以上，高于基准收益率10%。

表 14-21 敏感性分析

| 项目 | 变化率 | | | | |
| --- | --- | --- | --- | --- | --- |
| | −20% | −10% | 预测值 | 10% | 20% |
| 固定资产投资 | 45.3 | 40.8 | 37.0 | 33.8 | 31.0 |
| 销售价格 | | 16.4 | 37.0 | 57.4 | |
| 经营成本 | | 52.4 | 37.0 | 21.2 | |

③ 风险分析。（略）

（8）项目的国民经济分析。（略）

（9）结论。该项目财务评价各项指标较好，财务内部收益率37%，投资利润率21%，投资利税率37.2%，均高于目前国内同行业平均水平；投资回收期（含建设期）为3年8个月、借款偿还期（含建设期）为2年8个月，都比较短；不确定性分析表明项目具有一定的抗风险能力。所以，该项目财务效益是好的，是可行的。

附件：附件1～附件8（略）

## 14.3 案例点评与解析

该案例是关于国内独资企业在常规资源约束条件下投资工业新产品开发项目的可行性分析报告。作为新建投资项目的一种基本表现形式，新产品开发项目可行性分析报告的内容与深度标准通常应符合一般工业建设项目投资可行性分析的基本要求，故该案例报告对于全面了解和把握一般工业新建项目投资可行性分析的操作过程，特别是第2篇中有关具体分析操作的说明加以综合运用具有一定的典型意义和较强的代表性。

该案例报告分析研究的过程，内容完整，表述规范，重点突出，深度要求适中，层次分析到位，参考价值较大。案例中，除因项目的建设用地是在老厂所在的厂址中进行，故无选址问题需要分析，外加经济性评价的时间价值因素——动态性考虑不足外，案例在具体内容的分析上，无论是报告总说明中对开发四氯化碳新产品承办企业及前期研究工作情况的介绍，还是对开发四氯化碳新产品项目在经济性的各类指标与不确定性等方面进行的分析评价都能层次清晰、结论明确地反映此类项目可行性分析的一般特点。

此外，该案例报告作为可借鉴的研究分析模板，在操作层面上的参考价值在于，对开发四氯化碳新产品的可行性分析主要从以下三方面对该项目所做的详细、深入、优化的研究，为该项目的投资决策提供了资料完整、分析可靠的科学依据：一是突出了对供需情况和生产规模所做的市场调查和预测分析，作为开发四氯化碳新产品项目可行性分析的先决条件和前提，决定了项目投资建设的必要性，成为开发四氯化碳新产品项目成立的最重要的依据，其真实性、可信度，增强了项目理论与实际的必要性；二是深入阐述的涉及开发四氯化碳新产品的物质技术方案和建设条件，这是开发四氯化碳新产品可行性的技术基础，报告从资源投入、厂址说明、工艺技术与设备、公用工程、环保与劳动卫生和生产组织等问题入手进行分析说明，决定了开发四氯化碳新产品项目在技术上的可行性；三是对开发四氯化碳新产品项目在经济效果上的分析和评价，其评价指标和方法涉及的基本数据、盈利能力和不确定性分析等内容，资料可靠、计算精准、结论有利，说明了项目在经济上的合理有益性，它是决定开发四氯化碳新产品项目应否投资的关键，因此也是该项目可行性分析的核心部分。

# 第15章 工业改扩建项目可行性分析原理精要与案例解析

## 15.1 一般工业改扩建项目可行性分析原理精要

### 1. 相关概念

项目改建是指在常规资源约束条件下，原有企（事）业单位为提高生产效率和技术水平、改进产品质量或改变产品结构、节约能源、降低原材料消耗等所进行的固定资产更新和包括局部和整体性工艺技术改造等在内的有关工作。项目扩建是指原有企（事）业单位为扩大原有产品的生产能力或效益、增加新产品的生产能力而新建主要生产装置和机构（车间）——项目的投资活动。

通常把对老厂的改建、扩建、恢复、迁建及固定资产更新和技术改造项目统称为改扩建项目，按其建设方式的不同，可分为更新改造项目、扩建项目和改造与扩建相结合的项目三种类型。更新改造项目特指利用企业基本折旧资金、国家更改措施预算拨款、企业自有资金、国内外技术改造贷款等项资金按统一的设计，全部或部分地改造、更换生产设备（一般不新建和扩建现有的主要生产车间，但必要时可新建、扩建现有辅助车间和公用设施），在新的现代化的工艺技术基础上，用比新建和扩建更少的费用，在更短的时间内扩大生产规模，增加花色品种，提高产品产量，改善其他技术经济指标的工作。

### 2. 改扩建项目的特点

一般而言，为提高项目社会综合经济效益和实现固定资产再生产进行的改扩建项目，相比新建项目，因其与原有企业密切相关，是在企业原有基础上进行的建设，能充分利用原有企业的场地、资源、熟练劳动力的培养和扩充、先进技术和管理经验的推广运用等方面的优势，具有投资省、工期短、见效快的优点，故而在每年的固定资产投资中都有相当部分被安排用于改扩建项目；但同时也存在项目建设目标具有多样性、费用和效益的表现多为增量且识别和计算较为复杂、规模较小、投资额不大、在建设期内建设时要与生产同时进行等自身的特点。

### 3. 改扩建项目的可行性分析与评价

（1）改扩建项目可行性分析与评价的必要性与要求。由于改扩建项目的影响大、涉及面广、技术性强，对其进行科学、客观和公正的分析评价与严密的管理，是保证项目顺利进行并取得预期收益的前提。要安排和运用好对改扩建项目的投资，搞好这项复杂而细致工作的关键是做好改扩建项目的可行性分析论证。也就是，要在充分调研的基础上，从企业和国民经济的角度出发，采用一系列专门的分析方法和评价体系，对改扩建项目的综合经济效益和社会经济效益及其他相关问题进行全面、系统的分析评价，以为投资者或项目决策部门提供科学、系统、完整的数据资料，为搞好项目投资决策，提高投资的经济效益发挥应有的作用。

（2）改扩建项目可行性分析的基本要求。对于拟进行改扩建的工程建设项目做前期可行性分析，应在一般工业新建项目可行性分析思路与要求的基础上，通过增加对原有固定资产的利用和企业现有概况的说明和分析等内容来加以补充和完善。鉴于各类建设项目的性质、任务、规模及工程复杂程度的不同，可行性分析的内容应随行业不同而有所区别，并各有侧重，深度和广度也不尽一致。通常，要求针对不同项目建设方式所属项目类型的具体特点，按照客观性、完整性、宏观经济效益性、有无对比和可比性五项基本原则，在制定全面规划、做好项目可行性分析与贷款咨询评价工作、监督改扩建项目的实施并做好项目后评价的思路指导下，开展改扩建项目可行性分析工作。其中，重点是对老企业（项目）在实施改建、扩建、恢复、迁建及固定资产更新和技术改造过程中所涉及的物质技术条件与经济性、环境效益与社会效益的可行与否进行全面的分析评价。这里，有无对比原则也叫增量原则，是以增量效益和增量费用来考虑项目综合经济效益的。

（3）改扩建项目经济性分析的基本方法。一般来说，经济性分析主要有前后对比法与有无对比法两种理论方法。前者指建设"项目前"与对改扩建项目进行"项目后"的对比，因此把项目前的状态视为静态的，对新建项目此"有项目"与"项目前"一般没有区别；后者则指"有项目"与"无项目"的对比，是一种考虑了项目原来在生命期内可能发生的变化，将无项目时的状态视为动态的，故其能够较真实地反映改扩建项目的财务经济效益。为此，实际操作时，进行改扩建项目分析的方法与一般新建项目相比，除了当且仅当兴建一个项目仅仅是为了改变现状，若不兴建项目其现状就不会改变时，使用前后对比法与有无对比法分析评价项目的结果相同外（此时，可把前后对比法看作有无对比法的一种特殊情况）；有所不同的和需要特别注意的是，对改扩建项目的经济性做分析评价，通常采用有无对比法——一种用于改扩建项目上考虑以上两种假设的情况下，要分别计算效益和费用，然后通过这两种数据的差额（增量数据，包括相对应的增量效益与增量费用），计算增量部分的评价分析指标，以比较分析评价项目效益好坏的方法，这是改扩建项目经济分析方法的最大特点。需要注意的是，这里的"无项目"并不等同于上项目之前的状态，而是指在不上项目的假定条件下对项目未来情况的预测。

## 15.2 典型改扩建项目可行性分析案例介绍

### T—Q 输油管道改扩建项目可行性分析报告

DG 设计研究院　　201×年12月

项目负责人（签字）

总工程师（签字）

院长（签字）

各专业部门审核负责人（签字）（略）

**编制说明**

（1）根据 DBS 局计发（201×）第××号《关于下达编制 T—Q 输油管道改造可行性分析报告的通知》，DG 设计研究院于 201×年×月完成《T—Q 输油管道改造可行性分析报告》（储—×××）。

（2）根据CYG局和DBS局关于TQ线改造现场办公纪要（第××期）《关于TQ线技术改造问题会议纪要》（见附件二）及DBS局重新下达计发（201×）第××号《关于下达编制T—Q输油管道改造可行性分析报告的通知》（见附件一），DG设计研究院于201×年××月完成了对"储—×××"的修改，修改后的文件档案号为"储—×××"。

（3）201×年××月××日，向CYG局汇报了《T—Q输油管道改造可行性分析报告》（储—×××）。

（4）201×年××月××日，CYG局下发YGD计字（201×）×××号《关于T—Q输油管道改造可行性分析的批复》（见附件三），据此对"储—×××"进行修改，该文件为修改后的可行性分析报告，档案号为"储—×××"。

输油站改建总平面布置图（略）。

资料图纸目录（略）。

## T—Q输油管道改造项目可行性分析报告说明书

编制、校对、审核、审定、核准（签字）（略）

目录

**第1章 总论**
1.1 项目可行性分析的依据
1.2 TQ线改造的必要性
1.3 可行性分析的目的和工程范围
1.4 TQ线改造的目标及原则
1.5 工程概况
1.6 主要工程量及技术经济指标
1.7 推荐方案论证分析及问题和建议

**第2章 输送工艺**
2.1 设计基础数据
2.2 加热输送方案
2.3 降凝输送方案
2.4 结论

**第3章 线路整改**
3.1 TQ线线路概况
3.2 线路整改措施

**第4章 站址及总平面布置**
4.1 设计原则
4.2 站址及总平面布置概述

**第5章 仪表自动化**
5.1 概述
5.2 自控方案
5.3 主要检测参数
5.4 设备配置
5.5 主要设备选型原则
5.6 其他说明

**第6章 通信**

**第7章 公用工程及维修中心**
7.1 电气
7.2 供热与通风
7.3 给排水
7.4 消防
7.5 维修中心

**第8章 组织机构及人员编制**
8.1 组织结构
8.2 人员编制
8.3 技术培训

**第9章 职业安全卫生**

**第10章 环境保护**
10.1 TQ线沿线的环境现状
10.2 主要污染源和污染物
10.3 管道建设引起的环境变化
10.4 污染控制措施

**第11章 系统可靠性与安全保障**
11.1 设计可靠性
11.2 管道安全保障

**第12章 节能**
12.1 节能指标及分析
12.2 节能措施

12.3　节能计算成果

第13章　抗震设防

第14章　主要设备及材料

14.1　主要设备

14.2　主要材料

第15章　项目进度计划及实施建议

15.1　项目进度计划

15.2　实施建议

第16章　投资估算与资金筹措

16.1　投资估算

16.2　资金筹措及建设期利息

第17章　经济效益分析

17.1　概述

17.2　基础数据

17.3　财务效益分析

17.4　国民经济分析

17.5　评价结论

附件一《关于下达编制T—Q输油管道改造可行性分析报告的通知》

附件二《关于TQ线技术改造问题会议纪要》

附件三《关于T—Q输油管道改造可行性分析的批复》

附件四关于Sy水泵厂生产的输油泵情况及TQ线改造配泵方案

附件五关于热媒炉和直接炉的经济对比

## 第1章　总论

### 1.1　项目可行性分析的依据

**1. 建设项目提出的依据**

（1）CYG局文件YGD计字〔201×〕×××号《关于下达GD局二○一×年前期工作计划的通知》。

（2）DBS局计发〔201×〕第××号《关于下达编制T—Q输油管道改造可行性分析报告的通知》，见附件一。

（3）CYG局下发YGD计字〔201×〕×××号《关于T—Q输油管道改造可行性分析的批复》，见附件三。

**2. 企业基本情况**

（1）管理单位概况。T—Q输油管道（简称TQ线）的输油站是SYQ总公司下属的基层单位。其中T首站属Dl输油公司管理，Mx、Hs、Lh、Hd、Sz及Q末站属J输油公司管理。

国务院决定，从200×年×月×日起，对DBS局等234户重点骨干企业试行"双保"办法，即由国家向企业提供主要生产条件，企业保证向国家上缴利税和统配产品，这对担负重要输油任务的TQ线提出了更高的要求。

（2）TQ线概况。TQ线于199×年投产，是DB输油管网的重要组成部分。其任务是将TQ线输至T站的部分Dq原油中转输送到Q末站，并由Hd输油站分输给石油W厂部分原油。

TQ线由输油站、线路和通信三部分组成。

① 输油站有：T首站1座；中间输油站5座，Mx、Hs、Lh、Hd、Sz；Q末站1座。

② 线路为Ø720×8（9）管道，长度为454.25km（其中首段的50km由DBS局Dl输油公司管理，末段的17.25km由Q输油公司管理）。

③ 通信利用DQ线微波通信系统。

TQ线原设计输油能力为$2\,000 \times 10^4$t/a，200×—201×年DBS局对TQ线进行了低耗节能技术改造。此次改造后，T—Mx、Lh—Hd站段的最大日输能力约为$5.4 \times 10^4$t。为增加DB输油管网的弹性，201×—201×年，对QT线、TD线、TQ线进行了增输改造。通过在T、Lh出站端加减阻剂的方法使TQ线日输能力达$5.6 \times 10^4$t。目前TQ线输油能力为$1\,800 \times 10^4$t/a，并能满足三季度日输量 $5.6\times 10^4$t 的要求。

全线输油站分布如图 15-1 所示。各站站间距、高程、最高允许出站管压、现有主要设备如表 15-1 所示。

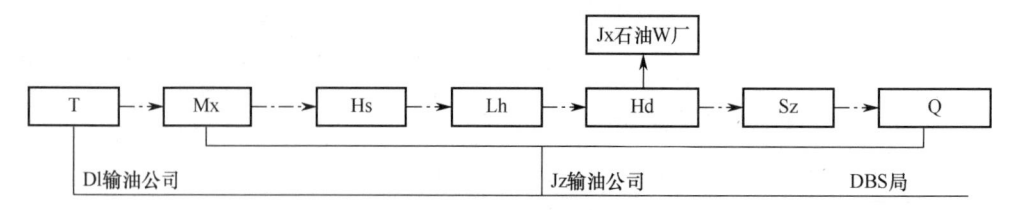

```
                                    Jx石油W厂
                                        ↑
   T → Mx --→ Hs → Lh --→ Hd → Sz --→ Q
   |_____|_____|_____|
      Dl输油公司           Jz输油公司     DBS局
```

图 15-1　全线输油站分布图

表 15-1　各站站间距、高程、最高允许出站管压、现有主要输油设备

| 序号 | 站名 | 主要输油设备（型号×台数） |||| 高程/m | 最高允许出站管压/Pa | 站间距/km |
|---|---|---|---|---|---|---|---|---|
| | | 输油泵 | 电机/kW | 加热炉/kW | 储油罐/m³ | | | |
| 1 | T | ZM375/07×2<br>20×20×14HSB×1 | 1 850<br>2 290 | 4 650×2 | 20 000×3<br>50 000×2<br>100 000×2 | 93.0 | 4.27 | 92.19 |
| 2 | Mx | DKS750/550×4<br>DZS350×432×2×1 | 1 600<br>3 200 | 8 141×2<br>6 397×1 | 5 000×1<br>700×1 | 30.6 | 4.41 | 71.58 |
| 3 | Hs | DKS750/550×3<br>DKS750/550×1*<br>DZS350×432×2×1 | 1 600<br>1 500<br>3 000 | 8 141×2<br>6 397×1 | 1 000×1 | 31.5 | 4.39 | 79.08 |
| 4 | Lh | DKS750/550×4<br>DZS350×432×2×1 | 1 600<br>3 200 | 8 141×2<br>6 397×1 | 3 000×1 | 15.2 | 4.39 | 79.37 |
| 5 | Hd | DKS750/550×2<br>DKS750/550×1*<br>DZS350×432×2×1<br>KS2 700/90×1 | 1 600<br>1 500<br>3 000<br>100 | 8 141×2<br>6 397×1 | 3 000×1 | 32.9 | 4.27 | 71.17 |
| 6 | Sz | DKS750/550×3<br>DZS250×340×2×2 | 1 600<br>1 600 | 8 141×2<br>6 397×1 | 700×1 | 37.3 | 4.27 | 60.86 |
| 7 | Q | | | | | 60.4 | | |

注：1. 带"*"的泵所配电机为调速电机。2. T加热炉为热媒炉，其余为方箱式加热炉。

### 1.2　TQ 线改造的必要性

TQ 线在 DB 输油管网中具有独特的地位和作用。一方面，它作为 DB 输油管网的一条重要的输油干线，担负着部分 Dq 原油的外输任务；另一方面，它作为 TD 线的调节管线，其输量波动较大。TQ 线自 199×年投产至 201×年年底累计输油 $33\,500\times 10^4$t，为 Dq 油田的开采、石化工业的发展和石油外贸做出了重要贡献。但对 TQ 线的投入相对较少，近年来每年的大修理费约为 1 495 万元，投产以来用于 TQ 线改造的总投资共计 6 230 万元。

TQ 线自投产以来，一直沿用旁接油罐输油流程，主要输油设备能耗高；针对这种情况，DBS 局于 200×—201×年对 TQ 线进行了低耗节能配套技术改造，由于改造资金有限，投资仅为 849.71 万元，改造仅仅是局部的，是在原有的基础上，不进行大规模改动的前提下实现了并联泵先炉后泵密闭输油工艺。改造的主要工程量是：各中间站先炉后泵流程改造、各换 1 台 DZS350 型泵（Sz SDZS250 型 2 台）、每站将 1 台 8 141kW 加热炉改为 6 397kW 加热炉。仪表自控系统仅为低档次改造，只实现了遥测、遥控。大部分投产初期的输油设备没有得到改造，输油泵机组、加热炉、电气设备的使用期已超过使用寿命，老化严重。

200×年以来，TQ 线经常满负荷运行，某些站的出站压力已达上限，运行××年的输油干线抗风险能力降低，进入事故多发期。但多年来，对输油干线的投入却很有限，只是采取哪漏哪堵、哪坏哪补、头疼医头、脚疼医脚的维持办法。

依据SYQ总公司"稳定东部，开发西部"的总战略，要求Dq油田在现有产量的水平上还要继续稳产。"以产定运"的方针，决定了TQ线今后年输量仍将维持在$1\,400\times10^4\sim1\,800\times10^4$t水平。TQ线的安危直接关系着总战略目标的实现。而现在的TQ线存在着设备老化、管线腐蚀、系统运行效率低、调控落后、运行隐患多、维护量急剧增加等一系列问题。TQ线已进入事故多发期，输油生产险象环生，随时都可能发生意想不到的大事故，因此，TQ线改造势在必行、迫在眉睫。

目前，TQ线存在的主要问题如下。

### 1. 存在重大事故隐患

（1）设备老化、质量差及站内管道腐蚀严重，威胁安全生产和输油任务的完成。

① 输油主泵老化严重，维修量大，维修困难。目前，TQ线中间站共有DKS750/550泵18台，DZS350泵4台，DZS250泵2台。

由于DKS750/550泵已经运行××年，其主要部件的磨损日趋严重，需要更换的零部件越来越多，修理费用逐年上升。另外，许多零部件现已不再生产，增加了修理难度，影响了修理质量，泵的性能难以恢复。据统计，到目前为止，全线DKS750/550泵的大修理次数已高达103次，单台泵有的已大修8次，中小修次数就更多了。

各站的DZS型泵效率较高，但仅占全线台数的1/3，并存在着密封漏油等问题，不能担负全部输油任务。

② 输油主泵配套电机老化严重。TQ线Mx—Sz五个中间输油站共有高压电机24台，其中18台为DKS 750/550泵配带的YGL—630—2型$1\,500\sim1\,800$kW电机，这些电机都是198×年生产的。

该电机的设计使用寿命为20年，而现在已运行××年，多次发生因绝缘老化而击穿事故。Mx 1号机、Hd 2号机、Lh 2号机在运行时都曾发生过因绝缘老化击穿事故。

另外，这些电机都是197×年设计的产品，结构不合理，质量不好，多次出现槽楔垫块脱落、绑线断裂、端环松动、接头断裂等故障。由于接头断裂造成电机电阻过大，所以，在春检测试时不得不降低检验标准。近年来进行春检测试时，在Mx、Hs、Hd共发现十多次直流电阻不合格、两次电机击穿现象。由于被击穿的电机往往难以在现场修复，被迫设置一台更换线圈的备用电机，否则将无法维持正常的输油生产。

③ 加热炉。TQ线Mx—Sz每站各有3台8 141kW（$700\times10^4$kcal/h）管式方箱炉，其中1台在$200\times—201\times$年改造为6 397kW（$550\times10^4$kcal/h）。

加热炉运行××年来，无论是内部结构还是外部结构均已老化。为了杜绝重大事故的发生，近年来不得不经常对其进行测试和大修。最近的测试表明，目前各站炉管腐蚀相当严重（约3mm），有的炉管厚度仅为6mm左右。炉体的合金构架、炉墙体、炉顶盖板也多次出现裂缝、倾斜，运行时墙体冒烟，虽经改为先炉后泵流程，降低使用压力延长了使用时间，但已修不胜修，补不胜补。

各站加热炉点火困难，经常灭火，正压燃烧喷火现象时有发生，给运行操作带来困难。

④ 阀门存在严重缺陷。TQ线中间站共有DN300以上各种阀门197台，××年来大部分未更换过，阀门的磨损、老化日益严重、隐患增多；给输油生产带来严重威胁。综合起来阀门存在下述缺陷：

A. 电动阀门的限位开关落后，超扭矩保护不灵。TQ线共有48台电动阀门，其中有2台阀门分别出现了支架顶断、阀杆螺母咬死、阀门不能开关而整体更换等问题，严重影响了输油生产。为解决这一问题，$200\times—200\times$年对所有电动阀门的电动装置分三批进行了更换。更换后在短期内运行良好，但现在计数器及齿轮磨损严重，由于该产品不统一、不定型、无备件，又出现了新的问题。

B. 阀门制造质量差、处理困难，造成长期带"病"运行。全线共有14台DN700、DN400液动板阀，普遍存在液压缸轴封泄漏严重、限位开关落后且无备件、密封材料处狭窄造成更换填料困难、缺少阀位指示、液压站容量小、油泵磨损严重、电磁阀不防爆、液压缸锈蚀严重等一系列问题。

此外，电动和手动阀门也存在质量上的问题。例如，Lh 站12号电动阀因阀杆弯曲已更换两次；Mx 站12号阀因阀体出现裂纹，多年来一直靠拉筋维持运行。这种不彻底的修修补补手段，会给输油生产带来无穷的后患。

C. 阀门老化、磨损严重，普遍存在渗漏油问题。闸板密封面经油流长期高速冲刷，磨损严重造成内漏，尤其各站泵出口处的19号阀更为严重。

D. 阀门各部分垫片老化、失去弹性。Hd 站73号电动阀因中开面垫片失效造成跑油事故，各站3号阀中开面均漏油，Lh、Hs 站内球阀法兰垫多次漏油，各站泵出口阀门法兰均有不同程度的渗漏油。由于阀门磨损、变形严重，有的阀门螺栓紧固已到极限仍有漏油，仅靠更换垫片已不能彻底解决渗漏油问题。

E. 泵出口阀闸板脱落、转轴断裂事故已多次发生。站内工艺管网严重腐蚀，多次发生漏油。各中间站大部分站内工艺管网为地上或地沟敷设，管外壁刷防腐漆并加保温层。200×—200×年曾对保温层进行过大修（Mx 除外）。由于站内管道保护层老化，保温层积水，防腐质量不好，管线腐蚀非常严重。检查和测试表明，各站站内管网普遍存在大面积的点腐蚀，局部管道（如支架处、穿墙处）腐蚀达3mm。站内管道焊缝开裂、穿孔漏油已发生多次。200×年 Lh 站阀室管道三通部位开裂造成漏油事故，200×年××月××日 Lh 站泵房暖泵线腐蚀穿孔。

⑤ 电气设备及电缆。

A. 设备问题。TQ 线现在的电气设备大多是国内20世纪六七十年代的产品，其中绝大部分为国家机械委明令淘汰产品，如高压柜为 GFC-1 型、低压柜为 BSL-6 型等。现在这些设备均面临着陈旧老化、市场上买不到零配件等问题。由于运行时间过长，继电器元件也存在着接触不良的问题，在 Mx 等站曾出现过断路器拒动的现象，对安全生产构成了较严重的威胁。此外，电流电压互感器也存在着计量精度低的问题，虽然电业部门多次提出更换，但至今仍勉强维持着生产。

B. 电缆问题。现 TQ 线各中间站所用电缆大部分为油浸式，经过××年的运行，电缆钢铠严重腐蚀。由于渗油，许多电缆头几经剪断处理，电缆长度日趋紧张，已无规定的余度。而大电机的电缆长度尤其紧张，其中 Lh 4号机、Hd 2号机及 Sz 3号机的电缆头制作已不下三次，电缆绷得很紧。由于渗油，电缆的绝缘水平不够也是普遍存在的问题，个别电缆曾出现过烧红现象。这已对安全生产构成了威胁，而仅靠更换个别电缆不能解决此问题。

C. 变电所位置紧张。变电所的设备十分拥挤，高低压回路位置十分紧张，甚至有些二级负荷两个压在一条回路上，影响安全生产。由于变送柜等后期设备增加，加之原设计面积无富裕，主控室操作距离不能满足要求，电业部门曾多次责令整改。

（2）输油干线 TQ 线跨越大中型河流5条，穿越铁路18处，穿越县级以上公路75处，跨越河流备用线2条，干线阀室12座，其中放空阀室4座，分输阀室2座，截断阀室6座。

多年来对干线维护投资比较少，只是对裸露管线、破坏的局部管线采取修修补补的办法，没有根治事故隐患。目前，TQ 线输油干线存在的主要问题是：

① 线路截断阀普遍渗漏油、开关困难。干线球阀法兰、平板闸阀压盖、法兰等处均渗漏油。如 DL 河东阀室球阀法兰渗油，L 河东阀室200×年2月××日发现 DN50 法兰漏油严重，后经加钢护板将法兰包死，松山阀室分输阀漏油。线路截断阀开关困难。如 DL 河东阀室球阀，液压驱动系统失灵，开关必须用顶丝，极易顶坏阀门，如发生紧急事故时这些截断阀很难实现开关操作。

② 放空阀室内局部管线腐蚀严重。前几年曾对全线 4 座放空阀室的穿墙管线进行过检查，发现均有不同程度的腐蚀。如 Sz 后周阀室穿墙处管线有 2.5mm 深的小面积点腐蚀，Hd 出站管线穿墙处也有小面积腐蚀。

③ 部分线路处于重要公路下面，既无保护措施又不易维护。L 河东有 700m 管道被压在国家二级公路 102 国道下，埋深 7m 多，200×年测试时发现该段管线的阴极保护系统有漏电现象，但此段管线开挖费用很高，难以检测其腐蚀情况并进行防腐处理。

④ 截断阀室布置不合理。有些已建截断阀室地势低洼，如 DL 河西阀室的屋顶几乎与河床面高度一样，且其周围均是高地，一旦河水决出，阀室将被淹没，无法起到截断作用。

（3）站区积水严重，防汛困难，危及安全生产。

① 各中间站总阀室均为半地下建设，且防、排水设施不完善，有的站雨季时阀室积水经常深达一米多。

② 雨季时 Mx、Lh 两站站内积水严重，雨水进入泵房的事时有发生。尤其是处于全线最低点的 Lh 输油站，102 国道比该站高出 200mm，且临近 DL 河，汛期雨水倒灌，防汛问题突出。若不彻底解决排水问题，每年要投入大量的人力和物力进行防汛，且不能根除该站遭受洪水的威胁。

综上所述，现 TQ 线存在着设备和管线老化严重、维修工作量大、事故隐患增多等问题。不彻底改变 TQ 线的现状，难以继续维持安全、平稳输油。

**2. 输油工艺存在某些不足之处，设备陈旧、效率低**

TQ 线建于 20 世纪 70 年代初，虽然在 200×—200×年进行了低耗节能改造，由于此次改造投资少（849.71 万元人民币）、规模小，目前输油工艺仍存在某些不足之处，且设备陈旧、效率低。每年耗油耗电折合标准煤 11 3918t，综合能耗约为 141kg 标煤/（$10^4$t·km），比国外先进输油系统高 1~2 倍。

（1）输油工艺。目前，TQ 线输油工艺存在如下问题。

① 调控系统落后。TQ 线参与压力调节的工艺设备是 Hs、Hd 各一台调速泵机组及各中间站并联泵出口阀。调速电机经常出现电刷烧坏等故障，需经常检修维护，运行时间短。各站泵出口阀为闸阀，其本身调节性能较差，时有处于手动调节状态。

由于 TQ 线自控系统是"七五"期间改造的，自动化程度和水平较低，目前全线达到遥测、遥控水平。自控系统硬件档次低，Sy 控制中心主机为东海 286 计算机，站控机 RTU 为 SYZ—5，8 台微处理器。软件通用性差且不易修改。原设备速度和容量都满足不了改造后的生产需要。

TQ 线的仪表自动化系统远远落后于 QT 线和 TD 线的水平，若不改造，TQ 线则难以确保安全输油。

② 密闭输油工艺有待提高。密闭输油的优点在于各输油站能充分利用上站余压，便于全线的压力合理分配。但 TQ 线没有水击超前保护系统且自动化程度较低，为了安全，各中间站低压泄压阀定值低，且调速泵调节范围仅为 0.2~0.3MPa，加之全线并联泵配置不尽合理，各站存在不同程度的节流，尤其是 Hd 输油站向石油 W 厂分输时，Hd、Sz 两站均节流运行。经统计，Sz 站最大节流约 0.7MPa，其余中间站最大节流约 0.2MPa。

③ Mx 输油站长期旁接油罐运行。由于 T—Mx 站段最大输油能力仅为 $5.4×10^4$t/d，且全线没有水击超前保护系统，为安全起见，Mx 输油站每年约有 10 个月旁接油罐运行，旁接油罐为 5 000m³ 钢罐，每年由于呼吸损耗而损失的轻质油约 114t，不仅造成经济上的损失而且污染了环境，对安全也是一个威胁。

④ 清蜡系统布局不合理。TQ 线是 DB 管网率先采用清蜡系统的管线，但目前 TQ 线清蜡系统的布局不尽合理，即 T 设发清管器设施，Hd 设收、发清管器设施，Q 设收清管器设施，其

余中间站均设置转发清管器设施。由于 Hd—Q 之间有两个站间距且末站进站油温较低,清蜡时大量的蜡块聚集到末站,容易堵塞末站流量计前的过滤器,不利于收油计量。为此,每次清蜡时,原油不经流量计计量而直接进末站油罐(约 12 小时),计量误差较大。

(2)输油泵。目前 TQ 线各中间站共有 18 台 DKS750/550、6 台 DZS 型泵机组,各站泵机组并联运行。

DKS750/550 泵出厂效率为 70%,改进后提高到 75%,但为了满足波动较大的输量要求减少节流损失,该泵叶轮有不同程度的切削(在浪费中求节约),最大切削量达 60mm,其运行效率平均降低到 65%。DZS 型泵的测试效率为 83%。经测算,各中间站输油泵的平均运行效率为 74%,远低于国外先进输油泵的效率 85%～86%。

$201\times$ 年,TQ 线输量为 $1\,802\times10^4$ t/a,全线实际耗电为 $2.017\,5\times10^8$(kW·h)/a,若泵效提高到 83% 可节电 $1\,794\times10^4$(kW·h)/a(不包括 T 站),合人民币 1 022.6 万元/年〔电价按 0.57 元/(kW·h)计算〕。

(3)加热炉。除 T 首站为热媒炉外,TQ 线各中间站均配置 3 台 8 141kW 方箱式加热炉(此炉型在国内炼厂、油田均已淘汰),其中一台在 $198\times$ 年后改造为高效炉。由于加热炉经多年运行,结构不合理、墙体冒烟,平均运行效率为 75%,远低于效率为 85%～90% 的国内外先进热媒加热系统和直接加热系统。

$201\times$ 年,TQ 线全线耗燃料油 22 681t,若炉效提高到 85% 可节省原油 23 669t(不包括 T 站),合人民币 303.2 万元(油价按 1 280 元/吨计算)。

在我国能源日渐短缺的情况下,如 TQ 线这样的耗能大户继续使用如此低效的输油设备,不符合国家的能源政策,必须更新换代。

### 1.3 可行性分析的目的和工程范围

#### 1. 可行性分析的目的

TQ 线是 DB 管道系统的重要组成部分,其安全、平稳运行是 Dq 油田开采开发的重要保障,对石化工业的发展、石油外贸等皆有重要的影响和作用。

经过××年的运行,TQ 线已进入事故多发期,而且其运行效率和管理水平都亟待提高,TQ 线改造势在必行、迫在眉睫。通过可行性分析,为 TQ 线改造选择最佳方案,使改造后的 TQ 线安全、平稳、高效输油并具有较高的自动化管理水平,以保证"稳住东部,开发西部"总战略目标的实现。

#### 2. 可行性分析的工程范围

针对 TQ 线存在的问题,TQ 线改造的工程范围如下:
(1)输油站站内工艺管网、生产及辅助设施、公用系统的改造。
(2)输油干线及线路截断阀(室)整改。
(3)通信系统的完善。
(4)新建维修中心。

### 1.4 TQ 线改造的目标及原则

#### 1. 改造目标

(1)任务输量。$1\,400\times10^4$～$1\,800\times10^4$ t/a Dq 原油并满足三季度日输量 $5.6\times10^4$ t 的要求。Hd 输油站至石油 W 厂分输量为 $100\times10^4$～$130\times10^4$ t/a。

(2)改善安全输油条件,提高整个管道系统的可靠性和可维护性,确保管道长期安全、平稳运行。

(3)采用先进技术,改进密闭输油条件。考虑到目前国产设备存在质量问题,应适当引进必要的技术和设备，提高输油效率，降低油电消耗。

（4）全线采用数据采集及监控系统，即 SCADA 系统，以站控为主，Sy 控制中心为辅，实现水击超前保护。

（5）取消各站现有的维修机构和设施，建立全线维修中心。

（6）提高自动化管理水平，精减人员编制，降低输油成本，达到每人平均管理 1km 管道的水平。

### 2．改造原则

（1）边生产边改造，有计划、有步骤地进行线路整改并利用输油站现有设施维持生产。

（2）以安全改造为主，同时积极吸收消化国内外先进技术，引进必要的设备，努力提高整个管道系统的经济效益和运行效率，并提高自动化管理水平。

（3）总平面布置立足就地改建或扩建以减少征地面积，并尽量利用各站现有的变压器、户外开关场、油罐以节省资金。

（4）主要输油设备露天布置，减少油气聚集产生爆炸的可能性，减少征地及建筑面积。

（5）遵循国家有关法令和规范。

## 1.5　工程概况

### 1．输油站改造

（1）T 泵站。该站现有 2 台 4 650kW 热媒炉且输油主泵为高效串联泵，故这次改造主要是对该站调控系统进行完善。其中包括更换原受动调节阀为电液联动调节阀并增设 RTU。

（2）中间输油站。中间输油站包括 Mx、Hs、Lh、Hd、Sz。

根据边生产边改造的原则，除油罐外，各站就地另建一套输油系统，并对各站现有的油罐消防及给排水系统进行改造。

各站新建系统包括站内工艺管网及阀门、智能清管器收发设施、3 台串联泵机组（全线设公用泵机组 2 台）、加热炉（Hs 2 台 5 000kW 直接加热炉，其余站各一套 2×4 650kW 热媒炉）、一座变电所、一套 RTU。变电所户外开关场利用原有场地，保留断路器、避雷器及基础构架，更换部分主变、所变，更换电流、电压互感器及隔离开关。变电所户内部分均新建，包括高压室、低压室、主控室、电容器室及站变，设备重新订货。

各站油罐均作为事故罐，消防系统改造方案为：Mx、Hs、Sz 油罐（$\leqslant 1\,000m^3$）采用烟雾灭火，Lh、Hd 油罐（$3\,000m^3$）采用移动式消防。

另外，半地下阀室拟改为地上并采取其他措施，彻底解决 Mx、Lh 两站积水严重的问题。

（3）Q 末站。最近 DBS 局对所管辖的计量系统和清管器接收系统进行了改造，故此次 TQ 线改造时只增设一套 RTU 以提高末站的自动化管理水平。

### 2．Sy 控制中心

增设一套 Alpha 200/233 主机、两套调度员工作站、两套通信控制器。

### 3．J 显示终端

增设一套工业微机及打印机，通过微波信道接收 Sy 调度中心数据以监视全线的运行状况。

### 4．线路整改

更换部分腐蚀严重的线路及存在问题的线路截断阀（室）。主要包括：

（1）更换 L 河东公路下 700m 管线。

（2）更换 6 个 DN700 线路球阀。

### 5．维修中心

取消现有各中间输油站的维修班，建立全线维修中心，该中心包括设备和管道维抢修分队、仪表自动化系统检测维修分队、电气设备维抢修分队、消防分队。设备和管道维抢修分队、电气设备维抢修分队、消防分队在公司原维修队位置不变,并新建仪表自动化系统检测维修分队。

### 6. 通信系统完善

利用现有的 DQ 线微波通信系统。这次改造时只需对各站站内的电缆、电话进行相应的改造。

### 1.6 主要工程量及技术经济指标

#### 1. 主要工程量(见表 15-2)

表 15-2 主要工程量

| 序号 | 项目 | 单位 | 数量 | 备注 |
| --- | --- | --- | --- | --- |
| 一 | 输油站改造 | | | |
| 1 | 输油泵机组 | 台 | 17 | 引进 |
| 2 | 热媒炉(2×4 650kW) | 套 | 4 | |
| | 直接炉(5 000kW) | 台 | 2 | 收发清管设施 2 台,转发设施 3 台 |
| 3 | 智能清管器收发、转发设施 | 台 | 5 | |
| 4 | DN200 以上阀门 | 台 | 268 | |
| 5 | DN200~DN700 管线 | km | 3.350 | |
| 6 | 变电所 | 座 | 5 | 引进 |
| 7 | 站控计算机系统 | 套 | 7 | Mx、Hs、Sz |
| 8 | 烟雾灭火系统 | 套 | 3 | Lh、Hd |
| 9 | 移动式消防系统 | 套 | 2 | |
| 10 | 污水处理设施 | 套 | 5 | |
| 11 | 自动给水设备 | 台 | 5 | |
| 12 | 建筑面积 | m² | 6 889 | |
| 13 | 永久征地面积 | m² | 4 520 | |
| 二 | Sy 控制中心 | | | |
| 1 | 控制中心计算机系统 | 套 | 1 | 引进 |
| 三 | J 显示终端 | | | |
| 1 | 显示终端 | 套 | 1 | |
| 四 | 线路改造 | | | |
| 1 | 更换管线 DN700 | km | 0.7 | |
| 2 | 更换线路球阀 DN700 | 个 | 6 | |
| 3 | 永久征地面积 | m² | 1 904 | |
| 4 | 临时征地面积 | m² | 51 099 | |
| 五 | 维修中心 | | | |
| 1 | 设备检修车 | 辆 | 1 | |
| 2 | D60 推土机 | 辆 | 1 | |
| 3 | 电车检修车 | 辆 | 1 | |
| 4 | 仪表检修车 | 辆 | 1 | |
| 5 | 建筑面积 | m² | 400 | |

#### 2. 技术经济指标

(1)主要材料用量。钢 2 260t,其中管材 985t;木材 1 048m³;水泥 17 459t。

(2)能耗指标。输量为 1 800×10⁴t/a;耗电为 18 238×10⁴(kW·h/a);耗油为 20 312t/a;综合能耗为 129kg 标煤/10⁴t·km。

(3)征地面积。永久征地为 6 424m²;临时征地为 51 099m²。

(4)建筑面积为 7 289m²。

(5)总定员为 395 人。

(6)总投资为 28 543 万元,其中外汇为 700.64 万美元。

## 1.7 推荐方案论证分析及问题和建议

### 1. 推荐方案论证分析

依据改造目标和原则，在保证改造后的 TQ 线达到安全、平稳、高效输油的前提下，对改造中某些关键性问题提出了多种方案，如加热输送方案与降凝输送方案（其中包括串、并联泵机组比选及直接炉、间接炉比选）、电力供应方案、自动化控制方案等，并从技术、经济两方面对这些方案进行了论证分析和比选（详见后面有关章节），从而使 TQ 线总体改造方案最佳。

（1）总体改造方案在技术上可行且能达到改造目标的要求。各站改造本着因地制宜、就地改建或扩建、实现边生产边改造的原则。所提出的改造方案有如下主要特点：①对危及安全输油的机、泵、炉、阀、站内外管线、消防、给排水系统、电气系统、通信系统等进行了彻底更换、整治或完善，为改造后的 TQ 线安全、平稳输油奠定了基础；②在任务输量范围内可实现全线密闭输油；③全线各输油站采用串联泵机组、先炉后泵输油流程；④全线采用加热输油，各站设热媒炉或直接炉；⑤全线采用 SCADA 系统，以站控为主，实现水击超前保护。建立新型管理体制，全线管理人员由原来的 1 180 人减至 395 人。

（2）总体改造方案在经济上合理。财务效益分析所得税前内部收益率（FIRR）为 21.13%，大于行业基准收益率 12%；国民经济分析经济内部收益率（EIRR）为 28.83%，大于社会折现率 12%；经济净现值（ENPV）为 81 963 万元，大于零。

从以上指标来看，财务效益分析和国民经济分析效益较好。技术改造合理，TQ 线改造在经济上是合理的和有益的。

### 2. 问题和建议

（1）为进一步探讨降凝剂、减阻剂在 TQ 线上应用的前景和可行性，建议在 TQ 线做减阻、降凝工业性试验。

（2）在 TQ 线改造设备订货之前，如果 Dq 原油的降凝输送研究有大的突破，可以采取降凝输送工艺。

（3）建议 TQ 线改造完成后，采用智能清管器对输油干线进行彻底检查，并对薄弱环节进行彻底整改。

## 第2章 输送工艺

### 2.1 设计基础数据

#### 1. 年输量

TQ 线年输量为 $1\,400 \times 10^4 \sim 1\,800 \times 10^4$ t，同时具有第三季度日输量 $5.6 \times 10^4$ t 的能力。Hd 输油站至石油 W 厂分输量 $100 \times 10^4 \sim 130 \times 10^4$ t/a。

#### 2. 油品物性参数

（1）原油密度与温度关系如表 15-3 所示。

表 15-3 原油密度与温度的关系

| 温度（℃） | 10 | 15 | 20 | 25 | 30 | 35 | 40 |
|---|---|---|---|---|---|---|---|
| 密度（kg/m³） | 864.1 | 857.9 | 851.0 | 847.7 | 844.5 | 841.3 | 838.1 |
| 温度（℃） | 45 | 50 | 55 | 60 | 65 | 70 | 75 |
| 密度（kg/m³） | 834.8 | 831.6 | 828.2 | 825.1 | 821.9 | 818.7 | 815.5 |

资料来源：《TQ 线低耗节能油气集输技术》。

（2）原油比热容。

$$c = 2.1 \text{kg}/(\text{kg} \cdot \text{K})$$

（3）原油反常点温度。

$$t_n = 41℃$$

（4）原油黏度与温度的关系如表15-4所示。

表15-4　原油黏度与温度的关系数

| 温度（℃） | 42 | 44 | 46 | 48 | 50 | 52 | 54 | 56 |
|---|---|---|---|---|---|---|---|---|
| 黏度（×10$^{-6}$m$^2$/s） | 32.1 | 28.5 | 25.5 | 23.5 | 22.4 | 20.9 | 19.7 | 18.4 |
| 温度（℃） | 58 | 60 | 62 | 64 | 66 | 68 | 70 | |
| 黏度（×10$^{-6}$m$^2$/s） | 17.3 | 16.0 | 15.1 | 14.1 | 13.3 | 12.5 | 12.1 | |

资料来源：《Dq—T输油管道输油站改造工程初步设计》。

（5）原油流变特性如表15-5所示。

表15-5　原油流变特性

| 温度（℃） | 35 | 36 | 37 | 38 | 39 | 40 | 41 |
|---|---|---|---|---|---|---|---|
| 流变指数 | 0.8160 | 0.8440 | 0.8720 | 0.9063 | 0.9407 | 0.9750 | 1.0000 |
| 稠度系数（×10$^{-1}$N·S$^n$/m$^2$） | 1.864 | 1.318 | 0.941 | 0.737 | 0.577 | 0.452 | 0.272 |

资料来源：《Dq—T输油管道输油站改造工程初步设计》。

### 3. 计算参数

（1）年输送天数按一年350天计。

（2）管道沿线地温如表15-6所示。

（3）输油干线管道 Ø720×8（9）。

（4）各站高程、站间距及最高允许出站管压如表15-7所示。

表15-6　管道沿线地温　　　　　　　　　　　　　　　　单位：℃

| 站名 | 月份 | | | | | | | | | | | |
|---|---|---|---|---|---|---|---|---|---|---|---|---|
| | 1 | 2 | 3 | 4 | 5 | 6 | 7 | 8 | 9 | 10 | 11 | 12 |
| T | 1.6 | 0.2 | 0.1 | 3.3 | 10.0 | 15.1 | 19.0 | 20.7 | 19.4 | 15.6 | 8.7 | 4.1 |
| Mx | 1.7 | 0.7 | 1.0 | 3.7 | 10.0 | 14.9 | 18.7 | 20.1 | 19.0 | 14.5 | 9.6 | 5.1 |
| Hs | 2.1 | 0.7 | 1.0 | 4.1 | 9.8 | 14.9 | 18.4 | 19.6 | 17.9 | 15.0 | 10.0 | 5.4 |
| Lh | 2.9 | 2.0 | 3.5 | 6.7 | 10.5 | 14.3 | 17.2 | 18.8 | 18.1 | 15.0 | 10.9 | 6.2 |
| Hd | 3.4 | 2.0 | 2.7 | 6.5 | 10.9 | 15.5 | 18.4 | 19.9 | 18.4 | 15.8 | 11.0 | 6.5 |
| Sz | 3.1 | 1.7 | 2.8 | 7.2 | 12.5 | 17.3 | 20.4 | 20.8 | 19.2 | 16.0 | 10.9 | 6.2 |

资料来源：取自气象部门提供的数据。

表15-7　高程、站间距及最高允许出站管压

| 站名 | T | Mx | Hs | Lh | Hd | Sz | Q |
|---|---|---|---|---|---|---|---|
| 高程（m） | 93.0 | 30.6 | 31.5 | 15.2 | 32.9 | 37.3 | 60.4 |
| 最高允许出站管压（MPa） | 4.27 | 4.41 | 4.39 | 4.39 | 4.27 | 4.27 | |
| 站间距（km） | 92.19 | | 71.58 | 79.08 | 79.37 | 71.17 | 60.86 |

资料来源：《DBS局输油调度手册》。

（5）总传热系数如表15-8所示。

表15-8　总传热系数（K值）

| 站名 | T | Mx | Hs | Lh | Hd | Sz | Q |
|---|---|---|---|---|---|---|---|
| 总传热系数 | 1.74 | 1.63 | 1.74 | 1.63 | 1.63 | 1.74 | |

注：K值根据200×—200×年TQ线输油调度报表数据，运用"TQ线优化运行软件包"反算后综合取值；K值单位为W/(m$^2$·K)。

### 2.2　加热输送方案

#### 1. 方案概述

（1）TQ线现有输油站是按加热输送方式设置的，T首站设有串联泵机组和热媒炉，五座中

间热泵站设有并联泵机组和方箱式加热炉，Q末站设有进站计量系统。

（2）TQ线改造针对T首站、Q末站主要工艺系统已经改造并具有较高水平，不做大的改造，T首站只对出站调节阀进行改造。五座中间站进行彻底更新改造。各中间站除利用已建的金属油罐外，其余全部新建，新建的主要工艺系统有串联泵区、热媒炉区及换热器区（Hs站为炉前泵区及加热炉区）、阀组区（上述单体均为露天安装）、清蜡间、泄压阀室等，全部系统在原有的站区内建设，不征地或少征地。阴极保护部分利用各站原有设备，拆迁到新建阴极保护间。

（3）TQ线改造后，实现全线密闭输油。原油在各中间热泵站先加热后加压（先炉后泵），采用高效加热炉和串联泵机组，泵出口汇管下游侧设压力调节阀，对进、出口压力进行自动调节，在进、出站侧分设低、高压泄压系统，系统超压时原油自动泄放到事故泄放罐。

（4）通过全线水力、热力计算结果表明，在站址不变的条件下，利用已有的 $\varnothing 720 \times 8(9)$ 的输油干线，采用加热输送方案，满足任务输量的要求，只有T、Lh两站在第三季度日输 $5.6 \times 10^4$ t 时，必须注入减阻剂。

（5）TQ线现有的清蜡设施布局不太合理，此次五座中间热泵站清蜡系统改造如下：Hs、Sz两个站设清管器收、发设施，Mx、Lh、Hd三个站均设清管锯转发设施，同时考虑将来运行智能清管器的需要。

### 2. 工艺流程

改造后全线实行密闭输油，各站工艺流程进行简化，不设站内循环及反输流程。各站主要工艺流程如下：

（1）T首站。储罐原油经给油泵、热媒炉、输油主泵正输；发送清管器。

（2）Hs、Sz中间站。正输；压力越站；热力越站；全越站；接收清管器；发送清管器。

（3）Mx、Lh、Hd中间站。正输；压力越站；热力越站；全越站；通过滴管器；Hd站分输计量。

（4）Q末站。进站计量后进油罐；接收清管器。

### 3. 管线系统的运行调节

TQ线输量变化范围较大且频繁，Hd站进行分输，管线运行中温度、压力经常波动，主要采取下列方式进行调节。

（1）选泵。在输油泵选择中，采取大小匹配的原则，每站设3台，全线设2台公用泵，运行中根据不同的输量台阶采取不同的全线开泵组合。

（2）进出站油温调节。在输量一定时，为保证进出站压力的要求，可以采用不同的输油温度，即采用不同的开炉方案。各站加热炉负荷具有较大变化范围，利用这一特点，运用"优化运行软件包"计算最佳进出站温度，按其进行温度调节。

（3）注入减阻剂。T、Lh两站受允许出站管压的限制，现有最大日通过能力小于 $5.6 \times 10^4$ t，通过在这两个站注入减阻剂，即可增加通过能力，满足管线输量弹性要求。

（4）调节阀的调节。全线运行中，由于输量及运行工况的改变等因素，使管线压力经常处于波动之中。通过在各站出站端设压力调节阀，可以实现进出站压力的自动调节，使进出站压力控制在允许范围之内。

### 4. 管线系统的安全保护

TQ线的输油干线已经运行××年，原设计的允许管压较低，在目前输量下，已接近和达到允许管压，必须设可靠的安全保护系统。此次改造采用下列几种方式。

（1）超前保护。利用微波通信信道来传递水击信号和水击保护令，实施对管线的水击超前保护。

（2）泄流保护。各中间站设置高压泄压阀和低压泄压阀泄流保护，首站设高压泄压阀泄流保护，当管线超压时，泄流保护系统报警、泄放，远传上机显示。

（3）压力开关跳车保护。首站及各中间站在一定部位设置压力开关，利用压力开关的动作产生停机信号，停运指定的泵机组，达到"压力自动保护"。

（4）压力越站保护。各中间站均设有自动压力越站流程，当本站突然停电时，可自动实现压力越站保护。

（5）其他保护系统。重要的工艺设备设有相对独立的保护系统，主要是输油泵机组设有机泵运行监视器，对机组实现自动保护；加热炉设有主控台，对原油加热系统实现自动保护；罐前泵设有自动启停控制设施，对泄放罐进行液位保护；污油泵设有自动启停控制设施，对污油罐进行液位保护。

**5. 主要设备的比选**

（1）输油泵机组。TQ线各中间站的输油泵机组有两种：串联泵机组和并联泵机组。

若选择串联泵机组，按大小泵匹配的原则，各站应设3台泵，其中2台40%扬程泵（全扬程的40%）和1台20%扬程泵，全线设2台公用泵。在大输量下各中间站均运行2台40%扬程泵和1台20%扬程泵，在其他输量时，根据上、下站之间余压利用情况，各中间站采用不同开泵方案。

各中间站串联泵机组的主要参数如下：40%扬程泵 $Q = 2\,580 \sim 2\,780 \text{m}^3/\text{h}$，$H = 190 \sim 220\text{m}$，电机功率 1 850kW；20%扬程泵 $Q = 2\,580 \sim 2\,780 \text{m}^3/\text{h}$，$H = 90 \sim 110\text{m}$，电机功率 850kW。

若选择并联泵机组，则有若干种配泵方案，通过对并联泵组合方式进行有关计算与筛选，各中间站二大二小的配泵方式较为合理。二大是2台排量大、扬程高的输油泵，二小是2台排量小、扬程低的输油泵。在大输量下，运行2台大泵，在较小输量下，运行2台小泵，其他输量时，通过上、下站余压的利用情况，采用不同的开泵方案。

各中间站并联泵机组的主要参数如下：大泵 $Q = 1\,400 \text{m}^3/\text{h}$，$H = 440 \sim 530\text{m}$，电机功率 2 400kW；小泵 $Q = 1\,000 \text{m}^3/\text{h}$，$H = 370 \sim 440\text{m}$，电机功率 1 400kW。

对于上述两种输油泵机组，从技术、投资、运行费等方面对比如下。

① 在技术方面。串联泵扬程低、排量大、比转数较高，为单级结构，具有结构简单、效率高、所配电机功率小、可自润滑的特点；并联泵扬程高、排量小、比转数较低，为多级结构，具有结构复杂、效率稍低、所配电机功率大、需要强制润滑的特点。另外，并联泵适合高差大的管道系统，且在低输量运行时，泵效高于串联泵。输油泵串联运行流程简单，易于调节和控制；输油泵并联运行流程较为复杂，控制、调节也比较复杂。

② 在投资方面。串联泵机组与并联泵机组的价格对比如表15-9所示。

表15-9 泵机组价格对比  单位：万元

| 方案 | 名称 | 单价 | 数量（台） | 名称 | 单价 | 数量（台） | 总价 | 合计 |
|---|---|---|---|---|---|---|---|---|
| 串联泵机组 | 40%扬程泵 | 176.55 | 12 | 20%扬程泵 | 169.18 | 5 | 2 964.50 | 4 907.21 |
|  | 配套电机 | 141.68 | 12 | 配套电机 | 48.51 | 5 | 1 942.71 |  |
| 并联泵机组 | 大泵 | 203.61 | 10 | 小泵 | 184.47 | 10 | 3 880.80 | 7 236.90 |
|  | 配套电机 | 223.74 | 10 | 配套电机 | 111.87 | 10 | 3 356.10 |  |

注：设备价格为外商报价。

从表15-9中数据可见，串联泵机组的投资费用低于并联泵机组。

③ 在运行方面。运用"TQ线优化运行软件包"，对上述两种配泵方案进行运行模拟，在指定的输量台阶下，夏、冬两季运行能耗对比如表15-10和表15-11所示。

表15-10 夏季运行能耗对比

| 输量（$\times 10^4$t/d） | 5.6 | 5.2 | 4.8 | 4.4 | 4.0 | 3.6 | 单位能耗均值 |
|---|---|---|---|---|---|---|---|
| 串联泵机组 | 74.99 | 71.74 | 68.83 | 66.75 | 64.07 | 62.20 | 68.10 |
| 并联泵机组 | 78.22 | 72.60 | 69.31 | 64.02 | 64.36 | 65.11 | 68.94 |

注：能耗单位为元/万 t·km。计算时炉效按90%考虑，泵效按输水效率取值。

## 第15章 工业改扩建项目可行性分析原理精要与案例解析

表 15-11 冬季运行能耗对比

| 输量（×10⁴t/d） | 5.4 | 5.2 | 4.8 | 4.4 | 4.0 | 单位能耗均值 |
|---|---|---|---|---|---|---|
| 串联泵机组 | 87.38 | 86.02 | 85.81 | 87.41 | 87.16 | 86.76 |
| 并联泵机组 | 89.58 | 86.22 | 85.35 | 84.58 | 89.19 | 86.98 |

注：能耗单位为元/万t·km。计算时炉效按90%考虑，泵效按输水效率取值。

通过上述计算表明，串联泵机组单位能耗费用略低于并联泵机组。

④ 结论。从上述分析可看出，串联泵机组技术上有许多优越之处，投资上比并联泵机组少，运行费用略低于并联泵机组，因此推荐采用串联泵机组。

上述结论是我们在掌握现有的串联、并联泵机组特性等方面资料的情况下进行对比、分析得出的，有待于初步设计阶段进一步比选。

输油泵机组适合露天使用，具有防爆及全天候的功能，系统自润滑，效率高，设有温度、振动、轴封泄漏的检测功能，配备机泵运行监视器，对机组运行状态进行连续监控，可实现站控机控制、就地控制。

考虑到国内输油泵存在质量、可靠性与性能较差，检测仪表不完善，与输油泵配套的大功率电动机在全天候方面存在许多问题。泵机组是输油系统的核心设备，是高效、安全平稳输油的重要保障，因此，需从国外引进。

（2）加热设备。常规原油加热方式有两种：一是间接加热方式，二是直接加热方式。目前国内间接加热方式的热媒炉和直接加热方式的直接炉，设计热效率均能达到90%，自动化水平相当，均能满足站控、就地控制要求，并且都已在长输管线中推广应用。

TQ线各站热负荷用于原油加热、工艺伴热、生活及采暖，各站两种炉型的最大负荷率计算如表15-12所示。

表 15-12 各站最大热负荷及加热炉配置

| 序号 | 站名 | 热负荷（kW） ||| 直接炉 || 热媒炉 ||
|---|---|---|---|---|---|---|---|---|
| | | 原油加热负荷 | 工艺伴热、生活及采暖等负荷 | 总热负荷 | 直接炉（5 000kW/台） | 最大负荷率（%） | 热媒炉（4 650kW/台） | 最大负荷率（%） |
| 1 | Mx | 7 020 | 1 947 | 8 967 | 2 | 70 | 2 | 96 |
| 2 | Hs | 8 990 | 1 366 | 10 356 | 2 | 90 | 2 | 111 |
| 3 | Lh | 7 550 | 835 | 8 305 | 2 | 76 | 2 | 90 |
| 4 | Hd | 6 860 | 1 849 | 8 709 | 2 | 69 | 2 | 94 |
| 5 | Sz | 6 090 | 1 171 | 7 261 | 9 | 61 | 2 | 78 |

注：1. 直接炉台数根据原油加热负荷确定。
2. 热媒炉台数根据总热负荷确定。

各站加热炉设备配置有如下两个方案。①方案一：各站设2台5 000kW直接炉，并设锅炉房1座或热水炉2台。②方案二：因Hs站设一套2×4 650kW热煤媒炉，不能满足加热要求。所以Hs站设2台5 000kW直接炉（最大负荷率90%），并设锅炉房1座或热水炉2台，其余四站设一套2×4 650kW热媒炉。

全线两种加热方案一次投资和运行费比较如表15-13所示。

表 15-13 全线两种加热方案一次投资和运行费用比较

| 序号 | 项目 | 方案一 | 方案二 |
|---|---|---|---|
| 1 | 炉型及台数 | 10台直接炉、5座锅炉房 | 3台热媒炉、2台直接炉及1座锅炉房 |
| 2 | 总功率 | 直接炉 5 000kW×10<br>锅炉 13 300kW | 直接炉 5 000kW×2<br>热媒炉 4 650kW×3、锅炉 2 100kW |
| 3 | 占地面积 | 5 750m²（其中锅炉房1 500m²） | 6 970m² |
| 4 | 一次投资造价 | 3 150万元（其中锅炉房500万元） | 3 090万元 |

续表

| 序号 | 项目 | | 方案一 | 方案二 |
|---|---|---|---|---|
| 5 | 运行费 | | 2 851 万元/年 | 2 866 万元/年 |
| | 其中 | 维修管理 | 管理简单，维修费 50 万元/年 | 管理复杂，维修费 93 万元/年 |
| | | 耗电 | 245 万元/年 | 229 万元/年 |
| | | 燃油 | 2 556 万元/年 | 2 544 万元/年 |

注：1. 电价 0.57 元/(kW·h)，油价 1 005 元/t。
2. 一次投资参照 QT 线决算。

两种方案的技术、经济对比如下：

① 技术上。热媒炉与直接炉控制水平相当，设计热效率均能达到 90%，并且均能满足输油工艺要求实现自控。

② 管理上。A. 热媒炉不直接加热原油，安全性较高。B. 全局统一使用一种炉型，便于在 DBS 局范围内的技术经验交流，零配件统一维修、采购或制作使用，对于出现问题的技术攻关解决方法也便于全面推广。C. 热媒炉在 DBS 局使用多年，无论是操作工人还是管理技术人员对它都有了比较多的经验。

③ 经济上。A. 两种炉型一次投资相差不多。B. 维修费用热媒炉比直接炉大。C. 占地面积热媒炉比直接炉多，但是考虑 TQ 线改造能够充分利用原站址，所以并不增加投资。D. 直接炉耗电比热媒炉多。E. 直接炉需要锅炉，锅炉的效率低于热媒炉，所以方案一总的耗油量比方案二多。

方案一一次投资略高于方案二，运行维修总费用低于方案二。

由于直接炉在 DBS 局使用时间不长，自控系统尚无投运，有些问题还有待考察。热媒炉在 QT 线投产使用中存在一些问题，厂家正在积极整改。鉴于此，在可行性分析报告中暂采取方案二。

(3) 主要阀门。用于关断作用的阀门，通常有球阀、平板闸阀、楔式闸阀、蝶阀等几种形式。球阀开关灵活，扭矩较小，体积较大，结构复杂，适合通球，价格较高；平板闸阀结构简单，可通球，体积大，开关时间长，扭矩大，价格较高；楔式闸阀结构落后，体积小，开关时间长，扭矩大，价格便宜；蝶阀结构简单，开关灵活，扭矩小，体积小，不能通球，价格较低。

根据上述各种阀门特性，综合比选，尽量统一型号，确定阀组区、泵区选用球阀，其他部位选用蝶阀或闸阀。阀门选型立足于国内，电动阀阀体部分和手动阀宜选用国内产品。国内阀门的产品质量需进一步调研落实。

考虑到阀门的电动执行机构，是管道自动控制的关键设备，要求性能稳定、可靠，国内产品满足不了要求，必须从国外引进；调节阀国内厂家制造尚有困难，国内产品性能、质量满足不了设计要求，需要从国外引进。

(4) 非标设备。事故泄放罐利用各站已建金属罐、清罐器接收、发送及转发设备要求同时具备接收、发送及转发智能清管器的功能。

(5) 各中间站主要工艺设备如表 15-14 所示。

表 15-14　各中间站主要工艺设备　　　　　　　　　　　　　　单位：台

| 站名 | 输液泵 | 电机 | 热媒炉/套 | 原油直接加热炉 | 清管设施/套 | 放罐/座 |
|---|---|---|---|---|---|---|
| Mx | 20%扬程泵（1）<br>40%扬程泵（2） | 850kW（1）<br>1 850kW（2） | 2×450kW（1） | | 转发筒（1） | 700m³（1） |
| Hs | 20%扬程泵（1）<br>40%扬程泵（2） | 850kW（1）<br>1 850kW（2） | | 5 000kW（2） | 接收筒（1）<br>发送筒（1） | 1 000m³（1） |
| Lh | 20%扬程泵（1）40%<br>扬程泵（2） | 850kW（1）<br>1 850kW（2） | 2×4 650kW（1） | | 转发筒（1） | 3 000m³（1） |
| Hd | 20%扬程泵（1）<br>40%扬程泵（2） | 850kW（1）<br>1 850kW（2） | 2×4 650kW（1） | | 转发筒（1） | 3 000m³（1） |
| Sz | 20%扬程泵（1）<br>40%扬程泵（2） | 850kW（1）<br>1 850kW（2） | 2×4 650kW（1） | | 接收筒（1）<br>发送筒（1） | 700m³（1） |

注：全线设 2 台公用泵机组。

## 2.3 降凝输送方案

### 1. 概述

随着输油技术的不断提高，添加降凝剂输送原油技术日益成熟。GDS 局已有几条低输量原油管道添加降凝剂输送，效益很好。降凝输送适合管道距离长、输量低、地温高等输油条件，具有一次性投资小、简化工艺流程、泵站占地小、方便管理、维修量少、运行操作人员少、节油等优点。本文探讨 TQ 线在任务输量下（日输 $4.0 \times 10^4 \sim 5.6 \times 10^4$ t），降凝输送的可行性。

在降凝输送方案中，油品物性参数、年输量、计算参数、工艺方案、工艺流程、水击保护、主要设备选择各项与加热输送方案相同之处不再复述，着重介绍不同之处及降凝输送方案的特点。降凝剂采用上海石油物资 KS 公司生产的 CE—3 降凝剂。油品物性参数取自 200× 年 4—5 月 DG 设计研究院与申城石油物资 KS 公司室内 CE—3 降凝剂评定结果。

### 2. 原油黏温关系及流变特性

Dq 原油黏度与温度的关系如表 15-15 所示，流变特性如表 15-16 所示。

表 15-15 原油黏度与温度的关系

| 温度（℃） | 70 | 66 | 62 | 58 | 54 | 50 | 46 | 42 | 35 | 30 |
|---|---|---|---|---|---|---|---|---|---|---|
| 黏度（$10^{-6}$m$^2$/S） | 12 | 13 | 13.9 | 15.8 | 17.9 | 20.1 | 22.5 | 28.1 | 48.54 | 74.73 |

注：表中数据是在 Dq 原油温度 55、添加 50ppmCE—3 降凝剂测定的。

表 15-16 原油流变特性

| 温度（℃） | 25 | 20 |
|---|---|---|
| 流变指数 | 1.0 | 0.879 7 |
| 稠度系数（$10^{-1}$N·S$^n$/m$^2$） | 0.913 | 3.15 |

注：同表 15-15。

Dq 原油温度 55℃、添加 50ppmCE—3 降凝剂，按《原油降凝剂效果评定法》（SY/T5887—93）测定终冷温度 20℃时，原油凝点为 12℃，原油反常点为 25℃。

### 3. 水力、热力计算

根据输油调度报表的数据，反算出 K 值，并用"TQ 线优化运行软件包"，对 TQ 线进行了降凝输送方案的水力、热力计算。

输油泵机组选用串联泵机组。T 首站输油泵机组利用已建串联泵机各中间站配备 3 台输油泵机组、1 台 20%扬程泵、2 台 40%扬程泵，主要参数如下：

20%扬程泵：$Q = 2\,580 \sim 2\,780$ m$^3$/h，$H = 85 \sim 95$m，$n = 1\,450$r/min，电机功率 850kW。

40%扬程泵：$Q = 2\,580 \sim 2\,780$ m$^3$/h，$H = 165 \sim 205$m，$n = 2\,950$r/min，电机功率 1 850kW。

按照最冷月日输 $4.0 \times 10^4 \sim 5.2 \times 10^4$ t 进行热力计算。加降凝剂输送时，T 首站出站温度不低于 55℃，各中间站及末站进站温度不低于 22℃。

各站所需原油加热负荷及需配 4 650kW 热媒炉台数如表 15-17 所示。

表 15-17 热力计算表

| 站名 | T | Mx | Hs | Lh | Hd | Sz | Q |
|---|---|---|---|---|---|---|---|
| 出站温度/℃ | 56.2 | 40 | 32.3 | 40.4 | 32.2 | 27 | |
| 进站温度/℃ | 33 | 40 | 32 | 24.9 | 31.3 | 26 | 21.3 |
| 热负荷/kW | 21 380 | 0 | 0 | 13 900 | 0 | 0 | 0 |
| 热媒炉/台 | 5 | 0 | 0 | 3 | 0 | 0 | 0 |
| K 值/W/（m$^2$·K） | 1.74 | 1.63 | 1.74 | 1.63 | 1.63 | 1.74 | |

### 4. 工艺方案

T 首站设一套降凝剂注入装置，注入点设在 TQ 线串联泵的入口。T 首站需 5 台 4 650kW

热媒炉，已建成 2 台，另需新设 3 台。Lh 输油站设 3 台 4 650kW 热媒炉。Mx、Hs、Hd、Sz 不设热媒炉，热泵站改建为泵站，全线需新上 6 台 4 650kW 热媒炉。不设热媒炉的 4 个中间泵站相应取消了与热媒炉配套的原油、热媒换热器区、加热炉控制室等单体。

Mx、Hs、Lh、Hd、Sz 这 5 个输油站，每站需设 2 台燃油锅炉，以供采暖及生产伴热用。

### 5. 工艺流程

Mx、Hs、Hd、Sz 这 4 个输油站无热力越站流程，且正输时只加压。

### 6. 工艺计算结果

根据有关基础数据，利用上述方案中选定的设备，应用"TQ 线优化运行软件包"，计算各站的主要运行参数。

加降凝剂输送各中间站及末站进站温度不低于 22℃，主要参考 PL 线降凝输送实际运行情况。PL 线输送的油品物性与 Dq 原油相似，现 PL 线实际运行最低进站温度为 22℃左右。

为了合理运行、减少运行费用，在模拟运行中，在地温高的季节及大输量时，可不加降凝剂运行。表 15-18 列出了不同季节、不同输量条件下的运行方式。

表 15-18　加降凝剂或不加降凝剂输量范围

| 降凝输送方式 | 输送方式 | 第一季度 | 第二季度 | 第三季度 | 第四季度 |
|---|---|---|---|---|---|
| | 不加降凝剂 | $5.2\times10^4$ t/d | $4.0\times10^4$ t/d | $4.0\times10^4 \sim 5.6\times10^4$ t/d | $4.8\times10^4$ t/d |
| | 加降凝剂 | $4.0\times10^4 \sim 5.2\times10^4$ t/d | $4.0\times10^4$ t/d | | $4.0\times10^4 \sim 4.8\times10^4$ t/d |

### 7. 降凝输送方案的优缺点及存在的问题

（1）优点。一次性投资小；简化工艺流程，方便管理，维修量小，安全；中间站占地面积小；操作人员少；节省燃料油。

（2）缺点。运行费用高，降凝剂价格较贵；T 首站出站温度高，热负荷大。

（3）存在的问题。① CE—3 降凝剂只做了室内评定实验，未做工业性实验。该方案与实际运行会有一定偏差。TQ 线进行降凝剂工业性实验费用约 120 万元。② T 输油站新生产区原油/热媒换热器由 TD、TF、TQ 三线公用。需动火将 TQ 线原油/热媒换热器与 TD、TF 线共用的原油/热媒换热器分离。另在 T 输油站新设 3 台 4 650kW 热媒炉，安装位置有困难。③降凝输送方案中，加降凝剂输送，中间站及末站最低进站温度为 22℃是否可行，必须经工业性实验后才能确定。④ 200×年××月××日至××月××日，在 SY 大学（BJ）做 CE—3 降凝剂室内实验中，发现此次实验结果与 200×年×—×月在 DG 设计研究院室内的实验结果偏差很大。降凝效果很不理想，温度 55℃、添加 50ppm CE—3 降凝剂后，终冷温度 20℃取样入试管测凝点即凝结。初步结论，Dq 油物性有变化，CE—3 降凝剂有局限性，进一步筛选降凝剂工作必须进行。

## 2.4　结论

Dq 原油降凝剂研究工作有待进一步深入进行，目前降凝剂应用于 TQ 线还有技术难题，推荐采用加热输送方案。

# 第 3 章　线路整改

## 3.1　TQ 线线路概况

TQ 线为 20 世纪××年代初设计施工，19××年投产。起点为 T 首站，终点为 Q 末站，全长为 454.25km，其中 DBS 局管理界限（0 号桩至×××号桩）为 437km（以下改造涉及的工程量均为此界限内），管径为 Ø720×8(9)。

全线跨越中等以上河流（水面宽度在 50m 以上）18 条，铁路穿越 18 处，县级以上公路穿越 75 条；干线阀室 12 座，其中，放空阀室 4 座、分输阀室 2 座、截断阀室 6 座；穿跨越河流备用线2条。

目前该线路的管理水平比较落后，停留在人工巡线的水平上，未配备检测测漏系统和软件。

### 3.2 线路整改措施

（1）Mx出站约3km穿JS铁路下更换弯头2个。
（2）L河东700m压在公路下的管线挪出公路改线处理。
（3）取消4座放空阀室，动火切除用直管段连接。
（4）切除L河东阀室DH500闸阀，SS分输阀室DN500闸阀。
（5）更换6个线路截断阀DH700为手动球阀。
（6）增设穿越SS线铁路备用线2处。

全线已建阀室位置分布图略。

## 第4章 站址及总平面布置

### 4.1 设计原则

TQ线改造各输油站总图布置贯彻"节约用地、减少投资、安全生产、方便管理"的原则，严格执行《原油和天然气工程设计防火规范》（GB 50183—××）、《油气田和管道工程建筑设计规范》（SYJ 21—××）、《建筑设计防火规范》（CBJ 16—××）等。在满足生产工艺流程和不影响目前的正常输油生产前提下，尽量利用老站址位置进行改建。此外，在J处设全线维修中心。

### 4.2 站址及总平面布置概述

#### 1. T输油站

T首站新生产区设TQ线站控室一座，建筑面积45m²。

#### 2. Mx输油站

新的生产区设在原站区东侧的辅助生产区内，需要拆除一些辅助生产用房，利用原站区内的储油罐、户外开关场及微波通信设施等，站区内的主要设备均露天摆放，消防区、罐区、生产区和生产指挥区相对集中，以利于消防和生产管理。

站区内采用公路型道路，主干道路面宽6.0m，次干道路面宽4.0m，路面为水泥混凝土路面，通道宽1.5m，铺砌水泥方砖，道路呈环形布置，主要道路回转半径为12.0m。

#### 3. Hs输油站

新建生产区的主要设备区布置在原500m³混凝土罐的位置上，需要将混凝土罐拆除，其他建（构）筑物围绕在其周围，并需征地4060m²。利用原站区的储油罐，户外开关场及微波通信等。

站内道路形式同Mx输油站。

#### 4. Lh输油站

新建生产区布置在原站区南侧5000m³混凝土罐的位置上，利用原站区的户外开关场、储油罐及通信设施等，需拆除混凝土罐及少部分辅助生产用房。

站内道路形式同Mx输油站。

#### 5. Hd输油站

新建生产区位于原站区的东侧，需要拆除一些辅助生产用房和部分老住宅楼，利用储油罐、户外开关场及微波通信设施等。

站内道路形式同Mx输油站。

### 6. Sz 输油站

新的生产区建在原站区北侧，利用原 5 000m³ 混凝土罐的位置，需要拆除部分建（构）筑物，并需征地460m²。原站区的户外开关场、储油罐及通信设施仍将被利用。

站内道路形式同 Mx 输油站。

### 7. 维修中心

原维修队、消防队仍被利用，新建400m² 检测维修间，供仪表自动化检测维修分队使用。沿线各站、维修中心的生产区新建、拆除及征地面积如表 15-19 所示。

表 15-19 新建、拆除及征地面积　　　　　　　　　　　　单位：m²

| 站名 | 新建面积 | 拆除面积 | 征地面积 |
| --- | --- | --- | --- |
| T 输油站 | 45 | 0 | 0 |
| Mx 输油站 | 1 125 | 2 807 | 0 |
| Hs 输油站 | 1 433 | 1 332 | 4 060 |
| Lh 输油站 | 983 | 1 861 | 0 |
| Hd 输油站 | 2 105 | 3 838 | 0 |
| Sz 输油站 | 1 198 | 1 921 | 460 |
| 维修中心 | 400 | 0 | 0 |
| 合计 | 7 289 | 11 759 | 4 520 |

## 第5章　仪表自动化

### 5.1　概述

（1）现 TQ 线自动化系统是"八五"期间改造的，由于资金有限、自动化改造程度有限、水平较低，只是完成了实现单站控制系统和保护系统在 Sy 控制中心的遥测、遥控，且主要设备现已落后，Sy 控制中心主机为东海286计算机，站控机 RTU 为 SZY—5，8 台计算机都是国内产品。如用现设备，其速度和容量都不能满足改造后生产运行的要求。

根据 TQ 线改造的原则和目标。该方案中主要自控设备均拟重新选型。

（2）全线设控制中心、显示终端和站控系统。控制中心设在 Sy 调度，显示终端设在 J 公司，站控系统设在全线各输油站。在 J 设全线维修中心，并配备标准校验仪器。

（3）各站控室设站控机系统以完成数据采集与监控功能，并设仪表盘，安装主要工艺参数的显示仪表、安全监测保护仪表。

### 5.2　自控方案

TQ 线自控方案采用数据采集与监控（SCADA）系统，以站控为主、Sy 控制中心为辅。自动化水平以保障密闭输油工艺安全为宗旨。

Sy 控制中心对全线实施水击超前保护。站控机对本站压力进行自动保护及远距离手动操作。现场设备利用常规仪表在现场进行就地操作和自动控制。

### 5.3　主要检测参数

为满足工艺运行的要求，整个系统数据采集量为1 573个，其中，模拟量输入点（AI）216个，模拟量输出点（AO）2个，数字量输入点（DI）935个，数字量输出点（DO）225个，脉冲量输入点（PI）10个。

加热炉通信量175个。

TQ 线数据采集与监控系统 I/O 参数统计，如表 15-20 所示。

表 15-20 TQ 线数据采集与监控系统 I/O 参数统计　　　　单位：个

| 参量 | 站名 ||||||| 
|---|---|---|---|---|---|---|---|
|  | T | Mx | Hs | Lh | Hd | Sz | Q |
| AI | 23 | 36 | 36 | 36 | 36 | 36 | 13 |
| AO | 2 | 2 | 2 | 2 | 2 | 2 | 2 |
| DI | 80 | 166 | 166 | 166 | 166 | 166 | 25 |
| PI |  |  |  |  | 4 |  | 6 |
| DO | 25 | 38 | 38 | 38 | 38 | 38 | 10 |
| 加热炉通信 |  | 35 | 35 | 35 | 35 | 35 |  |
| 小计 | 130 | 277 | 277 | 277 | 281 | 277 | 54 |
| 合计 | 1 573 |||||||

### 5.4　设备配置

**1. Sy 控制中心系统配置**

（1）一套 DEC Alpha 200/233 主机系统，主机频率 233MHz，内存 64MB，硬盘 1.05GB。操作系统软件、SCADA 系统软件及应用软件。

（2）两套调度员工作站。

（3）三台中英文打印机，其中，一台报警打印、一台报告打印、一台主机系统打印。屏幕拷贝机一台。

（4）两套通信控制器，冗余配置热备用。

（5）一台通信服务器，实现 TD 线、QT 线、TQ 线局域网的联网。

（6）双总线以太网，传输速率不小于 10Mbps。

（7）一台 UPS。TQ 线 SCADA 系统配置（略）。

**2. 站控系统配置**

（1）各站设 RTU 一套进行数据采集与控制，32 台计算机，主 CPU 板冗余配置热备用。RTU 具有与当地编程、调试和诊断的硬接口和各种工业计算机相连的多个通信接口。

（2）操作员人机界面配置一套工业计算机、CRT 及打印机。

（3）站控系统配置操作系统软件、工具软件及应用软件。

（4）各站配一台 UPS。站控计算机系统配置图（略）。

**3. 数据传输系统**

Sy 控制中心系统与各站控制系统通信是微波信道，配置方式为点对点式，冗余主从热备用，传输速率为 4 800bps，传输控制方式为查询式（Polling）。误码率小于 10.6。数据通信满足水击超前保护的要求。

**4. J 显示终端**

J 显示终端通过微波信道接收 Sy 控制中心的数据，对 TQ 线各站生产运行状况只起监视作用，故配置为工业计算机、CRT 及打印机。

### 5.5　主要设备选型原则

（1）具有可靠性，抗干扰能力强，运算速度快，仪表测量精度高，稳定性好，性能价格比高，适用于工业现场长期连续运行的设备。

（2）选用并引进性能可靠的计算机、调节阀、压力开关等。

（3）主要仪表设备选用智能型仪表。

### 5.6　其他说明

（1）配置一套 DEC Alpha 工作站作为主机，是为了 TQ 线 SCAOA 系统更安全、可靠地运行。若与 TQ 线主机共用，则 TQ 线在调试阶段势必影响 QT 线的正常运行。另外，若公用主机出现故障，不仅影响 QT 线系统，而且影响 TQ 线系统，不符合分布式控制系统的要求，不便于系统管理和维护。

（2）如果原有仪表满足使用条件，则尽可能利用原有仪表。

（3）电缆敷设主要采用电缆桥架架空敷设方式

## 第6章 通信

通信改造方案为站区通信改造。

输油站改造后主控室、泵房等生产岗位都要移位，而且随着输油自动化水平的提高，电路的需求也大量增加。改造后各站设有总机电话，设有一主、一备两套控制电路和直达各岗位的调度电话。

## 第7章 公用工程及维修中心

### 7.1 电气

TQ 线变电所为 20 世纪××年代初设计的，其电压等级为 66/6kV，采用双电源、单主变、6kV 侧为单母线分段的运行方式。变电所设有户外开关场、高压室、低压室、电容器室及主控室，其低压系统采用双电源、双变压器、单母线分段的运行方式，由所变（66/0.4kV，630kVA）及站变（630/0.4kV，320kVA）分别供电。6kV 部分主要为输油泵供电，低压系统主要为炉区及电动阀等设备供电。采用集中式电容补偿。

由于绝大部分电气设备为淘汰产品，自动化程度低，且老化严重，加之这次改造时主要输油设备的更新，故电气设备除保留户外开关场外，其余均拟新建。

**1. 输油站电力供应方案**

（1）该设计是以《油田和原油长输管道变配电设计规定》（SYJ33—××）及《输油管道工程设计规范》（GB 502533—××）为依据进行设计的。

（2）该改造方案以输油泵串联运行为前提。为便于经济及安全运行的分析，对如下三个主接线方案进行比较。

方案一：双电源双主变，6kV 单母线分段。

方案二：双电源单主变，6kV 单母线分段。

方案三：双电源单主变，6kV 单母线不分段。

其经济性情况比较如表 15-21 所示。接线如图 A、图 B 和图 C 所示（此均略）。

表 15-21 经济情况比较　　　　　　　　　　单位：万元

| 方案 | 户外开关场 | 高压柜数量/台 | 设备费 高压柜 | 设备费 主变（+线路+征地） | 增容费 | 合计 | 优点 | 缺点 | 备注 |
|---|---|---|---|---|---|---|---|---|---|
| 一 | 新建 40×45m² | 16 | 240 | 90（+20+12） | 200 | 562 | 可靠、灵活、不停电检修 | 投资大、施工复杂 | |
| 二 | 利用原有 | 18 | 270 | 60 | 0 | 330 | 运行较灵活 | 高压柜较方案三略多 | 推荐 |
| 三 | 利用原有 | 12 | 181.1 | 60 | 0 | 240 | 节约高压柜，运行操作简单 | 当母线故障时 6kV 停电 | |

注：1. 方案一主变按 2 台 5 000kVA 考虑；方案二主变按 8 000kVA 考虑。
　　2. 增容费按 1 000 元/kVA 考虑。

由上述各图表的比较可得出如下结论。

方案一：运行灵活可靠，可以不停电检修主变压器，但需新建户外开关场，需征地，主变增容，且外线路也需改动，投资较大，施工较复杂。

方案二与方案三：可以利用原户外开关场，无征地增容问题，且外线路无须改动。而方案二与方案三比较，虽投资略多，但运行灵活，利于安全生产，便于检修。

综上分析比较，该设计推荐方案二，即双电源，单主变，6kV 单母线分段；其低压系统为双变压器，单母线分段的运行方式（见储—×××/5 电力系统干线图，此略）。具体改造内容为：①利用现有的两回 66kV 架字进线。②保留原户外开关场占地，更换主变，电流、电压互感器及隔离开关。③变电所室内部分均新建，其中包括高压室、电容器室、主控室及低压室各一个，输油泵（串联泵）电机采用 6kV 电压，由变电所直配；加热炉等负荷由低压系统供电。④变电所采用计算机实时监控保护系统，与站控端预留通信接口，使控制、保护及测量计算机化。⑤电容补偿采用集中式补偿，其中 6kV 每段设一组，补偿容量为 1 800kvar；低压在所变侧设一组，补偿容量为 270kvar。

**2. 输油站电力控制方案**

（1）计量用输油泵电机采用就地、变电所及站控室控制。

（2）电动阀采用就地及站控室控制。

（3）一般电机只采用就地控制。

（4）在变电所设计算机监视控制，并用通信与站控室连接。

**3. 变压器的确定**

（1）主变更换为节能型，容量仍为 8 000kVA（Hd、Sz 已换完）。变压器（630kVA）利用原有设备（Hs、Lh 更换）。从计算负荷（4 673kW）来看，变压器的负荷率在 62% 左右（去掉所变负荷），满足规范及经济运行的要求。

（2）站用变压器按负荷率 55% 考虑选 500kVA。此容量与所变（630kVA）配合，负荷率在 55% 左右。另外，此容量既能满足最大单台电机（75kW）的启动要求，同时也能满足全部二级负荷（407kW）的供电要求。

（3）输油站单站用电负荷如表 15-22 所示。

表 15-22 用电负荷

| 序号 | 单元或设备名称 | 设备台数 运行 | 设备台数 备用 | 单元或单台设备容量/kD | 计算负荷 有功/kW | 计算负荷 无功/kvar | 备注 |
|---|---|---|---|---|---|---|---|
| 一 | 直配高压负荷 | | | | 4 323 | | |
| 1 | 输油泵 1 | 2 | | 1 050 | 3 515 | | 6kV |
| 2 | 输油泵 2 | 1 | | 850 | 808 | | 6kV |
| 二 | 罐前泵负荷 | | | | 64 | | 380V |
| 三 | 加热炉系统负荷 | | | | 246 | | 380V |
| 四 | 给排水负荷 | | | | 34 | | 380V |
| 五 | 消防负荷 | | | | 64 | | 380V |
| 六 | 配电所 | | | | 20 | | 380V |
| 七 | 站控室 | | | | 20 | | 380V |
| 八 | 检修负荷 | | | | 23 | | 380V |
| 九 | 通信负荷 | | | | 15 | | 380V |
| 十 | 电伴热负荷 | | | | 60 | | 380V |
| 十一 | 照明负荷 | | | | 50 | | 380V |

注：1. 将低压负荷之和乘以同时系数 0.95 得全站低压计算负荷：$\sum P_{js低}$= 566kW，其中二级负荷为 407kW。

2. 将全部负荷之和乘以同时系数 0.95 得全站计算负荷：$\sum P_{js}$ = 4 673kW。

### 4. 主要设备的选型

(1) 高压柜拟选真空手车柜（合资产品）。

(2) 户外开关场 66kV 电流及电压互感器选用带 0.2 级专用计量线圈的产品，以满足电业部门的计量要求。

(3) 变压器选用节能型。

(4) 低压屏选用 GGD 固定式全封闭配电屏。

(5) 高压电缆选用交联聚乙烯型，低压及控制电缆选用聚氯乙烯型，至计算机的电缆选用屏蔽型。

(6) 电热带考虑国产 M.I 加热电缆与美国瑞坎公司自限式电热带产品相结合。

### 7.2 供热与通风

#### 1. 供热与通风系统存在的问题

TQ 线自建设以来，已运行了 ×× 年。各输油站的热源、通风设备及室外热力管网运行至今，设备陈旧老化，效率低下，热力管网腐蚀严重。随着各输油站的不断扩建及技术的不断发展，现有热源供应系统、通风系统及热力管网已不能正常使用，因此必须对 TQ 线各输油站供热及通风系统进行改造。

#### 2. 各输油站的供热面积及供热负荷

各输油站的供热面积如表 15-23 所示，供热负荷如表 15-24 所示。

表 15-23 供热面积　　　　　　　　　　　　　　　　　　　　　单位：m²

| 站址 | Mx | Hs | Lh | Hd | Sz |
|---|---|---|---|---|---|
| 供热面积 | 13 213 | 11 408 | 4 817 | 12 287 | 8 864 |

表 15-24 供热负荷　　　　　　　　　　　　　　　　　　　　　单位：kW

| 站址 | Mx | Hs | Lh | Hd | Sz |
|---|---|---|---|---|---|
| 采暖 | 1 297 | 1 146 | 565 | 1 279 | 961 |
| 工艺伴热 | 350 | 220 | 270 | 270 | 210 |
| 浴池用热 |  | 300 |  | 300 |  |
| 总负荷 | 1 647 | 1 666 | 835 | 1 849 | 1 171 |

#### 3. 供热、通风与空气调节方案

(1) 供热方案。Mx、Lh、Hd 及 Sz 输油站各设一座热水泵房，利用热媒/热水换热器产生 95℃/70℃的热水，对所有热用户进行供热。Hs 输油站设锅炉房一座进行供热。

(2) 通风与空气调节方案。对有通风要求的建筑场所，如清蜡间、泄压阀室及变电所等，采用强制通风，选用轴流式通风机。主控室选用 HF13W 风冷恒温恒湿空调机。

### 7.3 给排水

#### 1. 给水

TQ 线各输油站给水系统自建站投产以来，经过多年运行，设备、管线已严重损坏、老化。各输油站给水系统均存在一定问题。其中，Mx、Lh、Sz 三站深井泵均为淘汰设备，Mx 水源铁、锰超标，各站水塔多年失修，均已有不同程度的损坏、锈蚀，各站饮用水均无消毒设备，Hd 站夏季供水紧张等问题，以上问题直接影响输油生产及职工生活和身体健康。为改善各站给水状况，在这次改造中，Hd 站由石油 W 厂供水；Hs 站由市政供水；Mx 站水源地在新总图中被占用，需打深井一口；Sz 站增加一深井做备用水源，同时更换原有深井设备；Mx 站更换除铁、锰设备。各站均增设自动供水设备、消毒设备。

## 2. 排水

TQ 线各输油站污水系统中，Mx、Lh 两站雨季积水严重、排放不畅，各输油站生产、生活污水均未经处理直接排放到附近水体，对环境造成污染，不符合国家标准，各站站外排水管线损坏、跑漏严重。针对以上问题，在这次改造中，除更换原有排水管线、排水设备外，还增设污水处理设施。

## 3. 各站给排水方案

各站给排水方案如表 15-25 所示。

表 15-25　各站给排水方案

| 站址 | Mx | Hs | Lh | Hd | Sz |
|---|---|---|---|---|---|
| 给水 | 新打深井一口<br>更换原深井泵<br>更换除铁、锰设备<br>设消毒设备<br>设自动供水设备 | 由市政供水<br>设消毒设备<br>设自动供水设备 | 更换原深井泵<br>设消毒设备<br>设自动供水设备 | 由石油 W 厂供水<br>设消毒设备<br>设自动供水设备 | 新打深井一口<br>更换原深井泵<br>设消毒设备<br>设自动供水设备 |
| 排水 | 设污水处理设施<br>更换 2km 污水管线 | 设污水处理设施<br>更换 2km 污水管线 | 设污水处理设施<br>更换 0.5km 污水管线 | 设污水处理设施<br>更换 0.5km 污水管线 | 设污水处理设施<br>更换 1.9km 污水管线 |

各站供水系统均采用自动供水设备，既保证供水，又节约能源。

各站污水均经污水处理设施处理，达到国家"三废"排放标准后排放，对周围环境无污染。

### 7.4　消防

TQ 线各输油站原有消防系统中，Mx、Sz 两站未完善，Hs、Lh、Hd 站建成投用，但这次改造中除 Hd 站外所在地均被占用，需迁移。因此，在这次改造中，为保证改造后管道和输油站的安全生产，按投资少、安全性高、符合国家现行规范的原则，改造和完善各输油站消防系统。各站油罐容积及数量如表 15-26 所示。

表 15-26　各站油罐容积及数量

| 站址 | Mx | Hs | Lh | Hd | Sz | 备注 |
|---|---|---|---|---|---|---|
| 容积 | 700m$^3$ | 1 000m$^3$ | 3 000m$^3$ | 3 000m$^3$ | 700m$^3$ | Mx 5 000m$^3$ |
| 数量 | 一座 | 一座 | 一座 | 一座 | 一座 | 不投用 |

TQ 线这次改造投用后，采用密闭输油工艺流程，各站油罐均作为泄油罐使用。根据《原油和天然气工程设计防火规范》，油罐消防以事故罐考虑。

根据《原油和天然气工程设计防火规范》第 7.1.4 条 "1 000m$^3$ 以下油罐可采用烟雾灭火装置"，烟雾灭火装置无须水源、无须电源、灭火启动迅速、灭火时间短、使用可靠、节省占地、投资少，因此，Mx、Hs、Sz 三站采用烟雾灭火装置。

Hd、Lh 两输油站作为事故罐考虑时，按《原油和天然气工程设计防火规范》规定，消防方式为移动式泡沫灭火和移动式冷却水。Lh 设 600m$^3$ 消防水池一座，Hd 站可利用原有固定式消防系统。Lh 站由于站内没有移动式消防设备（泡沫车、水车），发生火灾时，需要地方消防力量协作，每次泡沫灭火需泡沫量为 6.3m$^3$，即地方消防部门泡沫车每次至少携带 6.3m$^3$ 泡沫方可扑灭火灾，同时需要两台水车对罐壁进行冷却，根据当地情况，Hd、Lh 站可借助 J 输油公司和 Jx 石油 W 厂的消防力量。

Mx、Hs、Lh、Hd、Sz 五站输油站区消防管网均同供水管网合建，站区内设置一定数量的低压消防栓，同时配备水枪、水带等，消防输油站各单体、生产区根据需要设置相应数量的干粉灭火器。

## 7.5 维修中心

TQ 线原来设有一个维修队，备有一些维修、抢修设备及消防车辆，各输油站设有维修班及必要的维修设备，基本上满足原来 TQ 线生产上的抢修、计划大修和日常维修的需要。

TQ 线改造后，要达到以站控为主，实现水击超前保护的水平，自动化程度较高，同时输油泵机组和调节阀准备全部采用进口设备，其他设备采用国产与引进相结合的方式（如阀门本体采用国产，电动执行机构采用引进）。设备性能比较先进，质量得到了保证，全线安全生产的可靠性将大为提高，维修工作量相对减少，维修人员的相对素质要求比较高，就没有必要在每个输油站设置维修班。为适应 TQ 线改造后的实际客观要求，只在 J 输油公司建立一个专业齐全的维修中心，既保证了人员素质的提高，又方便管理。

### 1. 维修中心的组成

维修中心由四部分组成：设备与管道维抢修分队、电气设备维抢修分队、仪表自动化系统检测维修分队及消防分队。

### 2. 各分队的位置和设备配备的原则

为了减少占地面积、节省投资和对设备的有效利用，设备与管道维抢修分队、电气设备维抢修分队和消防分队设置在原维修队的位置内，进行完善。另外，新建仪表自动化系统检测维修分队。设备配备除利用原有的设备外，再增添一些少量的必要设备来满足维（抢）修和检测的需要。

### 3. 各分队的任务和设备配置

（1）设备与管道维抢修分队。

① 任务。A. 负责全线所有辅油设备及附属设备的大、中、小修和维护；B. 负责站内外输油管道、热力管道、供水系统、供风系统及防腐、保温的大修与维护；C. 负责设备和管道发生事故时的抢修及打桩、护管、改造等大型工程。

② 设备配置。除利用原有维修队设备外，新增加设备有：A. D60 推土机一台；B. 柴油发电机（75kW）一台；C. 可移动式空压机（2V—8/8）一台；D. 黄海大客车一辆；E. 设备检修车一辆；F. 野营房三座。

（2）电气设备维抢修分队。

① 任务。负责各输油站的电气设备的检测、试验、维护和每年的系统春秋两季检查。

② 设备配置。A. 高压耐压试验设备一套；B. 真空滤油机一台；C. 真空度测试仪一台；D. 吊装设备（检修变压器用）一套；E. 电气设备检修车一辆。

（3）仪表自动化系统检测维修分队。

① 任务。负责对 TQ 线各站硬件设备（如计算机等）进行检测，修改应用软件、各站及公司显示终端所有自动控制调节系统的检测、调试、维修；压力变送器、机泵运行监视器、记录仪、热电阻、压力显示表等的维修与检定。

② 设备配置。A. 工业 PC586 计算机、21 英寸彩色 CRT 及 132 列打印机一套；B. 不间断电源 UPS 一台；C. 仪表检修车一辆。

（4）消防分队。消防分队负责全线火灾的扑救工作及现场动火时的灭火工作。利用原有的消防设施，不再增添新设备。

## 第 8 章 组织机构及人员编制

### 8.1 组织机构

TQ 线改造后隶属关系不变。J 输油公司下设 Mx 输油站、Hs 输油站、Lh 输油站、Hd 输油站、Sz 输油站、Q 末站及维修中心七个下属单位。T 输油站归 Dl 输油公司管理，TQ 线全线生产运行由 Sy 控制中心调度负责。

### 8.2 人员编制

TQ 线改造后，全线具有较高的自动化水平。由于技术水平的提高，全线所需运行操作、管理、维修人员相应减少。改造后，有些岗位合并，有些岗位减少人员，以达到精减人员编制、提高劳动效率的目的。J 输油公司管辖管道长度为 387km，现有人员 1 180 人。拟将 J 输油公司人员 395 人，达到每千米 1.02 人的管理水平。各单位人员编制如下。

（1）公司机关 59 人。公司机关设经理、党委书记、副经理，下设党委办公室（包括宣传）、组织、纪检委、工会、团委、行政办公室、生产科、管道科、安全科、计划科、财务资产科、人事科、保卫科、审计科、经营管理科，共 15 个科。

（2）Mx、Hs、Lh、Sz 输油站，每站 49 人。每站设运行班，负责全站的运行操作，每站设有若干管理、后勤人员。

（3）Hd 输油站 54 人。Hd 输油站运行班比 Mx 输油站增加计量工种，其余部分相同。

（4）Q 末站 11 人。末站设运行班，负责末站的运行操作，并有少量的管理、后勤人员。

（5）维修中心 75 人。维修中心设有设备、管道维抢修分队、电气设备维抢修分队、仪表自动化检测维修分队、消防分队及管理和后勤人员，负责全线的维、抢修及检测任务。

### 8.3 技术培训

（1）国内培训。为了胜任新技术、新设备的运行和维修，运行操作人员、生产调度人员均应在国内具有 SCADA 系统的输油管道从业资质或在培训基地上进行培训。

（2）国外培训。在引进国外先进技术、设备的同时，应对部分关键岗位的人员进行出国培训，学习相应的先进技术并掌握设备的使用、维修技术。

## 第 9 章 职业安全卫生

TQ 线改造重点为输油站改造，线路进行局部整改。输油站在站内改造，基本不征地或很少征地，管道干线均为埋地。在改造工程中，职业安全卫生影响因素及防护措施如下。

（1）TQ 线 Mx、Lh、Sz 水源来自站内深井，Hs 站由市政供水，Hd 由石油 W 厂供水。Mx 站的水质因含铁、锰超标，设除锰、铁设备；其余各站水质合格，各站均设消毒设备。

（2）改造工程干线只进行局部整改，输油站在原站址改造。干线及输油站与周围环境的安全关系维持不变。

（3）锅炉房、加热炉排出的烟气不仅对环境产生污染，而且还对人身健康产生危害。锅炉选用燃烧充分的燃油锅炉，加热炉选用国内高效炉，充分燃烧，大大减小了有害烟气对人身的伤害；储油罐蒸发损耗、破裂对人身安全及健康构成威胁，全线可采用密闭输油，减少油品损耗；油罐设防火堤。

（4）引进技术先进、质量可靠的输油泵机组，泵机组发生故障时自动报警、停机，泵、电机联轴器设保护罩。加热炉选用国内技术先进的定型产品，加热炉发生故障时自动报警、停炉。油罐利用已建设的罐前泵，根据罐液位高、低自动启、停泵。为保证操作可靠性，关键阀门及电动执行机构国外引进，发生故障时保位或闭锁。

（5）Mx、Hs、Sz 油罐设烟雾灭火，Lh、Hd 油罐设移动式消防，各站消防均可借助公司和地方消防力量。各站消防管网与供水管网合建，站内设置一定数量的低压消防栓，同时配备水枪、水带等消防设备。站内各场所设置一定数量的干粉灭火器，一旦发生事故，全线统一指挥生产运行，现场领导及时组织人员抢救、疏散。沿线交通方便，各站靠近市县城，医疗救护有保证。

（6）对存在易燃、易爆气体的场所，按照防火等级要求采用防爆或隔爆设备，并按规范和实际需要设置强制通风或自然通风。油罐区、泄压阀室、清蜡间按要求设置可燃气体报警仪。

（7）输油站变电所、油罐及烟囱在遭雷击后会造成电气及设备的击毁、停电、停输及火灾等严重事故。在变电所设独立避雷针及避雷器保护，对烟囱及油罐实行防雷接地保护；输油管线采取防静电接地措施；所有电气设备金属外壳均采用保护接地，以防漏电产生的电击人身事故。

（8）管线超压、腐蚀会使管线破裂、腐蚀穿孔，造成跑油、停输事故。为保证管线安全运行，全线设水击超前保护，各站设有泄压保护、压力自动调节及保护措施。输油干线采用阴极保护防腐措施，并定期进行干线防腐层检查和大修。

（9）输油泵机组、空压机噪声过大，会对人身健康产生伤害。输油泵机组、空压机在设备订货及安装时按有关要求执行，噪声控制在允许范围。

（10）各站救护室、医疗室、哺乳室、妇女卫生间设在综合楼内，浴池单独设在生活区内，站控室、变电所内设更衣室、休息室。

# 第10章 环境保护

## 10.1 TQ线沿线的环境现状

### 1. 自然环境

TQ线沿线河流分布较密，共有中等以上河流（水面宽度在50m以上）18条，管线离湖泊较远。

沿线土壤植被主要为农林植物及少部分丘陵山地。主要气候特征为温带大陆性季风气候，野生动物较少，离矿场较远，沿线无自然保护区和环境敏感区。沿线大气状态基本良好，水体及土壤污染程度低，噪声有一定的控制。

### 2. 社会环境

管道沿线地区为经济发达地带，大、中型城镇较多。沿线交通（公路、铁路）运输发达。管道距离居民区较远，现在居民区已逐渐向管道移动靠近。离居民区很近的管道不是很长，只是靠近管线的居民区人口密度有逐渐加大的趋势。

沿线经过地域基本上为优良农业种植区，少部分山地也为经济林区。沿线城镇的工业生产水平较高，有多个大型石油化工企业。

## 10.2 主要污染源和污染物

### 1. 主要污染源

输油站内污染源主要为引起大气污染的原油泄放罐、燃油锅炉等排放的轻烃、$SO_2$、烟气等有害物质；站内生产污水（主要为必要时油罐清洗的含油污水）和生活污水的水污染；输油泵机组、锅炉、风机等的噪声污染以及生产垃圾和生活垃圾的固体污染物，生产垃圾主要来自清管器收、发装置，油罐的底油等含油固体。

此外，输油站内和输油站外均存在由于管线超压破裂、腐蚀穿孔、外界因素（如地震、滑坡、洪水或人为破坏因素）造成的原油泄漏，对土壤或水源造成污染。

### 2. 主要污染物

（1）大气污染物主要为 $SO_2$、$NO_2$、轻烃、$CO$、$CO_2$ 等。原油泄放罐主要通过油罐的大小"呼吸"排放，锅炉通过烟囱直接向大气排放。

（2）水污染物主要为石油类。由于油罐清洗不定期且间隔较长，含油污水主要送附近炼厂处理。生活污水经站内污水处理设施处理后直接向站外排放。

（3）固体污染物主要为含油固体及生活垃圾。含油固体数量不多，排放不连续。

## 10.3 管道建设引起的环境变化

该工程主要是输油站在原站址进行改造,并且改造后污染源、污染物得到控制,周围环境将有所改善。线路局部整改对周围土壤、植被、地形、地貌、生态、景观等会有所影响,在施工中采取必要的防护措施,减轻对周围环境的破坏。

## 10.4 污染控制措施

### 1. 主要污染控制措施

(1) 大气污染物的控制。对原油泄放罐的油气蒸发损耗,主要采用密闭输油工艺,减少油罐进出油量,从而减少油气蒸发,减轻大气污染。

选用高效热媒炉和直接式加热炉,燃烧充分,烟气污染轻,避免了原方箱炉的冒黑烟现象,选用高效燃油锅炉,减少大气污染。

场区实行绿化。各站结合场地情况,统一绿化设计,绿化系数在10%以上,在辅助生产区前的空地上设一些花坛、花池及喷水池等。在主要的站干道两侧种植行道树,在主要建筑的入口两侧及房前、房后也种植一些树木,起到美化庭院、净化环境的作用。

(2) 水污染的控制。对不定期、少量的含油污水,用油罐车送附近炼厂处理。

各站设污水处理设施,对生活污水进行处理,处理后达到国家规定的排放标准。

生活用水执行国家生活饮用水卫生标准,各站设供水消毒设备。

(3) 噪声污染的控制。为降低噪声污染,设计中采用合理的工艺流程,选择高效低噪声电机、风机、锅炉等。

(4) 固体污染物的控制。对含油固体一般集中送炼厂处理;对生活垃圾就近送垃圾处理场集中处理。

(5) 原油泄漏事故控制。设计上采用先进的输油工艺,采用高强度管材、先进的防腐技术、可靠的抗震措施;全线采取水击保护措施;线路上进行系统整治,对事故隐患点进行处理。事故泄放罐按规范要求设置防火堤;把住施工质量关;搞好安全生产的教育、培训和检查;运行过程中进行定期环境监测、定期线路检查;全线设抢维修中心;定期用智能清管器检查输油干线,发现薄弱环节及时整改。通过以上措施,将事故发生的可能性降到最低。

(6) 管道工程建设对周围土壤、植被、地形、地貌、生态、景观等造成的不良影响,采用土壤及生态恢复措施。

### 2. 主要环保设施及费用

(1) 主要环保设施。①含油污水处理设施。原油泄放罐设排污阀,排放含油污水时,直接通过排污阀接到油罐车内。②清罐器使用后采用专用清洗箱清洗。③各站设生活水处理设施。④为防止原油泄放罐溢油事故,设置防火堤。

(2) 费用估计。工程用于环境保护方面的投资费用为450万元,占总投资的1.6%。

# 第11章 系统可靠性与安全保障

## 11.1 设计可靠性

### 1. 输油干线

TQ线此次改造仍利用已建输油干线,只对事故隐患点进行相应处理,个别危险地段管线更换,更换不可靠的线路截断阀,增设穿越铁路备用线,切除不用的放空阀及分输阀。整改后的输油干线抗风险能力增强。

### 2. 输油站主要设备

输油泵机组为室外安装,采用引进技术先进、质量可靠的泵机组;加热设备选用国内先进的热媒炉及原油直接加热炉,两种加热设备技术及制造、使用上已经成熟,在国内输油管线已普遍使用,并为定型产品;泄压罐利用已建油罐,油罐已进行过系统整治;阀门选型立足于国内,选用技术先进、性能可靠的产品。关键阀门等从国外引进。

### 3. 通信及控制系统

全线采用 SCADA 系统,以站控为主。通信利用 DQ 线微波通信信道,各站设有通信接口,可满足水击超前保护的要求。

各站输油泵机组设有机泵运行监视器,泵机组运行出现故障时自动报警、停机;各站热媒炉和原油直接加热炉控制自成系统,发生故障时,自动报警及停炉,泄压阀室内设有罐前泵,根据泄压罐液位高、低自动启、停罐前泵,防止冒罐,各站主要阀门受监控,可自动切换流程、启停输油设备,对压力进行自动调节与保护。

为了保证输油干线正常运行,全线设有水击超前保护,各站设有泄压保护、压力自动调节及保护等措施;改造后输油干线可定期用智能清管器检查输油干线,发现薄弱环节时及时整改。

### 4. 动力供应

TQ 各输油站采用电力做动力源,各站高压系统均为双电源、6kV 单母线分段运行方式,低压系统为双电源、双主变、单母线运行方式,电气设备杜绝已淘汰产品。

## 11.2 管道安全保障

为了防止管道、油罐破裂,管道腐蚀穿孔、凝管、误操作等事故的发生及减少事故造成的损失采取下列安全保障措施。

(1)全线中间站为六度地震烈度区,各站油罐进行抗震设防,土建建筑及结构按七度烈度设防。

(2)输油站内进站段工作压力低于 2.5MPa,出站段的工作压力低于 4.41MPa,串联泵至调节阀间工作压力低于 6.41MPa。站内设备及管线耐压等级不低于工作压力。

(3)全线采用 SCADA 系统,对主要输油设备进行监控。站内受监控的主要输油设备有输油主泵机组、泄压、罐前泵、炉前泵、热媒炉、原油直接加热炉、主要阀门。主要输油设备发生故障时,自动报警、停运、闭锁或保位。

全线压力可实现自动调节与保护。管道设有水击超前保护、泵站闭锁、泵机组闭锁等保护措施。

(4)对存在易燃易爆气体场所,采用防爆或隔爆设备,室内设强制通风或自然通风,油罐区、泄压阀室安装可燃气体报警仪。

(5)输油干线设阴极保护系统,防止管道腐蚀。

(6)全线设专职巡线工,定期巡线,并定期采用智能清管器检查,及时发现问题。

(7)全线设维修中心,配备必要人员及设备,保证干线、站内维(抢)修正常,按时完成,防止干线凝管并减小损失。

(8)站内管线及油罐设有伴热系统,以防站内原油凝结。

(9)各站设有越站流程,以保证某站停电时全线能正常运行。

(10)工程实行监理制,加强全过程的质量管理,对项目的进度、投资及施工质量进行监督,确保工程质量。

(11)进行管道的设计、施工人员及运行操作人员的技术培训。

# 第 12 章 节能

## 12.1 节能指标及分析

目前国内加热输送原油管道与国际先进水平相比尚有一定差距,反映在能耗水平上可从表 15-27 中体现出来。

表 15-27　国际、国内先进水平主要设备运行效率的比较

| 项目 | 国际先进水平 | 国内先进水平 |
|---|---|---|
| 输油泵运行效率/% | 85～86 | 82 |
| 加热炉运行效率/% | 85～89 | 85 |

TQ 线与国内先进水平相比，也存在较大差距。主要原因是：

（1）输油泵和加热炉的综合运行效率仍较低；加上泵管匹配不太合理，各站存在不同程度的节流，节流较大时 Sz 站可达 0.7MPa，其他中间站达 0.2MPa。包含的节流因素中综合泵效为 74%，综合炉效为 75%。

（2）由于采用加热输送，加上沿线地温较低、原油黏度大、凝点高，需消耗大量的燃料油。

（3）TQ 线 Mx—Q 段基本实现了密闭输油，但是 Mx 站每年仍有约 10 个月为旁接油罐输油流程，能量得不到充分利用，也增加了油品蒸发损耗。

（4）各站供电系统，辅助生产设备由于运行时间过长，一些淘汰产品仍在使用，均不同程度地存在效率低、能耗大的现象。

（5）TQ 线自动化程度较低，优化运行管理程度较低，相对增加了能耗。

### 12.2　节能措施

TQ 线改造本着安全为主，同时考虑降耗、节能的原则，采取了一系列节能措施。

（1）输油泵的级配根据近期和远期的输量以及输送量的波动范围进行选择，使输油泵在高效区运行，达到泵管合理匹配，基本消除节流。

（2）引进高效泵，系统运行效率由 74% 提高到 83%，提高了 9%；采用热媒炉和新型原油直接加热炉代替方箱炉加热，加热系统运行效率由 75% 提高到 85%，提高了 10%，从而降低了电耗、油耗。

（3）工艺流程仍采用先炉后泵，密闭输油流程；输油流程在满足要求的前提下尽量简化，以减少站内能耗；全线实现密闭输送，Mx 站每年可减少蒸发损耗轻质油约 114t。

（4）运用优化软件选择不同输量时的运行方案，降低输油能耗。根据 TQ 线的实际情况，降凝输送有一定限制，采用加热输送，在三季度较大输送量时（日输 $5.6×10^4$t），T、Lh 两站添加减阻剂。

（5）加热炉设计应在满足任务输量范围内，在高效区工作。设计中从提高加热炉节能控制水平考虑，配备正常仪表外，还设置炉膛压力、温度自动控制、燃煤耗量、氧量监测和排烟温度等仪表，以达到保持最佳工况优化运行。同时站内设计考虑了能量平衡测试所需要的仪表。

（6）泄压罐、站内管道、输油泵等设备均采用保温措施，以减少热损失，并考虑可靠的防水、防腐措施以达到保温效果。各站利用现有油罐作为水击泄放罐，罐容量均不大于 $3\,000m^3$，油气损耗少。

（7）辅助生产设施也充分考虑节能要求。例如，燃油锅炉选用全自动燃油锅炉，热效率高；各站供水系统均采用自动供水设备，既保证供水，又节约能源。新选设备杜绝淘汰产品。

（8）电气方面，利用原两回路的 66kV 架空电源进线，利用原户外开关场，改造后变压器的负荷率满足变压器的经济运行条件。为满足电业部门要求，电容补偿采用集中式自动跟踪补偿，新选用的电气设备均采用节能产品，其中变压器为国家推荐的 SIO 系列，将大部分电磁式继电器改为变送器，由变电所计算机保护、控制。电动机采用引进高效电动机，电动机和输油泵合理匹配，使负载率达到 75% 以上。

### 12.3　节能计算成果

TQ 线改造后的节能计算，以 201× 年输量下对应的实际耗电量、耗油量为基础，进行节电

量、节油量和节能的经济核算。

201×年，TQ线输量 $1\,802\times10^4$t/a，Hd站分输量 $71.3\times10^4$t/a；全线耗电 $20\,175\times10^4$kW·h，其中 T 站耗电 $3\,490\times10^4$kW·h；全线耗油 22 701t，其中 T 站耗油 2 546t。

由于 T 站输油泵和加热炉不进行改造，节油、节电计算中 T 站能耗按改造前取值。

取电价 0.57 元/（kW·h），原油价为 1 280 元/t，$1\times10^4$kW·h 电折合标准煤 4.04t，原油折合标准煤 1.429t。节能成果如表 15-28 所示。

表 15-28 节能成果

| 输量（t/a） | 节电 | | | 节油 | | | 减少油品蒸发损耗 | | | 合计 |
|---|---|---|---|---|---|---|---|---|---|---|
| | 电量（$10^4$ kW·h/a） | 折合标准煤（t/a） | 人民币万元（a） | 油量（t/a） | 折合标准煤（t/a） | 人民币万元（a） | 油量（t/a） | 折合标准煤（t/a） | 人民币万元（a） | 人民币万元（a） |
| $1\,800\times10^4$ | 1 794 | 7 248 | 1 022.6 | 2 369 | 3 386 | 303.2 | 114 | 162.9 | 14.6 | 1 340.4 |

## 第 13 章 抗震设防

根据 TQ 输油管线沿线走向及输油站所在地区的地震烈度分布图查出，除 T 地区一部分区域和 Q 进站一小部分区域为七度烈度区外，其余为六度烈度区。

中间站站内工艺管线及设备，根据"生命线抗震设防按地震烈度提高一度设防"的原则，六度烈度区均按七度烈度采取抗震设防措施，鉴于 TQ 线油罐均为已建，这次改造按更换罐前阀为轻体防火型阀并吊装，阀后加设金属软管。

土建建筑及结构抗震设计按七度烈度设防，在抗震设防设计过程中，严格执行《建筑抗震设计规范》（CB Jll—89）和《构筑物抗震设计规范》（GB 50191—93）等国家有关规范。施工图设计前，必须有完善的地质勘察设计资料，特别是建、构筑物范围内的地层结构、岩石和土的各项物理力学性质，以及标准冻层深度、地下水位深度，并且要对地基土的稳定性、地震液化及地基承载力、地下水对基础的侵蚀性等做出评估。

严格按规范要求做好各建、构筑物的抗震构造设计，并采取有力措施，以保证抗震设防的要求。重点设防的建、构筑物有办公楼、变电所、阀室及站控室等土建工程。

## 第 14 章 主要设备及材料

### 14.1 主要设备

TQ 线改造工程所用主要设备如下。

（1）泵机组 119 台（其中输油主泵机组 17 台）。

（2）热媒炉 $2\times4\,650$kW 共 4 套。

（3）原油直接加热炉 5 000kW 共 2 台。

（4）公称直径 DN200 以上阀门 283 台。

（5）电气主要设备 325 台（套）。

（6）仪表自动化主要设备 249 台（套），软件 19 套。

（7）各种车辆 12 台。

主要引进设备如表 15-29 所示。

表 15-29 主要引进设备

| 名称及规格 | 单位 | 数量 |
|---|---|---|
| 输油泵 $Q=2\,580\sim2\,780$m³/h　$H=190\sim220$m | 台 | 12 |
| 电机 $P=1\,850$kW　$n=2\,950$r/min | | 12 |
| 输油泵 $Q=2\,580\sim2\,780$m³/h　$H=90\sim110$m | | 5 |

续表

| 名称及规格 | 单位 | 数量 |
|---|---|---|
| 电机 P=850kW n=1 450r/min | 台 | 5 |
| 电液联动调节阀 40#16″ | | 6 |
| 阀门电动执行机构 | | 59 |
| 压力开关 ITT | | 24 |
| 流量开关 FS$_7$—4 | | 6 |
| Sy 控制中心计算机系统 | 套 | 1 |
| 站控计算机系统 | | 7 |

### 14.2 主要材料

改造工程所用主要材料如下。

（1）钢材 2 260t（其中管材 985t）。

（2）木材 1 048m³。

（3）水泥 17 459t。

（4）电力电缆 41km。

（5）控制电缆 106km。

## 第15章 项目进度计划及实施建议

### 15.1 项目进度计划

改造工程按照总体规划、分步实施的原则进行，各项工程要求在 200×年建成投产。为实现以上目标，各项工程拟按改造工程实施进度计划表（见表 15-30）和相应的网络图（见图 15-8，此略）进行。

### 15.2 实施建议

该工程投资较高、工程量大、工期紧迫、施工建设水平要求高，为确保项目实施，建议如下：①改造原则为边生产边改造，在施工期间必须加强输油生产的管理，做到安全输油；②要因地制宜组织"三化"施工和安排好冬季施工，进一步提高劳动生产率，以适应建设周期短的要求；③加强项目管理，开展项目法施工，实行招标承包和甲乙方合同制，强化质量意识，确保工程质量和进度；④为确保工程施工质量，建议实行工程监理制；加强全过程的质量管理，对项目的进度、投资、质量进行监督；⑤加强管道的设计、运行操作及施工人员的技术培训，以提高 TQ 线设计、施工、运行管理水平。

## 第16章 投资估算与资金筹措

### 16.1 投资估算

**1. 简述**

该工程为 T—Q 输油管道改造工程，工程建设地点跨越 L 省和 H 省，设计年输量为 1 800 万 t，工程性质主要为安全改造，工程类别为 Ⅱ 类工程。工程主要内容包括七个输油站改造，Sy 调度端完善，新建 J 显示终端，新建 J 维修中心，线路整改，通信工程完善，并组建一个工程指挥部。

投资估算额为 28 543 万元，其中外汇为 700.64 万美元，详见附表（略）。建筑总面积为 7 289m²，永久性征地总面积为 6 424m²，临时征地总面积为 51 099m²。

流动资金估算额为 4 516 万元，详见后面有关经济评价的内容。

**2. 编制依据**

（1）估算是根据 200×年 SYQ 总公司颁发的《石油建设工程概（预）算编制办法》和《石

油建设引进工程概算编制办法》进行编制的。

（2）安装工程定额依据。201×年的《石油建设工程概算定额》，第一册，油（气）田工程；第二册（上），管道工程；第四册，电气、仪表工程。201×年的DBS局编制的《长输管道修缮工程预算定额》和200×年的《全国统一安装工程预算定额》。

（3）国内主材与设备价格依据。201×年的出厂价、市场价及200×年当地的结算价格。

（4）引进的主材与设备货价依据。201×年的厂家报价和代理商报价，货源分别来自美国和德国。

（5）引进工程从属费用依据。201×年的《石油建设引进工程概算编制办法》，按新关税制的全税考虑。

（6）建筑工程依据。DBS局近几年来的相类似工程的单位造价，并调整到当地201×年的价格水平。大型土石方工程依据201×年的《L省建筑工程概算定额》。

（7）安装工程取费依据。201×年的《石油建设安装工程费用定额》，按Ⅱ类工程取费。

（8）大型土石方工程取费依据。201×年的《L省建设工程费用标准》，按甲类施工企业取费。

（9）其他费用依据。201×年的《石油建设工程其他费用规定》。

（10）预备费依据。201×年的《石油工业建设项目经济评价方法与参数》（第2版），基本预备费费率按12%考虑，工程造价调整预备费费率按8%考虑。

### 3. 投资估算主要数据

工程投资估算额为28 543万元，其中外汇额度为700.64万美元。

（1）工程费用为20 956万元，占估算额的73.42%。其中，输油站19 086万元；线路整改498万元；调度端689万元，维修中心420万元；工程指挥部200万元；通信工程64万元；涉及的外汇有188.73万美元和659万德国马克，统一折合成615.57万美元。

各专业单位工程费用如表15-30所示。

表15-30 各专业单位工程费用　　　　　　　　　　　　　　　　　　　单位：万元

| 单位工程名称 | 投资额 | 单位工程名称 | 投资额 |
|---|---|---|---|
| 工艺 | 8 455 | 车辆购置 | 288 |
| 线路整改 | 498 | 电气 | 3 654 |
| 热工 | 2 243 | 仪表 | 654 |
| 给排水 | 487 | 自动化 | 1 859 |
| 消防 | 31 | 建筑工程 | 1 988 |
| 暖通 | 445 | 通信工程 | 64 |
| 机修 | 290 | | |

（2）其他费用为1 874万元，占估算额的6.57%。其中，土地费用为49万元，外汇额度为10万美元。

（3）预备费为4 435万元，占估算额的15.54%。其中，外汇额度为5.07万美元。

（4）建设期利息为1 278万元，占估算额的4.47%。

### 4. 投资使用计划表（见表15-31）

表15-31 投资使用计划表　　　　　　　　　　　　　　　　　　　　　单位：万元

| 序号 | 项目 | 200×年（第1年） | 200×年（第2年） | 200×年（第3年） | 200×年（第4年） | 合计 |
|---|---|---|---|---|---|---|
| 1 | 总投资 | 2 727 | 11 039 | 11 320 | 7 973 | 33 059 |
| 2 | 固定资产投资 | 2 727 | 10 906 | 10 906 | 2 726 | 27 265 |
| 3 | 建设期利息 | 0 | 133 | 414 | 731 | 1 278 |
| 4 | 流动资金 | | | | 4 516 | 4 516 |

### 5. 其他需要说明的问题

（1）外汇牌价按 201×年×月××日，国家外汇管理局提供的中间价 1 美元＝8.3 人民币元，1 美元＝1.735 德国马克。

（2）安装工程的人工单价一律调增到石油建设工程六类地区的人工单价 23.85 元/工日，并考虑人工动态价差。

（3）定额用材料费一律调整到当地 201×年材料预算价格水平。

（4）安装工程的机械台班费一律调整到 201×年石油建设工程机械台班费用水平。

（5）估算建筑工程投资包括建筑物的土建工程、给排水工程、采暖工程和电气照明工程的投资。

（6）估算的通信工程投资为生产区通信完善费用。

（7）土地费用根据建设单位提供的标准计算列入估算。

（8）工程设计费按〔××〕ZY 基设字第×××号文和〔××〕基设字第×××号文规定执行。

（9）编制工程项目可行性分析报告费用，参照化工与石化工程建设设计收费标准，按估算投资额的 0.19%收费。

（10）固定资产投资方向调节税按照国家发展和改革委、国家税务总局计投资〔201×〕××号文规定执行，该项目的税率为 0%。

## 16.2 资金筹措及建设期利息

该项目固定资产投资中企业自筹资金占 75%，为 20 449 万元；固定资产投资贷款占 25%，贷款额为 6 816 万元，贷款年利率为 11.7%，按复利计算，建设期利息为 1 278 万元。流动资金全部由企业自筹。固定资产投资估算如表 15-32 所示。

表 15-32　固定资产投资估算　　　　单位：万元　外币：万美元

| 序号 | 工程或费用名称 | 建筑工程 | 设备购置 | 安装工程 | 其他费用 | 合计 | 其中外币 | 占固定资产投资的比例（%） |
|---|---|---|---|---|---|---|---|---|
| 1 | 固定资产投资 | 1 988 | 14 250 | 4 718 | 6 309 | 27 265 | 700.64 | 100 |
| 1.1 | 工程费用 | 1 988 | 14 250 | 4 718 |  | 20 956 | 615.57 | 76.86 |
| 1.1.1 | 输油站 | 1 924 | 13 161 | 4 001 |  | 19 086 | 576.90 | 70.00 |
| 1.1.1.1 | T 输油站 |  | 239 | 109 |  | 348 | 13.44 |  |
|  | 工艺部分 |  | 108 | 13 |  | 121 | 8.50 |  |
|  | 暖通部分 |  | 23 |  |  | 23 |  |  |
|  | 仪表部分 |  | 38 | 19 |  | 57 | 0.20 |  |
|  | 自动化部分 |  | 70 | 77 |  | 147 | 4.74 |  |
| 1.1.1.2 | Mx 输油站 | 341 | 2 783 | 756 |  | 3 880 | 127.98 |  |
|  | 工艺部分 |  | 1 697 | 138 |  | 1 835 | 117.19 |  |
|  | 热工部分 |  | 352 | 111 |  | 463 |  |  |
|  | 给排水部分 |  | 50 | 66 |  | 116 |  |  |
|  | 消防部分 |  | 4 | 1 |  | 5 |  |  |
|  | 暖通部分 |  | 31 | 53 |  | 84 |  |  |
|  | 电气部分 |  | 509 | 240 |  | 749 | 4.60 |  |
|  | 仪表部分 |  | 47 | 70 |  | 117 | 0.20 |  |
|  | 自动化部分 |  | 93 | 77 |  | 170 | 5.99 |  |
|  | 建筑工程 | 341 |  |  |  | 341 |  |  |
| 1.1.1.3 | Hs 输油站 | 370 | 2 414 | 745 |  | 3 529 | 101.22 |  |
|  | 工艺部分 |  | 1 342 | 134 |  | 1 476 | 90.43 |  |
|  | 热工部分 |  | 298 | 79 |  | 377 |  |  |
|  | 给排水部分 |  | 31 | 76 |  | 107 |  |  |
|  | 消防部分 |  | 6 | 1 |  | 7 |  |  |
|  | 暖通部分 |  | 77 | 43 |  | 120 |  |  |

续表

| 序号 | 工程或费用名称 | 估算价值 建筑工程 | 设备购置 | 安装工程 | 其他费用 | 合计 | 其中外币 | 占固定资产投资的比例（%） |
|---|---|---|---|---|---|---|---|---|
| 1.1.1.3 | 电气部分 | | 519 | 265 | | 784 | 4.60 | |
| | 仪表部分 | | 48 | 70 | | 118 | 0.20 | |
| | 自动化部分 | | 93 | 77 | | 170 | 5.99 | |
| | 建筑工程 | 370 | | | | 370 | | |
| 1.1.1.4 | Lh 输油站 | 347 | 2 782 | 718 | | 3 847 | 127.98 | |
| | 工艺部分 | | 1 697 | 139 | | 1 836 | 117.19 | |
| | 热工部分 | | 352 | 115 | | 467 | | |
| | 给排水部分 | | 43 | 37 | | 80 | | |
| | 消防部分 | | 2 | 5 | | 7 | | |
| | 暖通部分 | | 30 | 35 | | 65 | | |
| | 电气部分 | | 517 | 242 | | 759 | 4.60 | |
| | 仪表部分 | | 48 | 60 | | 116 | 0.20 | |
| | 自动化部分 | | 93 | 77 | | 170 | 5.99 | |
| | 建筑工程 | 347 | | | | 347 | | |
| 1.1.1.5 | Hd 输油站 | 440 | 2 391 | 828 | | 3 659 | 101.34 | |
| | 工艺部分 | | 1 386 | 233 | | 1 619 | 90.55 | |
| | 热工部分 | | 352 | 116 | | 468 | | |
| | 给排水部分 | | 33 | 43 | | 76 | | |
| | 消防部分 | | 2 | 5 | | 7 | | |
| | 暖通部分 | | 31 | 51 | | 82 | | |
| | 电气部分 | | 444 | 237 | | 681 | 4.60 | |
| | 仪表部分 | | 50 | 66 | | 116 | 0.20 | |
| | 自动化部分 | | 93 | 77 | | 170 | 5.99 | |
| | 建筑工程 | 440 | | | | 440 | | |
| 1.1.1.6 | Sz 输油站 | 426 | 2 432 | 762 | | 3 620 | 100.95 | |
| | 工艺部分 | | 1 394 | 174 | | 1 568 | 90.16 | |
| | 热工部分 | | 350 | 118 | | 468 | | |
| | 给排水部分 | | 40 | 68 | | 108 | | |
| | 消防部分 | | 4 | 1 | | 5 | | |
| | 暖通部分 | | 29 | 19 | | 48 | | |
| | 车辆购置 | | 29 | | | 29 | | |
| | 电气部分 | | 444 | 237 | | 681 | 4.60 | |
| | 仪表部分 | | 49 | 68 | | 117 | 0.20 | |
| | 自动化部分 | | 93 | 77 | | 170 | 5.99 | |
| | 建筑工程 | 426 | | | | 426 | | |
| 1.1.1.7 | Q 输油站 | | 120 | 83 | | 203 | 3.99 | |
| | 暖通部分 | | 23 | | | 23 | | |
| | 车辆购置 | | 30 | | | 30 | | |
| | 仪表部分 | | 7 | 6 | | 13 | | |
| | 自动化部分 | | 60 | 77 | | 137 | 3.99 | |
| 1.1.2 | 线路整改 | | 66 | 432 | | 498 | | 1.83 |
| 1.1.3 | 调度端 | | 489 | 200 | | 689 | 37.45 | 2.53 |
| 1.1.3.1 | Sy 调度端 | | 443 | 162 | | 605 | 34.25 | |
| | 自动化部分 | | 443 | 162 | | 605 | 34.25 | |
| 1.1.3.2 | J 显示终端 | | 46 | 38 | | 84 | 3.20 | |
| | 自动化部分 | | 46 | 38 | | 84 | 3.20 | |
| 1.1.4 | 维修中心 | 64 | 335 | 21 | | 420 | 1.22 | 1.54 |
| | 机修部分 | | 290 | | | 290 | | |
| | 车辆购置 | | 30 | | | 30 | | |

续表

| 序号 | 工程或费用名称 | 估算价值 ||||| 占固定资产投资的比例（%） |
|---|---|---|---|---|---|---|---|
| | | 建筑工程 | 设备购置 | 安装工程 | 其他费用 | 合计 | 其中外币 | |
| 1.1.4 | 自动化部分 | | 15 | 21 | | 36 | 1.22 | |
| | 建筑工程 | 64 | | | | 64 | | |
| 1.1.5 | 指挥部 | | 200 | | | 200 | | 0.73 |
| 1.1.6 | 通信工程 | | | 64 | | 64 | | 0.23 |
| 1.2 | 其他费用 | | | | 1 874 | 1 874 | 10.00 | 6.87 |
| | 其中：土地费 | | | | 49 | 49 | | |
| 1.3 | 预备费 | | | | 4 435 | 4 435 | 75.07 | 16.27 |
| 1.3.1 | 基本预备费 | | | | 2 741 | 2 741 | 75.07 | |
| 1.3.2 | 工程造价调整预备费 | | | | 1 694 | 1 694 | | |
| 2 | 投资方向调节税 | | | | | 0 | | |
| 3 | 建设期利息 | | | | | 1 278 | | |
| | 合计 | 1 988 | 14 250 | 4 718 | 6 309 | 28 543 | 700.64 | |

# 第 17 章 经济效益分析

## 17.1 概述

TQ 线于 201× 年投产，它承担着将 QT 线输至 T 输油站的部分 Dq 原油中转输送至 Q，并由 Jx 输油站分输给 Jx 石油 W 厂部分原油的任务。TQ 线全长为 454.25km，T 至 Jx 石油 W 厂长 322.23km。目前，TQ 线已运行××年，进入事故多发期，如果不改造就有可能有以下后果。

（1）某个站不能运行，全线日输量只能减至 $4.0×10^4$t，则输油企业的管输收入日损失 60 万元，并影响 Dq 油田产量，日损失原油收入 1 206 万元。

（2）多个站不能运行，为使管线不凝结，必须采用正反输交替运行方式，并注入降凝剂和减阻剂，以维持全线日输量在 $3.0×10^4$t 左右，这将严重影响整个 DB 管网的正常运行，迫使 Dq 油田关闭一些油井，在经济上的损失为输油企业日损失 110 万元，Dq 油田的日损失 2 211 万元。

（3）随着 TQ 线老龄化，安全事故的发生防不胜防，有可能发生爆炸事故，引起全线停输，造成人身伤亡和环境污染。

（4）截断阀不能起关闭作用，管线泄漏时，会造成严重跑油事故，损失大量原油，同时对周围环境造成严重污染。

综上所述，改造工程主要保证安全输油，对企业来说，并没有增加效益，故在经济效益分析时不能采用有无对比法，只做改造后的财务效益分析和国民经济分析。

TQ 线包括输油站、线路和通信三部分，该改造的内容包括输油站改造、线路整改、通信完善，还有部分固定资产需继续利用。

## 17.2 基础数据

### 1. 年输油量

此次改造后 TQ 线最大年输量为 $1 800×10^4$t、最低年输量为 $1 400×10^4$t，并能满足三季度日输 $5.6×10^4$t 的要求。考虑 Dq 油田开采的现状，预测从 201× 年继续运行时年输量为 $1 800×10^4$t，Jx 石油 W 厂和 Q 各自的收油量分别为 $115×10^4$t/a 和 $1 685×10^4$t/a。

### 2. 实施进度及计算期

TQ 线改造计划 200× 年开始施工，经过 3 年建成，营运期从 201× 年开始计算，考虑为 14 年，计算期共为 17 年。

### 3. 总投资估算及资金来源

（1）固定资产投资估算，考虑到建设期内人民币投资的物价上涨因素，按每年8%的上涨幅度计算到建设期末（201×年年底），而引进设备的价格按外商的报价不考虑上涨幅度。

（2）流动资金估算根据TQ线近几年的流动资金周转情况，按经营成本的25%计算，考虑为4 516万元，流动资金全部自有。

（3）总投资。TQ线改造后要正式营运，还需要利用部分旧的固定资产，这部分资产201×年重估原值为40 733万元，201×年年底净值为10 742万元，所以总投资还应包括这部分资产。

总投资=固定资产投资+投资方向调节税+建设期利息+流动资金+可继续利用固定资产重估原值= 27 265 + 0 + 1 278 + 4 516 + 40 733 = 73 792（万元）

## 17.3 财务效益分析

### 1. 财务价格采用的原则

因油价、电价、管输费由国家实行计划定价，其上调的幅度和时间难以预测，是一种非弹性的。故财务效益分析时采用现行的价格，而未考虑通货膨胀因素。

### 2. 成本费用估算

根据国家对输油企业成本费用的规定，做了总成本费用表。总成本费用年平均为19 760万元，如表15-33所示。

成本费用估算说明如下。

（1）耗油。按DBS局现行的燃用原油的价格1 005元/t计算，则每年燃用原油费用为2 041万元。

（2）动力。因用电的时段不同、供电的来源不同，电价差别较大。计算时只能采用综合电价，采用201×年的综合价格为0.57元/（kW·h），年电费为10 396万元。

（3）输油损耗。根据201×年QT线0.135k的输油损耗，折算到TQ线上为0.060 8%，原油价格为1 005元/t，则年输量为$1 800×10^4$t时为1 100万元。

（4）工资。按201×年人均9 680元，TQ线现有在职职工为1 253人，则年工资为1 213万元。

（5）职工福利费。每年按工资的14%计算，则年福利费约为170万元。

（6）折旧费估算。固定资产投资扣除递延资产1825万元后，都进入固定资产原值，把固定资产原值分成输油生产设施和建筑物两大类。输油生产设施按14年平均折旧，无残值。建筑物按45年平均折旧，有396万元的残值，另外，还有可继续利用的固定资产重估原值为4 073.1万元，201×年年底净值为10 742万元，继续折旧。年折旧费用如表15-34所示。

（7）修理费。根据每年折旧费的50%计算。

（8）摊销费。递延资产1 825万元按10年摊销，则每年约为183万元。

（9）其他费用。按201×年所需营运费用1 064万元计算。

### 3. 营运收入、销售税金及附加估算

因为T站不是起点站，T站至W厂、T站至Q站的运价只能以Dq至W厂、Dq至Q站的201×年运价为基础，根据比例法计算出T站至W厂和T站至Q站的现行运价分别为16.56元/t和22.74元/t，则年营运收入为40 221万元。

销售税金及附加按国家规定计取。该工程缴纳增值税，增值税按营运收入的3%计取。城市维护建设税按增值税的7%计取，教育费附加按增值税的3%计取。

年销售税金及附加费为1 327万元，如表15-35所示。

表 15-33 总成本费用

单位：万元

| 序号 | 项目 | 单耗 (10⁴t·km) | 生产期 4 | 5 | 6 | 7 | 8 | 9 | 10 | 11 | 12 | 13 | 14 | 15 | 16 | 17 | 合计 |
|---|---|---|---|---|---|---|---|---|---|---|---|---|---|---|---|---|---|
| 1 | 耗油 | 253kg | 2 041 | 2 041 | 2 041 | 2 041 | 2 041 | 2 041 | 2 041 | 2 041 | 2 041 | 2 041 | 2 041 | 2 041 | 2 041 | 2 041 | 28 574 |
| 2 | 动力 | 227kW·h | 10 396 | 10 396 | 10 396 | 10 396 | 10 396 | 10 396 | 10 396 | 10 396 | 10 396 | 10 396 | 10 396 | 10 396 | 10 396 | 10 396 | 145 544 |
| 3 | 输油损耗 | 0.060 8% | 1 100 | 1 100 | 1 100 | 1 100 | 1 100 | 1 100 | 1 100 | 1 100 | 1 100 | 1 100 | 1 100 | 1 100 | 1 100 | 1 100 | 15 400 |
| 4 | 工资 | | 1 213 | 1 213 | 1 213 | 1 213 | 1 213 | 1 213 | 1 213 | 1 213 | 1 213 | 1 213 | 1 213 | 1 213 | 1 213 | 1 213 | 16 982 |
| 5 | 职工福利费 | | 170 | 170 | 170 | 170 | 170 | 170 | 170 | 170 | 170 | 170 | 170 | 170 | 170 | 170 | 2 380 |
| 6 | 折旧费 | | 4 162 | 4 162 | 4 162 | 2 581 | 1 868 | 1 868 | 1 868 | 1 868 | 1 868 | 1 868 | 1 868 | 1 868 | 1 868 | 1 883 | 33 762 |
| 7 | 修理费 | | 2 081 | 2 081 | 2 081 | 1 291 | 934 | 934 | 934 | 934 | 934 | 934 | 934 | 934 | 934 | 942 | 16 855 |
| 8 | 摊销费 | | 183 | 183 | 183 | 183 | 183 | 183 | 183 | 183 | 183 | 178 | 0 | 0 | 0 | 0 | 1 825 |
| 9 | 利息支出 | | 0 | 473 | 0 | 0 | 0 | 0 | 0 | 0 | 0 | 0 | 0 | 0 | 0 | 0 | 473 |
| 10 | 其他费用 | | 1 064 | 1 064 | 1 064 | 1 064 | 1 064 | 1 064 | 1 064 | 1 064 | 1 064 | 1 064 | 1 064 | 1 064 | 1 064 | 1 064 | 14 896 |
| 11 | 总成本费用 | | 22 410 | 22 883 | 22 410 | 20 039 | 18 969 | 18 969 | 18 969 | 18 969 | 18 969 | 18 964 | 18 786 | 18 786 | 18 786 | 18 809 | 276 691 |
| 11.1 | 固定费用 | | 8 873 | 9 346 | 8 873 | 6 502 | 5 432 | 5 432 | 5 432 | 5 432 | 5 432 | 5 427 | 5 249 | 5 249 | 5 249 | 5 272 | 87 173 |
| 11.2 | 可变成本 | | 13 537 | 13 537 | 13 537 | 13 537 | 13 537 | 13 537 | 13 537 | 13 537 | 13 537 | 13 537 | 13 537 | 13 537 | 13 537 | 13 537 | 189 518 |
| 12 | 经营成本 | | 18 065 | 18 065 | 18 065 | 17 275 | 16 918 | 16 918 | 16 918 | 16 918 | 16 918 | 16 918 | 16 918 | 16 918 | 16 918 | 16 926 | 240 686 |

表 15-34　固定资产年折旧费

单位：万元

| 序号 | 项目 | 折旧率 | 项目 | 生产期 4 | 5 | 6 | 7 | 8 | 9 | 10 | 11 | 12 | 13 | 14 | 15 | 16 | 17 |
|---|---|---|---|---|---|---|---|---|---|---|---|---|---|---|---|---|---|
| 1 | 利用原有资产 | | | | | | | | | | | | | | | | |
| 1.1 | 输油生产设施 | 7.14% | | | | | | | | | | | | | | | |
| 1.1.1 | 原值 | | 32 123 | | | | | | | | | | | | | | |
| 1.1.2 | 折旧值 | | 7 595 | 2 294 | 2 294 | 2 294 | 713 | | | | | | | | | | |
| 1.1.3 | 净值 | | 4 132 | 5 301 | 3 007 | 731 | | | | | | | | | | | |
| 1.2 | 建筑物 | 2.16% | | | | | | | | | | | | | | | |
| 1.2.1 | 原值 | | 3 147 | | | | | | | | | | | | | | |
| 1.2.2 | 折旧值 | | | 89 | 89 | 89 | 89 | 89 | 89 | 89 | 89 | 89 | 89 | 89 | 89 | 85 | 89 |
| 1.2.3 | 净值 | | | 3 058 | 2 969 | 2 880 | 2 791 | 2 702 | 2 613 | 2 524 | 2 435 | 2 346 | 2 257 | 2 168 | 2 079 | 1 990 | 1 901 |
| 2 | 新增固定资产 | | 24 151 | | | | | | | | | | | | | | |
| 2.1 | 输油生产设施 | 7.14% | | | | | | | | | | | | | | | |
| 2.1.1 | 原值 | | 24 151 | | | | | | | | | | | | | | |
| 2.1.2 | 折旧值 | | | 1 724 | 1 724 | 1 724 | 1 724 | 1 724 | 1 724 | 1 724 | 1 724 | 1 724 | 1 724 | 1 724 | 1 724 | 1 724 | 1 739 |
| 2.1.3 | 净值 | | | 22 427 | 20 703 | 18 979 | 17 255 | 15 531 | 13 807 | 12 083 | 10 359 | 8 635 | 6 911 | 5 187 | 3 463 | 1 739 | |
| 2.2 | 建筑物 | 2.16% | | | | | | | | | | | | | | | |
| 2.2.1 | 原值 | | 2 567 | | | | | | | | | | | | | | |
| 2.2.2 | 折旧值 | | | 55 | 55 | 55 | 55 | 55 | 55 | 55 | 55 | 55 | 55 | 55 | 55 | 55 | 55 |
| 2.2.3 | 净值 | | 2 567 | 2 512 | 2 457 | 2 402 | 2 347 | 2 292 | 2 237 | 2 182 | 2 127 | 2 072 | 2 017 | 1 962 | 1 907 | 1 852 | 1 797 |
| | 合计 | | 62 973 | | | | | | | | | | | | | | |
| | 原值 | | | 4 162 | 4 162 | 4 162 | 2 581 | 1 868 | 1 868 | 1 868 | 1 868 | 1 868 | 1 868 | 1 868 | 1 868 | 1 868 | 1 883 |
| | 折旧值 | | 37 460 | 33 298 | 29 136 | 24 974 | 22 393 | 20 525 | 18 657 | 16 789 | 14 921 | 13 053 | 11 185 | 9 317 | 7 449 | 5 581 | 3 698 |
| | 净值 | | | | | | | | | | | | | | | | |

### 4. 利润计算及分配

年平均利润总额为 19 134 万元。所得税按利润总额的 33%计取。从税后利润中提取 10%作为盈余公积金，其余为待分配利润。利润计算及分配（损益表）如表 15-36 所示。

### 5. 财务盈利能力分析

（1）财务现金流量表（见表 15-37），根据该表计算以下财务效益分析评价指标：所得税后财务内部收益率（FIRR）为 15.18%，财务净现值（NPV）（$i_c$=12%）为 13 161 万元，所得税前财务内部收益率（FIRR）为 21.13%，财务净现值（NPV）（$i_c$=12%）为 42 059 万元，税前、税后财务内部收益率均大于行业基准收益率 12%，说明盈利能力较强，该项目在财务上有益，应是可行的。

（2）根据损益表和固定资产投资估算表计算以下指标。

投资利润率=年平均利润总额/总投资×100% = 19 134/ 73 792×100%≈25.93%

投资利税率=年均利税总额/总投资×100% =(19 134 + 1 327) / 73 792×100%≈27.73%

该项目投资利润率和投资利税率均大于行业平均投资利润率和平均投资利税率，说明单位投资对国家积累的贡献水平达到了本行业的平均水平。

### 6. 清偿能力分析

固定资产投资 75%来自自有资金，25%由银行贷款解决，流动资金全自有，对该项目做了借款计算，借款偿还期为 3.3 年，如表 15-38 所示。

## 17.4 国民经济分析

### 1. 效益和费用的调整

（1）固定资产投资调整。

① 建筑工程费用调整。扣减了建筑工程费用中的税金 66 万元并按影子价格换算系数 1.1 对财务评价的建筑工程费用进行调整，由 1 988 万元调整到 2 115 万元。

② 设备购置费调整。从引进设备中剔除关税和增值税，汇率采用市场汇率乘以影子汇率换算系数进行调整；用贸易费用率 6%代替财务效益分析评价中引进设备购置所发生的贸易费用，引进设备由 7 084 万元调整到 5 353 万元。国内设备没有进行调整。

③ 安装工程费用调整。引进材料从财务效益分析评价的 288 万元调整到国民经济分析的 224 万元，并扣除安装工程的税金 137 万元，从而使安装工程费用 4 718 万元调整到 4 517 万元。

④ 土地费用调整。对于永久性征地的费用进行调整，而对临时征地所发生的费用没有进行调整。因永久性征地的性质不同，费用需进行不同程度的调整。

该项目工程征用的土地占用农田 9.656 亩，种玉米一茬，则每亩的机会成本为：

机会成本 = 253×(1+3%)$^{7+1}$×[1−(1+3%)$^{17}$(1+12%)]/(12%−3%)=2703（元/亩）

新增资源消耗费用经测算与机会成本相当，则每亩地为 2 703 元。土地的影子价格为 9.656×2×2 703 = 5.22 万元。因而土地费用为 5.22 万元。

⑤ 由于采用了影子价格，因此扣减了价差预备费 1 694 万元，基本预备费由 2 741 万元调整到 2 790 万元。

⑥ 流动资金调整。流动资金由−4 516 万元调整到 2 960 万元。

国民经济分析投资调整计算表如表 15-39 所示。

（2）经营费用的调整（见表 15-40）。

① 耗油。燃用的原油按影子价格 985 元/t 进行调整。

② 动力。按 DB 地区电的影子价格 0.23 元/kW·h 进行计算。

③ 输油损耗。所损耗的原油按 985 元/t 进行调整。

表 15-35　年销售税金及附加费

单位：万元

| 序号 | 项目 | 生产期 | | | | | | | | | | | | | 合计 |
|---|---|---|---|---|---|---|---|---|---|---|---|---|---|---|---|
| | | 4 | 5 | 6 | 7 | 8 | 9 | 10 | 11 | 12 | 13 | 14 | 15 | 16 | 17 | |
| 1 | 销售收入 | 40 221 | 40 221 | 40 221 | 40 221 | 40 221 | 40 221 | 40 221 | 40 221 | 40 221 | 40 221 | 40 221 | 40 221 | 40 221 | 40 221 | 563 094 |
| 1.1 | 增值税（3%） | 1 207 | 1 207 | 1 207 | 1 207 | 1 207 | 1 207 | 1 207 | 1 207 | 1 207 | 1 207 | 1 207 | 1 207 | 1 207 | 1 207 | 16 898 |
| 1.2 | 城市维护建设税（7%） | 84 | 84 | 84 | 84 | 84 | 84 | 84 | 84 | 84 | 84 | 84 | 84 | 84 | 84 | 1 176 |
| 1.3 | 教育费附加（3%） | 36 | 36 | 36 | 36 | 36 | 36 | 36 | 36 | 36 | 36 | 36 | 36 | 36 | 36 | 504 |
| | 合计（2+3+4）* | 1 327 | 1 327 | 1 327 | 1 327 | 1 327 | 1 327 | 1 327 | 1 327 | 1 327 | 1 327 | 1 327 | 1 327 | 1 327 | 1 327 | 18 578 |

*—注：此处计算的只是达产后正常生产年份的情况。

表 15-36　损益表

单位：万元

| 序号 | 项目 | 生产期 | | | | | | | | | | | | | |
|---|---|---|---|---|---|---|---|---|---|---|---|---|---|---|---|
| | | 4 | 5 | 6 | 7 | 8 | 9 | 10 | 11 | 12 | 13 | 14 | 15 | 16 | 17 |
| 1 | 销售收入 | 40 221 | 40 221 | 40 221 | 40 221 | 40 221 | 40 221 | 40 221 | 40 221 | 40 221 | 40 221 | 40 221 | 40 221 | 40 221 | 40 221 |
| 2 | 销售税金及附加 | 1 327 | 1 327 | 1 327 | 1 327 | 1 327 | 1 327 | 1 327 | 1 327 | 1 327 | 1 327 | 1 327 | 1 327 | 1 327 | 1 327 |
| 3 | 总成本费用 | 22 410 | 22 883 | 22 410 | 20 039 | 18 969 | 18 969 | 18 969 | 18 969 | 18 969 | 18 964 | 18 786 | 18 786 | 18 786 | 18 809 |
| 4 | 利润总额 | 16 484 | 16 001 | 16 484 | 18 855 | 19 925 | 19 925 | 19 925 | 19 925 | 19 925 | 19 930 | 20 108 | 20 108 | 20 108 | 20 089 |
| 5 | 弥补以前年度亏损额 | | | | | | | | | | | | | | |
| 6 | 所得税 | 5 440 | 5 284 | 5 440 | 6 222 | 6 575 | 6 575 | 6 575 | 6 575 | 6 575 | 6 577 | 6 636 | 6 636 | 6 636 | 6 629 |
| 7 | 税后利润 | 1 104 | 10 727 | 1 104 | 12 633 | 12 394 | 12 394 | 12 394 | 12 394 | 12 394 | 12 394 | 13 472 | 13 472 | 13 472 | 13 458 |
| 8 | 可供分配利润 | 1 104 | 10 727 | 1 104 | 12 633 | 12 394 | 12 394 | 12 394 | 12 394 | 12 394 | 12 394 | 13 472 | 13 472 | 13 472 | 13 458 |
| 8.1 | 盈余公积金 | 0 | 1 073 | 1 104 | 1 263 | 1 239 | 1 239 | 1 239 | 1 239 | 1 239 | 1 239 | 1 347 | 1 347 | 1 347 | 1 346 |
| 8.2 | 应付利润 | | | | | | | | | | | | | | |
| 8.3 | 未分配利润 | 11 044 | 9 564 | 9 948 | 11 370 | 11 155 | 11 155 | 11 155 | 11 155 | 11 155 | 11 155 | 12 125 | 12 125 | 12 125 | 12 112 |
| | 累计未分配利润 | 11 044 | 22 698 | 30 646 | 42 016 | 53 171 | 64 326 | 75 481 | 86 636 | 97 791 | 108 946 | 121 071 | 133 196 | 145 321 | 157 433 |

表 15-37　财务现金流量表

单位：万元

| 序号 | 项目 | 建设期 1 | 建设期 2 | 建设期 3 | 生产期 4 | 5 | 6 | 7 | 8 | 9 | 10 | 11 | 12 | 13 | 14 | 15 | 16 | 17 | 合计 |
|---|---|---|---|---|---|---|---|---|---|---|---|---|---|---|---|---|---|---|---|
| 1 | 现金流入 | | | | 40 221 | 40 221 | 40 221 | 40 221 | 402 21 | 40 221 | 40 221 | 40 221 | 40 221 | 40 221 | 40 221 | 40 221 | 40 221 | 40 221 | 563 094 |
| 1.1 | 产品销售收入 | | | | 40 221 | 40 221 | 40 221 | 40 221 | 402 21 | 40 221 | 40 221 | 40 221 | 40 221 | 40 221 | 40 221 | 40 221 | 40 221 | 40 221 | 563 094 |
| 1.2 | 回收固定资产余值 | | | | | | | | | | | | | | | | | 3 698 | 3 698 |
| 1.3 | 回收流动资金 | | | | | | | | | | | | | | | | | 4 516 | 4 516 |
| 1.4 | 其他 | | | | | | | | | | | | | | | | | | |
| | 流入小计 | | | | 40 221 | 40 221 | 40 221 | 40 221 | 40 221 | 40 221 | 40 221 | 40 221 | 40 221 | 40 221 | 40 221 | 40 221 | 40 221 | 48 435 | 571 308 |
| 2 | 现金流出 | | | | | | | | | | | | | | | | | | |
| 2.1 | 固定资产投资（含投资方向调节税） | 2 727 | 11 039 | 11 320 | 3 457 | | | | | | | | | | | | | | 28 543 |
| 2.2 | 可继续利用的固定资产 | 40 733 | | | | | | | | | | | | | | | | | 40 733 |
| 2.3 | 流动资金 | | | | 4 516 | | | | | | | | | | | | | | 4 516 |
| 2.4 | 经营成本 | | | | 18 065 | 18 065 | 18 065 | 17 275 | 16 918 | 16 918 | 16 918 | 16 918 | 16 918 | 16 918 | 16 918 | 16 918 | 16 918 | 16 926 | 240 631 |
| 2.5 | 销售税金及附加 | | | | 1 327 | 1 327 | 1 327 | 1 327 | 1 327 | 1 327 | 1 327 | 1 327 | 1 327 | 1 327 | 1 327 | 1 327 | 1 327 | 1 327 | 18 578 |
| 2.6 | 所得税 | | | | 5 440 | 5 284 | 5 440 | 6 222 | 6 575 | 6 575 | 6 575 | 6 575 | 6 575 | 6 577 | 6 636 | 6 636 | 6 636 | 6 629 | 88 402 |
| | 流出小计 | 43 460 | 11 039 | 11 320 | 32 805 | 24 626 | 24 832 | 24 824 | 24 820 | 24 820 | 24 820 | 24 820 | 24 820 | 24 882 | 24 881 | 24 881 | 24 881 | 24 882 | 421 403 |
| 3 | 净现金流量 (1-2) | -43 460 | -11 039 | -11 320 | 7 416 | 15 545 | 15 389 | 15 397 | 15 401 | 15 401 | 15 401 | 15 401 | 15 401 | 15 399 | 15 340 | 15 340 | 15 340 | 23 553 | 149 905 |
| 4 | 累计净现金流量 | -43 460 | -54 499 | -65 819 | -58 403 | -42 858 | -27 469 | -12 072 | 33 291 | 18 730 | 34 131 | 49 532 | 64 933 | 80 332 | 95 672 | 111 012 | 126 352 | 149 905 | |
| 5 | 所得税前净现金流量 | -43 460 | -11 039 | -11 320 | -12 856 | 20 829 | 20 829 | 21 620 | 21 976 | 21 976 | 21 976 | 21 976 | 21 976 | 21 976 | 21 976 | 21 976 | 21 976 | 30 182 | 238 281 |
| 6 | 累计所得税前净现金流量 | -43 460 | -54 499 | -65 819 | -52 963 | -32 134 | -11 305 | 10 315 | 32 291 | 54 267 | 76 243 | 98 219 | 120 195 | 142 171 | 164 147 | 1 886 123 | 208 099 | 228 281 | |

计算指标 | 所得税前 | 所得税后
---|---|---
财务内部收益率： | 21.3%1 | 5.18%
财务净现值： | 42 059 万元 | 13 161 万元
投资回收期： | 6.55 年 | 7.78 年

## 表 15-38 借款还本估算表

单位：万元

| 序号 | 项目 | 建设期 |  |  |  |  | 生产期 |  |  |  |  |  |  |  |  |  |  | 备注 |
|---|---|---|---|---|---|---|---|---|---|---|---|---|---|---|---|---|---|---|
|  |  | 1 | 2 | 3 | 4 | 5 | 6 | 7 | 8 | 9 | 10 | 11 | 12 | 13 | 14 | 15 | 16 | 17 |  |
| 1 | 借款还本付息 |  |  |  |  |  |  |  |  |  |  |  |  |  |  |  |  |  |  |
| 1.1 | 年初借款本息累计 |  |  | 2 405 | 5 091 | 8 092 |  |  |  |  |  |  |  |  |  |  |  |  |  |
| 1.1.1 | 本金 |  |  | 2 272 | 4 544 | 6 816 |  |  |  |  |  |  |  |  |  |  |  |  |  |
| 1.1.2 | 利息 |  |  | 133 | 547 | 1 276 |  |  |  |  |  |  |  |  |  |  |  |  |  |
| 1.2 | 本年借款 |  | 2 272 | 2 272 | 2 272 |  |  |  |  |  |  |  |  |  |  |  |  |  |  |
| 1.3 | 本年应计利息 |  | 133 | 414 | 729 | 473 |  |  |  |  |  |  |  |  |  |  |  |  |  |
| 1.4 | 本年还本 |  |  |  |  | 8 092 |  |  |  |  |  |  |  |  |  |  |  |  |  |
| 2 | 偿还借款本金的资金来源 |  |  |  |  | 8 092 |  |  |  |  |  |  |  |  |  |  |  |  |  |
| 2.1 | 利润 |  |  |  |  | 4 157 |  |  |  |  |  |  |  |  |  |  |  |  |  |
| 2.2 | 折旧 |  |  |  |  | 5 752 |  |  |  |  |  |  |  |  |  |  |  |  |  |
| 2.3 | 摊销 |  |  |  |  | 183 |  |  |  |  |  |  |  |  |  |  |  |  |  |
|  | 小计 |  |  |  |  | 8 092 |  |  |  |  |  |  |  |  |  |  |  |  |  |

## 表 15-39 国民经济分析投资调整计算表

单位：人民币：万元  外币：万美元

| 序号 | 项目 | 财务效益分析 |  |  | 国民经济分析 |  |  | 国民经济分析比财务评价增减土（人民币） |
|---|---|---|---|---|---|---|---|---|
|  |  | 合计 | 其中 |  | 合计 | 其中 |  |  |
|  |  |  | 外币 | 外币折人民币 |  | 外币 | 外币折人民币 | 人民币 |
| 1 | 固定资产投资 | 27 265 | 701 | 5 819 | 23 778 | 701 | 6 284 | 17 494 | −3 487 |
| 1.1 | 建筑工程 | 1 988 |  |  | 2 115 |  |  | 2 115 | +127 |
| 1.2 | 设备 | 14 250 | 593 | 4 922 | 12 519 | 593 | 5 316 | 7 203 | −1 731 |
| 1.2.1 | 进口设备 | 7 084 | 593 | 4 922 | 5 353 | 593 | 5 316 | 37 | −1 731 |
| 1.2.2 | 国产设备 | 7 166 |  |  | 7 166 |  |  | 7 166 | 0 |
| 1.3 | 安装工程 | 4 718 | 23 | 191 | 4 517 | 23 | 206 | 4 311 | −201 |

续表

| 序号 | 项目 | 财务效益分析 ||||| 国民经济分析 ||||| 国民经济分析比财务评价增减土（人民币） |
|---|---|---|---|---|---|---|---|---|---|---|---|---|
| | | 合计 | 其中 ||| 合计 | 其中 |||||
| | | | 外币 | 外币折人民币 | 人民币 | | 外币 | 外币折人民币 | 人民币 | | |
| 1.3.1 | 进口材料及费用 | 288 | 23 | 191 | 97 | 224 | 23 | 206 | 8 | | -64 |
| 1.3.2 | 国产部分材料及费用 | 4 430 | | | 4 430 | 4 293 | | | 4 293 | | -137 |
| 1.4 | 其他费用 | 1 874 | 10 | 83 | 1 791 | 1 837 | 10 | 90 | 1 747 | | -37 |
| | 其中：土地费用 | 49 | | | 49 | 5 | | | 5 | | -44 |
| 1.5 | 预备费 | 4 435 | 75 | 623 | 3 812 | 2 790 | 75 | 672 | 2 118 | | -1 645 |
| 1.5.1 | 基本预备费 | 2 741 | 75 | 623 | 2 118 | 2 790 | 75 | 672 | 2 118 | | +49 |
| 1.5.2 | 涨价预备费 | 1 694 | | | 1 694 | 0 | | | 0 | | -1 694 |
| 2 | 建设期利息 | 1 278 | | | 1 278 | 0 | | | 0 | | -1 278 |
| 3 | 流动资金 | 4 228 | | | 4 228 | 2 672 | | | 2 672 | | -1 556 |
| | 合计 | 32 771 | 701 | 5 819 | 26 952 | 26 450 | 701 | 6 284 | 20 166 | | -6 321 |

表 15-40 国民经济分析经营费用调整计算表

单位：万元

| 序号 | 项目 | 单位 | 年耗量 | 财务评价 ||| 国民经济分析 |||
|---|---|---|---|---|---|---|---|---|---|
| | | | | 单价（元） | 年经营成本 | | 单价（元） | 年经营费用 | |
| 1 | 耗油 | t | 20 312 | 1 005 | 2 041 | | 985 | 2 007 | |
| 2 | 动力 | 10⁴kW·h | 18 238 | 5 700 | 10 396 | | 2 321 | 4 233 | |
| 3 | 输油损耗（0.060 8%） | t | | 1 005 | 1 100 | | 985 | 1 078 | |
| 4 | 工资 | | | | 1 213 | | | 1 213 | |
| 5 | 职工福利费 | | | | 170 | | | 170 | |
| 6 | 修理费 | | | | 2 081 | | | 2 081 | |
| 7 | 其他费用 | | | | 1 064 | | | 1 064 | |
| | 合计 | | | | 18 065 | | | 11 840 | |

④ 其他各项不做调整。

（3）营运收入的调整。因没有管道运输的影子价格换算系数，故只能采用铁路货运的影子价格换算系数，但现在的换算系数1.84对应的是201×年的铁路货运价格，而现行管道运价是201×年调整后的价格，影子价格换算系数需要调整。采用的方法是201×年管道运价乘以1.84与201×年管道运价相比，得出现行的影子价格与现行管道运价相近，所以运价不进行调整。

（4）产品销售税金及附加、所得税都是国民经济内部的转移支付，在国民经济分析中不参与计算。

### 2. 国民经济盈利能力分析

根据以上调整后的基础数据，编制国民经济效益费用流量表，如表15-41所示。

由经济效益费用流量表得该项目经济内部收益率（EIRR）为28.83%，大于社会折现率12%，经济净现值（ENPV）为81 963万元，大于零，这表明该项目从国民经济的角度衡量其经济效益较好，说明其是可行的。

由上述国民经济分析可以看出，国民经济分析效益是好的，经济内部收益率大于社会折现率，经济净现值大于零，所以从国民经济角度看项目也是可行的。

## 17.5 评价结论

由财务评价中经济效益分析，所得税前内部收益率为21.13%；税后内部收益率为15.18%，大于行业基准收益率12%；税前财务净现值为13 161万元，税后财务净现值为42 059万元，均大于零；国民经济分析内部收益率（EIRR）为28.83%，大于社会折现率12%；经济净现值为81 963万元，大于零。从以上指标看，财务评价和国民经济分析效益较好，而且通过改造TQ线可以安全、平稳输油，确保Dq原油外输任务的完成，同时可以提高技术水平，从而提高整个DB管网的技术和管理水平，因此该项目在经济上是合理可行的。

## 附件一 《关于下达编制T—Q输油管道改造可行性分析报告的通知》

DBS局计发〔201×〕第××号

DG设计研究院：

按照SYQ总公司"稳定东部、开发西部"的总战略，要求Dq油田在现在产量的水平上还要继续稳产。TQ线担负着Dq原油转输的重任，它的安危直接关系着战略目标的实现。现在的TQ线存在着设备老化、管线腐蚀严重、运行效率低、运行隐患多、维护量急剧增加等一系列问题，已严重威胁着输油生产安全，因此，TQ线改造迫在眉睫。

为使TQ线改造尽快实施，现委托你院承担T—Q输油管道改造可行性分析工作。望按照以下要求完成。

### 1. 可行性分析的工作范围

TQ线改造可行性分析的工程范围包括：
（1）输油干线及线路截断阀（室）整改。
（2）输油站站内工艺管网、设备及生产辅助设施、公用系统的改造。
（3）通信系统的完善。
（4）管道维修中心的完善。
（5）生活基地完善。
论述上述各项改造的必要性、技术方案的可行性和经济合理性。

表 15-41 国民经济效益费用流量表

单位：万元

| 序号 | 项目 | 建设期 |  |  | 生产期 |  |  |  |  |  |  |  |  |  |  |  |  | 合计 |
|---|---|---|---|---|---|---|---|---|---|---|---|---|---|---|---|---|---|---|
|  |  | 1 | 2 | 3 | 4 | 5 | 6 | 7 | 8 | 9 | 10 | 11 | 12 | 13 | 14 | 15 | 16 | 17 |  |
| 1 | 效益流量 |  |  |  |  |  |  |  |  |  |  |  |  |  |  |  |  |  |  |
| 1.1 | 产品销售收入 |  |  |  | 40 221 | 40 221 | 40 221 | 40 221 | 40 221 | 40 221 | 40 221 | 40 221 | 40 221 | 40 221 | 40 221 | 402 21 | 40 221 | 40 221 | 563 094 |
| 1.2 | 回收固定资产余值 |  |  |  |  |  |  |  |  |  |  |  |  |  |  |  |  | 3 698 | 3 698 |
| 1.3 | 回收流动资金 |  |  |  |  |  |  |  |  |  |  |  |  |  |  |  |  | 2 960 | 2 960 |
| 1.4 | 项目间接效益 |  |  |  |  |  |  |  |  |  |  |  |  |  |  |  |  |  |  |
|  | 效益合计 |  |  |  | 40 221 | 40 221 | 40 221 | 40 221 | 40 221 | 40 221 | 40 221 | 40 221 | 40 221 | 40 221 | 40 221 | 40 221 | 40 221 | 46 879 | 569 752 |
| 2 | 费用流量 |  |  |  |  |  |  |  |  |  |  |  |  |  |  |  |  |  |  |
| 2.1 | 固定资产投资 | 2 378 | 9 511 | 9 511 | 2 378 |  |  |  |  |  |  |  |  |  |  |  |  |  | 23 778 |
| 2.2 | 可继续利用的固定资产 | 40 773 |  |  |  |  |  |  |  |  |  |  |  |  |  |  |  |  | 40 733 |
| 2.3 | 流动资金 |  |  |  | 2 960 |  |  |  |  |  |  |  |  |  |  |  |  |  | 2 960 |
| 2.4 | 经营费用 |  |  |  | 11 840 | 11 840 | 11 840 | 11 050 | 10 693 | 10 693 | 10 693 | 10 693 | 10 693 | 10 693 | 10 693 | 10 693 | 10 693 | 10 701 | 153 481 |
| 2.5 | 项目间接费用 |  |  |  |  |  |  |  |  |  |  |  |  |  |  |  |  |  |  |
|  | 费用合计 | 43 111 | 9 511 | 9 511 | 17 178 | 11 840 | 11 840 | 11 050 | 10 693 | 10 693 | 10 693 | 10 693 | 10 693 | 10 693 | 10 693 | 10 693 | 10 693 | 10 701 | 220 952 |
| 3 | 净效益流量 | −43 111 | −9 511 | −9 511 | 23 043 | 28 381 | 28 381 | 29 171 | 29 528 | 29 528 | 29 528 | 29 528 | 29 528 | 29 528 | 29 528 | 29 528 | 29 528 | 36 178 | 348 800 |

计算指标：经济内部收益率=28.83%

经济净现值（$i_c$=12%）=81 963

## 2. 改造目标

（1）设计输量。$1\,400 \times 10^4 \sim 1\,800 \times 10^4$ t/a 的 Dq 原油并满足三季度日输 $5.6 \times 10^4$ t 的要求。

（2）改善安全输油条件，提高整修管道系统的可靠性和可维护性，确保管道长期安全、平稳运行。

（3）采用先进技术，追踪引进必要的技术和设备，降低油电消耗。

（4）全线采用监控及数据采集系统，即 SCADA 系统，以站控为主，实现随机超前保护。

（5）取消各站现有的维修机构和设施，建立全线维修中心。

（6）提高自动化管理水平，精减人员编制，降低输油成本，达到每人平均管理 1km 管道的水平。

## 3. 改造的原则

（1）边生产边改造，有计划、有步骤地进行线路整改并利用输油站现有设施维持生产。

（2）以安全改造为主，同时积极吸收消化国外先进技术，引进必要的设备，努力提高整体管道系统的经济效益和运行效率，并提高自动化管理水平。

（3）总平面布置立足就地改建或扩建，以减少征地面积，并尽量利用各站现有的变压器、户外开关场、油罐以节省资金。

（4）主要输油设备露天布置，减少油气聚集的可能性，减少征地及建筑面积。

（5）改造生产设施的同时，适当改善生活设施。

（6）遵循国家有关法令和规范。

（7）建立新型管理体制。

## 4. 其他要求

可行性分析于 201×年 12 月底完成，可行性分析报告按〔××〕YGD 计字第×××号《关于转发〈SYQ 总公司建设项目可行性分析暂行规定〉》及总公司〔××〕ZY 计字《第×××号文件的通知》要求编制。

201×年 11 月××日　　DBS 局计划经营处（盖章）

### 附件二 《关于 TQ 线技术改造问题会议纪要》

DBS 局 201×年 11 月××日会议纪要（第 56 期）

201×年 11 月××日，在 GD 局机关×楼会议室，GD 局有关负责人员 6 人，听取了 GD 局设计院关于 TQ 线技术改造可行性方案的汇报，GD 局领导及有关部门人员和 J 输油公司负责人黄×、刘××等人参加了会议。这次会议是在 GD 局领导对局 TQ 线技术设备状况进行实地考察之后召开的。会上 GD 局领导和与会人员在听取了 TQ 线改造可行性方案汇报后，对 TQ 线技术改造进行了深入、细致的研究，并就改造的具体问题交换了意见，现将会议达成的共识和议定的内容及有关事项纪要如下。

（1）TQ 线改造势在必行。TQ 线自 19××年投入运行，已历时近××年，期间除进行了一次以节能降耗为目的的简单改造外，一直未进行大的改造，管线腐蚀，设备老化，存在着大量安全隐患，严重威胁着输油生产的安全。同时 TQ 线每年要完成 1 400 万～1 800 万 t 的 Dq 原油输送任务，管线始终处于满负荷状态，在未来较长一段时间里，TQ 线将继续满负荷输油，现有的技术设备状况难以维持。而且总公司为增强原油销售市场的竞争能力，对 TQ 线提出了在三季度达到日输量 5.6 万 t 原油的要求，现有的管线能力难以保证。因此，为保证 Dq 原油外输，确保总公司"稳定东部"战略目标的实现，TQ 线技术改造十分迫切，在管道系统资金紧张状况下，宁可压缩其他项目，也要确保 TQ 线技术改造的实现，TQ 线技术改造列在 LN 线改造之前，要集中资金重点保证。

（2）鉴于目前 TQ 线技术设备的现状，TQ 线改造要尽早进行，争取列入 201×年计划，在 2～3 年内完成。

（3）TQ 线改造要以安全改造为前提，考虑到国内技术力量，国内产品质量和资金状况等因素，输油主要设备泵，如电机要采用进口设备，关键阀门可采用进口设备，其他设备国内技术和质量达到要求的，要尽量采用国产设备以节约改造投资。

（4）为降低改造工程投资量，设计研究部门要以效益为中心，本着用最少的投资获得最大效益的原则，对可行性分析报告进行修改，争取尽快上报 GD 局评估。修改可行性报告过程中要考虑如下几个具体问题。①泵到泵密闭输油，流程尽量简化，同时要考虑加剂输送问题。②设计中不考虑每站设备都用泵，提高设备利用率，全线搞 1～2 台共用备用泵。③自动化控制部分，实行站控和系统控制相结合，同意上 SCADA 系统以实现密闭输油的超前保护，电气系统、热媒炉系统不搞集中控制。

（5）TQ 线技术改造的相应配套设施，如基地建设由于目前资金的规模所限，可重点进行一部分，要尽量减少这部分在改造总投资中所占的比例。

（6）TQ 线改造十分迫切，已提到管道系统的重要议事日程，GD 局和 DBS 局有关部门要积极配合，共同努力，争取尽早在总公司立项，TQ 线尽快进行改造。

二〇一×年十一月××日（DBS 局盖章）

## 附件三 《关于 T—Q 输油管道改造可行性分析的批复》

CYG 局文件 YGD 计字〔201×〕××号

DBS 局：

你局上报的《T—Q 输油管道改造可行性分析报告》已收悉。经 GD 局多次会议研究，现就可行性分析报告的有关意见批复如下：

（1）TQ 线 19××年投产，已运行近××年，大部分设备老化。考虑到 TQ 线作为 DB 管网的重要干线，承担着 Dq 原油的外输任务，为保证安全平稳地输油生产，同意进行全线以安全为重点的技术改造。

（2）改造工作应以效益为中心，改造设施原则上要立足国内，输油泵可与 Sy 水泵厂联系，争取改进技术，满足 TQ 线改造的需要。关于阀门问题除关键阀门引进外，其余均采用国内阀门。

（3）自动化水平以确保密闭输油工艺安全为宗旨，改造水平以站控为主、Sy 控制中心为辅，与 QT 全线主机公用。水击超前保护应有专用通道，在首站控制中心实现较好。电器信号不进入自动化传输控制系统。

（4）热媒炉和直接炉炉效相当，但在价格和运行费用上争议较大，应对直接炉重新询价，从经济上再做客观比较。

（5）投资估算尽可能控制在总公司审批权限内，因此生活设施改造不列入改造项目中，在年度计划中分期安排。

（6）工程指挥所需车辆应按 GD 局核定的车辆购置标准，超过标准的不许利用改造资金购置车辆，不同意配备移动电话。

（7）根据 SYQ 总公司输油管道工程项目可行性分析报告编制规定，该可行性分析报告中缺少职业安全和系统可靠性与安全保障两章内容，修改时应予补充。

（8）可行性分析报告中的财务效益分析是按新建项目计算的，改造项目应按新增效益的差额计算，改造后折旧增加，成本上升，仅节能 1 068 万元与 3 亿多元的投资是不可比的，单谈效益远达不到行业基准收益率。因此，可行性分析报告的侧重点应从安全角度考虑，进一步强调不改造有可能造成的后果、有可能损失的经济效益。

（9）资金来源全靠企业自筹资金很难解决，要考虑一部分贷款，因此，要做贷款利息偿还的动态分析。

（10）油价调整后，财务效益分析指标应按新价格重新测算。

请你局根据上述意见，抓紧将该可行性分析报告进行修改，上报 CYG 局复审后报总公司审批。

CYG 局（印章）<br>二〇一×年十二月××日

### 附件四　关于 Sy 水泵厂生产的输油泵情况及 TQ 线改造配泵方案

**1. TQ 线输油站改造工程所用 Sy 水泵厂生产输油泵情况**

（1）设备供货情况。

① 合同内容。Sy 水泵厂向需方（DBS 局）提供 54 台泵（无伴热保温）。电机和一次仪表由需方指定。

② 供货情况。比合同规定的供货时间延期了 1~2 年，其中第一批 4 台泵延期 6 个月、第二批 20 台泵延期 13 个月、第三期 30 台泵延期 26 个月，严重影响了 TQ 线改造工程的施工、投产。

（2）设备质量情况。

① 未按合同要求逐台进行厂内试验，出厂验收资料不全，试验记录缺，无单泵特性试验数据。

② 现场安装过程中发现的严重质量问题。1 台泵卡环装反致使盘不动车；1 台泵轴间隙超差；20 台泵法兰螺栓孔尺寸与设计不符；泵解体抽检时发现轴承盒内有泥沙、铁屑。

③ 试运投产过程中暴露出的质量问题和技术问题。1 台泵高低压腔流道串通（砂眼所致）；泵主轴径向尺寸不合理，径向轴承拆卸十分困难；泵端部轴承温度过高，不得不加装风扇进行冷却，泵止推轴承质量不合要求，全部更换为德国进口轴承，20 台泵返厂做动平衡处理；现场全部解体检修 30 台次。

④ 目前遗留的问题。4 台泵目前正待维修，不能正常使用。

机械密封（国产）寿命过短（平均半年），给生产运行带来不便，泵端部及腰部轴承盒渗漏现象较为严重；维修工作量大。

（3）泵的水力性能。基本达到订货要求。但为了降低泵端部轴承温度，加设干风冷叶轮，降低了泵效。

**2. Sy 水泵厂现状及报价**

（1）随着机构调整、领导班子更换，管理水平呈上升趋势。

（2）大中型企业的管理方式未变，很难在近期内使产品质量有大的提高。

（3）一次仪表的成套供货能力和质量不够，不能提供室外安装泵的电伴热系统。

（4）报价。20%扬程泵，59.9 万元/台，不含泵体电伴热系统；40%扬程泵，56.0 万元/台，不含泵体电伴热系统。

据测算，每台泵电伴热系统需 3 000 元。

## 3. TQ 线改造输油泵机组配置的两种方案

TQ 线改造要求泵机组露天安装,以减少投资及油气集聚,并保证输油泵机组有较高的可靠性。据此,提出以下两种方案。

(1) 方案一(引进泵方案)。5 个中间站各配置 2 台 20%扬程泵机组、2 台 40%扬程泵机组,并配备 2 台全线共用泵机组。加上原来 5 个中间站里每站还各有 1 台不需更换的,共需 17 台泵机组。

泵和电机皆进口。

(2) 方案二(国产泵方案)。5 个中间站各配置 2 台 20%扬程泵机组、3 台 40%扬程泵机组,共需 25 台泵机组。输油泵为国产,配引进电机。每站设 2 台备用机组,以提高可靠性。

## 4. 两种方案的投资对比(见表 15-42)

表 15-42 两种方案的投资对比 单位:万元

| 方案 | 项目 | | | |
|---|---|---|---|---|
| | 泵价 | 电机价 | 附属设备和工程费 | 总计 |
| 方案一<br>(17 台引进泵) | 150.0×17=2 550.0* | 74.0×5+112.0×12=1 714.0 | 50.3×17=855.1 | 5 119.1 |
| 方案二<br>(25 台国产泵) | 59.9×10+56.0×15=1 439.0 | 74.0×10+112.0×15=2 420.0 | 50.3×25=1 257.5 | 5 116.5 |

注:1. 据国外报价每台泵合人民币约 150 万元;20%扬程泵配电机约 74 万元人民币,40%扬程泵配电机约 112 万元人民币。
2. 附属设备和工程费用包括泵机组的阀门、管线、电气、仪表、土建等。
3. *——注:表示利用外汇 USD 与当时外汇兑换 RMB 算得的实际值。20 世纪 90 年代至 21 世纪初的汇率加上手续费等,其兑换值曾为历史上最高。

从表 15-42 看出,方案一和方案二投资相近。

## 5. 两种方案维修费用对比

TD 线引进泵机组运行多年,仅发生维修费,平均 3 000.0 元/(台·年);TQ 线国产泵机组投产以来经常更换机械密封等部件,平均综合维修费为 25 000.0 元/(台·年)。

## 6. 结论和建议

(1) 与引进泵相比,国产泵在质量、性能、可靠性、供货时间、维修量等方面存在较大差距。

(2) 从经济上来说,两种配置方案投资相差无几,但国产泵维修费用要大很多。

泵机组作为输油系统的核心设备,是高效、安全平稳输油的重要保障,我们推荐引进泵机组方案(方案一)。

## 附件五 关于热媒炉和直接炉的经济对比

根据 CYG 局文件《关于 T—Q 输油管道改造可行性分析的批复》(见附件三)第 4 条:热媒炉和直接炉效率相当,但在价格和运行费用上争议较大,应对直接炉重新询价,从经济上做客观比较。我们特向直接炉与热媒炉厂家正式询价,做此比较,如表 15-43 所示。

表 15-43 热媒炉与加热炉经济性比较 单位:万元

| 项目 | | | 2 台 4 650kW 热媒炉 | 2 台 5 000kW 直接炉 | |
|---|---|---|---|---|---|
| 一次投资 | 炉本体 | 炉体及随炉辅机 | 182 | 284 | |
| | | 仪表自动化设备 | 89 | | |
| | | 仪表自动化安装 | 52 | 全套安装调试 | 120 |
| | | 小计 | 323 | 404 | |
| | 其他 | 热水炉系统 | 58 | 热媒/热水换热器 | 10 |
| | | 炉前泵系统 | 45 | 热媒 | 14 |

续表

| 项目 | | | 2台4 650kW 热媒炉 | 2台5 000kW 直接炉 | |
|---|---|---|---|---|---|
| 一次投资 | 其他 | | | 氮封 | 10 |
| | | 空压机房及设备 | 21 | 吹灰用空气压机房及设备 | 13 |
| | | | | 增加吹灰系统 | 4 |
| | | 电气、土建 | 18 | 23 | |
| | | 工艺 | 15 | 52 | |
| | | 炉体运费 | 20 | 10 | |
| | | 热水泵房 | 30 | 30 | |
| | | 燃油泵房 | 45 | 45 | |
| | | 小计 | 252 | 211 | |
| | 合计 | | 575 | 615 | |
| 运行管理费用（万元/年） | | 维修 | 10 | 20.7 | |
| | | 电耗 | 49 | 45 | |
| | | 油耗 | 511.2 | 508.2 | |
| | | 小计 | 570.2 | 573.9 | |
| 占地面积（m²） | | | 1 050 | 1 310 | |

注：1. 电价 0.57 元/(kW·h)，油价 1 005 元/吨。
　　2. 一次投资部分依据厂家报价，其他依据 TQ 线决算。

由表 15-43 可知：

（1）一次投资热媒炉方案多 40 万元。
（2）维修费用热媒炉方案多 10.7 万元。
（3）电耗热媒炉方案少 4 万元。
（4）油耗热媒炉方案少 3 万元。
（5）占地面积热媒炉比直接炉多 260m²。

## 15.3 案例点评与解析

### 15.3.1 案例点评与说明

　　该案例是一个典型的关于特定行业——石油工业管道输油工程老项目——TQ 输油管线如何进行技术改造与扩大建设规模——增加输油能力的可行性分析报告，属于以技改扩建为主、兼有部分更新（属于新建）要求内容的投资项目可行性分析，在工业生产性改扩建项目的投资分析中具有较强的代表性。

　　案例报告的内容较好地反映了为提高输油管道项目社会综合经济效益和实现固定资产再生产的目的，在石油工业管道输油工程老项目——TQ 输油管线的更新改造过程中，企业利用基本折旧资金、国家更改措施预算拨款、企业自有资金、国内外技术改造贷款三项资金按统一的设计，全部或部分地改造、更换输油生产设备（含必要时新建、扩建现有辅助车间和公用设施），在新的现代化的工艺技术基础上，用比新建和扩建更少的费用，在更短的时间内扩大输油生产规模，提高输油生产能力，改善相关技术经济指标和员工生产生活状态的研究分析工作情况。对在原 TQ 输油管线基础上进行的改扩建，报告很好地说明了充分利用原有 TQ 输油管线在场地、资源、熟练劳动力的培养和扩充、先进技术和管理经验的推广运用等方面的优势，在 TQ 输油管线改扩建项目建设中目标存在多样性、费用和效益多以表现增量且识别和计算较繁杂、规模较小、投资额不大、在建设期内建设时要与生产同时进行等一般技术改扩建项目具有的特点。案例介绍的该项目投资分析过程十分详尽、完整，改扩建内容真实、充分，对项目从物质技术条件到企业财务与国民经济效益的研究与分析论证，使用的指标和参数体系准确、到位，具体研究过程的表述操作性和可靠性极强，其分析成果的表达——可行性分析报告，无论报告的具体内容还是相关说明，从整体形式上都体现了规范和严谨，深度要求合理、方法科学、分析思路相当正确、内容极为丰富充实，给人以很高的可信感和依据上很强的把握性。应该指出的是，该案例存在的不足，主要是在介绍改扩建项目投资分析的内容方式，其局限性突出表现为是以新建项目为主进行经济性分析的倾向，而缺少应有的关于改扩建项目上与不上"有无对比"的新增效益的分析，故觉遗憾，实在应按附件三的要求做修正。但这也在很大程度上补足了大多数新建项目的投资可行性分析细节方式的欠缺，因而也有重要的参考价值。

由于该案例报告的内容专业性极强，说明以石油生产及其下游输油管道生产建设为主进行的投资项目可行性分析，在符合一般工业生产建设项目可行性分析规律的基础上，还存在某些具有自身特殊专业要求的特点。在此，就有关情况与特点及分析要求做一些简要的补充说明。

### 15.3.2 相关问题解析

#### 1. 石油工业建设项目及其可行性分析要点

石油工业是一个资金、技术高度密集和高风险性的行业。按照主体产业、施工作业、后勤辅助生产和生活服务与多种经营等不同投资活动，通常可将石油工业建设项目分为基础性主体产业项目、公益性项目和竞争性项目三大类。基础性主体产业项目体现基础性主体产业项目，主要包括油气勘探开发以及与之配套的大型骨干系统工程。该案例中的输油管道工程项目即属于与油气勘探开发配套的大型骨干系统工程，是石油工业建设项目的基础性主体产业项目。公益性项目则包含石油工业企业所属的文教科研事业单位的建设项目。而竞争性项目主要指除前两者之外的所有其他项目，如机械制造、炼油化工、多种经营等项目以及物探、钻井、井下作业、测井、油建、运输等施工作业和后勤辅助生产单位的自身建设项目。

作为石油工业主体建设项目的石油及天然气勘探开发建设项目，一般可划分为勘探和开发建设两个阶段，由于各阶段的特点不同，有时又将其作为两类不同的项目——石油天然气勘探项目和石油天然气开发项目。后者与一般的资源开发项目类似，而前者则是一项极为复杂、大型的系统工程，具有投资额大、周期长、技术工艺复杂、风险大等特点。为避免投资决策失误、提高勘探效益，石油天然气勘探项目必须根据其特点，按照四大原则——阶段性经济效益与全过程经济效益相结合、以全过程经济效益分析为主；定量分析与定性分析、价值量分析与实物量分析相结合，以定量分析和价值量分析为主；动态分析与静态分析相结合，以动态分析为主；强调利用复利计算方法考虑资金时间价值因素和多目标综合分析评价的原则，以一定的程序对项目进行可行性分析与评价。

通常，为油气勘探开发过程配套的石油天然气工程项目包括油田地面工程项目、气田地面工程项目、输油管道工程项目、输气管道工程项目和天然气净化厂工程项目等。对各项目内容进行投资可行性分析，应根据具体情况区别对待。其中，输油输气管道工程项目一般按交通运输项目的规定进行可行性分析与评价，天然气净化厂工程项目的可行性分析与评价可参照一般工业项目进行。这里针对本章案例分析的内容，仅就其背景中与输油管道建设项目可行性分析与评价相关的问题做一简要说明。

#### 2. 输油管道建设项目可行性分析与评价的相关问题

（1）编制输油管道建设项目可行性分析报告的五项基本要求。第一，报告编制要按照批准的项目建议书进行，无须编报项目建议书的项目可按建设单位要求编制；第二，报告内容应严格按规定要求编制；第三，项目的可行性分析与评价应建立在油源和市场调研的基础上；第四，必须坚持科学、客观和公正的原则进行可行性分析与评价；第五，此类分析应由建设单位通过招投标方式选择和委托有相应资质的机构或单位进行。

（2）输油管道建设项目可行性分析中值得注意的五大特殊问题。一是总论部分包括的编制依据应列出委托单位提供的依据文件（含文件名称、文号、发文单位和日期）、可行性分析的目的和范围、结合该项目工程特点的编制原则、列出各专业遵循的主要标准和规范的名称、标准号及年号、该项目管道工程总体技术水平的概括、研究结论（含对可行性分析与评价推荐方案的工程规模和内容的简述，主要工程量与工程主要技术经济指标列表与对该项目可行性分析与评价报告基本观点和对工程项目综合分析评价结论性意见的简述）、存在的问题（包括可行性分析工作存在的问题、可行性分析中工程问题经多方案比较后存在的问题、可行性分析阶段不易解决有待设计开始前需进一步研究解决的问题、新技术领域存在的问题等）和建议等内容。

二是关于油源情况的介绍。应就油源概况与油品种类和油品性质分别就油田油源、炼厂油源和其他油源三种情况进行说明。

三是关于管道线路分析的内容。输油管道建设项目可行性分析中一个重要的问题是科学、合理地选择管道线路走向方案。一般要求按照项目工程特点和管道选线的规范，制定有针对性的线路走向方案选择原则，以达到管道工程项目安全、可靠、技术可行和经济合理有益的要求。故此需首先描述管道线路宏观走向方案的概况并对宏观线路走向方案进行比选，推荐管道线路走向方案，说明管道敷设与管道的穿跨越、线路附属设施与主要工作量。

四是关于节能环保和劳动安全卫生与消防问题的分析。就节能而言，需做综合能耗分析和节能措施的说明；在环保方面则须阐明管道沿线的环境现状、主要污染源和污染物、对污染的控制与环境影响分析；在劳动安全卫生与消防问题上，应说明管道沿线的自然灾害与环境危害对项目职业安全卫生的影响，要进行职业危害分析，提出防护措施和设置消防设施系统方案。

五是关于组织机构和项目实施进度的分析。要说明组织机构和定员及员工培训的情况，正确划分项目实施阶段并按各阶段的工作内容编制实施进度表。

# 第 16 章

# 三产项目可行性分析原理精要与案例解析

## 16.1 一般三产类项目可行性分析原理精要

前述各章均以工业性建设项目为主，通过理论要点与相关案例的介绍，阐明了投资此类项目进行可行性分析的基本原理和主要方法。借鉴和推广此评价分析的基本思路，这里介绍一些有关第三产业所代表的非工业生产项目进行投资时可行性分析的基本要点，以进一步充实投资项目可行性分析的内涵。但限于篇幅，有关基础性、公益性和农业等其他非工业投资项目及第一、三产业内具体分类项目的可行性分析理论要点恕不赘述。

**1. 相关概念**

第三产业是指除农业和工业生产以外其他所有以服务来满足需求的产业，第三产业投资的项目类型极为复杂。为便于了解此类项目投资及其进行可行性分析的基本特点，这里选择旅游业和商业两类投资项目中旅游基础设施和商场投资项目的基本情况做一些相关介绍。

**2. 两类有代表性三产项目可行性分析理论要点**

（1）商场投资项目可行性分析要点。

① 概念与作用。所谓商场投资项目的可行性分析，是指投资者拟投资建立一家商场，为使这一商场在激烈的市场竞争中生存和发展，实现预期的经营目标，在投资前必须进行认真调研与拟建项目有关的自然、社会、经济、技术资料，对诸如商场的资金筹集、商业业态的选择、建设规模、店址的确定等可能的投资方案进行全面的分析论证，预测、评价项目建成后的经济效益和社会效益，并在此基础上综合论证项目投资建设的必要性、财务上的营利性和宏观经济上的合理性，从而为投资决策提供科学依据的工作。它对于提高投资决策水平和项目的投资经济效益有重要的作用，具体表现为五大依据：作为向银行等金融机构申请贷款、筹集资金的依据，作为编制设计和进行建设工作的依据，作为签订有关合同与协议的依据，作为项目组织管理、机构设置与劳动定员和项目后评价的依据，作为环保部门审查项目环境影响的依据。

② 商场投资项目可行性分析的基本内容。与工业投资项目相比，商场投资项目相对简单，所涉及的因素也少，故其可行性分析的内容也就简单些。但因商场的类型不同、规模大小不等，进行可行性分析的复杂程度不同，包含的内容也不尽相同。

综合起来，一般在对各类商场进行可行性分析时，通常应包括以下 11 项基本内容。

A．宏观投资环境分析。主要是对国内商业发展现状、未来几年影响商业发展的宏观因素和国际环境进行分析。

B．地区行业概况分析。要分析该地区的商业运行特点、整体发展状况和趋势、商业网点布局及规模、各种零售业态的优势及劣势比较、外商进入情况等。

C．地区市场需求情况调查和预测。包括对投资地区人口数量、结构、收入水平、消费习惯及对各种商品的需求量等情况的调查和预测。

D．地区主要商场的竞争状况调查分析。目的是研究竞争对手，做到"知己知彼，百战不殆"，这是决定商场能否成功的关键因素。

E．根据前述调查分析结果，结合投资者的经济实力和经营管理能力等因素，进行商场业态选择和经营规模分析，即依据需要与可能来确定拟建商场的经营业态和商场经营规模。

F．进行商场选址分析。因商场场址对未来的经营有长期性、不可随时更改性和极难弥补性的作用，作为商场经营目标和制定经营战略的重要依据，选址得当与否成为影响商场经济效益的重要因素，而商场场址作为商场市场形象的表现和基础，其重要性怎样强调都不过分。

G．对商场卖场布局策划方案进行分析。要求该策划能对商场实体的内部和外部进行科学、合理和艺术的设计，以造成一种巨大的商业活动艺术氛围，这将对日后的经营效果产生重大影响。该设计不论是整体的布局策划还是局部的细微设计都存在多个方案，故需从技术、艺术和经济性上进行分析论证，以选择一个满意、有益的方案。

H．对商场组织机构的设计、商品组合、价格、促销与服务等策略进行经营策略的分析。选择好各种策略以为商场今后经营成功提供基本保障。

I．进行投资估算和筹资方案分析。准确地估算投资项目所需投资额及选择合适的筹资渠道，是影响商场经济效益的重要因素。

J．进行经济评价。重点是通过财务效益分析，评价测算项目的效益和费用，考察项目的获利能力、清偿能力等财务状况，据以判断项目在财务上的可行性。效益指标是衡量商业投资项目投资价值最重要的指标。

K．总结。其任务是在上述综合分析与评价的基础上对项目进行综合分析论证，就项目是否有建设的必要和建设的物质条件、基础条件和资金条件是否具备，可建多大规模的商场，所选用的技术、各种设备是否先进、适用、安全、配套和可靠，以及项目运营后的财务效益、国民经济效益和社会效益情况提出综合性的分析与评价意见，并对备选方案及项目决策提出建议。

（2）旅游基础设施投资项目可行性分析要点。

① 相关概念。从人类社会最初产生出生存需求、接着到发展需求再到享乐需求和其他需求（如自我价值实现之精神需求）的演变过程看，作为人与自然和谐相处，同时也是满足自身社交需求必然产物的旅游已成为人类最基本的需求之一。为满足顾客以休闲生活与精神享受和发展为主的此类需求，就需为旅游者提供旅游设备、设施和服务，进行旅游资源的开发。旅游投资项目一般指根据国民经济和旅游业发展规划所确定的、进行统一核算和统一管理的建设投资对象。旅游投资是指在一定时期内，根据旅游供求市场的变化，以资金、实物和管理等方式组合后投入旅游项目建设过程中，并在未来获得收益的一系列经济活动。通常旅游投资有广义和狭义之分，前者包括购买和建造固定资产、购买和储备流动资产的直接投资与购买股票、债券等购置有价证券的间接投资，后者主要指固定资产投资，即把资金、实物、劳务投入旅游开发建设项目，形成固定资产和流动资产如旅游基础设施、景点、商业网点和饭店设施等的间接投资。

② 旅游投资的主要特点及旅游项目的特点与分类。

A. 六大特点：a. 大量资金注入对投资方的资金构成和财务成果影响较大，需组织专门的资金筹集机构；b. 投资回收期和生命期较长导致固定资产投资对社会、经济和环境等方面的影响将在长时期内发挥作用；c. 固定资产投资具有不可逆性，一旦完成很难改变；d. 技术进步和市场节奏竞争等未来的种种不确定因素导致固定资产投资具有较大的风险；e. 固定资产投资必须与流动资金的投资相配套，以充分发挥固定资产投资的作用；f. 随着我国市场经济的日益发展，固定资产投资正日益呈现出投资主体多元化、投资来源多渠道化、投资方式多样化和投资决策多层次化的特点。作为旅游投资的客体或投资对象，旅游投资项目是投资项目的一种特殊形式，是一项复杂且有相当规模和价值、有明确目标的一次性任务或工作。

B. 旅游项目的特点。具有受经济、社会和生态环境依托性强、投资额大、建设周期长、用途指向单一和由其综合性效益决定的外部效用明显等特点。

C. 旅游项目有五种基本类型。通常可按性质、效益、主体、形态和规模的不同分为五大类项目：a. 性质上有旅游基建项目（如新建、改扩复建项目）和旅游设施项目（如饭店更新改造项目）两种情况的两大类项目；b. 效益上有旅游产业项目（如景观项目、接待项目）和公益性旅游福利项目；c. 主体上有国内旅游项目和三资（中外合资、合作及外商独资）旅游项目；d. 规模上以 3 000 万元为界，可有大、中、小型旅游项目之分；e. 形态上可分为有载体旅游和无载体的徒步旅游等。

③ 旅游投资项目的可行性分析与评价问题。

A. 旅游项目前期论证的概念。该类论证是旅游项目投资的决策部门组织或授权专门机构或人员从国家、地区及企业的角度对拟建旅游项目必要性，特定旅游市场需求状况，项目在物质、技术和社会与环境等方面的可行性与经济上有利与否等内容所进行的全面技术经济论证和分析评价的活动。其分析论证的结果有助于确定项目未来发展的前景，成为旅游投资决策的主要依据。分析论证的基本原则应坚持动态分析与静态分析相结合、以动态分析为主，定量分析与定性分析相结合、以定量分析为主，全过程效益分析与阶段效益分析相结合、以全过程效益分析为主，宏观效益分析与微观效益分析相结合、以宏观效益分析为主，价值量分析与实物量分析相结合、以价值量分析为主，统计分析与预测分析相结合、以预测分析为主的六大原则，在具体方法的操作上应做到规范、配套、系统与统一。

B. 旅游项目可行性分析的内容。按层次可分为微观的企业财务效益分析与宏观的国民经济、社会与环境效益分析两个层次。其区别在于考察某个旅游投资项目的视角、范围和利益关系程度上存在不同。微观是基础，且与国民经济效益分析一起构成项目可行性分析评价的核心，是衡量项目投资效果的基本标志，也是决定项目方案取舍的基本依据——通过对旅游投资项目微观与宏观投资效果进行静态与动态的分析，可就项目在经济上的可行性做出评价，以为投资决策提供重要依据。

C. 旅游项目可行性分析内容的具体要求。主要从以下方面进行分析：项目建设的必要性与条件、市场调查和预测、建设条件与技术和设计标准、环境影响分析、企业财务效益分析、国民经济效益分析、不确定性风险分析及项目社会效益与社会影响分析等。其中，除环境影响分析外，其他分析的指标运算均与一般工业投资项目分析指标的运算类似，仅在强调要反映个人经济偏好的环境价值评价分析中需要注意包括生产效应法、机会成本法、重置成本法在内的市场评价法的适用性问题和包括资产价值法、旅行成本法、意愿调查法在内的替代市场法的操作要求，与一般工业投资项目有所不同。

## 16.2 典型非工业生产项目可行性分析案例介绍

### 16.2.1 SZ 市 M 商场投资项目可行性分析报告（目录）

#### 第 1 章　未来宏观经济与商业趋势分析

1.1　我国商业发展现状分析
1.　改革开放以来中国商业发展的三个阶段
2.　目前商业发展现状
1.2　未来几年影响商业增长的宏观因素分析
1.　宏观经济步入复苏阶段，GDP 出现恢复性增长
2.　物价由负增长逐步进入低通胀阶段，将刺激居民消费需求
3.　公务员普调工资，居民收入大幅增加，消费支出能力提高
1.3　未来几年影响商业增长的国际环境分析
1.　国际、国内和平环境为商业繁荣创造有利条件
2.　中国加入 WTO，使居民购买力大幅提高
1.4　结论

#### 第 2 章　SZ 市商业运行概况及业态分析

2.1　SZ 市商业运行特点
1.　商业零售市场呈稳步增长趋势
2.　竞争激烈，商业企业购销不畅、库存增加、经营困难
3.　商业零售类别结构出现新的亮点
4.　商业网点迅速扩张，规模经济已成趋势
2.2　SZ 市市区三种主要业态的优劣势比较

#### 第 3 章　M 商场与东门主要商场的竞争状况调查分析

3.1　关于调查的企划与实施
3.2　各商场的竞争优势
1.　竞争优势
2.　各商场有待改进的地方
3.　各类商品购买原因分析

#### 第 4 章　M 商场在东门的选址分析

4.1　东门地区的商业环境分析
1.　概况
2.　消费特色
3.　商品结构
4.　消费群体
5.　购物环境
6.　商业布局

4.2 在东门的选址分析
1. 概况
2. M 商场在东门选址的地理位置
3. M 商场东门的客流量分析
4. M 商场、B 商场交易量监测统计分析

## 第 5 章　M 商场的现金流量分析

5.1 预测与假设
1. 销售收入与销售毛利预测
2. 折现率
3. 销售毛利率
5.2 现金流量分析
1. 项目投资估算表
2. 每月经营费用估算表
3. 每月营业利润估算表
4. 现金流量估算表
5. 现金流量净现值
6. 静态收益率
5.3 敏感性分析
1. 投资额敏感性分析
2. 销售额敏感性分析
3. 毛利率敏感性分析
4. 管理及财务费用敏感性分析
5. 敏感性强度排序
5.4 盈亏平衡分析
5.5 基本结论

## 第 6 章　M 商场的经营风险

6.1 竞争对手强大
6.2 竞争优势有待提高
6.3 M 商场的主要竞争对手 B 商场在地理位置上比 M 商场好得多
6.4 选择扩张方向的风险——与 C 商场的比较
6.5 从零固定客户群做起的风险——兼与 GZ 市 D 商场的比较分析

## 第 7 章　M 商场的竞争策略建议

7.1 加强宣传和营销策划
7.2 实行与 B 商场不同的差异化经营策略
7.3 建立不同种类商品的供货厂家信息库
7.4 根据东门消费青年女性占到 2/3 以上的情况，加强对女性用品的开发
7.5 加强儿童用品市场的挖掘
7.6 加强内部管理，降低营运成本，以低价格取胜

7.7 不同种类油品的经营策略

## 第8章 结论

### 16.2.2 江南华亭市名城宾馆改扩建项目可行性分析报告

目录
内容（略）
基本报表 1.1 财务现金流量表（全部投资）
基本报表 1.2 财务现金流量表（自有资金）
基本报表 2 损益表
基本报表 3 资金来源与运用表
附表：
辅助报表 1 固定资产投资估算表
辅助报表 1.1 新建建筑物主体工程费用估算表
辅助报表 1.2 改造建筑物主体工程费用估算表
辅助报表 2 投资使用计划与资金筹措表
辅助报表 3 总成本费用估算表
辅助报表 3.1 固定资产折旧估算表
辅助报表 3.2 无形及递延资产摊销估算表
辅助报表 4 收入和税金及附加估算表
辅助报表 5 长期借款还本付息估算表
附图：
附图 1 GT 名城宾馆区域位置图（略）
附图 2 GT 名城宾馆鸟瞰图（略）
附图 3 GT 名城宾馆总平面图（略）
附图 4 GT 名城宾馆功能分析图（略）
附图 5 GT 名城宾馆一层平面图（略）
附图 6 GT 名城宾馆交通、消防分析图（略）
附图 7 GT 名城宾馆园林空间渗透示意图（略）
附图 8 GT 名城宾馆屋顶平面图（略）
附图 9 GT 名城宾馆地下室平面图等（略）
附件：
附件 1 华亭市发展计划委员会华亭市计中心〔200×〕××号《关于名城宾馆改扩建项目建议书的批复》（略）
附件 2 华亭市规划局 S 规〔200×〕选字第×××号建设项目选址意见书（略）
附件 3 华亭市规划局 S 规〔200×〕设字第××号建设项目设计意见书（略）
附件 4 华亭市文物局 S 文物批字〔200×〕第××号《关于华亭市 GT 名城宾馆修改方案的批复》（略）

### 第1章 总论

项目名称：名城宾馆改扩建项目　　　　　联系地址：华亭市 SQ 街××号

建设单位：S 省 GT 名城宾馆有限公司　　联系电话：05××-××××××××
项目负责人：俞××　　　　　　　　　　邮编：××××××

## 1.1　概述

### 1. 投资各方基本情况

该项目拟由 S 省 GT 名城宾馆有限公司及其母公司——S 省 GT 国际集团有限公司共同出资建设。投资方基本情况介绍如下。

（1）S 省 GT 国际集团有限公司。

地址：S 省 ZJ 市人民路 GT 大厦。

法定代表人：桑××。

注册资本：××××万元人民币。

S 省 GT 国际集团是 S 省重点企业集团之一，主要从事纺织品、服装、轻工工艺品、五金机械、化工医药等商品的进出口业务，同时开展国际工程承包、外派劳务和国际仓储、货运代理等业务，并涉及软件开发、金融、房地产、宾馆旅游等。201×年集团出口额在全国出口额最大的 200 家企业中名列第×位，销售额在全国销售额最大的 500 家企业中列第××位。201×年，集团完成销售×××亿元，进出口额达××亿美元，其中出口×亿美元，连续三年在 S 省外贸企业中名列首位。201×年前 6 月，集团完成进出口额×亿美元，其中出口×亿美元，同比增长×%，在全省外贸企业中继续保持领先。

集团现下辖××家专业进出口公司，××家外贸生产企业，两家四星级以上宾馆，以及美国、日本、中国香港等驻外公司，总资产超××亿元，集团员工达××××人。

企业资信等级 AAA 级，20××年集团顺利通过了 ISO 9002 质量体系认证。

（2）S 省 GT 名城宾馆有限公司。

地址：华亭市 SQ 街 249 号。

法定代表人：余××。

注册资本：××××万元人民币。

名城宾馆成立于 195×年，为自收自支的全民事业单位，隶属华亭市人民政府外事办公室，主要经营餐饮、客房，200×年×月×日被 S 省 GT 集团有限公司进行整体收购，在此基础上组建 S 省 GT 名城宾馆有限公司。

目前，该公司主要提供客房、餐饮、理发、会务、票务服务；附设商场部，批发、零售百货、副食品、其他食品（零售卷烟）、工艺品（除金银饰品）、针纺织品、五金交电、花卉；酒店管理；洗涤服务。

宾馆目前占地面积 42 753 $m^2$，是华亭市绿化面积最大的宾馆，馆内树茂竹秀，廊桥迂回，碧池喷泉，绿坪如茵，名树古木，遍布园内，亭、台、楼、榭、假山与之相映生辉，入住名城宾馆，如入园林胜境。

宾馆现有房间 100 间，床位 190 张，餐厅 2 个，12 个包厢，餐位 500 个，宾馆承袭名城宾馆在广大消费者心中"国宾馆"的形象，确立以政府接待、商务、会议、企业家聚会、国内外高档旅游团队为主的客源市场定位。

201×年 1—10 月，客房总接待人数达 12 494 人次，其中，外宾 3 046 人次，内宾 9 448 人次，出租率 72.63%，总营业收入 1 786.26 万元。该公司 201×年 6 月 30 日及 10 月 31 日的资产负债情况如表 16-1 所示。

表 16-1　企业资产负债情况　　　　　　　　　　　　　　　　　单位：万元

| 序号 | 资债项目 | 201×年6月30日 | 201×年10月31日 |
|---|---|---|---|
| 1 | 资产总计 | 10 152.8 | 10 246.5 |
| 1.1 | 流动资产 | 334.9 | 459.5 |
| 1.2 | 长期投资 | 30.6 | 30.6 |
| 1.3 | 固定资产 | 9 787.3 | 9 756.4 |
| 1.3.1 | 固定资产净值 | 9 770.3 | 9 739 |
| 1.3.2 | 在建工程 | 17 | 17.4 |
| 1.3.3 | 其他资产 | | |
| 1.4 | 无形及递延资产 | | |
| 1.5 | 其他长期资产 | | |
| 2 | 负债合计 | 6 209.1 | 6 323.9 |
| 2.1 | 流动负债 | 6 209.1 | 6 323.9 |
| 2.2 | 长期负债 | | |
| 3 | 资产负债率 | 61.20% | 61.72% |

**2. 项目基本情况**

（1）项目场址。名城宾馆坐落在华亭市古城东南，其西侧紧邻名园 CL 亭，东靠 WS 园，北为旅游购物街。

（2）项目建设内容及规模。

① 项目总建筑面积 29 217$m^2$，233 间客房。其中，新建 23 252$m^2$，133 间客房；新建地下建筑面积 3 032$m^2$；改造地上建筑物 2 933$m^2$，36 间客房。

② 配备各类专用设备及设施：客房设备、餐厅设备、会议设备、康健休闲设施（游泳池、舞厅、健身房、球类运动等）、厨房洗衣房设备、运输设备等。

③ 总图工程包括绿化、广场、道路、场景、雕塑等。

（3）项目经营范围。酒店客房、餐饮、会议、商务、休闲及相关配套服务。

（4）项目建设期。为减少改造工程对经营的影响，项目建设期控制在 1 年内。

（5）项目固定资产投资额。该项目固定资产投资总额为 12 001.3 万元。其中，工程费用 10 256.8 万元；工程建设其他费用 954.8 万元；预备费用 560.6 万元；建设期借款利息 219.2 万元。

**3. 项目建设背景**

近年来，华亭市从一个传统的旅游城市发展成为国内旅游强市。进入 21 世纪后，华亭市的旅游业更是进入了一个全新的历史发展阶段。华亭市委、市政府明确提出要以旅游业为龙头，带动第三产业全面发展，使旅游业成为华亭市国民经济的支柱产业之一，把华亭市建设成为生态优美的旅游度假基地。

旅游饭店是旅游基础设施建设的重要方面，是旅游者休息的主要场所。随着华亭市旅游市场的蓬勃发展，国内外游客对该市饭店客房的需求持续增长，面向中高端旅游客人及境外游客住宿的高星级饭店市场有了一定的发展空间，但该市高星级饭店相应的配套服务设施仍与客人的高端需求存在一定差距。

作为华亭市高星级饭店之一，名城宾馆因客房数量少、接待床位有限及设施相对落后，配套的接待档次、客房均价与接待能力不匹配，主要靠提高出租率（长包房）来增加宾馆营业收入，使得宾馆作为高档涉外旅游饭店的经营业务活动受到严重制约，接待能力不能满足实际市场需求。在旅游业和宾馆业都很发达的华亭市市区及所在地区范围内的市场竞争中，近年来一直处于被动的地位，其境况特殊且十分尴尬。因此，除需要在经营方式上进行不断的改革和创新外，对宾馆硬件进行适时的改造和扩建也变得十分必要和紧迫。通过加大对宾馆硬件的投入，提高接待档次、完善功能和增强宾馆的接待能力，增强其市场竞争地位，可适应华亭市及所在地区旅游市场发展的需要，更好地发挥名城宾馆的资产效益，为宾馆和投资者带来新效益，为华亭市的旅游业发展做出新贡献。名城宾馆本次改造的总体指导思想是"花园中的酒店，酒店中的花园"。通过这次改扩建，充分体现出名城宾馆的园林特色，不要求装修中的材质豪华，但要注重装饰的经典文化底蕴，注重营造软件上的人性化和家园化。

受项目单位委托，华亭市 SD 工程咨询设计管理有限公司承担了名城宾馆改扩建项目的可行性分析报告编制工作，组织相关人员成立了项目组。项目组在 S 省工程咨询中心的协作下按照国家有关可行性分析报告编制规定及有关方面的要求，首先开展了项目基础资料的调查工作，在对相关资料进行分析与整理的基础上，编制了本可行性分析报告。

**4. 可行性分析报告编制依据**

（1）华亭市发展计划委员会华计中心〔201×〕×××号《关于名城宾馆改扩建项目建议书的批复》。

（2）华亭市规划局华规〔201×〕选字第×××号建设项目选址意见书。

（3）华亭市规划局华规〔201×〕设字第×××号建设项目设计意见书。

（4）华亭市文物局华文物批字〔201×〕第×号《关于华亭市 GT 名城宾馆修改方案的批复》。

（5）国家发展和改革委办公厅计办投资〔201×〕××号《投资项目可行性研究指南（试用版）》。

（6）国家发展和改革委、建设部发布的《建设项目经济评价方法与参数》（第3版）（2006年）。

（7）国家、省、市有关设计和建筑规范、标准。

（8）国家及地方其他有关法律、法规、政策。

（9）项目委托单位提供的有关资料。

（10）研究过程中实际调查及收集的其他资料。

（11）华亭市 GT 名城宾馆修改方案 201×月×日。

（12）S 省 GT 名城宾馆有限公司与华亭市 SD 工程咨询设计管理有限公司签订的技术咨询合同书。

**5. 项目可行性分析的主要内容**

根据国家的有关要求，项目可行性分析报告的主要内容包括：①项目建设的必要性及市场分析；②项目场址及建设条件分析；③对项目的总平面布置、建筑、公用工程等工程技术方案进行专题研究；④环保、节能与劳动安全研究；⑤项目建设及运营管理研究；⑥投资估算及资金筹措方案；⑦财务评价；⑧项目建成后的经济效益分析预测；⑨风险分析与对策。

### 1.2 研究结论及建议

**1. 主要研究结论**

（1）名城宾馆虽有悠久的历史、优美的环境和便捷的交通条件，但由于硬件落后，设施陈旧，在当前的市场竞争中难有立足之地，对其进行适时的改造和扩建已显得十分必要和紧迫。同时，通过对华亭市现有宾馆、酒店经营现状的调查分析，对名城宾馆进行必要的改造和扩建，不仅是宾馆自身发展的需要，也是华亭市经济社会发展的需要。因此项目的建设是必要的。

（2）市场需求预测表明，近期（到 201×年）到华亭市旅游入住星级酒店的过夜游客的市场前景看好，总的过夜入住人数将比两年前净增 18 万人次。名城宾馆通过该项目的建设，在原有 100 间客房的基础上增加 133 间客房，将能更好地适应市场需要。

（3）该项目建设方案在多次征求规划、园林、绿化、文物等部门意见的基础上进行了调整，符合《华亭市古城××号街坊控制性详细规划》，符合古树名木、文物等的保护要求。

（4）项目在施工期及运营期，加强管理，严格采取有关污染物治理措施及安全卫生措施，可以达到环境保护及安全的要求。

（5）该项目建设所需资金11 991.3万元，拟由S省GT名城宾馆有限公司申请银行贷款7 000万元，其余所需资金由S省GT国际集团有限公司投资。资金筹措方案仍需进一步落实。

（6）财务效益分析评价指标表明，该项目实施后在达到预期投入产出效果的情况下，项目的全部投资财务内部收益率为8.9%（所得税后），净现值994.9万元大于零（$i_c=8\%$，所得税后）。因此该项目在预期情况下财务上可以接受，能较快收回投资，有较好的经济效益。

### 2. 主要技术经济指标

该项目主要技术经济指标如表16-2所示。

表16-2 该项目主要技术经济指标　　　　　　　　　　　　　　　单位：万元

| 序号 | 指标名称 | 单位 | 数量 | 备注 | 序号 | 指标名称 | 单位 | 数量 | 备注 |
|---|---|---|---|---|---|---|---|---|---|
| 一 | 经营场所规模 | | | | 6 | 经营成本 | | 2 865.4 | |
| 1 | 总占地面积 | m² | ××× | 合××亩 | 7 | 利润总额 | | 1 819.7 | |
| 2 | 总建筑面积 | m² | ××× | | 8 | 所得税 | 万元 | 600.5 | |
| 2.1 | 地上建筑面积 | m² | ××× | | 9 | 税后利润 | | 1 219.2 | 第10年 |
| 2.2 | 地下建筑面积 | m² | ××× | | 10 | 盈余公积金 | | 121.9 | |
| 3 | 容积率 | % | 0.61 | | 11 | 盈余公益金 | | 61.0 | |
| 4 | 绿地率 | % | 30 | | 12 | 投资利润率 | % | 9.1 | |
| 5 | 机动车位 | 个 | 83 | | 13 | 投资利税率 | % | 10.7 | |
| 6 | 劳动定员 | 人 | ××× | | 14 | 销售利润率 | % | 30.3 | |
| 7 | 建设期 | 年 | 1 | | 15 | 内部收益率 | | | |
| 二 | 主要经济指标 | | | | | 全部投资所得税后 | % | 8.9 | |
| 1 | 项目新增总投资 | 万元 | 12 077.3 | | | 全部投资所得税前 | % | 11.7 | |
| 1.1 | 固定资产投资总额 | 万元 | 11 991.3 | | | 自有资金内部收益率 | % | 10.6 | |
| 1.1.1 | 固定资产投资 | 万元 | 11 772.2 | | 16 | 财务净现值 | | | |
| 1.1.2 | 建设期利息 | 万元 | 219.2 | | | 全部投资所得税后 | 万元 | 994.9 | |
| 1.2 | 铺底流动资金 | 万元 | 86.0 | 流动资金总额286.5万元 | | 全部投资所得税前 | 万元 | 4 138.2 | $i_c=8\%$ |
| 2 | 资金筹措 | 万元 | 12 277.9 | | | 自有资金财务净现值 | 万元 | 1 567.4 | |
| 2.1 | 自筹资金 | 万元 | 5 077.3 | | 17 | 投资回收期 | | | |
| 2.2 | 银行借款 | 万元 | 7 200.6 | 其中流动资金借款200.6万元 | | 全部投资所得税后 | 年 | 10.4 | |
| 3 | 收入 | 万元 | 6 013.7 | 第10年 | | 全部投资所得税前 | 年 | 8.1 | 含建设期1年 |
| 4 | 税金及附加 | 万元 | 333.8 | 第10年 | | 自有资金投资回收期 | 年 | 11.0 | |
| 5 | 总成本费用 | 万元 | 3 860.2 | 第10年 | 18 | 长期借款偿还期 | 年 | 8.6 | |

### 3. 主要建议

（1）名城宾馆地处华亭市古城二级保护区，园内自然环境优美，人文资源丰富。项目施工过程中应从保护现有绿化及人文景观的角度制定施工组织方案，对需要保留的各类古树名木、保护建筑做好严密的保护措施，尽可能减少损坏。

（2）在建设过程中，项目单位仍应加强与当地有关部门的联系，包括规划、园林、旅游、交通、消防、人防、供水、排水、供电、供气、环保、地震等部门，多方征求相关职能单位对该项目建设的建议和意见，确保项目在操作过程中严格按照程序办事，从而保证整个项目建设的顺利实施。

（3）该项目建设资金的筹资方案需进一步落实。投资方应加大筹资力度，保证建设资金及时足额到位。

（4）该项目建设资金的投入较大，建议在进行施工图设计时，能优化功能布置，尽量增加客房数量，增加营业收入。

## 第2章 项目建设必要性及市场分析

### 2.1 项目建设的必要性

#### 1. 名城宾馆自身发展的需要

（1）名城宾馆的历史沿革（略）。

（2）名城宾馆经营情况及存在问题。名城宾馆现有总资产×××万元，其中固定资产×××万元；可提供接待用客房100间，床位数190张，平均客房价格为359元/间天，从201×年1月到201×年10月先后共接待过海内外住宿游客超过3.5万人次，但因客源规格等方面的限制和其他诸多因素的影响，近年来尽管宾馆接待住宿的总人数在增加，除中国澳门同胞有较大的增长外，境内外游客的数量总体是以平均两位数的速率下降的，从而直接影响宾馆的经济效益（具体情况见表16-3）。以201×年1—10月的统计结果为例，宾馆共接待海内外游客住宿12 494人次，已经超过201×年全年11 273人次，所实现的1 786.26万元营业总收入在扣除各项费用后，净利润却是−18.43万元，仍处于亏损状态，这与宾馆的地位和资产状态严重不符。宾馆的盈利能力指标和清偿能力指标的完成情况都不乐观，其中，反映盈利能力的投资利润率为−0.18%。可见，宾馆改革与发展的任务十分艰巨。

表16-3 名城宾馆近年接待游客情况统计 单位：人次

| | 住宿总人数 | 住宿游客构成情况 | | | | |
|---|---|---|---|---|---|---|
| | | 大陆游客 | 境外游客 | | | |
| | | | 外国人 | 台湾同胞 | 香港同胞 | 澳门同胞 |
| 201×年 | 17 322 | 12 805 | 2 743 | 1 452 | 320 | 1 |
| 201×年 | 11 273 | 8 657 | 1 712 | 699 | 178 | 27 |
| 201×年（1—10月） | 12 494 | 9 448 | 2 283 | 641 | 118 | 4 |
| 增减率（+/−%） | 12.05 | −11.63 | −2.12 | −30.1 | −39.1 | 87.40 |
| 备注 | 资料数据由名城宾馆提供 | | | | | |

因客房数量少、接待床位有限、配套的接待档次、客房均价与接待能力不匹配，以及设施相对落后，接待能力不能满足实际市场的需求，只能靠提高出租率（长包房）来增加宾馆营业收入，严重制约了宾馆作为高档涉外旅游饭店的经营业务活动。在旅游业和宾馆业都很发达的华亭市市区和所在地区范围内的市场竞争中，长期处于被动地位，其业绩也一直未能列入市政府旅游局正常的业务指标考核统计范畴的前列（未出现在旅游局定期公布的年度和月度统计资料的排名中）。以201×年旅游接待情况为例，当年全市共接待国内外游客总数3 551 103人次，在年底华亭市旅游局发布的年度主要统计指标排序中，共有20家涉外饭店按照接待总人数、接待境外游客数和累计客房出租率三项指标进入了前15位名次的排序。而名城宾馆均无缘跻身其中。这还是在突出其作为"国宾馆"地位的情况下通过努力获得的结果，否则排序情况会更差。可见目前名城宾馆在华亭市发达的旅游业和宾馆饭店业中所占的市场份额很小，市场地位境况特殊且很尴尬（见表16-4）。

表16-4 201×年华亭市主要涉外旅游饭店接待游客情况排序

| 排序位次 | 单位名称 | 接待总人数/人次 | 单位名称 | 接待境外游客数/人次 | 单位名称 | 累计客房出租率/% |
|---|---|---|---|---|---|---|
| 1 | 会议中心 | 115 142 | 华亭市喜来登大酒店 | 33 698 | CS森林大酒店 | 91.65 |
| 2 | KS宾馆 | 91 547 | ZH饭店 | 32 205 | CS华联宾馆 | 87.74 |
| 3 | 华侨饭店 | 89 983 | S城饭店 | 28 240 | TC娄东宾馆 | 86.37 |

续表

| 排序位次 | 单位名称 | 接待总人数/人次 | 单位名称 | 接待境外游客数/人次 | 单位名称 | 累计客房出租率/% |
|---|---|---|---|---|---|---|
| 4 | DW 饭店 | 81 967 | KS 宾馆 | 12 676 | LX 饭店 | 77.33 |
| 5 | TP 大酒店 | 67 620 | DW 饭店 | 639 | KS 宾馆 | 72.18 |
| 6 | TC 娄东宾馆 | 63 784 | SY 饭店 | 7 158 | SY 饭店 | 71.45 |
| 7 | S 城饭店 | 61 691 | KSYH 度假村 | 6 424 | 华侨饭店 | 71.32 |
| 8 | ZHY 大饭店 | 61 321 | 会议中心 | 5 461 | ZH 饭店 | 71.11 |
| 9 | LX 饭店 | 56 071 | LX 饭店 | 5 442 | 会议中心 | 69.15 |
| 10 | KSYH 度假村 | 55 978 | 华侨饭店 | 4 507 | NL 饭店 | 65.86 |
| 11 | 青草湖度假村 | 52 726 | NL 饭店 | 4 329 | 喜来登大酒店 | 64.38 |
| 12 | ZH 饭店 | 50 724 | CS 华联宾馆 | 4 054 | S 城京汇宾馆 | 59.75 |
| 13 | NL 饭店 | 50 260 | DW 饭店 | 639 | S 城饭店 | 59.01 |
| 14 | SY 饭店 | 49 595 | CS 森林大酒店 | 571 | KSYH 度假村 | 57.38 |
| 15 | CS 华联宾馆 | 49 397 | S 城京汇宾馆 | 15 | DW 饭店 | 56.90 |
| 其他 | 名城宾馆 | 11 273 | | 2 616 | | 83.33 |
| 全市合计 | | 3 551 103 | | 708 343 | | 64.26 |

注：数据资料除名城宾馆数据外，均来自华亭市旅游局发布的201×年第12期《华亭市旅游统计》。

因此，名城宾馆除需要在经营方式上进行不断的改革和创新外，对宾馆进行适时的改造和扩建显得十分必要和紧迫。通过对宾馆硬件加大投入，提高接待档次、完善功能和增强宾馆的接待能力，更好地发挥名城宾馆的资产效益，提高其市场竞争地位，适应不断发展的旅游市场需要，彻底扭转名城宾馆的经营形势，不仅为宾馆和投资者带来巨大效益，也必将为华亭市的旅游业发展做出积极贡献。

**2. 适应华亭市所在地区旅游业发展的需要**

（1）华亭市所在地区旅游接待情况。市场调查和统计分析表明，随着华亭市区旅游产业的不断发展，游客对高档旅游消费的需求也呈现持续增加的势头，这可以从各星级宾馆、酒店接待的境内外游客对客房的不同需求中看出。其突出的特点表现在以下几个方面。

① 旅游客房的经营收入占全市旅游总收入的比重不断加大，年递增率高于全市旅游总收入的增长速度（见表 16-5 和表 16-6）。以 201×年 1—10 月华亭市各类星级涉外旅游饭店客房经营情况的统计为例，分析表明各饭店营业收入占全部旅游外汇收入的比例平均达到了 32.89%（占了旅游外汇收入的近 1/3），成为旅游总收入的重要来源。

表 16-5　近几年华亭市境内外游客数量情况一览

| 项目 | 时间（年度） | | | | | | | 平均增长率/% |
|---|---|---|---|---|---|---|---|---|
| | 201× | 201× | 201× | 201× | 201× | 201× | 201× | |
| 华亭市游客总数/万人次 | 1 185.49 | 1 366.66 | 1 567.46 | 1 749.74 | 2 099.2 | 2 237.63 | 3 287.37 | 13.63 |
| 境外游客总数/万人次 | 44.02 | 60.69 | 71.41 | 77.82 | 89.10 | 81.57 | 130.16 | 14.11 |
| 大陆游客总数/万人次 | 1 141.47 | 1 305.97 | 1 496.05 | 1 671.92 | 2 010.10 | 2 156.06 | 3 157.21 | 13.64 |
| 境外、大陆游客比例 | 3.72 : 96.28 | 4.44 : 95.56 | 4.56 : 95.44 | 4.45 : 95.55 | 4.25 : 95.75 | 3.65 : 96.35 | 4.12 : 95.88 | — |
| 备注 | 数据来自《201×华亭市统计年鉴》和《华亭市旅游统计》(201×年第12期)；《201×年 S 省统计年鉴》和《201×年 S 省统计年鉴》 | | | | | | | |

② 从旅游外汇收入的构成看，此收入与境外游客总数、过夜人数和过夜天数直接相关。虽然近年境外游客占年度游客总数的比重变化不大，平均为 4.42%，但由于境外游客的过夜人数和过夜天数一直保持两位数的年均高速增长率，使得旅游外汇收入占旅游总收入的比重平均保

持在 11.71% 的相对较高水平上。

③ 从酒店房客的来源及主要构成看，在过夜人数和过夜天数上境外游客（含台湾地区、香港地区、澳门地区同胞）的贡献率最高，年均两位数以上的突出增长率使他们成为旅游外汇客房收入的最大来源（见表 16-6）。

表 16-6 近几年华亭市区酒店房客入住情况与构成和客房入住率一览

| 项目 | | | 时间（年度） | | | | | | | 平均增长率/% |
|---|---|---|---|---|---|---|---|---|---|---|
| | | | 201× | 201× | 201× | 201× | 201× | 201× | 201× | |
| 境外游客构成 | | 总数/万人次 | 44.02 | 60.69 | 71.41 | 77.82 | 89.10 | 81.57 | 130.16 | 19.61 |
| | | 占国内外旅游总人数比例/% | — | — | 4.56 | 4.45 | 4.25 | 3.35 | 3.96 | — |
| | 过夜人数/万人 | 过夜总数 | 29.21 | 46.32 | 55.73 | 63.50 | 73.77 | 70.8 | 97.26 | 17.49 |
| | | 占境外客总数比例/% | 66.36 | 76.32 | 78.04 | 81.6 | 82.8 | 86.8 | 75 | — |
| | | 外国人 | 19.68 | 31.13 | 37.58 | 41.59 | 50.52 | 47.97 | 70.78 | 15.32 |
| | | 占过夜总人数比例/% | 67.31 | 67.21 | 67.4 | 65.5 | 68.48 | 67.75 | 72.77 | — |
| | | 中国港澳台同胞 | 9.53 | 15.19 | 18.15 | 21.91 | 23.57 | 22.03 | 26.48 | 14.41 |
| | | 占过夜总人数比例/% | 32.63 | 32.79 | 32.6 | 34.5 | 31.52 | 32.25 | 27.23 | — |
| 境外游客构成 | 过夜人天数/万人天 | 过夜人天总数 | 63.01 | 77.94 | 88.32 | 132.27 | 161.32 | 189.125 | 290.58 | 29.94 |
| | | 外国人 | 43.61 | 54.22 | 62.67 | 82.74 | 108.45 | — | 211.92 | |
| | | 占过夜人天总数比例/% | 69.21 | 75.11 | 70.96 | 62.55 | 65.99 | — | 72.93 | — |
| | | 中国港澳台同胞 | 25.65 | 19.4 | 23.72 | 49.53 | 52.87 | — | 78.66 | |
| | | 占过夜人天总数比例/% | 30.79 | 24.89 | 29.04 | 37.45 | 34.01 | — | 27.07 | — |
| 旅游外汇收入/万美元 | | | | | 20 135 | 23 418 | 27 848 | 29 104 | 48 608 | 26.69 |
| 大陆旅游情况 | | 国内游客/万人次 | | | 1 496.05 | 1 671.92 | 2 010.10 | 2 350.2 | 3 157.21 | 20.81 |
| | | 国内旅游收入/亿元 | | | 125.22 | 152.11 | 175.33 | 211.87 | 295.69 | 24.29 |
| 旅游外汇收入占旅游总收入的比例/% | | | | | 11.76 | 11.33 | 12.5 | 10.12 | 11.88 | — |
| 备注 | | 数据来自《华亭市统计年鉴》和《华亭市旅游统计》（201×年第 12 期） | | | | | | | | |

④ 境外游客入住星级宾馆的比例的大小、旅游饭店收入的多少直接与客房的档次、入住率和客房出租率及饭店的平均房价等指标呈明显的线性相关性。且经营涉外旅游饭店客房的情况表明，档次越高，入住率和客房出租率及饭店的平均房价等指标的增幅越大，尤以四、五星级的宾馆情况最有代表性（见表 16-7）。

表 16-7 201×年前 10 月华亭市各类星级涉外旅游饭店客房经营情况统计

| 项目 | | 月份 | | | | | | | | | | 月总平均值 |
|---|---|---|---|---|---|---|---|---|---|---|---|---|
| | | 1 | 2 | 3 | 4 | 5 | 6 | 7 | 8 | 9 | 10 | |
| 客房平均出租率/% | 五星级 | 60.90 | 84.54 | 83.09 | 87.51 | 77.63 | 83.89 | 83.33 | 77.09 | 80.6 | 64.94 | 78.5 |
| | 四星级 | 56.03 | 68.48 | 74.77 | 79.77 | 72.36 | 72.94 | 75.34 | 69.92 | 72.8 | 74.37 | 71.68 |
| | 三星级 | 57.96 | 63.71 | 70.88 | 74.44 | 70.73 | 70.31 | 74.00 | 73.32 | 69.17 | 70.08 | 69.46 |
| | 二星级 | 47.10 | 52.56 | 60.52 | 62.82 | 57.73 | 54.46 | 61.92 | 65.02 | 61.97 | 58.29 | 58.24 |
| 平均房价/元/间天 | 五星级 | 581.04 | 657.94 | 643.10 | 649.78 | 650.62 | 656.05 | 659.64 | 629.15 | 665.77 | 540.83 | 633.4 |
| | 四星级 | 336.09 | 358.86 | 358.69 | 371.40 | 371.49 | 377.71 | 372.92 | 359.83 | 375.98 | 419.80 | 370.23 |
| | 三星级 | 243.91 | 235.43 | 247.28 | 258.83 | 260.33 | 246.06 | 255.69 | 215.02 | 248.08 | 243.33 | 245.4 |
| | 二星级 | 170.09 | 184.31 | 168.64 | 166.32 | 172.86 | 166.92 | 178.26 | 164.56 | 150.02 | 155.98 | 167.8 |
| 营业收入总额/万元 | | 16 722.00 | 18 406.59 | 18 689.02 | 19 162.55 | 18 375.33 | 17 689.37 | 18 543.65 | 18 721.29 | 9 982.05 | 20 682.55 | 176 974.4 |
| 客房收入/万元 | | 6 469.23 | 9 464.22 | 10 078.75 | 10 498.99 | 9 751.32 | 9 633.70 | 9 975.7 | 10 371.38 | 9 982.05 | 10 553.59 | 9 677.9 |
| 餐饮收入/万元 | | 9 046.39 | 7 516.08 | 7 279.55 | 7 377.53 | 7 452.60 | 6 802.80 | 7 124.41 | 6 962.58 | 8 888.10 | 8 763.30 | 7 721.33 |
| 旅游外汇收入/万美元 | | 2 100.18 | 2 101.7 | 2 776.4 | 2 877.6 | 3 498.5 | 4 102.62 | 4 188.9 | 4 109.6 | 4 593.8 | 5 101.1 | 3 545.04 |
| 酒店营业收入占旅游外汇收入比重/% | | 37.11 | 54.25 | 43.74 | 43.96 | 33.58 | 28.29 | 28.69 | 30.41 | 26.18 | 24.93 | 35.11 |
| 备注 | | 数据来自华亭市旅游局编制的《华亭市旅游统计月讯》（201×年） | | | | | | | | | | |

随着华亭市旅游市场的蓬勃发展，国内外游客对华亭市饭店客房的需求持续增长，面向中高端旅游客人住宿的高星级饭店市场还有一定发展空间，同时华亭市高星级饭店相应的配套服务设施仍与客人的高端需求存在一定差距。通过该项目四星级饭店的建设，将有助于满足当地旅游客房市场特别是中高端市场发展的需要。

（2）华亭市市区星级宾馆接待情况。根据华亭市旅游局最新发布的行业旅游统计资料和市场调查的结果，截至201×年年底，华亭市市区现有星级宾馆、酒店的数量、档次及接待能力等情况如表16-8所示。

表16-8　201×年年底华亭市市区现有星级宾馆、酒店的基本情况

| 项目 | | 数量 | 名城宾馆情况及所占比例/% | 各星级宾馆拥有客房数/间 | 名城宾馆情况及所占比例/% |
|---|---|---|---|---|---|
| 总接待能力 | 星级宾馆/家 | 91 | 1（1.1） | | |
| | 星级宾馆床位/张 | 20 100 | 164（0.82） | | |
| | 星级宾馆客房数/间 | 10 794 | 101（0.94） | | |
| 星级分类情况 | 五星级 | 2 | | 374 | |
| | 四星级 | 15 | 1（6.67） | 3 279 | 101（3.08） |
| | 三星级 | 31 | | 4 158 | |
| | 二星级 | 39 | | 2 492 | |
| | 一星级 | 2 | | 391 | |

宾馆饭店作为旅游接待的物质基础条件，根据华亭市统计局和旅游局最新提供的行业统计资料和市场调查结果分析，201×年以来，华亭市区旅游与星级宾馆酒店对境内外游客的接待经营业绩持续上升，总体处于不断提升的状态，有关情况如表16-9所示。从中可看出，随着华亭市旅游经济的发展，在旅游收入以年均两位数增加的同时，以星级宾馆为代表的涉外旅游接待能力和国内游客一直呈现两位数增长，分别达到15.28%、12.19%和15.99%；境外游客也呈现持续增长的好势头，年均增长率保持在5%以上。

表16-9　近年华亭市星级宾馆情况及旅游接待情况一览

| 项目 | | 时间（年度） | | | | | 平均增长率/% | 备注 |
|---|---|---|---|---|---|---|---|---|
| | | 2010 | 2011 | 2012 | 2013 | 2014 | | |
| 接待能力 | 星级宾馆/家 | 67 | 87 | 88 | 94 | 102 | 15.28 | 资料来源：1. 华亭市统计局《华亭市统计年鉴201×》2. 华亭市旅游局《华亭市旅游统计》（201×年第12期） |
| | 星级宾馆床位/张 | 14 816 | 19 101 | 20 046 | 20 100 | 22 563 | 12.19 | |
| 接待游客情况/万人次 | 境外游客 | 71.41 | 77.82 | 89.10 | 81.57 | 130.46 | 5.01 | |
| | 过夜境外游客 | 55.73 | 63.50 | 73.77 | 70.834 3 | 97.26 | 5.33 | |
| | 国内游客 | 1 496.05 | 1 671.92 | 2 010.10 | 2 350.2 | 3 157.21 | 15.99 | |
| 旅游收入情况 | 外汇收入/万美元 | 20 135 | 23 418 | 27 848 | 29 104.4 | 48 607.69 | 13.24 | |
| | 国内旅游收入/亿元 | 125.22 | 152.11 | 175.33 | 211.87 | 295.69 | 18.37 | |

通过以上对华亭市所在地区现有宾馆、酒店经营现状分析可知，有必要改造和扩建名城宾馆，这不仅是宾馆自身发展的需要，也是适应华亭地区经济及社会发展的需要，是华亭市所在地区旅游业发展的必然选择。

### 2.2　项目所在区域市场情况分析

**1. 华亭市旅游发展概况**

（1）华亭市旅游资源概况（略）。

（2）近年华亭市的旅游发展概况。拥有丰富旅游资源的华亭市，历来是旅游的天堂，是游

客出游的目的地。多年来，华亭市一直是 S 省最大的旅游集散地和首屈一指的旅游饭店接待大户。这既可从华亭市作为主要旅游城市的境内外游客接待人数在全国的排序中看出，也能从华亭市作为游客出游目的地的抽样调查中反映出来（见表 16-10）。

表 16-10  近年来华亭市国内外游客占全国的平均比重

| 项目 | | 201×年 | 201×年 | 201×年 | 201×年 | 平均增长率/% | 备注 |
|---|---|---|---|---|---|---|---|
| 国内游客情况 | 游客数/百万人次 | 16.72 | 20.1 | 23.5 | 31.57 | 23.82 | 资料来源：华亭旅游网 |
| | 全国排名 | 8 | 8 | 9 | 7 | — | |
| 过夜境外游客情况 | 游客数/万人 | 63.5 | 73.77 | 70.83 | 97.26 | 16.49 | |
| | 全国排名 | 10 | 9 | 7 | 7 | — | |

表 16-10 所列数据，清楚地给出了华亭市近年旅游接待的成果。该市之所以能够取得骄人的旅游业绩，是因其既充分发挥了其厚重的历史文化资源优势，又拥有一大批现代化的基础接待设施。近年兴起的高档星级酒店，到 201×年年初已经达到 91 家，其中有五星级的新 S 国际和华亭市喜来登两家大酒店，四星级的有 15 家，另有三星级的 31 家和 43 家二星级与一星级的酒店。星级宾馆拥有的旅客接待能力可达到 20 046 张床位。

**2．华亭市地区旅游、商务等接待调查**

根据对来华亭市游客出游目的地情况的调查（见表 16-11）和对近年来华亭市旅游接待宾馆饭店的统计分析发现，随着华亭市经济的蓬勃发展和旅游资源的不断开发利用，并根据境外过夜游客及其过夜天数的变化趋势，华亭市的旅游市场和与之相关的高档酒店饭店市场还将进一步扩大，市场还有相当的空间可以利用。该市涉外旅游饭店近年接待境外游客情况变化趋势如表 16-12 所示。

表 16-11  201×年对来华亭市游客出游目的地的调查情况

| 主要目的 | 游客数量/人 | 占被调查游客比重/% | 排序情况 | 主要目的 | 游客数量/人 | 占被调查游客比重/% | 排序情况 |
|---|---|---|---|---|---|---|---|
| 观光旅游 | 2 173 | 47.67 | 1 | 会务 | 311 | 6.82 | 5 |
| 度假休闲 | 736 | 16.15 | 2 | 会议 | 209 | 4.59 | 6 |
| 商务活动 | 729 | 16.0 | 3 | 疗养 | 36 | 0.79 | 7 |
| 探亲访友 | 364 | 7.99 | 4 | | | | |

表 16-12  华亭市涉外旅游饭店近年接待境外游客情况变化趋势分析

| 时间（年或月） | 过夜境外游客（万人次/年或人次/月） | | | | | | 过夜境外游客人天数（万人天） | | | | | |
|---|---|---|---|---|---|---|---|---|---|---|---|---|
| | 总数 | 增长率/% | 外国人 | 增长率/% | 中国港澳台同胞 | 增长率/% | 外国人 | 增长率/% | 中国港澳台同胞 | 增长率/% | 总数 | 增长率/% |
| 2009 | 46.32 | 58.58 | 31.13 | 58.18 | 15.2 | 59.5 | 54.22 | 24.33 | 23.72 | 22.27 | 77.94 | 23.69 |
| 2000 | 55.73 | 20.32 | 37.58 | 20.66 | 18.15 | 19.1 | 62.67 | 15.58 | 25.65 | 8.14 | 88.32 | 13.32 |
| 2001 | 63.50 | 13.94 | 41.59 | 10.73 | 21.91 | 20.72 | 82.74 | 32.02 | 49.53 | 93.1 | 132.27 | 49.76 |
| 2002 | 73.77 | 16.17 | 50.20 | 20.72 | 23.57 | 7.58 | 108.45 | 28.11 | 52.87 | 6.74 | 161.32 | 21.96 |
| 2003 | 70.83 | −8.45 | 47.97 | −4.44 | 22.86 | −3.01 | — | — | — | — | 189.124 5 | 17.23 |
| 2004 | 97.26 | 37.31 | 70.78 | 47.55 | 26.48 | 20.20 | 211.92 | — | 78.66 | — | 290.58 | 53.65 |
| 平均增长率/% | | 22.98 | | 25.57 | | 20.68 | | | | | | 29.94 |
| 备注 | 数据来自《华亭市统计年鉴》和 201×年《华亭市旅游统计月讯》 | | | | | | | | | | | |

根据上述星级饭店客房经营情况，可见目前华亭市高档涉外宾馆因高入住率、高效益正引起从事宾馆饭店业经营者们的青睐。最新调查发现自 201×年以来，仅华亭市市区在建和将在两年内建成使用的三星级以上高档涉外宾馆就将有 4 家。这些高档涉外宾馆的建成投用，在提

高华亭市区旅游接待能力的同时，也会在客源增加有限时降低原有高档涉外宾馆的入住率，影响其经济效益。故需对未来的客房市场需求情况做进一步预测分析。

**3. 市场需求预测**

根据前述调查分析，为能更准确地把握未来旅游市场对涉外高档客房的需求，有必要按照华亭市旅游市场的发展趋势，进一步分析和探讨未来市场空间的大小，就高档旅游涉外宾馆的客房需求情况进行适当的定性和定量预测。

（1）近期华亭市旅游市场客源发展趋势。根据前面对客房和旅游市场的调查，在不考虑来华亭市游客出游目的地变化的情况下，对于两年内华亭市旅游市场的客源发展情况，从酒店业需求的角度看将会呈现以下几个特点：①来华亭市旅游的境内外游客总数和旅游外汇收入占旅游总收入的比重将继续保持两位数以上的高速增长，且游客总量仍以国内游客为主，境外游客的比重将不会超过5%。②境外游客过夜人数占境外游客总数的比例将继续保持在80%以上，也就是说，将会有越来越多的境外游客选择酒店住宿式旅游；其中外国人与中国港澳台同胞的比例格局也不会发生大的变化。③作为国际旅游市场重要收入来源之一的境外游客在酒店的过夜天数指标，将仍然会以超过其他指标的速度，以不低于两成的增速被不断刷新；而且其中外国人与中国港澳台同胞间的比例格局不会有多大的变化。

（2）未来几年华亭市旅游市场高档酒店过夜游客容量情况预测。作为旅游酒店市场需求的最重要依据，从总体上看，201×年前华亭市旅游市场游客总量将继续保持较高速度的增长，游客总量将进一步增加。对此增加部分的游客数量，本报告运用最小平方方法，按照各年度统计的游客总数在数量上所表现出来的增长趋势（增长率）类似一条接近直线的趋势线，以直线斜率作外推的方法，通过建立数学趋势线预测模型预测出过夜游客总数与上年度来华亭市旅游过夜境内外游客的情况进行绝对量比较。具体的预测过程如下。

根据表16-5的有关数据，先把201×—201×年各年入住星级酒店的过夜境外游客数量设为$Y$，各年的时间变量设为$X$，按照最小平方方法原理，可以计算出未来可能入住星级酒店的过夜境外游客（趋势值）的总和，即：$\sum Y = na + b \sum X$

式中，$n$为年份数；$a$为直线在$Y$轴上的截距；$b$为直线斜率，反映年平均增长率。

再计算$XY$的总和，即：$\sum XY = a \sum X + b \sum X^2$，为简化计算，令$\sum X = 0$。

因此$n=6$为偶数，故取$X$的间隔为2，将$X=-1$与$X=1$置于统计数据期中央的上下两期，即201×年和201×年，则$X$和$XY$及$X^2$的取值如表16-13所示。将有关数值代入由此可得未来年份过夜境外游客的预测模型：

$$y = a + bx = \sum Y/n + X \sum XY / \sum X^2 = 407.41/6 + 310.26X/70 = 67.9 + 4.43X$$

表16-13　近年来华亭市旅游过夜境外游客数量预测用参数计算表

| 年份 | 时间序数 $X$ | $Y$ | $X^2$ | $XY$ |
|---|---|---|---|---|
| 201× | −5 | 46.32 | 25 | −231.6 |
| 201× | −3 | 55.73 | 9 | −167.2 |
| 201× | −1 | 63.50 | 1 | −63.5 |
| 201× | 1 | 73.77 | 1 | 73.77 |
| 201× | 3 | 70.83 | 9 | 212.49 |
| 201× | 5 | 97.26 | 25 | 486.3 |
| Σ | 0 | 407.41 | 70 | 310.26 |

要预测201×年来华亭市旅游入住星级酒店的过夜境外游客数量，只需将$X=7$代入上式，即可得：$y = 67.9 + 4.43 \times 7 = 98.71$。

201×年，华亭市旅游入住星级酒店的过夜境外游客数量预计将达到98.71万人次，这与201×年的82.13万人次相比，将净增16.78万人次，这部分游客将为新增接待能力所消化，是新增宾馆酒店要追逐的目标客源市场。

同理，可推算201×年来华亭市旅游入住星级酒店的过夜境外游客数量（此时 $n=7$ 为奇数）预计将达到119.65万人次，这比201×年将再净增20.94万人次。类似地，201×年可能入住华亭市星级酒店的客源总量情况，预计将创出130.747万人次的净增数量的新高（见图16-1）。

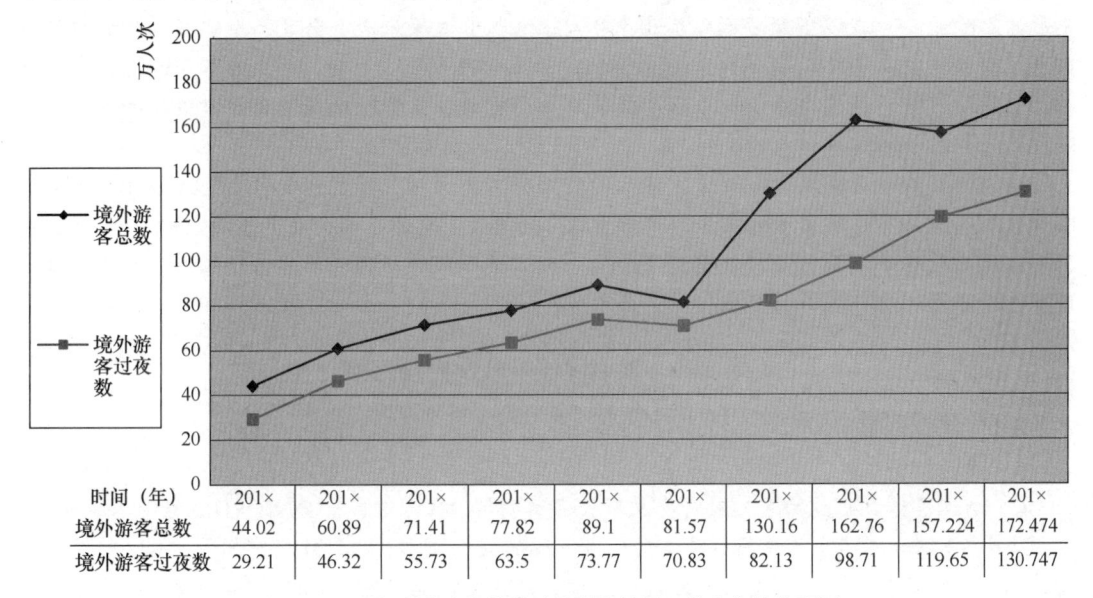

| 时间（年） | 201× | 201× | 201× | 201× | 201× | 201× | 201× | 201× | 201× | 201× |
|---|---|---|---|---|---|---|---|---|---|---|
| 境外游客总数 | 44.02 | 60.89 | 71.41 | 77.82 | 89.1 | 81.57 | 130.16 | 162.76 | 157.224 | 172.474 |
| 境外游客过夜数 | 29.21 | 46.32 | 55.73 | 63.5 | 73.77 | 70.83 | 82.13 | 98.71 | 119.65 | 130.747 |

图16-1　近年来华亭市旅游境外游客情况及其变化趋势预测

综合上述信息，可以看出未来3年来华亭市旅游高端市场游客的市场前景：华亭市以旅游入住星级酒店的过夜境外入境游客为标志，到201×年年末时预计将比201×年有$\Delta_{201\times}=16.78$万人次的增量变化，而201×年和201×年后的增量变化还会不断创出新高。这对酒店业来说实在是一个可以大有作为的市场发展机会，而新增加的各类宾馆饭店的接待能力，必定会迅速填补这一市场空间。

（3）华亭市旅游市场涉外星级高档酒店发展趋势。限于旅游市场涉外星级高档酒店的资料，有关此类情况仅提出两点较明确的说明。

① 近几年华亭市四星级和五星级的涉外高档酒店将会有一个大的发展过程，若干四星级以上宾馆的兴建，将极大地提升华亭市旅游接待的水平，进一步增强宾馆的接待能力，使得服务水平更具特色。故在此期间投资，可以说是抓住了机会，进入了旅游市场最有利的盈利空间切入期。

② 从旅游饭店经营指标中的客房出租率、平均房价看，因经济效益欠佳，预计中低档（一二星级）宾馆难有发展前途。在201×年以后，四星级及其以上高档酒店的增建也将趋缓，甚至停滞，作为涉外宾馆的接待任务将会更多地转向三星级及其以上宾馆。

（4）该项目竞争优势分析。由于近年会有新的若干家四星级以上的宾馆出现，将加剧高档酒店之间的竞争，因此有必要简要分析和了解拟改扩建后名城宾馆作为有较大接待能力的高档酒店的竞争环境和竞争对手的情况。

① 潜在的拟进入华亭市酒店市场的投资商（竞争对手）相应项目基本情况。

一是名城宾馆周边的潜在竞争对手。主要有毗邻而居的三星级NL饭店和四星级的华亭市饭店。近年这两家的客房出租率和平均房价以及国内游客接待等方面的指标情况相互咬得很紧，互有所长，但在入境游客的接待上，作为更高档的四星级宾馆华亭市饭店的优势要比NL饭店明显得多，201×年以来，已经远远超过NL饭店。

二是作为目标市场要主动瞄准和进攻以争取客源和市场空间的高档同类酒店,主要是 ZH 饭店等经常排序在华亭市旅游局月度统计指标前 15 位的四星级及其以上的涉外酒店,其中包括像华亭市喜来登大酒店这样的五星级宾馆。

② 该项目建设对当地社会经济发展的影响及其竞争优势分析。该项目建设对当地社会经济发展的影响主要可在以下两方面体现出来:A. 体现出由原来国有全资、大锅饭性质的事业单位通过新型产权交易(改造)所表现出来的政治上的改制意义;B. 对旅游市场的支撑和补充作用,既能够填补迅速发展的境外旅游接待市场的空缺,又能够满足宾馆自身发展的需要,可以说是一种最佳的选择。

从名城宾馆今后发展看,改造扩建后的宾馆将实力大增,其竞争优势会很快凸显出来:这些优势既有原来宾馆所传承的华亭市"国宾馆"的高贵、典雅,也会有新型酒店的豪华、完备;在客源档次的争夺上有利条件就更多了,除一般需要入住的境内外游客,还增加了新股东来自商务需求方面的重要客源补充条件等,此不赘述。

## 第 3 章 项目建设规模及经营方案

### 3.1 建设目标及功能

**1. 建设目标**

GT 名城宾馆改扩建力求延续历史文脉,保留明轩、WZ 谊宫、LX 阁、GM 楼等人文资源;保留全部 22 棵古树名木,并且尽量少动已成气候的大树乔木;通过建筑空间的组合,使名城宾馆的园林特色及空间尺度得到最大限度的延续,充分展示其"花园+家园"的园林特色;整合总体功能布局,展示人文关怀,把名城宾馆建设成集园林环境、历史积淀、现代气息、文化氛围、优质服务与独特体验于一体的"家外之家",使富有历史积淀的名城重新焕发生机,建设华亭市唯一的园林式宾馆。

**2. 主要功能**

改扩建后 GT 名城宾馆保留华亭市园林式"国宾馆"的特色,定位为以中高档商务客源、中高档会议客源、高规格的行政接待为主,以高档休闲散客为补充,以海外高档观光团队为辅的豪华商务型酒店。

### 3.2 建设内容及规模

**1. 建设内容和规模**

通过改扩建,新增建筑面积 23 252m², 133 间客房;改造地上建筑物 2 933m², 36 间客房;改造地下建筑面积 3 032m²;主要涉及餐厅、接待、会议、办公、康健休闲、停车场、园林景观等。

总建筑面积:29 217m²(总客房数 233 间)。其中,地下建筑面积 3 032m²;地上面积 26 185m²(含保留的 WZ 谊宫、LX 阁、GM 楼)。

(1)客房部:15 362m²。

东区客房:6 946m²(119 间)。西区客房:4 356m²(66 间)。

大堂及副楼、西餐厅:3 157m²。部长楼:903m²(12 间)。

(2)会议、餐饮:4 291m²(雅间 14 间)。

(3)康健休闲:1 786m²。

(4)办公培训:1 197m²。

(5)后勤用房:160m²。

(6)东部沿街商业东大门:456m²。

(7)保留建筑:2 933m²(客房数共 36 间)。

WZ 谊宫：1 346m² （10 间）。LX 阁：1 331m² （26 间）。GM 楼：256m²。

### 2. 建设标准

按四星级的硬件标准进行建设，考虑今后为五星级宾馆的发展留有余地和资源。注重经典文化底蕴的装饰，充分体现名城宾馆作为华亭市园林中的酒店、酒店中的花园的特色。追求历史与空间的结合，文化与自然的结合，餐饮与文化结合的环境设计意境。

改扩建后的名城宾馆追求超五星的目标时，不一定都要按 GB/T 14308 的标准去投资硬件，应着重软件上的人性化和家园化的特色营造。

## 3.3 项目经营方案

### 1. 项目经营范围及内容

GT 名城宾馆经营由两部分组成：宾馆主营业务和延伸业务。宾馆主营业务包括客房营业、餐饮营业、停车、商场、会议、康乐、门面出租等。延伸业务包括充分利用宾馆的优势，组建物业管理公司，开拓房地产物业管理市场，把宾馆管理的成熟经验引入物业管理中去，为业主提供酒店式的物业管理服务。

近年来，华亭市经济发展势头强劲，世界著名企业集团不断地涌入，随之大量厂房、公寓、商住楼、商务办公楼的数量逐年增加，为饭店组建物业管理公司创造了客观条件。

### 2. 项目经营方式

借鉴国内外优秀的宾馆管理经验，引进酒店管理顾问，由 S 省 GT 名城宾馆有限公司实行对 GT 名城宾馆的日常管理。

根据宾馆管理模式的成熟情况，可以适时成立 GT 名城酒店管理公司，在实行对 GT 名城宾馆的整体管理的同时，可以输出 GT 名城宾馆的管理技术，开拓三星、四星级饭店管理的市场。

## 第4章 项目场址及建设条件

### 4.1 项目场址

#### 1. 区域规划要求

华亭市 GT 名城宾馆位于华亭市 SQ 街×××号，地处华亭市古城二级保护区，沿 DCQ 路退红线 6m，南侧退红线 3m，西侧退红线 4m，北侧退 SQ 街红线 4m，东北角厨房北墙退红线大于檐高 1/2h 日照间距；最高层数 4 层，檐高 10～15m，沿 DCQ 路局部 17.8m，屋脊高度 18m。

#### 2. 地理位置

位于华亭市 SQ 街×××号的 GT 名城宾馆区域位置优越，东邻华亭市工业园，西邻华亭市高新开发区；与园林名胜毗邻。

#### 3. 场址土地权属类别及占地面积

华亭市 GT 名城宾馆占地面积 42 753m²，使用权归名城宾馆所有；根据规划要求，东南角约 1 800m² 的原教育用地，纳入这次改造扩建范围，已经初步达成土地使用权置换协议。

#### 4. 周边建筑物与环境条件

华亭市 GT 名城宾馆位于华亭市 SQ 街南侧，DCQ 路西侧，南面为古城河，西面是居民区通道，地处华亭市古城二级保护区，周边建筑物均为 1～4 层民用建筑，所在区域环境优越，ZZ 园、WS 园、CL 亭等园林名胜近在咫尺。北大门坐落在华亭市旅游文化一条街 SQ 街，东大门开向华亭市美食一条街 FH 街，占尽天时、地利、人和，发展前景尤为广阔。

#### 5. 现有场址利用情况

名城宾馆园内树茂竹秀，蝉鸣雀飞，粉墙漏窗，廊桥迂回，其中有江南园林珍品"明轩"，民国一代枭雄之妻在华亭市的寓所"LX 阁"，园内自然景观优美，人文资源丰厚。

为延续历史文脉，本次改扩建将保留明轩、WZ谊宫、LX阁、GM楼等人文资源；根据园林局提供的"古树名木一览表"，不仅保留全部22棵古树名木，并且尽量少动已成气候的大树乔木；通过建筑空间的组合，使名城宾馆的园林特色及空间尺度得到最大限度的延续，充分展示其"花园+家园"的园林特色；更好地整合总体功能布局，展示人文关怀，把名城宾馆建设成集园林环境、历史积淀、现代气息、文化氛围、优质服务与独特体验于一体的"家外之家"，使富有历史积淀的名城宾馆重新焕发生机。

### 4.2 建设条件

**1. 区域社会经济条件**

华亭市所处的长江三角洲地区是中国最充满市场机遇的地区。从20世纪90年代开始，国家就把发展的重点转向以上海为中心的长江三角洲地区，国家的"十五"发展规划把这一地区作为发展重中之重的地区。华亭市又是这一地区中较为富裕的地区，201×年全市国内生产总值达到×××亿元人民币，人均×××元人民币；财政收入×××亿元人民币，在长三角区域名列前茅。

**2. 自然气候条件**

华亭市属亚热带湿润性季风海洋性气候，四季分明，气候温和，雨量充沛。

（1）地貌：华亭市区地势平坦，城区道路地面标高一般在4.2~5.2m（吴淞标高，下同），郊区一般为3.8m左右。

（2）水位：年平均水位2.82m，最高年平均水位×m（195×年），最低年平均水位×m（193×年），历史最高水位×m（195×年×月×日），历史最低水位×m（193×年×月×日）。城内河道常年水位在×~×m。地下水位受季节、运河水位涨落发生变化，也与排水情况有关，渗水层一般见于±0.01~1.00m。

（3）气象：华亭市地处温带，四季温和，雨量充沛。

（4）气温：年平均气温××℃，最高年平均气温××℃（195×年），最低年平均气温××℃（198×年），历史最高气温××℃（200×年×月×日），历史最低气温零下×℃（195×年×月×日）。

（5）风向风速：年平均风速×m/s，年最大平均风速×m/s（197×年、197×年、197×年），年最小平均风速×m/s（195×年）；最大风力等级8级。常年主导风向为东南风（夏季居多），其次为西北风（冬季）。

（6）降水量：年平均降水量×××mm，年最大降水量×××mm（195×年），年最小降水量×××mm（197×年），年最多降水日为×××（198×年）；日最大降水量×××mm（196×年×月×日）。年平均相对湿度为80.8%。

（7）雪：降雪次数平均1~3次/年；最大积雪厚度××cm（198×年×月×日）。

（8）霜：平均年无霜期321天；最早初霜期××月××日（198×年）；最迟终霜期×月××日（196×年）。

（9）地震：根据国家地震局2000年颁布的《中国地震烈度区划图》，项目所在地地震基本烈度为6度。

**3. 工程地质条件**

根据名城宾馆原有工程地质资料，项目场地地面以下15m以内由中软黏性土间夹砂性土组成，属三类建筑场地；地下水类型较简单，对混凝土无腐蚀性。基础形式拟考虑采用柱下独立基础。墙下条形基础和地下室筏板基础的天然地基方案，基础持力层为4号黏土层，局部软弱土部分可考虑采用桩基础。

**4. 基础设施条件**

华亭市古城区内基础设施比较完善，建设项目所需的给水、排水、供电、通信等条件均能较好地满足。

（1）给水、排水：DCQ 路、SQ 街上均有市政给水总管，从华亭市市政自来水总管引进两根进水管，可满足项目生活、经营和消防等方面的用水要求；DCQ 路、SQ 街上均有市政雨水污水总管，项目用地范围内雨水污水可直接排入市政总管，仅需在建设前办妥相关许可手续。

（2）供热、供电：供热采用城市热力管网提供 0.6MPa 的蒸汽，供热蒸汽管道已经到位。DCQ 路、SQ 街地区目前具备两路 10kV 的高压线供电条件，可满足该项目的两路供电要求。

（3）征地拆迁条件：华亭市 GT 名城宾馆东南角约 1 800m² 原教育用地，纳入这次改造扩建范围，已经初步达成土地使用权置换协议，仅需办理相关手续。

（4）交通条件：改建后的华亭市 GT 名城宾馆主入口 DCQ 路为古城区交通主干道之一，交通便捷，距市区高架道路、SJH 高速仅 43 分钟路程，可满足项目的建设和经营需要。

## 第 5 章　工程技术方案

该项目由华亭市建筑设计研究院有限公司进行规划方案设计。根据 HZ 市建筑设计研究院有限公司 201×年××月完成的《华亭市 GT 名城宾馆修改方案》和工程实际，对该项目工程建设方案做如下概述。

### 5.1　总平面布局

**1. 设计依据**

（1）业主提供的设计任务书。

（2）华亭市规划局 201×年××月××日 "名城宾馆改扩建工程专家咨询会议纪要"。

（3）华亭市规划局 201×年×月××日提供的建设项目设计意见书（201×设字×××号）及选字×××号用地红线电子文件（201×年××月×日）。

（4）华亭市园林和绿化管理局 201×年×月××日 "关于对华亭市名城宾馆修改方案的审查意见（园林绿化）"。

（5）华亭市园林局 201×年×月×日提供的 "名城宾馆古树名木一览表"。

（6）《旅游饭店星级的划分与评定》(GB/T 14308—2003)。

（7）有关设计规范。

**2. 设计原则**

地处华亭市古城二级保护区的名城宾馆，历史上作为政府对外接待的窗口，接待过国内外众多的政府首脑和社会名流，享有 "国宾馆" 之誉。园内树茂竹秀，蝉鸣雀飞，粉墙漏窗，廊桥迂回，自然景观优美、人文资源丰厚，其中江南园林珍品 "明轩" 和民国一代枭雄之妻在华亭市的寓所 "LX 阁" 极富特色。

宾馆所在区域位置优越，与 ZZ 园、WS 园、CL 亭等园林名胜毗邻，北大门面临旅游文化一条街，东大门开向华亭市美食一条街，占尽天时、地利、人和，对宾馆未来发展极为有利。该项目力求延续历史文脉，保留相关的人文资源；按园林局提供的古树名木一览表，全部保留古树名木，并尽量少动已成气候的大树乔木；将通过建筑空间组合，使宾馆的空间尺度得到最大限度的延续，以尽显其 "花园+家园" 的园林特色。

根据 "建设项目设计意见书"，沿 DCQ 路退红线 6m，南侧退红线 3m，西侧退 4m，北侧退 SQ 街红线 4m，东北角厨房北墙退红线大于檐高 1/2h 日照间距进行建设。通过整合总体功能布局的改扩建设计，将展示人文关怀，使富有历史积淀的宾馆重焕生机，建设成为集园林环境、历史积淀、现代气息、文化氛围、优质服务与独特体验为一体的 "家外之家"。

### 3. 总平面布置和功能要求

在充分听取业主及专家意见后，结合古树名木保护方案，采用分散法布局，拆除了保存价值不大、立面造型不佳的"香趣楼"；结合所有需保留的主要建筑及园林环境，注重园林水系的应用及大小空间的渗透，以勾起人们对往日名城的回忆。具体特点包括以下几个方面。

（1）新旧建筑纳入整体统一布局：保留明轩、WZ谊宫、LX阁、GM楼及地道，拆除香趣楼，使之融入整体环境；保留22棵古树名木，建筑布局精心避让成片乔冠木，尽力减少建筑物对现有园林环境的破坏。

（2）园林式布局：各功能区块清晰，便于识别与管理，互不相扰。①主入口设于东门，位于DCQ路；新建客房分为东区、西区、北区（部长楼），其中，东区包括总台大堂和西式餐厅。②部长楼设于相对独立的北区，与GM楼改造结合，功能上可与WZ谊宫的总统套房取得较为便捷的联系。③会议、餐饮（包括宴会、零点厅、雅间）、康健休闲、办公培训楼均设于基地中部以北，可兼向社会独立开放；设备机房及洗衣房设于该区域的地下室内，管线及服务均较为便利。④东侧DCQ边的茶楼与东区客房、东大门统一设计，沿SQ街新建商铺与现有商铺可做统一的立面改造。⑤在GM楼东侧做三层机械停车，车位为38个，加上地面停车位45个，共83个，满足规划的停车要求。

（3）充分听取专家咨询会的意见，并根据规划局"建设项目设计意见书"，保持华亭市特色的仿古建筑风格，以求与旧城区传统风格相融合，力求简洁、雅致、通透，对各区块的立面进行优化更显尊贵、更具华亭市园林的特色，使之既符合现代园林式宾馆的特点，又体现华亭市古城的传统特色，与现有街景及保留建筑协调。

### 4. 规划设计主要技术经济指标

（1）用地面积：42 753m$^2$。

（2）总建筑面积：29 217m$^2$（新建客房133间，保留36间，总客房数233间）。其中，地下建筑面积3 032m$^2$；地上面积26 185m$^2$（含保留WZ谊宫、LX阁、GM楼）。

① 客房部：15 362m$^2$。

东区客房：6 946m$^2$（119间）。西区客房：4 356m$^2$（66间）。

大堂及附楼、西餐厅：3 157m$^2$。部长楼：903m$^2$（12间）。

② 会议、餐饮：4 291m$^2$（雅间14间）。

③ 康健休闲：1 786m$^2$。

④ 办公培训：1 197m$^2$。

⑤ 后勤用房：160m$^2$。

⑥ 东部沿街商业东大门：456m$^2$。

⑦ 保留建筑：2 933m$^2$（客房数共36间）。其中，WZ谊宫1 346m$^2$（10间）；LX阁1 331m$^2$（26间）；GM楼256m$^2$。

（3）容积率：0.61（含保留建筑）。

（4）建筑占地面积：12 830m$^2$（含保留建筑）。

（5）建筑密度：30%（含保留建筑）。

（6）绿地面积（包括水面、不包括建筑周边15m范围）：12 826m$^2$。

（7）绿地率：30%。

（8）机动车位：83辆。其中，机械停车38辆，地面45辆（含2辆大巴车位）。

#### 5.2 建筑与结构方案

##### 1. 建筑设计

（1）艺术与风格。名城宾馆内自然景观优美，人文资源丰厚。新建建筑采用华亭市特色的仿古建筑风格，以求与旧城区传统风格相融合。手法简洁现代，以便与保留建筑风格的衔接，大堂、会议等公建采用较多玻璃外墙，使室内外空间相互渗透，充分利用名城优越的环境条件。

（2）建筑特征与建筑功能。

① 客房。基本开间 4.2m，进深 8.4m，层高 3.3m，走道净宽 1.9m，并布置有可观景的休息会客区。超过 70% 的新建客房的面积（不含卫生间及门廊）不小于 20m²，满足最新的旅游宾馆星级评定标准要求。部分客房的卫生间配有淋浴间，以提高客房档次，可作为宾馆内高档景观房。

② 大堂。大堂与东区客房围合成三个小院落，有水有廊，其中一个院落围绕保留大树，以玻璃屋顶覆盖，内设西式餐厅，成为东区一大景观，商务房设在东区客房西边一层，大堂西侧设一附楼，内设鲜花店和美容美发店。

③ 会议与餐饮。此区域设有中小会议室数间，大会议室兼多功能厅一间，商务中心一处，共计面积约 4 291m²，零点餐厅 226m²，雅间为 14 间；餐饮部临水而建，专用停车泊位 6 个。

④ 健康休闲。一层设有 10m×20m 泳池一个，二层为健身房、美容室、台球室、乒乓球室及舞厅。

⑤ 培训。办公培训楼的一、二层为培训中心及员工理发美容和办公室，三层为活动室，四层设计算机房，地下一层设库房、自行车库及员工更衣存衣间，员工餐厅设于餐饮部的地下。

⑥ 消防中心。保安监控及消控中心位于东入口大门旁。

⑦ 立面形式与剖面高度。采用华亭市特色的仿古建筑风格，以求与旧城区传统风格相融合。手法简洁现代，大堂、会议等公建采用较多玻璃外墙，使室内外空间相互渗透。

最高层数 4 层，客房区层高在 3.9～4.5m，檐高基本不超过 10m，沿 DCQ 路局部 13.9m，屋脊高度 18m；客房檐高在 10～15m，沿 DCQ 路局部 17.8m；地下室埋深 5.05m，层高 5.50m。

2. 结构设计

（1）设计规范规程标准如表 16-14 所示。

表 16-14　设计规范规程标准

| 规范规程名称 | 标准号 |
| --- | --- |
| 建筑结构荷载规范 | GB 50009—2001 |
| 混凝土结构设计规范 | GB 50010—2002 |
| 建筑地基基础设计规范 | GB 50007—2002 |
| 建筑抗震设计规范 | GB 50011—2001 |
| 砌体结构设计规范 | GB 50003—2001 |

（2）设计要求。①基本风压：0.45kN/m²。②基本雪压：0.40kN/m²。③地震基本烈度：抗震设防烈度为 6 度，设计基本地震加速度值为 0.05g。④建筑安全等级：二级。⑤结构设计使用年限：50 年。

（3）结构楼面使用荷载标准值如表 16-15 所示。

表 16-15　结构楼面使用荷载标准值

| 项目名称 | 荷载标准 | 单位 |
| --- | --- | --- |
| 楼梯、走廊、门厅 | 25 | N/m² |
| 议室、餐厅、食堂 | 25 | |
| 客房、办公 | 2.0 | |
| 活动中心、健身房 | 4.0 | k |
| 餐厅的厨房 | 4.0 | |
| 上人屋面 | 2.0 | kN/m² |
| 不上人屋面 | 0.5 | |

（4）材料。

① 混凝土。主要结构构件（柱、墙、梁、板）：C30～C20。通用构件：圈梁、过梁、构造柱采用C20。基础垫层：C15S混凝土（用于自防水混凝土底板下），其余均为C10。

② 钢筋：I级钢（HPB235）"Φ"，II级钢（HRB335）"Φ"；型钢、钢板、螺栓等采用Q235钢。焊条：I级钢采用E43型焊条，II级钢采用E50型焊条。

③ 砂浆。地面以下墙体采用MU10烧结普通砖，M5水泥砂浆砌筑；地面以上外墙、楼梯间墙、分户墙及厕所、厨房间的120厚隔墙采用（KP1型）MU10烧结多孔砖，M5混合砂浆砌筑；其余填充墙均采用加气混凝土砌块或黏土空心砖等轻质隔墙。

（5）其他。该工程由会议、餐饮、客房、部长楼、康健休闲、办公培训等部分组成，为2～4层园林式建筑。会议餐饮办公部分设一层地下室，作为自行车库、库房、设备机房及职工餐厅使用。结构均采用现浇钢筋混凝土框架结构体系，并通过设置沉降缝、伸缩缝和施工后浇带解决不均匀沉降和混凝土的收缩问题。拟建二层会议中心西侧部分需跨越保留地道，柱子和基础避开地道设置。

参照原有的工程地质勘察报告，基础形式拟考虑采用柱下独立基础。墙下条形基础和地下室筏板基础的天然地基方案，基础持力层为4号黏土层，局部软弱土部分可考虑采用桩基础。

### 5.3 公用配套工程

**1. 给排水工程**

（1）设计依据。①建筑等专业提供的设计方案；②国家有关的设计规范。

（2）设计范围。红线范围内的生活给水、消防给水、生活排水、雨水排水等。

（3）系统设计。

① 给水设计。

A. 水源：以城市自来水为水源，供区块内生活、消防用水。

B. 设计水量：该工程最高日用水量717t（其中最高日生活用水量312t，最大时用水量65t）（见表16-16）。

表16-16 项目用水量

| 编号 | 用水单位 | 用水定额 | 小时变化系数 $K_h$ | 用水时间 $T_h$/h | 最高日用水量/$m^3/d$ | 最大时用水量/$m^3/d$ |
|---|---|---|---|---|---|---|
| 1 | 客房 | 400L/床·d | 2 | 24 | 186.4 | 15.5 |
| 2 | 餐饮 | 40L/人餐 | 1.5 | 12 | 96 | 12 |
| 3 | 客房员工 | 100L/人·d | 2 | 24 | 6 | 0.5 |
| 4 | 员工宿舍 | 150L/人·d | 2.5 | 24 | 15 | 1.56 |
| 5 | 健康中心 | 30L/人次 | 1.5 | 12 | 6 | 0.75 |
| 6 | 商场 | 5L/$m^2$·d | 1.5 | 12 | 2.3 | 0.29 |
| 7 | 冷却塔补水 | | | | 288 | 12 |
| 8 | 游泳池补水 | | | | 24 | 2 |
| 9 | 绿化 | 2L/$m^2$·d | | | 28.5 | 14.3 |
| 10 | 小计 | | | | 652.2 | 58.9 |
|  | 未预见水量 | | | | 65.2 | 5.9 |
| 11 | 合计 | | | | 717 | 65 |

C. 给水方式：区域自区块东侧DCQ路市政给水管引入一根DN150进水管，供给游泳池、水景水池和冷却塔补水、生活水池和消防水池补水。其余生活用水由全自动变频恒压供水设备统一加压后供给，生活水泵自70t不锈钢生活水箱吸水，水箱设于地下室水泵房。

② 热水设计。本工程客房、餐饮等需供应热水，设计小时耗热量为$1\,125×10^3$W，采用2台RV-04-8容积式热交换器供应热水，蒸汽耗量（表压0.3MPa）1 857kg/h，容积式热交换器冷水

来自变频泵供水。

③ 排水设计。

A. 室外排水：采用雨水、污水分流制。污水量按最高生活用水量的85%计，为265m³/d，生活污水经化粪池处理，厨房含油废水经隔油池处理后和生活废水一起经管道汇集后排入市政污水检查井。

B. 室内排水：雨水、生活污水和生活废水分流排至室外。屋面雨水采用有组织排水，地下室集水坑排水设潜污泵提升排出。

④ 循环冷却水系统区域内各建筑物设中央空调，循环冷却水量600m³/h，选用冷却塔、循环水泵以满足冷冻机组要求。冷却水补水按2%计，补水采用自来水，补至冷却塔集水盘。

⑤ 游泳池设计。该工程设有室内游泳池，容积360t，游泳池采用过滤、循环、加热、消毒的循环净化处理系统，补水来自自来水，游泳池水需加热，初次加热时间取48h，采用2台RV-04-5容积式热交换器供应热水。

⑥ 消防设计。

A. 消防用水量：根据《建筑设计防火规范》，该工程消防用水量按最大一幢建筑物计，室外消火栓用水量为20L/S，室内消火栓用水量为15L/S，自动喷淋用水量为21L/S；火灾延续时间室内外消火栓用水为2h，自动喷淋用水为1h。

B. 消火栓系统：各建筑室内设置消火栓系统，室内外消火栓统一加压，和生活管网分开，区域布置成DN150环状管网，布置室外地上式消火栓。消火栓初期用水由屋顶水箱供给，后期由消火栓泵抽消防水池水加压供给。

C. 自动喷淋系统：在各建筑物内设湿式自动喷淋系统，自动喷淋系统按中危险Ⅰ级设计，自动喷淋系统统一加压。

D. 消防构筑物：室内消火栓加压泵、自动喷淋加压泵和消防水池统一设置，均设于设备用房。消防水池有效容积为270m³，贮存室内外消防用水（扣除火灾延续时间内补水量60m³），在最高一幢建筑物的屋顶设18m³消防水箱以供火灾初期用水。

E. 各建筑物室内根据规范设置手提式磷酸铵盐干粉灭火器。

（4）环保。

① 污水处理：该工程主要污水为生活排水，包括生活污水和生活废水，污水量为265m³/d，生活污水经化粪池处理，厨房含油废水经隔油池处理后和生活废水一起经管道汇集后排入市政污水检查井，由市政将污水纳入污水处理厂集中处理。

② 噪声控制：该工程噪声主要来自各类水泵和冷却塔，设计将泵房设于地下室，泵房墙壁做消音措施，选用低噪声水泵，水泵做隔振基础，水泵进、出水口安装橡胶软接头和弹性吊架，以减小噪声和振动。冷却塔选用超低噪声冷却塔，冷却塔位于办公用房屋面。

## 2. 暖通工程

（1）设计依据。

① 建设单位相关文件。

② 国家现行设计规范和设计标准（见表16-17）。

表16-17 国家现行设计规范和设计标准

| 设计规范名称 | 标准号 | 设计规范名称 | 标准号 |
| --- | --- | --- | --- |
| 采暖通风与空气调节设计规范 | GBJ19—87 | 民用建筑热工设计规范 | GB 50176—93 |
| 建筑设计防火规范 | GBJ16—87 | 民用建筑隔声减噪设计规范 | GB 118—88 |
| 汽车库、修车库、停车场设计防火规范 | GB 50067—97 | 工业企业噪声控制设计规范 | GB 87—85 |
| 民用建筑节能设计标准 | JGJ 26—95 | 城市区域环境噪声标准 | GB 3096—2008 |

（2）设计范围及工程概况。① 制冷机房设计；② 客房、餐饮、娱乐、会议中心的空调通风设计；③ 防排烟设计；④ 地下设备用房的通风设计；⑤ 动力设计。

（3）室外设计参数。① 夏季干球温度××℃；② 湿球温度××℃；③ 日平均温度××℃；④ 冬季干球温度-×℃；⑤ 相对湿度××%；⑥ 通风干球温度××℃。

（4）空调冷热源及水系统。

① 经估算建筑物总负荷为夏季总冷量×××kW；冬季总热量×××kW。

② 空调冷热源。冷冻机房设于地下设备用房内，设计拟采用共配置三台制冷机组，一台单工况螺杆机组，两台双工况螺杆机组，每台机组的冷量为90万大卡，夜间蓄冰，白天放冷。冬季则通过两台板式汽—水热交换器，产生50℃~60℃的热水供冬季采暖。

③ 空调水系统。A. 空调水系统根据用户使用特性采用M级泵系统，一级泵与冷水机组对应设置，为定流量运行，二级泵则为变流量运行。B. 根据建筑物各空调场所使用特点，空调水系统分为多路，利于调节。C. 空调水系统异程布置，各层空调干管均设置流量平衡阀，以确保空调循环水量满足设计要求。D. 为使水质稳定，进入每台水泵前的管道上设置物理水处理装置。

（5）空调风系统。① 餐饮、娱乐、会议中心等大空间采用全空气低速送风系统，气流组织为顶送顶回。② 客房等小空间用房则采用风机盘管加新风系统的空调方式，新鲜空气经新风空调器处理后送入室内，新风空调器分层分区设置。

（6）通风设计。① 设备用房均设机械送排风系统，换气次数为6~10次/h，以排除废气、废热。② 厨房油烟经油烟过滤器过滤后至屋顶排放。③ 卫生间设置排风扇，废气排入井道至屋顶排入大气。

（7）动力设计。热源采用城市热网，管网提供0.6MPa的蒸汽供空调、卫浴等用热设备，根据估算最大蒸汽耗量约为7t/h。

（8）防排烟系统设计。① 空调通风系统的风管、保温材料、消声设备均采用不燃材料。② 风管穿越防火墙和其他房间处，均设70℃防火阀。

（9）环保与节能。① 厨房油烟气经油烟过滤器过滤后至屋顶排放。② 空调冷水机组采用离心式冷水机组，有效节能，冷媒为HCFC—123，对大气臭氧层无破坏作用。③ 所有空调通风设备，均选用低噪声型，送回风管上均设消声器，设备基础均设减震装置，吊装设备均设减震吊架。④ 所有空调末端设备均设电动二通阀，控制冷热水流量。实施最小阻力VWV控制（根据水阀开度调节水泵转速设定值），最大限度地节能。⑤ 冷冻机房、空调、通风机房、锅炉房墙面吸声处理。

（10）材料。① 所有通风、空调风管均采用镀锌钢板制作，厚度按国标。② 空调冷热水管采用橡塑保温材料。③ 空调水管直径≤50mm，采用镀锌钢管；直径>50mm采用无缝钢管镀锌二次安装，室外埋地空调水管、蒸汽管均采用带保温的直埋管道。

### 3. 电气工程

（1）强电设计说明。

① 设计依据。A. 该工程各种批准文件见总说明；B. 国家及地方各种有关的设计规范、标准；C. 其他专业提供的方案。

② 设计范围。根据有关设计文件规范，该工程电气设计包括如下内容：A. 供配电设计；B. 电力设计；C. 电气照明设计；D. 自动控制与自动调节；E. 建筑物防雷与接地保护。

（2）负荷性质和供电要求。该工程为大型高档宾馆项目，总建筑面积约29 217m$^2$（其中地下面积约3 032m$^2$），为多层建筑，其保安型负荷（消防水泵、正压风机及排烟风机、疏散应急照明、消控系统等）属一级负荷；保障性负荷（宴会厅电声，新闻摄像、录像电源，宴会厅、餐厅、娱乐厅、高级客房、康乐设施、厨房及主要通道照明，地下室污水泵、雨水泵电力，厨房部分电力，部分客梯电力等）属一级负荷，拟要求电力部门提供二路 10kV 高压电源（二路电源分别引自上一级不同的区域变电站），平时各承担 50% 负荷，当其中一路故障时，另一路负担全部负荷。特别重要负荷（如经营管理及设备管理用计算机系统电源），配置 UPS 电源。计量采用高供高计方式。

（3）负荷估算及变压器选择。该工程系全中央空调大楼，根据功能要求，用电容量平均按每平方米 100W 设计。估算配置变压器，总用电负荷约为 29 217W，设置 2 台 1 600KVA 变压器。变压器按照明、动力负荷分开供电，变压器低压侧单母线分段，分段母线之间设联络开关，手动切换。采用低压电容器变电所集中补偿方式，功率因数补偿到 0.9 以上。

（4）变配电所。变电所设在地下室设备房，抬高地面，做好防水措施，采用组合变电站形式，变压器选用干式变压器，高压开关柜和低压配电屏均采用无油开关，以利于消防安全。低压接地保护采用 TN-S 系统。

（5）电力设计。

① 电源电压和配电系统：该工程内全部为低压设备，电源从相关低压配电屏引来，电压为 380/220V，系统采用三相四线制+PE 线制，配电系统一般为放射式，或者树干式和混合式，消防设备、电梯、水泵、事故照明等重要负荷均为两回路低压供电，末端自动切换，备用电源自投自复。

② 导线选择：一般动力电源线选用阻燃型电力电缆，消防设备和重要设备电源线的控制线选用耐火型电线电缆或防火电缆。

③ 接地保护采用 TN-S 系统。

（6）电气照明设计。

① 照明电源：该工程照明灯具均为单相 220V 电源，照明电源引自低压配电屏各照明出线回路，配电方式为树干式。

② 光源和灯具选择：该工程按各功能区域要求运用灯具，主要以荧光灯、建筑筒灯、花式顶灯为主，灯具一般选用标准灯具，照度按国家标准要求。

③ 导线选择：一般照明电源线选用阻燃型电力电缆，事故照明电源线和控制线选用耐火电线电缆。

（7）建筑物防雷与接地。该工程按二类防雷建筑要求设置防雷措施。

**4．智能化系统**

（1）火灾自动报警及联动控制系统。

① 该工程属一类建筑，按一级保护对象要求采用总体保护方式。消防控制中心设在一层。

② 按一类保护对象要求设置火灾自动报警信号源，包括不同地址编码烟、温感控测器及手动报警按钮。

③ 设置火灾紧急广播系统。

④ 设置消防对讲系统。

⑤ 消防中心能接收所有火灾报警信号，并能对所有消防设备进行联动控制和手动控制；如控制消火栓泵、喷淋泵、排烟风机、正压风机、消防电梯、应急照明、紧急广播等，在火警时自动切除非消防电源，将电梯迫降至底层等，消防中心还设有直通市消防队的专线电话。

（2）结合现代智能建筑的要求，该工程弱电专业设计包括电话系统、闭路电视系统、计算机网络系统、PDS 综合布线系统、背景音响系统、保安监控系统、楼宇自动化管理系统、楼内移动电话通信覆盖系统。

① 电话系统。A. 电话系统主要完成对大楼内语音、数据、图像进行交换及传输，实现本地和远距离的多媒体综合业务通信，为大楼的通信自动化和办公自动化服务。B. 该工程电话系统包括直线电话管线系统和内部综合业务交换系统。C. 直线电话管线系统主要包括来自市话网的直线、

中继线、专线、传真线路。D. 内部综合业务交换系统主要包括内部程控电话交换机系统、电子语音/传真信箱系统等。E. 电话终端位置及数量由业主与专业承包公司商定，布线纳入综合布线系统。

② 闭路电视系统。该工程主要考虑楼内办公室、会议室、客房等用房设置电视插座。网络采用分支分配传输方式水平传输。用户端输出口电平要求 70.5dB。

③ 计算机网络系统。计算机网络系统作为大厦智能化管理系统实现的软、硬件平台，包括计算机网络设备、服务器、操作系统软件和相关的数据库软件等。

④ PDS 综合布线系统。A. 结构化综合布线系统是物理载体，为大厦内计算机网络系统、语音通信系统等系统提供统一、高质量的传输线路，并考虑对将来的扩充以及新系统的应用。B. 工作区信息点位的布置可以根据平面图上房间的功能进行设计。C. 水平布线区，语音信息传输采用非屏蔽双绞线传输，计算机信息部分采用铜缆结合光纤到桌面传输；垂直主干区，语音信息主干采用大对数非屏蔽双绞线，计算机信息主干采用 6 芯多模光纤。

⑤ 背景音响系统。A. 广播音响系统采用平时播放背景音乐以掩盖现场噪声，缓解人们的精神压力，创造良好的环境氛围，可用于业务广播、会议广播和播放通知等。在发生火灾等紧急事件时，可与消防系统联动，构成紧急广播系统，实现火灾和紧急事故广播。B. 扬声器主要设置在各层的走廊、商场、电梯厅等公共区域。C. 机房设于消控机房。

⑥ 保安监控系统。A. 在主要出入口、电梯轿厢内、大厅、车库及重要场所可设置固定式摄像头和红外报警探头。B. 设监控中心，内置主控制器、主监视器、录像机和若干监视器，如果有统一的控制中心（包括 BAS 控制台等），则设在控制中心内。C. 设巡更对讲系统，在建筑物内各层或特定的某几层设置巡更卡，警卫人员可与监控中心进行对讲。

⑦ 楼宇自动化管理系统（BAS）。A. BAS 主要是为了提高设备利用率、节省能源、节省人力、确保设备安全运行。B. 整个系统采用分散监控，集中管理——集散型控制系统，在控制中心设立中央主机，对建筑物内设备的运行、安全状况、能源使用状况及节能实行综合自动监测、控制与管理。其子系统包括制冷系统、空气调节系统（根据室内外温差调节空调，根据二氧化碳浓度调节新风，根据湿度控制电加湿系统等）、通风系统、排污系统、公共照明系统。

⑧ 楼内移动电话通信覆盖系统。建议考虑设置楼内移动电话通信覆盖系统（楼层、电梯轿厢），使用频率包括中国电信和中国联通等，具体由移动公司投资承做。

### 5. 消防工程

（1）消防车流线。主次干道在基地内四通八达，可用于消防车通行，转弯半径达 9m。对于明轩东侧局部宽度小于 4m 处，拟在施工时对门洞进行改造，以确保消防车通行无阻。对于院落式布局的东区、西区客房，均设有消防车通道，消防车可进入内院操作。北侧保留员工通道兼做会议餐饮建筑群的消防车入口，在道路尽端，利用厨房后院作 12m×12m 消防车回车场地。

（2）消防设计。

① 消防用水量。根据《建筑设计防火规范》，该工程消用水量按最大一幢建筑物计，室外消火栓用水量为 20L/S，室内消火栓用水量为 15L/S，自动喷淋用水量为 21L/S；火灾延续时间室内外消火栓用水为 2h，自动喷淋用水为 1h。

② 消火栓系统。各建筑室内设置消火栓系统，室内外消火栓统一加压，和生活管网分开，区域布置成 DN150 环状管网，布置室外地上式消火栓。消火栓初期用水由屋顶水箱供给，后期由消火栓泵抽消防水池水加压供给。

③ 自动喷淋系统。按规范，在各建筑物内设湿式自动喷淋系统，自动喷淋系统按中危险 I 级设计，自动喷淋系统统一加压。

④ 消防构筑物。室内消火栓加压泵、自动喷淋加压泵和消防水池统一设置，均设于设备用房。消防水池有效容积 270m$^3$，贮存室内外消防用水（扣除火灾延续时间内补水量 60m$^3$），在最高一幢建筑物的屋顶设 18m$^3$ 消防水箱以供火灾初期用水。

⑤ 各建筑物室内根据规范设置手提式磷酸铵盐干粉灭火器。

（3）火灾自动报警及联动控制系统。

① 该工程属一类建筑，按一级保护对象要求采用总体保护方式。消防控制中心设在一层。

② 按一类保护对象要求设置火灾自动报警信号源，包括不同地址编码的烟、温感控测器及手动报警按钮。

③ 设置火灾紧急广播系统。

④ 设置消防对讲系统。

⑤ 消防中心能接收所有火灾报警信号，并能对所有消防设备进行联动控制和手动控制；如控制消火栓泵、喷淋泵、排烟风机、正压风机、消防电梯、应急照明、紧急广播等，在火警时自动切除非消防电源，将电梯迫降至底层等，消防中心还设有直通市消防队的专线电话。

**6. 燃气、供热工程**

燃气气源接自市政燃气管道，主要供厨房使用。蒸汽汽源直接接自城市热网，主要供空调、卫浴等用热设备使用。

## 第6章 环境保护、节能与劳动安全

### 6.1 环境保护

**1. 环境保护标准**

根据《中华人民共和国环境保护法》等有关法规，在项目实施过程中对排出的污染物应采取必要的措施，使之达到国家规定的标准。该项目环境保护工作接受华亭市环保部门的监督。

**2. 环境影响初步分析**

该项目在建设期间，各项施工活动、运输将不可避免地产生废气、粉尘、废水、噪声、固体废弃物等，会对周围的环境产生一定的影响。建设期产生污染的环节主要是地基打桩平整、配制混凝土及水泥砂浆、土建施工和设备安装调试等。主要污染物质是施工人员生活污水、施工废水、作业粉尘、固体废弃物以及施工机械排放的烟尘和噪声等，其中以施工噪声和粉尘的影响最为突出。

项目建成投入使用后，主要是宾馆餐饮部门产生的生活固体废物和生活污水所带来的影响，客房的生活垃圾，以及空调、水泵等设备使用所产生的污染。主要污染物质是生活废物和废水等垃圾、厨房油烟及机械噪声等。

**3. 项目环境保护措施**

（1）施工期环境保护措施。该项目施工过程中采取相应措施将施工现场的各种粉尘、废气、废水、固体废弃物、振动、噪声等污染和危害控制在法律、法规及施工管理规定的范围内。

① 施工噪声。为了减轻施工噪声对周围环境的影响，建议采取以下措施：A. 加强施工管理，合理安排施工作业时间，严格按照施工噪声管理的有关规定执行。合理安排施工时间和进程，尽量与周边单位和人群的活动交错开。B. 尽量采用低噪声的施工工具，如以液压工具代替气压工具，同时尽可能采用施工噪声低的施工方法。C. 施工机械应尽可能放置于对周围敏感点造成影响最小的地点。D. 在高噪声设备周围设置掩蔽物。E. 混凝土需要连续浇灌作业前，应做好各项准备工作，将搅拌机运行时间压到最低限度。

除上述施工机械产生的噪声外，施工过程中各种运输车辆的运行，还将会引起敏感点噪声级的增加。因此，应加强对运输车辆的管理，尽量压缩汽车数量和行车密度，控制汽车鸣笛，并采取时间管制措施。

② 施工粉尘。施工期间产生的粉尘（扬尘）污染主要取决于施工作业方式、材料的堆放及风力因素，其中受风力因素的影响最大。随着风速的增大，施工扬尘产生的污染程度和超标范围也将随之增强和扩大。

因本工程施工期较长，伴随着土方的挖掘、装卸和运输等施工活动，其扬尘将给附近的大气环境带来不利影响。因此必须采取合理可行的控制措施，尽量降低其污染程度，缩小其影响范围。其主要对策有：A. 对施工现场实行合理化管理，使砂石料统一堆放，水泥应设专门库房堆放，并尽量减少搬运环节，搬运时做到轻举轻放，防止包装破裂。B. 开挖时，对作业面和土堆适当喷水，使其保持一定湿度，以减少扬尘量。而且开挖的泥土和建筑垃圾要及时运走，以防长期堆放表面干燥而起尘或被雨水冲刷。C. 运输车辆应完好，不应装载过满，并尽量采取遮盖、密闭措施，减少沿途抛撒，并及时清扫散落在地面上的泥土和建筑材料，冲洗轮胎，定时洒水压尘，以减少运输过程中的扬尘。D. 应首选使用商品混凝土，如果必须进行现场搅拌砂浆、混凝土时，应尽量做到不撒、不漏、不剩、不倒；混凝土搅拌应设置在棚内，搅拌时要有喷雾降尘措施。E. 施工现场要设围栏或部分围栏，缩小施工扬尘扩散范围。F. 当风速过大时，应停止施工作业，并对堆存的砂粉等建筑材料采取遮盖措施。G. 对排烟大的施工机械安装消烟装置，以减轻对大气环境的污染。

③ 施工污水。施工污水水量不大，但如果不经处理或处理不当，同样会危害环境，所以，施工期废水不能随意直排。其防治措施主要有：A. 加强施工期管理，针对施工期污水产生过程不连续、废水种类较单一等特点，可采取相应措施有效控制污水中污染物的产生量。B. 施工现场因地制宜，建造沉淀池、隔油池等污水临时处理设施，对含油量高的施工机械冲洗水或悬浮物含量高的其他施工废水需经处理后方可排放，砂浆、石灰等废液宜集中处理，干燥后与固体废弃物一起处置。C. 水泥、黄沙、石灰类的建筑材料需集中堆放，并采取一定的防雨措施，及时清扫施工运输过程中抛撒的上述建筑材料，以免这些物质随雨水冲刷污染附近水体。

④ 建筑垃圾。施工期间将涉及土地开挖、管道敷设、材料运输、基础工程、房屋建筑等工程，在此期间将有一定数量的废弃建筑材料（如砂石、石灰、混凝土、废砖、土石方等）。因此对施工现场要及时进行清理，建筑垃圾及时清运，按城管要求定时运送到指定地点或加以利用，防止其因长期堆放而产生扬尘。

（2）运营期环境保护措施。项目在建筑设计及设备选用时应考虑能降低其运营环境影响的方案，投入使用后，也应注重环境保护措施的实施。

① 污水。该项目室内、室外均采用雨水污水分流制排水系统。宾馆的正常运营将带来大量的污水，污水经污水支管收集后，汇入主干管，再通过地块周边道路下的市政污水管排入城市污水处理厂进行处理。雨水通过项目区域内雨水管收集后直接排入市政雨水管。一般生活污水经化粪池处理后排入污水管；餐饮部门产生的污水及设备运转的冷却水及洗涤用水含有一定的油污，需经隔油池初步处理后才能排入污水管。

② 固体废弃物。宾馆餐饮部门和客房将产生一定数量的生活固体垃圾，尤其是餐饮部分将产生一定的厨房垃圾，如不及时进行清运处理，则会腐烂变质，滋生蚊虫苍蝇，产生恶臭，传染疾病，从而对周围环境和人员健康带来不利影响。所以运营期间对生活垃圾要进行分类收集，集中堆放，由后勤部门及时统一送到垃圾处理站进行合理处置，严禁乱堆乱扔，防止产生二次污染。

③ 噪声。该项目噪声主要来源于水泵、空调及振动大的设备等。因此水泵应采用低转速泵，冷却塔采用低噪声型，所有空调风道采用吸声超级风管，振动较大的设备基座及管道均设减震

装置。有噪声的设备用房内墙和顶棚均做隔声吸音处理,从而最大限度地降低机械噪声。汽车噪声执行当地有关机动车辆管理规定,项目建设中采用优化的机动车流组织,通过一定区域划分或设置隔音屏障减少交通噪声对宾馆的影响,并限制车辆在项目区域内鸣笛,最大限度地降低交通噪声。

④ 废气。项目产生的废气主要是餐饮厨房油烟,含食物烹调、加工过程中挥发的油脂、有机质及其加热分解或裂解产物。该项目厨房加工间必须安装油烟净化设施,并保证操作期间按要求运行,油烟最高排放浓度控制在 $2mg/m^3$;排气筒出口段的长度至少应有 4.5 倍直径(或当量直径)的平直管段;排气筒出口朝向应避开易受影响的建筑物;排烟系统应做到密封完好,禁止人为稀释排气筒中污染物浓度。

### 4. 环境影响分析结论及建议

该项目为饭店改扩建工程,属于污染因素简单、污染物种类少、毒性低的无特别环境影响的建设项目,在加强施工期及运营期的管理,严格按照有关标准执行环保措施,基本不会产生环境污染。但项目建设周期长,因此在项目运作期间,仍需请环保部门对该项目做进一步环境影响评价,以便采取更加经济合理的措施以达到对有关污染物治理的标准要求。项目竣工后,需分别经当地环保部门"三同时"验收合格后才能正式投入运行。

## 6.2 节能

### 1. 节能设计依据

(1)《民用建筑节能管理规定》。
(2)《夏热冬暖地区居住建筑节能设计标准》(JGJ ××—×××)。
(3)《民用建筑热工设计规范》(GB ××××—××)。

### 2. 节能措施

(1) 建筑。该项目将严格按国家相关规范的要求,从以下几个方面采取节能措施。

① 墙体。围护结构采用浅色外表面,可反射夏季太阳辐射热,减少外墙面吸收热量。

控制建筑物体形系数,不采用过多凹凸面;适当增加外墙保温隔热效能(外保温效果更佳),提高热阻;增加空调热惰性有利于建筑热稳定性;高效保温隔热材料设于主体结构外侧,可减缓热量进入墙体;墙内设置空气间层或通风间层也能有良好的保温隔热效果。

② 门窗。适当控制窗墙比,安排好门窗相对位置及开启方式,组织穿堂风通过;设置可调节的活动遮阳,如窗帘、百叶、热反射帘或自动卷帘等,既能在夏季减少太阳辐射热,又便于冬季日照。特别对西向、南向窗户要更加重视。

③ 屋面。由于太阳辐射强烈引起顶层房间过热,是一个十分普遍的问题,必须认真对待。该项目将增加隔热层并设架空通风层,在空气间通风层内贴热反射材料;采用斜坡屋顶,利用阁楼通风散热。

④ 材料。该项目建议使用保温隔热、隔声、隔火性能好,具有良好力学性能、使用寿命长的节能型双玻塑钢窗,提高门窗的气密性。积极推广使用保温隔热、隔声性能好的黏土多孔砖,减轻墙体自重,并有利抗震。

(2) 能源。

① 采光。尽可能充分利用自然光,保证建筑物内部有足够的日照;采用高效照明光源及灯具,室外采用节能型钠光源照明。

② 电力系统。该项目的电力系统在设计、布置时力求减少线损,合理选择负荷中心,节约电能。

通常在宾馆运行预算中，不断增长的空调能耗费用占据了宾馆营运成本的较大比例，该项目采取相应的措施，达到以相对少的耗能来保持中央空调系统的运行，注意事项为：A. 注重中央空调机组的节能选型；B. 空调系统供电线路设计；C. 中央制冷机组的运行节能。

③ 用水。该项目全部采用水冲式卫生设施，以楼层为单位计量，以节约用水，节约水资源。

该项目将按照有关节能标准进行下一阶段的设计，从建筑、热工等方面提出节能措施，这对项目的整体形象和市场形势将会产生积极的影响。

### 6.3 劳动安全

**1. 安全依据**（见表 16-18）

表 16-18　安全依据

| 序号 | 法律法规名称 | 序号 | 法律法规名称 |
| --- | --- | --- | --- |
| 1 | 中华人民共和国建筑法 | 4 | 建筑安全生产监督管理规定 |
| 2 | 中华人民共和国劳动保护法 | 5 | S省建设管理条例 |
| 3 | 中华人民共和国安全生产法 | 6 | 建设项目（工程）劳动安全卫生监察规定 |

**2. 主要危险因素和有害因素**

在项目建设及投入使用过程中存在一定危险因素及有害因素。危险因素主要有机械伤害、高处坠落、电气伤害、火灾爆炸危险等，有害因素主要有粉尘危害、噪声危害等。

（1）危险因素分析。

① 机械伤害。机械伤害主要有挤压、碰撞和撞击、接触（包括夹断、剪切、割伤和擦伤、卡住或缠住）等。在建筑施工安装及设备使用过程中，由于使用不当或意外故障可能导致对机械安装使用人员的伤害。

② 高处坠落。在建筑施工过程中，因设备安装在不同平面上，有不同形式的操作平台、地沟、升降口、坑洞及护坎。如果没有防护措施或防护措施有缺陷，工人随时都有坠落摔伤的危险。在项目建成投入使用后，若电梯或高空防护设施出现严重质量问题，将有可能引发高处坠落伤害。

③ 电气伤害。电气事故可分为触电事故、静电危害事故和电气系统故障危害事故等几种。触电事故又可分为电击和电伤两种情况，若强电源出现意外，可能引发人员电击或电伤。建筑设备系统管路可能存在着静电伤害。电气系统故障危害主要表现有线路、开关、熔断器、插座插头、照明器具、电器等均可能成为引起火灾的火源；原本不带电的物体，因电气系统发生故障而异常带电，可导致触电事故的发生，如电气设备的金属外壳由于内部绝缘不良而带电等造成触电事故。

④ 火灾爆炸危险。所建宾馆的餐厅使用燃气不当或发生意外，可造成燃气外泄与空气形成爆炸性混合气体，遇明火、高热将引起爆炸。在项目正常运营过程中，客房内各类设施和家具等均属于易燃物质，若遇明火可能引发火灾危险。

（2）有害因素分析。

① 粉尘危害。项目在建设过程中将产生施工粉尘（扬尘），若浓度高于容许浓度，施工人员将遭受粉尘的危害。

② 噪声危害。在施工及运营期间均存在不同程度的噪声污染，如打桩，混凝土浇筑，汽车发动机工作及鸣笛，泵机、空调机组、电梯等设备工作等。噪声能引起人听觉功能敏感度下降甚至造成耳聋，或引起神经衰弱、心血管疾病和消化系统等疾病，噪声还会影响信息交流，促

使误操作发生率上升。

### 3. 采取的安全措施

（1）施工期劳动安全。根据项目建设的相关法律、法规，在施工过程中，建筑安装工程安全生产管理必须坚持安全第一、预防为主的方针，建立健全安全生产责任制度和群防群治制度。

① 对施工现场的安全管理人员、特种作业人员及其施工作业人员进行安全生产培训。

② 建筑施工企业在编制施工组织设计时，应当根据建筑工程的特点制定相应的安全技术措施；对专业性较强的工程项目，应当编制专项安全施工组织设计，并采取安全技术措施。专项安全施工组织设计，必须经企业上级管理部门批准后实施，并报市建筑安全生产监督机构备案。

③ 施工现场使用的安全防护用品、电气产品、安全设施、架设机具，以及机械设备等，必须符合规定的安全技术指标，达到安全性能要求。建筑安全生产监督机构应当对其进行检查，不符合安全标准的，不得投入使用。

④ 在电梯采购过程中，电梯生产企业按国家规定已办理过注册手续；所选电梯产品必须符合国家有关标准；生产企业负责电梯的安装、调试，安装后进行质量自检，待合格后由建设行政主管部门按有关标准组织验收。

（2）运营期劳动安全。在项目运营过程中贯彻"安全第一、预防为主"的方针，确保项目实施后符合职业安全的要求，保障劳动者在劳动过程中的安全和健康，提高劳动生产率。

① 建筑物防雷、爆炸和火灾危险环境防护、电梯管理及其他危险、有害因素的防护工作，要通过工程设计、相关措施的制定和落实来保障。例如，电梯的使用需取得《电梯准用证》；使用单位必须制定电梯使用管理制度，指定专人负责管理工作，并对电梯管理、操作人员进行操作方法、注意事项和安全使用知识的上岗培训；每年需根据年检合格书、维修合同办理新一年的《电梯准用证》。

② 该项目劳动安全设计必须达到有关要求，有关设备设施需经当地劳动安全部门验收合格后才可投入使用。运营过程中，相关人员需严格按照操作规程操作各种器械，并对有关人员定期进行安全生产培训、教育，牢固树立安全第一的信念。

③ 为了解决机动车在项目区域内高速行驶的安全隐患，拟计划在内部各条主要道路上的主要路段安装限速缓冲带和交通警示、交通告示牌等。

## 第7章 建设进度计划及招标

### 7.1 项目实施进度

#### 1. 建设工期

根据该项目的特点，S省GT集团和GT名城宾馆有限公司要求工程必须在201×年年底基本结束，201×年×月投入运营，总的建设期为12个月。

#### 2. 项目实施进度安排

该项目位于华亭市古城区东南部，外部给水、供电、通信、排水、交通等基础设施条件较为完善。目前，设计单位已基本完成宾馆的方案设计，项目开工建设前，还需完成下列几项工作：①项目前期工作，包括项目可行性分析报告的审批和初步设计的完成；②宾馆东南角红线范围内的土地置换；③工程设计工作，包括扩初设计和施工图设计；④施工招投标工作，包括报建、招投标等。

#### 3. 项目实施进度表

项目实施进度如表16-19所示。

表 16-19　项目实施进度表

| 内容 | 建设期/月 ||||||||||||
|---|---|---|---|---|---|---|---|---|---|---|---|---|
| | 1 | 2 | 3 | 4 | 5 | 6 | 7 | 8 | 9 | 10 | 11 | 12 |
| 设计及准备 | — | — | — | | | | | | | | | |
| 土建工程 | | | — | — | — | — | — | | | | | |
| 设备采购 | | | | | — | — | — | — | | | | |
| 安装工程 | | | | — | | — | | — | — | — | — | — |
| 装修工程 | | | | | | — | — | — | — | — | — | — |
| 家具采购 | | | | | | | | | | | — | — |
| 营业准备 | | | | | | | | | | | — | — |

### 7.2　招标方案

**1. 编制依据**

（1）国家有关招投标的法律、法规，S省、华亭市的有关招标、投标的规章、规定。

（2）GT名城宾馆的设计方案。

（3）GT名城宾馆对工程的时间要求。

**2. 项目概况**

名城宾馆总用地面积42 753m$^2$，总建筑面积29 217m$^2$。其中，地上建筑面积26 185m$^2$，地下建筑面积3 032m$^2$。

新建建筑包括：① 客房部：15 362m$^2$。东区客房（4层）：6 946m$^2$。西区客房（3层）：4 356m$^2$。大堂及附楼、西餐厅（2层）：3 157m$^2$。部长楼（2层）：903m$^2$。② 会议、餐饮（2层，下有地下室）：4 291m$^2$。③ 康健休闲（2层，下有地下室）：1 786m$^2$。④ 办公培训（4层）：1 197m$^2$。⑤ 后勤用房：160m$^2$。⑥ 东部沼街商业东大门（2层）：456m$^2$。⑦ 地下室（1层）：3 032m$^2$。

保留建筑：2 933m$^2$。WZ谊宫：1 346m$^2$（10间）。LX阁：1 331m$^2$（26间）。GM楼：256m$^2$。

**3. 招标基本情况**

根据本工程的项目特点，该项目的设备采购、工程施工、工程监理将实行公开招标，以节约投资，保证工程质量和建设工期。

由于本工程投资巨大，建设期间名城宾馆将停止营业，因此要求尽量缩短建设周期，以减少成本。根据该项目单体较多，可以单独设计、施工的特点，该项目的施工招标将依据施工图的设计进度，采取分阶段招标（如对地下室先行单独招标），以保证工程建设按期完成，投入运营。

## 第8章　组织机构及项目管理

### 8.1　组织机构

**1. 项目建设组织**

在项目建设期间设立临时的建设办，建设办下设综合处和基建处，部门以下按工作内容再分设工作组，具体组织机构如图16-2所示。项目采用"直线职能制"的管理模式进行管理，即在建设办的领导下，各工作组负责制。

**2. 项目运营组织**

（1）组织机构。项目运营组织主要是指对S省GT名城宾馆有限公司进行有效管理的组织机构。根据其职能，拟确定运营管理机构由工会、总经办、销售部、房务部、餐饮部、财务部、后勤部、物管部共8个部门组成。组织机构情况如图16-3所示。

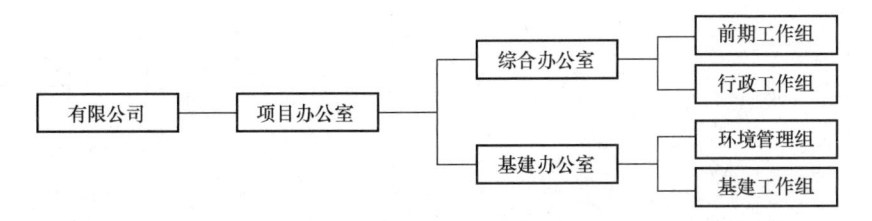

图 16-2  项目建设管理组织机构

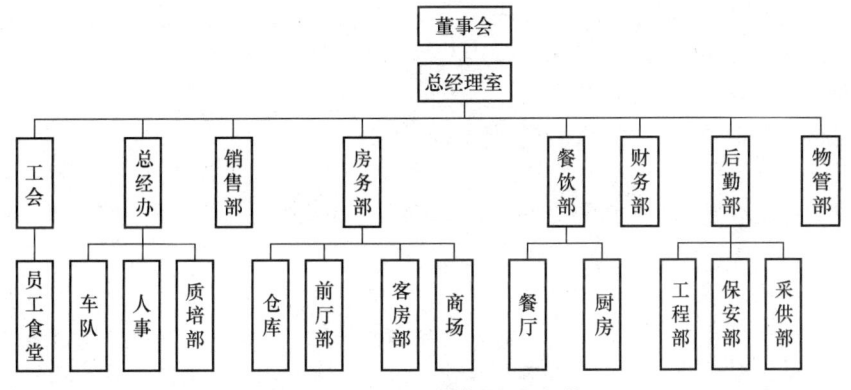

图 16-3  项目运营管理组织机构

项目各部门具有各自的分工和职能，根据宾馆实际运营情况进行相应的配置管理。部分部门职能如下。

① 房务部。房务部主要包括客房部、前厅部、商场和仓库四个部分。管理四部门日常工作，使能顺利进行；监督订房情况，预测房间出租率；决定房间出租价格，监督房间价格执行情况；检查贵宾预订房间，迎接及款待宾客；检查复核各分部的上班轮值表；及时处理住客投诉及异常请求或询问；及时处理各分部之间的分歧及问讯；与各有关部门经理联络协调各部门工作；及时将上级新规定向下级传达，监督新规定执行情况。

② 餐饮部。餐饮部为客人提供饮食服务，并接待许多重要宴会、集会、展览会等。

③ 财务部。建立并不断改进宾馆的会计制度和内部财经核销制度；处理宾馆的日常财务工作；核校宾馆的各类营业收入和开支；建立各种会计账目；制定宾馆对商业来往客户和客人的信贷政策并负责执行这些政策；管理宾馆的固定资产；负责和制定宾馆的各类预算和决算等职责。

④ 总经办。负责宾馆的人事、质量培训和车队的管理；制定宾馆的人事方针、政策，并协调各部门的管理，使其业务能够顺利开展和进行；办理员工的考核鉴定、晋升、降职、调职、离职及处分手续；管理员工的人事档案等工作。

⑤ 采供部。负责采购供应宾馆内各部门和人员及客户工作生活所需要的各类食品、材料、资料和工具等。

⑥ 工程部。负责宾馆内全部动力、照明、供水、空调、冷冻、电信、电脑、电梯等设备系统，客房、会议室、办公室内的设备，娱乐休闲设备设施，以及宾馆建筑结构等的维修保养。

⑦ 保安部。凡涉及宾馆内部人身财产安全、治安问题、交通秩序等，均应由保安部负责解决。

（2）劳动定员。该项目按四星级饭店标准建设，共设置233间客房。根据宾馆规模初步测算宾馆劳动定员，共配置342人。该项目除原单位174人外，将从社会上公开招聘168人，通过考核择优录取，并一律实行劳动合同制。员工上岗前统一培训。该公司有关员工的辞退、报酬、福利、劳动保护、劳动保险等事项，依照国家有关法律通过订立合同加以规定。具体岗位定员如表16-20所示。

表 16-20　公司人员岗位定员

| 序号 | 1 | 2 | 3 | 4 | 5 | 6 | 7 | 8 | 9 | 10 |
|---|---|---|---|---|---|---|---|---|---|---|
| 部门 | 总经理室 | 总经办 | 财务部 | 销售部 | 物管部 | 房务部 | 餐饮部 | 后勤部 | 员工食堂 | 合计 |
| 人数/人 | 5 | 10 | 8 | 6 | 10 | 106 | 133 | 56 | 8 | 342 |

### 8.2　项目管理

#### 1. 项目建设管理

该项目的核心目标是由合同界定的质量目标、工期目标、投资目标，因此，建设管理的内容相应包括质量控制、进度控制、投资控制、合同管理及协调各方关系等。在项目建设期间各项工作由 S 省 GT 名城宾馆有限公司建设办具体负责实施。在项目建设过程中，实施招投标制度、监理制度、工程合同管理制度等。

（1）工程建设监理制度。根据《中华人民共和国建筑法》，在该项目的进行过程中，实施建设监理制度，委托有相应资质的监理单位进行全过程监理，包括设计阶段、施工阶段、竣工验收阶段的监理。审核总监理工程师编制的项目监理的指导性文件，专业监理工程师编制的可具体实施和操作的业务文件。

（2）质量控制。首先，制定保证质量的各种措施，对承接项目任务的单位进行资质审查，对涉及质量的材料进行验收和控制，对设备进行预检控制，对有关方案进行审查。其次，对工程质量进行控制，对工序交接、隐蔽工程检查、设计的变更审核、质量事故的处理、质量和技术鉴证等进行控制，对出现违反质量规定的事件、容易形成质量隐患的做法采取措施予以制止。最后，建立实施质量日记、质量汇报会等制度以了解和掌握质量动态，及时处理质量问题。

（3）进度控制。首先，编制或审核项目实施总进度计划，审核项目阶段性进度计划，制订或审核材料供应采购计划，寻找进度控制点，确定完成日期。其次，建立反映工程进展情况的日记，进行工程进度检查对比，对有关进度及时计量并进行鉴证，召开现场进度协调会等。最后，当实施进度的计划发生差异时必须及时制定对策，制定保证不突破总工期的措施，包括组织措施、技术措施、经济措施等；制定总工期突破后的补救措施，然后调整其他计划，建立新的平衡。

（4）投资控制。首先，进行风险预测，采取相应的防范措施。熟悉项目设计图纸与设计要求，分析项目价格构成因素，事前分析费用最容易突破的环节，从而明确投资控制的重点。其次，定期检查和对照费用支付情况，对项目费用超支和节约情况做出分析，提出改进方案，完善信息制度。最后，审核信息制度，掌握国家调价范围和幅度。

（5）安全控制。根据《中华人民共和国建筑法》《建筑安全生产监督管理规定》《S 省建设管理条例》等国家、省、市有关法规，在施工过程中，建筑工程安全生产管理必须坚持安全第一、预防为主的方针，建立健全安全生产的责任制度和群防群治制度。

（6）合同管理。该项目合同主要包括勘察设计合同、施工合同以及与建设工程相关的其他合同。其他合同包括买卖合同、担保合同、委托合同、承揽合同等。合同管理由合同的主要条款、合同的订立和履行、合同的变更和解除、合同的违约责任等部分组成。按照该项目的规模和工期、项目的复杂程度、项目的单项工程的明确程度等，选择合同的具体类型、使用条款等。

（7）协调各方关系。项目的开发过程需要处理与计划、土地、规划、建设、交通、消防、环保、水、电、通信、燃气、人防等有关部门的协调问题，严格遵守国家有关规章制度，积极主动地和各级职能部门配合，争取各职能部门的帮助，以保证建设项目的顺利进行。

（8）竣工验收。在接到施工单位的交工报告后，及时组织初验。建设项目全部建成后，由本公司以及计划、规划、建设、交通、消防、环保等其他部门的专业技术人员和专家组成的验收委员会验收项目，签发竣工验收报告。

### 2. 项目运营管理

该项目为四星级高档宾馆建设，由 S 省 GT 名城宾馆有限公司进行具体运营管理。

（1）集团化管理。集团化的优势在于集合相关资源，即形成规模经济和资金、资本实力，有利于扩张，集中资源做好、做快、做大。集团化可以巩固和充实现有规模和实力，从而减小其他宾馆或集团的影响和威胁，更好地控制和实际管理宾馆。

（2）星级品牌管理。该宾馆的建设标准本身为四星级，目前华亭市有五星级宾馆 2 家，四星级宾馆 15 家，竞争比较激烈。为使该宾馆在当地具有较大的影响力和吸引力，可导入宾馆服务业的星级制管理形式，使用激活经营者管理要素的有效方法，从而保证市场持续繁荣发展。

① 找准市场定位，实施品牌战略。做好华亭市及周边地区的市场研究和分析，确定宾馆的目标市场定位，抓紧当地市场的同时加大对外地潜在客户的挖掘，把销售推广到全国各大城市，并加强网络预订和销售的力度，与国际、国内网络订房公司签订合作协议，积极宣传和推广宾馆的品牌形象。

② 建设有效的管理运营机制，确保品牌的质量。该宾馆借鉴国内、国际先进的宾馆管理经验，使该宾馆可少走弯路。宾馆在引入中高层管理人员时应遵循"能者上，庸者下"的原则，实施"竞争上岗、优胜劣汰"的竞争体制，贯彻"以人为本"的管理理念，以增强宾馆的凝聚力和向心力。

③ 打造企业文化。充分发挥和结合旅游市场的竞争形式和宾馆经营的特点，坚持"内抓管理、外塑形象"的工作方针，贯彻和宣扬"宾客至上、服务第一"的经营理念，倡导"精诚、合作、务实、求实"的企业精神，在日常管理和培训中，更要注重企业文化向员工的宣扬和传达。

（3）环保管理。在以不降低宾馆服务质量的前提下对宾馆进行环保管理，提出"减少浪费、重复利用、循环使用、让我们的世界更美好"的口号和目标，杜绝资源浪费，节省成本，提高宾馆经营利润，打造宾馆的良好形象和美誉度。

（4）市场管理。宾馆的管理需要致力于对市场的调研，努力抢占周边宾馆没有争取到的那部分市场需求空间，做到"识人之短，为己之长"，并与宾馆的设计相结合，充实和补充其功能，在竞争中力争主动，形成吸引宾馆外"客源"的有利因素。

（5）诚信经营。建立和完善公平竞争、规范有序的市场体系，规范行为，对宾馆各方面质量等严格把关、诚信经营。强化以顾客为服务中心的功能，归纳并提升对顾客的服务承诺，由市场统一管理、统一承诺、统一推广，用一个声音对顾客说话，用一个行动对社会负责。

## 第 9 章　投资估算和资金筹措

### 9.1　投资估算

#### 1. 投资估算编制依据

（1）《S 省建设工程造价估算指标（201×年）》。

（2）国家、S 省关于建设工程投资估算编制的有关规定。

（3）该项目拟建各单项工程的建设内容及工程量。

#### 2. 投资估算编制说明

该项目固定资产投资总额包括工程费用、工程建设其他费用、预备费及建设期贷款利息。该项目固定资产投资估算总额为 11 991.3 万元。其中，工程费用 10 256.8 万元，工程建设其他费用 954.8 万元，预备费用 560.6 万元，建设期借款利息 219.2 万元。

（1）工程费用估算。

① 该项目主体土建及装修工程费估算按单位建筑工程投资估算法进行。该项目总建筑面积

29 217m²，233 间客房。其中，新建 133 间客房，面积 23 252m²；新建地下建筑面积 3 032m²；改造建筑物面积 2 933m²，36 间客房。工程量及估算指标详见辅助报表 1.1.1（此略）及辅助报表 1.2（此略）。

② 专用设备。专用设备详细估算见固定资产投资估算表。其中，客房设备包括家电、家具等，分为 WZ 谊宫总统套房、部长楼、其他客房三种等级并分别估算。餐厅设备包括桌椅、屏风、家电等。会议设备包括彩电、录像机、同声传译系统、电脑、投影仪、幻灯机、麦克风、会议桌椅、饮水机等。康健休闲设备包括游泳池、舞厅、健身房、球类运动（包括乒乓球和台球等）、美容美发等。厨房洗衣房设备包括电热烹饪设备、燃气烹饪设备、电热保温设备、冷柜、餐饮用品用具、洗衣设备等。该项目购置一套机械停车设备，可停车 38 辆，根据询价，设备购置及安装工程费按照 3.48 万元/车位计算。购置电梯预计费用 120 万元。

③ 总图工程包括绿化、广场、道路、场景、雕塑等。按土建工程与安装工程费用之和的 15%计取，总图工程估算为 482.1 万元。

（2）工程建设其他费用。

① 建设单位管理费。它包括建设单位开办费、建设单位经费和建设单位临时设施、项目管理费等，参照有关标准，结合项目实际情况，按第一部分工程费用的 2.2%计算。

② 主要地方行政事业性规费。根据华亭市当地实际情况，应缴纳的主要地方规费包括自来水管网建设费、市政公用基础设施配套费、发展新墙体材料专项用费、新建房屋白蚁防治费等。综合行政事业性规费按 80 元/m² 计算。

③ 招投标等咨询费。招投标等咨询费是指项目招标发包阶段委托招标代理、编标、评标等发生的相关费用，以及前期咨询费。按照国家及省、市有关标准及要求，并结合项目实际情况，按第一部分工程费用的 0.7%计算。

④ 勘察、设计费。勘察、设计费是指建设单位为进行项目建设而发生的勘察、设计费，按第一部分费用的 3%计算。

⑤ 工程监理、质监、安监费。该部分费用包括工程建设监理费、建设工程质量监督费、建筑施工安全监督管理费等，按第一部分费用的 1.1%合计。

⑥ 办公及生活家具购置费。项目共有管理人员 49 人，按照人均 2 000 元计算。

⑦ 职工培训费。该项目新增人员 168 人，按照人均 1 000 元计算。

（3）预备费用。基本预备费按第一部分工程费用与第二部分其他费用之和的 5%计，为 560.6 万元。

（4）建设期借款利息。项目建设期为 1 年，借款平均按年中投入计算，根据中国人民银行的最新规定，贷款有效年利率为 6.26%，该项目长期投资借款 7 000 万元，建设期投资长期借款利息为 219.2 万元。

固定资产投资估算详见辅助报表 1（略）。

### 3. 新增固定资产投资总额

该项目新增固定资产投资总额为 12 001.4 万元。固定资产投资按费用类别构成分析如表 16-21 所示。

表 16-21　固定资产投资按费用类别构成分析

| 类别名称 | 投资额/万元 | 占投资总额比例/% |
| --- | --- | --- |
| 工程费用 | 10 256.8 | 85.5 |
| 工程建设其他费用 | 954.8 | 8.0 |
| 预备费用 | 560.6 | 4.7 |
| 建设期贷款利息 | 219.2 | 1.8 |
| 合计 | 12 001.4 | 100.0 |

### 4. 流动资金估算

根据项目特点,该项目采用扩大指标估算法估算,参照相关企业,按照经营成本的10%估算。项目正常年为286.5万元。

### 5. 项目新增总资金

项目新增总资金由固定资产投资总额和流动资金组成,项目固定资产投资总额12 001.4万元,流动资金286.5万元,新增总资金12 277.9万元。新增总投资12 077.3万元。

### 6. 利用原有资产

根据201×年××月××日华亭市国有(集体)资产管理委员会办公室与S省GT国际集团有限公司、S省GT国际集团房地产实业有限公司达成的《关于华亭市名城宾馆资产转让协议》,以及201×年××月××日,由华亭市产权交易所鉴证确认的《成交确认书》,S省GT国际集团有限公司、S省GT国际集团房地产实业有限公司以1 486.39万元的价格受让名城宾馆。同时,S省GT名城宾馆有限公司另需偿还银行借款6 324.0万元。据此,本评价中利用原有资产价格按照7 810.4万元计算。

## 9.2 新增资金筹措及投资计划

### 1. 资金来源

(1)新增固定资产投资。该项目新增固定资产投资总额12 001.4万元,申请银行借款7 000万元,其余自筹。

(2)流动资金。该项目需要流动资金286.5万元,其中86.0万元自筹解决,其余200.5万元申请银行借款。

### 2. 投资计划

(1)固定资产投资。根据该项目的实际情况,项目建设期为1年,建设投资于建设期全部投入。建设期利息以项目资本金当年支付。

(2)流动资金。项目正常年流动资金286.5万元,在项目运营期第1年内全部投入。

投资计划和资金筹措方案详见辅助报表2(此略)。

# 第10章 财务效益和国民经济分析

## 10.1 财务基础数据

### 1. 项目、建设期、运营期和财务效益分析计算期

该项目建设期为1年,运营期为11年,财务效益分析计算期为12年。

### 2. 营业收入计算

根据运营计划,项目建成后,收入构成为客房收入、餐饮收入和其他收入。

(1)客房收入。该项目共设233间客房,根据华亭市四、五星级宾馆平均入住率和收费标准并考虑到该项目目前的实际情况,根据名城宾馆已有的资料分析,现采用80%的入住率,平均每间客房收费为500元/间·天,每年按照365天计算,则正常年客房收入为3 401.8万元。

(2)餐饮收入。名城宾馆的餐饮以拟设服务点的业务为参考,其收入情况如表16-22所示。

表16-22 名城宾馆餐饮收入一览

| 餐饮地点 | 座位数 | 拟上座率 | 每天餐次 | 每餐人均消费 | 年均收入 |
|---|---|---|---|---|---|
| 小餐厅 | 120个 | 50% | 2次 | 180元 | 788万元 |
| 零点餐厅 | 100个 | 50% | 2次 | 140元 | 511万元 |
| 多功能厅 | 380个 | 30% | 1次 | 100元 | 416万元 |
| 早餐席 | 220个 | 周转率考虑150% | | 30元 | 361万元 |
| 合计 | | | | | 2 076万元 |

（3）其他收入。其他收入包括会议康娱收入、门面房出租收入等。参照当地类似规模档次酒店会议康娱收入情况，该项目按照每年会议康娱收入150万元，门面房出租收入385万元计算，则正常年其他收入为535.0万元。

该项目正常年收入合计为6 012.8万元。

### 3. 增值税金及附加

该项目应缴纳增值税，按相应收入的5%计缴。城市维护建设税按增值税的7%计缴。教育费附加按增值税的4%计缴。

### 4. 成本和费用估算

该项目的成本包括营业直接成本、水电支出、工资、折旧摊销费、修理费、其他管理费用和其他营业费用等。

（1）营业直接成本包括餐饮原辅材料、客房一次性用品、会议用各种耗材及洗衣房洗涤用品等。根据目前行业惯例及宾馆业的一般经验，该项目餐饮业直接成本按照餐饮收入的30%计算，客房及其他服务设施按照客房及其他收入的6%计算。

（2）该项目用水量、用电量根据工程方案确定。水费根据华亭市201×年×月1日调后价格，按照3.2元/t计算。电费按照省物价局华亭市价工〔201×〕×××号《省物价局关于进一步规范电价管理调整厂网电价的紧急通知》文件的规定，按照0.899元/度计算。根据该项目特点，若无客人消费时，则水电开支相应减少，则水电费用中20%为固定成本，80%为可变成本。

（3）固定资产折旧依据国家有关规定按照分类直线折旧法计算。利用原有资产中80%计为房屋建筑物，20%计为机器设备。房屋设施按30年折旧，残值率为10%；设备按照10年折旧，残值率为10%。无形资产按照30年摊销，递延资产按照10年摊销。

固定资产的折旧、摊销情况详见辅助报表3.1（此略）、辅助报表3.2（此略）。

（4）该项目劳动定员342人，其中管理人员49人，人均年工资总额按4万元估算；一般职工293人，人均年工资总额按1万元估算。福利费率按照14%计算。

（5）大修理费按固定资产原值（不含建设期利息）的2.0%估算。

（6）该项目其他管理费用中的差旅费、保管费、业务招待费、低值易耗品等，按职工工资总额的80%估算；房产税按照门面房出租收入的12%计算。其他营业费用包括市场调研费、广告费等，按照总收入的2%估算。

（7）财务费用为固定资产投资借款利息及流动资金贷款利息。经营期固定资产投资借款按年初贷款余额全年计息，年利率按6.26%计。流动资金借款按照当年借款额全年计息，年利率按5.70%计算。

按照以上成本划分方式，项目正常年（第10年）总成本费用合计3 860.2万元，其中，可变成本1 457.8万元，固定成本2 402.4万元，经营成本2 865.4万元。

总成本费用估算详见辅助报表3（此略）。

## 10.2 财务效益分析

### 1. 盈利能力分析

（1）利润总额及分配。该项目正常年收入为6 012.8万元，总成本费用为3 860.2万元，增值税金及附加为333.8万元，利润总额为1 819.7万元。所得税税率为33%，正常年所得税为600.5万元。税后利润为1 219.2万元。盈余公积金、公益金分别按照税后利润的10%、5%提取。

项目损益情况详见基本报表2（此略）。

（2）损益表静态指标分析。经计算，正常年项目投资利润率为9.1%，投资利税率为10.7%，销售利润率为30.3%。

## 2. 清偿能力分析

该项目固定资产投资借款以该项目的固定资产年折旧、摊销和未分配利润偿还，按最大能力还款计算，还款期为8.6年（含建设期）。

固定资产投资各年的借款及还本付息情况详见辅助报表5（此略）。

## 3. 财务现金流量分析

（1）全部投资财务现金流量分析。全部投资财务现金流量表以假设该项目建设所需的全部资金均为投资者投入作为计算基础，计算项目本身的盈利能力。该表不考虑资金筹措问题，将项目置于同等的资金条件下，现金流出项中没有借款利息，经营成本中也不包括任何利息。

该项目全部投资财务现金流量分析结果如表16-23所示。

表16-23 全部投资财务现金流量分析结果

| 指标名称 | 单位 | 所得税前 | 所得税后 | 备注 |
| --- | --- | --- | --- | --- |
| 财务内部收益率 | % | 11.7 | 8.9 | |
| 投资回收期 | 年 | 8.1 | 10.4 | 含建设期1年 |
| 财务净现值 | 万元 | 4 138.2 | 994.9 | $i_c=8\%$ |

该项目全部投资财务现金流量分析详见基本报表1.1（此略）。

（2）自有资金财务现金流量分析。自有资金财务现金流量表从投资者角度出发，以投资者的出资额作为计算基础，考察投入的自有资金的盈利能力。

该项目自有资金财务现金流量分析结果如表16-24所示，表明从企业运营的角度上讲，项目的财务效益良好。

表16-24 自有资金财务现金流量分析结果

| 指标名称 | 单位 | 所得税后 | 备注 |
| --- | --- | --- | --- |
| 财务内部收益率 | % | 10.6 | |
| 投资回收期 | 年 | 11.0 | 含建设期1年 |
| 财务净现值 | 万元 | 1 567.4 | $i_c=8\%$ |

该项目自有资金财务现金流量分析详见基本报表1.2（此略）。

## 10.3 不确定性分析

项目的敏感性分析是在设定的财务条件下进行的，考虑到项目实施过程中的一些不确定性因素，对影响项目财务效益的变动因素（固定资产投资、营业收入、经营成本）进行敏感性分析，具体结果如表16-25所示。

表16-25 敏感性分析（全部投资，所得税后）

| 序号 | 变动因素 | 变动幅度/% | 内部收益率/% | 净现值/万元 | 投资回收期/年 |
| --- | --- | --- | --- | --- | --- |
| 0 | 基本方案 | | 8.9 | 994.9 | 10.4 |
| 1 | 固定资产投资 | 10 | 7.8 | −249.4 | 10.0 |
| | | 5 | 8.3 | 374.7 | 10.3 |
| | | −5 | 9.5 | 1 611.4 | 10.1 |
| | | −10 | 10.2 | 2 224.1 | 8.8 |
| 2 | 营业收入 | 10 | 10.6 | 2 791.2 | 8.5 |
| | | 5 | 9.7 | 1 890.0 | 8.9 |
| | | −5 | 8.1 | 103.7 | 10.1 |
| | | −10 | 7.3 | −780.8 | 10.6 |
| 3 | 经营成本 | 10 | 7.6 | −423.9 | 10.3 |
| | | 5 | 8.3 | 286.9 | 10.2 |
| | | −5 | 9.6 | 1 695.1 | 10.0 |
| | | −10 | 10.2 | 2 387.6 | 8.7 |

从表 16-26 中可知，该项目固定资产投资、营业收入、经营成本的变化对其财务内部收益率影响都较大，因此建议在项目实施过程中应重视控制有关不利因素的影响，以避免出现较大的负面波动。图 16-4 为项目的敏感性分析。

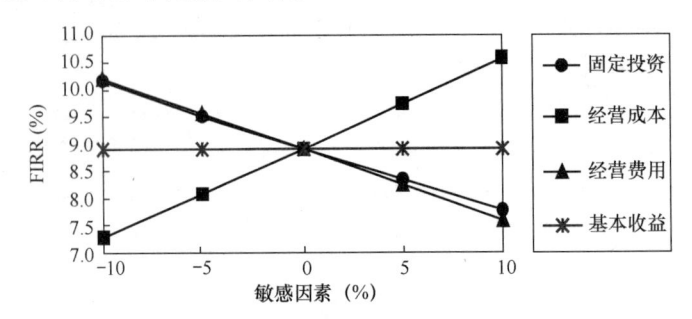

图 16-4 项目的敏感性分析

### 10.4 财务效益分析评价结论

经综合测算，该项目财务效益分析评价指标如表 16-26 所示。

表 16-26 该项目财务效益分析评价指标

| 序号 | 项目 | 单位 | 数值 | 备注 |
|---|---|---|---|---|
| 1 | 项目新增总投资 | 万元 | 12 077.3 | |
| 1.1 | 固定资产投资总额 | | 11 991.3 | |
| 1.1.1 | 固定资产投资 | | 11 772.2 | |
| 1.1.2 | 建设期利息 | | 219.2 | |
| 1.2 | 铺底流动资金 | | 86.0 | 流动资金总额 286.5 万元 |
| 2 | 资金筹措 | | 12 277.9 | |
| 2.1 | 自筹资金 | | 5 077.3 | |
| 2.2 | 银行借款 | | 7 200.6 | 其中流动资金借款 200.6 万元 |
| 3 | 收入 | | 6 013.7 | 第 10 年 |
| 4 | 税金及附加 | | 333.8 | |
| 5 | 总成本费用 | | 3 860.2 | |
| 6 | 经营成本 | | 2 865.4 | |
| 7 | 利润总额 | | 1 819.7 | |
| 8 | 所得税 | | 600.5 | |
| 9 | 税后利润 | | 1 219.2 | |
| 10 | 盈余公积金 | | 121.9 | |
| 11 | 盈余公益金 | | 61.0 | |
| 12 | 投资利润率 | % | 9.1 | |
| 13 | 投资利税率 | | 10.7 | |
| 14 | 销售利润率 | | 30.3 | |
| 15 | 内部收益率 全部投资所得税后 | % | 8.9 | |
| | 全部投资所得税前 | | 11.7 | |
| | 自有资金内部收益率 | | 10.6 | |
| 16 | 财务净现值 全部投资所得税后 | 万元 | 994.9 | $i_c = 8\%$ |
| | 全部投资所得税前 | | 4 138.2 | |
| | 自有资金财务净现值 | | 1 567.4 | |
| 17 | 投资回收期 全部投资所得税后 | 年 | 10.4 | 含建设期 1 年 |
| | 全部投资所得税前 | | 8.1 | |
| | 自有资金投资回收期 | | 11.0 | |
| 18 | 长期借款偿还期 | | 8.6 | |

（1）财务效益分析评价指标表明，该项目实施后在达到预期投入产出效果的情况下，项目的全部投资财务内部收益率为 8.9%（所得税后，大于基准收益率 $i_c$=8%），现值 994.9 万元大于零（$i_c$=8%，所得税后）。

（2）该项目在财务上可以接受，能较快收回投资，有较好的经济效益。

## 10.5　项目的国民经济分析
（略）

# 第 11 章　风险分析与对策

## 11.1　风险分析

### 1. 市场风险

该项目的主要服务对象为来华亭市旅游度假以及进行商务活动的人员。华亭市的社会经济水平较高，宾馆饭店数量较多，市场体系发展不断完善，竞争日趋激烈，该项目如果不能形成特色，及早提升市场知名度，运营后可能会面临市场的压力，给该项目的可持续运营带来较大的风险。

### 2. 经营风险

该项目经营内容为客房出租、餐饮、会议、康健休闲以及其他有关的生活、工作服务项目等。除客房出租外，餐饮、康健休闲等经营项目较多，与社会餐饮康娱相比，有以下几个方面的劣势：①价位高。在许多消费者心目中，宾馆（尤其是高星级）餐饮康娱的价位比社会餐饮康娱收费高，这是由于宾馆星级不同带来了价格差异。②面积小。由于宾馆建造成本高昂，加上其他各种因素的影响，改扩建后的名城宾馆中的餐饮康娱所占面积较有限。③人力资源缺乏。由于观念的误差，宾馆餐饮康娱很难吸引和留住优秀的人才，无论是在产品开发还是营销创新方面都要弱于社会服务，这使宾馆餐饮康娱发展缺乏基础。基于以上三个主要方面，加上缺乏创新和适当营销，宾馆餐饮康娱不可避免陷入困境。如何走出这种困境，无疑对宾馆能否经营成功有着举足轻重的作用。

### 3. 管理风险

现代宾馆在硬件的发展上日新月异，许多新型宾馆在规模、建筑、设备上比新、比大、比奇、比豪华。一家宾馆硬件的优势，很难形成其独特性和长久性，相反，宾馆的软件，即"人"的因素，显得越来越重要。宾馆内服务人员众多、客人要求多样，人多事杂，如果管理不善，极易造成混乱。作为高星级宾馆，该项目在运营管理上存在一定风险。

### 4. 资金筹措风险

该项目资金来源主要为自有资金和银行借款，自有资金增加，项目运营后还贷压力减小；若银行贷款增加，将增加融资成本，增加项目的风险。

## 11.2　风险对策

### 1. 市场风险对策

面对市场风险，企业应积极开拓市场，利用已形成的华亭市"国宾馆"的影响力，宾馆自身所特有的自然景观、人文资源，以本次改扩建为契机，加强营销，突出特质，扩大市场份额和提高市场知名度，以一流的经营环境、规范而上乘的服务和丰富的信息资源来争取和赢得市场。在市场开拓中，企业尤其要注意吸引优质、高端的回头客，为宾馆走上良性循环道路奠定基础。

此外，宾馆应积极争取和国内外大型旅行社合作，不断提升宾馆的市场号召力，关注本地餐饮、会议、康娱市场，依托宾馆硬件设备，做大餐饮、会议、康娱市场，积极主动地研究市场，适时地引进新项目。在常规运营上，及时引进新经营品种并加以拓展，将会给宾馆带来意想不到的收益。

在发展市场的过程中，关键在于经营者如何去发现适合消费者口味的新品种及如何去正确引导消费。若能切实做好这两点，宾馆的潜在市场就会不断地被挖掘出来，同时宾馆也能紧紧抓住大批忠实的消费者，使宾馆经营走上一条良性循环的道路。

2. 经营风险对策

在市场调研的基础上制定严密、科学可行的经营方案，避免经营的随意性，及时总结经营过程中发现的经验和不足，适时地调整经营策略。针对餐饮康娱类项目价位高、面积小、人力资源有限的状况，可以从以下几个方面加以改善：节省成本，严把进货关，既能降低成本又能提高质量；降低价位高的壁垒，利用宾馆硬件条件创造出高雅的用餐环境，强化软件条件，提高服务质量，让就餐者体会到物有所值的感觉；留住人才和培养人才，宾馆餐饮人才的发展空间大，既要积极引进人才，又要在日常工作中及时发现人才，既要注重培训，提高工作技能，又要及时鼓励、激励，提高自我认同感，让员工看到发展和提高的希望和前景，作为自我提高、自我激励的内在动力。

3. 管理风险对策

在引进有关管理人才的同时，积极与国内大型宾馆管理企业、高校、专业咨询公司等机构合作。专业宾馆管理人员可以其丰富的经验、良好的实践为宾馆提供各类专业服务。例如，为宾馆改扩建提供技术顾问服务，包括内部布局、内部装修设计、灯光设计、厨房设计、餐厅设计、室外环境设计；进行员工培训；在遇到突发事件情况下，提出相应危机管理的对策等。同时，在经营中应及时总结出适合该项目运营特点的企业管理运作规章制度，使管理有章可循，有法可依，同时加强规范化作业监督管理，使规章真正落到实处，向管理要效益。

4. 资金筹措风险对策

针对筹资风险，项目单位将加强计划管理，保证项目按计划开发和完工，加大市场宣传和招商力度，加快资金的回笼；加强财务管理，保持合理的资产负债比例，合理安排资金，提高使用效率；准确把握国家宏观经济形势、产业政策和银行信贷政策的变化，及时调整项目计划，降低融资成本和资金筹措风险。

附录（略）。

辅助报表1~5（略）。

## 16.3 案例点评与解析

本章前述的关于商业和旅游投资项目的两个案例在非工业性第三产业项目的可行性分析中有一定的代表性，对于读者了解此类项目前期研究的具体过程、加深对分析评价理论的把握和认识有一定的参考价值。

第16.2.1节案例作为非工业生产建设项目——商场投资项目的可行性分析，虽然给出的只是报告的目录框架，但从中仍然可以看出分析过程的基本思路与基本的分析内容，是较符合商场项目投资分析基本规律，具有范例意义要求的文件。按照此类项目投资分析的一般规定，报告首先从市场入手，对商场的未来做了宏观经济与商业趋势分析，接着对商场的微观环境进行了商业运行概况及业态分析，对商场与拟建地主要商场竞争状况进行了调查和具体的选址分析，其后所做的经济性和经营风险分析，以及为未来商场经营建议的竞争策略和结论，使得本报告内容从基本结构上和分析的思路上较完整、全面地呈现出作为商场项目投资依据的基本特征。分析研究过程的思路比较清晰、明确，可为类似项目的可行性分析提供分析思路上的借鉴和参考。

第16.2.2节案例是关于非工业生产建设项目——第三产业中旅游基础设施宾馆改扩建项目的可行性分析报告，对以提供服务为主的第三产业项目如何进行前期研究有一定的代表性和较高的参考价值。旅游投资是中国旅游业发展的一个重要推动力，旅游业基础设施建设项目是非工业生产项目的典型代表。中国旅游业已经呈现出投资主体多元化、投资领域综合化和投资形式多样化的发展趋势。与旅游业起步阶段供给短缺相比，需求扩张拉动的旅游投资活动表现出了更强的市场指向，因此，必然要求旅游投资决策的科学性和合理性。作为旅游投资决策和旅游规划重要一环的旅游投资项目——特别是其中以接待为主的宾馆饭店和景点等基础性工程建设项目，对其进行可行性分析与评价，需要建立、完善和有效运用方法体系，这在旅游业的发展中有着十分重要的理论意义和实践意义。在以景点和接待用宾馆项目为主体的旅游基础设施建设中，搞好投资决策是保证旅游业项目建设健康发展的一个极为重要的方面。

第16.2.2节案例的报告，针对旅游基础设施投资项目可行性分析的基本要求，就有关项目建设的物质技术条件、市场需求状况和项目财务、环保、社会与风险效益等进行了详细充分的分析论证。其中的典型意义主要体现在对旅游市场的研究方面，该案例报告通过对以提供过夜住宿服务为主的宾馆游客进行市场分析，从宏观到微观，由定性到定量，特别是通过建立数学预测模型方法构建的趋势分析模式，具有较强的理性要求和重要的决策参考价值，成为该案例研究成果的主要亮点之一。此外，对项目前期研究所做的项目物质技术条件分析及动态效益与国民经济和社会与环境评价，也比较充分地阐明了旅游基础设施宾馆项目建设的必要性和可能性，反映了此类项目可行性分析的主要内容和研究分析的基本要求，包括规范的报告文本的格式在内，该案例报告具有对类似项目进行可行性分析较好的启发和借鉴作用。

通常，对第三产业中旅游基础设施项目特别是宾馆类建设项目进行的可行性分析，既有类似一般工业项目中特殊类型（如房地产项目，也有将其归为非工业项目的，主要是界定标准不同）可行性分析所要求的相同方面，也有与其不同之处，主要体现在对旅游市场的需求分析与项目建设规模确定的问题上较工业项目更甚，这是此类项目提出和建设的基本要求。特别是对旅游项目来源与创造的研究和通过市场调查与预测方法对旅游市场需求所做的分析，以及就拟建旅游项目所做市场营销战略和策略安排等项目策划方面有关内容的要求具体而明确。再就是对实现该旅游投资项目的物质技术条件，包括项目具备或通过开发能够提供的旅游资源条件、对项目地点的选择与环境保护和安全节能进行的分析，作为保证该项目可持续稳定经营的关键环节必须十分关注。此外，对具体旅游投资项目进行的经济评价和社会与环境评估问题，需特别注意的是其经济评价中既存在对资源静态效率与成本效益的静态分析问题，也存在旅游投资项目动态成本效益的计算和资源的动态效率的表达等动态分析的问题，其中成本效益分析的方法是旅游投资项目评价的核心方法。而社会与环境评估不仅有与工业项目在内容、方法和效益指标分析相类似的基本要求，也有旅游项目与社会相互的适应性及环境的成本效益问题需通过市场评价或替代市场的方法才能加以分析解决的特殊要求。至于对旅游项目投资所做的方案设计和相关费用、投资估算与资金筹措分析及风险评价等内容，则与一般工业项目可行性分析通常的要求相类似。

# 第17章 教育投资项目的可行性分析原理精要与案例解析

## 17.1 教育投资项目可行性分析原理精要

教育属于第三产业中的文化产业,是非工业项目中一个极其重要的方面。对教育项目的投资是第三产业项目投资的一项重要内容,在投资项目分析中具有十分重要的地位。本章单独将教育投资项目可行性分析列出,主要是基于社会发展对教育投资重要性的认识日趋增强的需要,同时也弥补作为三产项目投资分析内容中所涉及的另一重要方面。

**1. 相关概念和分类与特点**

(1) 教育投资项目的概念。该项目是以培养人的劳动技能、提高人的认知能力为目的,具备培养人才整体功能的投资项目。

(2) 教育投资项目的分类。通常可分为三大类:①包括普通中小学和普通大学的普通教育项目,这是一般意义上的教育项目;②作为普通教育重要补充,包括电视大学、职业大学、函授大学、网络大学、夜大等成人高等教育项目及相应中等教育项目的成人教育项目;③由一般培训项目和特殊培训项目构成的岗位培训项目,该类项目主要由企业事业单位、行业主管部门、劳动主管部门或人事部门兴办,用于培养和提高本部门就业人员的劳动技能和文化水平。

(3) 主要特点。

① 一般特点:作为以培养和提高受教育者知识技能、劳动技术、文化修养、道德水准为目的,包括各级各类普通教育和成人教育的教育事业项目属于社会事业项目的范围,具有一般社会事业项目非营利性、从属性、地域性的特点。

② 自身具有的六大特点:教育兴办者、投资者和受益者的分离性;教育项目投资的经济补偿具有间接性和潜在性;教育投资经济收益的周期长、具有迟效性;教育项目往往包含众多复杂的经济效益和社会效益;教育项目的经济效益和社会效益不易用货币计量;教育项目效益的计算周期长。

**2. 教育投资项目可行性分析评价的基本内容与原则**

(1) 基本要求与原则。对教育投资项目进行可行性分析与评价,要针对教育项目投资有连续性、经济收益有长期性和多效性与扩展性、分析评价的政策性较强、费用与效益计量复杂等特殊性要求,坚持以社会效益为主、经济效益为辅、两者兼顾并举的原则。

(2) 具体应分析评价和论证的内容。主要是教育项目对经济效益和社会效益产生的五大影响：对提高劳动生产率、促进经济增长的影响；对受教育者全面发展的影响；对社会平等化的影响；对于控制人口数量、提高人口质量、优化人口结构的影响；对国家或地区科学技术水平提高的影响。

（3）关于教育项目费用和效益的计算。

① 主要费用有三种：教育项目的直接费用、间接费用、因受教育所牺牲的闲暇和退学或留级学生的机会成本。

② 主要分析评价指标有四大类：用于国民经济分析的教育项目经济净现值（ENPV）和教育项目经济净现值率（ENPVR）、教育项目的经济内部收益率（EIRR），用于财务效益分析的财务内部收益率（FIRR）、财务净现值（FNPV）和投资利润率、其他经济分析评价指标（如单位合格毕业生所需投资额等）。

**3. 教育投资项目中社会效益可行性分析评价涉及的基本内容与要求**

通常，对社会效益进行的分析评价是教育投资项目可行性分析的重点所在。

（1）该项论证一般涉及的基本内容应包括以下八个主要方面。①调查了解项目地区内人们需要什么样的教育和了解现有教育体系状况以及现有教育体系能在多大程度上满足当地人们的现有需要。②调查了解不同利益集团对教育的不同需要。③分析项目的设计方案是否能满足那些确实需要得到教育的人们的需要。④分析项目的设计方案对那些因贫困，或由于性别或种族问题，或由于当地没有教育设施而不能受到教育的人们会产生什么样的影响，能否使他们受教育的状况得到改善。⑤调查了解项目地区的文化、风俗习惯等，分析是否有任何社会文化或风俗习惯对不同性别的人或不同年龄层次的人受教育机会的影响，若有应提出相应的措施，以消除这些影响。⑥调查了解项目地区的人们参与现有教育活动的情况，该项目可否利用现有人们参与教育活动的渠道，鼓励更多的人参与项目活动。⑦调查若项目增加了项目地区学校的数量，能否使较贫困的人们受到教育。⑧调查若项目倾向于采用一种参与方法使更多的人参与项目活动，应分析项目是否有足够的资金来维持项目的实施，因而在某些情况下当地人们参与时需要花费时间和资金。

（2）分析评价的基本要求。

① 一般要求。作为对教育投资项目进行可行性分析重要组成部分的社会效益分析评价，多采用定量分析与定性分析相结合的方法，要求在定性分析中进行动态分析，以计量出教育项目的社会效益。由此也就构成了教育项目社会效益分析中定量分析、定性分析和社会动态分析三大部分构成的可行性分析评价的方法体系。

② 具体要求。

A. 关于定量分析。定量分析是指对于教育项目能直接或间接进行量化的社会效益进行的定量计算和分析。通常采用的可运用固定模式运算的指标有：a. 单位教育投资对人的全面发展分值（本届毕业生全面发展分值与其入学前全面发展分值之差÷由教育事业费加教育基建费构成的项目投资额的比值）。b. 单位投资智育分值（本届教育的知识水平转化系数×学生毕业时统考成绩减去下一届教育的知识水平转化系数乘以学生入学时统考成绩与学生总数的乘积所得总智育分值除以项目总投资——它集中反映了教育项目在提高学生基础知识水平和基础技能方面的投资效率）。c. 项目所在地区每万人口中大学生数、中学生数、识字人数增加额。d. 人员利用效益指标（含教职工人数与在校学生人数的比率，教师与在校学生人数的比率）。e. 固定资产利用效率（包括学生人均占有固定资产额和固定资产利用率）。f. 学生退学率和留学率。

B. 关于定性分析。定性分析是为较全面地衡量和评价教育项目在创造社会效益和经济效益的过程中为社会所创造的净效益，而对那些不能量化部分所进行的客观、公允、以描述式说明为主所做的分析。

C. 分析的基本思路和标准。主要通过考察四个方面的影响来进行。a. 项目对促进所在地区受教育机会普及和收入均等的影响。b. 项目对所在地区计划生育工作的影响。c. 运用柯布—道格拉斯生产函数，在假定技术进步为中性的条件下推导出增长速度方程，由此方程可计算出地区技术进步的增长速度，以比较教育项目建成前和建成后一段时间（通常为5~10年）的技术进步增长速度，从而分析该项目的建成对所在地区科学技术水平提高的影响。d. 教育对地区经济发展的影响——具体通过对比项目建设前和建成后一段时间（通常为5~10年）该地区经济增长速度和社会总产值等指标的差额，在扣除其他诸如外部资金投入等因素的影响后，来分析教育项目对该地区经济发展的贡献。

③ 教育项目的社会动态分析。这是专指对项目实施过程中可能遇到的问题事先进行预测，并提出改进和防范措施，以保证项目的顺利实施、提高投资效益的研究活动。其目的在于分析项目所处社会环境的相互关系，力争使项目实施有一个良好的外部环境。

进行教育项目社会动态分析的主要内容——针对具体特点，通常包含对五种情况的研究分析：项目投资资金来源的落实情况；项目位置的选择情况；项目所需教职工的落实情况；项目的学生来源情况；项目获得当地群众和社会各方面支持的情况。

## 17.2 典型教育投资项目可行性分析案例介绍

### T市教育城域网系统工程建设项目可行性分析报告

201×年××月

报告编写人：杨×× 王×
项目参加人：李× 刘×× 章×
报告审核人：周× 华× 魏××
报告审定人：吴××
主持编制单位：T市教育局
参与编制单位：西域省TZ科技有限责任公司　　GD省SZ集团
　　　　　　　西域省电信T市分公司

目录（略）

### 第1章 绪论

#### 1.1 教育城域网的基本概念

所谓教育城域网，是指以校园网和特定用户为基本单元，在ISP的支持下，按照一定的技术规范组成的，能在一定地域范围内实现特定用户之间的教育资源共享、信息交流和协同工作的网络群体。

T市教育城域网是在ISP提供的城域物理网上进行建设的一个教育专网。覆盖范围是整个T市。T市范围内的所有校园网、市和各区教育局局域网以及授权的单机用户（单位、家庭、移动电脑），只要通过ISP的网络线路，按照教育城域网的技术规范进行连接，就能成为T市教育城域网的固定用户。教育信息网络中心通过内网为特定用户提供所需服务。

T市教育城域网由"管理和本地信息服务提供层"、"网络线路和国际互联网接入服务层"和"用户层"三个部分组成。管理和本地信息服务提供由教育信息网络中心负责。教育信息网络中心是T市教育城域网的管理中心、数据中心、应用服务中心和监控中心，负责管理系统、中心网站和应用服务项目，具有用户认证和管理、在线管理和教学信息服务、教育教学资源共享、远程教育和视频服务以及电子邮件服务等功能。

### 1.2 学校校园网的基本概念

校园网是指校园内信息装置互联运行的局域网络，是使用计算机网络技术和软件等构成的为学校管理和教育教学服务的集成应用系统。它是利用现代通信技术、多媒体技术及互联网技术等为基础建立起来的计算机网络，是为学校管理和教育教学服务的集成应用系统，可以实现"班班通"，并可通过城域网的互联实现远距离信息交流和资源共享，为学校的教育、教学、管理、办公、信息交流和通信等提供综合的网络应用环境。

校园网的功能：一是为学校教学、科研提供先进的信息化教学环境，包括各种多媒体教学软件的开发平台、教师备课系统、网上阅览系统及教学考试资料数据库等都能够在校园网上运行；二是校园网应具备教学教务管理、行政事务管理和总务后勤管理等功能；三是校园网还应满足校内外的通信要求，包括互联网服务、远程教育服务、电子公告服务和视频会议、IC卡服务及校外服务。

### 1.3 教育城域网项目可行性分析报告的编制依据

（1）《国家信息化"十×五"规划和202×年远景目标纲要》。
（2）《国务院关于深化教育改革，全面推进素质教育的决定》。
（3）《教育部面向21世纪教育振兴行动计划》。
（4）《国家××部关于在中小学实施"校校通"工程的通知》（201×）。
（5）《西域省教育信息化建设规划纲要》（201×）。
（6）《西域省校园网建设规范实施意见》（201×）。
（7）《关于西域省教育信息化工程实施监理和验收的通知》（201×）。
（8）《T市信息化发展及建设数字城市规划纲要》（200×—20××）。
（9）《关于规范T市教育信息化建设的通知》（201×）。
（10）《建设T市教育城域网框架方案论证意见》（201×）。
（11）《T市教育城域网相关子系统方案评审意见》（201×）。
（12）《T市×中校园网技术方案论证意见》（201×）。
（13）《T市教育城域网整体解决技术方案》（201×）。
（14）《T市校园网整体解决技术方案》（201×）。
（15）《T市教育城域网网络运营可行性分析报告》（201×）。
（16）《T市教育局——S大学附中教育资源共享合作方案》（201×）。
（17）《T市教育城域网——校园网系统工程投资意向协议书》（201×）。

## 第2章 建设教育城域网——校园网系统工程的必要性

### 2.1 数字化城市建设的重要组成

201×年11月，T市的党代会提出了到201×年在全省率先将T市建设成现代化城市的战略目标，并确立了T市现代化城市建设，是以数字城市为重要标志的现代化城市的大政方针。而数字城市的核心是城市信息化，它是物质城市在数字网络空间的再现和反映，是以空间信息为核心的城市信息系统体系。因此，加快城市信息化建设就成为实现T市城市发展战略目标的关键和核心。

为全面贯彻T市第九次党代会的精神，认真组织和实施这一战略目标，T市人民政府对此项工作给予高度重视，并认真落实各项工作。市领导多次在政府办公会上进行动员和宣传，要求政府部门领导统一思想，不断深化认识，把此项工作作为一项十分重要的战略任务抓紧做好，要制定科学规划，确定战略目标，明确工作重点，将组织实施措施落到实处，并尽快抓出成效。

依据市政府正在制定的《T市信息化及数字化城市发展规划》和计划用10年的时间建成的"五项信息应用工程"要求，以T市"教育城域网"为标志的教育信息化建设就成为T市数字化城市建设和发展的重要组成部分。为此，市教育局确立了教育信息化建设的指导思想：以现代教育思想和理论为指导，以教育教学模式的改革为关键，以教育信息网络的建设为基础，以教育信息资源的开发应用和人才队伍的培养为重点，紧密结合T市所在地区教育发展的实际，统筹规划，联合建设，不断提高现代技术在教育教学和管理过程中的应用水平，更好地为全面推进素质教育和构筑终身教育体系服务。市政府对加快教育城域网——校园网系统工程做了重要部署，安排市教育局整体规划，抓紧论证，认真落实，并指示论证时间可以长一些，建设期一定要短，要加快进程。

### 2.2 教育现代化建设的重要基础

教育信息化建设是推动T市教育现代化建设的重要基础，以信息化带动教育的现代化已成为实现教育跨越式发展的重要途径。教育部决定，从201×年起，用5～10年的时间在全国中小学基本普及信息技术教育，全面实施"校校通"工程。201×年前，争取东部地区县以上和西部地区中等以上城市的中小学都能上网，努力实现基础教育的跨越式发展。

《西域省教育信息化建设规划纲要》自201×年起正式实施。根据省教育信息化建设发展的总体目标，要建立健全各级教育信息化组织管理机构，逐步建设覆盖全省各类学校的教育网络系统，实现教学相关部门和中小学的多种数字化和现代化应用功能，构建开放的教育网络系统和现代化教学环境，开发和推广使用优秀的教学软件，建设具有西域省特色的教育教学资源库，建立一支教育信息化的骨干队伍，培养一批适合教育信息化发展的一线教师队伍，实现学科多媒体教学、网络教学、远程教学。

由于T市在省政治经济建设和发展中所处的重要地位，201×年T市被教育部列为全国的"信息技术教育示范区"。201×年被省列为"国家级课改实验区"，也是省期望在全省率先实现教育信息化和现代化的城市，以此推动全省的教育信息化建设和发展。

无论是从国家和省的期望，还是T市政府对教育信息化、现代化建设的热切关注和重视程度来看，加快T市城市教育信息专网的建设，已成为推动教育现代化事业的发展势在必行、刻不容缓的重要任务。

### 2.3 教育事业发展的自身需要

国家对教育信息化建设的具体要求：一是在中小学普及信息技术教育，并推进以多媒体计算机技术为核心的教育技术在学校的普及和运用；二是教育网络的全面普及和应用，使教育管理者、教师和学生都能充分利用网上资源；三是大力发展现代远程教育。而目前T市的教育信息化现状距离国家要求和教育市场未来需求相差甚远，且远远落后于内地经济发达地区和城市，更谈不上适应T市信息化及数字化城市发展的布局和要求。

目前，T市的50所中小学中，已建成并符合校园网建设规范的学校仅占10%，建成了简单校园网的学校占14%，还有76%的学校尚未建设校园网，仅有学生机房和多媒体教室。而T市尚未建立专门的教育宽带城域网络平台，所以无法实现学校与学校之间，学校与市、区教育局之间以及对特定用户的网络宽带互联互通，无法达到"校校通"和"班班通"的目的。早日建成由教育城域网——校园网系统构筑的T市教育信息专网，是T市教育事业发展和教育现代化建设的迫切需要，是自身加快教育信息化建设进程的重大举措。

## 2.4 对城市经济文化建设产生的推动作用

目前"数字城市"已经成为城市信息化建设的热点。因为它不仅是我国城市融入全球化浪潮的首要和必要条件,还有一个重要因素,就是"数字城市"包含巨大的产业空间。要打造新型的数字化 T 市,必将优先推动 T 市信息产业的发展规模,进而全面带动当地经济和文化的蓬勃发展。T 市教育信息化建设及其不断深化应用,正是构筑城市信息产业链中的重要组成部分,同样包含着经济、文化、教育发展的难得商机。尤其 T 市教育城域网——校园网系统工程的建设是教育信息化的重要基础。它不仅为中小学的九年义务教育服务,还将伴随着社区、企事业单位的信息化建设,不断发展延伸到学生家教、社区文化教育、幼儿教育、职业培训、资格培训、成人教育甚至老年教育等各个领域。在教学方式、教学手段和教学内容等方面,都将发生质的变化,从而更好地为全面推进城市居民素质教育和构筑终身教育体系服务,同时,也将刺激城市居民的信息消费需求,必将对推动 T 市经济文化建设产生积极的作用,对打造新型的 T 市数字化城市具有深远的历史意义。

# 第3章 教育网络建设现状及优势

## 3.1 教育信息化建设领导管理体制

201×年10月成立了 T 市教育系统网络建设领导小组,其管理职责是:统筹规划,领导全市教育系统网络建设工作;制定全市教育信息化建设的方针及相关政策;审批、协调有关部门为网络建设提供所需的保障和支持;为教育系统网络建设创造良好的社会环境。同时还成立了网络建设专家指导组,其管理职责是:领导组织实施教育城域网、校园网建设工作;对各区学校网络建设、管理提供技术支持,适时给予指导;对教育城域网、校园网的建设方案进行审查、论证并组织实施;对网络建设过程进行跟踪、协调、控制、评估;组织各区学校开展信息技术、网络管理的技术交流,及时总结经验,抓好典型并加以推广等。201×年5月市教育局和市科技局联合颁布了《关于规范 T 市教育信息化建设的通知》。

## 3.2 中小学信息技术教育的基本情况

目前,T 市教育局管辖的中小学共有50所,其中小学29所,中学21所,分别分布在 T 市、BJT、WR、DS 四个行政区和两个农牧乡中。200×年学校实行分级教学管理,11所中学由市教育局直接管理,其他中学和小学分别由各区教育局进行管理。共有在校学生39 204名,专职教师3 930名。201×年 T 市被教育部列为"信息技术教育示范区",201×年被省选定为"国家级课改实验区"。

截至201×年年底统计,T 市中小学校总计拥有计算机台数约3 700台,全市学校生机(学生计算机)比例为 16∶1,全市学校教机(教师计算机)比例为 2.6∶1。计算机教学专用教室55个。正式开设计算机课的学校有50所,占全市学校总数的100%,有部分学校未能达到省规定的一人一机的标准。市教育局在20世纪末就已建成教育卫星地面接收系统,由于受到传输模式的影响,很难实现教育资源的共享和利用。

## 3.3 中小学校园网建设的基本情况

自201×年开始建设第一个校园网到201×年的四年中,建立校园网的学校有12所,仅占中小学总数的24%。其中,市直属中学有Ⅱ中、Ⅺ中等4所中学;T 市区属小学1所;DS 区属中学2所、小学5所。符合省教育网络建设规范的校园网只有5所,通过省验收的仅有3所。

已建校园网的学校都采用了 ISP 提供的专线光纤,开通带宽为 2Mbps。除 DS 区外,T 市、区已建完的5个校园网中,百兆校园网2个、千兆校园网3个。能上互联网的计算机教室11个,教育终端有150个。规范的校园网具有电子教室、教学资源库、多媒体教学、对外 WWW 服务、视频点播系统、文件共享等一系列功能。建有自己网站的学校4所,未建校园网的学校均通过电话拨号上网。

### 3.4 资源库建设与教育教学软件应用情况

201×年以来,各中小学计算机应用已延伸到教师备课和课堂教学当中,从小学的数学、语文、思想品德课到中学的英语、几何、物理、化学等学科都进行了CAI尝试,大大提高了课堂教学质量,推进了素质教育。大多数学校也都有各自特色的计算机第二课堂活动。目前学生上网浏览、下载信息、发E-mail、制作个人网页、自费上网接受著名网校辅导的比例在逐年增加。绝大部分学校实现了文件、校报、校刊、试卷的计算机联网打印。能用计算机处理工资发放、各科分数统计和分析、教师的评价等工作,但效率较低。

在校园网硬件环境建设的同时,市教育局积极倡导和重视网络软件的应用与开发工作,已建成校园网的学校或开发、或购买的校园网平台、视频点播系统、电子备课系统、学生成绩管理系统、信息发布系统、虚拟光驱系统等相继投入使用,对提高教师的计算机应用水平起到了重要的推动作用,同时也为学校管理提供了必不可少的软件支持,取得了较好的效果。

由于各校网络环境不健全、网络建设不统一,取得的效果也有不尽如人意的地方。

### 3.5 教育信息化队伍建设情况

教育信息化骨干队伍建设:全市中小学计算机教学专、兼职教师有76名。外派骨干教师参加多媒体教学课件制作培训60多人次。有40多名计算机教师接受了后备网管人员的系统学习。派出网络管理员取证任职资格培训10人,取得微软网络工程师资格的10人。

教师队伍计算机培训:全市中小学参加计算机继续教育的教师占教师总数的98%,接受过计算机专门培训的教师已超过教师总数的70%。参加计算机水平考试的教师有923人,合格率为76%。全体教师中有40%的任课教师能熟练运用计算机备课,会操作计算机的教师达到80%左右。全体教师中有30%的教师能利用多媒体技术制作课件,其中部分教师制作的课件已达到一定的专业水平。

## 第4章 教育信息网络建设存在的重要问题

### 4.1 缺乏统筹规划,市区各自为政

T市教育信息网络建设存在的首要问题是缺乏科学规划和统筹安排。201×年学校实行分级管理以来,教育信息网络的建设,随着现行管理体制而自然形成各自为政和条块分割的局面。由于对全市中小校园网和"校校通"的建设缺乏科学的统筹规划,缺少统一的建设规范和技术标准,加之财政投入和学校筹资能力不同,导致各校校园网的建网模式不同,建设水平参差不齐。在已建成的网络和系统中,有的学校是小而全,而有的学校只能是简简单单。这都给"校校通"的资源共享、信息共享、公文流转、新技术应用和远程教育带来了极大的困难或较多的技术问题。校园网建设小而全,又会造成系统维护、管理、软硬件升级的困难,维护费用较高。

### 4.2 资金投入不足,网络建设滞后

依据现行的校园网投资建设模式,市教育局直接管理11所骨干直属中学,其余39所中小学分别划归T市的4个行政区教育局负责管理。自201×年以来,市教育局已在4所直属中学建成了规范的校园网,平均每年完成1所中学的校园网建设。

由于各行政区的财政状况不同,因此在校园网建设上的投入力度也不一样,加之各学校自筹资金的条件和能力有限,校园网的建设进程有着较大的差距。DS区所属7所中小学已全部建立了简易的校园网。T市区15所小学中,仅有1所建立了规范的校园网。BJT区和WR区仍然是空白。

从校园网建设的总体上看,建设进程比较缓慢,4年时间里,校园网建网率只有24%,而

且建设水平参差不齐，发展不平衡。依此速度，至少还需 10 年时间才能全部建完校园网。这样的教育信息化建设速度、进程和建设水平，不仅达不到教育部和省规定的目标，还将严重影响到 T 市数字城市的战略实施。究其原因是建设资金不足，筹资困难，主要靠政府财政投入等问题制约着"校校通""班班通"计划的实现。

### 4.3 传统方式建网，投资重复浪费

计划建设的教育城域网和校园网，根据专家论证意见，将按照"统一系统规划、统一方案设计、统一网络标准、统一管理平台"的"四统一"建网模式建设。与传统模式建设校园网相比较，将极大地节省投资。

（1）依照传统模式建设校园网，每所学校必然是一个"小而全"的网络，否则校园网无法正常运行。学校的网络中心要向全校提供 WWW、E-mail、DNS、DHCP、文件共享、视频点播、虚拟光驱等服务，保证这些服务正常运行的服务器就必然要采取高配置，而且服务器的数量也至少需要 3 台。以 T 市 II 中学为例，中心机房配备了 4 台 HP 服务器，一套 SGI 视频点播专用设备及配套磁盘阵列，一台 NAS 存储设备，投入资金高达 100 万元。

而依照"四统一"建网模式，学校的网络中心需向全校提供 WWW、DHCP、文件共享等服务，只需要 1~2 台中等配置的服务器即可，而且由于教学资源都存储在城域网网络中心，学校也无须再配备高性能、高可靠性、大容量的存储设备，因此投入资金将大幅度降低。

（2）依照传统模式建设校园网，每所学校都通过 ISP 提供的线路直接接入互联网，学校配置的网络设备除必需的主干交换机和接入交换机以外，还必须配备防火墙、路由器、代理服务器等设备和软件。

而依照"四统一"建网模式，除边远学校外，所有学校均通过 ISP 提供的线路直接接入城域网网络中心，学校与网络中心位于同一网络中，没有必要再为每所学校配备路由器、代理服务器等设备和软件，节省了投资。

（3）依照传统模式建设校园网，为了保证校园网的正常运行，以及为教师和学生提供相对较丰富的教学资源，都必须购买基本成套的或一系列系统软件、应用软件和教学资源。以 T 市 VI 中为例，学校购买了联想网络教学平台、联想数字化图书馆、联想视音频点播系统、校园信息平台、互联网仿真教学系统、联想教育教学资源库、联想课件素材库、联想成品课件库、联想资源库管理系统等一系列软件，投入资金 22 万元以上。

而依照"四统一"建网模式，所有学校统一使用教育城域网网络中心的教学资源，学校只需购买系统软件和校园网平台，投入资金只需 25%就够了。

### 4.4 重硬件轻软件，重建设轻应用

在信息化建设中，重硬件、轻软件，重建设、轻应用，重网络、轻信息的现象十分普遍。由于网络建设分散，网络和应用系统建设缺乏统一的标准和接口，各校园网相对独立，导致网络平台差异较大，网络及应用软件平台五花八门，真正优质的教育教学软件匮乏，信息资源不能共享，信息资源开发与利用落后于网络建设，信息加工处理、数据库开发严重滞后，对信息资源加工处理的投入严重不足，凸显出"信息孤岛"现象。

## 第 5 章 教育信息化建设市场需求预测

### 5.1 教育城域网的用户群分析

#### 5.1.1 50 所中小学校园网用户

目前全 T 市有 50 所中小学校，这是教育城域网的主要用户群。

未来使用教育城域网络的用户主要有下列四类群体：三至六年级的小学生；初一至初三年级的初中学生；高一至高三年级的高中学生；学校教职员工。

### 5.1.2　市教育局和各区教育局局域网用户

市教育局和 4 个行政区的教育局所属教育行政管理人员、直属教育科研单位是未来教育城域网的直接用户。

### 5.1.3　成人继续教育和职业培训等外延用户

201×年，T 市有大中专院校 2 所，在校学生 3 047 名，教职员工 549 名。全年自学考生 7 000 余人次。全年在校各类函授学生达 1 万余人。每年还有数千人参加成人高考、职业培训和资格考试。这些群体称为外延用户，构成了未来教育城域网的单位用户和单机用户群。

### 5.1.4　社区单机用户

据 201×年统计公报，T 市总人口为 31 万人，辖区内居民总户数近 10 万户。每万人城域出口带宽为 86 207Kbps，每百户拥有计算机 35 台，家庭宽带接入比例为 1.6%，全市固定电话用户达 17.35 万户，移动电话用户 16 万户，国际互联网用户 2.25 万户，上网企业数占企业总数的 6.3%。T 市人口平均受教育年限为 8.27 年/人，人均信息消费支出占总消费支出的比例为 32.5%。

从社区文化教育来看，根据以上统计数据分析，对未来教育城域网用户来说，这都是一个巨大的、待开发的、逐年增长型的社区单机用户群体。不同的社会群体对教育网络资源有着不同的需求，尤其是在重视信息、知识和人才的今天，随着社区信息化的建设，社区文化教育必然成为潜在的、要开发的教育文化市场。这就使得教育网络成为社区文化教育、单位上网学习、家庭上网学习获取优质教育资源最为便捷的途径。

综上所述，如此巨大的教育城域网的用户群体，预示着 T 市未来信息化教育市场的广阔前景。

## 5.2　主要用户群体对教育信息的需求预测

教育城域网的主要用户群体是全市中小学生、教师和学生家庭。为了得到较为准确的市场数据，西域省 SY 工程咨询中心在 T 市的 2 所中学和 2 所小学各个年级的学生和老师中进行了问卷调查。两种调查问卷的有效样本比例均超过各样本总数的 60%。所以，调查样本可以作为市场分析的依据。

### 5.2.1　建设教育城域网将会刺激家庭计算机的购买需求

根据学生/家长调查样本统计结果，学生家庭中，计算机拥有比例为 70%。在 30%没有计算机的学生家庭中，有 54.7%的家长会考虑在一年内购置计算机，其中有 1/3 的家庭是因为教育城域网开通后的原因而刺激其购置计算机需求的，估计将会促进近 3 000 户家庭尽快购置计算机。因此，拥有计算机的学生家庭预测将达到 21 000 户。建设教育城域网将会刺激对教育资源的需求：

（1）在学生/家长调查样本中，有电脑的家庭中，开通上网的占到 45%。其中，经常上远程教育网站的占 7.8%。现阶段中小学生在家里上网主要是玩游戏，其次是浏览其他网页，上教育网站的比例较低。而名牌教育网站年收费较高也是一个主要因素。这说明急需一个属于 T 市自己的、资源丰富的、实时有效的教育城域网络平台，为学生提供教育信息服务，吸引学生的兴趣，引导他们对教育资源进行利用。

（2）在学生/家长调查样本中，对网络教学资源的需求进行了调查，共有 471 人接受了问卷调查。具体数据如表 17-1 所示，统计示意图如图 17-1 所示。

由表 17-1 和图 17-1 统计看出学生需要的网络教育资源排序分别是：全国知名网校与本校同步的教学资源，全国知名网校实时讲课内容（视频），全国知名网校教学资源，数量可观的科普视频资源，本地教师制作的与课堂教学配套的教学软件，中、高考教学辅导以及相关信息。这对教育资源的开发提出了重要艰巨的任务。

表 17-1　中小学生对教育网站及其资源类型需求统计

| 网站资源类型 | 需求人数/人 | 需求比例/% |
|---|---|---|
| 全国知名网校与本校同步的教学资源 | 311 | 66.03 |
| 全国知名网校实时讲课内容（视频） | 270 | 57.32 |
| 全国知名网校教学资源 | 221 | 46.92 |
| 数量可观的科普视频资源 | 165 | 35.03 |
| 本地教师制作的与课堂教学配套的教学软件 | 153 | 32.48 |
| 中、高考教学辅导以及招生信息 | 153 | 32.48 |

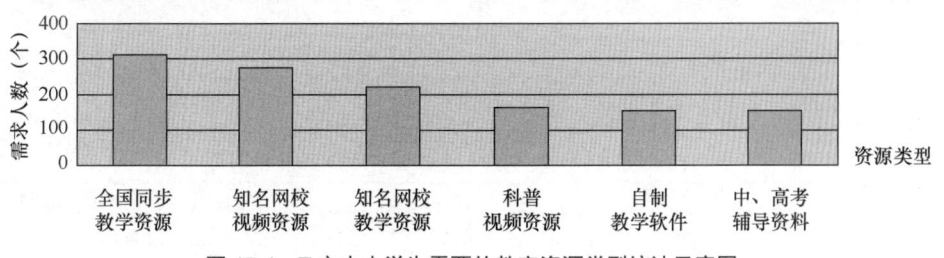

图 17-1　T市中小学生需要的教育资源类型统计示意图

（3）在教师调查样本中，对知名教育网站的教育资源的满足程度、现阶段使用的资源类型、需要的资源补充等教师需求问题进行了调查，共有177个有效样本。教学资源类型需求统计数据如表17-2和表17-3所示。

表 17-2　教师对现有网络教育资源的满足程度统计

| 项目 | 完全能满足 | 基本能满足 | 不能满足 | 远远不能满足 |
|---|---|---|---|---|
| 人数/个 | 21 | 100 | 42 | 13 |
| 比例/% | 11.9 | 56.5 | 23.7 | 7.3 |

表 17-3　教师课堂使用的媒体形式一览

| 项目 | 教学课件 | 视频资源 | 音频资源 | 图片 | 文字资料 |
|---|---|---|---|---|---|
| 人数/个 | 100 | 56 | 32 | 65 | 63 |
| 比例/% | 56.5 | 31.6 | 18.1 | 36.7 | 35.6 |

统计表明，有56.5%的教师认为现有知名教育网的教育资源已经能满足教学的需要，认为完全能满足的比例也达到11.9%，有31%的教师认为现有资源不能满足或者远远不能满足教学的需要。

教师在课堂上使用最多的教学媒体形式是教学课件，其次是图片和相关的文字资料。说明能帮助教师授课，活跃课堂气氛，辅助授课的深度和难度的媒体资源是各种教学课件，这应该始终是未来教育资源提供的一个重要内容。

### 5.2.2　建设教育城域网将会刺激信息消费支出

表17-4是201×年T市与全省和全国的一些城镇进行的居民经济统计数据对比。

表 17-4　201×年有关城镇居民统计数据对比

| 项目 | T市 | 西域省 | 与全省比较/倍 | 全国 | 与全国比较/倍 |
|---|---|---|---|---|---|
| GDP/亿元 | 167.6 | 1 485.5 |  | 95 933.3 |  |
| 人均GDP/元 | 44 174 | 7 913 | 5.6 | 7 543 | 5.9 |
| 在岗职工年平均货币工资/元 | 17 873 | 10 278 | 1.7 | 10 870 | 1.6 |
| 城镇居民年人均可支配收入/元 | 10 389 | 6 590 | 1.6 | 6 860 | 1.5 |
| 城镇居民年人均消费性支出/元 | 8 604 | 5 060 | 1.7 | 5 309 | 1.6 |

由表17-4中的数据可以看出，T市人均GDP远远高于西域省和全国平均水平，是全省水平的5.6倍，是全国水平的5.9倍。在岗职工的年平均货币工资是全省平均水平的1.7倍，是全国平均水平的1.6倍，说明T市在职职工有着较高的平均工资收入。城镇居民年人均可支配收入是全省平均水平的1.6倍，是全国平均水平的1.5倍，同样说明T市城镇居民有着较高的可用于支付各类费用的能力。

城镇居民年人均消费性支出是全省平均水平的1.7倍，是全国平均水平的1.6倍，说明T市城镇居民各类消费性支出也是相当可观的，远高于全省和全国平均水平。201×年年底，城镇居民储蓄存款余额为89.81亿元，比上年增长16.9%。

在学生/家长调查样本中，未来对拟上T市教育城域网的家庭每月愿意付出的费用区间进行了调查，共有464人对该项做了回答，具体数据如表17-5所示。

表17-5 家长愿意支付的每月教育资源费用区间统计

| 项目 | 50元以下 | 51~100元 | 101~200元 | 201~300元 |
| --- | --- | --- | --- | --- |
| 愿付费人数/人 | 227 | 142 | 63 | 32 |
| 比例/% | 48.9 | 30.6 | 13.6 | 6.9 |

表17-5中的数据说明，每个家庭对子女上教育城域网愿意付出的费用是不同的，由每个家庭的实际情况、开支预算、子女上学的年级以及对子女成绩的期望值等多种因素决定。总的来看，每月愿意为此支付50~100元费用的家庭占到统计样本总数的79%，接近4/5的家庭。这应该成为今后网络资源收费要考虑的一个重要定价因素。同时也说明，按照T市城市居民平均货币工资平均水平和年人均可支配收入，建设教育城域网定会刺激并增加学生家庭对信息消费的支出。

## 第6章 项目建设已经具备的条件

### 6.1 城市经济发展必将提供的保障

T市作为以石油勘探开发和炼油化工为龙头的资源性城市，经过多年的研究探索和坚持不懈的努力，保持了石油生产的高速平稳发展，勘探研究不断取得重大突破，油田开发逐步向深、难、隐性油藏发展，原油产量连续××年持续稳定增长，201×年突破×××万t大关。近两年，随着油田的发展和企业的重组改制，地方企业、非公有制企业以及民营科技企业出现旺盛的发展势头，经济现状趋于好转，职工收入稳步增长，城镇居民生活水平逐年提高。这一切有力地促进了地方经济和财政收入的增加，同时，也为建设教育城域网——校园网系统工程提供了强有力的支持，为教育信息网络的发展提供了经济保障。

### 6.2 城市信息网络基础设施完全具备

教育城域网、校园网所依托的T市宽带网及基础设施建设取得了飞速发展。近5年来，相继完善和改造了现有电信、广电网络，促进电信网、广播电视网和计算机网的互联，实现光纤到楼、网络到户，网络覆盖了偏远地区及乡镇，初步实现了"三网"的技术融合、业务融合和终端融合，并建立了与国际接轨的多媒体信息传输平台。T市的电信设施、规模容量、技术层次和服务水平已基本满足城市与地区信息化发展的要求。

公众电话网向多元化、综合化、宽带化、智能化、个人化、数字化和分组化的方向发展，电话线路数字通信出口带宽达3.12Gbps，实现了IP数字通信、DDN、HDSL、ADSL、ISDN、无线数字通信、数字视频传输等功能，200×年已建成集卫星、无线、有线以及互联网并用的、上下联通的广播电视传输覆盖网。

T市电信依托省会W市直达光缆的2.5Gbps出口带宽和直达T市的2.5Gbps备份电路所构成的双备份、自愈环结构网络和全省ATM骨干网的资源优势，在全省率先建成了覆盖T市区的城市主干光纤网，建设规模为三环一链，最大纤芯为 228 芯，最小为 84 芯，共 3 168 纤芯千米；这是一个涵盖核心交换层（4 台 Quidway 8750）、骨干层（10 台 Quidway 5200、5100）、接入层（楼层交换机），网络面向 IP 化、宽带化、智能化发展的城市宽带网；共为 T 市政府机关、金融系统、石油企业、教育系统、房地产开发商等单位用户和社区个人用户设计施工网络信息点 17 000 多户，上网用户已接近 10 000 户。

T 市电信建成的宽带网，可满足不同用户对网速及资费的不同要求，可提供高速上网（ADSL/LAN）、高速以太网互连（2Mbps、10Mbps、100Mbps、1Gbps 端口），虚拟专用网 VPN 业务，视频业务（VOD、MOD、KOD）等宽带业务；不仅为宽带业务的发展提供了丰富的光纤资源，也为宽带网络的安全性和可靠性提供了更有力的保障。目前，由 ISP 提供的 T 市城市宽带网建设居全国先进水平。

由于教育城域网是建立在 T 市 ISP 的物理网络上，因此，教育城域网——校园网系统工程建设，只需要提供网络服务的 ISP 建设，即可提供"最后一千米"的接入服务。

### 6.3　招商引资工作取得重大进展

国家西部大开发为西域省和 T 市提供了难得的发展机遇，如何抓住这个机遇促使 T 市的教育事业在较短的时间内得到较大的发展，必须针对 T 市教育发展的实际选好切入点，抓住关键。

近几年来，随着 T 市的经济发展，城市基础设施建设、信息化建设、环境建设、交通建设、法治建设、文化建设、社会治安综合治理等各个建设领域都有了长足的进步，加之市政府不断出台的一系列招商引资优惠政策，确实为 T 市建立了良好的投融资环境。

为了抓住机遇，抓住关键，推动 T 市教育现代化建设进程，T 市教育局在市场调研、考察学习、吸收经济发达地区先进经验的基础上，通过进一步解放思想、转变观念，针对 T 市教育现代化建设的实际现状，选准教育信息网络建设作为切入点，果断提出了通过招商引资，加快教育信息化建设的思路，以此推动教育事业的发展。

经过一年多的工作，先后与西域省 TZ 数码科技有限责任公司、上市公司——GD 省 PB 实业集团、西域省电信 T 市分公司达成共同投资建设教育城域网——校园网系统工程的合作意向，3 家企业投资总额为 1 400 万元，包括工程建设资金和网络运营流动资金，以及电信资源入股。合作 4 方已签订了《T 市教育城域网——校园网系统工程建设项目投资意向协议书》。

### 6.4　各项整体技术解决方案准备就绪

#### 6.4.1　T 市教育城域网框架方案通过专家论证

201×年××月××日，在 T 市主管领导的安排下，由市科技局主持，邀请 T 市、西域省华海××公司、西域省电信 T 市分公司、西域省 TZ 公司等单位和部门的信息技术专家××人，对市教育局提交的"建设 T 市教育城域网框架方案"进行了技术论证。评价结论认为该方案符合 T 市教育改革发展实际，采用"胖中心，瘦校园"的统一规划、统一设计、统一网络标准、统一管理平台的"四统一"建设模式，符合经济、实用、效能的建设原则，具有投资少、灵活适用、易于扩充、信息资源共享等优点，可满足当前教育教学工作的需要和 T 市未来教育信息化发展的需求。专家建议，将教育城域网建设工程纳入 T 市重点基建工程计划投资发展项目。

#### 6.4.2　T 市教育城域网相关子系统方案通过评审

根据"建设 T 市教育城域网框架方案"确定的技术路线，201×年××月××日，由市教育局组织省有关电信专家和市科技局、教育系统、T 市电信及 GD 省 PB 在线公司共××名专家参加了评审工作。针对存储、网络管理、电子邮件、多媒体、信息管理、网络安全、计费系统、应用平台和远程教育 9 个子系统的 27 份由相关公司提供的整体解决方案，从中遴选出 12 个子系统方案进行了技术评审，最后有 6 家公司提供的子系统方案被专家组评为最佳方案。

### 6.4.3 T市教育城域网整体技术解决方案编制完成

近两年来，联想、华为、KTL等公司相继为T市教育城域网编制了3个技术解决方案，综合这些方案的优点，再经过以上子系统方案的优选，T市教育局组织GD省PB在线系统集成有限公司合作编制完成了《T市教育城域网整体技术解决实施方案》。

### 6.4.4 学校校园网整体技术解决方案编制完成

参照省教育厅颁布的《西域省校园网建设规范实施意见》，根据T市教育城域网建设架构和技术路线，总结T市Ⅱ中、ⅩⅡ中、Ⅵ中和Ⅴ中的校园网建设经验，市教育局组织GD省PB在线系统集成有限公司合作编制完成了规范的《T市校园网整体技术解决方案》。

## 6.5 优质教育资源纷纷抢占T市教育市场

未来建设的城市教育城域网吸引了国内一些知名的大学（院校）和知名的教育网站以其优质的教育资源纷纷抢占T市的教育市场。S大学、BJ四中、BJ101教育网校等都到T市教育局洽谈合作事宜。T市教育局已同S大学附中/附小远程教育网校达成"优势互补、资源共享，捆绑运行、风险共担，利益分成、共同发展"的合作意向。由S大学附中通过"天、地、人"三网合一的教育服务模式，提供优质的教育教学资源，为T市教育城域网的资源库建设奠定了基础，与其他的教育资源提供商的合作事宜也在洽商中。

## 6.6 构筑网络运营平台的条件已经成熟

市教育局本着"应用为本、注重实效、以网养网、可持续发展"的原则，委托西域省SY工程咨询中心对T市教育城域网的网络运营进行了可行性分析。工程咨询中心依据对T市教育市场的需求预测，从网络运营模式选择、网络运营方案、网络运营公司组建方案、经济效益分析等方面，综合研究了网络运营的可行性，在研究了BJ、上海、大连、昆山和西安的教育网络运营模式后，推荐了"市教育局主管，委托法人公司运营"的关联托管式运营模式以及"多元化投资，股份制合作，以网养网，利益共享"的经营机制，并认为T市教育城域网采取"关联托管式"运营模式极具创新性，这一运营模式和经营机制同时得到了投资企业的高度认同。同时，西域省TZ数码科技有限责任公司、GD省PB实业集团、西域省电信T市分公司将投资联合组建网络运营公司。因此，通过资源整合、优势互补来构筑教育信息网络运营平台的条件已经成熟。

# 第7章 项目建设的预期目标

## 7.1 现实目标

T市教育城域网作为覆盖全市的大型综合性教育网络，目标是建立一个集数据、语音、视频服务于一体的多功能、多业务的宽带网络平台，依托此平台将现代信息技术应用到教育教学领域，为基础教育、职业教育、高等教育、成人教育和教师继续教育等提供全方位的教育教学信息资源服务，为相应的用户群体提供电子教学的平台及内容，并为各级政府和各教育实体提供相应的管理平台。

T市教育城域网将达到以下4个方面的目标：

（1）为教育管理人员服务，使他们能够充分利用网络化办公环境，快速、便捷地处理大量的教育信息，提高工作效率，降低工作强度。

（2）为教学人员服务，不仅为他们提供与外界沟通的通信环境，而且为他们提供一个网络授课的平台、资源共享的平台，使他们在更大范围内共享信息资源，从而提高教学质量与教学水平。

（3）为广义范围内的学生服务，使他们在网络支持下，以全新的学习方式与学习手段来学习，从而全面提高自身素质与能力。

（4）为家长服务，通过网络，架设起学校和家庭之间的沟通桥梁，便于家长及时了解学生在学校里的表现，学校及时从家长处得到反馈信息。

### 7.2 长远目标

建设 T 市教育城域网对 T 市的城市信息化建设、教育信息化水平的提高都有着极为重要的现实意义。T 市教育城域网将成为教育服务的网络管理中心、管理信息中心、教育资源中心、教育技术培训中心和远程教育中心。在实现更大范围教育资源共享的基础上，对教育系统实施全程现代化教学管理，提高教师和学生适应未来信息社会的能力；同时服务于社会各个群体，是通过网络实施终身教育和继续教育的一种重要手段。该工程建目建设可更好地为全面推进素质教育和构筑终身教育体系服务，实现以网养网，可持续发展的长远目标。

（1）一流网络规模。T 市教育城域网应在网络教学系统、教育管理系统、网络建设等方面达到国内领先水平。在实现校校通、班班通、管理通的基础上，把教育城域网的影响通过教师和在校学生尽可能地扩大到本地的各种群体乃至外地的教育用户中去，本着实用性、先进性的原则首先为本地的各种群体提供各类教育资源服务。

（2）一流资源建设。与知名大学和教育网络合作，引进先进的教育资源，在保持系统硬件和软件不断升级和更新的基础上，在教育资源上每年固定投入大量的人力和资金，建成西北地区乃至全国一流的网络教学资源中心。

（3）一流服务水准。让用户满意，一切为用户考虑，让用户能便捷、舒心、高效地在教育城域网络上找到需要的信息资源，为其提供超前所需的教育信息服务，进一步引进外来资本，扩大公司规模及经营范围，为更多的社会群体服务。

## 第 8 章　教育城域网整体技术解决方案描述

### 8.1　网络整体架构

（1）依托 T 市电信的宽带骨干网，以市教育局的教育城域网网络中心为核心，拟分别在 T 市的 BJT 区和 DS 区教育局建设分中心，以此构筑教育信息专网。全市各中小学按学校规模就近接入，通过公用、专用、私有 IP 地址划分进行管理。

（2）拟采用三级网络，在教育城域网络中心进行交换。为减少出口接入费用，避免不良信息的恶意侵入，在网络中心设立统一出口，接入国际互联网，实现全市各中小学校园网的互联互通。

（3）在网络中心建设视频点播、网络安全系统、教育资源存储、资源备份系统库等。实现网上教育资源、远程视频点播、信息发布、政务管理等教育信息资源共享。

### 8.2　网络分层设计

在 T 市教育城域网的构建中，为减少网络中各部分的相关性以便网络的实施及管理，设计上采用了分层结构。从整体上可以将网络划分为核心层、汇聚层、接入层三个层次。

网络中各层所需要承担的功能不同。核心层负责完成网络各汇聚节点之间的互联及完成高效的数据传输、交换、转发及路由分发，该层的节点设备应具备线速无阻塞的路由转发性能，负责为全网的数据转发提供高速的通道。汇聚层负责将各种接入集中起来，除进行局部数据的交换、转发以外，还将数据输送到核心层去，在更大的范围内进行数据的路由及处理。网络的接入层是最终用户被许可接入网络的点。该分层能够通过过滤或访问控制列表提供对用户流量的进一步控制，该分层的主要功能是为最终用户提供网络接入。

### 8.3　网络组网方案

T 市教育城域网是一个包含 50 所中小学和市、区两级教育局，共有 6 400 多个信息点的大型综合性计算机网络。

当前适合 T 市现状的教育城域网的组网方式是利用 ISP 提供的以裸光纤作传输通道的组网方案（见附图 1，此略）。T 市教育城域网组网方案如附图 2 所示（此略），T 市教育城域网光纤拓扑结构图如附图 3 所示（此略），T 市教育城域网校园方案如附图 4 所示（此略）。

在市教育局设立城域网网络中心，在 T 市的 BJT 区、DS 区教育局设立分中心，网络中心与各分中心，各分中心与学校之间采用 ISP 提供的裸光纤实现互联。

计划建设的 50 所校园网将以市教育局城域网网络中心和两个分中心为核心，根据学校规模，按照"统一规划、统一设计、统一网络标准、统一管理平台"的"四统一"建网原则，统一建设。

### 8.4 地址规划及采用的路由协议

T 市教育城域网具有范围广、应用复杂（不仅有数据应用，还将有 Voice、Video 等多种类型的多媒体应用）、容量要求高等特点。因此，选择适当的路由协议，进行认真的地址和路由规划，对于优化整个教育城域网的性能，保证网络的扩展性、健壮性具有非常重要的意义。

#### 8.4.1 地址规划

地址规划是优化路由处理的重要组成部分。在 T 市教育城域网中，采用 IANA 内部地址。由于此次分配的 IP 地址可能跨 2 个 B 段，因此可用的私网 IP 地址段为：

A 类地址×× . × . × . ×——×× . ××× . ××× . ×××

或 B 类地址××× . × . × . ×——××× . ××× . ××× . ×××

考虑到 T 市油田专网所用的地址段为 A 类地址×× . × . × . ×——×× . ××× . ××× . ×××，因此教育城域网的终端和网络设备均使用 B 类地址段××× . ××× . × . ×——××× . ××× . ××× . ×××，若此地址段以 26 位子网掩码（每段 62 个可用 IP 地址）划分网段，则共有 1 015 808 个地址可供使用，足以满足今后发展的需要。

#### 8.4.2 路由协议

在 RIP、OSPF、IS-IS 等多种内部路由协议中，RIP 是使用最早的路由协议，也是最简单的路由协议。它主要传递路由信息（路由表）来广播路由。RIP 运行简单，适用于小型网络。OSPF（Open Shortest Path First）是一种基于链路状态的路由协议，它在网络扩展性、安全控制、路由恢复（路由收敛）等方面具有明显的优势。

经过综合考虑，我们采用 OSPF 路由协议作为核心路由器的路由协议。

### 8.5 互联网接入

在网络中心设立统一的互联网出口，接入 CHINANET 的带宽为 100Mbps，学校一级不再另设互联网出口，以节省流量费，并可实现对访问内容的统一管理。

### 8.6 远程访问接入

考虑到 T 市有个别偏远的学校暂时未能拉通光纤，如要直接接入城域网只能以拨号的方式上网，为节省接入费用及增加接入带宽，偏远学校的远程接入采用通过 ADSL 接入 VPN 虚网的解决方式，实现远程用户通过互联网以安全的方式访问教育城域网资源。

## 第 9 章 项目建设概况

### 9.1 项目名称与性质

#### 9.1.1 项目名称

T 市教育城域网——校园网系统工程。

### 9.1.2 项目性质

T市教育事业公益项目。

## 9.2 项目建设基本原则与方针

### 9.2.1 项目建设基本原则

整体规划，市教育局主导；统一标准，项目法人建设；应用为本，注重经济实效；以网养网，持续稳定发展。

### 9.2.2 项目建设基本方针

建设资金捆绑式，建设运营一体化，边建设，边运营。

## 9.3 项目建设内容与规模

### 9.3.1 建设区域性的教育信息网络中心

市教育局城域网网络中心和BJT区、DS区分中心系统工程建设，包括网络设备、综合布线、系统软件和应用软件、系统集成工程。计划投资估算约685万元。使它成为5个中心，即网络管理中心、管理信息中心、教育资源中心、教育技术培训中心、远程教育中心，是实现全市中小学校校通的核心枢纽。

### 9.3.2 建设市教育局和各区教育局的教育局域网

市教育局和各区教育局的局域网系统工程建设，包括网络设备、综合布线、系统集成工程。计划投资估算约33万元，可以实现教育行政管理网络化。

### 9.3.3 建设50所中小学的校园网

完成50所中小学的校园网建设，包括网络设备、综合布线、系统集成工程、终端设备基本配置在内。计划投资估算约3 336万元，在实现校校通的基础上，可以实现班班通。

### 9.3.4 配套辅助设施建设

配套辅助设施建设，是完成网络中心建设和40所中小学校园网建设必需的配套建设工程，包括网络中心（分中心）和中小学校园网机房装修改造工程、机房电路改造工程、网络中心防雷电工程、网络中心消防安全工程等。计划投资估算约491万元。

以上项目建设内容和规模如表17-6所示。

表17-6 T市教育宽带城域网——校园网系统工程项目建设内容和规模　　单位：万元

| 序号 | 建设项目分项名称 | 计划投资额 | 具体建设内容 | 备注 |
| --- | --- | --- | --- | --- |
| 1 | 区域性的教育信息网络中心 | 684.55 | 网络设备、综合布线、系统软件和应用软件、系统集成工程 | 建设一个中心和BJT区、DS区两个分中心 |
| 2 | 市、区教育局行政办公局域网 | 32.95 | 网络设备、综合布线、系统集成工程、系统软件、应用软件 | T市教育局、区教育局、BJT区教育局 |
| 3 | 50所中小学的校园网 | 3 336.30 | 网络设备、综合布线、系统集成工程、终端设备基本配置、系统软件、应用软件 | 不含DS区学校综合布线终端设备和局驻外学校 |
| 4 | 配套辅助设施建设 | 491.44 | 网络中心（分中心）、中小学校园网机房装修改造工程、电路改造工程、网络中心防雷电工程、网络中心消防安全工程等 | 网络中心、中小学中心机房、学生机房，不含局驻外学校 |
| 5 | 系统集成费 | 324.30 | | |
| 6 | 基本预备费 | 90.90 | | |
| 合计 | 全部工程建设 | 4 960.00 | | |

## 9.4 项目建设地点、建设期和总投资

### 9.4.1 项目建设地点

分别位于市、区教育局及其50所中小学内。

### 9.4.2 项目建设期

201×—201×年，共计2年。

### 9.4.3 项目建设总投资

预算为4 960万元。

# 第10章 项目建设投资预算

## 10.1 投资估算编制原则及依据

按照项目建设要求，结合项目自身建设条件，参照项目设备、材料清单及建设方案等有关技术资料，进行投资预算编制。

## 10.2 固定资产投资预算范围

该项目是教育城域网——校园网系统工程建设，投资预算包括设备费、软件购置费、工程费、系统集成费和基本预备费等。设备费主要包括教育城域网和校园网的网络设备、安全系统设备、学校终端设备、网络综合布线材料和设备；其他费用指教育城域网软件购置费和基本预备费等。投资预算中，网络和终端设备费、软件购置费、布线工程材料设备费均按照厂家询价预算；系统集成费（含安装调试费）按设备费、软件购置费和布线材料、设备费的8%计算，预备费中基本预备费按2%计取，价差预备费不计取。

机房装修、机房电路改造等工程费按已有的校园网机房装修实际预算。安全设施配套只计算了设备费，未计工程费。

## 10.3 工程建设投资预算

该项目工程建设投资4 960万元，其中，直接工程投资4 401万元，占项目建设投资的88.73%；其他费用468万元，占项目建设投资的9.44%；工程预备费91万元，占项目建设投资的1.83%。项目工程建设投资预算如表17-7所示。

表17-7 项目工程建设投资预算　　　　　　　单位：万元

| 序号 | 项目名称 | 设备费 | 工程费 | 其他费用 | 集成费 | 合计 |
|---|---|---|---|---|---|---|
| 一 | 直接工程费用 | 3 983.83 | 128.00 |  | 289.63 | 4 401.46 |
| 1 | 网络设备 | 951.90 |  |  | 76.15 |  |
| 2 | 机房装修 |  | 128.00 |  |  |  |
| 3 | 终端设备 | 2 484.87 |  |  | 198.79 |  |
| 4 | 综合布线 | 183.62 |  |  | 14.69 |  |
| 5 | 配套设施、物品费 | 344.64 |  |  |  |  |
| 6 | 安全设施配套费 | 18.80 |  |  |  |  |
| 二 | 其他费用 |  |  | 433.00 | 34.64 | 467.64 |
| 1 | 软件购置费 |  |  | 433.00 | 34.64 |  |
| 三 | 基本预备费（2%） |  |  | 90.90 |  | 90.90 |
|  | 项目总投资 | 3 983.83 | 128.00 | 523.9 | 324.27 | 4 960 |

## 10.4 分年度工程投资计划

教育城域网——校园网系统工程建设分年度投资计划预算如表17-8所示。

## 10.5 网络运营投资预算

根据西域省SY工程咨询中心201×年11月所做的《T市教育城域网网络运营可行性分析报告》，依据网络运营前五年的平均年营业收入估算值、网络运营成本费用预算、项目损益预算等财务数据分析，按照信息行业流动资金一般占年营业收入的20%～30%的情况，预算网络运营流动资金为200万元。

表 17-8　T 市教育城域网——校园网系统工程建设运营项目分年度投资计划预算

| 序号 | 项目名称 | 201×—201× 年 计划投资额/元 | 具体建设内容 | 备注 | 项目名称 | 201×—201× 年 计划投资额/元 | 具体建设内容 | 备注 | 合计/元 |
|---|---|---|---|---|---|---|---|---|---|
| 1 | 区域性的教育信息网络中心 | 6 640 456.00 | 网络设备、综合布线、系统软件和应用软件 | 含网络中心、BJT 区分中心 | 建设教育信息网络中心 | 205 000.00 | 网络设备 | 含 DS 区分中心 | 6 845 456.00 |
| 2 | 市、区教育局行政办公局域网 | 329 503.00 | 网络设备、综合布线、系统软件和应用软件 | 含 T 市教育局、T 市区教育局、BJT 教育局 | 建设市、区教育局的局域网 | 0.00 | | | 329 503.00 |
| 3 | 40 所中小学的校园网 | 7 589 922.00 | 网络设备、综合布线、系统软件和应用软件 | 不含 DS 区学校和局驻外学校 | 完善 40 所中小学的校园网 | 25 773 063.00 | 终端设备、网络设备、系统软件和应用软件 | 1. 含 DS 区学校的网络设备、系统软件和应用软件<br>2. 不含 DS 区学校综合布线终端设备<br>3. 不含局驻外学校 | 33 362 985.00 |
| 4 | 配套辅助设施建设 | 1 577 500.00 | 机房装修改造工程、机房电路改造工程、机房防雷工程、机房消防安全等工程 | 含网络中心和中小学中心机房建设（不含 DS 区和局驻外学校） | 配套辅助设施建设 | 3 336 900.00 | 机房装修改造工程、机房电路改造工程、机房防雷工程、机房消防安全工程等 | 含学生机房建设（不含 DS 区和局驻外学校） | 4 914 400.00 |
| 5 | 全部工程建设 | 16 137 381.00 | | | 全部工程建设 | 29 314 963.00 | | | 45 452 344.00 |
| 6 | 基本预备费 | 322 747.62 | 1. 建设网络中心、BJT 区分中心<br>2. 实现 T 市、BJT 区的校校通 | | 基本预备费 | 586 299.26 | 1. 建设独立分中心<br>2. 实现独立区的校校通 | | 909 046.88 |
| 7 | 系统集成费 | 1 164 790.48 | | | 系统集成费 | 2 078 245.04 | | | 3 243 035.52 |
| 8 | 工程造价 | 17 624 919.10 | | | 工程总造价 | 31 979 507.30 | 3. 实现 T 市、BJT 区的班班通 | | 49 604 426.40 |

# 第 11 章 项目融资方案

本方案中资金筹措的指导思想是：T 市教育城域网——校园网作为 T 市教育信息化的基础建设，应当贯彻以政府投入为主，同时发动社会广泛参与，依靠市场机制，通过招商引资、合作建设或企业垫资、银行贷款等广筹资金的多渠道筹资方针进行融资。要敢于在教育上"花明天的钱，办今天的事"，进行必需的投入。

该项目融资方案包括两部分：一是项目工程建设资金筹措；二是项目网络运营资金筹措。

## 11.1 项目工程建设资金筹措

通过招商引资，并根据与投资企业的协商意见，确定了教育城域网——校园网系统工程建设资金筹措方案。

以项目工程建设总造价 4 960 万元为准，通过以下方式筹措建设资金。

（1）市教育局安排人民教育基金投资 1 760 万元。
（2）西域省 TZ 数码科技有限公司投资 500 万元。
（3）GD 省 PB 实业集团投资 500 万元。
（4）西域省电信 T 市分公司投资预计 200 万元（校园网布线工程）。
（5）申请政府专项资金 2 000 万元（建议市政府财政拨款 1 000 万元，T 市区财政拨款 600 万元，BJT 区财政拨款 200 万元，DS 区财政拨款 200 万元）。

## 11.2 项目网络运营资金筹措

（1）西域省 TZ 数码科技有限公司投资 100 万元流动资金。
（2）GD 省 PB 实业集团投资 100 万元流动资金。
（3）西域省电信 T 市分公司以校园网综合布线工程、教育城域网专用光缆布放工程（宽带主干网接入信道资源）和互联网出口宽带资源三项金额捆绑折股，参与网络公司的运营和分红。

以上共计筹措网络运营资金 200 万元，加电信资源折股参与。

## 11.3 项目融资方案分析

（1）从招商引资方面看，共计引入企业在教育城域网——校园网系统工程建设项目上的投资总额约为 1 400 万元，其中用于工程建设的资金为 1 200 万元，用于网络运营的资金为 200 万元。

（2）从教育城域网——校园网工程建设和网络运营总的资金需求量来看，工程建设需求资金量为 4 960 万元，网络运营需求资金量为 200 万元，总计需求 5 160 万元。其中，企业投资占 27.18%，政府投资占 72.82%，符合教育信息化公益事业服务项目，以政府投入为主的投资原则。

（3）从企业投资规模的合理性分析，通过承建网络工程和网络运营，预计可在 6~8 年的时间收回投资成本，并在以后年限的网络运营中获取利润。但是，网络运营的经营风险较大。企业在网络经营中，除免费服务于义务教育之外，经营效益主要靠延伸服务和增值服务来实现。只有通过市场开发、营销策略以及辅之以教育行政协调来规避经营风险，缩短投资回报期，实现利润。所以，企业的投资比例应该适度，不宜过大。

# 第 12 章 项目建设进度安排

## 12.1 项目建设前期工作计划

201×年××—××月，应该完成以下前期准备工作。
（1）呈报 T 市政府进行项目立项。
（2）建议成立由主管市领导挂帅，教育局为主导，相关部门参加的项目组织、实施与协调机构。
（3）由市教育局向市政府专题汇报项目建议书及其建设实施方案和网络运营方案。

（4）市政府审定市教育局的项目立项报告，落实政府投入的专项资金计划。
（5）与各投资企业签订正式的项目投资合作建设合同书。
（6）组织有关部门人员对两家教育软件研发生产商、两家拥有优质教育资源的提供商进行专项考察。
（7）投资企业自行组建项目法人建设实体和网络运营公司。
（8）组织论证《T市教育城域网整体技术解决方案》。
（9）组织论证《T市教育城域网——校园网工程建设实施方案》。
（10）审定批准《T市教育城域网整体技术解决方案》和《T市教育城域网——校园网工程建设实施方案》。
（11）按招投标程序办理项目工程建设的相关事宜。
（12）项目方案报省教育厅主管部门备案。
（13）与项目法人建设实体签订正式的项目工程建设合同书。
（14）与网络运营公司签订正式的网络运营合同书。
（15）组织落实建设工程开工的各项准备工作。

## 12.2 项目建设实施进度安排

项目建设实施进度安排如表17-9所示。

表17-9 项目建设实施进度安排

| 项目名称 | 201×—201×年度 |||||||| 201×—201×年度 ||||||||||||
|---|---|---|---|---|---|---|---|---|---|---|---|---|---|---|---|---|---|---|---|---|---|
| | 6月 | 7月 | 8月 | 9月 | 10月 | 11月 | 12月 | | 1月 | 2月 | 3月 | 4月 | 5月 | 6月 | 7月 | 8月 | 9月 | 10月 | 11月 | 12月 |
| 建设教育信息网络中心 | ■ | ■ | ■ | ■ | ■ | | | | | | ■ | ■ | ■ | | | | | | | |
| 建设市、区教育局的局域网 | | ■ | ■ | ■ | | | | | | | | | | | | | | | | |
| 建设50所中小学的校园网 | | ■ | ■ | ■ | ■ | ■ | | | | | ■ | ■ | ■ | | | | | | | |
| 配套辅助设施建设 | | ■ | ■ | ■ | | | | | | | ■ | ■ | ■ | | | | | | | |
| 阶段验收 | | | | | | ■ | | | | | | | | | ■ | | | | | |
| 试运行 | | | | | | | | | | | | | | | | ■ | ■ | ■ | | |
| 总验收 | | | | | | | | | | | | | | | | | | | | ■ |
| 建设内容 | 1. 建设网络中心、BJT区分中心 2. 实现T市、BJT区的校校通 |||||||| 1. 建设DS区分中心 2. 实现T市、BJT区的班班通 3. 实现DS区的校校通 |||||||||||||

## 第13章 网络运营可行性分析

详见201×年××月由市教育局委托西域省SY工程咨询管理中心做的《T市教育城域网网络运营可行性分析报告》（此略）。

# 第14章 经济效益和社会效益初步估计

## 14.1 建设项目投资效益

根据对目前校园网建设现状中存在的四个方面存在的问题进行分析，暴露出来两个方面的矛盾。一是因缺乏统筹规划，各自为政，已建成的校园网及其运行的投资成本都很高；二是因资金困难，投资不足，市、区各校园网建设进度缓慢，网络建设滞后。全市中小学中，校园网建成率只有24%，而规范的校园网建成率仅有10%。为此，实施教育城域网——校园网系统工程项目建设，不仅解决了建设资金、建设速度、建设水平和网络运营等问题，更重要的是，最大限度地降低了校园网的建设投资成本，提高了教育信息化网络建设的投资效益。

为说明"四统一"的新型建设模式在校园网工程投资及资源建设方面的优势，现将按传统模式建设的T市Ⅱ中、T市Ⅵ中学校园网，与将要按"四统一"模式建设的T市Ⅻ中校园网（均不含终端设备）进行投资效益的比较分析。

### 14.1.1 用于对比的各学校规模

T市Ⅱ中、T市Ⅵ中和T市Ⅻ中都是T市的大型学校，按当年建设校园网的情况统计，教师人数分别为123人、140人、152人；学生人数分别为1 717人、1 632人、1 601人；班级数分别为39个、39个、50个。从以上数据来看，三所学校的规模相当，在网络设备和资源建设等方面具有可比性。

### 14.1.2 已建成的T市Ⅱ中和T市Ⅵ中校园网投资情况

（1）T市Ⅱ中校园网建设投资情况。建成时间201×年××月；主干1 000MB；服务器4台共25.57万元；磁盘阵列（含200GB存储空间）1台共29.5万元；VOD视频点播系统1套共计40万元；8台交换机和1台路由器共26.528 6万元；系统软件及应用软件共14.5万元；总计投入136.098 6万元。

（2）T市Ⅵ中校园网建设投资情况。建成时间201×年××月；主干1 000MB；服务器4台（含350GB存储空间）共33.05万元；13台交换机及1台路由器共48.35万元；系统软件4.12万元；应用软件18.763万元；总计投入104.283万元。

### 14.1.3 城域网建成后对T市Ⅻ中校园网建设的投资预算

计划建成时间201×年；主干1 000MB；服务器2台（含140GB存储空间）共5.876 4万元；6台交换机共14.226 4万元；系统软件4.864 9万元；总计投入24.967 7万元。

### 14.1.4 已建和拟建的校园网投入比较分析

已建的T市Ⅱ中和T市Ⅵ中与拟建的T市Ⅻ中校园网投入工程建设资金及资源建设情况比较如表17-10所示。

表17-10 T市Ⅱ中、T市Ⅵ中与T市Ⅶ中校园网建设投资效益对比

| 比较项目 | T市Ⅱ中 | T市Ⅵ中 | T市Ⅶ中 |
| --- | --- | --- | --- |
| 学校基本情况<br>（按当年建网时间统计） | 教师人数：123<br>学生人数：1 717<br>班级数：39 | 教师人数：140<br>学生人数：1 632<br>班级数：39 | 教师人数：152<br>学生人数：1 601<br>班级数：50 |
| 建成时间 | 200×年××月 | 200×年××月 | 200×年 |
| 主干带宽 | 1 000Mbps | 1 000Mbps | 1 000Mbps |
| 所用应用软件 | 清华同方资源库<br>T—12资源库<br>CSC备课系统<br>T市Ⅱ中校园信息平台 | 联想网络教学平台<br>联想数字化图书馆<br>联想视音频点播系统<br>T市Ⅵ中校园信息平台 | 全部由网络中心提供 |

续表

| 比较项目 | T市Ⅱ中 | T市Ⅵ中 | T市Ⅶ中 |
|---|---|---|---|
| 所用应用软件 | 自主开发的教学资源库<br>虚拟光驱<br>SGI视频点播系统<br>英才苑试题库 | 互联网仿真教学系统<br>联想教育教学资源库<br>联想课件素材库<br>联想成品课件库<br>联想资源库管理系统 | |
| 服务器及存储投入/万元 | 95.07 | 33.05 | 5.876 4 |
| 交换机投入/万元 | 26.528 6 | 48.35 | 14.226 4 |
| 软件投入/万元 | 14.5 | 22.883 | 4.864 9 |
| 总计投入/万元 | 136.098 6 | 104.283 | 24.967 7 |

由表 17-10 中的数据可以看出，T 市Ⅻ中网络设备和软件的总投入是 T 市Ⅱ中的 1/4，不到 T 市Ⅵ中的 1/5；T 市Ⅻ中资源建设的总投入是 T 市Ⅱ中的 1/3，不到 T 市Ⅵ中的 1/4。传统的建网模式各学校的校园网平台、资源库、应用系统都无法统一，给城域网建成以后的资源共享、信息共享、公文流转带来了极大的困难。

### 14.1.5　按"四统一"建设全市中小学校园网的投资效益分析

（1）按照传统的建网模式预算，以平均每所学校的网络设备和软件投入为 80 万元计，50 所学校网络建设总计需投入 4 000 万元。

若按照"四统一"模式预算，教育城域网一个中心、两个分中心网络建设和资源建设需投入 735 万元；以平均每所学校在网络设备和软件中的投入为 25 万元计算，50 所学校网络建设需投入 1 250 万元，则网络中心和校园网络的建设总计需投入 1 985 万元；比传统模式节省投资 2 015 万元。

（2）仅就资源库建设比较，按照传统的建网模式预算，以平均每所学校资源建设的投入为 14.5 万元计，50 所学校需投入 725 万元；而按照"四统一"模式预算，城域网一个中心和两个分中心资源建设投入为 210 万元，以平均每所学校资源建设的投入为 5 万元计算，50 所学校需投入 250 万元，合计后的网络中心和校园网的资源建设共需投入 460 万元；比传统模式节省资金 265 万元。

### 14.1.6　比较投资差异性分析

两种建网模式资金投入相差极大，造成这些差异的原因主要有以下几个方面。

（1）服务器及存储设备的配置。依照"四统一"建网模式，学校的网络中心需向全校提供 WWW、DHCP、文件共享等服务，只需要 1～2 台中等配置的服务器即可，而且由于教学资源都存储在城域网网络中心，学校也无须再配备高性能、高可靠性、大容量的存储设备，因此投入资金大幅降低。

（2）网络设备的配置。依照"四统一"建网模式，除边远学校外，所有学校均通过 ISP 提供的线路直接接入城域网网络中心，学校与网络中心位于同一网络中，没有必要再为每所学校配备路由器、代理服务器等设备和软件，节省了资金投入。

（3）软件的配置。依照"四统一"建网模式，所有学校统一使用教育城域网网络中心的教学资源，每所学校只需购买系统软件和注册校园网平台，由此可节省较多的软件投资。

（4）资源库建设方式。采取共性与个性分开。具有共性的优质教育资源由城域网网络中心统一建设，每所学校只建设具有个性的教育资源，避免了传统建网模式存在的资源库重复建设问题。

（5）网络运行质量。传统建网模式导致每所学校的校园网管理平台、资源库、应用系统都无法统一，给每所学校资源共享、信息交流、公文流转带来了极大的困难。而"四统一"的建网模式可以统一每所学校的校园网平台、资源库、应用系统，为资源共享、信息交流提供了极佳的高质量运行平台。

（6）建设进度对比。"四统一"的建网模式可以集中资源优势、资金优势、技术优势、人才优势和行政协调优势，在2年内一次性建成，全网开通使用。这既加快了教育信息化建设的进程，又节省了大量的人力、财力和物力资源。而传统模式建设，就是按照每年完成20%的进度，至少还需4年；若按以前的建设进度，至少还需10年。

综上所述，"四统一"建网模式相较传统建网模式来说，在投资总量、建设成本、网络设备和软件配置、资源建设、网络运行质量、建设时间、发挥人才和技术优势等各方面都有着无法比拟的优势和效益。

### 14.2 网络运营经济效益

#### 14.2.1 经营创收模式

（1）免费部分：对学生和教师在校期间免费提供全部教学资源。

（2）优惠部分：对学生和教师在校期间以外使用的全部教育资源实行优惠。

（3）创收部分：利用网络教育资源开展校外辅导；非义务教育阶段的成人教育、各类职业培训、职称培训；各项网络增值服务。

#### 14.2.2 网络运营成本分析

城域网运营成本主要包括资源购买及制作费、设备维护费、人员工资及福利费、折旧费、管理费（包括业务拓展费、广告费、办公费、房租水暖电费、三金等）。估算的网络运营年成本约为400万元。其中，折旧费约占年总成本的20%。具体数据如表17-11所示。

表17-11 网络运营成本费用　　　　　　　　　　　　　　　　　单位：万元

| 成该项目 | 第1年 | 第2年 | 第3年 | 第4年 | 第5年 |
|---|---|---|---|---|---|
| 资源购买及制作费 | 80 | 80 | 100 | 100 | 100 |
| 人员工资及福利费 | 120 | 150 | 180 | 200 | 200 |
| 设备维护费 | 20 | 30 | 30 | 30 | 30 |
| 管理费 | 30 | 40 | 30 | 20 | 20 |
| 业务拓展费 | 50 | 40 | 40 | 40 | 40 |
| 广告费 | 20 | 10 | 10 | 10 | 10 |
| 折旧费 | 90 | 90 | 90 | 90 | 90 |
| 办公费 | 15 | 10 | 10 | 10 | 10 |
| 合计 | 425 | 450 | 490 | 500 | 500 |

#### 14.2.3 税金

该项目须考虑的税种有增值税、城市维护建设税、教育费附加。经过查询增值税税目税率表，网络项目增值税税率为3%，其他两项税税率分别按增值税金额的7%和5%计算。每年年税费具体数字如表17-12所示。

表17-12 增值税金及附加估算　　　　　　　　　　　　　　　　单位：万元

| 税目 | 增值税 | 城市维护建设税 | 教育费附加 | 合计 |
|---|---|---|---|---|
| 第一年 | 14.28 | 1.00 | 0.71 | 15.99 |
| 第二年 | 21.37 | 1.50 | 1.07 | 23.94 |
| 第三年 | 26.36 | 1.85 | 1.32 | 29.53 |
| 第四年 | 31.95 | 2.24 | 1.60 | 35.79 |
| 第五年 | 32.82 | 2.30 | 1.64 | 36.76 |

### 14.2.4 利润

年营业收入扣除成本和税费后，所得利润的具体数据如表17-13所示。

表17-13　项目损益估算　　　　　　　　　　　　　　　　　　　　单位：万元

| 序号 | 项目 | 估算值 ||||| 
|---|---|---|---|---|---|---|
| | | 第一年 | 第二年 | 第三年 | 第四年 | 第五年 |
| 1 | 营业收入 | 476.1 | 712.2 | 878.6 | 1 065 | 1 094 |
| 2 | 成本和费用 | 425 | 450 | 490 | 500 | 500 |
| 3 | 销售税金及附加 | 15.99 | 23.94 | 29.53 | 35.79 | 36.76 |
| 4 | 利润 | 35.1 | 238.27 | 359.08 | 529.22 | 557.24 |
| 5 | 弥补的前年度亏损 | — | | | | |
| 6 | 应纳税所得额 | 35.1 | 238.27 | 359.08 | 529.22 | 557.24 |
| 7 | 所得税（33%） | 11.58 | 78.63 | 118.50 | 174.64 | 183.89 |
| 8 | 所得税后利润 | 23.52 | 159.64 | 240.58 | 354.58 | 373.35 |
| 9 | 可供分配利润 | 23.52 | 159.64 | 240.58 | 354.58 | 373.35 |
| 9.1 | 盈余公积金（10%） | 2.35 | 15.96 | 24.06 | 35.46 | 37.33 |
| 9.2 | 公益金（5%） | 1.17 | 7.98 | 12.03 | 17.73 | 18.67 |
| 9.3 | 未分配利润 | 20.00 | 135.70 | 204.49 | 301.39 | 317.35 |
| 10 | 累计未分配利润 | 20.00 | 135.70 | 204.49 | 301.39 | 317.35 |

### 14.2.5 主要评价指标分析

从主要评价指标结果看，该项目在运营初期暂时达不到15%的目标收益率，投资回收期和贷款偿还期都较长，表明项目运营初期的风险是客观存在的。具体数据如表17-14所示。

表17-14　主要评价指标结果

| 计算指标 | 单位 | 结果 |
|---|---|---|
| 投资利润率 | % | 10.38 |
| 投资利税率 | % | 11.25 |
| 财务内部收益率（所得税后） | % | 9.64 |
| 财务净现值（所得税后） | 万元 | −781 |
| 投资回收期（所得税后） | 年 | 9.61 |
| 贷款偿还期 | 年 | 10 |

以上分析只是一种估算，教育城域网实际产生的效益还存在许多不确定因素。网络资源的管理开发、客户流量的增长水平对运营公司的效益将会起到直接的影响，因此提高网站建设水平与质量，大力开拓教育网络市场，开辟成人网络教育新领域，争取外地用户入网，提高潜在用户的入网率，将成为该项目成功的关键。

现代IT产业的特点就是高风险高回报，由于网络名气、用户流量、广告收益、资源内容等因素的影响，在经营初期都存在着较大风险。随着各项服务的成熟稳定、网络资源的日渐丰富、用户市场的逐步扩展，网络运营效益会逐步增加，到后期容易达到较高的回报。

## 14.3 社会效益

建设T市教育城域网——校园网系统工程，对T市的城市信息化建设和教育现代化建设都有着极为重要的社会意义。

以现代教育思想和理论为指导，以教育教学模式的改革为关键点，以服务于义务教育为中心，以教育资源的开发应用为重点，以人才队伍的培养为基础，紧密结合T市所在地区教育发展的实际，广泛开展非义务教育有偿服务，不断提高现代教育技术应用水平，全面推进素质教育和终身教育的进程，促进T市教育事业可持续发展，是该项目建设的根本目的。

该项目建成后，不仅可以将现代信息技术应用到教育教学领域，而且能实现以网养网、持续发展的经济效益，从而加快T市教育现代化建设的步伐，为T市城市信息化建设奠定坚实的基础，有利于实现T市党委提出的建设数字化T市新型城市的战略目标，更好地为城市经济文化建设和发展服务。

所以，教育城域网的建成和正常运营将给T市带来难以估量的社会效益。

## 第15章　结论与建议

### 15.1　结论

市教育局认为，"T市教育城域网——校园网系统工程建设项目"的建设实施环境和条件是具备的；该项目符合国家和省的方针和政策，符合T市党委、市政府制定的城市发展战略；有利于推动教育现代化的进程，带动城市信息产业化的发展，促进T市数字化城市建设。该项目的建设是利国利民、造福于T市子孙后代的千秋大业，同时也有利于推动全省乃至西北地区的教育信息化建设和发展。

### 15.2　建议

（1）T市教育城域网——校园网系统工程建设项目是政府公益性事业项目，是教育现代化建设的基础工程，是教育事业发展的必然结果，而企业投资教育公益事业也期望得到较好的回报。市教育局在同投资企业的招商引资洽谈中，投资企业多次建议，希望将政府的建设资金与企业的投资捆绑在一起，按照国家关于工程项目建设的相关法律、法规和招投标法，在市教育局的主导下，通过特定的招标方式，统一工程建设，并由投资企业负责全部工程的建设任务。

（2）按照社会公益性项目及教育网络建设形成的财产具有不可分割性，投资企业以其投入的全部资金换取的是教育网络的经营权，即所谓"置换"。其结果是，政府拥有了教育城域网和校园网全部资产的所有权，而企业得到的是网络的经营权。依据西域省SY工程咨询管理中心出具的《T市教育城域网网络运营可行性分析报告》得出的结论，单纯依靠网络运营利润，需要10年左右的时间可收回投资成本；加上固定资产折旧留给投资企业，也得7年以上才能收回投资成本。所以对投资企业来说，这是一个长线投资项目，企业期望获得较长的网络经营期限，有一个较长期的投资回报。

（3）依据西域省SY工程咨询管理中心关于《T市教育城域网网络运营可行性分析报告》，推荐的教育城域网网络运营模式是："市教育局主管，委托法人公司运营。"在这一运营模式下，企业投资教育公益事业，期望政府能够给予最大限度的支持，能够提供各项优惠政策，搞好宏观协调，扶持并促使教育城域网发挥最好的效益。

### 附录

图1　T市教育城域网传输通道组网方案（略）
图2　T市教育城域网组网方案（略）
图3　T市教育城域网光纤拓扑结构图（略）
图4　T市教育城域网校园部分方案示意图（略）

## 17.3　案例点评与解析

普通教育投资项目是以培养学生学习与劳动技能、提高他们的认知能力为目的、具备培养人才整体功能的投资项目。

该案例是关于T市普通中小学在全市范围内建设现代化教育城域网的普通教育投资项目，

是在一般教育意义上为进一步培养T市中小学生学习兴趣、扩大视野和提高学校的教育教学质量，加强与发达地区校际交流而建议兴办的项目，在信息时代的今天，利用网络与电视等资讯工具开展教学工作和组织业务培训正在成为现代教育实现大发展、大提高的重要途径。因此，该案例就教育城域网投资项目所进行的可行性分析对相关的类似投资项目也有参考价值，具有一定的代表性。

案例内容说明，作为以培养和提高中小学生知识技能、文化修养、道德水准和帮助教师提高教育教学质量和教育主管部门管理水平及管理效率为目的T市教育城域网教育事业项目属于社会事业项目的范围，除具有一般社会事业项目的非营利性、从属性、地域性的特点外，自身还具有教育兴办者——学校和政府、投资者和受益者——中小学生三方分离，其投资的经济补偿是间接的和潜在的，投资经济收益周期长且迟效，项目建设包含了众多复杂的、不易用货币计量的经济效益和社会效益等自身特点。

为此，报告在对T市教育城域网投资项目进行可行性分析时，针对该项目投资具有连续性、经济收益有长期性和多效性与扩展性、分析评价的政策性较强、费用与效益计量复杂等特点，坚持以社会效益为主、经济效益为辅、两者兼顾并举的原则，就T市教育城域网项目对T市经济效益和社会效益将可能产生的影响（如对提高学生兴趣、扩大学生视野和促进教师教学质量的提高，对受教育学生全面发展和社会平等化的影响，对利用现代传媒手段加强与发达地区校际交流的影响和对国家或T市科学技术水平提高的影响），从教育城域网项目建设的必要性、T市教育网络建设的现状与存在的问题，在深入分析了T市教育信息化建设市场需求的基础上，围绕项目建设预期目标，就项目建设的物质技术条件（教育城域网整体技术解决方案与建设要求，项目建设的投资预算和融资措施、经营模式及项目的经济效益和社会效益等情况）进行了较为详尽、具体的分析说明和评价论证。最后提出的肯定性研究结论与建议比较客观、中肯。

通常，对教育投资项目社会效益进行的分析评价是此类项目可行性分析的重点所在。一般采用定量分析与定性分析相结合的方法，在定性分析中突出动态分析，以分析计量出教育项目的社会效益和经济效益。由此构成了教育项目社会效益分析中定量分析、定性分析和社会动态分析三大部分构成的可行性分析评价的方法体系。这里，定量分析是对于教育项目能直接或间接进行量化的社会效益进行的定量计算和分析，定性分析是为较全面地衡量和评价教育项目在创造社会效益和经济效益的过程中为社会所创造的净效益，而对那些不能量化部分所进行的客观、公允、以描述式说明为主的分析。教育项目的社会动态分析则是对项目实施过程中可能遇到的问题事先进行预测，并提出改进和防范措施，以保证项目的顺利实施、提高投资效益的研究活动。其目的在于分析项目所处社会环境的相互关系，力争使项目实施有一个良好的外部环境。总之，进行教育项目社会动态分析一般应包含对项目投资资金来源的落实情况、项目位置的选择情况、项目所需教职工的落实情况、项目的学生来源情况和项目获得当地学生及其家长和社会各方支持五种情况的研究分析。

在该案例中，报告就项目经济效益与社会效益所做的相关分析与估计，虽然不同于上述一般理论分析所要求的内容，是案例本身的不足和局限，但以其中比较投资差异性为代表的初步分析，作为一种替代也能在一定程度上说明相关分析的效果。

# 第18章 外商独资在中国境内新建工业生产项目可行性分析原理精要与案例解析

## 18.1 外商独资在中国境内新建工业生产项目可行性分析原理精要

为帮助读者了解海外独立咨询企业开展投资项目可行性分析工作的基本情况，现就其相关原理简要说明如下。

### 18.1.1 外资企业对华投资可行性分析工作的基本程序

如图 18-1 所示，图中右边数字表示的是可行性分析全过程中完成每项任务所需要的时间。

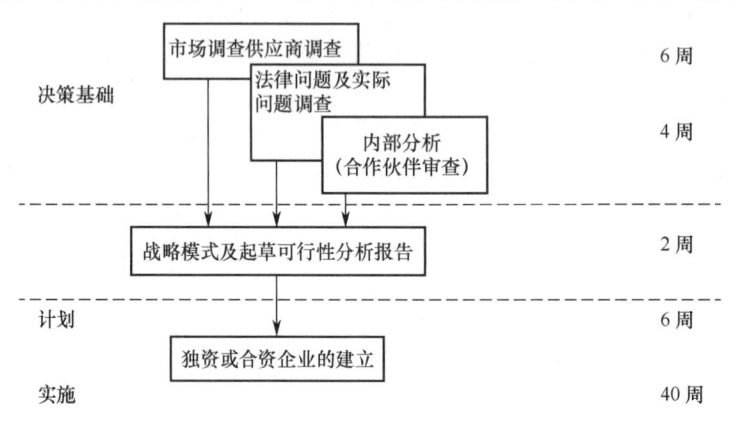

图 18-1 国外企业投资可行性分析工作基本程序

上述决策基础阶段的工作为开展可行性分析工作提供了主要资料，而该阶段的几项工作可以同时进行以缩短整个周期。有关情况说明如下。

**1. 市场调查与研究**

首先进行的市场调查与研究既可以从比较简单的总体市场分析入手，也可以通过对竞争对手、分销商、客户进行具体的调查分析而使调研工作全面深入地展开。为确保可行性分析的依据更为充分，最好从市场的各个方面进行调研，将这些调研结果列入可行性分析报告中，调研思路如图 18-2 所示。

# 第18章 外商独资在中国境内新建工业生产项目可行性分析原理精要与案例解析

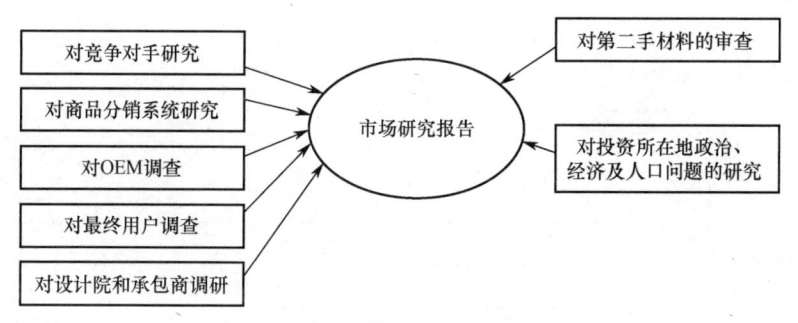

图 18-2 国外企业投资的市场调研思路

## 2. 经营环境调研分析

开展这类研究使业主或投资者能对拟建项目所在地法律、政治、当地及全国的经济环境有充分的了解。完整的经营环境研究通常包括的内容如图 18-3 所示。

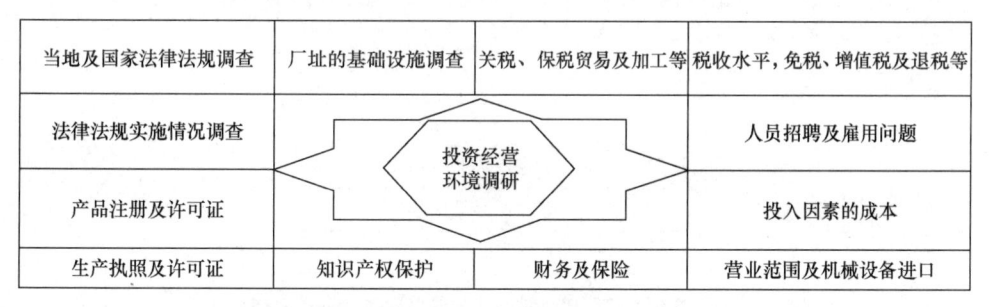

| 当地及国家法律法规调查 | 厂址的基础设施调查 | 关税、保税贸易及加工等 | 税收水平、免税、增值税及退税等 |
|---|---|---|---|
| 法律法规实施情况调查 |  投资经营环境调研  | | 人员招聘及雇用问题 |
| 产品注册及许可证 | | | 投入因素的成本 |
| 生产执照及许可证 | 知识产权保护 | 财务及保险 | 营业范围及机械设备进口 |

图 18-3 国外企业内地投资经营环境研究的基本内容

## 3. 进行内部条件和经营伙伴分析的内容与程序

基于所建议的组织结构，咨询机构也会对投资母公司及有关合作伙伴进行充分考察和必要的分析。图 18-4 给出的是进行详细分析所需要的信息投入及产出的结果。

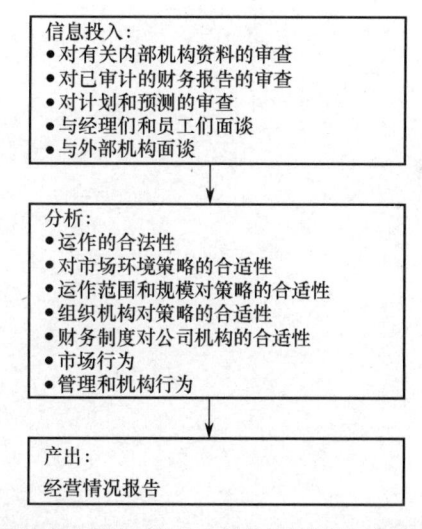

信息投入：
- 对有关内部机构资料的审查
- 对已审计的财务报告的审查
- 对计划和预测的审查
- 与经理们和员工们面谈
- 与外部机构面谈

分析：
- 运作的合法性
- 对市场环境策略的合适性
- 运作范围和规模对策略的合适性
- 组织机构对策略的合适性
- 财务制度对公司机构的合适性
- 市场行为
- 管理和机构行为

产出：
经营情况报告

图 18-4 国外企业投资时分析内部条件与经营伙伴的内容与程序

## 4. 可行性分析报告及决定企业建立的程序和思路

一般来说，咨询机构会运用通过市场调研、经营环境研究及内部/合作伙伴分析等方面获得的信息进行 SWOT 分析（优势—S、劣势—W、机会—O 和威胁—T），并对策略发展和公司的结构设计提出建议以及编制财务预算和成本测算。这些资料就成为之后撰写可行性分析报告的主要内容，如图 18-5 所示。

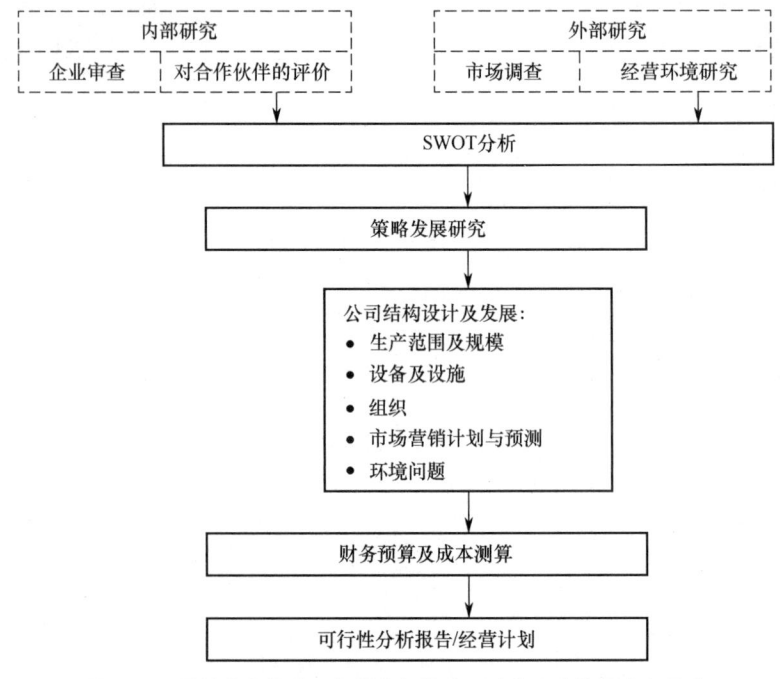

```
┌─────────内部研究─────────┐        ┌─────────外部研究─────────┐
│ ┌──────┐  ┌──────────┐ │        │ ┌──────┐  ┌──────────┐ │
│ │企业审查│  │对合作伙伴的评价│ │        │ │市场调查│  │经营环境研究│ │
│ └──────┘  └──────────┘ │        │ └──────┘  └──────────┘ │
└───────────┬─────────────┘        └────────────┬────────────┘
            │                                   │
            └───────────────┬───────────────────┘
                            ▼
                    ┌──────────────┐
                    │   SWOT分析   │
                    └──────┬───────┘
                           ▼
                    ┌──────────────┐
                    │  策略发展研究 │
                    └──────┬───────┘
                           ▼
                ┌────────────────────┐
                │ 公司结构设计及发展： │
                │ • 生产范围及规模   │
                │ • 设备及设施       │
                │ • 组织             │
                │ • 市场营销计划与预测│
                │ • 环境问题         │
                └──────────┬─────────┘
                           ▼
                ┌────────────────────┐
                │ 财务预算及成本测算 │
                └──────────┬─────────┘
                           ▼
                ┌────────────────────┐
                │可行性分析报告/经营计划│
                └────────────────────┘
```

图 18-5　国外企业投资可行性分析报告及建立企业的程序和思路

## 18.1.2　一般国外企业对华投资可行性分析报告所涉及的主要内容

对于拟进入的海外市场，投资者一般在前期都要有正式的可行性分析报告，以作为对项目是否进行投资和多大规模投资的决策参考依据和评价的基础。一般国外企业对华投资可行性分析报告包含的主要内容会涉及 10~14 个方面，其中，前 10 项是最重要的。

第 1 章　前言
  1.1　总说明
  1.2　目的
  1.3　范围
  1.4　方法
  1.5　假设和限定条件
第 2 章　项目描述
  2.1　背景及历史
  2.2　计划的投资
    2.2.1　投资结构
    2.2.2　投资分配
    2.2.3　营业范围
    2.2.4　计划投资回报周期
    2.2.5　企业的其他细节
第 3 章　内部/合作伙伴分析
  3.1　介绍和历史

  3.2　生产流程和工厂设备
  3.3　产品及服务
  3.4　营销策略
  3.5　财务数据
  3.6　其他信息
  3.7　内部分析总结：优势和劣势
    3.7.1　优势
    3.7.2　劣势
第 4 章　外部分析
  4.1　位置
    4.1.1　政府有关问题
    4.1.2　运输事项
      4.1.2.1　铁路
      4.1.2.2　高速公路
      4.1.2.3　空运
      4.1.2.4　海运

4.1.3　公共事业
4.1.3.1　供水
4.1.3.2　供电
4.1.3.3　电话
4.1.3.4　供气和供热
4.1.3.5　污水
4.2　市场概述
4.2.1　市场概述总结
4.3　法律分析
4.3.1　法律分析总结
4.4　机会和威胁分析
4.4.1　机会
4.4.2　威胁
第5章　策略思考
5.1　策略说明
5.1.1　进入策略
5.1.2　竞争策略
5.2　销售和营销计划
5.2.1　重点申请
5.2.2　中心地理位置
5.2.3　企业形象及商标
5.2.4　价格定位
5.2.5　分销渠道
5.2.6　联系
5.2.6.1　与潜在客户联系
5.2.6.2　与研究机构或其他产业领导联系
5.2.7　宣传材料及宣传活动
5.2.8　市场监测系统
5.2.9　独资/合资企业的运作与企业其他运作的协调
5.2.9.1　独资/合资企业的责任
5.2.9.2　外国机构的责任
第6章　产品范围和销售预测
6.1　生产和销售
6.1.1　产品类型
6.1.2　产品种类
6.2　销售预测和工厂生产能力
6.2.1　销售预测
6.2.2　工厂生产能力

6.2.2.1　生产能力
6.2.2.2　原材料和成品仓库
第7章　工厂和生产运作
7.1　生产
7.1.1　生产工艺
7.1.2　原材料及部件
7.1.3　土地及生产厂房
7.1.3.1　总的土地信息
7.1.3.2　厂房及生产区域
7.1.3.3　库房区
7.1.3.4　办公区
7.1.4　生产及工艺设备
7.1.5　辅助生产设备和其他固定资产
7.1.6　公用事业设施连接
7.1.6.1　供水
7.1.6.2　供电
7.1.7　消防
7.2　环境影响
7.3　组织机构
7.3.1　总的思路
7.3.2　机构设置
7.3.2.1　总的管理
7.3.2.2　销售及寻找销售渠道
7.3.2.3　财务及行政管理
7.3.2.4　生产管理
7.3.2.5　质量控制
7.3.3　员工培训和发展计划
7.3.4　工作时间、节假日等
第8章　项目管理及实施
8.1　项目管理
8.2　项目实施
第9章　给中国带来的好处
第10章　财务状况预测（经济性评价）
第11章　附录1有关参考资料
第12章　附录2完整的市场概况
第13章　附录3全面的法律分析
第14章　附录4建议的公司章程

## 18.1.3　一般国外企业对华投资的主要过程与时间安排

国外企业在华投资时的主要过程与时间安排情况，一般如图18-6所示。

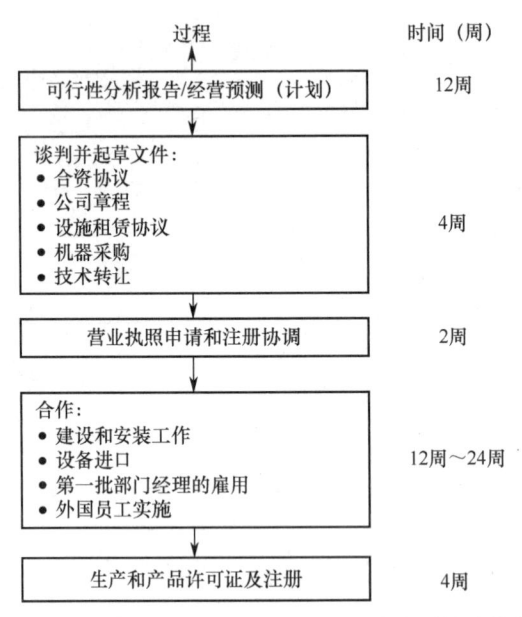

```
         过程                          时间（周）

  ┌──────────────────────┐
  │ 可行性分析报告/经营预测（计划）│         12周
  └──────────┬───────────┘
             │
  ┌──────────▼───────────┐
  │ 谈判并起草文件：          │
  │ • 合资协议              │
  │ • 公司章程              │         4周
  │ • 设施租赁协议           │
  │ • 机器采购              │
  │ • 技术转让              │
  └──────────┬───────────┘
             │
  ┌──────────▼───────────┐
  │ 营业执照申请和注册协调      │         2周
  └──────────┬───────────┘
             │
  ┌──────────▼───────────┐
  │ 合作：                 │
  │ • 建设和安装工作         │
  │ • 设备进口              │         12周～24周
  │ • 第一批部门经理的雇用    │
  │ • 外国员工实施           │
  └──────────┬───────────┘
             │
  ┌──────────▼───────────┐
  │ 生产和产品许可证及注册     │         4周
  └──────────────────────┘
```

图 18-6　国外企业对华投资的主要过程与时间安排

通常，国外企业在中国投资时应了解的情况，首先是作为报批用的材料要求。可行性分析报告就是政府有关部门所要求提交的必要文件。上面的内容一般为内部使用，先作为董事会审批的资料，再作为新企业的经营计划。

图 18-6 说明，可行性分析报告完全为企业建立的过程服务，以及可行性分析报告在完成后若要由项目出发建立一个正式的企业尚需要的时间。

## 18.2　外商独资在中国境内新建工业生产项目典型案例介绍

### 海外 HK 公司拟在华独资建设密封件厂的可行性分析报告

#### 第 1 章　前言

**1.1　总体介绍**

本报告总结了代表 HK 控股有限公司及其下属 HK 国际有限公司、HK 中国有限公司（以下简称 HK）所做的可行性分析。HK 是船用十字头柴油机引擎密封圈和活塞杆密封件的生产商。可行性分析于 201×年×月×日至 201×年×月×日之间开展。

可行性分析的目的是分析初步投资计划，评估在中华人民共和国境内设立并运作外商独资企业（以下简称项目）可能带来的结果。本报告的一部分还将起到商业计划和企业未来运作的总体指导的作用。

在中国设立的企业将致力于开发生产和销售船用十字头柴油机引擎活塞杆密封件。它不是由 HK 国际有限公司通过其母公司 HK 控股有限公司新设立的一家控股公司——HK 中国有限公司直接进行投资的。此后在本报告里的"HK"将用来指称实际投资者 HK 控股有限公司（通过 HK 中国有限公司），以及 HK 国际有限公司。HK 国际有限公司将提供驱动"项目"所需的战略及技术上的支持，也是在中国设立的企业在实际运作中的伙伴。

**1.2　项目小组**

可行性分析有以下几个方面人员的参与：

（1）由××××领导的 HK 管理层。
（2）××××领导的丹麦 PWYD。
（3）××领导的 DMYZ 顾问有限公司（以下简称 DMYZ）。

### 1.3 研究方法

研究包括对 HK 简要的内部研究，以及包括以下几个方面的外部研究：

（1）根据 HK 已有资料以及 HK 管理层、PWYD 和 DMYZ 共同在中国的调查走访而做出的简要市场分析。

（2）由 DMYZ 做出的与投资相关的法律规定调查研究。

（3）由 PWYD 做出的项目财务状况预测。

内部分析是基于 HK 管理层对中国的访问和 DMYZ 在丹麦对 HK 的访问而做出的。

外部分析是根据以下第一手和第二手资料做出的。

第一手资料来自项目组成员所做的对以下几个方面的访谈：

（1）国家和当地政府：主管投资的部门、海关部门、其他相关政府部门、行业协会，以及与生产、发证、物流相关的组织等。

（2）产品购买者/适用者。

（3）中国及国际竞争者。

（4）其他行业专家。

（5）部件及原材料供应商。

（6）HK 内部。

需要指出的是，在上述访问中，调研人员适用的方法是开拓性的和高质量的。

第二手资料源于目前的统计资料、行业信息、法律及税收规定、互联网上的相关文章信息、竞争者的促销材料，以及 DMYZ 过去收集并保存的资料。

## 第 2 章 项目描述

### 2.1 项目缘由及介绍

HK 是世界领先的船用十字头柴油机引擎密封圈和活塞杆密封件的生产商之一，产品销售给船舶发动机的生产商（主要通过××和××等进行促销，他们授权了有关的生产技术）。

HK 发现在新建船只领域，销售完整的密封件越来越困难，主要有以下两个原因：

（1）引擎生产商的选择是通过投标过程，投标中密封件的品牌往往没有规定。所以大多数生产商会选择低成本的本地生产的配件或者干脆自己生产。

（2）实施造船项目的船厂往往会制定一个"进口名单"，即哪些部件可以进口，哪些部件本地采购。密封件往往不在"进口名单"中。

在过去的 20 年中，造船市场中很大的份额已经转移到亚洲，尤其是中国、韩国和日本。由此 HK 失去了对中国和韩国制造商的这一部分市场份额。

HK 意识到，想要在零部件替换市场上取得成功，必须积极参与到新船制造领域中，否则，引擎制造商对技术发展的影响将不断增大，从而会动摇 HK 在业内的重要地位。

HK 意识到成功获得亚洲地区完整密封件的订单，同时继续利用在母国的生产基地，是最好的办法。

因此，在进行了大量调查和决策后，HK 的管理层决心调研在中国建立生产企业的前景。

## 2.2 计划中的投资

### 2.2.1 投资结构

拟设立的独资企业 HK 机械密封技术（SZ）有限公司，将由一个丹麦控股公司 HK 中国有限公司拥有 100%的股权。如图 18-7 所示，目前估计这家丹麦控股公司××%的股权归 HK 控股有限公司，××%的股权归 IFU。设立控股公司的安排使得股东之间更容易转让他们的股份，方便并购等。

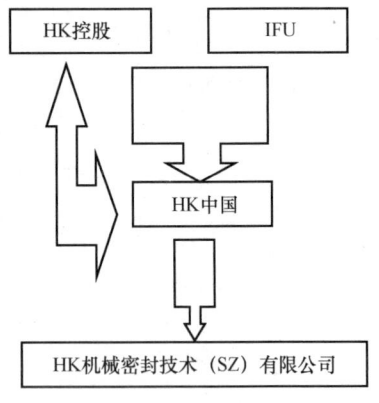

图 18-7 项目的投资结构

### 2.2.2 投资额度

投资总额×××万丹麦克朗（DKK），其中，×××万 DKK 以现汇的形式出资，余下的×××万 DKK 为贷款。通过 HK 中国注入资金后，HK 将安排购买设备及原材料，以及其他与生产相关的技术转让等。

### 2.2.3 业务范围

向政府申报的该外商独资企业的业务范围是研发、生产密封件类产品及其相关部件，销售自产产品，提供售后服务。

在所有申请材料中，HK 的外商独资企业的业务范围均如上所述。但是，此企业被认为有能力在有关丹麦 HK 的生产基地于中国进行的成品和半成品采购过程中提供一定的控制作用。由于外资生产企业不允许进行除自身产品之外的其他商品的贸易，因此这种行为绝对不应是一种（独资企业可为此收费的）业务。

### 2.2.4 预计运作年限

原则上，该外商独资企业并没有计划终止。但是，中国政府要求投资者在申请营业执照时说明投资年限，因此，该外商投资企业计划至少运作 50 年。至 50 年期满之前，此企业将评估继续的可行性，如果决定延期，将采取必要步骤申请延期。

### 2.2.5 企业的部分具体情况简介

（1）拟设企业简况（见表 18-1）。

表 18-1 拟设企业简况

| 企业的名称 | HK　Mechanical Seals technology（SZ）Co. Ltd |
|---|---|
| 中文名称 | HK 机械密封技术（SZ）有限公司 |
| 企业类型 | 外商独资企业 |
| 企业地址 | ××工业园区××路××号 |
| 董事会 | ××××（董事长）××××（来自 DMYZ）和××（来自 IFU） |
| 总经理 | 待定 |
| 总投资 | DKK××××××（丹麦克朗×百万元整） |
| 注册资本（70%） | DKK×××××（丹麦克朗×百万元整） |

（2）其他情况。由于 HK 产品承受引擎带来的巨大力量，因此它们的设计十分精湛。HK 的许多高超专业技能均源于大量以生产为基础的同引擎生产商开发阶段的合作。HK 的产品维护方便——所有的部件均可单独替换，使得维修经济快捷。HK 由于其全面的开发、生产和服务，已成为一家权威、高质的生产商，产品可以达到极高的质量要求和精确程度。

200×年 HK 在母国丹麦获得了 BVQI 颁发的 ISO 9002 证书，从此整个系统均按此严格运作至今。

HK 丹麦总部目前雇用了约××名员工。

约 46%的产品出口到世界各地。有关完整和普通密封材料系统，以及相关配件的销售主要通过和以下公司的协议合作进行：

- ××××（丹麦），船用十字头柴油机引擎推进系统和固定发电厂的著名设计者与供应商。
- ××（瑞典），全球领先的船用动力系统供应商。
- HK的姐妹公司HK过滤设备有限公司，致力于生产开发液体过滤设备，用于工业、能源、HVAC、制药、海运和OME多个领域。

## 第3章 投资者内部分析

### 3.1 有关HK及其产品的简要说明

HK于19××年建立于丹麦的HDD。其业务范围是设计、生产和销售船用十字头柴油机引擎密封圈和活塞杆密封件。密封件是隔离的重要部件，通过将曲柄轴箱与燃烧室完全隔离而提高它的内部密合程度。随着活塞杆在燃烧室里往复运动推动活塞，位于密封件内部的密封材料帮助隔离残骸和脏油，并且在活塞离开燃烧室的时候擦去清洁的油。此外，密封件上的通道和孔眼确保了污物的排出。通道使得使用者可以通过察看油漏出的情况来判断密封件的工作是否正常。

HK的财务情况可通过资产负债表反映出来，表18-2是HK在过去3年中的有关情况。

表18-2　HK最近3年资产负债表　　　　　　　　　　单位：万元

| 项目 | 201× | 201× | 201× |
| --- | --- | --- | --- |
| 总营业额 | 16.45 | 16.91 | 13.69 |
| 税前利润 | 5.73 | 12.25 | 5.93 |
| 纯利润 | 3.85 | 8.60 | 4.11 |
| 总所有者权益 | 11.52 | 14.12 | 14.26 |
| 总额 | 38.68 | 36.27 | 31.61 |

HK国际、HK控股和HK中国的具体情况如表18-3、表18-4和表18-5所示。

表18-3　HK国际的具体情况

| 全称 | HK国际有限公司 |
| --- | --- |
| 地址 | HK街×号，××××HDD |
| 企业类型 | 股份有限公司 |
| 成立年限 | 19×× |
| 所有者 | 100%被HK控股所有 |
| 董事会 | 略 |
| 总裁 | ××× |
| 产值 | DKK×××× |
| 注册资本 | DKK××× |

表18-4　HK控股的具体情况

| 全称 | HK控股有限公司 |
| --- | --- |
| 地址 | HK街1号，×××HDD |
| 企业类型 | 控股公司 |
| 所有者 | 100%由××、××和××××所有 |

表18-5　HK中国的具体情况

| 全称 | HK中国有限公司 |
| --- | --- |
| 地址 | HK街×号，×××HDD |
| 成立时间 | 200×年×月××日 |
| 企业类型 | 控股公司 |
| 董事会 | 董事长，××，×××××× |
| 总资产 | ×××万DKK，在向独资企业出资前将达到×××万DKK，包括IFU的出资×××万DKK |

## 3.2 IFU 与 IFU 的具体情况

IFU 是由丹麦政府出资的自主基金。该基金和丹麦公司一起参与在发展中国家的投资项目。IFU 可以提供股本金、贷款或者担保。截至 201×年年底，该基金已经在中国参与了××个项目。其宗旨是与丹麦公司在贸易与工业领域联合，促进它们在发展中国家的投资，促进这些国家的发展。

IFU 的具体情况如表 18-6 所示。

表 18-6 IFU 的具体情况

| 全称 | 发展中国家工业化基金 |
|---|---|
| 地址 | 丹麦 |
| 成立时间 | 19××年 |
| 董事会 | 略 |
| 总裁 | ×××× |
| 副总裁 | ××××××× |
| 总资产 | DKK×××××××××× |

# 第 4 章　外部情况分析

## 4.1 市场分析

（1）全球新密封件的用量可以通过表 18-7 反映出来。

表 18-7 全球新密封件用量情况一览　　　　　　　　　　　单位：个

| 年份 | 中国 | 韩国 | 日本 | 其他 | 总计 |
|---|---|---|---|---|---|
| 201× | 537 | 1 755 | 1 734 | 530 | 4 556 |
| 201× | 600 | 1 800 | 1 500 | 300 | 4 200 |

据预测，全球经济下滑将导致未来几年产量下降。但在过去几年中中国所占的市场份额不断上升，且这种势头还将继续。

每建造一艘新船使用 4~12 个密封件。在引擎寿命周期里，完整的密封件很少需要更换，但是其中的刮擦/密封圈需要更换多次。HK 估计其产品在使用 15 000~20 000 小时后需要更换，即大约三年。其他低质量的产品在很短的时间内便需要更换。所以，部件替换的市场广阔（约××亿 DKK/年）。HK 估计，目前在这一部分市场中，自己约占××%的份额。

（2）中国的引擎生产商及其产量。鉴于与授权企业之间的协议，HK 考察了 DMD 和 HD 两家主要引擎生产商。据估计，它们的产量如表 18-8 所示。

表 18-8 密封件生产商 DMD 和 HD 的产量

| 年份 | HD 密封件的产量/个 | DMB 密封件的产量/个 | 年总产量/个 |
|---|---|---|---|
| 201× | 250 | 250 | 500 |
| 201× | 322 | 215 | 537 |
| 201× | 385 | 215 | 600 |

HD 的生产获得了×××和××的认证；DMD 的生产则获得了×××、×××和其他多家厂商的认证。

DMD 和 HD 都希望它们的生产能力在今后的几年里有大幅度增长。

（3）HK 在新造船只领域所占的市场份额。HK 在过去三年中，其市场份额按密封件的销售量计算，如表 18-9 所示。

表 18-9 HK 密封件的市场销售量

| 年份 | 密封件销量/个 |
|---|---|
| 201× | 100 |
| 201× | 75 |
| 201× | 200 |

由表 18-9 可知，虽然 HK 的市场份额在增长，但 HK 的经营者认为，这并非真正的增长，而是由于下述原因造成的：①对于××和×××柴油机及西班牙的被许可人持有者稳定或持续增长的供货。②目前，中国和韩国的生产能力保持稳定，没有出现增长。

据统计，如果中韩竞争者的生产能力按预期的增长，HK 将失去在中国和亚洲的市场份额，HK 远离亚洲，产品价格将没有竞争力。

（4）政府的影响和本地化的要求。单独的政府部门负责造船厂和引擎制造商（它们许多都曾是船厂的一部分）。这个政府部门制定了总体进口和本地化的目标，这些计划是根据有关国家利益的外汇平衡、劳动力雇用、地区发展等因素制定的。根据计划，造船厂和引擎制造商制定出需要进口的部件和本地采购的部件清单。

造船厂和引擎制造商认为，本地化的产品可以自主向外采购（通过与供应商合作），也可以自己生产。通常引擎制造商既有进口国采购业务，也有本地采购业务。

HD 原先希望从外部采购小型零件，但是质量不能令人满意。所以，目前这些配件由自己生产，这些配件不在进口清单中，它们也不对外采购。

DMD 则把密封件列入了进口清单，目前从韩国进口。

### 4.2 法律方面的有关规定

有关法律的规定，如没有设立企业的障碍、设备无须上税、所得税减免、出口增值税退税和利润转账以及营业执照和其他方面的批准等详细情况（略）。

### 4.3 对可能选址的分析

#### 4.3.1 对于三个可能选址的初步分析

此前，HK 和 DMYZ 对于企业的选址分别考察了下述几处地方：①上海市——中国东部沿海城市，中国金融及航运中心，重要港口；外商投资最多的地方之一；②LN 省的 DL——中国东北沿海城市，中国造船和航海的中心之一；③JS 省的 SZ——上海以西 100 千米，生产中心，重要港口；外商投资最多的地方之一，母国的许多企业已在此设厂。

分析总结几处的选址情况，最后确定 SZ 为投资地点。主要理由如下：①人才密集，工资水平合理（有可能吸引上海的人前来）；②各方面合理的价格；③距离 HD 和东海岸近，总体来说，处于中心地带；④离潜在的优质供应商距离近；⑤对于国外员工的居住环境适宜；⑥许多原有的丹麦企业，为未来共用设施、共同合作、降低成本创造了机会。

SZ 吸引了大量的外国直接投资，在全国居先进地位；与其他地区相比，有众多丹麦企业在此投资。其之所以能吸引众多外资的一个重要原因是 SZ 所拥有的（如 SIP 和 SND 等）几个很有吸引力的投资区，相比其他地区，它们更能对投资起保障作用。

在对 SIP 和 SND 等进行调查分析后，HK 选择了 SIP。

#### 4.3.2 SIP 简介

SIP 是国家批准设立的开发区，提供各种优惠政策。截至 201×年，已经吸引了超过 160 亿美元的直接外国投资，其中实际利用外资 61 亿美元。这里有约 1 000 家外国投资企业。我们已经走访了有关部门，获得了许多信息，各级政府也都表示了对此项目的正面支持态度。

（1）费用分析。

电力供应（均包括 17%的增值税）（略）。

水、气（天然气）、电信等（略）。

（2）标准及定做厂房。

SIP 有各种完工厂房可供选择。已建成的标准厂房依位置、质量等的不同有不同租金标准。定做厂房可以租用或购买，或者租用但有权购买（如五年期满可以选择是否购买）。

SIP 中员工的整个福利费用情况（此略）。当然，依目前的标准，福利总额的计算结果应在以下范围内——最低不少于×××元 RMB，最高不超过×××元 RMB。

其他费用内容如工资水平、折旧、税收等，可参见相关资料。

## 第 5 章 环境与形势分析总结——优势与劣势，机遇与挑战

### 5.1 HK 的优势与劣势

根据我们的调查，以及与相关人员的接触，认为 HK 的优势与劣势如下。

（1）优势。①强大的技术秘诀优势。②在中国和全世界造船业的良好声誉。③与引擎生产商的密切合作（如×××及××），这些客户保证了 HK 的全球订单，即使生产在母国丹麦进行。④基本技术的可迁移性。可以将机架和在××国的生产转移到中国。⑤在刮擦/密封件的生产上，极具专业性。

（2）劣势。①目前在××国生产的高成本。②难以在国外采购部件或半成品运回××国使用，主要因对质量的要求非常高而需在现场适时关注。同时，由于批量小提升了运输费用。③目前看来母国国内尚无合适人选能到中国任 CEO。

### 5.2 机遇与挑战

根据外部情况分析，HK 在中国的机遇与挑战如下。

（1）机遇。①预计今后几年的造船量将不断增加，中国和韩国将从日本和其他国家手中抢走一些市场份额，中国的潜在增长最大。②未来 3～6 年内 HD 和 DMD 的生产都将上涨。③目前没有外国密封件生产商在中国设厂。④对新船的销售增大了在配件替换市场上的机会。⑤向引擎制造商直销，减去了中间商环节，降低了成本。⑥客户（HD 和 DMD）对于 HK 建厂表现出兴趣，并希望能够据此降低自身成本。⑦本地技术的落后意味着一些产品必须进口（DMD 从韩国进口），所以对外国公司的高质量密封件的市场需求依然存在。⑧目前没有针对密封件产品的 WTO 削减关税的压力。⑨外国公司设在中国，在向母公司采购用于出口的半成品和部件时可享受优惠。⑩目前的高成本，远距离，加上×××元（RMB）的加价，意味着有关新船订单的丧失，从而也导致备件销售市场的萎缩。

（2）挑战。①一些引擎制造商（HD）有能力自己生产密封件，如果向外采购不理想，其他厂家也有可能这么做。②目前 DMD 的韩国（及其他亚洲国家）供应商加大了竞争的压力。

## 第 6 章 经营策略

### 6.1 进入策略

（1）注册外商独资型生产企业。

（2）选址在距客户、供应商、港口近的地方，选择地价、劳动力相对便宜的地方。（目前 SIP 最有可能。）

（3）向别人租用过剩厂房或合用生产设施、控制生产面积或者公用设施，同时精简行政、人事和基本设施等。

（4）生产约于 201×年中期开始。

### 6.2 运作策略

（1）致力于中国的新船生产业（而后逐步增长在世界领域的备件替换的市场份额）。

（2）在中国生产机架和法兰。

（3）向亚洲的引擎生产商和造船厂直销产品。

## 6.3 销售策略和计划

### 6.3.1 拟在中国生产和销售的产品（略）

### 6.3.2 产品的分销

独资企业的生产重点将放在中国和其他亚洲国家新生产的引擎上，同时还有×××和××的各种型号。不打算使用任何形式的分销或代理。

### 6.3.3 需要进口的产品

独资企业将促销一些只在丹麦生产的密封件型号，这些产品将从丹麦进口，独资企业希望借此补充生产，更好地为客户服务。

### 6.3.4 暂时全套部件进口组装（略）

### 6.3.5 拟出口的产品

独资企业将以以下形式出口：

（1）直接出口到丹麦 HK。
（2）直接以部件抵换订单出口。
（3）直接出口到中国以外的项目（如韩国）。
（4）直接出口（随着装有 HK 密封件的船只出口）。

### 6.3.6 重点客户

短期内，重点客户为 DMD 及 HD。

一旦生产达到一定规模，所有相关批准都已获得，将向韩国和日本开拓市场。

### 6.3.7 在中国的品牌形象建立

独资企业将以"HK"的品牌在中国国内市场销售。其中文名称将在日常的文件、信纸、接电话等运作中使用，但是这个名字将不会标在产品上，产品上仅出现"HK"及其标志。

独资企业已经注册商标"HK"，并相应地加强专利和设计等。此外，还应注意：

（1）印刷宣传企业及产品的中文小册子（如有必要，也可印成其他亚洲国家的文字）。
（2）建立一个中文网站并且链接到已有的 HK 网站上。
（3）经常参加中国及亚洲的各种展销会。

### 6.3.8 价格定位

HK 根据目前在母国丹麦的情况，已经对成本进行了核算。据分析，第一年在中国制造的型号为××的产品价格约为××元 RMB，这比××和×××所收取的价格要低××元 RMB。

当 HK 以此价格询问中国引擎制造商时，他们都认为这个价格有吸引力和竞争力。

### 6.3.9 销售预测

HK 已经制订了销售计划（见表 18-10），这反映了其前五年在产量、销售额和市场份额方面的目标。

表 18-10  HK 的销售计划

| 项目 | 第一年 | 第二年 | 第三年 | 第四年 | 第五年 |
| --- | --- | --- | --- | --- | --- |
| 套数（套） | 200 | 350 | 500 | 800 | 800 |
| 价格（元 RMB） | 7 225 | 7 442 | 7 665 | 7 895 | 8 132 |
| 总销售额（元 RMB） | 1 445 000 | 2 605 000 | 3 833 000 | 6 316 000 | 6 505 000 |
| 在中国所占的市场份额（%） | 33 | 50 | 63 | 66 | 66 |

## 6.4 原材料和部件采购计划

关于生产密封件的原材料清单（略）。

关于独资企业采购方面的工作，详见本报告第 8.2.4 节。但需说明的是，只有机架和法兰的材料会在中国购买，目前已经找到机架合适的供应商，对于质量方面的进一步考察正在进行中。

与这些供应商的联系在独资企业成立后将移交给采购部门进行。

密封圈等产品将从丹麦进口,由于技术的原因,短期内将不会在中国寻找原材料供应商。有关这方面的问题,独资企业采购部门将会不断与母公司取得联系。

当然,丹麦方面也将从中国的低原材料成本和独资企业不断提高的采购能力与水平中受益。随着时间的推移,HK 也会从中国采购丹麦方面所需要的原材料及零配件。HK 将保持对这方面可能性的监测。独资企业的采购部门可以代表母公司负责寻找供应商和其他相关采购事宜,主要包括供应商考察、送样到母国丹麦检验和后续谈判等工作。

由于独资企业不能进行除自己产品以外的贸易活动,故只能负责一些准备工作并帮助安排采购。所有对于母公司的进口工作都将通过正常的渠道,独资企业将不参与。

## 第7章 工厂及其运作

### 7.1 生产流程(略)

### 7.2 工厂的生产能力

一旦设备和人员就位,独资企业马上就能满足 DMD 和 HD 的要求,或者在 201×年生产×××台产品。

总生产能力为×××台,HK 认为,在近期×年内,这个生产能力是足够的。

### 7.3 厂房和用地

#### 7.3.1 厂房及用地概况(略)

### 7.4 机器设备

#### 7.4.1 生产和加工设备(略)

#### 7.4.2 主要辅助设备(略)

### 7.5 公用设施接入(略)

### 7.6 技术转移(略)

### 7.7 对环境造成的影响(略)

## 第8章 工厂组织

### 8.1 组织的建立

企业的组织结构如图 18-8 所示。预计,独资企业的各职能部门及全体员工(××人)将在启动阶段后各就各位(约 201×年××月),在头×年内将保持如图 18-8 所示的结构。

在设立期间,技术经理和财务行政经理的职位都应就位。采购和质量检验工作将在生产过程中逐步就位。其他工人和人员(清洁工和司机等)将根据需要增加。

随着投资的不断增加,独资企业将根据市场对产品的需求而扩大规模,其内部结构也会保持灵活性,按照需要设置。

### 8.2 主要职位和员工

#### 8.2.1 综合管理(略)

#### 8.2.2 生产管理(略)

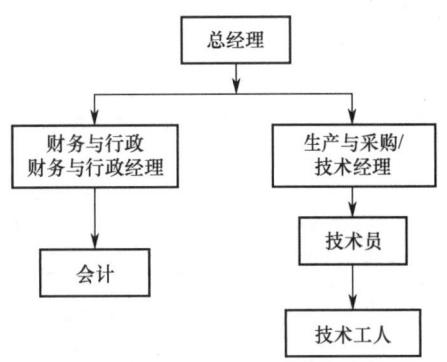

图 18-8 企业的组织结构

### 8.2.3 质量控制

技术经理将根据母公司的标准进行质量控制，并可在此方面与母公司进行充分沟通。如有必要，母公司会经常派人来进行协助。

最终，这个职位将由富有相关经验的中国员工接替，他领导一个独立的部门进行工作，并直接向总经理汇报，同时与技术经理密切合作。有可能这个职位在头五年内将不会出现，并且需要技术经理和母公司的指导。

此职位负责检测监督原材料、半成品及成品的质量，他将对产品进行定期随机的全面质量抽检，如有任何地方需要改进，需立即向总经理或技术经理汇报。

质量检验的工作相对轻松，因此，他还将协助其他工作（如采购等）。

### 8.2.4 采购

在生产不多、大量原材料需要进口的时期，采购工作将由独资企业生产部门（技术经理和相关管理人员）和母公司密切合作。

如果×年后，采购数量逐步增加，或者独资企业要为母公司进行采购，那么考虑雇用一名有经验的中国采购经理。

届时将成立独立的采购部，直接向总经理负责。采购经理负责寻找供应商，采购原材料和部件，以及与采购相关的职责。采购职责不仅要代表独资企业，还要代表母公司。此人应具有工程学学位（或有相应的技术能力），并有数年的原材料、零配件采购经验，英语熟练，可以与外国同事交流。

此人还将与生产人员密切联系，确保到货与生产要求的协调。

### 8.2.5 销售

目前在中国的销售通过代理进行（如×××和××），以及母公司的相应参与。

预计目前与×××和××的协议将会修改，这样HK可以向中国的引擎/造船企业直接销售，销售的职责将逐步从HK转移到独资企业，之后母公司还将继续有限协助。

在中国销售的全面展开还需要时间，所以总经理将首先负责销售工作，直到主要销售工作转移到中国，必须有单独的销售经理为止，估计至少是在××年之后。

销售经理的职责包括：

（1）在母公司的协调下保持与发展同现有中国客户的关系。

（2）在母公司的协调下保持与发展同现有亚洲客户的关系。

（3）如果同×××和××的协议允许，根据实际情况和计划，进一步开发中国的密封件市场包括进行市场调研，需求分析，发展同客户、有关部门及其他方面的关系等。

### 8.2.6 财务人事和信息技术部门

此部门由财务及行政经理负责，主要负责财务、秘书、行政、人事、信息技术等方面的工作。

在开始阶段，此员工还要负责担任总经理和技术经理助理，所以需要熟练掌握英语，当然最好还有会计方面的背景以及与会计相关的工作经验。若其与政府部门熟悉，就更理想了。

在起初的几年中，上述职责对一位员工可能太多而难以完成，所以要安排一位助理，在财务经理做账时，协助会计、出纳、接待和其他相关的各种管理工作。而财务经理则专注于财务工作和其他更广泛的管理工作。

## 8.3 员工培训

HK相信为了更好地达到目标，培训是十分重要的环节，因此，也制订了有关在海外和中国培训员工的计划。在培训期间，员工的工作和职责都将明确划分。

在实际工作过程中，母公司还将赴现场指导。计划运作前，总经理、技术经理、财务、人事和信息部门经理将赴海外接受技术、商业、管理方面的培训，培训时间待最后确定。

其他员工将在中国接受总经理或部门经理的培训。当然，也有可能母公司派人到中国协助培训，尤其是需要安装机器设备的时候。

在项目的任何阶段，都应该强调培训的重要性。培训将由总经理、生产经理（或来自母公司的人员）指导，或者使用已接受过相应培训的本地员工。

培训的费用（此略）。

## 8.4 工作时间与假期等

从开始到运作的第×年，正常情况下独资企业周一到周五工作，每天两班（周末休息）。将来，有可能将增加一班，周末也将改为2~3班，但要根据淡旺季和具体情况而定。独资企业的员工每周工作40小时，并依照中国相关法律享受假期。

# 第9章 项目实施

## 9.1 项目管理

申请营业执照，获得当地批准的各种事宜，将由母公司负责联络相关政府部门并完成。目前计划由HK管理层和独资企业的总经理负责从注册完毕到开始生产的其他事项。

## 9.2 实施费用

项目实施费用如表18-11所示。

表18-11 项目实施费用

| 项目 | 费用（DKK） |
| --- | --- |
| 在海外的培训 | （略） |
| 路费 | （略） |
| 设立费用 | （略） |
| 无法预测的各种费用 | （略） |
| 小计 | （略） |
| 预计可得津贴 | （略） |
| 总计 | （略） |

## 9.3 项目启动

项目启动情况如表18-12所示。

表18-12 项目启动情况

| 项目 | 状态/完成时间 |
| --- | --- |
| 策划、谈判、合同等与独资企业登记、设立、实施有关的文件的草拟 | 正在进行 |
| 申请设立投资草拟 | 约×月中旬结束 |
| 企业注册 | ×月或者×月 |
| 物流考察，在中国寻找原材料、非关键设备和部件等 | 正在进行，有些工作将要一直持续到开始生产 |
| 录用、培训、组织设立 | 已开始，有些录用工作要持续到开始生产 |
| 工厂装修 | ×月中旬结束 |
| 设备安装 | ×月开始 |
| 试运行 | ×月或×月开始 |
| 开始生产 | ×月（且将持续6个月） |

## 第10章 投资对中国的贡献

该项目对中国将有以下几个方面的贡献：
（1）本地化生产。
（2）产品出口。
（3）使用先进的材料和技术，帮助提高中国的技术水平。对用户来说，可以降低成本，减少部件更换。
（4）一些部件和原材料在中国采购。
（5）提高中国相应的技术水平，促进中国企业改进提高，客户可以获得实惠。
在独资企业运作的全过程，都将向中国做出上述贡献。

## 第11章 财务状况预测

以下为PWYD与HK联合提供的预算和财务数据。
（1）所有权结构。所有对华投资是通过控股母公司（HK）进行的，其所有权结构如表18-13所示。

表18-13 拟设企业的所有权结构

| 股东 | 股比 | 金额 |
| --- | --- | --- |
| HK | ××% | ×百万丹麦克朗 |
| IFU | ××% | ×百万丹麦克朗 |
| 总股本 | | ×百万丹麦克朗 |

该控股公司在中国设立全资子公司——HK机械密封技术（SZ）股份有限公司，其资金状况如表18-14所示。

表18-14 拟设企业的资金状况

| 资金类别 | 资金金额及其比例 |
| --- | --- |
| 自有资金 | ×百万丹麦克朗（70%） |
| 贷款 | ×百万丹麦克朗（30%） |
| 总额 | ×百万丹麦克朗 |

（2）投资情况。已经制定的一项总额为×××万丹麦克朗的投资预算，具体情况如表18-15所示。

表18-15 投资预算　　　　　　　　　　　　单位：×1 000, DKK

| 项目 | 金额 |
| --- | --- |
| 车床 | 900 |
| 铣床 | 700 |
| 杂物及工具 | 200 |
| 汽车花费 | 100 |
| 汽车 | 300 |
| 各种模具工具 | 100 |
| 厂房装修 | 300 |
| 办公文具 | 200 |
| 总额 | 2 800 |

（3）开始前的费用。在开始生产之前几项费用（见表18-16）必须被考虑进来。

表18-16 项目开始前的费用　　　　　　　　单位：×1 000, DKK

| 项目 | 金额 |
| --- | --- |
| 在丹麦的培训费用 | 400 |
| 差旅费用 | 200 |
| 公司设立费用 | 300 |
| 其他支出 | 300 |
| 总计 | 1 200 |

预期可得补贴（此略）。

（4）损益表、资产负债表及现金流量预算。第一年至第五年的利润和损失情况如表 18-17 所示。

表 18-17 损益表 单位：×1 000，DKK

| 项目 | 第一年 | 第二年 | 第三年 | 第四年 | 第五年 |
|---|---|---|---|---|---|
| 销售件数 | 200 | 350 | 500 | 800 | 800 |
| 占中国市场的份额 | 33% | 50% | 63% | 66% | 66% |
| 占韩国市场的份额 | 0% | 0% | 0% | 15% | 15% |
| 产品密封件的单价 | 7 225 | 7 442 | 7 665 | 7 895 | 8 132 |
| （1）单件原料价 | 3 335 | 3 456 | 3 559 | 3 666 | 3 776 |
| 总产值（1 000 DKK） | 1 445 | 2 605 | 3 833 | 6 316 | 6 505 |
| 成本 | 671 | 1 209 | 1 780 | 2 993 | 3 021 |
| 毛利 | 774 | 1 395 | 2 053 | 3 388 | 3 485 |
| （2）人工成本 | 1 000 | 1 100 | 1 150 | 1 200 | 1 250 |
| （3）管理费用 | 1 000 | 1 100 | 1 150 | 1 200 | 1 250 |
| （4）折旧费 | 400 | 400 | 400 | 400 | 400 |
| 税前利润含利息 | -1 626 | -1 205 | -647 | 583 | 585 |
| 利息支出 | 0 | 40 | 130 | 180 | 200 |
| 税前利润 | -1 626 | -1 245 | -777 | 403 | 385 |

（5）第一年至第五年的资产负债及现金流量预算情况，如表 18-18 所示。

表 18-18 资产负债表 单位：×1 000，DKK

| 项目 | 期初余额 | 第一年 | 第二年 | 第三年 | 第四年 | 第五年 |
|---|---|---|---|---|---|---|
| 固定资产 | 2 800 | 2 400 | 2 000 | 1 600 | 1 200 | 800 |
| 流动负债 | 0 | 602 | 1 085 | 1 597 | 2 632 | 2 711 |
| 库存 | 0 | 336 | 605 | 890 | 1 466 | 1 510 |
| 现金 | 2 800 | 172 | 1 244 | 355 | 123 | 829 |
| 流动资产 | 2 800 | 1 110 | 2 934 | 2 842 | 4 221 | 5 050 |
| 总资产 | 5 600 | 3 510 | 4 934 | 4 442 | 5 421 | 5 850 |
| 股本 | 5 600 | 5 600 | 5 600 | 5 600 | 5 600 | 5 600 |
| 设立费用 | 0 | -800 | -800 | -800 | -800 | -800 |
| 未分配利润 | 0 | -1 626 | -2 871 | -3 648 | -3 245 | -2 860 |
| 股东利益 | 5 600 | 3 174 | 1 929 | 1 152 | 1 555 | 1 940 |
| 母公司所欠债务 | 0 | 0 | 2 400 | 2 400 | 2 400 | 2 400 |
| 其他流动负债等 | 0 | 336 | 605 | 890 | 1 466 | 1 510 |
| 负债 | 0 | 336 | 3 005 | 3 290 | 3 866 | 3 910 |
| 总负债与权益 | 5 600 | 3 510 | 4 934 | 4 442 | 5 421 | 5 850 |

附录：设备清单与厂址用地及其平面布置图等（略）

## 18.3 案例点评与解析

该案例是全书中唯一关于外商拟在中国境内独资设立生产项目新建企业的可行性分析报告，在相关的著述中也较少见。作为海外投资者拟在华独资设项的案例，其研究思路和评价标准对帮助读者了解和比较可行性分析在不同国家间的具体应用情况、把握项目可行性分析自身的某些规律和特点提供了重要的参考，具有一定的代表性和典型意义。

案例中，外商委托的可行性分析机构报告了该外资企业在拟进入中国市场投资时，进行项目前期可行性分析和拟设立企业过程中的一些基本情况，涉及了有关可行性分析的基本工作程序和具体的工作要求等内容。

通常，对拟进入海外市场进行跨国投资设项的海外投资者而言，不论其最终决定是否要建立一个独资或合资企业，它们都会由自己或委托一家中介咨询机构先进行项目的前期可行性分析，以保证其投资决策的科学性。

从该案例报告的表述中不难看出，外商委托的海外咨询企业在独立进行投资项目可行性分析时与国内企业进行的投资项目可行性分析相比，既具有共性又存在个性。从报告的规范性看，二者大同小异；但从分析的具体内容看，二者的差异较明显——相同的是都关注必要的市场需求，该案例中主要是对中国境内外全球范围船用十字头柴油机引擎密封圈和活塞杆密封件市场需求情况的分析，通过项目描述、投资者内部与外部情况的分析，特别是其中优劣势和机会与挑战的环境与形势分析，拟订出有关进入中国市场、运作产品、销售和原材料与部件的采购计划等具体的经营策略，并提出和分析了项目的物质技术条件的建设要求，以及对项目经济性、环境适应性与社会效益性等的基本要求，而主要区别则在于对投资所在国（或地区）影响分析的深度上。此差异是外商委托的海外咨询企业在独立进行投资项目可行性分析时与国内企业进行的投资项目可行性分析最主要的差异所在——这是海外独立咨询企业进行项目前期可行性分析时普遍重点关注的问题，对我国（拟）"走出去"的企业进行海外投资与管理也有重要的启示意义。

总之，该案例除对有关项目风险分析的内容涉及较少，经济性分析的指标与国内可行性分析要求也不相同外，报告中其他方面阐述的内容都较好地反映了外商在中国境内独资设立工业生产性项目可行性分析全过程的基本情况与具体要求，对我们借鉴国际上进行投资项目前期论证的经验有一定的参考价值，也是其能被选入本书的益处所在。

# 附录 A

# 货币时间价值计算用表（复利系数表）

表 A-1　一次投入（支付/整付）资金的终值系数表（F/P, i, n）

（即已知现值 P、利率 i、期数 n，求终值 F，由(F/P, i, n)=(1+i)$^n$ 所得 1 元复利终值系数表）

| 期数 | 1% | 2% | 3% | 4% | 5% | 6% | 7% | 8% | 9% | 10% |
|---|---|---|---|---|---|---|---|---|---|---|
| 1 | 1.010 0 | 1.020 | 1.030 0 | 1.040 0 | 1.050 0 | 1.060 0 | 1.070 0 | 1.080 0 | 1.090 0 | 1.100 0 |
| 2 | 1.020 1 | 1.040 4 | 1.060 9 | 1.081 6 | 1.102 5 | 1.123 6 | 1.449 0 | 1.166 4 | 1.188 1 | 1.210 0 |
| 3 | 1.030 3 | 1.061 2 | 1.092 7 | 1.124 9 | 1.157 6 | 1.191 0 | 1.225 0 | 1.259 7 | 1.295 0 | 1.331 0 |
| 4 | 1.040 6 | 1.082 4 | 1.125 5 | 1.169 9 | 1.215 5 | 1.262 5 | 1.310 8 | 1.360 5 | 1.411 6 | 1.464 1 |
| 5 | 1.051 0 | 1.104 1 | 1.159 3 | 1.216 7 | 1.276 3 | 1.338 2 | 1.402 6 | 1.469 3 | 1.538 6 | 1.610 5 |
| 6 | 1.061 5 | 1.126 2 | 1.194 1 | 1.265 3 | 1.340 1 | 1.418 5 | 1.500 7 | 1.586 9 | 1.677 1 | 1.771 6 |
| 7 | 1.072 1 | 1.148 7 | 1.229 9 | 1.315 9 | 1.407 1 | 1.503 6 | 1.605 8 | 1.713 8 | 1.828 0 | 1.948 7 |
| 8 | 1.082 9 | 1.171 7 | 1.266 8 | 1.368 6 | 1.477 5 | 1.593 8 | 1.718 2 | 1.850 9 | 1.992 6 | 2.143 6 |
| 9 | 1.093 7 | 1.195 1 | 1.304 9 | 1.423 3 | 1.551 3 | 1.689 5 | 1.838 5 | 1.999 0 | 2.171 9 | 2.357 9 |
| 10 | 1.104 6 | 1.219 0 | 1.343 9 | 1.480 2 | 1.628 9 | 1.790 8 | 1.967 2 | 2.158 9 | 2.367 4 | 2.593 7 |
| 11 | 1.115 7 | 1.243 4 | 1.384 2 | 1.539 5 | 1.710 3 | 1.898 3 | 2.104 9 | 2.331 6 | 2.580 4 | 2.853 1 |
| 12 | 1.126 8 | 1.268 2 | 1.425 8 | 1.601 0 | 1.795 9 | 2.012 2 | 2.252 2 | 2.518 2 | 2.812 7 | 3.138 4 |
| 13 | 1.138 1 | 1.293 6 | 1.468 5 | 1.665 1 | 1.885 6 | 2.132 9 | 2.409 8 | 2.719 6 | 3.065 8 | 3.452 3 |
| 14 | 1.149 5 | 1.319 5 | 1.512 6 | 1.731 7 | 1.979 9 | 2.260 9 | 2.578 5 | 2.937 2 | 3.341 7 | 3.797 5 |
| 15 | 1.161 0 | 1.345 9 | 1.558 0 | 1.800 9 | 2.078 9 | 2.396 6 | 2.759 0 | 3.172 2 | 3.642 5 | 4.177 2 |
| 16 | 1.172 6 | 1.372 8 | 1.604 7 | 1.873 0 | 2.182 9 | 2.540 4 | 2.952 2 | 3.425 9 | 3.970 3 | 4.595 0 |
| 17 | 1.184 3 | 1.400 2 | 1.652 8 | 1.947 9 | 2.292 0 | 2.692 8 | 3.158 8 | 3.700 0 | 4.327 6 | 5.054 5 |
| 18 | 1.196 1 | 1.428 2 | 1.702 4 | 2.025 8 | 2.406 6 | 2.854 3 | 3.379 9 | 3.996 0 | 4.717 1 | 5.559 9 |
| 19 | 1.208 1 | 1.456 8 | 1.753 5 | 2.106 8 | 2.527 0 | 3.025 6 | 3.616 5 | 4.315 7 | 5.141 7 | 6.115 9 |
| 20 | 1.220 2 | 1.485 9 | 1.806 1 | 2.191 1 | 2.653 3 | 3.207 1 | 3.869 7 | 4.661 0 | 5.604 4 | 6.727 5 |
| 21 | 1.232 4 | 1.515 7 | 1.860 3 | 2.278 8 | 2.786 0 | 3.399 6 | 4.140 6 | 5.033 8 | 6.108 8 | 7.400 2 |
| 22 | 1.244 7 | 1.546 0 | 1.916 1 | 2.369 9 | 2.925 3 | 3.603 5 | 4.430 4 | 5.436 5 | 6.658 6 | 8.140 3 |
| 23 | 1.257 2 | 1.576 9 | 1.973 6 | 2.464 7 | 3.071 5 | 3.819 7 | 4.740 5 | 5.871 5 | 7.257 9 | 8.954 3 |
| 24 | 1.269 7 | 1.608 4 | 2.032 8 | 2.563 3 | 3.225 1 | 4.048 9 | 5.072 4 | 6.341 2 | 7.911 1 | 9.849 7 |
| 25 | 1.282 4 | 1.640 6 | 2.093 8 | 2.665 8 | 3.386 4 | 4.291 9 | 5.427 4 | 6.848 5 | 8.623 1 | 10.835 |
| 26 | 1.295 3 | 1.673 4 | 2.156 6 | 2.772 5 | 3.555 7 | 4.549 4 | 5.807 4 | 7.396 4 | 9.399 2 | 11.918 |
| 27 | 1.308 2 | 1.706 9 | 2.221 3 | 2.883 4 | 3.733 5 | 4.882 3 | 6.213 9 | 7.988 1 | 10.245 | 13.110 |
| 28 | 1.321 3 | 1.741 0 | 2.287 9 | 2.998 7 | 3.920 1 | 5.111 7 | 6.648 8 | 8.627 1 | 11.167 | 14.421 0 |
| 29 | 1.334 5 | 1.775 8 | 2.356 6 | 3.118 7 | 4.116 1 | 5.418 4 | 4.114 3 | 9.317 3 | 12.172 | 15.863 1 |
| 30 | 1.347 8 | 1.811 4 | 2.427 3 | 3.243 4 | 4.321 9 | 5.743 5 | 7.612 3 | 10.063 | 13.268 | 17.449 |
| 40 | 1.488 9 | 2.208 0 | 3.262 0 | 4.801 0 | 7.040 0 | 10.286 | 14.794 | 21.725 | 31.408 | 45.259 |
| 50 | 1.644 6 | 2.691 6 | 4.383 9 | 7.106 7 | 11.467 | 18.420 | 29.457 | 46.902 | 74.358 | 117.39 |
| 60 | 1.816 7 | 3.281 0 | 5.891 6 | 10.520 | 18.679 | 32.988 | 57.946 | 101.26 | 176.03 | 304.48 |
| 期数 | 12% | 14% | 15% | 16% | 18% | 20% | 24% | 28% | 32% | 36% |
| 1 | 1.120 0 | 1.140 0 | 1.150 0 | 1.160 0 | 1.180 0 | 1.180 0 | 1.240 0 | 1.280 0 | 1.320 0 | 1.360 0 |
| 2 | 1.254 4 | 1.299 6 | 1.322 5 | 1.345 6 | 1.392 4 | 1.440 0 | 1.537 6 | 1.638 4 | 1.742 4 | 1.849 6 |
| 3 | 1.404 9 | 1.481 5 | 1.520 9 | 1.560 9 | 1.643 0 | 1.728 0 | 1.906 6 | 2.087 2 | 2.300 0 | 2.515 5 |
| 4 | 1.573 5 | 1.689 0 | 1.749 0 | 1.810 6 | 1.938 8 | 2.073 6 | 2.364 2 | 2.684 4 | 3.036 0 | 3.421 0 |
| 5 | 1.762 3 | 1.925 4 | 2.011 4 | 2.100 3 | 2.287 8 | 2.488 3 | 2.931 6 | 3.436 0 | 4.007 5 | 4.652 6 |
| 6 | 1.973 8 | 2.195 0 | 2.313 1 | 2.436 4 | 2.699 6 | 2.986 0 | 3.635 2 | 4.398 0 | 5.289 9 | 6.327 5 |
| 7 | 2.210 7 | 2.502 3 | 2.660 0 | 2.826 2 | 3.185 5 | 3.583 2 | 4.507 7 | 5.629 5 | 6.982 6 | 8.606 4 |

续表

| 期数 | 12% | 14% | 15% | 16% | 18% | 20% | 24% | 28% | 32% | 36% |
|---|---|---|---|---|---|---|---|---|---|---|
| 8 | 2.476 0 | 2.852 6 | 3.059 0 | 3.278 4 | 3.758 9 | 4.299 8 | 5.589 5 | 7.205 8 | 9.217 0 | 11.703 |
| 9 | 2.773 1 | 3.251 9 | 3.517 9 | 3.803 0 | 4.435 5 | 5.159 8 | 6.931 0 | 9.223 4 | 12.166 | 15.917 |
| 10 | 3.105 8 | 3.707 2 | 4.045 6 | 4.411 4 | 5.233 8 | 6.191 7 | 8.594 4 | 11.805 9 | 16.060 | 21.647 |
| 11 | 3.478 6 | 4.226 2 | 4.652 4 | 5.117 3 | 6.175 9 | 7.430 1 | 10.657 | 15.112 | 21.199 | 29.439 |
| 12 | 3.896 0 | 4.817 9 | 5.350 3 | 5.936 0 | 7.287 6 | 8.916 1 | 13.215 | 19.343 | 27.983 | 40.037 |
| 13 | 4.363 5 | 5.492 4 | 6.152 8 | 6.885 8 | 8.599 4 | 10.699 | 16.386 | 24.759 | 36.937 | 54.451 |
| 14 | 4.887 1 | 6.261 3 | 7.075 7 | 7.987 5 | 10.147 | 12.839 | 20.319 | 31.691 | 48.757 | 74.053 |
| 15 | 5.473 6 | 7.137 9 | 8.137 1 | 9.265 5 | 11.974 | 15.407 | 25.196 | 40.565 | 64.359 | 100.71 |
| 16 | 6.130 4 | 8.137 2 | 9.357 6 | 10.748 | 14.129 | 18.488 | 31.243 | 51.923 | 84.954 | 136.97 |
| 17 | 6.866 0 | 9.276 5 | 10.761 | 12.468 | 16.672 | 22.186 | 38.741 | 66.461 | 112.14 | 186.28 |
| 18 | 7.690 0 | 10.575 | 12.375 | 14.463 | 19.673 | 26.623 | 48.039 | 85.071 | 148.02 | 253.34 |
| 19 | 8.612 8 | 12.056 | 14.232 | 16.777 | 23.214 | 31.948 | 59.568 | 108.89 | 195.39 | 344.54 |
| 20 | 9.646 3 | 13.743 | 16.367 | 19.461 | 27.393 | 38.338 | 73.864 | 139.38 | 257.92 | 468.57 |
| 21 | 10.804 | 15.668 | 18.822 | 22.574 | 32.324 | 46.005 | 91.592 | 178.41 | 340.45 | 637.26 |
| 22 | 12.100 | 17.861 | 21.645 | 26.186 | 38.142 | 55.206 | 113.57 | 228.36 | 449.39 | 866.67 |
| 23 | 13.552 | 20.362 | 24.891 | 30.376 | 45.008 | 66.247 | 140.83 | 292.30 | 593.20 | 1 178.7 |
| 24 | 15.179 | 23.212 | 28.625 | 35.236 | 53.109 | 79.497 | 174.63 | 374.14 | 783.02 | 1 603.0 |
| 25 | 17.000 | 26.462 | 32.919 | 40.874 | 62.669 | 95.396 | 216.54 | 478.900 | 1 033.6 | 2 180.1 |
| 26 | 19.040 | 30.167 | 37.857 | 47.414 | 73.949 | 114.48 | 268.51 | 613.00 | 1 364.3 | 2 964.9 |
| 27 | 21.325 | 34.390 | 43.535 | 55.000 | 87.260 | 137.37 | 332.95 | 784.64 | 1 800.9 | 4 032.3 |
| 28 | 23.884 | 39.204 | 50.066 | 63.800 | 102.97 | 164.84 | 412.86 | 1 004.3 | 2 377.2 | 5 483.9 |
| 29 | 26.750 | 44.693 | 57.575 | 74.009 | 121.50 | 197.81 | 511.95 | 1 285.6 | 3 137.9 | 7 458.1 |
| 30 | 29.960 | 50.950 | 66.212 | 85.850 | 143.37 | 237.38 | 634.82 | 1 645.5 | 4 142.1 | 10 143 |
| 40 | 93.051 | 188.88 | 267.86 | 378.72 | 750.38 | 1 469.8 | 5 455.9 | 19 427 | 66 521 | * |
| 50 | 289.00 | 700.23 | 1 083.7 | 1 670.7 | 3 927.4 | 9 100.4 | 46 890 | * | * | * |
| 60 | 897.60 | 2 595.9 | 4 384.0 | 7 370.2 | 20 555 | 56 348 | * | * | * | * |

*>99 999

表 A-2  一次投入（支付/整付）资金的现值系数表（P/F, i, n）

（即已知终值 F、利率 i、期数 n，求现值 P，由 (P/F, i, n)=(1+i)$^{-n}$ 所得 1 元复利现值系数表）

| 期数 | 1% | 2% | 3% | 4% | 5% | 6% | 7% | 8% | 9% | 10% |
|---|---|---|---|---|---|---|---|---|---|---|
| 1 | 0.990 1 | 0.980 4 | 0.970 9 | 0.961 5 | 0.952 4 | 0.943 4 | 0.934 6 | 0.925 9 | 0.917 4 | 0.909 1 |
| 2 | 0.980 3 | 0.961 2 | 0.942 6 | 0.924 6 | 0.907 0 | 0.890 0 | 0.873 4 | 0.857 3 | 0.841 7 | 0.826 4 |
| 3 | 0.970 6 | 0.942 3 | 0.915 1 | 0.889 0 | 0.863 8 | 0.839 6 | 0.816 3 | 0.793 8 | 0.772 2 | 0.751 3 |
| 4 | 0.961 0 | 0.923 8 | 0.888 5 | 0.854 8 | 0.822 7 | 0.792 1 | 0.762 9 | 0.735 0 | 0.708 4 | 0.683 0 |
| 5 | 0.951 5 | 0.905 7 | 0.862 6 | 0.821 9 | 0.783 5 | 0.747 3 | 0.713 0 | 0.680 6 | 0.649 9 | 0.620 9 |
| 6 | 0.942 0 | 0.888 0 | 0.837 5 | 0.790 3 | 0.746 2 | 0.705 0 | 0.666 3 | 0.630 2 | 0.596 3 | 0.564 5 |
| 7 | 0.932 7 | 0.860 6 | 0.813 1 | 0.759 9 | 0.710 7 | 0.665 1 | 0.622 7 | 0.583 5 | 0.547 0 | 0.513 2 |
| 8 | 0.923 5 | 0.853 5 | 0.789 4 | 0.730 7 | 0.676 8 | 0.627 4 | 0.582 0 | 0.540 3 | 0.501 9 | 0.466 5 |
| 9 | 0.914 3 | 0.836 8 | 0.766 4 | 0.702 6 | 0.644 6 | 0.591 9 | 0.543 9 | 0.500 2 | 0.460 4 | 0.424 1 |
| 10 | 0.905 3 | 0.820 3 | 0.744 1 | 0.675 6 | 0.613 9 | 0.558 4 | 0.508 3 | 0.463 2 | 0.422 4 | 0.385 5 |
| 11 | 0.896 3 | 0.804 3 | 0.722 4 | 0.649 6 | 0.584 7 | 0.526 8 | 0.475 1 | 0.428 9 | 0.387 5 | 0.350 5 |
| 12 | 0.887 4 | 0.788 5 | 0.701 4 | 0.624 6 | 0.556 8 | 0.497 0 | 0.444 0 | 0.397 1 | 0.355 5 | 0.318 6 |
| 13 | 0.878 7 | 0.773 0 | 0.681 0 | 0.600 6 | 0.530 3 | 0.468 8 | 0.415 0 | 0.367 7 | 0.326 2 | 0.289 7 |
| 14 | 0.870 0 | 0.757 9 | 0.661 1 | 0.577 5 | 0.505 1 | 0.442 3 | 0.387 8 | 0.340 7 | 0.299 2 | 0.263 3 |
| 15 | 0.861 3 | 0.743 0 | 0.641 9 | 0.555 3 | 0.481 0 | 0.417 3 | 0.362 4 | 0.315 2 | 0.274 5 | 0.239 4 |
| 16 | 0.852 8 | 0.728 4 | 0.623 2 | 0.533 9 | 0.458 1 | 0.393 6 | 0.338 7 | 0.291 9 | 0.251 9 | 0.217 6 |
| 17 | 0.844 4 | 0.714 2 | 0.605 0 | 0.513 4 | 0.436 3 | 0.371 4 | 0.316 6 | 0.270 3 | 0.231 1 | 0.197 8 |
| 18 | 0.836 0 | 0.700 2 | 0.587 4 | 0.493 6 | 0.415 5 | 0.350 3 | 0.295 9 | 0.250 2 | 0.212 0 | 0.179 9 |
| 19 | 0.827 7 | 0.686 4 | 0.570 3 | 0.474 6 | 0.395 7 | 0.330 5 | 0.276 5 | 0.231 7 | 0.194 5 | 0.163 5 |
| 20 | 0.819 5 | 0.673 0 | 0.553 7 | 0.456 4 | 0.376 9 | 0.311 8 | 0.258 4 | 0.214 5 | 0.178 4 | 0.148 6 |
| 21 | 0.811 4 | 0.659 8 | 0.537 5 | 0.438 8 | 0.358 9 | 0.294 2 | 0.241 5 | 0.198 7 | 0.163 7 | 0.135 1 |

续表

| 期数 | 1% | 2% | 3% | 4% | 5% | 6% | 7% | 8% | 9% | 10% |
|---|---|---|---|---|---|---|---|---|---|---|
| 22 | 0.803 4 | 0.646 8 | 0.521 9 | 0.422 0 | 0.341 8 | 0.277 5 | 0.225 7 | 0.183 9 | 0.150 2 | 0.122 8 |
| 23 | 0.795 4 | 0.634 2 | 0.506 7 | 0.405 7 | 0.325 6 | 0.261 8 | 0.210 9 | 0.170 3 | 0.137 8 | 0.111 7 |
| 24 | 0.787 6 | 0.621 7 | 0.491 9 | 0.390 1 | 0.310 1 | 0.247 0 | 0.197 1 | 0.157 7 | 0.126 4 | 0.101 5 |
| 25 | 0.779 8 | 0.609 5 | 0.477 6 | 0.375 1 | 0.295 3 | 0.233 0 | 0.184 2 | 0.146 0 | 0.116 0 | 0.092 3 |
| 26 | 0.772 0 | 0.597 6 | 0.463 7 | 0.360 7 | 0.281 2 | 0.219 8 | 0.172 2 | 0.135 2 | 0.106 4 | 0.083 9 |
| 27 | 0.764 4 | 0.585 9 | 0.450 2 | 0.346 8 | 0.267 8 | 0.207 4 | 0.160 9 | 0.125 2 | 0.097 6 | 0.076 3 |
| 28 | 0.756 8 | 0.574 4 | 0.437 1 | 0.333 5 | 0.255 1 | 0.195 6 | 0.150 4 | 0.115 9 | 0.089 5 | 0.069 3 |
| 29 | 0.749 3 | 0.563 1 | 0.424 3 | 0.320 7 | 0.242 9 | 0.184 6 | 0.140 6 | 0.107 3 | 0.082 2 | 0.063 0 |
| 30 | 0.741 9 | 0.552 1 | 0.412 0 | 0.308 3 | 0.231 4 | 0.174 1 | 0.131 4 | 0.099 4 | 0.075 4 | 0.057 3 |
| 35 | 0.705 9 | 0.500 0 | 0.355 4 | 0.253 4 | 0.181 3 | 0.130 1 | 0.093 7 | 0.067 6 | 0.049 0 | 0.035 6 |
| 40 | 0.671 7 | 0.452 9 | 0.306 6 | 0.208 3 | 0.142 0 | 0.097 2 | 0.066 8 | 0.046 0 | 0.031 8 | 0.022 1 |
| 45 | 0.639 1 | 0.410 2 | 0.264 4 | 0.171 2 | 0.111 3 | 0.072 7 | 0.047 6 | 0.031 3 | 0.020 7 | 0.013 7 |
| 50 | 0.608 0 | 0.371 5 | 0.228 1 | 0.140 7 | 0.087 2 | 0.054 3 | 0.033 9 | 0.021 3 | 0.013 4 | 0.008 5 |
| 55 | 0.578 5 | 0.336 5 | 0.196 8 | 0.115 7 | 0.068 3 | 0.040 6 | 0.024 2 | 0.014 5 | 0.008 7 | 0.005 3 |

| 期数 | 12% | 14% | 15% | 16% | 18% | 20% | 24% | 28% | 32% | 36% |
|---|---|---|---|---|---|---|---|---|---|---|
| 1 | 0.892 9 | 0.877 2 | 0.869 6 | 0.862 1 | 0.847 5 | 0.833 3 | 0.806 5 | 0.781 3 | 0.757 6 | 0.735 3 |
| 2 | 0.797 2 | 0.769 5 | 0.756 1 | 0.743 2 | 0.718 2 | 0.694 4 | 0.650 4 | 0.610 4 | 0.573 9 | 0.540 7 |
| 3 | 0.711 8 | 0.675 0 | 0.657 5 | 0.640 7 | 0.608 6 | 0.578 7 | 0.524 5 | 0.476 8 | 0.434 8 | 0.397 5 |
| 4 | 0.635 5 | 0.592 1 | 0.571 8 | 0.552 3 | 0.515 8 | 0.482 3 | 0.423 0 | 0.372 5 | 0.329 4 | 0.292 3 |
| 5 | 0.567 4 | 0.519 4 | 0.497 4 | 0.496 2 | 0.437 1 | 0.401 9 | 0.341 1 | 0.291 0 | 0.249 5 | 0.214 9 |
| 6 | 0.506 6 | 0.455 6 | 0.432 3 | 0.410 4 | 0.370 4 | 0.334 9 | 0.275 1 | 0.227 4 | 0.189 0 | 0.158 0 |
| 7 | 0.452 3 | 0.399 6 | 0.375 9 | 0.353 8 | 0.313 9 | 0.279 1 | 0.221 8 | 0.177 6 | 0.143 2 | 0.116 2 |
| 8 | 0.403 9 | 0.350 6 | 0.326 9 | 0.305 0 | 0.266 0 | 0.232 6 | 0.178 9 | 0.138 8 | 0.108 5 | 0.085 4 |
| 9 | 0.360 6 | 0.307 5 | 0.284 3 | 0.263 0 | 0.225 5 | 0.193 8 | 0.144 3 | 0.108 4 | 0.082 2 | 0.062 8 |
| 10 | 0.322 0 | 0.269 7 | 0.247 2 | 0.226 7 | 0.191 1 | 0.161 5 | 0.116 4 | 0.084 7 | 0.062 3 | 0.046 2 |
| 11 | 0.287 5 | 0.236 6 | 0.214 9 | 0.195 4 | 0.161 9 | 0.134 6 | 0.093 8 | 0.066 2 | 0.047 2 | 0.034 0 |
| 12 | 0.256 7 | 0.207 6 | 0.186 9 | 0.168 5 | 0.137 2 | 0.112 2 | 0.075 7 | 0.051 7 | 0.035 7 | 0.025 0 |
| 13 | 0.229 2 | 0.182 1 | 0.162 5 | 0.145 2 | 0.116 3 | 0.093 5 | 0.061 0 | 0.040 4 | 0.027 1 | 0.018 4 |
| 14 | 0.204 6 | 0.159 7 | 0.141 3 | 0.125 2 | 0.098 5 | 0.077 9 | 0.049 2 | 0.031 6 | 0.020 5 | 0.013 5 |
| 15 | 0.182 7 | 0.140 1 | 0.122 9 | 0.107 9 | 0.083 5 | 0.064 9 | 0.039 7 | 0.024 7 | 0.015 5 | 0.009 9 |
| 16 | 0.163 1 | 0.122 9 | 0.106 9 | 0.093 0 | 0.070 8 | 0.054 1 | 0.032 0 | 0.019 3 | 0.011 8 | 0.007 3 |
| 17 | 0.145 6 | 0.107 8 | 0.092 9 | 0.080 2 | 0.060 0 | 0.045 1 | 0.025 8 | 0.015 0 | 0.008 9 | 0.005 4 |
| 18 | 0.130 0 | 0.094 6 | 0.080 8 | 0.069 1 | 0.050 8 | 0.037 6 | 0.020 8 | 0.011 8 | 0.006 8 | 0.003 9 |
| 19 | 0.116 1 | 0.082 9 | 0.070 3 | 0.059 6 | 0.043 1 | 0.031 3 | 0.016 8 | 0.009 2 | 0.005 1 | 0.002 9 |
| 20 | 0.103 7 | 0.072 8 | 0.061 1 | 0.051 4 | 0.036 5 | 0.026 1 | 0.013 5 | 0.007 2 | 0.003 9 | 0.002 1 |
| 21 | 0.092 6 | 0.063 8 | 0.053 1 | 0.044 3 | 0.030 9 | 0.021 7 | 0.010 9 | 0.005 6 | 0.002 9 | 0.001 6 |
| 22 | 0.082 6 | 0.056 0 | 0.046 2 | 0.038 2 | 0.026 2 | 0.018 1 | 0.008 8 | 0.004 4 | 0.002 2 | 0.001 2 |
| 23 | 0.073 8 | 0.049 1 | 0.040 2 | 0.032 9 | 0.022 2 | 0.015 1 | 0.007 1 | 0.003 4 | 0.001 7 | 0.000 8 |
| 24 | 0.065 9 | 0.043 1 | 0.034 9 | 0.028 4 | 0.018 8 | 0.012 6 | 0.005 7 | 0.002 7 | 0.001 3 | 0.000 6 |
| 25 | 0.058 8 | 0.037 8 | 0.030 4 | 0.024 5 | 0.016 0 | 0.010 5 | 0.004 6 | 0.002 1 | 0.001 0 | 0.000 5 |
| 26 | 0.052 5 | 0.033 1 | 0.026 4 | 0.021 1 | 0.013 5 | 0.008 7 | 0.003 7 | 0.001 6 | 0.000 7 | 0.000 3 |
| 27 | 0.046 9 | 0.029 1 | 0.023 0 | 0.018 2 | 0.011 5 | 0.007 3 | 0.003 0 | 0.001 3 | 0.000 6 | 0.000 2 |
| 28 | 0.041 9 | 0.025 5 | 0.020 0 | 0.015 7 | 0.009 7 | 0.006 1 | 0.002 4 | 0.001 0 | 0.000 4 | 0.000 2 |
| 29 | 0.037 4 | 0.022 4 | 0.017 4 | 0.013 5 | 0.008 2 | 0.005 1 | 0.002 0 | 0.000 8 | 0.000 3 | 0.000 1 |
| 30 | 0.033 4 | 0.019 6 | 0.015 1 | 0.011 6 | 0.007 0 | 0.004 2 | 0.001 6 | 0.000 6 | 0.000 2 | 0.000 1 |
| 35 | 0.018 9 | 0.010 2 | 0.007 5 | 0.005 5 | 0.003 0 | 0.001 7 | 0.000 5 | 0.000 2 | 0.000 1 | * |
| 40 | 0.010 7 | 0.005 3 | 0.003 7 | 0.002 6 | 0.001 3 | 0.000 7 | 0.000 2 | 0.000 1 | * | * |
| 45 | 0.006 1 | 0.002 7 | 0.001 9 | 0.001 3 | 0.009 6 | 0.000 3 | 0.000 1 | * | * | * |
| 50 | 0.003 5 | 0.001 4 | 0.000 9 | 0.000 6 | 0.000 3 | 0.000 1 | * | * | * | * |
| 55 | 0.002 0 | 0.000 7 | 0.000 5 | 0.000 3 | 0.000 1 | * | * | * | * | * |

*<.000 1

### 附录A 货币时间价值计算用表（复利系数表）

表 A-3 （等额/多次支付）资金的年金终值系数表（$F/A, i, n$）

（即已知年金 $A$、利率 $i$、期数 $n$，求终值 $F$，由 $(F/A, i, n) = [(1+i)^n - 1]/i$ 所得1元年金终值系数表）

| 期数 | 1% | 2% | 3% | 4% | 5% | 6% | 7% | 8% | 9% | 10% |
|---|---|---|---|---|---|---|---|---|---|---|
| 1 | 1.000 | 1.000 | 1.000 | 1.000 | 1.000 | 1.000 | 1.000 | 1.000 | 1.000 | 1.000 |
| 2 | 2.0100 | 2.0200 | 2.0300 | 2.0400 | 2.0500 | 2.0600 | 2.0700 | 2.0800 | 2.0900 | 2.1000 |
| 3 | 3.0301 | 3.0604 | 3.0909 | 3.1216 | 3.1525 | 3.1836 | 3.2149 | 3.2464 | 3.2781 | 3.3100 |
| 4 | 4.0604 | 4.1216 | 4.1836 | 4.2465 | 4.3101 | 4.3746 | 4.4399 | 4.5061 | 4.5731 | 4.6410 |
| 5 | 5.1010 | 5.2040 | 5.3091 | 5.4163 | 5.5256 | 5.6371 | 5.7507 | 5.8666 | 5.9847 | 6.1051 |
| 6 | 6.1520 | 6.3081 | 6.4684 | 6.6330 | 6.8019 | 6.9753 | 7.1533 | 7.3359 | 7.5233 | 7.7156 |
| 7 | 7.2135 | 7.4343 | 7.6625 | 7.8983 | 8.1420 | 8.3938 | 8.6540 | 8.9228 | 9.2004 | 9.4872 |
| 8 | 8.2857 | 8.5830 | 8.8923 | 9.2142 | 9.5491 | 9.8975 | 10.260 | 10.637 | 11.029 | 11.436 |
| 9 | 9.3685 | 9.7546 | 10.159 | 10.583 | 11.027 | 11.491 | 11.978 | 12.488 | 13.021 | 13.579 |
| 10 | 10.462 | 10.950 | 11.464 | 12.006 | 12.578 | 13.181 | 13.816 | 14.487 | 15.193 | 15.937 |
| 11 | 11.567 | 12.169 | 12.808 | 13.486 | 14.207 | 14.972 | 15.784 | 16.645 | 17.560 | 18.531 |
| 12 | 12.683 | 13.412 | 14.192 | 15.026 | 15.917 | 16.870 | 17.888 | 18.977 | 20.141 | 21.384 |
| 13 | 13.809 | 14.680 | 15.618 | 16.627 | 17.713 | 18.882 | 20.141 | 21.495 | 22.953 | 24.523 |
| 14 | 14.947 | 15.974 | 17.086 | 18.292 | 19.599 | 21.015 | 22.550 | 24.214 | 26.019 | 27.975 |
| 15 | 16.097 | 17.293 | 18.599 | 20.024 | 21.579 | 23.276 | 25.129 | 27.152 | 29.361 | 31.772 |
| 16 | 17.258 | 18.639 | 20.157 | 21.825 | 23.657 | 25.673 | 27.888 | 30.324 | 33.003 | 35.950 |
| 17 | 18.430 | 20.012 | 21.762 | 23.698 | 25.840 | 28.213 | 30.840 | 33.750 | 36.974 | 40.545 |
| 18 | 19.615 | 21.412 | 23.414 | 25.645 | 28.132 | 30.906 | 33.999 | 37.450 | 41.301 | 45.599 |
| 19 | 20.811 | 22.841 | 25.117 | 27.671 | 30.539 | 33.760 | 37.379 | 41.446 | 46.018 | 51.159 |
| 20 | 22.019 | 24.297 | 26.870 | 29.778 | 33.066 | 36.786 | 40.995 | 45.752 | 51.160 | 57.275 |
| 21 | 23.239 | 25.783 | 28.676 | 31.969 | 35.719 | 39.993 | 44.865 | 50.423 | 56.765 | 64.002 |
| 22 | 24.472 | 27.299 | 30.537 | 34.248 | 38.505 | 43.392 | 49.006 | 55.457 | 62.873 | 71.403 |
| 23 | 25.716 | 28.845 | 32.453 | 36.618 | 41.430 | 46.996 | 53.436 | 60.883 | 69.532 | 79.543 |
| 24 | 26.973 | 30.422 | 34.426 | 39.083 | 44.502 | 50.816 | 58.177 | 66.765 | 76.790 | 88.497 |
| 25 | 28.243 | 32.030 | 36.459 | 41.646 | 47.727 | 54.864 | 63.249 | 73.106 | 84.701 | 98.347 |
| 26 | 29.526 | 33.671 | 38.553 | 44.312 | 51.113 | 59.156 | 68.676 | 79.954 | 93.324 | 109.18 |
| 27 | 30.821 | 35.344 | 40.710 | 47.084 | 54.669 | 63.706 | 74.484 | 87.351 | 102.72 | 121.10 |
| 28 | 32.129 | 37.051 | 42.931 | 49.968 | 58.403 | 68.528 | 80.698 | 95.339 | 112.97 | 134.21 |
| 29 | 33.450 | 38.792 | 45.219 | 62.966 | 62.323 | 73.640 | 87.347 | 103.97 | 124.14 | 148.63 |
| 30 | 34.785 | 40.568 | 47.575 | 56.085 | 66.439 | 79.058 | 94.461 | 113.28 | 136.31 | 164.49 |
| 40 | 48.886 | 60.402 | 75.401 | 95.026 | 120.80 | 154.76 | 199.64 | 259.06 | 337.88 | 442.59 |
| 50 | 64.463 | 84.579 | 112.80 | 152.67 | 209.35 | 290.34 | 406.53 | 573.77 | 815.08 | 1 163.91 |

| 期数 | 12% | 14% | 15% | 16% | 18% | 20% | 24% | 28% | 32% | 36% |
|---|---|---|---|---|---|---|---|---|---|---|
| 1 | 1.0000 | 1.0000 | 1.0000 | 1.0000 | 1.0000 | 1.0000 | 1.0000 | 1.0000 | 1.0000 | 1.0000 |
| 2 | 2.1200 | 2.1400 | 2.1500 | 2.1000 | 2.1800 | 2.2000 | 2.2400 | 2.2800 | 2.3200 | 2.3600 |
| 3 | 3.3744 | 3.4396 | 3.4725 | 3.5056 | 3.5724 | 3.6400 | 3.7776 | 3.9184 | 3.0624 | 3.2096 |
| 4 | 4.7793 | 4.9211 | 4.9934 | 5.0665 | 5.2154 | 5.3680 | 5.6842 | 6.0156 | 6.3624 | 6.7251 |
| 5 | 6.3528 | 6.6101 | 6.7424 | 6.8771 | 7.1542 | 7.4416 | 8.0484 | 8.6999 | 9.3983 | 10.146 |
| 6 | 8.1152 | 8.5355 | 8.7537 | 8.9775 | 9.4420 | 9.9299 | 10.980 | 12.136 | 13.406 | 14.799 |
| 7 | 10.089 | 10.730 | 11.067 | 11.414 | 12.142 | 12.916 | 14.615 | 16.534 | 18.696 | 21.126 |
| 8 | 12.300 | 13.233 | 13.727 | 14.240 | 15.327 | 16.499 | 19.123 | 22.163 | 25.678 | 29.732 |
| 9 | 14.776 | 16.085 | 16.786 | 17.519 | 19.086 | 20.799 | 24.712 | 29.369 | 34.895 | 41.435 |
| 10 | 17.549 | 19.337 | 20.304 | 21.321 | 23.521 | 25.959 | 31.643 | 38.593 | 47.062 | 57.352 |
| 11 | 20.655 | 23.045 | 24.349 | 25.733 | 28.755 | 32.150 | 40.238 | 50.398 | 63.122 | 78.998 |
| 12 | 24.133 | 27.271 | 29.002 | 30.850 | 34.931 | 39.581 | 50.895 | 65.510 | 84.320 | 108.44 |
| 13 | 28.029 | 32.089 | 34.352 | 36.786 | 42.219 | 48.497 | 64.110 | 84.853 | 112.30 | 148.47 |
| 14 | 32.393 | 37.581 | 40.505 | 43.672 | 50.818 | 59.196 | 80.496 | 109.61 | 149.24 | 202.93 |
| 15 | 37.280 | 43.842 | 47.580 | 51.660 | 60.965 | 72.035 | 100.82 | 141.30 | 198.00 | 276.98 |
| 16 | 42.753 | 50.980 | 55.717 | 60.925 | 72.939 | 87.442 | 126.01 | 181.87 | 262.36 | 377.69 |
| 17 | 48.884 | 59.118 | 65.075 | 71.673 | 87.068 | 105.93 | 157.25 | 233.79 | 347.31 | 514.66 |
| 18 | 55.750 | 68.394 | 75.836 | 84.141 | 103.74 | 128.12 | 195.99 | 300.25 | 459.45 | 170.98 |
| 19 | 63.440 | 78.969 | 88.212 | 98.603 | 123.41 | 154.74 | 244.03 | 385.32 | 607.47 | 954.28 |
| 20 | 72.052 | 91.025 | 102.44 | 115.38 | 146.63 | 186.69 | 303.60 | 494.21 | 802.86 | 1 298.8 |

续表

| 期数 | 12% | 14% | 15% | 16% | 18% | 20% | 24% | 28% | 32% | 36% |
|---|---|---|---|---|---|---|---|---|---|---|
| 21 | 81.699 | 104.77 | 118.81 | 134.84 | 174.02 | 225.03 | 377.46 | 633.59 | 1 060.8 | 1 767.4 |
| 22 | 92.503 | 120.44 | 137.63 | 157.41 | 206.34 | 271.03 | 469.06 | 812.00 | 1 401.2 | 2 404.7 |
| 23 | 104.60 | 138.30 | 159.28 | 183.60 | 244.49 | 326.24 | 582.63 | 1 040.4 | 1 850.6 | 3 271.2 |
| 24 | 118.16 | 158.66 | 184.17 | 213.98 | 289.49 | 392.48 | 723.46 | 1 332.7 | 2 443.8 | 4 450.0 |
| 25 | 133.33 | 181.87 | 212.79 | 249.21 | 342.60 | 471.98 | 898.09 | 1 706.8 | 3 226.8 | 6 053.0 |
| 26 | 150.33 | 208.33 | 245.71 | 290.09 | 405.27 | 567.38 | 1 114.6 | 2 185.7 | 4 260.4 | 8 233.1 |
| 27 | 169.37 | 238.50 | 283.57 | 337.50 | 479.22 | 681.85 | 1 383.1 | 2 798.7 | 5 624.8 | 11 198.0 |
| 28 | 190.70 | 272.89 | 327.10 | 392.50 | 566.48 | 819.22 | 1 716.1 | 3 583.3 | 7 225.7 | 15 230.3 |
| 29 | 214.58 | 312.09 | 377.17 | 456.30 | 669.45 | 984.07 | 2 129.0 | 4 587.7 | 9 802.9 | 20 714.2 |
| 30 | 241.33 | 3 56.79 | 434.75 | 530.31 | 790.95 | 1 181.9 | 2 640.9 | 5 873.2 | 12 940.9 | 28 172.3 |
| 40 | 767.09 | 1 342.0 | 1 779.1 | 2 360.8 | 4 163.2 | 7 343.2 | 9.227 2 | 9.693 77 | * | * |
| 50 | 2 400.0 | 4 994.5 | 7 217.7 | 10 435.7 | 21 813.1 | 45 497.2 | * | * | * | * |
| 60 | 7 471.6 | 18 535.1 | 29 220.0 | 46 058.0 | * | * | * | * | * | * |

*<99 999

表 A-4 （等额/多次支付）资金的年金现值系数表（P/A, i, n）

（即已知年金 A、利率 i、期数 n，求现值 P，由(P/A, i, n)=[$(1+i)^n-1$] /$i(1+i)^{-n}$ 所得 1 元年金现值系数表）

| 期数 | 1% | 2% | 3% | 4% | 5% | 6% | 7% | 8% | 9% |
|---|---|---|---|---|---|---|---|---|---|
| 1 | 0.990 1 | 0.980 4 | 0.970 9 | 0.961 5 | 0.952 4 | 0.943 4 | 0.934 6 | 0.925 9 | 0.917 4 |
| 2 | 1.970 4 | 1.941 6 | 1.913 5 | 1.886 1 | 1.859 4 | 1.833 4 | 1.808 0 | 1.783 3 | 1.759 1 |
| 3 | 2.941 0 | 2.883 9 | 2.828 6 | 2.775 1 | 2.723 2 | 2.673 0 | 2.624 3 | 2.577 1 | 2.531 3 |
| 4 | 3.900 0 | 3.807 7 | 3.717 1 | 3.629 9 | 3.546 0 | 3.465 1 | 3.387 2 | 3.312 1 | 3.239 7 |
| 5 | 4.853 4 | 4.713 5 | 4.579 7 | 4.451 8 | 4.329 5 | 4.212 4 | 4.100 2 | 3.992 7 | 3.889 7 |
| 6 | 5.795 5 | 5.601 4 | 5.417 2 | 5.242 1 | 5.075 7 | 4.917 3 | 4.766 5 | 4.622 9 | 4.485 9 |
| 7 | 6.728 2 | 6.472 0 | 6.230 3 | 6.002 1 | 5.786 4 | 5.582 4 | 5.389 3 | 5.206 4 | 5.033 0 |
| 8 | 7.651 7 | 7.325 5 | 7.019 7 | 6.732 7 | 6.463 2 | 6.209 8 | 5.971 3 | 5.746 6 | 5.534 8 |
| 9 | 8.566 0 | 8.162 2 | 7.786 1 | 7.435 3 | 7.107 8 | 6.801 7 | 6.515 2 | 6.246 9 | 5.995 2 |
| 10 | 9.471 3 | 8.982 6 | 8.530 2 | 8.110 9 | 7.721 7 | 7.360 1 | 7.023 6 | 6.710 1 | 6.417 7 |
| 11 | 10.367 6 | 9.786 8 | 9.252 6 | 8.760 5 | 8.306 4 | 7.886 9 | 7.498 7 | 7.139 0 | 6.805 2 |
| 12 | 11.255 1 | 10.575 3 | 9.954 0 | 9.385 1 | 8.863 3 | 8.383 8 | 7.942 7 | 7.536 1 | 7.160 7 |
| 13 | 12.133 7 | 11.348 4 | 10.635 0 | 9.985 6 | 9.393 6 | 8.852 7 | 8.357 7 | 7.90 38 | 7.486 9 |
| 14 | 13.003 7 | 12.106 2 | 11.296 1 | 10.563 1 | 9.898 6 | 9.295 0 | 8.745 5 | 8.244 2 | 7.786 2 |
| 15 | 13.865 1 | 12.849 3 | 11.937 9 | 11.118 4 | 10.379 7 | 9.712 2 | 9.107 9 | 8.559 5 | 8.060 7 |
| 16 | 14.717 9 | 13.577 7 | 12.561 1 | 11.652 3 | 10.837 8 | 10.105 9 | 9.446 6 | 8.851 4 | 8.312 6 |
| 17 | 15.562 3 | 14.291 9 | 13.166 1 | 12.165 7 | 11.274 1 | 10.477 3 | 9.763 2 | 9.121 6 | 8.543 6 |
| 18 | 16.398 3 | 14.992 0 | 13.753 5 | 12.659 3 | 11.689 6 | 10.827 6 | 10.059 1 | 9.371 9 | 8.755 6 |
| 19 | 17.226 0 | 15.678 5 | 14.323 8 | 13.133 9 | 12.085 3 | 11.158 1 | 10.335 6 | 9.603 6 | 8.950 1 |
| 20 | 18.045 6 | 16.351 4 | 14.877 5 | 13.590 3 | 12.462 2 | 11.469 9 | 10.594 0 | 9.818 1 | 9.128 5 |
| 21 | 18.857 0 | 17.011 2 | 15.415 0 | 14.029 2 | 12.821 2 | 11.764 1 | 10.835 5 | 10.016 8 | 9.292 2 |
| 22 | 19.660 4 | 17.658 0 | 15.936 9 | 14.451 1 | 13.163 0 | 12.041 6 | 11.061 2 | 10.200 7 | 9.442 4 |
| 23 | 20.455 8 | 18.292 2 | 16.443 6 | 14.856 8 | 13.488 6 | 12.303 4 | 11.272 2 | 10.371 1 | 9.580 2 |
| 24 | 21.243 4 | 18.913 9 | 16.935 5 | 15.247 0 | 13.798 6 | 12.550 4 | 11.469 3 | 10.528 8 | 9.706 6 |
| 25 | 22.023 2 | 19.523 5 | 17.413 1 | 15.622 1 | 14.093 9 | 12.783 4 | 11.653 6 | 10.674 8 | 9.822 6 |
| 26 | 22.795 2 | 20.121 0 | 17.876 8 | 15.982 8 | 14.375 2 | 13.003 2 | 11.825 8 | 10.810 0 | 9.929 0 |
| 27 | 23.559 6 | 20.705 9 | 18.327 0 | 16.329 6 | 14.643 0 | 13.210 5 | 11.986 7 | 10. 935 2 | 10.026 6 |
| 28 | 24.316 4 | 21.281 3 | 18.764 1 | 16.663 1 | 14.898 1 | 13.406 2 | 12.137 1 | 11.051 1 | 10.116 1 |
| 29 | 25.065 8 | 21.844 4 | 19.188 5 | 16.963 7 | 15.141 1 | 13.590 7 | 12.277 7 | 11.158 4 | 10.198 3 |
| 30 | 25.807 7 | 22.396 5 | 19.600 4 | 17.292 0 | 15.372 5 | 13.764 8 | 12.409 0 | 11.257 8 | 10.273 7 |
| 35 | 29.406 6 | 24.998 6 | 21.487 2 | 18.664 6 | 16.374 2 | 14.498 2 | 12.947 7 | 11.654 6 | 10.566 8 |
| 40 | 32.834 7 | 27.355 5 | 23.114 8 | 19.792 8 | 17.159 1 | 15.046 3 | 13.331 7 | 11.924 6 | 10.757 4 |
| 45 | 36.094 5 | 29.490 2 | 24.518 7 | 20.720 0 | 17.774 1 | 15.455 8 | 13.605 5 | 12.108 4 | 10.881 2 |
| 50 | 39.196 1 | 31.423 6 | 25.729 8 | 21.482 2 | 18.255 9 | 15.761 9 | 13.800 7 | 12.233 5 | 10.961 7 |
| 55 | 42.147 2 | 33.174 8 | 26.774 4 | 22.108 6 | 18.633 5 | 15.990 5 | 13.939 9 | 12.318 6 | 11.014 0 |

附录 A　货币时间价值计算用表（复利系数表）

续表

| 期数 | 10% | 12% | 14% | 15% | 16% | 18% | 20% | 24% | 28% | 32% |
|---|---|---|---|---|---|---|---|---|---|---|
| 1 | 0.909 1 | 0.892 9 | 0.877 2 | 0.869 6 | 0.862 1 | 0.847 5 | 0.833 3 | 0.806 5 | 0.781 3 | 0.757 6 |
| 2 | 1.735 5 | 1.690 1 | 1.646 7 | 1.625 7 | 1.605 2 | 1.565 6 | 1.527 8 | 1.456 8 | 1.391 6 | 1.331 5 |
| 3 | 2.486 9 | 2.401 8 | 2.321 6 | 2.283 2 | 2.245 9 | 2.174 3 | 2.106 5 | 1.981 3 | 1.868 4 | 1.766 3 |
| 4 | 3.169 9 | 3.037 3 | 2.913 7 | 2.855 0 | 2.798 2 | 2.690 1 | 2.588 7 | 2.404 3 | 2.241 0 | 2.095 7 |
| 5 | 3.790 8 | 3.604 8 | 3.433 1 | 3.352 2 | 3.274 3 | 3.127 2 | 2.990 6 | 2.745 4 | 2.532 0 | 2.345 2 |
| 6 | 4.355 3 | 4.111 4 | 3.888 7 | 3.784 5 | 3.684 7 | 3.497 6 | 3.325 5 | 3.020 5 | 2.759 4 | 2.534 2 |
| 7 | 4.868 4 | 4.563 8 | 4.288 2 | 4.160 4 | 4.038 6 | 3.811 5 | 3.604 6 | 3.242 3 | 2.937 0 | 2.677 5 |
| 8 | 5.334 9 | 4.967 6 | 4.638 9 | 4.487 3 | 4.343 6 | 4.077 6 | 3.837 2 | 3.421 2 | 3.075 8 | 2.786 0 |
| 9 | 5.759 0 | 5.328 2 | 4.946 4 | 4.771 6 | 4.606 5 | 4.303 0 | 4.031 0 | 3.565 5 | 3.184 2 | 2.868 1 |
| 10 | 6.144 6 | 5.650 2 | 5.216 1 | 5.018 8 | 4.833 2 | 4.494 1 | 4.192 5 | 3.681 9 | 3.268 9 | 2.930 4 |
| 11 | 6.495 1 | 5.937 7 | 5.452 7 | 5.233 7 | 5.028 6 | 4.656 0 | 4.327 1 | 3.775 7 | 3.335 1 | 2.977 6 |
| 12 | 6.813 7 | 6.194 4 | 5.660 3 | 5.420 6 | 5.197 1 | 4.793 2 | 4.439 2 | 3.851 4 | 3.386 8 | 3.013 3 |
| 13 | 7.103 4 | 6.423 5 | 5.842 4 | 5.583 1 | 5.342 3 | 4.909 5 | 4.532 7 | 3.912 4 | 3.427 2 | 3.040 4 |
| 14 | 7.366 7 | 6.628 2 | 6.002 1 | 6.724 5 | 5.467 5 | 5.008 1 | 4.610 6 | 3.961 6 | 3.458 7 | 3.060 9 |
| 15 | 7.606 1 | 6.810 9 | 6.142 2 | 5.847 4 | 5.575 5 | 5.091 6 | 4.675 5 | 4.001 3 | 3.483 4 | 3.076 4 |
| 16 | 7.823 7 | 6.974 0 | 6.265 1 | 5.954 2 | 5.668 5 | 5.162 4 | 4.729 6 | 4.033 3 | 3.502 6 | 3.088 2 |
| 17 | 8.021 4 | 7.119 6 | 6.372 9 | 6.047 2 | 5.748 7 | 5.222 3 | 4.774 6 | 4.059 1 | 3.517 7 | 3.097 1 |
| 18 | 8.201 4 | 7.249 7 | 6.467 4 | 6.128 0 | 5.817 8 | 5.273 2 | 4.812 2 | 4.079 9 | 3.529 4 | 3.103 9 |
| 19 | 8.364 9 | 7.365 8 | 6.550 4 | 6.198 2 | 5.877 5 | 5.316 2 | 4.843 5 | 4.096 7 | 3.538 6 | 3.109 0 |
| 20 | 8.513 6 | 7.469 4 | 6.623 1 | 6.259 3 | 5.928 8 | 5.352 7 | 4.869 6 | 4.110 3 | 3.545 8 | 3.112 9 |
| 21 | 8.648 7 | 7.562 0 | 6.687 0 | 6.312 5 | 5.973 1 | 5.383 7 | 4.891 3 | 4.121 2 | 3.551 4 | 3.115 8 |
| 22 | 8.771 5 | 7.644 6 | 6.742 9 | 6.358 7 | 6.011 3 | 5.409 9 | 4.909 4 | 4.130 0 | 3.555 8 | 3.118 0 |
| 23 | 8.883 2 | 7.718 4 | 6.792 1 | 6.398 8 | 6.044 2 | 5.432 1 | 4.924 5 | 4.137 1 | 3.559 2 | 3.119 7 |
| 24 | 8.984 7 | 7.784 3 | 6.835 1 | 6.433 8 | 6.072 6 | 5.450 9 | 4.937 1 | 4.142 8 | 3.561 9 | 3.121 0 |
| 25 | 9.077 0 | 7.843 1 | 6.872 9 | 6.464 1 | 6.097 1 | 5.466 9 | 4.947 6 | 4.147 4 | 3.564 0 | 3.122 0 |
| 26 | 9.160 9 | 7.895 7 | 6.906 1 | 6.490 6 | 6.118 2 | 5.480 4 | 4.956 3 | 4.151 1 | 3.565 6 | 3.122 7 |
| 27 | 9.237 2 | 7.942 6 | 6.935 2 | 6.513 5 | 6.136 4 | 5.491 9 | 4.963 6 | 4.154 2 | 3.566 9 | 3.123 3 |
| 28 | 9.306 6 | 7.984 4 | 6.960 7 | 6.533 5 | 6.152 0 | 5.501 6 | 4.969 7 | 4.156 6 | 3.567 9 | 3.123 7 |
| 29 | 9.369 6 | 8.021 8 | 6.983 0 | 6.550 9 | 6.165 6 | 5.509 8 | 4.974 7 | 4.158 5 | 3.568 7 | 3.124 0 |
| 30 | 9.426 9 | 8.055 2 | 7.002 7 | 6.566 0 | 6.177 2 | 5.516 8 | 4.978 9 | 4.160 1 | 3.569 3 | 3.124 2 |
| 35 | 9.644 2 | 8.175 5 | 7.070 0 | 6.616 6 | 6.215 3 | 5.538 6 | 4.991 5 | 1.164 4 | 3.570 6 | 3.124 8 |
| 40 | 9.779 1 | 8.243 8 | 7.105 0 | 6.641 8 | 6.233 5 | 5.548 2 | 4.996 6 | 4.165 9 | 3.571 2 | 3.125 0 |
| 45 | 9.862 8 | 8.282 5 | 7.123 2 | 6.654 3 | 6.242 1 | 5.552 3 | 4.998 6 | 4.166 4 | 3.571 4 | 3.125 0 |
| 50 | 9.914 8 | 8.304 5 | 7.132 7 | 6.660 5 | 6.246 3 | 5.554 1 | 4.999 5 | 4.166 5 | 3.571 4 | 3.125 0 |
| 55 | 9.947 1 | 8.317 0 | 7.137 6 | 6.663 6 | 6.248 2 | 5.554 9 | 4.999 8 | 4.166 6 | 3.571 4 | 3.125 0 |

# 参考文献

[1] 王勇,朱昭华,王兆阳."一带一路"倡议背景下霍尔果斯文化遗址资源的现状与开发[J].苏州科技大学学报,2018（3）.
[2] 王勇.不同资源要素投入条件下项目经济性分析模式研究[J].项目管理评论,2017（1）.
[3] 中国（双法）项目管理研究委员会.中国现代项目管理发展报告（2016）[M].北京：电力工业出版社,2017.
[4] 王勇,王兆阳.项目经济性分析与评价[M].北京：中国建筑工业出版社,2016.
[5] 王勇,王兆阳.项目市场需求管理与建设条件分析[M].北京：中国建筑工业出版社,2015.
[6] 王勇,金勇.投资项目前期市场需求管理问题研究[J].建筑经济,2014（6）.
[7] 王勇.政企联合防控海外安全风险[J].国际工程与劳务,2013（3）.
[8] 王勇.投资项目前期管理——基于项目可行性分析与评价[M].北京：电子工业出版社,2012.
[9] 蔡俊伦,王勇.浅议"球"营销管理观念与企业整体营销[J].商场现代化,2012（11）.
[10] 王勇.跨国并购与绿地投资,孰优孰劣？[J].国际工程与劳务,2012（7）.
[11] 宋伟,等.工程项目管理（第二版）[M].北京：科学出版社,2012.
[12] 王勇.项目可行性研究与评估（第二版）[M].北京：中国建筑工业出版社,2011.
[13] 中国（双法）项目管理研究委员会.中国现代项目管理发展报告（2011）[M].北京：电子工业出版社,2011.
[14] 王勇,史新惠.管理的科学性与艺术性[J].唯实,2011（6）.
[15] 王勇."逆向"利用外资拓宽和夯实企业"走出去"的市场基础[J].国际工程与劳务,2011（1）.
[16] 王勇.房地产项目市场调研"点线面体"模式浅析[J].建筑经济,2010（11）.
[17] 王勇.浅议建设项目前期可行性研究工作的项目化管理[J].建筑经济,2010（9）.
[18] 王勇,等.对项目管理内涵与工程监理职责一致性的初步研究[J].建筑经济,2009（6）.
[19] 温承革,王勇,杨晓燕.精益建筑供应链构建与管理[J].中国物流与采购,2009（4）.
[20] 王勇.浅论推行EPC总承包存在的问题与对策[J].建筑经济,2009（3）.
[21] 徐国泉,王勇等.实物期权及其在能源领域中的研究述评[J].经济问题探索,2009（1）.
[22] 王勇.项目可行性研究与评估典型案例精解[M].北京：中国建筑工业出版社,2008.
[23] 王勇.投资项目可行性分析——理论精要与案例解析[M].北京：中国建筑工业出版社,2008.
[24] 王强 王勇 王兆阳.EAI——以集成应用为己任[J].中国信息化,2008（5）.
[25] 王强 王勇.EAI：一种最新的信息管理技术[J].国际工程与劳务,2008（3）.
[26] 王勇.试论对投资项目可行性研究实施必要性审计[J].建筑经济,2008（1）.
[27] 汤伟钢,等.工程项目投资与融资[M].北京：人民交通出版社,2008.
[28] 张敏莉.房地产项目策划[M].北京：人民交通出版社,2007.
[29] 宋伟,等.工程经济学[M].北京：人民交通出版社,2007.
[30] 马旭晨.国际贸易企业项目化管理[M].北京：机械工业出版社,2007.
[31] 王勇.浅谈改进投资项目前期研究工作的基本思路[J].项目管理技术（第6届中国项目管理大会论文集）,2007.
[32] 王勇.关于工程项目管理若干概念的延伸思考[J].国际工程与劳务,2007（12）.
[33] 王勇,陈延辉.项目可行性研究工作中的问题与对策探讨[J].建筑经济,2007（2）.
[34] 王勇.对我国"走出去"企业社会责任的探讨[J].国际工程与劳务,2007（2）.
[35] 王勇.对实施绿色工程项目管理的思考[J].国际工程与劳务,2007（1）.
[36] 王勇,陈延辉.关于完善投资项目可行性研究工作的思考[J].国际工程与劳务,2006（11）.
[37] 中国（双法）项目管理研究委员会.中国现代项目管理发展报告（2006）[M].北京：电子工业出版社,2006.
[38] 乌云娜,等.项目管理策划[M].北京：电子工业出版社,2006.
[39] 国家发展和改革委建设部.建设项目经济评价方法与参数（第3版）[M].北京：中国计划出版社,2006.

[40] 王勇. 关于绿色工程项目管理的探讨 [J].建筑经济，2006（11）.
[41] 王勇. 管理三维斡旋体系 [J].中国商业评论，2006（9）.
[42] 徐莉，等. 项目评估与决策[M]. 北京：科学出版社，2006.
[43] 刘玉明. 工程经济学[M]. 北京：清华大学出版社，北京交通大学出版社，2006.
[44] 宋伟，等. 工程项目管理 [M]. 北京：科学出版社，2006.
[45] 王勇，陈延辉. 项目前期管理的一种科学方法——可行性研究工作[J].项目管理技术，2005（11）.
[46] 王勇，蔡俊伦，温承革. 管理概念再探[J].管理科学文摘，2005（3）.
[47] 盛天宝，等. 工程项目管理与案例[M]. 北京：冶金工业出版社，2005.
[48] 白思俊. 项目管理案例教程[M]. 北京：机械工业出版社，2005.
[49] 王勇，蔡俊伦. 现代管理学[M]. 南昌：江西人民出版社，2005.
[50] 白思俊. 项目管理案例教程[M]. 北京：机械工业出版社，2005.
[51] 王勇，蔡俊伦，温承革. 管理概念再探[J]. 管理科学文摘，2005（5）.
[52] 戚安邦. 项目论证与评估[M]. 北京：机械工业出版社，2004.
[53] 王勇. 项目可行性研究与评估[M]. 北京：中国建筑工业出版社，2004.
[54] 王勇. 浅议项目管理与工程监理之间的关联[N]. 建筑时报，2004-06-11（4）.
[55] 温承革，王勇，杨晓燕. 组织内部协调机制研究[J]. 山西财经大学学报，2004（6）.
[56] 王勇，等. 论企业核心竞争力中的企业文化与企业信用[J]. 重庆建筑大学学报，2004（5）.
[57] 王勇，等. 苏南地区民营建筑施工企业调查[J].苏州科技学院学报，2004（3）；（中国人民大学报刊复印资料中心）乡镇企业民营经济，2004（11）.
[58] 戚安邦. 项目论证与评估[M]. 北京：机械工业出版社，2004.
[59] 中国国际工程咨询公司. 中国投资项目社会评价指南[M]. 北京：中国计划出版社，2004.
[60] 王勇. 管理定义探讨[N]. 中国保险报（财经文摘版），2003-09-19（3）.
[61] 周惠珍. 投资项目评估方法与实务[M]. 北京：中国计划出版社，2003.
[62] 邓国胜. 公益项目评估[M]. 北京：社会科学文献出版，2003.
[63] 白思俊. 现代项目管理（上）[M]. 北京：机械工业出版社，2003.
[64] 汪琳芳，等. 新编建设工程项目经理手册[M]. 上海：同济大学出版社，2003.
[65] 注册咨询工程师（投资）考试教材编委会. 现代咨询方法与实务[M]. 北京：中国计划出版社，2003.
[66] 注册咨询工程师（投资）考试教材编委会. 项目决策分析与评价[M]. 北京：中国计划出版社，2003.
[67] 黄雨三. 单位计划项目可行性研究与评估方法及案例分析操作应用手册[M]. 银川：宁夏大地音像出版社，2003.
[68] 邱菀华，等. 现代项目管理导论[M]. 北京：机械工业出版社，2003.
[69] 崔卫华. 旅游投资项目评价[M]. 大连：东北财经大学出版社，2003.
[70] 中国国际工程咨询公司投资项目可行性研究与评价中心. 投资项目可行性研究报告编写范例[M]. 北京：中国电力出版社，2003.
[71] 刘国靖，等.21世纪新项目管理——理念体系流程方法实践[M]. 北京：清华大学出版社，2003.
[72] 石海兵. 投资项目策划与可行性研究实务[M]. 北京：中国财政经济出版社，2002.
[73] 《投资项目可行性研究指南》编写组. 投资项目可行性研究指南[M]. 北京：中国电力出版社，2002.
[74] 建设部标准定额研究所. 房地产开发项目经济评价案例[M]. 北京：中国计划出版社，2002.
[75] 成虎. 工程项目管理[M]. 北京：中国建筑工业出版社，2001.
[76] 王立国，等. 可行性研究与项目评估（第一版）[M]. 大连：东北财经大学出版社，2001.
[77] 曹玲，等. 项目评估[M]. 海口：南海出版公司，2001.
[78] 王勇. 试用SWOT方法分析华油印铁制罐厂的经营战略[J]. 河北企业管理，2000（7）.
[79] 赵国杰，王勇. CIMS实施绩效评价指标体系与方法研究[J]. 求实，2000（6）.
[80] 何俊德. 项目评估——理论与方法[M]. 武汉：华中理工大学出版社，2000.
[81] 林晓言，等. 建设项目经济社会评价[M]. 北京：中华工商联合出版社，2000.
[82] 赵国杰. 工程经济与项目评估[M]. 天津：天津大学出版社，1999.
[83] 吴慧强，等. 投资项目评估实务[M]. 广州：广东经济出版社，1999.
[84] 周惠珍. 投资项目评估（第二版）[M]. 大连：东北财经大学出版社，1999.

[85] 刘亚臣. 工程经济学[M]. 大连：东北财经大学出版社，1999.

[86] 和宏明，等. 建设项目可行性研究与经济评价手册[M]. 北京：中国物价出版社，1998.

[87] 万威武，等. 可行性研究与项目评估[M]. 西安：西安交通大学出版社，1998.

[88] 邹一峰，等. 中外投资项目评价[M]. 南京：南京大学出版社，1998.

[89] 傅家骥，等. 工业技术经济学（第三版）[M]. 北京：清华大学出版社，1996.

[90] 游达明，等. 工业投资项目可行性研究（第一版）[M]. 长沙：中南工业大学出版社，1995.

[91] 中国房地产估价师学会. 房地产估价案例与分析[M]. 北京：中国物价出版社，1995.

[92] 刘玉珂. 涉外项目可行性研究与管理[M]. 昆明：云南人民出版社，1994.

[93] 周惠珍. 可行性研究与项目评价[M]. 北京：中国科学技术出版社，1992.

[94] 青海省环境保护局网站.

# 反侵权盗版声明

电子工业出版社依法对本作品享有专有出版权。任何未经权利人书面许可，复制、销售或通过信息网络传播本作品的行为；歪曲、篡改、剽窃本作品的行为，均违反《中华人民共和国著作权法》，其行为人应承担相应的民事责任和行政责任，构成犯罪的，将被依法追究刑事责任。

为了维护市场秩序，保护权利人的合法权益，我社将依法查处和打击侵权盗版的单位和个人。欢迎社会各界人士积极举报侵权盗版行为，本社将奖励举报有功人员，并保证举报人的信息不被泄露。

举报电话：（010）88254396；（010）88258888
传　　真：（010）88254397
E-mail：dbqq@phei.com.cn
通信地址：北京市万寿路173信箱
　　　　　电子工业出版社总编办公室
邮　　编：100036